五禮通考

〔清〕秦蕙田 撰
方向東 王鍔 點校

十六

嘉禮〔七〕

中華書局

目録

五禮通考卷二百八

嘉禮八十一

體國經野

春秋列國都邑山川上

地志：禹會諸侯于塗山，執玉帛者萬國。成湯之時有三千餘國，武王觀兵有千八百國，東遷之初尚存千二百國，迄獲麟之末二百四十二年見于春秋經傳者，惟百有餘國。而會盟征伐，章章可紀者約十四君。魯，都曲阜。衛，都朝歌。戴公廬曹，今北直大名府滑縣也。文公遷楚丘，今滑縣東七十里廢衛南縣是。成公徙帝丘，亦曰濮陽，即大名府開州也。至元君徙野王，而祀絶。野王，今河南懷慶府附郭河内縣是。**齊**，太公封營丘，今青州府臨淄縣。胡公徙薄姑，今青州府博興縣東北十五里薄姑城是。獻公徙臨淄，即太公營丘也。**晉**，叔虞封唐，今山西平陽府翼城縣東二十五里唐城是。子燮徙晉，今太原府太原縣是。穆侯徙絳，孝侯改絳爲翼，亦曰故絳，今翼城縣東南十五里古翼城是。景公遷新田，仍稱絳，今平陽府絳州絳縣也。**宋**，都商丘。**鄭**，都新鄭，今開封府禹州新鄭縣。又陝西西安府華州西北有故鄭城，其始封邑也。**陳**，都宛丘，即開封府陳州。**蔡**，都上蔡，今河南汝寧府上蔡縣。平侯徙新蔡，今汝寧府新蔡縣也。昭侯徙州來，亦曰下蔡，今南直鳳陽府壽州北三十里下蔡城是。**曹**，都曹。今兗州府曹州定陶縣。**許**，都許，今開封府許州是。靈公遷葉，今南陽府裕州葉縣。悼公遷夷，今鳳陽府亳州東南七十里廢城父縣是。旋還葉，又遷于白羽，今南陽府鄧州析川縣是。許男斯又遷于容城，今荆州府東廢華容縣是。蓋皆爲楚所遷也。**秦**，非子封秦城，今陝西鞏昌府秦州清水縣是。莊公居犬丘，文公卜居汧、渭間，今鳳翔府郿縣東北十五里故郿城是。寧公徙平陽，今鳳翔府岐山縣西四十六里有平陽鄉。德公徙居雍，今鳳翔府治是。獻公徙櫟陽，今西安府臨潼縣北五十里故萬年縣是。孝公作咸陽，今西安府咸陽縣東三十里咸陽故城是也。**楚**，熊繹封丹陽，今湖廣荆州府歸州東北七里丹陽城是。文王始都郢，今荆州府城北十里紀南城是。至平王更城郢，今荆州府東北三里郢城是也。昭王遷鄀，在襄陽府宜城縣南境，旋還郢。至襄王東北保陳城，即開封陳州也。考烈王遷鉅陽，在陳州東境。又東遷壽春，今鳳陽府壽州也。最後懷王孫心都盱眙，即鳳陽府泗州盱眙縣。又徙長沙郴縣而亡，今湖廣郴州也。吴，都勾吴。正義：太伯居梅里。今常州府無錫縣東南四十里有太伯城，至闔閭始築吴郡城，都之，即今蘇州府城也。越，都會稽，今浙江紹興府治。又勾踐嘗徙瑯邪，今山東青州府諸城縣東南百四十里瑯邪城是也。皆大國也。其餘子男附庸之屬：滕，山東兖州府滕縣是。薛，滕縣南四十里有薛城。郳，兖州府鄒縣是。文公遷繹，在鄒縣東南二十五里繹山下。小邾，亦曰郳，在滕縣境内。鄫，兖州府嶧縣是。偪陽，嶧縣西南五十里有偪陽城。郜，兖州府城武縣東南有郜國城。茅，兖州府金鄉縣東舊有茅鄉。鑄，兖州府曹州定陶縣境有鑄鄉城。遂，括地志：定陶有遂鄉，古遂國也。任，兖州府濟寧州是。邿，濟寧州南六十里廢亢父縣有邿亭。邿讀曰詩。須句，兖州府東平州是。鄣，東平州東六十里有鄣城。宿，東平州東三十里無鹽城是。郕，東平州汶上縣北二十里郕國城是。鄅，兖州府沂州北開陽故縣是。郯，沂州郯城縣。顓臾，沂州費縣西北九十里有顓臾城。於餘丘　極　鄟，已上未詳。凌氏曰：俱在兖州府境。譚，濟南府城東七十里有譚城。牟，濟南府泰安州新泰縣東南廢牟縣是。紀，青州府壽光縣西南三十里紀城是。莒，青州府莒州是。向，莒州南七十三里向城是。根牟，今莒州沂水縣東南牟鄉是。陽，未詳。凌氏曰：

在青州府境。介，萊州府膠州高密縣西六十里黔陬城是。彝，膠州即墨縣西廢壯武縣是。萊，亦曰郲，今登州府黄縣東二十里有萊子城，齊侯遷萊子于郳，今萊州府治是。共，河南衛輝府輝縣是。凡，輝縣西南二十里有凡城。南燕，衛輝府胙城縣是，故胙國也。雍，懷慶府修武縣西有雍城。邘，懷慶府城西北三十里有邘城。温，亦曰蘇，今懷慶府温縣是。原，今懷慶府濟源縣西北十五里原鄉是。甘，河南府城西南甘水上舊有甘城。鞏，河南府鞏縣。滑，河南府偃師縣南二十里廢緱縣是。劉，廢緱縣有劉亭。虢，在河南府陝州者曰北虢，在開封滎陽者曰東虢，又陝西鳳翔府寶雞縣東二十里虢國城曰西虢。焦，陝州南二里徽伯壘是。又南直鳳陽府亳州，亦古焦國。尹，或曰在河南府城東北。毛　聃　單　成，俱未詳。周畿内國也。凌氏曰：皆在河南府境内。杞，開封府杞縣是。又杞遷于緣陵，或曰在杞縣西北百里。又遷于淳于，或曰即今杞縣。密，開封府禹州密縣。項，開封府陳州項城縣。頓，項城縣境有南頓城。祭，開封府鄭州東北十五里有祭城。葛，歸德府寧陵縣北十五里有葛城。戴，歸德府睢州考城縣。沈，今汝寧府城東平輿故城是。柏，汝寧府西平縣。房，汝寧府遂平縣是。黄，汝寧府光州西十二里有黄城。息，光州息縣。弦，光州光山縣。蔣，光州固始縣西北七十里期思城是。江，汝寧府信陽州確山縣。道，確山縣北有道城。申，南陽府附郭南陽縣是。蓼，南陽府唐縣南廢湖陽縣是。又鳳陽府壽州南六十里廢安豐縣，亦古蓼國。鄧，今南陽府鄧州。鄀，鄧州内鄉縣西南百二十里丹水城是。又湖廣襄陽府宜城縣南境亦有鄀城。記曰：自商密遷于此。商密即丹水也。應，今汝州東南廢父城縣是。黎，山西潞安府黎城縣。揚，平陽府洪洞縣。魏，平陽府蒲州東南百二十里永樂城是。耿，蒲州河津縣。冀，河津縣有冀鄉。荀，亦曰郇，蒲州猗氏縣。霍，平陽府霍州。賈，未詳。凌氏曰：在平陽府西境。崇，今陝西西安府鄠縣。酆，在鄠縣東境。畢，今西安府咸陽縣西北有畢原。芮，西安府同州是。又山西平陽府解州芮城縣西有古芮國城，本魏國地，芮伯萬出居此，因名。韓，同州韓城縣。梁，韓城縣南二十里少梁城是。召，鳳翔府城南有召亭，或曰春秋時，召亦遷于河南。穀，湖廣襄陽府穀城縣是。唐，襄陽府棗陽縣上唐鄉是。羅，襄陽府南漳縣東南八十里有羅國城，又荆州府枝江縣，亦故羅國，其所遷處也，岳州府平江縣又有羅國城，楚文王自枝江徙羅于此。鄾，襄陽府城東北十二里有鄾城。鄖，亦作䢵，今德安府治。隨，德安府隨州是。厲，隨州北有厲鄉。賴，在隨州東北境，又楚遷賴于鄢，今襄陽府宜城縣也。貳，隨州應山縣境。絞，軫，未詳。凌氏曰：俱近隨州境。庸，鄖陽府竹山縣。州，荆州府監利縣是。又山東萊州府高密縣東北有廢淳于縣，亦古州國。夔，荆州府歸州東二十里有夒子城。權，今承天府當陽縣東南有權城，又楚遷權于那處。今承天府荆門州西廢編縣有那口城。麇，岳州府境有東西二麇子城。又鄖陽府附郭鄖縣，亦故麇國也。徐，鳳陽府泗州北五十里徐城是。又楚遷徐于奚，即許國所嘗遷者。蕭，今徐州蕭縣。鍾吾，今淮安府邳州宿遷縣是。舒，廬州府舒城縣。巢，廬州府無爲州巢縣。六，廬州府六安州。英氏，在六安州境。桐，安慶府桐城縣。舒鳩，凌氏曰：在安慶府境。邢，北直順德府治是。又遷于夷儀，今東昌府附郭聊城縣有夷儀聚。北燕，保定府易州東南故燕國城是。巴，四川重慶府附郭巴縣是。不羹，羹音郎。河南開封府許州襄城縣西南有不羹城，又南陽府裕州舞陽縣北境亦有此城。皆悉索幣賦，以奉大國之命者也。外此者：戎蠻，河南汝州西南有蠻中聚，即戎蠻子邑。陸渾，河南府嵩縣北三十里陸渾廢縣是。鮮虞，北直真定府城東北四十里新市故城，鮮虞國都也。無終，北直順天府薊州玉田縣是。山戎，北直永定府是。北翟，山西大同府是。潞氏，亦曰赤翟，今潞安府潞城縣。白翟，陝西延安府是。驪戎，西安府臨潼縣是。鄋瞞，在山東濟南府北境。淮彝，南直徐、邳等州境。肥，山西太原府平定州樂平縣東五十里昔陽城，其國都也。又北直真定府藁城縣西南有肥纍城，山東濟南府有肥城縣，皆其種屬。北直永平府境又有肥如城。志曰：晉滅肥，肥子奔燕，受封于此。鼓，真定府晉州是。

盧，在湖廣襄陽府境。濮。亦曰百濮，在湖廣常德府辰州府境。則九州異裔，參錯于列國之中者也，莫不弱者先滅，强者後亡。凌遲至于戰國，存者惟有七君。而田齊、三晉，又非春秋之舊。

顧氏棟高春秋大事表：魯都：曲阜，今爲山東兖州府曲阜縣治。應劭曰：曲阜在魯城中，委曲長七八里。自春秋至戰國，魯世世都之。党氏溝，哀十一年，季孫使冉求俟于党氏之溝。杜注：朝中地名。棘下地，定八年，公斂處父與陽虎戰于棘下。杜注：城内地名。蒲圃，襄四年，季孫樹六檟于蒲圃東門之外。杜注：場圃名。定八年，陽虎將享季氏于蒲圃而殺之，即此。五父之衢，襄十一年，季武子將作三軍，詛于五父之衢。白褒魯記：在魯東門外二里。郰。襄十年，郰人紇抉之以出門者。杜注：郰邑，魯縣東南莝城。孔子還轅息鄹即此。今曲阜縣與鄒縣相接處。魯邑：郎，隱元年，費伯帥師城郎。杜注：魯邑，高平方與縣東南有郁郎亭，在今兖州府魚臺縣東北九十里。桓十年，齊侯、衛侯、鄭伯來戰于郎。莊十年，齊師、宋師次于郎。蓋魯之邊邑，故數受兵。費，見上。魯大夫費庈父之食邑，讀如字。與季氏費邑讀曰秘者有別。在今兖州府魚臺縣西南。棠，隱五年，公觀魚于棠。棠，濟上之邑。杜注：高平方與縣北有武唐亭，魯侯觀魚臺。水經注：菏水又東，經武唐亭，有高臺二丈許，下臨水，昔魯侯觀魚處，在今魚臺縣東北十二里。「棠」與「唐」，古通用。即二年公與戎盟之唐是也。**中丘**，隱七年，城中丘。公羊云内之邑也。杜注：在瑯琊臨沂縣東北。今沂州府東北三十里有中丘城。**防**，隱九年，公會齊侯于防。杜注：在瑯琊華縣東南。案：魯有兩防，此所謂東防也，在今沂州府費縣東北六十里，世爲臧氏食邑。襄二十三年，臧紇自邾如防，即此。**防**，隱十年，敗宋師于菅。辛巳，取防。此所謂西防也，杜注：高平昌邑縣西南有西防城。宋防既爲魯有，欲別于臧氏之防，故謂之西防。在今兖州府金鄉縣西北。**菟裘**，隱十一年，吾使營菟裘。杜注：魯邑，在泰山梁父縣南。在今兖州府泗水縣西北。**許田**，桓元年，鄭伯以璧假許田。寰宇記：許昌城南四十里有魯城。在今河南許州府東境，爲魯朝宿邑。鄭伯請以泰山之祊易之，而祀周公。公羊云：田多邑少稱田，邑多田少稱邑。**成**，桓六年，公會紀侯于成。杜注：在泰山鉅平縣東南。在今兖州府寧陽縣東北九十里。莊三十年，次于成，備齊也。襄十五年，齊人圍成，公救成，于是城成郛，後爲孟氏邑。定十二年，仲由爲季氏宰，將墮成，公斂處父曰：「墮成，齊人必至于北門。」是魯之北境近齊之邑。**郿**，莊二十八年冬，築郿。杜注：魯下邑。在兖州府壽張縣東南五十里。**諸**，莊二十九年，城諸及防。杜注：今城陽諸縣。在今青州府諸城縣治西南三十里。**小穀**，莊三十二年，城小穀。孫氏復謂之宜從穀梁注爲魯邑，曲阜縣西北有小穀城，左傳杜注謂爲齊邑，爲管仲城之，非。**費**，世爲季氏邑，在今沂州府費縣治西南七十里。賈逵、索隱俱以爲魯懿公子費伯之食邑者，非是。**昌衍**，僖二十九年，介葛盧來，舍于昌衍。杜注：魯縣東南有昌平城。在今曲阜縣東南八十里。**郚**，文七年，城郚。杜注：魯邑，卞縣南有郚城。城郚，備邾難也。在今兗州府泗水縣東南。**鄆**，文十二年，季孫行父帥師，城諸及鄆。杜注：城陽姑幕縣南有鄖亭，鄖即鄆。在今沂州府沂水縣東北四十里。此爲東鄆，莒、魯所爭者。**平陽**，宣八年，城平陽。杜注：泰山有平陽縣。在今泰安府新泰縣西北四里。案：魯有兩平陽，此係東平陽也。西平陽在兗州府鄒縣西三十里，本邾邑，爲魯所取，見哀二十七年。**龍**，成二年，齊人伐我北鄙，圍龍。杜注：魯邑，在泰山博縣西南。今在泰安府城西南。**棘**，成三年，叔孫僑如帥師圍棘。杜注：汶陽田之邑，在濟北蛇丘縣。今當爲泰安府肥城縣地。**台**，襄十二年，莒人伐我東鄙。杜注：瑯琊費縣南有台亭。在今沂州府費縣東南。**桃**，襄十七年，齊侯伐我北鄙，圍桃。杜注：魯邑卞縣東南有桃墟。在今兗州府泗水縣東南。昭七年，晉人來治杞田，季孫以成與之，而遷孟氏之邑于桃，即此。**陽關**，襄十七年，師自陽關逆臧孫。魯邑。杜注：在泰山鉅平縣北，後屬齊。定七年，齊人歸鄆、陽關，即此。在今兗州府寧陽縣東北。**武城**，襄十九年，城武城。魯邑。杜注：泰山南武城縣，子游爲武城宰，即此。在今沂州府費縣西南九十里。**高魚**，襄二十六年，齊烏餘以廩丘奔晉，遂襲我高魚。魯邑。杜注：廩丘東北有高魚城。今其地在曹州府鄆城縣東北，北與范縣接界。**陽州**，襄三十一年，齊閭丘嬰伐陽州。齊、魯境上邑。在今泰安府東平州西北。昭二十五年，公孫于齊，次于陽州。杜注云：未敢直前，故次于竟。定八年，公侵齊，門于陽州，則此時陽州當爲齊有矣。

郈，昭二十五年，臧會奔郈，叔孫氏邑。杜注：郈在東平無鹽縣東南，在今泰安府東平州東南十里。定十二年，仲由將墮三都，叔孫氏墮郈，即此。**東野**，定五年，季平子行東野，還卒于房。杜注：季氏邑。今闕里志：周公後有東野氏，蓋以邑爲氏。東野及房，皆近費之邑。**龜陰田**，定十年，齊人來歸鄆、讙、龜陰田。杜注：三邑皆汶陽田。泰山博縣北有龜山。案：博縣爲今之泰安府，龜山在新泰縣之西南，泗水縣之東北，與泰安府境相接。**莒父**，定十四年，城莒父及霄。杜注：魯邑。莒係以「父」，魯人語音，如梁父、亢父、單父是也。子夏爲莒父宰，即此。今爲沂州府莒州地。**霄**，見上。杜注：魯邑。在今莒州境。**漆**，定十五年冬，城漆。杜注：邾庶其邑，南平陽縣東北有漆鄉。今在兖州府鄒縣北。**啓陽**，哀三年，叔孫、季孫城啓陽。杜注：瑯琊開陽縣。今沂州府治北十五里有開陽故城。本鄅國，後屬魯。**邾瑕**，哀六年，城邾瑕。杜注：任城亢父縣有邾婁城。今在兖州府濟寧州南二十里。

負瑕，哀七年，公伐邾，以邾子益來，囚諸負瑕。杜注：魯邑。南平陽縣西北有瑕丘城。在今兖州府滋陽縣西二十五里。**闡**，哀八年，齊人取讙及闡。杜注：在東平剛縣北。戰國時爲齊之剛邑，故剛城在今兖州府寧陽縣東北三十五里。**東陽**，哀八年，吴伐我，克東陽而進，舍于五梧。明日舍于蠶室。杜注：三邑，魯地。東陽在今沂州府費縣西南七十里。**五梧**，見上。在費縣西。**蠶室**。今兖州府滕縣東三十里有黿母山。

魯地：蔑，隱元年，盟于蔑。杜注：魯地，即姑蔑也。魯國卞縣南有姑城。在今兖州府泗水縣東北四十五里。定十二年，費人攻公，仲尼命申句須、樂頎下伐之，費人北，國人追之，敗諸姑蔑，即此。**潛**，隱二年，公會戎于潛。杜注：魯地。潛地蓋近戎。戎在今曹州府曹縣故戎城，潛當在魯兖州府西南境。**唐**，隱二年，公及戎盟于唐。杜注：魯地，高平方與縣北有武唐亭。在今兖州府魚臺縣東十二里。**鄧**，隱十年，盟于鄧。杜注：魯地。黄帝臣鄧伯温國，與南陽子姓之鄧有別，當在今兖州府境。**讙**，桓三年，齊侯送姜氏于讙。杜注：魯地，濟北蛇丘縣西有下讙亭。在今濟南府肥城縣西南。**祝丘**，桓五年，城祝丘。杜注：魯地。莊四年，夫人姜氏享齊侯于祝丘，即此。是齊、魯兩境上之邑，在今沂州府東南五十里。**咸丘**，桓七年，焚咸丘。杜注：魯地，高平鉅野南有咸亭。在今曹州府鉅野縣南。**闞**，桓十一年，公會宋公于闞。杜注：魯地。在東平須昌縣東南。魯先公墓所在，自隱、桓以下皆葬此。今兖州府汶上縣西南三十五里有南旺湖，湖中有闞亭，其地高阜六、七〔二〕，即魯先公葬處。定元年，季孫使役如闞，即此。**曲池**，桓十二年，盟于曲池。杜注：魯地。魯國汶陽縣北有曲水亭。在今曲阜縣東北四十里。**趡**，桓十七年，盟于趡。杜注：魯地。當在今兖

〔二〕「高」，原作「蓋」，據光緒本、春秋大事表卷七改。

州府泗水、鄒縣之間。奚，桓十七年，戰于奚。杜注：魯地。今兖州府滕縣南奚公山下有奚邑。水經注：夏車正奚仲之國也。䣕，莊九年，公及齊大夫盟于䣕。杜注：魯地。瑯琊繒縣北有䣕亭。在今兖州府嶧縣東八十里。生竇，莊九年，殺子糾于生竇。杜注：魯地。在今曹州府曹縣東北三十里，濮水所逕，爲齊、魯交界。長勺，莊十年，公敗齊師于長勺。杜注：魯地。路史曰：成王以商民六族錫魯，有長勺氏、尾勺氏。此蓋商民所居。乘丘，莊十年，公敗宋師于乘丘。杜注：魯地。西漢泰山郡有乘丘縣。顔師古曰：即春秋乘丘也。括地志：乘丘在瑕丘縣西北三十五里。今兖州府治滋陽縣西有古瑕丘城。郚，莊十一年，公敗宋師于郚。杜注：魯地。當在兖州府境，與元年齊遷紀、郱、鄑、郚之郚，在都昌縣西者爲二地。濟西，莊十八年，公追戎于濟西。杜注：公逐戎于濟水之西。莊三十年，公及齊侯遇于魯濟。杜注：濟水歷齊、魯界，在齊界爲齊濟；在魯界爲魯濟，蓋魯地。宣元年，齊人取濟西田。杜注：故曹地。僖三十一年，晉人以分魯濟西。約在今曹州府曹縣、鄆城、鉅野三縣之地。洮，莊二十七年，公會杞伯姬于洮。杜注：魯地。在今曹州府濮州西南五十里。薛，莊三十一年，築臺于薛。杜注：魯地。今兖州府滕縣東南有薛城。秦，莊三十一年，築臺于秦。杜注：東平范縣西北有秦亭。在今曹州府范縣南三里。梁丘，莊三十二年，齊侯、宋公遇于梁丘。杜注：在高平昌邑縣西南。今曹州府城武縣東北三十里有梁丘城，蓋齊、宋接界處。穀梁云：梁丘在曹、邾之間，去齊八百里，其地近宋。見齊桓之能執謙。**密**，閔二年，共仲歸，及密乃縊。杜注：魯地。瑯琊費縣北有密如亭。在今沂州府費縣北。**汶陽**，僖元年，公賜季友汶陽之田及費。杜注：汶水北地。定十年，齊人取鄆、讙、龜陰田。三邑皆汶陽也。其地在今兗州府寧陽縣境。**甯母**，僖七年，盟于甯母。杜注：魯地。高平方與縣東有泥母亭，讀如「甯」。在今兗州府魚臺縣東二十里。**卞**，僖十七年，夫人姜氏會齊侯于卞。杜注：魯國卞縣。在今兗州府泗水縣東五十里。**升陘**，僖二十二年，及邾人戰于升陘。杜注：魯地。**重館**，僖三十一年，臧文仲如晉，宿于重館。杜注：高平方與縣東北有重鄉城。在今兗州府魚臺縣西北十一里。**鹹**，文十一年，叔孫得臣敗狄于鹹。杜注：魯地。後漢志：濮陽縣，春秋時有鹹城，濮水之北。當在今曹州府曹縣境。**蜀**，成二年，公會楚公子嬰齊于蜀。杜注：博縣西北有蜀亭。今兗州府汶上縣西南四十里有蜀山，其下有蜀山湖，與南旺湖東西相對，爲泰安府接境。**陽橋**，成三年，楚侵及陽橋。杜注：魯地。在今泰安府泰安縣西北。**壞隤**，成十六年，公往會晉，出于壞隤。杜注：未詳所在。第據成十六年傳云公待于壞隤，申宮儆備，設守而後行，意其地當去公宮不遠。又昭公之喪，送君者自壞隤而反，當在曲阜境內。**貍脤**，成十七年，公孫嬰齊卒于貍脤。舊説云魯地。杜駁之曰：傳稱庚午圍鄭，還自鄭，壬申至于貍脤，由庚午至壬申，纔二日，未得及魯境也。又大夫卒其境内，則經不書地，益明貍脤非魯地矣。但不知是何國之地耳。**劉**，襄十五年，及宋向戌

水，昭二十五年，季孫請待于沂上以察罪。杜注：魯城南自有沂水。沂水在今曲阜縣南二里雩門，源出尼山，西流經此，論語所謂「浴乎沂，風乎舞雩」者也。又有雩水，亦曰泮水，魯頌思樂泮水，即此。水側有雩壇，亦名舞雩，雩門因此而名。雩門，魯南城之西門也。沂水西入滋陽縣境，合于泗水。杜注云云，蓋以別于沂州之沂水也。沂州之沂水見齊地。**漷水**，襄十九年，取邾田自漷水。杜注：漷水西經魯國，下入泗。漷水在今滕縣南十五里。哀二年，季孫斯伐邾，取漷東田及沂西田，即此。漷水出鄒山東，則流于邾、魯之間。正義云：邾在漷南，田在漷北，此魯取邾田之境也。**淄水**，昭二十六年，成人伐齊師之飲馬于淄者。杜注：淄水出泰山梁父縣，西北入汶。兗州府寧陽縣東北舊有淄水，今涸。**逵泉**，莊三十三年，公子牙歸，及逵泉卒。寰宇記云：逵泉在曲阜縣東南十里，源出平澤，合沙溝共流數里以入于沂。漕河志云：縣境之泉凡二十二，其五入泗，其十六入沂，其一入洸。**大野**，哀十四年，西狩于大野，獲麟。杜注：高平鉅野縣東北大澤是也。大野在今曹州府鉅野縣東十二里，兼涉兗州府嘉祥縣之地，舊爲大澤，東西百里，南北三百里。禹貢：大野既豬。職方十藪：魯有鉅野。即此也。隋後濟流枯竭，鉅野漸微。元末河徙，涸爲平陸矣。今爲鉅野縣。案：晉太和四年，桓温自兗州伐燕。六月至金鄉，天旱水絶，使將軍毛虎生鑿鉅野三百里，引汶會于清，引舟自清入河。郄超曰：清水入河，難以通運。即此。清水即濟水，是鉅野濟至晉時猶存。綱目注謂漢有鉅野，誤矣。**黄池**。哀十三年，公會晉侯及吴子于黄池。杜注：陳留封丘縣有黄亭，近濟水。案：地名考從胡傳，以黄池列諸衛地，非也。公羊傳曰：吳在是，則天下諸侯莫敢不至。趙伯循云：黄池，魯地，故魯獨會之耳。若更有諸侯，不當不序。是時吳闕爲深溝于商、魯之間。商即宋。魯會而宋不會，故吳王歸欲伐宋，殺其大夫而囚其婦人，則趙氏之言爲有據矣。國語稱北屬之沂，西屬之濟，以會晉公午于黄池。沂水出蓋縣臨樂山，入于泗，而濟水在封丘縣南。今河南開封府封丘縣西南有黄池，東西廣三里，春秋時爲宋地。

衛都：朝歌，在今河南衛輝府之淇縣。漢書地理志曰：河内本殷舊都。周既滅殷，分其畿内爲三，邶，以封紂子武庚；庸，管叔尹之；衛，蔡叔尹之，以監殷民，謂之三監。武王崩，三監畔，周公誅之，盡以其地封康叔，遷邶、鄘之民于洛邑。今淇縣東北有朝歌城，張洽集傳以爲在淇縣北關西社是也。邶城在府治汲縣東北，鄘城在新鄉縣西南三十二里。自衛遷楚丘，河内殷虚更屬于晉。**遷楚丘**，今爲河南衛輝府之滑縣。閔二年，衛懿公爲狄所滅，遺民渡河，立戴公以廬于漕。至僖二年，齊桓公封衛于楚丘。漕近楚丘，俱在滑縣。**又遷帝丘**，今爲北直大名府之開州。僖三十一年，狄圍衛，衛成公遷于帝丘。杜注：今東郡濮陽縣，故帝顓頊之虛，故曰帝丘。又曰：濮陽，以地在濮水北也。故城在今開州治西南三十里。**豚澤**，定六年，魯侵鄭，不假道于衛。陽虎使季孟自南門入，出自東門，舍于豚澤。蓋東門外城之地。**死鳥**，昭二十年，公如死鳥。蓋郭門外之地。據傳云：公遂出，華寅閉郭門，踰而從公。析朱鉏宵從竇出，徒行從公。必去郭門不遠。又齊公孫青來聘，從諸死鳥，親執鐸，終夕與於燎。當是郭門外東向適齊之地也。**馬路之衢**。褚師子申遇公于馬路之衢，遂從，過齊氏。此當爲城門内之衢路。**衛邑：清**，隱四年，公及宋公遇于清。杜注：衛邑。濟北東阿縣有清亭。水經注：濟水自魚山而北逕清亭東。京相璠曰：今東阿縣東北四十里有清亭，濟水通得清之目焉。在今山東泰安府東阿縣東北。**蒲**，桓三年，齊侯、衛侯胥命于蒲。杜注：衛地。在陳留長垣縣西南。後爲甯氏邑。在衛西，與晉、楚接界。衛靈公曰：蒲，衛之所以待晉、楚也。甯殖以蒲出獻公；甯氏誅，繼受蒲者爲公叔氏，出于獻公，復以蒲叛。是蒲爲衛之巖邑矣。今爲直隸大名府長垣縣治。宋嘉定十三年〔一〕，金主珣自黄陵岡向河北行，至蒲城東，登舟渡河，遇風。蒙古兵追至南岸，後軍皆敗。蓋當時大河尚在今縣北。**鄄**，莊十四年，會于鄄。杜注：衛地。今東郡鄄城。後爲齊豹邑。昭二十年，衛公孟彄與齊豹狎，奪之司寇與鄄，即此。鄄讀「絹」，漢末爲兖州治，曹操創業于此。水經注：鄄城在河南岸十八里，河上之邑最爲險固。今山東曹州府濮州東二十里舊城集，故鄄城也。**共**，閔二年，狄滅衛。衛之遺民七百有三十人，益之以共、滕之民，立戴公，以廬于曹。杜注：共及滕，衛別邑。共國，今汲郡共縣。案漢志：共縣，故國。北山，淇水所出。孟康曰：共伯入爲三公者。蓋其地偪近衛都，故先爲國，而後并于衛也。古共城爲今衛輝府輝縣治。**曹**，杜注：衛下邑。正義云：當在河東，近楚丘。今爲滑縣，見衛都。**匡**，僖十五年，諸侯盟于牡丘，遂次于匡。杜注：匡在陳留長垣縣

〔一〕「嘉定」，諸本作「紹定」，據春秋大事表卷七改。

西南。文八年，晉侯使解揚歸匡、戚之田于衛。杜注：匡本衛邑，中屬鄭。孔達伐不能克，今晉令鄭還衛。論語「子畏于匡」即此。史記：孔子自匡至蒲。括地志：蒲城在匡城縣北十五里。今俱在直隸大名府長垣縣境。**訾婁**，僖十八年，邢、狄伐衛，衛師于訾婁，狄師還。杜注：衛地。今河南衛輝府滑縣西南六十里有訾婁城，西北與直隸大名府長垣縣接界。**五鹿**，僖二十八年，晉侯侵曹伐衛，取五鹿。杜注：衛縣西北有地名五鹿。陽平元城縣東亦有五鹿。蓋兩注以存疑。晉之衛縣，今爲山東東昌府觀城縣。元城縣即今大名府治也。案：五鹿爲衛邑，晉文取之，而仍屬衛。襄二十五年，衛獻公自齊還國。齊崔杼止其帑，以求五鹿。此時蓋屬衛。哀十四年，齊、衛救范氏，圍五鹿。杜注：晉邑。則又屬晉。其迭屬晉、衛，且地近邯鄲、中牟、鄴城，則元城之説爲長。今大名府有五鹿城二，屬元城縣者即沙鹿城，屬開州者衛地五鹿是也。開州東與東昌觀城縣接界。**戚**，文元年，公孫敖會晉侯于戚。杜注：衛邑。在頓丘衛縣西。世爲孫氏邑，會盟要地。孫林父出獻公後，以戚如晉，晉人爲之疆戚田，蒯聵自戚入衛，蓋其地瀕河西，據中國之要樞，不獨衛之重城，亦晉、鄭、吴、楚之孔道也。今開州北七里有古戚城，亦曰戚田。晉衛縣爲今東昌府觀城縣，在開州東接界。**桑中**，成二年，夫子有三軍之懼，而又有桑中之喜。高氏曰：桑中，衛邑之小者。在今衛輝府淇縣。**夷儀**，襄二十五年，衛侯入于夷儀。杜注：本邢地，衛滅邢而爲衛邑，晉愍衛衎失國，使衛分之一邑。又定九年，齊伐晉夷儀，爲衛討也，則又爲晉地。蓋寔衛之邊邑，與齊、晉皆連壤。今直隸順德府西南四十里有夷儀城。**懿氏**，襄二十六年，晉取衛西鄙懿氏六十以與孫氏。杜注：戚城西北五十里有懿城，因姓以名城，取田六十井。正義云：上世有大夫姓懿氏食邑于此。今戚城在開州北七里，戚城西北二十五里有懿城。**羊角**，襄二十六年，齊烏餘以廩丘奔晉，襲衛羊角。杜注：廩丘縣所治羊角城是。今山東曹州府范縣東南之莪東保有羊角城。**平丘**，昭十三年，會于平丘。杜注：在陳留長垣縣西南。寰宇記：在封丘縣東四十里。蓋縣與封丘接境。陳留風俗傳云：衛靈公所置邑。**平壽**，昭二十年，齊豹之亂，衛侯在平壽。杜注：衛下邑。**犂**，哀十一年，太叔疾誘其初妻之娣，置于犂。杜注：衛邑。當在今山東曹州府濮州東南。**外州**，太叔疾淫于外州。杜注：衛邑。**平陽**，哀十六年，衛侯飲孔悝酒于平陽。杜注：東郡燕縣東北有平陽亭。今衛輝府滑縣東南有葦城。葦城南有平陽城。案：下文云「使貳車反祏于西圃」，注云還取廟主。西圃，孔氏廟所在，則平陽蓋孔氏之宗邑。**泠**。哀二十五年，衛侯出奔，將適泠。杜注：近魯邑。**衛地：牧**，隱五年，鄭人侵衛牧。杜注：衛地，即商之牧野。杜佑曰：汲郡，古牧野地。在今衛輝府治汲縣西南二十五里。**垂**，隱八年，宋公、衛侯遇于垂。杜注：衛地。左傳作犬丘，一地兩名。濟陰句陽縣東北有垂亭。今山東曹州府曹縣北三十里句陽店是其地。**越**，桓元年，公及鄭伯盟于越。杜注：近垂地名。當在山東曹州府曹縣附近。**桃丘**，桓十年，公會衛侯于桃丘，弗遇。杜注：衛地，濟北東阿縣東南有桃城。今山東泰安府東阿縣西五十里有桃城鋪，旁有一丘，高可數仞，即桃丘也。**莘**，桓十六年，衛宣公使急子于齊，使盜待諸莘，將殺之。杜注：衛地，陽平縣西北有莘亭。道阨險，自衛適齊之道〔一〕。輿地志云：陽平之莘有衛宣公二子爭死處。今山東東昌府莘縣北莘亭故城是也。成二年，戰鞌。傳：師從齊師于莘。即此地。左傳云：至衛地，即指下文之莘而言。**首止**，桓十八年，齊侯師于首止。杜注：衛地，陳留襄邑縣東南有首鄉。僖五年，會王世子于首止，即此。在今河南歸德府睢州治東南，接寧陵縣境。**城濮**，莊二十七年，公會齊侯于城濮。杜注：衛地。將討衛之立子頹。是時王命齊桓爲侯伯。僖二十八年，晉文敗楚于城濮，即此。今山東曹州府濮州南七十里有臨濮城。**鹹**，僖十三年，會于鹹。杜注：衛地，東郡濮陽東南有鹹城。在今直隸大名府開州東南六十里。文十一年，得臣敗狄于鹹，自爲魯地，別見。**斂盂**，僖二十八年，齊侯、衛侯盟于斂盂〔二〕。杜注：衛地。今直隸大名府開州東南有斂盂聚，是其地。**襄牛**，衛侯出居于襄牛。杜注：衛地。秦置襄邑縣，明初省縣併入睢州，今屬河南歸德府。**鄾**，楚師背鄾而舍。杜注：丘陵險阻名。正義曰：楚所舍之處，有丘陵名鄾，其地有險阻也。**有莘之墟**，晉侯登有莘之墟以觀師。杜注：故國名。元和志：汴州陳留縣東北三十五里有故莘城，爲古莘國。又曹州濟陰縣，今曹縣南三十五里有莘仲故城，爲伊尹所耕地。案：城濮之戰，晉侯所登

〔一〕「道」，原作「地」，據味經窩本、乾隆本、光緒本、春秋大事表卷七改。
〔二〕「衛侯」，春秋左傳正義卷一六作「晉侯」。

有莘之墟，是曹州而非汴州。**宛濮**，甯武子與國人盟于宛濮。杜注：陳留長垣縣西南有宛亭，近濮水。今在直隸大名府長垣縣北。**清丘**，宣十二年，同盟于清丘。杜注：衛地，在濮陽縣東南。今大名府開州東南七十里有清丘，高五丈。**新築**，成二年，衛孫良夫及齊師戰于新築。杜注：衛地。今大名府魏縣南二十里有新築城。**鞫居**，齊師次于鞫居。杜注：衛地。後漢志：封丘縣鞫亭，即古鞫居也。封丘縣，今屬河南開封府。**馬陵**，成七年，同盟于馬陵。杜注：衛地，陽平元城縣東南有地名馬陵。戰國時，孫臏射殺龐涓處。宋人河北漕運，往往于黎陽或馬陵道口裝卸，蓋津要之地。今大名府治東南十五里有馬陵道，又有馬陵城。**柯**，襄十九年，叔孫豹會晉士匄于柯。杜注：魏郡内黄縣東北有柯城。後漢志：内黄有柯城。在今河南彰德府内黄縣境。莊十三年，公會齊侯盟于柯，乃齊阿邑。在今山東兗州府陽穀縣東北五十里，曰阿城鎮，本兩國地。高氏地名考混爲一，謂地相接者，非是。**商任**，襄二十一年，會于商任。杜注：闕。或曰在今彰德府安陽縣境。**茅氏**，襄二十六年，晉戍茅氏。杜注：戚東鄙。**圉**，孫蒯敗衛師于圉。杜注：衛地。今開州東有圉城。**戲陽**，昭九年，晉荀盈如齊逆女，還，卒于戲陽。杜注：魏郡内黄縣北有戲陽城。郡國志：内黄有苐陽聚。今屬河南彰德府。**厥慭**，昭十一年，會于厥慭。杜注：闕。或曰在今衛輝府新鄉縣境。**沙**，定七年，齊侯、衛侯盟于沙。左傳作瑣，杜注：即沙也。陽平元城縣東南有沙亭。在今大名府元城縣東。**瓦**，定八年，公會晉師于瓦。杜注：衛地，東郡燕縣東北有瓦亭。今衛輝府滑縣東南瓦岡集，古瓦亭也。**垂葭**，定十三年，齊侯、衛侯次于垂葭，實郹氏。杜注：高平鉅野縣西南有郹亭。鉅野縣，今屬山東曹州府。**牽**，定十四年，會于牽。杜注：魏郡黎陽縣東北有牽城。路史：内黄西南三十里有故牽城。今在内黄之西南，濬縣之北，二縣本連壤。内黄，今屬河南彰德府，濬縣屬衛輝府。**鐵**，哀二年，晉趙鞅、鄭罕達戰于鐵。杜注：鐵，丘名，在戚城南。今大名府開州北有戚城，其南爲王合里，即鐵丘也。**巢**。哀十一年，衛莊公復太叔疾，使處巢，死焉。杜注：衛地。寰宇記：巢亭在襄陵縣南二十里。今歸德府睢州巢亭是也。**衛山川**：案：左傳：衛地無山。僖十四年，沙鹿崩。杜注：沙鹿，山名。陽平元城縣東有沙鹿土山，此時當屬衛。晉惠公時封域安得到此？卜偃之言，乃因明年韓原之敗適與之會而附會之耳。穀梁亦以爲晉山，此因後日之晉而追言之，非實録也。公羊以爲爲天下記異者，得之。**河**，閔二年，狄滅衛。宋桓公逆諸河，宵濟。衛都朝歌，在今衛輝府淇縣，在河北。僖二年，遷楚丘，爲今衛輝府滑縣；僖三十一年，遷帝丘，爲今北直大名府開州，俱在河之南。**濟水**，定八年，齊與衛地，自濟以西。毛詩鄭箋云：衛自河以東夾于濟水。孔穎達云：濟自河北而南入于河，又出而東，楚丘在其間，西有河，東有濟，故曰「夾于濟水」。齊所與衛地，蓋齊、衛分境之濟也。又濟水亦謂之清水。隱四年，公及宋公遇于清。杜注：清，衛邑，濟北清河縣有清亭。水經注：濟水自魚山而北逕清亭東。京相璠曰：濟水通得清之目。清亭在今山東東阿縣東北四十里。**濮水**，定八年，齊侯、鄭伯盟于曲濮。濮渠首受濟水，東流至祭城，分爲二瀆，北濮出焉；又東逕須城北，詩云「思須與漕」者也。又北迤邐而東入乘氏縣，由鉅野以入濟。曲濮爲濮水曲折處。在今山東曹州府濮州境。**洹水**，成十七年，聲伯夢涉洹。杜注：洹水出汲郡林慮縣東北，至魏郡長樂縣，入清水。洹水在今彰德府治安陽縣北四里，亦名安陽河，源出林縣西北林慮山中，東流入内黄縣界，入于衛河。**彭水**，昭二十年，公與北宫喜盟于彭水之上。詩：清人在彭。孔疏：彭，河上邑。水經注：清地水逕清陽亭南，即古清人城也。**澶淵**，襄二十年，盟于澶淵。杜注：在頓丘南，今名繁淵。此衛地，又近戚田。水經注曰：浮水故瀆，上承大河于頓丘縣，而北出，東逕繁陽故城南，故應劭曰：縣在繁水之陽。張晏曰：縣有繁淵。春秋襄公二十年：公會晉侯、齊侯，盟于澶淵。杜預曰：在頓丘縣南，今名繁淵。澶淵即繁淵也，亦謂之浮水焉。彙纂云：繁陽故城在内黄縣東北二十七里，古頓丘約略在濬縣之南。漢元光三年，河水徙頓丘東南流，既而決瓠子。今瓠子故城在開州西南二十五里，則澶淵之地當在内黄之南、開州之西北也。案：水經注發明杜氏之説最有根據。而後漢書郡國志乃云：杍秋故屬梁國，有澶淵聚。左傳襄二十年：盟于澶淵。南畿志云：杍秋故城在今蕭縣西七十里〔一〕。案：江南徐州府蕭縣去直隸大名府開州千有餘里，後漢志誤也。**阿澤**，襄十四年，孫氏追敗公徒于阿澤。杜注：濟北東阿縣西南有大澤。

〔一〕「七十里」，春秋大事表卷八作「十七里」。

阿澤在今山東泰安府東阿縣東北六十里，有七級上下二閘，爲今運河所經，古阿澤是其處。**南河**，僖二十八年，晉侯伐曹，自南河濟。杜注：曹在衛東，從汲縣南渡，出衛南而東。黄河故道自新鄉東流，經衛輝府汲縣南七里，謂之棘津，亦曰南河，係衛地。昭十七年，晉伐陸渾，亦於此渡，蓋此時汲縣已屬晉矣。又東二十里爲延津，即廩延之津，係鄭地。今爲縣，乃此津之下流。**滎澤**。閔二年，狄伐衛，戰于滎澤。杜注：此滎澤當在河北。杜注以別于鄭州之滎澤也。鄭州之滎澤，係鄭地。正義曰：禹貢「導沇水入于河，溢爲滎」。是滎在河南。此時衛都河北，爲狄敗，乃東徙渡河，故知此滎澤當在河北。但沇水入河，乃泆被河南多，故專得滎名，其北雖少，亦稱滎也。

齊都：臨淄，故齊城，今在山東青州府臨淄縣城北。班固曰：臨淄名營丘，師尚父所封，以地臨淄水而名。齊世世都此。城周五十里有十三門〔一〕。**城内之里曰莊**，襄二十八年，陳桓子曰：得慶氏之木百車于莊。孔穎達曰：「六達謂之莊。」又昭十年，陳鮑與欒高戰，敗諸莊。莊在鹿門之内。**曰嶽**，襄二十八年，慶封伐西門，弗克。還伐北門，克之。入伐内宫，弗克，反陳于嶽。杜注：嶽，里名。是在宫門之外，北門之内。合莊與嶽，即孟子所謂莊、嶽之間也。**又有魚里**，陳鮑國人爲優，慶氏之士，觀優至于魚里。杜注：里名。當近在宫門之外。**城西祀后稷之處曰稷**，昭十年，陳鮑伐

〔一〕「五十里」，原作「三十里」，據味經窩本、乾隆本、光緒本、春秋大事表卷七改。

欒高，戰于稷。杜注：稷，祀后稷之處。今臨淄縣西南十三里有稷山。**其西北有地名棘**，陳桓子召子山，而反棘焉。杜注：西安縣東有戟里亭。今在臨淄縣西北。**西南有狹道名弇中**，襄二十五年，崔杼弒莊公，閭丘嬰與申鮮虞乘而出，及弇中，遂來奔。哀十四年，子我失道于弇中，即此。志云：自臨淄縣西南至萊蕪有長峪界兩山間，長三百里，爲齊、魯往來之道。齊乘所云馬陘亦即此。成二年，晉師入自丘輿，擊馬陘，蓋晉師自魯來也，豈弇中爲峪之總名，而馬陘爲峪中之一地與？**西五十里有地名葵丘。**莊八年，連稱、管至父戍葵丘。杜注：在臨淄縣西。京相璠曰：齊西五十里，即雍廩之渠丘，二人蓋以久戍而怨，非以遠戍而怨也。**齊邑：盧**，隱三年傳：齊、鄭盟于石門，尋盧之盟也。杜注：齊地。後爲齊公子高傒邑。成十七年，高弱以盧叛，即此。今盧城在濟南府長清縣西南二十五里。**嬴**，桓三年，公會齊侯于嬴。杜注：齊邑，今泰山嬴縣。在今泰安府東南五十里。**禚**，莊二年，夫人姜氏會齊侯于禚。杜注：齊地。實邑也。定九年，齊侯致禚、媚、杏于衛。杜注：三邑皆齊西界。據此當爲齊、魯、衛三國分界之地。**鮑**，莊八年傳：鮑叔牙奉公子小白奔莒。今濟南府歷城縣東三十里有鮑城。齊乘曰：禹後有鮑叔仕齊，食采于鮑，因以爲氏。叔牙其後。**柯**，莊十三年，公會齊侯盟于柯。杜注：齊之阿邑。齊威王烹阿大夫，即此。今故城在兗州府陽穀縣東北五十里，曰阿城鎮，有阿城上下二閘，爲運道所經。**周首**，文十一年傳：齊王子成父獲長狄僑如弟榮如，埋其首于周首之北門。杜注：齊邑，濟北穀城東北有周首亭。在今泰安府東阿縣東，近濟南府長清縣界。**晏**，宣十四年，晏桓子。今濟南府齊河縣北有晏城。志云：晏嬰采邑。**石窌**，成二年，齊侯以辟司徒之妻有禮，予之石窌。杜注：邑名，濟北盧縣東有地名石窌。在今濟南府長清縣城東南三十里，以清水在城南爲名。**丘輿**，晉師入自丘輿，擊馬陘。杜注：齊邑。當在今青州府治益都縣界。**馬陘**，杜注：齊邑。史記作馬陵。齊乘：淄水出益都岳陽山北，經萊蕪谷，又北經長峪道，亦曰馬陵，即郤克追齊侯處。所謂弇中狹道亦即此。在益都縣西南，近臨淄。蓋已直逼齊都矣。**上鄍**，公會晉師于上鄍。杜注：地闕。當在今兖州府陽穀縣境，蓋齊、衛境上之邑。**清**，成十七年，齊侯使國勝告難。杜注：陽平樂平縣。今東昌府堂邑縣東南有清城。**東陽**，襄二年，晏弱城東陽，以逼萊子。杜注：齊境上邑。今青州府臨朐縣東有東陽城。**郲**，襄十四年，衛獻公奔齊，齊人以郲寄衛侯。杜注：齊東鄙邑。哀五年，齊置群公子于萊，即此，即齊所滅之萊國是也。今登州府之蓬萊縣、黄縣皆故萊國之地。**平陰**，襄十八年，諸侯伐齊，齊侯禦諸平陰。杜注：齊邑，在濟北盧縣東北。故平陰城在今泰安府平陰縣東北三十五里。**防門**，杜注：平陰城南有防，防有門，于門外作塹，防横行廣一里。案：此即齊築長城之始。戰國時七國皆有長城，齊城即托始于此。郡縣志：故長城首起平陰縣二十九里。**京茲**，荀偃、士匄以中軍克京茲。杜注：在平陰城東南。今在泰安府平陰縣東南。**邿**，魏絳、欒盈以下軍克邿。

杜注：平陰西有邿山。在今平陰縣西。**郵棠**，齊侯將走郵棠。杜注：齊邑，故萊邑也。北海即墨縣有棠鄉。今膠州府即墨縣南八十里有甘棠社，即古棠鄉。**祝柯**，襄十九年，諸侯盟于祝柯。杜注：祝柯縣今屬濟南郡。今濟南府長清縣豐齊鎮北二里有故祝柯城。**高唐**，襄十九年，夙沙衛入于高唐以叛。杜注：在祝柯縣西北。案：襄二十五年，祝佗父祭于高唐。杜注：高唐有齊別廟。蓋齊之宗邑也。穆孟姬爲陳無宇請之，陳氏始大。故城在今濟南府禹城縣北四十里。**棠**，襄二十五年，齊棠公之妻。杜注：邑名。孟子勸齊王發棠即此。後譌爲「堂」。今爲東昌府之堂邑縣。**廩丘**，襄二十六年，齊烏餘以廩丘奔晉。杜注：東郡廩丘故城是也。在今曹州府范縣東南七十里，介乎齊、晉、宋、魯、衛之間。**崔**，襄二十七年，崔成請老于崔。杜注：濟南東朝陽縣西北有崔氏城，崔之宗邑也。今在濟南府章丘縣西北二十五里。**邶殿**，襄二十八年，與晏子邶殿，其鄙六十。杜注：齊別都，以邶殿邊鄙六十邑與晏嬰。高氏曰：案晏子春秋：景公封晏子于都昌，辭不受。都昌古城在今萊州府昌邑縣西，舊以爲即邶殿。然古者增封，每因其原封而附益之，晏子本封于晏，在今濟南府齊河縣境，邶殿當亦在此，都昌之說不可通。余謂高氏之言非也。皇輿表以高密爲晏子封邑，高密縣屬萊州府，蓋以晏弱滅萊、棠之故。太史公亦謂晏子爲萊之濰夷人，昌邑與高密爲接壤，則其增封非無據。晏城之爲晏，或其未封高密時所食邑耳。**夫于**，昭十年，陳桓子召子周，與之夫于。杜注：濟南於陵縣西北有于亭。案：於陵，齊邑，陳仲子所居，今故城在濟南府長山縣南二十里。**莒**，陳桓子請老于莒。陳私邑，在齊東境。昭三年，齊侯田于莒，即此。高氏曰：取地於莒，遂謂之莒，如鄭取許田而謂之許，楚取沈邑而謂之沈，魯有薛地而謂之薛耳。**聊攝**，昭二十年，晏子曰：「聊攝以東。」杜注：齊西界聊城縣東北有攝城。案：聊城，齊邑，爲今東昌府治。治城自石晉、汴宋以河患，再徙古聊城，在今府治西十五里。攝一作聶。水經注：聊城縣西二十五里有古聶邑。僖元年，次于聶北救邢，即此，蓋齊之西界近邢地也。**媢**，定九年，齊侯致禚、媢、杏于衛。杜注：齊西界。當在今濟南府禹城縣。禚近魯，見前。**杏**，杜注：齊西界。當在今東昌府博平縣。**賴**，哀六年，公子陽生入齊，使胡姬以安孺子居賴，又遷之于駘。杜注：齊邑。哀十年，晉趙鞅伐齊，毁高唐之郭，及賴而還，即此。今濟南府治東近章丘縣界有賴亭。**駘**，杜注：齊邑。或曰在今青州府臨朐縣界。**犂**，哀十年，晉趙鞅伐齊，取犂及轅。杜注：犂一名隰，濟南有隰陰縣。大夫隰氏之采邑。在今濟南府臨邑縣西十里。**轅**，杜注：祝柯縣西有轅城。在今濟南府禹城縣西北。**博**，哀十一年，公會吴伐齊，及博，至于嬴。杜注：齊邑。故城在今泰安府泰安縣東南。嬴見桓三年。**舒州**，哀十四年，陳恒執公于舒州。史記作徐州。今兖州府滕縣東南薛城是。本薛地，爲齊陳氏邑。案：春秋末，薛尚存，當是齊侵其近郊之地，别置舒州以封陳氏耳。**蒙**。哀十七年，公會齊侯，盟于蒙。杜注：東莞蒙陰西有故蒙陰城。在今沂州府蒙陰縣東十里。**齊地：石門**，隱三年，齊、鄭盟于石門。杜注：齊地，盧縣故城西南濟水之門也。在今濟南府長清縣西南。艾，隱六年，公及齊侯盟于艾。杜注：泰山牟縣東南有艾山。不言齊地，尚疑地在齊、魯之間。在今沂州府蒙陰縣西北。又哀十一年，及齊師戰于艾陵。孔氏曰：在博縣南六十里。在今泰安府泰安縣東南，與此自別。張守節謂艾與艾陵爲一地者，誤。姑棼，莊八年，齊侯游于姑棼，遂田于貝丘。杜注：齊地。即薄姑，一名蒲姑。樂安博昌縣北有薄姑城。周成王時，薄姑與四國作亂，成王滅之，以益太公之封，後胡公徙都于此。在今青州府博興縣東北十五里。堂阜，莊九年，管仲請囚，鮑叔受之，及堂阜而稅之。杜注：齊地，東莞蒙陰縣西北有夷吾亭。今在沂州府蒙陰縣西北。北杏，莊十三年，會于北杏。杜注：齊地。當在今泰安府東阿縣境。落姑，閔元年，盟于落姑。杜注：齊地。在今泰安府平陰縣界。陽穀，僖三年，齊侯、宋公、江人、黄人會于陽穀。杜注：齊地，在東平須昌縣北。今兗州府陽穀縣東北三十里陽穀故城是也。縣治南有會盟臺，即齊桓公會江、黄處。穆陵，僖四年，管仲對楚子曰：「南至于穆陵。」杜注：齊境。穆陵關在青州府臨朐縣東南一百五里。無棣，杜注：齊境。杜氏通典：鹽山，春秋之無棣邑也。元於其地分置兩無棣縣，今直隸天津府之慶雲，山東武定府之海豐，皆元所分無棣之地，皆以無棣溝得名。詳見山川。案：無棣是齊西北邊境，其地廣莫，今現跨兩省。春秋置邑，安得如此之大？通典失之。牡丘，僖十五年，盟于牡丘。杜注：地闕。今東昌府治聊城縣東北七十里有牡丘，或云即春秋會盟處。甗，僖十八年，宋敗齊師于甗，立孝公而還。

杜注：齊地。在今濟南府治歷城縣界。**酅**，僖二十六年，公追齊師至酅，弗及。杜注：齊地，濟北穀城縣西有地名酅下。在今泰安府東阿縣西南。趙氏曰：「酅，齊之附庸，紀季之邑。」**郪**，文十六年，公子遂及齊侯盟于郪。杜注：齊地。當在今泰安府東阿縣境。**平州**，宣元年，公會齊侯于平州。杜注：齊地，在泰山牟縣西。今泰安府萊蕪縣西有平州城。**垂**，宣八年，仲遂卒于垂。杜注：齊地，非魯境。故垂地當在今泰安府平陰縣境。**鞌**，成二年，齊、晉戰于鞌。杜注：齊地。通典云：鞌在平陰縣東，今從高氏之説，取近志謂鞌即古之歷下城，即今濟南府治之歷城縣。**袁婁**，成二年秋，及齊國佐盟于袁婁。杜釋例：地名，闕。注第引穀梁曰：「袁婁去齊五十里。」且公、穀二傳並爲近郊之辭。張氏洽因曰：「臨淄縣西有袁婁。」蓋亦約略之語耳。或曰在淄川境。**莘**，師從齊師于莘。杜注：齊地。桓十六年，衛公子伋使于齊，使盜待諸莘，即此。今爲東昌府莘縣。杜注：一云衛地，一云齊地。高氏以莘去鞌四百餘里，齊侯既親遇晉師境上，即當遏勿使進，何爲不戰引退，縱敵入境四百里而後戰？疑莘亦當爲近鞌之地。今細案左傳本文，莘確是東昌府之莘縣，專屬衛地，與齊無預。**徐關**，齊侯自徐關入。今濟南府淄川縣有徐關。**大隧**，襄十九年，齊及晉平，盟于大隧。杜注：地闕。或曰在今東昌府高唐州境。**重丘**，襄二十五年，同盟于重丘。杜注：齊地。今東昌府聊城縣東北，跨在平縣界，有古重丘，爲諸侯會盟處。彙纂云：濟南府德州亦有重丘城。或云會盟處。以經文考之，公會諸侯于夷儀，同盟于重丘，夷儀爲今直隸順德府地，去東昌爲近，自夷儀涉齊境，則其地當在聊城。**寧風**，昭五年，孟、仲之子殺豎牛，投其首于寧風之棘上。杜注：齊地。**野井**，昭二十五年，齊侯唁公于野井。杜注：濟南祝阿縣東有野井亭。在今濟南府齊河縣東濟河北岸。**夾谷**，定十年，公會齊侯于夾谷。杜注：即祝其。舊以濟南淄川縣西南三十里有夾山，上有夾谷臺，爲定公會齊侯處。案：齊、魯兩君相會，不應去齊若此之近，去魯若此之遠。今泰安府萊蕪縣有夾谷峪。名勝志以爲萊兵劫魯侯處，庶幾近之。**安甫**，定十年，會于安甫。杜注：闕。張洽傳曰：齊地。**鄎**，哀十年，公會吳，伐齊南鄙，師于鄎。杜注：齊地。**清**，哀十一年，齊伐我及清。杜注：齊地，濟北盧縣東有清亭。今爲濟南府之長清縣。又隱四年，公及宋公遇于清。杜注：衛地，濟北東阿縣有清亭。東阿今屬泰安府，蓋當時濟水流于二邑之間，而清池跨占其左右，故二國皆得有清也。**顧**，哀二十一年，公及齊侯盟于顧。杜注：齊地。詩云「韋、顧既伐」即此。今曹州府范縣東南有顧城。**留舒**，哀二十七年，齊陳成子救鄭，及留舒，違穀七里，穀人不知。杜注：齊地。今泰安府東阿縣西南有留舒城，與東平州接壤。

齊山川：**泰山**，史遷曰：自泰山北被于海，膏壤二千里。**靡笄**，成二年，戰鞌。傳：師至于靡笄之下。杜注：靡笄，山名。靡笄山在今濟南府治歷城縣南十里，亦曰歷山。史記：「晉平公元年伐齊，齊靈公戰于靡下。」徐廣曰：「靡」當作「歷」。左傳作靡笄之下，省文而爲「靡下」，又譌「靡」而爲「歷」也。漢三年，韓信襲破齊歷下軍，即此。鄭康成云：歷山即雷首山。山有九名，歷下其一也。三齊記：歷下城南對歷山，城在山下，因名。**華不注**，成二年，晉逐齊侯三周華不注。杜注：山名。華不注山在濟南府城東北十五里，下有華泉。伏琛云：「不」音「跗」，與詩「鄂不韡韡」之「不」同，謂花蒂也。言此山孤秀，如花跗之着于水云。**巫山**，襄十八年，齊侯登巫山以望晉師。杜注：巫山在盧縣東北。今濟南府肥城縣西北七十五里，即齊侯望晉師處。**格馬山**，襄十八年，晉師伐齊。齊師遁，殖綽、郭最代夙沙衛殿，衛殺馬于隘以塞道，二子獲于晉。後人因以名山。在今濟南府長清縣東南六十里。水經注：漢賓水出南格馬山，北流盧縣故城北。山即夙沙衛殺馬塞道處也。**艾山**，隱六年，公及齊侯盟於艾。杜注：泰山牟縣東南有艾山。高氏曰：今沂州府蒙陰縣西北百二十里有艾山。漢牟縣屬泰山郡，晉因之。在今萊蕪縣東二十里，蒙陰正在萊蕪東南。又桑氏水經：沂水出泰山蓋縣艾山。漢蓋縣在今沂水縣西北七十里。沂水與蒙陰相鄰，以地勢準之，亦相近也〔一〕。**海**，僖四年，管仲對楚子曰：賜我先君履，東至于海，西至于河。蘇秦曰：齊北有渤海。韓非子：齊景公遊于少海。今自平州碣石南至登州沙門島，皆爲渤海，即少海也。孔穎達曰：齊地當盡樂安、北海之東界。今濟南東北境皆濱海，青州之博興、壽光濱渤海，沂州之日照濱大海，登、萊二府三面距海。當其北者爲渤海，當其

〔一〕「泰山蓋縣艾山漢蓋縣在今沂水縣西北七十里沂水與蒙陰相鄰以地勢準之亦相近也」三十五字，原脱，據光緒本、春秋大事表卷八補。

東南者大海也。桓公時，未能有登、萊之地，故曰：東至于紀酅。後滅萊，則東盡于海矣。**河**，古九河故道大抵在河間、成平以南，平原、鬲縣以北。九河徒駭最西，以次而東。計桓公之時齊之東境當在最西，徒駭是其西界耳。又尚書禹貢彙纂曰：九河故道，春秋時已湮廢遷徙，然大勢當在山東德州以上，及直隸河間府數百里之地。則齊之東境當亦止此。**無棣**，又管仲曰：「北至于無棣。」水經注：清河入南皮縣界，分爲無棣溝，流逕高城入海。隋改高城爲鹽山，屬滄州。杜氏通典：「鹽山，春秋之無棣邑也。自後廢置不一。至元分其地置兩無棣縣：一仍舊治，屬河間路之滄州，一屬濟南路之棣州。明改河間之無棣爲慶雲，屬滄州；改濟南之無棣爲海豐，屬武定州。今海豐、滄州之境皆有無棣溝，舊合鬲津河，東入海。唐世嘗疏之，以通濱海魚鹽之利。亦曰無棣河。今淤。**濟水**，隱三年，齊、鄭盟于石門，鄭伯之車僨于濟。濟即今之大清河，在濟南府長清縣界二十五里，自平陰縣流入境，又東北入齊河縣界，即鄭伯車僨處。**濼水**，桓十八年，公會齊侯于濼。杜注：濼水在歷城縣，西北入濟。濼，即今之小清河。志云：「濟之南源也，源發趵突泉，在濟南府城西南濟水伏流重發處。經城北而東，大明湖自城北水門流入焉。又東北經華不注山陽，合華泉，又東北入大清河，即濟瀆也。宋南渡時，濼水分流入章丘縣界，謂之小清河，行五百餘里至馬車瀆入海。明永樂後，屢濬屢塞。今小清河仍自華不注東北入大清河。**濰水**，襄十八年，晉師東侵及濰，南及沂。杜注：濰水在東莞東北，至北海都昌縣入海。濰水出今沂州府莒州西北九十里之箕屋山，即濰山也。土人名爲淮河。昭十三年，中行穆子曰：「有酒如淮，有肉如坻。」劉綽曰：「淮」當作「濰」是也。東流歷諸城、高密、安丘、濰縣，至昌邑之東北五十里入海。昌邑縣即古都昌境。**沂水**，沂水出今沂州府沂水縣西北一百七十里雕崖山，接蒙陰縣界，南流至江南淮安府宿遷縣北，匯爲駱馬湖，又南入運河。曾氏曰：水以沂名者非一，出尼丘山西北經魯之雩門者亦謂之沂水，出太山武陽之冠石山者亦謂之沂水，而沂水之大則出于太山也。哀二年，取沂西田，係小沂水，與此又别。**淄水**，太公始封營丘。孔穎達曰：營丘臨淄水上，故曰臨淄。臨淄今亦爲縣，屬青州府。淄水出今青州府益都縣西南顔神鎮東南二十五里之原山，經臨淄縣東，東北流至壽光縣北入海。田單馳騁于淄、澠之間，蓋淄水在城南，澠水在城北也。易牙能别淄、澠，即此。**澠水**，昭十三年，晉侯與齊侯宴。齊侯曰：「有酒如澠。」杜注：澠水出齊國臨淄縣，北入時水。澠水在今青州府臨淄縣西，源出故城西南之申池，至博興縣界入于時水。**時水**，莊九年，及齊師戰于乾時。杜注：時水旱則乾竭，故名。時水出今臨淄縣西南二十五里，蓋伏淄所發，亦謂之耏水。平地出泉曰耏。襄三年，齊侯與晉士匄盟于耏外，即此。水經注：「今樂安博昌縣南界有時水，西通濟，其上源在盤陽北。高苑下有死時，即春秋之乾時，亦謂之時澠水，以下流與澠水合也。」**姑水、尤水**，昭二十年，晏子曰：「聊攝以東，姑、尤以西。」杜注：姑、尤，齊東界。二水皆在城陽郡，東南入海。姑水今曰大姑河，發源于登州府黄縣西南三十里之蹲狗山東南福山界，又折而西南歷招遠、萊陽，以至于平度州南，故即墨城。尤水今曰小姑河，發源于萊州府東南三十里之馬鞍山，亦東南流至平度州，與大姑河合，通名沽河，至膠州即墨縣入海。二水起北海至南海，行三百餘里，繞齊東界。**申池**，文十八年，齊懿公遊于申池。杜注：齊南城西門，名申門。齊城無池，惟此門左右有池。申池在今臨淄縣西，即系水源也。襄十八年，晉及諸侯伐齊，焚申池之竹木即此。**華泉**。成二年，戰鞌。傳：丑父使公下，如華泉取飲。華泉，華不注山下之泉水也，在濟南府城北。

晉都：絳，今爲山西平陽府之翼城縣。成王封叔虞于唐，在河、汾之東，方百里，今太原府之太原縣。四世至成侯，南徙曲沃。又五世至穆侯，復遷于絳，亦曰翼。自桓叔封曲沃，其子莊伯浸强，時謂晉侯爲翼侯。桓八年，武公遂滅翼，自曲沃徙都之。王命爲晉侯。至莊二十六年，武公子獻公命士蔿城絳，以深其宫。翼即絳也，鄭氏詩譜言：穆侯遷都于絳，孝侯改絳曰翼，獻公又北廣其城方二里，命之曰絳。則翼、絳之爲一地明矣。僖十三年，秦輸粟于晉，自雍及絳。成六年，遷新田，後謂之故絳，皆指此古翼城。在今縣治東南十五里。**曲沃爲晉別都**，今爲山西絳州之聞喜縣，曲沃自穆侯徙絳後，爲晉大邑。昭侯封桓叔于曲沃，師服曰：晉，甸服也，而建國。言大邑不當以封也。自桓叔初封曲沃，至武公并晉，歷三世凡六十七歲，武公既徙絳，曲沃復爲大邑，驪姬使言于公：「曲沃，君之宗也，不可以無主。」於是獻公城曲沃，使太子申生居之，亦謂之新城，亦謂之下國。新城，以城曲沃而名；下國，以桓叔至武公，國之三世爲晉之舊國也。僖二十四年，晉公子入于曲沃，朝于武宫，蓋武公廟所在，後爲欒氏食邑。襄二十三年，晉欒盈入于曲沃以叛，即此。晉亡入魏。秦謂之左邑。水經注：左邑，故曲沃，詩所謂「從子于鵠」者也。漢武帝分置聞喜縣。今左邑故城在今聞喜縣治東。**遷于新田**，今爲山西平陽府之曲沃縣。成六年，晉人謀去故絳，韓獻子曰：「新田土厚水深，居之不疾，有汾、澮以流其惡。」公從之，遷于新田。自此以後，命新田爲絳，以舊都爲故絳。自襄二十三年，欒盈晝入絳，至定十三年，趙鞅歸晉入于絳，皆指新田之絳矣。絳故城在今縣治西南二里。**大夏爲晉陽，爲晉舊都**，今爲山西太原府之太原縣。古唐國，叔虞始封時所都也。昭元年，子産曰：「昔高辛氏有二子，伯曰閼伯，季曰實沈，不相能，日尋干戈。帝遷實沈于大夏，主參，唐人是因。及成王滅唐，而封太叔，故參爲晉星。」杜注：大夏，晉陽也。曰大夏，曰太原，曰大鹵，曰夏墟，曰唐，曰晉，曰鄂，左傳所稱凡七名，皆指晉陽一地。後爲趙氏食邑。定十三年，趙鞅入于晉陽以叛，即此。古唐國在今縣治北，古晉陽城在縣治東北。**諸浮**，文十三年，六卿相見于諸浮。杜注：晉地。正義曰：六卿在朝旦夕聚集，而特云相見于諸浮者，將欲密謀，慮其漏泄，故出就外野，屏人私議。諸浮當是城外之近地耳。**長樗**，襄三年，公及晉侯盟于長樗，公至自晉。杜注：晉侯出其國都，與公盟于外。正義曰：長樗，蓋近城之地。盟訖，還入于晉，故公歸書至自晉也。文三年，盟于晉都。此盟出城外者，悼公謙以待人，不敢使國君就己，出盟于外，若似相就然。**翼東門**，成十八年，欒書、中行偃弒厲公，以車一乘，葬之于翼東門之外。案：此是故絳之東門也。晉以成六年遷新田，以新田爲絳，故謂故絳爲翼，在平陽府翼城縣。**聚**，莊二十五年，晉士蔿城聚，以處群公子。冬，晉侯圍聚，盡殺之。明年命士蔿城絳，以深其宮。此時之絳都爲翼城縣，而聚在今絳州絳縣東南十里，有車箱城，相傳爲晉置群公子之所。是城絳、城聚非一地，亦非一時。史記謂城聚都之，命曰絳，始都絳，混而一之，誤矣。**絳市**，宣八年，晉人獲秦諜，殺諸絳市，六日而蘇。案：此時未遷新田，蓋故絳之市也。**絳縣**，襄三十年，晉悼夫人食輿人之城杞者，絳縣老人無子而往，與于食。趙文子召而謝過，以爲絳縣師。正義曰：絳，晉國都也。此時晉已遷，蓋指新田之絳矣。**絳郊**，昭二十九年，龍見于絳郊。蓋曲沃縣之郊也。**固宮**，襄二十三年，晉欒盈以晝入絳，范宣子奉公以如固宮。杜注：宮之有臺觀備守者。正義曰：晉語云：范宣子以公入于襄公之宮。蓋襄公有別宮，牢固，故謂之固宮。下傳云范氏之徒在臺後，欒氏乘公門，則臺可守禦，若漢宮之漸臺矣。**銅鞮之宮**，襄三十一年，子産曰：銅鞮之宮數里。杜注：晉離宮。在上黨。羊舌氏食邑，在宮北二十里。漢置銅鞮縣。水經曰：銅鞮水出覆釜山。酈氏注云：鞮水出銅鞮之山北石磴山〔一〕，與專池、女諫諸水亂流以注于銅鞮。今銅鞮故城在沁州南十里。**虒祁之宮**，昭八年，晉築虒祁之宮。杜注：虒祁，地名，在絳西四十里，臨汾水。水經注：汾水西逕虒祁宮北，有故梁截汾水中，凡三十柱，柱逕五尺，裁與水平，蓋晉平公時物也。其宮面汾背澮，西則兩川之交會。今平陽府曲沃縣西四十九里有虒祁宮址，地連絳州之聞喜縣界。**晉邑：隨**，隱五年，翼侯奔隨。杜注：晉地，後

〔一〕「北」，原脱，據光緒本、春秋大事表卷七補。

爲士會食邑，號隨武子。今山西汾州府介休縣東有隨城。**陘庭**，桓二年，哀侯侵陘庭之田，陘庭南鄙啓曲沃伐翼。杜注：翼南鄙邑。翼爲今平陽府翼城縣，縣東南七十五里有熒庭城。志云即陘庭也。襄二十三年，齊侯伐晉，張武軍于熒庭，即此。**欒**，桓二年傳：靖侯之孫欒賓。杜注：晉地。晉大夫欒氏之封邑。今直隸真定府欒城縣是也。案：欒賓傳桓叔在春秋前，晉疆未得到真定，當存疑。**蒲**，莊二十八年，驪姬使梁五、東關五言于公曰：蒲與二屈，君之疆也。「二」，或云當作「北」。杜注：今平陽蒲子縣。今山西隰州東北有蒲子故城。**二屈**，見上。杜注：平陽北屈縣。今山西吉州東北二十一里有北屈廢縣。**韓**，僖十年，帝許我罰有罪矣，敝于韓。古韓國，春秋前晉文侯二十四年，滅韓。後爲桓叔子韓萬封邑，亦曰韓原。在今陝西同州府韓城縣東南二十里。**陰**，僖十五年，陰飴甥會秦伯。杜注：呂甥食采于陰。今山西平陽府霍州西南十里有呂城，蓋以呂甥所居得名。後以賜魏錡，復有呂錡、呂相之稱。**狐厨**，僖十六年，狄侵晉，取狐厨、受鐸，涉汾，及昆都。杜注：晉邑，平陽臨汾縣西北有狐谷亭。今屬平陽府襄陵縣。**受鐸**，杜注：晉邑。**昆都**，杜注：晉邑。今平陽府臨汾縣南有昆都聚。是時狄自西來，薄平陽境，狐厨、受鐸在汾西，而昆都在汾東，故涉汾而及昆都也。今平陽府治臨汾縣城西二里即逼汾水。**郇**，僖二十四年，咎犯與秦、晉之大夫盟于郇。杜注：解縣西北有郇城。案：郇，國名。詩所謂「郇伯勞之」者。亦曰荀，汲郡古文：晉武公滅荀，以賜大夫原氏黯，是爲荀叔。

今在蒲州府臨晉縣東北十五里。**原**，僖二十四年傳：文公妻趙衰，生原同、屏括、樓嬰。杜注：原、屏、樓，三子之邑。原即周襄王所賜邑，趙衰嘗爲原大夫。今河南懷慶府濟源縣西北十五里有原鄉。**屏**，路史曰：炎帝臣屏翳封屏國。趙括采邑當在其處。**樓**，今隰州永和縣南十里樓山城。隋嘗置樓山縣。**冀**，僖二十五年，遷原伯貫于冀。案：冀本國名，地并于虞，虞亡歸晉。惠公與郤芮爲食邑，謂之冀芮。僖二十四年，芮謀殺文公被誅，邑入晉。其子缺因臼季舉命爲卿，復與之冀。杜注：平陽皮氏縣東北有冀亭。在今絳州河津縣東，又縣東十五里有如賓鄉。**河陽**，僖二十八年，天王狩于河陽。本周盟邑，後歸晉，謂之河陽。古河陽城在今河南懷慶府孟縣西南三十里。**焦**，僖三十年，燭之武曰：許君焦、瑕。杜注：焦、瑕，晉河外五城之二邑。宣二年，秦圍焦。杜注：晉河外邑。案：焦本國名，晉之同姓，司馬侯所謂虞、虢、焦、滑，皆晉所滅者。今陝州南二里有故焦城。**瑕**，文十三年，晉使詹嘉處瑕，以曲沃之官守之。故瑕亦名曲沃。戰國策每以焦、曲沃並稱。如左傳之言焦、瑕，知瑕即曲沃矣。今陝州西南三十二里有曲沃城，即詹嘉所處瑕邑。桃林在靈寶縣，蓋相近之地也。晉地道記：猗氏縣東北有瑕城，今屬蒲州府，乃郇瑕氏之瑕，在河北。此在河南，舊混而一之，誤。**箕**，僖三十三年，晉人敗狄于箕。杜注：太原陽邑縣南有箕城。昭二十三年，叔孫婼如晉。士伯曰：「將館子于都。」乃館諸箕。杜注：都，別都，謂箕邑。今太原府太谷縣東南三十五里有箕城。**先茅之縣**，以先茅之縣賞胥臣。杜注：先茅絕後，故取其縣，以賞胥臣。猶言蘇忿生之田也。**甯**，文五年，晉陽處父聘于衛，反過甯。杜注：晉邑，汲郡修武縣。今河南衛輝府獲嘉縣西北有修武故城。古甯邑，秦置縣。

郫，文六年，晉賈季使迎公子樂于陳。趙孟使殺諸郫。襄二十三年，齊侯伐晉，入孟門，登太行，張武軍于熒庭，戍郫邵。杜注：取晉邑而戍之。即此郫也。蓋郫邵在太行之南界，接鄭、衛，戍之防追襲耳。今河南懷慶府濟源縣西一百里有郫亭，與山西絳州垣曲縣接界，蓋逼近晉都之地。**陽**，文六年，晉殺其大夫陽處父。陽爲處父食邑，漢陽邑縣是也。今太原府太谷縣東南十五里有陽城。**羈馬**，文十二年，秦伯伐晉，取羈馬。杜注：晉邑。今蒲州府治南三十六里有羈馬城。**懷**，宣六年，赤狄伐晉，圍懷及邢丘。即周之懷邑。今河南懷慶府武陟縣西南十一里有懷城。**邢丘**，杜注：今河内平皋縣。今懷慶府河内縣東南七十里有平皋故城。平皋陂周圍二十五里，多産茭蒲，民賴其利，陂南即大河。**向陰**，宣七年，赤狄伐晉，取向陰之禾。向即周之向邑，今懷慶府濟源縣西南有向城。**瓜衍之縣**，宣十五年，晉賞士伯以瓜衍之縣。吴氏曰：今汾州府孝義縣北十里有瓜城，晉滅虞、虢，遷其民於此。**苗**，宣十七年，苗賁皇使見晏桓子。杜注：賁皇食邑于苗。今河南懷慶府濟源縣西十五里有苗亭。**邢**，成二年，楚申公巫臣奔晉，晉人使爲邢大夫。故邢國，衛滅之，後入于晉爲邑。哀四年，齊國夏伐晉，取邢，即此。今爲直隸順德府邢臺縣。**銅鞮**，成九年，鄭伯如晉，執諸銅鞮。杜注：晉別縣，在上黨。後爲羊舌赤之食邑。昭二十八年，滅羊舌氏，以樂霄爲銅鞮大夫。漢置銅鞮縣，屬上黨郡。晉因之。故城在今沁州南十里。**桑田**，成十年，晉公召桑田巫。杜注：晉邑。故虢地，後入晉。僖二年，虢公敗戎于桑田，即此。今河南陝州閿鄉縣東三十里有稠桑驛。**郜**，成十三年，吕相絶秦，焚我箕、郜，我是以有輔氏之聚。高氏曰：今太原府祁縣西七里有郜城，俗呼其地曰高城村。舊以爲即此郜。考是役秦次于輔氏，晉侯方略狄土，遣魏顆禦，却之。又襄十一年，秦伐晉，濟自輔氏，其爲濱河之邑無疑。今陝西朝邑縣西北十三里有輔氏城，其地東接蒲津，理可通也。或者但見箕在太谷，遂謂郜在祁縣。夫太原與蒲津相去數百里，秦師何由至此乎？存以俟考。**苦**，成十四年〔一〕，苦成叔。王符曰：郤犨食采于苦，曰苦成。路史曰：苦成故城。在今山西解州鹽池東。**虚**，成十七年，鄭子駟侵晉虚、滑。杜注：晉二邑。滑，故滑國，爲秦所滅，時屬晉，後屬周，在河南府偃師縣東二十里。又偃師東南有虚城。**雞澤**，襄三年，同盟于雞澤。杜注：在廣平曲梁縣西南。今曲梁故城在今直隸廣平府治永年縣東北，即國語所謂雞丘。若今雞澤縣，乃隋析廣平縣所置，非春秋時雞澤也。**霍人**，襄十年，晉滅偪陽，使周内史選其族嗣，納諸霍人。杜注：霍，晉邑。案：霍本周霍叔處所封，晉獻公滅之以爲邑，後以賜先且居，爲霍伯。今悼公以偪陽之罪不合絶祀，故歸之天子，使周内史選其宗族賢者，令居晉之霍邑以奉祀。言「納諸霍人」者，此霍邑或稱霍人，猶如晉邑謂之柏人也。今平陽府霍州西十六

〔一〕「十四年」，原作「十七年」，據光緒本、春秋大事表卷七改。

里有霍城。正義又引班固漢書樊噲傳云攻霍人。此係秦漢以來，別有霍人縣。漢地理志謂之葰人。縣在今代州繁峙縣北，相去數百里，不可混。**櫟**，襄十一年，秦、晉戰于櫟。高氏曰：今陝西西安府臨潼縣北三十里有櫟陽城，相傳即晉之櫟邑，非也。傳稱是役，秦庶長武濟自輔氏與鮑交伐晉師，戰于櫟，晉師敗績，則櫟爲河上之邑明矣。史記：晉悼公十一年，秦取我櫟。杜氏釋例云櫟在河北，此爲差近。若櫟陽，則古驪戎國，秦獻公所都，且去河絶遠，必非此櫟也。**長子**，襄十八年，晉執衛行人石買于長子，孫蒯于純留。杜注：長子、純留二縣，今皆屬上黨郡。案：長子，周初爲辛甲所封邑，後歸晉，今爲潞安府長子縣。**純留**，本春秋時留吁國，赤狄之別種也。宣十六年，晉滅之爲邑，謂之純留，亦曰屯留。史記：始皇八年，王弟長安君成蟜將軍擊趙，反，死屯留。即此。今潞安府屯留縣東南十里有純留城。**梗陽**，襄十八年，中行獻子見梗陽之巫皋。杜注：晉邑，在太原晉陽縣南。昭二十八年，魏戊爲梗陽大夫，即此。今太原府清源縣有梗陽故城。**祁**，襄二十一年，叔向曰：必祁大夫。杜注：祁奚食邑于祁，因以爲氏。祁縣屬太原。今太原府祁縣東南八里有古祁城。志以爲晉祁氏之邑。又縣東七里有祁藪，即爾雅所謂昭餘祁矣。祁縣以藪得名。**范**，襄二十四年，范宣子曰：在周爲唐、杜氏，晉主夏盟爲范氏。杜注：杜伯之子隰叔奔晉。四世及士會，食邑于范，復爲范氏。今山東曹州府范縣東三里有士會墓。季氏私考疑濮州衛地，晉不應以封其大夫。愚嘗考狄嘗滅衛，衛之遺壤入于狄者甚多。至宣十五年，晉復滅狄，而士會于宣十二年傳稱隨武子，于十七年請老，稱范武子。以後終春秋之世稱范不稱隨，蓋士會以十六年與于滅狄之功，滅留吁、甲氏，晉得狄之土以爲士會賞功之邑耳。其後范復入齊，孟子自范之齊即此。蓋春秋之季，范氏叛晉即齊，齊、衛助之，而范遂入齊爲邑，其地之去來固甚明也。**鄗**，襄二十六年，蔡聲子曰：「雍子奔晉，晉與之鄗，以爲謀主。」杜注：晉邑。昭十四年，邢侯與雍子爭鄗田，蓋亦近邢臺之地。邢臺縣今屬直隸順德府。**木門**，襄二十七年，衛侯之弟鱄出奔晉，托于木門。杜注：晉邑，在直隸河間府城西北三里。城中古有大樹，謂之木門城。漢置參户縣，武帝封河間獻王子免爲侯邑。宋元符三年，張商英請開木門口，泄徒駭東流，即此。**任**，襄三十年，鄭羽頡奔晉，爲任大夫。杜注：晉邑，屬廣平郡。哀四年，齊國夏伐晉，取任，即此。後爲趙邑。漢因置任縣，故城在今直隸順德府任縣東南。**中都**，昭二年，晉人執陳無宇于中都。杜注：晉邑，在西河介休縣東南。今汾州府平遥縣西北十二里有中都古城，西南至介休五十里。**良**，昭十三年，晉侯會吴子于良。後漢書志良成縣故屬東海。春秋時曰良。漢書志良成縣注侯國，師古曰：左氏傳晉侯會吴子于良，即此。今爲江南徐州府邳州。**乾侯**，昭二十八年，公如晉，次于乾侯。杜注：晉境内邑，在魏郡斥丘縣。闞駰曰：「地多斥鹵，故曰斥丘。」歷代皆爲斥丘縣，高齊始改置成安，今直隸廣平府成安縣東南有斥丘故城。**鄔**，昭二十八年，晉分祁氏之田爲七縣，司馬彌牟爲鄔大夫。杜注：太原鄔縣。今鄔城故址在汾州府介休縣東北二十七里。**平陵**，司馬烏爲平陵大夫。亦曰大陵。後屬趙。漢置大陵縣。隋改爲文水。今太原府文水縣東北二十里有大陵故城。**塗水**，知徐吾爲塗水大夫。

杜注：太原榆次縣。今太原府榆次縣西南二十里有塗水故城。**馬首**，韓固爲馬首大夫。元和郡縣志：馬首故城在壽陽縣東南十五里。漢爲榆次之東境。隋置壽陽縣。今屬平定州。縣東南十五里有馬首村。**盂**，孟丙爲盂大夫。杜注：太原盂縣。哀四年，齊國夏伐晉，取盂，即此。盂縣今屬平定州。**平陽**，分羊舌氏之田爲三縣，趙朝爲平陽大夫。杜注：平陽平陽縣。堯所都，春秋時晉邑，後韓武子都此。歷代皆爲平陽縣。隋改曰臨汾。今爲平陽府治。**楊氏**，僚安爲楊氏大夫。杜注：平陽楊氏縣。今平陽府洪洞縣南二里有古楊城，一名范城，叔向所築。**五氏**，定九年，齊侯、衛侯次于五氏。杜注：晉大夫邯鄲午之私邑，亦曰寒氏。十年傳：午以徒七十人，門于衛西門，曰：「請報寒氏之役。」即此。今直隸廣平府邯鄲縣有五氏城。**邯鄲**，定十三年，趙鞅殺邯鄲午。杜注：邯鄲廣平縣。故衛邑，後屬晉。戰國時，趙肅侯都此。今直隸廣平府邯鄲縣西南三十里邯鄲故城。**河内**，定十三年，齊邴意茲曰：鋭師伐河内。杜注：汲郡。故爲衛之邶邑。衛徙楚丘後，河内殷虚更屬于晉。今爲河南衛輝府治汲縣。**晉陽**，秋，趙鞅入于晉陽，以叛。即今太原府之太原縣。唐叔始封時故都也。見晉都。**朝歌**，冬，荀寅、士吉射入于朝歌，以叛。即今河南衛輝府之淇縣。衛康叔始封時故都也，後屬晉。詳衛都。**臨**，哀四年，趙稷奔臨。杜注：晉邑。今直隸趙州臨城縣有古臨城，即春秋時臨邑。**欒**，哀四年，齊國夏伐晉，取邢、任、欒、鄗、逆畤、陰人、盂、壺口，會鮮虞，納荀寅于柏人。杜注：欒至壺口八邑，皆晉地。欒在趙國平棘縣西北，本欒武子封邑，其後南徙。漢於其故地置關縣，後漢改曰欒城縣。今屬直隸真定府。又直隸趙州之北境，皆古欒邑地。**鄗**，杜注：即高邑縣也。鄗本晉邑，後屬趙。漢置鄗縣，光武改曰高邑。北齊移治于房子縣東北，去舊城三十里，即今直隸趙州之高邑縣也。古鄗城在今趙州柏鄉縣北十二里。**逆時**，水經注：濡水回湍曲復，亦謂之曲逆水。春秋齊國夏伐晉，取曲逆是也。是直以逆時爲曲逆矣。秦置縣，漢封陳平爲曲逆侯。今曲逆故城在直隸保定府完縣東南二十里。**壺口**，杜注：潞縣東有壺口關。舊志：壺關山在山西潞安府壺關縣西北二里。今在府治長治縣東南十三里。詳見山川。**柏人**，杜注：晉邑，趙國柏人縣也。哀五年，晉圍柏人。史記：趙王遷元年置柏人縣，屬趙國。漢高祖八年，過趙，問縣名，不宿而去。今柏人故城在直隸順德府唐山縣西十二里。**冠氏**。哀十五年，齊伐晉，取冠氏。杜注：陽平館陶縣。案：冠氏，晉邑。隋因分館陶縣界，析置冠氏縣。今山東東昌府冠縣北尚有冠氏故城。

晉地：**條**，桓二年傳：晉穆侯以條之役生太子。杜注：晉地。舊以直隸河間府景州古條爲晉條地，漢周亞父所封。皇輿表亦從其説。今案其地太遠，穆侯時疆土疑不到此。今山西解州安邑縣有中條山，縣北三十里有鳴條岡。孟子曰：「舜卒于鳴條。」尚書大傳：「湯伐桀，戰于鳴條。」此爲晉之條地，當近是。**千畝**，其弟以千畝之戰生。杜注：西河介休縣南有地名千畝。今汾州府介休縣南有千畝原。**汾隰**，桓三年，曲沃伐翼，逐翼侯于汾隰。杜注：汾水邊。史記作汾旁。蓋翼地之近汾者。**屈産**，僖二年，晉以屈産之乘與垂棘之璧，假道于虞。公羊謂屈産爲地名。今汾州府石樓縣東南四里有屈産泉，牧馬川上，多産名駒，接隰州界。**垂棘**，僖九年，齊侯以諸侯之師伐晉，及高梁。杜注：晉地，在平陽楊縣西南。僖二十四年，晉公子使殺懷公于高梁，即此。今平陽府臨汾縣東北三十七里高梁都地名梁虚是也，與洪洞縣接界。**虢略**，僖十五年，晉侯許賂秦伯，東盡虢略，内及解梁城，杜注：從河南而東盡虢界。見山川。**解梁城**，杜注：河東解縣。今山西蒲氏府臨晉縣東南十八里有解城。**令狐**，僖二十四年，晉公子濟河圍令狐，入桑泉，取臼衰。文七年，晉敗秦師于令狐，即此。闞駰曰：令狐即猗氏也。今蒲州府猗氏西十五里有令狐城。**桑泉**，杜注：在河東解縣西。今蒲州府臨晉縣東十三里有桑泉城。**臼衰**，杜注：解縣東南有臼城。今在解州西北。**廬柳**，晉師軍于廬柳。今蒲州府猗氏縣西北有廬柳城。**緜上**，僖二十四年，介之推隱而死，晉侯以緜上爲之田。杜注：西河介休縣南有地名緜上。襄十三年，晉侯蒐于緜上以治兵，即此。今沁州沁源縣北八十里有緜上城。**南陽**，僖二十五年，王與陽樊、温、原、欑茅之田，晉於是始啓南陽。杜注：晉山南河北，故曰南陽。又文元年，晉使告於諸侯而伐衛，及南陽。杜注：今河内地。然則南陽地極寬大，兼涉衛境，不止晉有矣。蓋本周圻内地，文公始受之，故曰啓。馬融曰：晉地自朝歌以北至中山爲東陽，朝歌以南至軹爲南陽。應劭曰：河内，殷國也，周謂之南陽，後又爲魏、鄭、衛三國之地。魏即分晉地，應蓋本其後而言之耳。徐廣曰：「河内郡脩武縣，古名南陽。」劉原父曰：「修武有古南陽城。」蓋南陽其統名，而修武則魏之南陽邑也。今懷慶府修武縣北有南陽故城。**清原**，僖三十一年，晉蒐于清原。杜注：河東聞喜縣北有清原。在今絳州稷山縣西北二十里。**王官**，文三年，秦伯伐晉，取王官及郊。杜注：晉地。今蒲州府臨晉縣東南七十里王官谷有廢壘，即王官城也。**郊**，杜注：晉地。史記：取王官及鄗。正義曰：鄗音郊，當爲臨晉、平陽間小邑。**董**，文六年，改蒐于董。杜注：河東汾陰縣，有董亭。晉汾陰，今爲蒲州府滎河縣。又聞喜縣東北四十里接絳州界，有董氏陂，中產楊柳可以爲箭，即左傳所謂董澤之蒲也，疑爲一地。**堇陰**，文七年，趙盾禦秦師于堇陰。杜注：晉地。疑亦當在蒲州府滎河縣。蓋蒲州界接潼關，與秦以大河爲限。秦、晉戰爭，刳首、令狐、河曲、羈馬俱在今永濟、臨晉、滎河、猗氏之地。**刳首**，文七年，晉敗秦師于令狐，至于刳首。杜注：令狐在河東，當與刳首相近。案：令狐，今蒲州府猗氏縣地。水經注：刳首在西三十里。當在今滎河、臨晉間也。**武城**，文八年〔一〕，秦人伐晉，取武城。杜注：闕。史記：秦厲公二十一年，晉取武城。漢置武城縣，屬左馮翊。**北徵**，文十年，秦伐晉，取北徵。今陝西同州府澄城縣西南二十一里有北徵古城。**河曲**，文十二年，晉人、秦人戰于河曲。杜注：在河東蒲坂縣南。今蒲州府治永濟縣東南五里有蒲坂故城。**黄父**，文十七年，晉侯蒐于黄父。

〔一〕「八年」，原作「三年」，據味經窩本、乾隆本、光緒本、春秋大事表卷七改。

杜注：一名黑壤，晉地。宣七年，會于黑壤。傳云：盟于黃父。杜注：黃父即黑壤，蓋一名爲一地矣。黑壤山在今澤州府沁水縣西北四十里，瀶水所出。後周宇文泰小字黑獺，諱之，改曰烏嶺。**陰地**，宣二年，趙盾自陰地率諸侯之師以侵鄭。杜注：晉河南山北，自上洛以東至陸渾。哀四年，蠻子赤奔晉陰地，即此。晉上洛，今陝西商州雒南縣。陸渾，今河南府嵩縣，其地南阻終南，北臨大河，所謂河南山北也。又陝州盧氏縣有陰地城，即命大夫屯戍之所。猶夫南陽爲河内之總名，而別有南陽城則在修武也。**曲梁**，宣十五年，荀林父敗赤狄于曲梁。杜注：廣平曲梁縣。襄三年，晉侯之弟揚干亂行于曲梁，即此。故城在今直隸廣平府治永年縣是也。**黎氏**，伯宗曰：狄棄仲章而奪黎氏地。杜注：黎侯國，上黨壺關縣有黎亭。今潞安府治長治縣西三十里黎侯亭是也。又山東曹州府范縣有黎城，則黎侯失國寓衛時所居之地。**稷**，宣十五年，晉侯治兵于稷。杜注：晉地，今山西絳州稷山縣南五十里有稷神山，山下有稷亭，即晉侯治兵處也。**斷道**，宣十七年，同盟于斷道。杜注：晉地。傳云卷楚。一地二名。今沁州東有斷梁城。**野王**，晉人執晏弱于野王。杜注：野王縣屬河内。今爲河南懷慶府治河内縣。**赤棘**，成元年，盟于赤棘。杜注：晉地。**交剛**，成十二年，晉人敗狄于交剛。杜注：闕。或云在今隰州境。**保城**，成十三年傳：吕相絕秦，伐我保城。杜注無之。高氏曰：杜不言保城何地，蓋非地名，不過完守入保之城耳。**苕丘**，成十六年，晉人執季孫行父，舍之于苕丘。杜注：晉地。公羊作招丘。**台谷**，成十八年，晉侯師于台谷，以救宋。杜注：闕。或曰在今澤州府治界。**瓠丘**，襄元年，晉人以宋五大夫在彭城者，寘諸瓠丘。杜注：河東垣縣東南有壺丘。在殽谷之北岸，亦曰陽壺。寰宇記曰：古陽壺城，南臨大河。今絳州垣曲縣東南陽壺城是也。**著雍**，襄十年，晉悼公還自宋，及著雍，疾。杜注：晉地。襄十九年，晉荀偃伐齊歸，濟河，及著雍病。十三年，會于平丘。荀吳自著雍侵鮮虞。蓋晉適齊、宋河以内之地。約當在直隸河間府境。**雍榆**，襄二十三年，叔孫豹救晉，次于雍榆。杜注：晉地，汲郡朝歌縣東有雍城。郡邑志：黎陽縣有雍城，即古雍榆也。故城在今河南衛輝府濬縣西南十八里。**東陽**，襄二十三年，齊侯伐晉，取朝歌。趙勝帥東陽之師以追之，獲晏氂。杜注：晉之山東，魏郡廣平以北。昭二十二年，荀吳略東陽，遂襲鼓，滅之。杜注東陽與此同。孔穎達曰：鼓在鉅鹿，居山之東，山東曰朝陽，知東陽是寬大之語，總謂晉之山東〔一〕，故爲魏郡廣平以北。王氏曰：是漢以前，東陽大抵爲晉太行山東地，非有城邑也。楚、漢之間始置東陽郡，漢置東陽縣。今山東東昌府恩縣西北六十里有東陽城，猶南陽爲河内之總名，而别有南陽城則在脩武也。**雍**，昭元年冬，晉趙武適南陽，烝于温，卒。鄭伯如晉弔，及雍乃復。故雍國地入于晉。今河南懷慶府修武縣西有雍城。**魏榆**，昭八年，石言于晉魏榆。杜注：晉地。今太原府榆次縣西北有榆次故城。

〔一〕「晉」，諸本脱，據春秋大事表卷七補。

通典曰：晉魏榆邑也。**汝濱**，昭二十九年，晉趙鞅、荀寅帥師城汝濱。杜注：晉所取陸渾地。陸渾，今河南府嵩縣，汝水在縣南。**適歷**，昭三十一年，季孫意如會晉荀躒于適歷。杜注：晉地。**大陸**，定元年，魏獻子田于大陸，焚焉。杜注：禹貢大陸在鉅鹿北，疑此田在汲郡吳澤荒蕪之地。正義曰：鉅鹿城去成周千餘里，魏子不應往彼田獵。吳澤在脩武縣北，還卒于甯。甯即修武城是也。案：吳澤陂在今河南懷慶府修武縣北，東入衛輝府獲嘉縣界，爲太白陂，與禹貢之大陸自別。**平中**，定三年，鮮虞人敗晉師于平中。杜注：晉地。案：昭十二年，晉荀吳帥師侵鮮虞，及中人。杜注：中山望都縣西北有中人城。在今直隸保定府唐縣西北十三里，此平中當亦相近。**中牟**，定九年，晉車千乘在中牟。杜注：滎陽有中牟縣，迴遠，疑非也。索隱曰：此中牟當在河北，非鄭之中牟。正義：蕩陰縣西有牟山。中牟蓋在其山之側。今河南彰德府湯陰縣西有中牟城，在牟山下，正當衛走邯鄲之道。**百泉**，定十四年，晉人敗范氏之師于百泉。故衛地，今河南衛輝府輝縣西北七里有蘇門山，一名百門山，有百門泉，衛風所謂「泉源在左」者也。定公時已屬晉，衛水源于此。**棘蒲**，哀元年，師及齊、衛、鮮虞取棘蒲。杜注：晉邑。漢封功臣柴武，爲侯邑。今直隸趙州城中有棘蒲社。**上雒**，哀四年，蠻子赤奔晉陰地，楚起豐、析與狄戎，以臨上雒，左師軍于菟和，右師軍于倉野。今陝西商州雒南縣。水經注：丹水自蒼野，又東歷菟和山，又東至商縣上雒。春秋時晉地。竹書晉烈公三年，楚人伐南鄙，至于上洛，即此。漢置上洛縣，至元始廢。其地即今商州治也。丹水在城南一里。**陰地**，使謂陰地之命大夫士蔑。杜注：河南山北，自上雒以東至陸渾。命大夫，別縣監尹。正義曰：河南山北，東西橫長，其間非一邑。若是典邑大夫，則當以邑冠之。傳言陰地之命大夫，則是特命大夫，使總理陰地，故以爲別縣監尹也。以其去國遥遠，別爲置監。**英丘**。哀二十三年，荀瑶伐齊，曰齊取我英丘。杜注：晉地。案：是役以報英丘之怨。傳稱戰于犂丘，齊師敗績。犂丘在今山東濟南府臨邑縣，則英丘當亦相近之地。

晉山川：華山，僖十五年，晉侯許賂秦伯，南及華山。杜注：華山在弘農華陰縣南。華山在今陝西華陰縣南十里。華陰爲晉之陰晉邑。潼關在華陰東北四十里，河南閿鄉縣西六十里。**二崤**，僖三十三年，晉師及姜戎敗秦于殽。杜注：殽在弘農澠池縣西，亦曰二崤。二崤在今河南府永寧縣北六十里。漢澠池之西界，自東崤至西崤，長三十五里〔一〕。案左傳：「殽有二陵，南陵夏后皋之墓，北陵文王之所避風雨。」杜注：「南谷中谷深委曲，兩山相嶔，故可以避風雨。」水經注：「石崤山，山徑委深，峰阜交蔭，故可以避風雨。」建安中，曹公西侵巴漢，惡其險，更開北山高道，後行旅皆由此。北周復從南道。隋大業初，建東京，開菱册道，即北道也，大約出潼關，歷陝州，入永寧界，分爲二道，東南入福昌縣界，即南道；東北入澠池縣界，即北道。春秋時，秦師伐晉之道，其道在南，故杜曰：南谷中。魏太和中于其地置崤縣。唐廢爲石壕鎮，杜子美詩石壕吏，即此。**桃林塞**，文十三年，晉使詹嘉處

〔一〕「三十五里」，原作「二十五里」，據味經窩本、乾隆本、光緒本、春秋大事表卷八改。

瑕，以守桃林之塞。杜注：在弘農華陰縣東潼關。桃林在今河南陝州靈寶縣南十一里。隋置桃林縣。唐天寶初得寶符于關旁，改名靈寶。關在谷中，絶岸壁立，深險如函，因名潼關。自魏武西征馬超始見于史。今陝西同州府華陰縣東四十里，蓋自華而虢，而陝，而河南，中間千里，古立關塞有三：在華陰者，潼關也；自潼關東二百里至陝州靈寶縣，則秦函谷關也；自靈寶縣東三百餘里至河南府新安縣，則漢函谷關也〔一〕。王氏曰：自靈寶以西，潼關以東，皆曰桃林。自崤山以西，潼津以東，通稱函谷。然則桃林與函谷同實異名，新安漢關與桃林無與。自秦關以西，皆詹父所守矣。秦孝公始于其地置關，以前則但謂之桃林。孟門，襄二十三年，齊侯伐晉，取朝歌，爲二隊，入孟門，登太行。杜注：孟門，晉隘道。孟門在今河南衛輝府輝縣。司馬貞謂在朝歌東北。高氏曰：元和郡縣志：太行首始河内，北至幽州，連亘十三州之界，凡有八陘。第一軹關陘，第二太行陘，第三白陘，此三陘在河内；第四滏口陘，即鄴，第五井陘，第六飛狐陘，第七蒲陰陘，此四陘在中山；第八軍都陘，在幽州。合以今日之地，軹關在濟源縣，太行陘在懷慶府城北，白陘在輝縣。輝縣界連淇縣，淇縣即古朝歌。齊之入孟門，蓋入白陘也。殷紂之國左孟門，右太行，蓋以紂都朝歌，太行如屏擁其西北，二陘分别左右，可恃以爲固也。是時齊輕兵深入，既取朝歌，則分兵爲二部，一入白陘，由朝歌而隳其險阨；一登太行，由河

〔一〕「函谷關」，原脱「谷」字，據味經窩本、乾隆本、光緒本、春秋大事表卷八補。

内以瞰其腹心。朝歌故衛都，此時屬晉。**太行**，太行即太行陘，在懷慶府城北，亦名羊腸坂，闊三步，長四十里，羊腸所經瀑布懸流，實爲險阻。曹孟德詩：「北上太行山，艱哉何巍巍。羊腸坂詰屈，車輪爲之摧。」即此也。八陘隨地異名，獨此稱其本號，蓋險要尤在此。**壺口**，哀四年，齊國夏伐晉，取邢、任、欒、鄗、逆畤、陰人、盂、壺口。杜注：潞縣有壺口關。壺口在今山西潞安府城東南十三里，延袤百餘里，東接相州，山形險狹，形如壺口，亦謂之崞口，地形險要，自昔爲襟喉之地。**首山**，宣三年，趙宣子田於首山。杜注：首山在河東蒲坂縣東南。首山即首陽山，在今山西蒲州府城東南，山有九名，亦曰陑山，亦曰雷首山。禹貢：壺口、雷首，至于太岳。尚書大傳：湯放桀，升自陑。皆此也。**霍太山**，閔元年，晉獻公滅霍。杜注：永安縣東北有霍太山。霍太山一名霍山。周職方：冀州，其山鎮曰霍山，地志謂即霍太山是也。史記：晉滅霍，霍哀公奔齊。晉大旱，卜之，曰：霍太山爲祟，使趙夙召霍君奉祀。山在今山西平陽府霍州東三十里，周二百餘里，南接岳陽、趙城二縣，北接靈石縣，東接沁源縣界。亦曰太岳，亦曰岳陽。禹貢「既脩太原，至于岳陽」，「壺口、雷首至于太岳」，皆此也。今爲中鎮。**梁山**，成五年，梁山崩。杜注：在馮翊夏陽縣北。梁山在今陝西同州府韓城縣西北九十里。詩：奕奕梁山，惟禹甸之。本爲韓國鎮山，晉滅韓，其地屬晉。水經注：河水又南逕梁山原。公羊傳：梁山，河上之山也。梁山崩，壅河三日不流。**沙鹿**，僖十四年，沙鹿崩。杜注：山名，陽平元城縣東有沙鹿土山。今直隸大名府元城縣東四十五里有沙麓山。穀梁傳：沙鹿，晉山。林屬于山爲鹿；沙〔一〕，山名也。水經注：元城縣有沙丘堰，大河所經，以沙鹿山而名。**緜山**，僖二十四年，介之推隱而死，晉侯求之不獲，以緜上爲之田。杜注：在西河介休縣南。今山西汾州府介休縣東南二十五里有介山，以介之推得名。山南跨靈石，西跨沁源，盤踞深厚。亦名緜山，亦名緜上。襄十三年，晉侯蒐于緜上以治兵，即此。**河**，文十二年，晉人、秦人戰于河曲。杜注：河曲在河東蒲坂縣南。水經注：河水南至華陰潼關，渭水自西來會之。蓋河水自此折而東，故謂之河曲，即蒲坂也。今蒲阪故城在山西蒲州府城東南五里。**汾水**，成六年傳：韓獻子曰：不如新田，有汾、澮以流其惡。杜注：汾水出太原，經絳縣北，西南入河。汾水出太原靜樂縣北百四十里之管涔山，自臨汾經絳縣故城北，至蒲州府之滎河縣，北折而入于大河。新田，晉所遷，今絳州絳縣也。**澮水**，杜注：澮水出平陽絳縣南，西入汾。澮水有二源，一出平陽府之翼城縣烏嶺山，一出絳縣東北，俱西流過平陽府曲沃縣，入絳州之王澤，合于汾。亦曰少水。襄二十三年，齊侯伐晉，封少水而還，即此。案：新田在汾、澮二水之間。蓋古者建國必居于水之交會，所以固其風氣，流其疢疾，資其灌溉。汾、澮之于晉，猶洙、泗之于魯，淄、澠之于齊，澗、瀍之于周王城耳，皆環會都城之水也。齊莊公伐晉，至爲京觀于少水，直逼國都之側，晉亦危矣。是時晉之君臣疑懼，恐有欒氏之人爲內應，故且案兵以待之。厥後積怒欒氏，一再錮之，蓋

〔一〕「鹿沙」，原誤倒，據味經窩本、乾隆本、光緒本、春秋大事表卷八乙正。

深恨其召外兵以幾至不測也。涑水，成十三年，吕相絶秦，伐我涑川。杜注：涑水出河東聞喜縣西南，至蒲坂縣入河。今山西蒲州府城東北二十六里有涑水城，即秦所伐之涑川也。水經注：涑水出聞喜縣東山，至周陽與洮水合。又曰：河水南至雷首山西，涑水注之。案：雷首去蒲坂三十里，即杜氏所云入河處也。洮水，昭元年傳：子産曰：臺駘能業其官，宣汾、洮。後漢志：聞喜有洮水。聞喜縣今屬山西平陽府。水經注：洮水東出清野山，西合涑川。然則涑水亦洮水之兼稱矣。塗水，昭二十八年，魏獻子分祁氏、羊舌氏之田爲十縣，以知徐吾爲塗水大夫。杜注：塗水出太原榆次縣。塗水有二：一曰大塗水，發源太原府榆次縣東南八縛嶺下，西北流入洞渦水；一曰小涂水，源出鷹山，西流入大涂水。汝水，昭二十九年，晉趙鞅、荀寅帥師城汝濱。杜注：汝濱，晉所取陸渾地。陸渾在今河南府嵩縣，汝水源于汝州魯山縣，地相接。盟津，即河陽。僖二十八年，天王狩于河陽。在今河南懷慶府孟縣西南三十里。武王會諸侯于盟津，即此。地後歸晉，謂之河陽。晉泰始中，杜預於此造舟爲橋，名曰河橋，亦曰富平津。茅津，文三年，秦師自茅津濟，封殽尸而還。杜注：茅津在河東大陽縣西。今山西解州平陸縣東南有茅城，河水經其南，即茅津也。南對陝州州治，距河僅三里，乃黄河津濟處，亦謂之大陽津。唐貞觀十一年，于茅津造浮梁，曰大陽橋，長七十六丈，廣二丈，架大河之上，尋廢。今亦曰大陽關，蓋東則富平津，西則大陽津，實大河之衝要也。棘津，昭十七年，晉荀吴帥師涉自棘津，用牲于雒，遂滅陸渾。杜注：河津名。棘津在今河南衛輝府胙城縣北。水經注：河水經東燕故城，北則有濟水北來注之，有棘津之名，亦謂之石濟津。僖二十八年，晉將伐曹，假道于衛。衛人不許，還自南河濟，即此。**采桑津**，僖八年，晉里克敗狄于采桑。杜注：北屈縣西有采桑津。采桑津在今山西吉州寧鄉縣西，大河津濟處也。水經注：河水又南爲采桑津。史記作齧桑。瓠子之歌所云「齧桑浮兮淮、泗滿」者，此在梁與彭城之間，與此又別。**董澤**，宣十二年，厨武子曰：董澤之蒲。杜注：聞喜縣東北有董池陂。今山西絳州聞喜縣東北三十五里有董氏陂，中産楊柳，可以爲箭。又云豢龍池，即舜封董氏豢龍之所，下流入涑水。水經注：涑水西經董澤，陂南即古池，東西四里，南北三里。文六年，蒐于董澤，即此。**鹽池**，成六年，晉人謀去故絳。諸大夫皆曰：必居郇瑕之地，沃饒而近盬。盬，鹽也。猗氏縣鹽池是也。鹽池在今山西蒲州府猗氏縣南，許氏謂之盬鹽池。池長五十一里，廣六里，周一百一十四里，紫色澄渟，渾而不流，水出石，鹽自然凝成。宋志：鹽之類有二，引池而化者，周官所謂盬鹽也；煮海煮井煮鹻而成者，周官所謂散鹽也。孔叢子猗頓以盬鹽起。漢于其地置猗氏縣。**百泉**，定十五年〔二〕，晉人敗范氏之師于百泉。今河南衛輝府輝縣西北七里有蘇門山，山有百門泉，泉通百道，衛風所謂「泉源在左」者也。衛水源于此。故屬衛，定公時已屬晉。**曲逆水**。哀四年，齊國夏伐晉，取逆時。酈道元以爲即曲逆也。水經注：濡水出蒲陰縣西昌安郭南，枉渚迴湍，率多曲復，亦

〔二〕「十五年」，據春秋左傳正義卷五六當作「十四年」。

謂之曲逆水。春秋齊國夏伐晉，取曲逆是也。是直以逆時爲曲逆矣。在今北直保定府完縣東南二十里。

右春秋列國都邑山川上

五禮通考卷二百九

嘉禮八十二

體國經野

春秋列國都邑山川中

顧氏棟高春秋大事表：宋都：商丘，陶唐氏遷閼伯於商丘，即此。今爲河南歸德府之商丘縣。初，成王既殺武庚，命微子啓代殷後，國號宋，亦曰商。昭八年：魯蒐於紅，革車千乘，自根牟至于商、衛。釋例曰「商、宋一地」是也。按：商丘，漢爲睢陽縣，劉宋爲壽春縣，隋改曰宋城，明置曰商丘縣。今城西南有商丘，周三百步，世稱閼臺。蒙澤，莊十二年：「宋萬弑閔公於蒙澤。」杜注：「宋地，梁國有蒙縣。」今商丘縣北有蒙澤。案：高氏謂蒙爲宋邑，非也。下文云：遇仇牧于門，批而殺之。遇太宰督于東宮之西，又殺之。則蒙澤尚在宮門之內，意蒙水之引入宮墻内爲遊觀之所，亦如齊桓公乘舟於囿之類耳。公羊傳云「婦人皆在側」，則此爲宮中燕私之地可知。**逢澤**。哀十四年：宋皇野語向巢，迹人來告，逢澤有介麇焉。杜注：地理志言逢澤在滎陽開封縣東北，遠，疑非。正義曰：宋都睢陽，計去開封四百餘里，非輕行可到，故杜以遠疑。蓋於宋都之旁别有近地名逢澤耳。**宋邑**：

黄，隱元年傳：惠公之季年，敗宋師于黄。杜注：宋邑，陳留外黄縣東有黄城。寰宇記：歸德府考城縣西三十六里有黄溝，西距外黄城四里，即魯惠公敗宋師處。**郜**，隱十年：辛未，取郜。杜注：濟陰成武東南有郜城。案：郜有北郜，有南郜。北郜爲郜國。桓二年取郜大鼎于宋，杜注「郜國所造器」是也。又有南郜，爲宋邑，在北郜城南二里。今山東曹州府城武縣東南二十里有郜城。**亳**，莊十二年：宋萬弑閔公，群公子奔蕭，公子御説奔亳。杜注：宋邑，蒙縣西北有亳城。在今商丘縣西北。案：周書立政有三亳、阪尹。皇甫謐曰：蒙爲北亳，穀熟爲南亳，偃師爲西亳。此蓋北亳也，湯始興時所居。孟子曰：湯居亳，與葛爲鄰。亦名薄。僖二十一年：公會諸侯，盟于薄，釋宋公。哀十四年：桓魋請以鞌易薄，公不可，曰：薄，宗邑也。即此。穀熟之亳，湯所遷也。伊尹曰：天誅造攻自牧宮，朕載自亳。即此。今商丘縣東南四十里有穀熟故城。偃師之亳，湯伐夏時所居也。書序：湯居亳，從先王居。孔安國曰：契父帝嚳居亳，湯自商丘遷焉。以二亳俱在商丘境，故曰自商丘遷也。在今河南府偃師縣城西二十里。春秋時係鄭地。襄十一年，同盟于亳城北，即此。**蕭**，杜注：宋邑，沛國蕭縣。今江南徐州府蕭縣北十里有蕭城。光武封蕭王，即此。案：蕭本宋邑。是年蕭叔大心殺南宫牛，立桓公有功，宋封之以爲附庸，自是遂爲國。莊二十三年：蕭叔朝公。穀梁云：微國之君，未爵命者。至宣十二年，楚莊王滅蕭，然楚雖滅之而不能有，還爲宋邑。襄十年：楚子囊、鄭子耳伐我西鄙，還圍蕭，克之。定十一年，宋公之弟辰入于蕭以叛，是仍爲宋邑之明證也。**緡**，僖二十三年：齊侯伐宋，圍緡。杜注：宋邑，高平昌邑縣東南有東緡城。古緡國。昭四年：椒舉曰：桀爲仍之會，有緡叛之。即此。今在山東兖州府金鄉縣東北三十里。**彭城**，成十八年：楚、鄭伐宋。宋魚石復入于彭城。杜注：宋邑，今彭城縣。舊爲大彭氏國。春秋時爲宋地。項羽都此，爲西楚霸王。時號江陵爲南楚，陳爲東楚，彭城爲西楚。晉立徐州，東晉時嘗爲重鎮。明亦爲徐州，直隸南京，今陞府，治銅山縣。**夷庚**，西鉏吾曰：今將崇諸侯之姦而披其地，以塞夷庚，毒諸侯而懼吴、晉。杜注：吴、晉往來之要道。案：吴、晉往來必由彭城。襄十年：晉悼公會吴于柤，遂滅偪陽，以予宋。柤爲楚地，偪陽爲楚與國，俱在徐州府沛縣，與山東兖州府嶧縣南接界，亦所以通吴、晉往來之道也。**吕、留**，襄元年：楚子辛救鄭，侵吕、留。杜注：吕、留，二縣，今屬彭城郡。即宋之二邑。吕縣，漢置，泗水至吕城，積石爲梁，故曰吕梁。今吕梁城在徐州府治北五十里，中河分司駐焉。留縣，秦置。張良遇漢高於此，因封留侯。水經注：泗水過沛縣東北，又東南過留縣北，即春秋吕、留也。今屬徐州府，爲運道所經。**犬丘**，襄元年：鄭子然侵宋，取犬丘。杜注：譙國酇縣東北有犬丘城。迂迴，疑。案：犬丘地不近鄭，故杜以爲疑。然是時楚方侵宋，取呂、留，鄭蓋爲楚取也。今歸德府永城縣西北三十里有大丘集，與夏邑接界，大河經此，東北流入碭山境。鄼縣，漢屬沛郡，音嵯，非蕭何所封邑。**雍丘**，哀九年：宋皇瑗取鄭師于雍丘〔一〕。杜注：雍丘縣屬陳留〔二〕。案：杞封雍丘，杞遷東國，地屬宋。今爲開封府杞縣治。**城鉏**，哀十一年：衛太叔疾奔宋，臣向魋納美珠焉，與之城鉏。杜注：宋邑。今衛輝府滑縣東十五里有鉏城，其後更屬衛。哀二十五年：「衛侯出奔宋，適城鉏。」杜注：「城鉏，衛之近宋邑。」二十六年，「衛悼公立，以城鉏與越人，出公在城鉏以弓問子貢是也。**户牖**，哀十三年：會于黄池。吴人囚子服景伯而還，及户牖，歸之。杜注：户牖，陳留外黄縣西北東昏城是。今東昏故城在開封府蘭陽縣東北二十里。**窐**，哀十四年：向魋請以窐易薄。杜注：向魋邑。**曹**，向魋入于曹以叛，杜注：哀八年，宋滅曹以爲邑。曹國，即今山東曹州府之曹縣。**空澤**，哀二十六年：宋景公遊于空澤，卒于連中。大尹興空澤之士千甲，奉公自空桐入。杜注：宋邑。在今歸德府虞城縣東。水經注所謂「獲水又東南逕空桐澤北」是也。**空桐**，杜注：梁北虞縣東南有地名空桐。今虞城縣空桐澤有空桐亭。**連中**。杜注：館名。名勝志：連中館在空澤後，遺址高二丈。**宋地：老桃**，隱十年：公會齊侯、鄭伯于老桃。杜注：宋地。

〔一〕「鄭師」，諸本作「宋師」，據春秋左傳正義卷五八、春秋大事表卷七改。

〔二〕「屬」，原脱，據光緒本、春秋左傳正義卷五八、春秋大事表卷七補。

戰國策高誘注曰：任城有桃聚。今山東兖州府濟寧州城北有桃鄉城。**菅**，公敗宋師于菅，杜注：宋地。當在今山東曹州府單縣北境。**稷**，桓二年：會于稷，以成宋亂。杜注：宋地。當在今歸德府境。**穀丘**，桓十二年：公會宋公、燕人，盟于穀丘。杜注：宋地。左傳云句瀆之丘，杜注：即穀丘也。方輿紀要云：在今山東曹州府曹縣北三十里。**虚**，公會宋公于虚，杜注：宋地。疑在睢州境。**龜**，公會宋公于龜，杜注：宋地。疑在睢州境。**衮**，桓十五年：會于衮，伐鄭。杜注：宋地。沛國相縣西南有衮亭。今在江南鳳陽府宿州。**幽**，莊十六年：同盟于幽。杜注：宋地。當在今歸德府考城縣界。**梁丘**，莊三十二年：齊侯、宋公遇于梁丘。杜注：在高平昌邑縣西南。穀梁傳：梁丘在曹、邾之間，去齊八百里。張氏曰：齊不以伯主自居，以梁丘近宋而先之也。今山東曹州府城武縣東北三十里有梁丘山，山南有梁丘城，與兖州府金鄉縣接界。**檉**，僖元年：會于檉。杜注：宋地，陳國陳縣西北有檉城。公羊傳作「朾」。左傳作「犖」。今陳州府西北有犖城，即檉也。**貫**，僖二年：齊、宋、江、黄盟于貫。杜注：宋地。梁國蒙縣西北有貰城。「貰」與「貫」字相似。在今山東曹州府曹縣西南十里。**多魚**，齊寺人貂始漏師於多魚，杜注：闕。高氏曰：時爲貫澤之盟，蓋相宋境也，當在今歸德府虞城縣界。**葵丘**，僖九年：會于葵丘。杜注：宋地，陳留外黄縣東有葵丘。今在歸德府考城縣東三十里。**次睢之社**，僖十九年：宋公使邾子用鄫子于次睢之社。杜注：睢水次有妖神，東夷人皆祀之，蓋殺人而用祭。後漢志臨沂縣有叢亭。博物志：縣東界次睢有大叢社，民謂之食人社。今在山東沂州府治蘭山縣境。**鹿上**，僖二十一年：宋、齊、楚盟于鹿上。杜注：宋邑。汝陰有原鹿縣。今江南潁州府太和縣西有原鹿城。**盂**，僖二十一年：宋公、楚子盟于盂。杜注：宋地。今歸德府睢州有盂亭。**承筐**，文十一年：「叔仲、彭生會晉郤缺于承筐。」杜注：「宋地，在陳留襄邑縣西。」今歸德府睢州西三十里有故承筐城。**長丘**，文十一年傳：初，宋武公之世，鄋瞞伐宋，宋敗之于長丘。杜注：宋地。在今開封府封丘縣南八里，即白溝也，音轉爲「翟」。孟康曰：春秋敗翟于長丘，今翟溝是。**新城**，文十四年：公會諸侯及晉趙盾于新城。杜注：宋地。在梁國穀熟縣西。今商丘縣西南有新城亭。**大棘**，宣二年：「宋、鄭戰于大棘。」杜注：「在陳留襄邑縣南。」今歸德府睢州西曲棘里有棘城，又寧陵縣西南七里有大棘城，亦與睢相近。水經注云：後其地爲楚莊所併。大棘有楚太子建墳、伍員釣臺。**沙隨**，成十六年：會于沙隨。杜注：宋地，梁國寧陵縣北有沙隨亭。今沙隨城在歸德府寧陵縣西六里。**汋陵**，成十六年：鄭子罕伐宋，敗宋師于汋陵。杜注：宋地。今歸德府寧陵縣南二十五里有汋陵城。**朝郟**，成十八年：鄭會楚子伐宋，取朝郟。楚子辛、鄭皇辰侵城郜，取幽丘。杜注：宋地。當在今歸德府夏邑縣界。**城郜**，杜注：宋地。當在今江南徐州府蕭縣界。**幽丘**，杜注：宋地。當在蕭縣界。**靡角之谷**，成十八年：晉侯遇楚師于靡角之谷。杜注：宋地。案：彭城之役，晉、楚遇于靡角之谷。

晉將遁矣。用雍子謀，楚師宵潰。晉降彭城而歸諸宋，則靡角之谷當爲近彭城地。**虚朾**，諸侯同盟于虚朾，杜注：闕。或云即宋之虚也。**訾母**，襄十年：楚伐宋，師于訾母。杜注：宋地。當在歸德府鹿邑縣境。**楊梁**，襄十二年：楚子囊、秦庶長無地伐宋，師于楊梁。杜注：梁國睢陽縣東有地名楊梁。今在歸德府城東南三十里。**合**，襄十七年：合左師。彭城古蹟志：徐州沛縣有合鄉。近志合鄉在嶧縣西北，晉滅偪陽，以封向戌，是就其初封益之也。二縣本接壤。**鬼閻**，昭二十年：宋八公子之徒與華氏戰于鬼閻。杜注：潁川長平縣西北有閻亭。今陳州府西華縣東北閻倉城是也。**鴻口**，昭二十一年：齊師、宋師敗吴師于鴻口。杜注：梁國睢陽縣東有鴻口亭。今在歸德府商丘、虞城二縣界。**赭丘**，與華氏戰于赭丘，杜注：宋地。後漢志：陳國長平縣有赭丘。舊城在今陳州府西北境。**曲棘**，昭二十五年：宋公卒于曲棘。杜注：宋地。陳留外黄縣城中有曲棘里。當在今開封府杞縣境。**老丘**，定十五年：鄭罕達敗宋師于老丘。杜注：宋地。今開封府陳留縣東北四十五里有老丘城。**蕖蒢**。鄭伐宋，齊侯、衛侯次于蕖蒢。杜注：宋地。今無考。**宋山川**：案：宋都商丘，係河南之歸德府，合境無山。宋又兼彭城，彭城爲今徐州府之銅山縣，現今有山，而不見于左傳，故宋之山險無可考。**泓水**，僖二十二年：宋、楚戰于泓。杜注：泓，水名。寰宇記：鄢城北里許有泓水，即宋、楚戰處。鄢城在今河南歸德府柘城縣北三十里。**孟諸**。僖二十八年：楚子玉爲瓊弁玉纓，夢河神謂己曰：畀余，余賜女孟諸之麋。杜注：孟諸，宋藪澤，水草之交曰麋。今歸德府治東北有孟諸澤，接虞城縣界。周禮謂之望諸，爾雅十藪，宋有望諸是也。又虞城縣北有孟諸臺，俗謂之湄臺，即杜預所謂水草之交曰麋矣。

鄭都：新鄭，今爲河南許州府之新鄭縣。初，宣王封弟桓公友于鄭，居咸林，爲今陝西同州府之華州。幽王時，桓公寄帑于虢、檜。子武公與平王東遷，卒定其地，號曰新鄭，以别于初封之鄭。故城在今縣治西北。櫟爲鄭别都，桓十五年：鄭伯突入于櫟。杜注：鄭别都。河南陽翟縣。今爲許州府禹州。李氏曰：春秋書突入櫟而不書其入鄭，所以著彊都之害，如書晉滅下陽之義。櫟後屬楚。高氏，成十七年：衛北宫括侵鄭，至于高氏。杜注：在陽翟縣西南。即今禹州。上棘。襄十八年：楚伐鄭，右師城上棘，遂涉潁，次于旃然。杜注：將涉潁，故于水邊權築小城以爲進退之備。郡縣志：陽翟有上棘城。今在禹州南。鄭邑：鄢，隱元年：鄭伯克段于鄢。杜注：今潁川鄢陵縣。成十六年，晉、楚戰于鄢陵，即此。在今河南開封府鄢陵縣西南四十里。制，制，巖邑也，杜注：鄭邑。今河南成皋縣。一名虎牢，故城在今開封府汜水縣西。京，請京，使居之。杜注：鄭邑，今滎陽京縣。在今開封府滎陽縣東南二十里。祭，祭仲，杜注：陳留長垣縣東北有祭城。高氏曰：人但知長垣近衛，鄭不能有，因不取杜説。而括地志遂以管城之祭爲祭仲邑。或又疑爲周祭伯之采地〔一〕，鄭并之以

〔一〕「又」，原作「人」，據春秋大事表卷七改。

封仲，非也。祭伯、祭仲同見于隱元年，至莊二十三年尚有祭叔來聘，鄭安得取以封仲乎？列國錯壤甚多，祭仲省留，取道于宋而被執，則留亦錯入宋境矣。長垣之旁有滑，鄭、衛日爭之，然則長垣亦鄭、衛相接之地耳。今長垣縣屬北直大名府，南至開封府蘭陽縣九十里。**廩延**，至于廩延。杜注：鄭邑。陳留酸棗縣北有延津。一名酸棗。襄三十年，游吉奔晉，駟帶追之，及酸棗，即此。故城在今衛輝府延津縣北十五里。**潁谷**，潁考叔爲潁谷封人。孔穎達曰：鄭邊邑。水經注：潁水出陽城陽乾山之潁谷。在今河南府登封縣。**長葛**，隱五年：宋人伐鄭，圍長葛。杜注：潁川長社縣北有長葛城。在今許州府長葛縣北十二里。**牛首**，桓十四年：宋以諸侯伐鄭，伐東郊，取牛首。杜注：鄭邑。今開封府陳留縣西南十一里有牛首城。**新城**，僖六年：伐鄭，圍新城。杜注：鄭新密，滎陽密縣。今許州府密縣東南三十里有故密城。**汜水**，僖二十四年：王適鄭，處于汜。杜注：鄭南汜也，在襄城縣南。襄城，今屬許州府。**鄶城**，僖三十三年：公子瑕葬鄶城之下。杜注：故鄶國，在滎陽密縣東北。案：鄭取鄶，不居其都，故別有鄶城。今在許州府密縣東北五十里。**管**，宣十二年：晉師救鄭，楚子次于管以待之。杜注：滎陽京縣東北有管城。在今開封府鄭州北二里，即管叔鮮所封國。管除屬檜，檜滅屬鄭。**鄤**，成三年：諸侯伐鄭，鄭公子偃使東鄙覆諸鄤。路史曰：「春秋鄭邑，商武丁封季父于河北曼，曰曼侯，優鄧其出也。」**汜、祭**，成四年：晉伐鄭，取汜、祭。吴氏曰：此爲二邑。汜即成皋之汜，祭即中牟之祭亭。今俱屬開封府。**虛、滑**，成十七年：鄭子駟侵晉虛、滑。杜注：晉二邑。滑，故滑國，爲秦所滅，時屬晉。案成十三年，吕相絶秦，曰「殄滅我費滑」，孔疏：滑即費，春秋更無費國，蓋國、邑並舉也。自後更歷晉，歷鄭，歷周，秦滅之而不能有，爲晉得。然其地近鄭，在所必爭，是年所以侵晉虛、滑也，時蓋屬晉。襄十八年，楚公子格帥師侵鄭費滑、胥靡，此時滑又屬鄭。至定六年，鄭伐周馮、滑、胥靡，此時滑又屬周。鄭之始終不忘情于滑，可知矣！周人又謂之侯氏。今緱氏故城在今河南府偃師縣南二十里。**梧**，襄十年：晉師城梧及制。杜注：鄭舊地。嚴氏啓隆曰：梧與制，皆虎牢之旁邑。城之，所以翼虎牢。案：隋書滎陽縣有梧桐澗，疑即梧也。制，即北制。杜注：鄭邑。河南成皋縣。在今開封府鄭州之北。**舊許**，襄十一年：諸侯伐鄭，東侵舊許。杜注：許之舊國，鄭新邑。案：成十五年：許遷于葉。則許舊地爲鄭所有，故謂之舊許。故許城在今許州府東三十里。**胥靡**，襄十八年：楚薳子馮帥師侵費滑、胥靡、獻于、雍梁。杜注：鄭邑。**獻于**，杜注：鄭邑。**雍梁**，杜注：鄭邑。河南陽翟縣東北有雍城。襄三十年，伯有奔雍梁，即此。在今許州府禹州東北。**宛**，襄二十四年：晉求御于鄭，鄭人卜宛射犬，吉。水經注：潩水自長社故城，逕皇臺，又東南逕宛亭，即鄭大夫宛射犬之食邑。**城麇**，襄二十六年：楚侵鄭，至于城麇。杜注：鄭邑。**犨**，昭元年：楚城犨、櫟、郟。杜注：犨縣屬南陽，本鄭邑。此時已入楚。史記沛公與秦南陽守莊齕戰于犨東，即此。今汝州魯山縣東南有犨縣故城。**郟**，杜注：郟縣屬襄城，本鄭邑。此時已入楚。二世元年，陳勝將鄧龍居郟，章邯破之，即此。今爲汝州郟縣。**彌作六邑**，哀十二年：宋、鄭之間有隙地焉，曰彌作、頃丘、玉暢、嵒、戈、錫。子產與宋人爲成，曰：勿有是。杜注：凡六邑。**玉暢**，今開封府杞縣東北三十里有玉帳，或云古玉暢。案：杞縣爲春秋宋地，北與陳留接壤。傳曰「宋、鄭之間」，或即是也。**戈**，故夏國，即豷所封。杜注「戈在宋、鄭之間」，故知即是邑矣。**錫**。路史：商末錫疇子斯，其先爲御姓，國在宋、鄭之間，鄭滅之以處宋元公之孫。即錫邑也。餘未詳。**鄭地：城潁**，遂寘姜氏于城潁。杜注：鄭地。孔穎達曰：即臨潁縣也。故城在今許州府臨潁縣西北十五里。**時來**，隱十一年：公會鄭伯于時來。杜注：鄭地。滎陽縣東有釐城。在今開封府祥符縣東四十里。**狐壤**，隱十一年傳：公與鄭人戰于狐壤，止焉。杜注：鄭地。後漢志潁陰縣有狐宗鄉，疑即此。**武父**，桓十三年〔一〕：公會鄭伯，盟于武父。杜注：鄭地。陳留濟陽縣東北有武父城。水經注：濟陽縣，故武父城也。今在直隸大名府東明縣西南，與河南開封府蘭陽縣接界。**滑**，莊三年：公次于滑。杜注：鄭地。在陳留襄邑縣北。案後漢志襄邑有滑，此杜氏所本也。今歸德府睢州有滑亭。**大陵**，莊十四年：鄭厲公自櫟侵鄭，及大陵，獲傅瑕。杜注：鄭地。京相璠曰：潁川臨潁縣東北有故巨陵亭，古大陵也。在今許州府臨潁縣北三十里。

〔一〕「十三年」，據春秋左傳正義卷七當作「十一年」。

弭，莊二十一年：鄭、虢胥命于弭。杜注：鄭地，近西鄙。在今許州府密縣境。䢵，莊二十三年：盟于䢵。杜注：鄭地。在滎陽卷縣西北。後漢志卷縣有䢵城亭，今原武縣西北䢵亭是也。原武向屬開封府，今改屬懷慶府。桐丘，莊二十八年：鄭人將奔桐丘。杜注：許昌東北有桐丘城。今陳州府扶溝縣西二十里有桐丘亭，即此。柯澤，僖二十二年：鄭文夫人勞楚子于柯澤。杜注：鄭地。襄十四年：衛孫氏敗公徒于阿澤。水經注作「柯澤」，此在東阿，非鄭之柯澤也。踐土，僖二十八年：晉文公還至衡雍，作王宮于踐土。杜注：鄭地。括地志：滎澤縣西北十五里有王宮城，城内東北隅有踐土臺，去衡雍三十餘里。滎澤，今屬開封府。衡雍，杜注：鄭地，今滎陽卷縣。今懷慶府原武縣西北五里有衡雝城，即衡雍也。氾南，僖三十年：晉、秦圍鄭，晉軍函陵，秦軍氾南。杜注：此東氾也，在滎陽中牟縣南。中牟，今屬開封府。函陵，見山川。垂隴，文二年：盟于垂隴。杜注：鄭地。滎陽縣東有隴城。今在開封府滎澤縣東北。匡，文元年：衛孔達侵鄭，取綿訾及匡。杜注：匡在潁川新汲縣東北。本衛地，中屬鄭。今陳州府扶溝縣西有匡城。定六年：公侵鄭，取匡。此鄭國之匡也。在今開封府洧川縣東南。申，文八年：晉致鄭公壻池之封，自申及虎牢之境。杜注：鄭地。當在今開封府氾水縣界。棐，文十三年：鄭伯會公于棐。即棐林。宣元年：諸侯會晉師于棐林。杜注：鄭地，滎陽宛陵縣東南有林鄉。今開封府新鄭縣東二十五里林鄉城，是其地也。北林，宣元年：諸侯伐鄭，楚蔿賈救之，遇于北林。杜注：鄭地，滎陽中牟縣西南有林亭。在鄭北，今屬開封府。**邲**，宣十二年：晉、楚戰于邲。杜注：鄭地。今開封府鄭州東六里有邲城。**郔**，楚子北師次于郔。杜注：鄭北地。或云即廩延。**蟲牢**，成五年：同盟于蟲牢。杜注：鄭地，陳留封丘縣北有桐牢亭。在開封府封丘縣北三里。**繞角**，成六年：晉欒書救鄭，與楚師遇于繞角。杜注：鄭地。杜佑通典：汝州魯山縣東南有繞角城。**脩澤**，成十年：鄭子然與晉盟于脩澤。杜注：滎陽卷縣東有脩武亭。今在懷慶府原武縣北。**訾**，成十三年：鄭公子班自訾求入于大宫。杜注：鄭地。高氏曰：此即周之訾，在河南府鞏縣西南。**鳴雁**，成十六年：衛侯伐鄭〔一〕，至于鳴雁。杜注：在陳留雍丘縣西北。今開封府杞縣北四十里有白雁亭。**督揚**，成十六年：諸侯伐鄭，我師次于督揚，不敢過鄭。杜注：鄭東地。案：襄十九年：諸侯自沂上盟于督揚。杜以督揚即祝阿，係齊地，在今山東濟南府長清縣北，與此不同。**制田**，諸侯遷于制田，杜注：滎陽宛陵縣東有制澤。在今開封府新鄭縣東北。**戲童**，成十七年：諸侯伐鄭，自戲童至于曲洧。水經注：汜水出浮戲之山。在今開封府汜水縣南四十里。襄九年諸侯盟于戲，即此。**曲洧**，杜注：今新汲縣治曲洧城，臨洧水。在今開封府洧川縣南。**柯陵**，成十七年：同盟于柯陵。

〔一〕「衛侯」，諸本作「晉侯」，據春秋左傳正義卷二八改。

杜注：鄭西地。汝上，楚師于汝上。汝水出汝州魯山縣，蓋鄭、楚之界。鄬，襄元年：諸侯之師次于鄬。杜注：鄭地。在陳留襄邑縣東南。襄邑今爲歸德府睢州。城棣，襄五年：諸侯會于城棣，以救陳。杜注：鄭地，陳留酸棗縣西南有棣城。寰宇記有南棣城、北棣城，在陽武北十里。二棣城之間有博浪沙亭，即子房擊始皇處。陽武縣今屬開封府。鄢，襄七年：會于鄢，以救陳。杜注：鄭地。鄵，鄭伯卒于鄵。杜注：鄭地。陰坂，襄九年：諸侯濟于陰坂，次于陰口而還。杜注：陰坂洧水津。陰口，鄭地名。在今開封府洧川縣北。陽陵，襄十年：諸侯伐鄭，至于陽陵。杜注：鄭地。在今許州府西北。瑣，襄十一年：諸侯次于瑣，圍鄭，觀兵于南門。杜注：滎陽宛陵縣西有瑣侯亭。在今許州府新鄭縣北。向，襄十一年：諸侯會于北林。杜注：鄭地。十四年：會吴于向。即此。今開封府尉氏縣西南四十里有向城。亳城，同盟于亳城北。杜注：鄭地。當在今河南府偃師縣西二十里。蕭魚，會于蕭魚。杜注：鄭地。斗城，襄三十年：子產葬伯有于斗城。杜注：鄭地。今開封府陳留縣南三十五里有斗城〔一〕。菟氏，昭五年：鄭伯勞屈生于菟氏。杜注：鄭地。寰宇記：菟氏城在開封府尉氏縣西北四十里。索氏，鄭勞韓宣子于索氏，杜注：河南成皋縣東有大索城。今開封府滎陽縣東

〔一〕「三十五里」，原作「二十五里」，據味經窩本、乾隆本、光緒本、春秋大事表卷七改。

北三十里有京城。大索城在京城西二十里，其東北四十里爲小索城。楚、漢戰于京、索間，即此。**圉**，韓宣子自楚反，鄭伯勞諸圉，杜注云：鄭地。陳留風俗傳曰：圉，故陳地，鄭取之，苦楚之難，修干戈以虞患，故曰圉。在今開封府杞縣南五十里。**柤**，昭六年：鄭伯勞楚公子棄疾于柤。杜注：鄭地。襄十一年，會吴于柤，此係楚地。蓋有二柤。**皋鼬**。定四年：盟于皋鼬。鄭氏曰：鄭地，成皋也。杜注：繁昌縣東南有城皋亭。今在許州府臨潁縣。**鄭山川**：**敖山**，宣十二年，戰邲。傳：晉師在敖、鄗之間。杜注：二山在滎陽西北。敖山在今河南鄭州河陰縣西二十里，晉爲滎陽縣地。唐開元二十年始析置河陰縣。周宣王狩于敖，即此。秦于其地臨河置倉，名曰敖倉，北臨汴水，所謂「敖倉之粟」是也。**梅山**，襄十八年：楚師伐鄭，右回梅山，侵鄭東北。杜注：梅山在滎陽密縣東北。今河南開封府鄭州西南三十里有梅山。路史云：梅，伯爵，紂所滅。河南密縣有梅山，武王封伯玄孫于黄梅，在楚、鄭之間，子孫以梅爲氏。**魚陵**，襄十八年：楚師伐鄭，次于魚陵。杜注：魚陵，魚齒山也〔二〕，在南陽犨縣北。魚齒山在今河南汝州東南五十里。子庚門于純門，涉于魚齒之下，以山下有湛水，故言涉。水經注：湛水源于魚齒山。**函陵**，僖三十年：晉、秦圍鄭，晉軍函陵。函陵在今河南許州府新鄭縣北十三里，洧水流逕其北，山形如函，故名函陵。**河**，今河南原武縣西北大河，即晉師敗而濟河，楚

〔二〕「也」，諸本作「下」，據春秋左傳正義卷三三改。

莊王祀河告成處。原武縣向屬開封府，今屬懷慶府，係鄭地。又廩延，即今延津縣，水經曰：河水又東北流，通謂之延津。廩延之津也。**濟水**，襄十一年：諸侯圍鄭，觀兵于南門，西濟于濟隧。水經注：濟水伏流自河而出陰溝上源，濟隧絶焉，世謂之十字溝。京相璠曰：滎澤在滎陽東南，與濟隧合。**邲**，宣十二年〔一〕：晉、楚戰于邲。今河南開封府鄭州東六里有邲城，亦爲邲水，即今之汴河。濟水于此又兼名邲，即晉、楚戰處。明季爲河所奪，今湮。**潁水**，宣十年：晉士會逐楚師于潁北。杜注：潁水出河南陽城，至下蔡入淮。水經注：潁水出潁川陽城縣西北少室山，又東南過陽翟縣北。陽翟，今禹州，潁北當在禹州之北。成十五年，諸侯師于潁上，襄十年，晉師與楚夾潁而軍，鄭人宵涉潁與楚盟，亦禹州之潁也。**汝水**，成十七年：楚師于汝上。汝水出河南汝州魯山縣東北，經伊陽至汝州南，又東南經寶、郟，南入南陽之裕州，歷許州府之襄城、郾城，襄城、郾城皆鄭地。成十六年，楚以汝陰之田求成于鄭。汝水蓋在鄭、楚之界。**洧水**，襄元年：晉伐鄭，敗其徒兵于洧上。杜注：「洧水出密縣東南。」洧水出許州府密縣馬嶺山，又東過新鄭縣南，即晉敗鄭徒兵處。又昭十九年：龍鬭于時門之外洧淵。蓋古鄭城在今新鄭縣治西北。溱水在北，洧水在南，亦鄭環衛國都之水也。**旃然水**，襄十八年：楚師入潁，次于旃然。杜注：旃然水出滎陽成皋縣，東入汴。旃然水即索水，在今開封府滎陽縣

〔一〕「十二年」，諸本作「十三年」，據春秋大事表卷七改。

南三十五里，北流入京水。後唐同光二年，詔蔡州刺史米勍濬索水通漕。宋人每濬京、索二水以爲金水河之源，即此水也。**黄水**，襄二十八年：公如楚，伯有勞于黄崖。杜注：宛丘西有黄水，西南至新鄭城，西入洧。今許州府新鄭縣東南二十里有黄水。**滎澤**，宣十二年：楚潘黨逐之，及滎澤。禹貢：濟水入于河，溢爲滎。孔傳：濟水入河，並流十數里而南截河，又並流十數里，溢爲滎澤。自王莽時，濟水但入河，不復過河，滎澤已枯。鄭玄曰：自平帝以後，滎澤塞爲平地。隋于其地置廣武縣，尋改滎澤縣，屬開封府。古滎澤在今縣治南。**棘澤**，襄二十四年：次于棘澤。棘澤在今開封府新鄭縣東南。水經注：龍淵水出長社縣，又東南逕棘城北，即傳之棘澤也，又東左注洧。**圃田澤**，僖三十三年：皇武子曰：鄭之有原圃。杜注：原圃，即圃田。圃田澤在今開封府中牟縣西北七里。周禮豫州藪曰圃田。爾雅十藪，鄭有圃田澤，多産麻黄，詩所謂「東有甫草」也。東西五十里，南北二十六里，高者可田，窪者成匯。今爲澤者八，若東澤、西澤之類；爲陂者二十六，若大灰、小灰之類，其實一圃田澤耳。**狼淵**，文九年：楚子師于狼淵，以伐鄭。杜注：潁川潁陰縣西有狼陂。寰宇記謂之狼溝。潁陰今屬河南許州府。**萑苻之澤**，昭二十年：鄭多盜，取人于萑苻之澤。杜注：澤名。此即中牟之圃田澤。**南汜水**，僖二十四年：王適鄭，處于汜。杜注：鄭南汜也，在襄城縣南。在今許州府襄城縣南。京相璠曰：南汜水出襄城縣浮城山，至鄭州汜水縣入河。以周襄王出居于此，故名襄城。成七年：楚子重伐鄭，師于汜。襄二十六年：楚伐鄭，涉于汜。昭五年：楚令尹子蕩如晉逆女，過鄭，鄭伯勞諸汜。皆此汜也。**東汜水。**僖三十年：晉、秦圍鄭，秦軍汜南。杜注：此東汜也，在滎陽中牟縣南。在今開封府中牟縣，南入官渡水，今涸。秦軍汜南，在此水之南。又襄九年，晉會諸侯伐鄭，師于汜，亦在此。

陳都：宛丘，今爲河南陳州府治。孔穎達曰：樂記武王克殷，未及下車，封黄帝之後于薊，帝堯之後于祝，帝舜之後于陳，左傳所謂以備三恪者也。鄭玄以薊、祝、陳爲三恪，杞、宋爲二王之後。杜氏以陳、杞、宋爲三恪。鄭説爲優。虞閼父爲周陶正，其子曰胡公滿，武王配以元女大姬，而封諸陳。今府城南三里有宛丘，高二丈。又城内東北隅有池，即詩所謂「東門之池」也。**夏封舜後曰虞，**今爲河南歸德府虞城縣。杜注：梁國有虞縣。案：堯典：嬪于虞。虞在河東大陽縣西，山上有虞城，今爲山西解州平陸縣，舜因以爲有天下之號。周興，封仲雍之後爲虞國，正是其地。而禹受舜禪，封商均于虞，却在梁國虞縣。虞思妻少康以二姚，而邑諸綸，是其後也。今縣西三十五里有綸城〔一〕，即夏時綸邑。周武王封陳時，虞絶封已久。**殷封舜後曰遂，**今山東兖州府寧陽縣西北十里有遂鄉，杜氏以爲殷所封。昭八年傳：舜重之以明德，寘德于遂，遂世守之。及胡公不淫，故周賜之姓，使祀虞帝。杜注：殷之興，存舜之後而封遂。胡公滿，遂之後，武王賜姓曰嬀，封諸陳。蓋胡公自以選建明德

〔一〕「三十五里」，原作「二十五里」，據味經窩本、乾隆本、光緒本、春秋大事表卷七改。

而封遂本國，能世守，至周時尚存，特微不克振耳。莊十三年，爲齊桓公所滅，春秋「齊人殲于遂」是也。

陳邑：焦、夷，僖二十三年：楚伐陳，取焦、夷。杜注：陳邑，譙縣也。襄元年：晉以諸侯之師伐陳，遂侵楚焦、夷。蓋其時已屬楚矣。秦爲譙縣。史記：葛嬰攻譙，下之。曹操，譙縣人，于譙東五十里築精舍，往往治兵于此，以擊孫權。曹丕改建五都，譙其一也。至後周始改爲亳。今爲江南潁州府亳州治。通典乃云：亳州理譙縣，周武王封神農之後於焦，即其地。案：周本紀注：地理志弘農陝縣有焦城，古焦國，爲晉所滅，所謂「許君焦、瑕，朝濟而夕設版」者也，與亳州之譙無預。夷見楚地，即城父。

壺丘，文九年：楚侵陳，克壺丘。杜注：陳邑。在今陳州府南境。

鳴鹿。成十六年：知武子以諸侯之師侵陳，至于鳴鹿。杜注：陳國武平縣西南有鹿邑。今河南歸德府鹿邑縣西十三里有古鹿邑城。

陳地：厥貉，杜注：地闕。當在今陳州府項城縣界。

辰陵，宣十一年：楚子、陳侯、鄭伯盟于辰陵。杜注：陳地。潁川長平縣東南有辰亭。今陳州西南四十里有辰陵亭。故長平城在府西北四十里。

大冥，哀六年：吴伐陳，楚昭王救陳，攻大冥，卒于城父。杜注：陳地。吴師所在，當在今陳州府項城縣境。

濮。隱四年：衛人殺州吁于濮。杜注：陳地，水名。在今陳州府北境，即濮水。

蔡都：上蔡，今爲河南汝寧府上蔡縣。左傳：蔡仲封淮、汝之間。今縣西南十里有古蔡國城。

遷新蔡，爲今汝寧府新蔡縣。昭十一年，楚滅蔡，使公子棄疾爲蔡公。十二年，平王立，復蔡封。于是隱太子之子廬歸于蔡，是爲平侯。漢地理志新蔡縣，蔡平侯徙此，當在此時也。其事不見經、傳，惟十里有故許城。**遷于葉**，今爲河南南陽府葉縣。成十五年：許畏鄭，請遷于楚，楚遷許于葉。襄二十六年：許靈公如楚請伐鄭，既而卒于楚，楚爲之伐鄭，而後葬許靈公。蓋許雖遷，猶在方城之外，鄭患未已。昭四年，楚欲遷許于賴，卒不行。至昭九年，遷許于夷，葉仍入楚。十一年，靈王滅蔡，遷六小國于荆山，許亦與焉。十三年，平王復封陳、蔡，許亦復居于葉。十八年，楚王子勝曰：葉在楚，方城外之蔽也，土不可易。楚子乃遷許于析，葉復入楚，以封葉公。今縣治東有古葉城。**又遷于夷**，今爲江南潁州府亳州。昭九年：楚公子棄疾遷許于夷，實城父。今州東南七十里有城父城。**又遷于白羽**，今爲河南南陽府内鄉縣。昭十八年：楚使王子勝遷于析，實白羽。杜注：自葉遷也。**又遷于容城**。在今南陽府葉縣西。應劭以漢華容縣爲許所遷之容城，非也。定四年，許遷于容城，後二年，鄭即滅許，傳云因楚敗也。漢華容爲今荆州府監利縣，在郢都之側，鄭豈能至此？又哀元年：許復從楚圍蔡。似未嘗滅，或云楚復封之，則不可考其何地矣。**許邑：鉏任、泠敦**。成四年：鄭伯伐許，取鉏任、泠敦之田。俱在今許州府治境。**許地：展陂**，成四年：鄭公孫申帥師疆許田，許人敗諸展陂。杜注：許地。在今許州府治西北。**棫林**，襄十六年：晉伐許，次于棫林。杜注：許地。案：此許即葉也。昭九年：遷許于夷，遷方城外于許。杜注「遷許于葉，因謂之許」是也。棫林在今葉縣東北。**函氏**。又伐許，次于函氏，杜注：許地。亦在今葉縣北。

秦都：雍，今爲陝西鳳翔府治鳳翔縣。史記：德公元年，初居雍城大鄭宫，時魯莊公十七年也。至僖十三年，輸粟于晉，自雍及絳。杜注：雍，秦國都。始見于春秋。孔穎達曰：周初，爲召穆公采邑，有召亭。東遷時陷于戎，平王賜襄公岐以西之地，曰能攻逐戎即有之。至文公十六年，伐戎，戎敗走，遂收周餘民，地至岐，岐以東獻之周。鄭氏詩譜云：秦襄公横有周西都畿内八百里之地。非是。今縣南七里有古雍城，秦德公所居大鄭宫城也。**平陽爲秦舊都**。今爲陝西鳳翔府之郿縣。史記秦寧公二年，徙居平陽，是爲魯隱公之九年〔一〕。至桓四年，秦師圍魏，執芮伯萬以歸，秦始見經，則寧公徙平陽之七年矣。

秦邑：彭衙，文二年：戰于彭衙。杜注：郃陽縣西北有彭衙城。史記：秦武公元年，伐彭戲氏。正義曰：彭戲，戎號，即彭衙。秦文公于其地置泉縣，在今陝西同州府白水縣東北六十里。**汪**，文二年：晉伐秦，取汪及彭衙而還。當亦在白水縣界。**邧**，文四年：晉侯伐秦，圍邧、新城。杜注：秦邑。當在同州府澄城縣境。**新城**，杜注：秦邑。即梁國之新里也，秦取之，謂之新城。今同州府澄城縣東北二十里有古新城〔二〕。**少梁**。文十年：晉人伐秦，取少梁。杜注：馮翊夏陽縣。故梁國也。秦取其地以爲邑，曰少梁。今同州府韓城縣南二十里有古少梁城。**秦地：**

〔一〕「九年」，原作「元年」，據味經窩本、乾隆本、光緒本、春秋大事表卷七改。
〔二〕「二十里」，原作「三十里」，據味經窩本、乾隆本、光緒本、春秋大事表卷七改。

王城，僖十五年：晉陰飴甥會秦伯，盟于王城。杜注：秦地〔一〕。馮翊臨晉縣東有王城。在陝西同州府朝邑縣東。僖二十四年：晉侯潛會秦伯于王城，瑕甥、郤芮不獲公，乃如河上。成十一年：秦、晉將會于令狐，秦伯不肯涉河，次于王城。則王城爲河以西臨河之地。史記：厲共公十六年，塹河旁，攻大荔，取其王城。蓋春秋末，地失于戎而復取之也。**河西**，文十三年：秦伯師于河西。杜注：今河北縣，于秦爲在河之東〔二〕。在今陝西同州府及華州之境。**麻隧**，成十三年：晉、秦戰于麻隧，秦師敗績。師遂濟涇，及侯麗而還。迓晉侯于新楚。杜注：秦地。在今陝西西安府涇陽縣西南。**侯麗**，杜注：秦地。劉伯莊云：在今涇陽縣境。**新楚**，杜注：秦地。當在今同州府朝邑縣境。**棫林**。杜注：秦地。即舊鄭咸林，宣王母弟友所封也。今爲陝西同州府華州。

秦山川：**中南**，昭四年傳：司馬侯曰：荆山、中南，九州之險。杜注：中南在始平武功縣南。中南，一名終南山，亦曰太白山，在今陝西西安府長安縣南五十里，亘鳳翔、岐山、郿縣、武功、盩厔、鄠縣、長安、咸寧、藍田九縣之境。程氏大昌曰：終南山横亘關中南面，西起秦、隴，東徹藍田，凡雍、岐、郿、鄠、長安、萬年，相去且八百里。**河**，文十三年：秦伯師于河西，魏人在東。杜注：今河北縣，于秦

〔一〕「秦地」，諸本作「晉地」，據春秋左傳正義卷一四、春秋大事表卷七校勘記改。
〔二〕「東」，諸本作「西」，據春秋左傳正義卷一九、春秋大事表卷七校勘記改。

爲在河之東。河西在今陝西同州府及華州之境。秦初起岐、雍，未能以河爲界。晉强，遂跨河，而滅西虢，兼舊鄭，以汾、澮爲河東，故以華陰爲河西〔一〕。至僖九年，秦穆公援立夷吾，夷吾請割河外列城五，東盡虢略。河外，即河之西。虢略，故虢國地，即今閿鄉、靈寶，在河之東。逮背約不與，而戰韓見獲。僖十五年十一月秦歸晉侯，始征晉河東，而河外五城不必言矣。十七年，晉太子圉爲質于秦，秦復歸晉河東，而河西五城大抵終爲秦有。自是秦地始東至河。秦在河西，晉在河東，判然若兩戒。秦孝公初立，下令曰：穆公東平晉亂，以河爲界。此其證也。秦地至河，自穆公始。**涇水。**成十三年：晉師伐秦濟涇，及侯麗而還。涇水出今陝西平涼府平涼縣笄頭山，亦名崆峒山，東至西安府高陵縣西南入渭水。高陸，即高陵也。寰宇記：涇陽有睢城渡，即諸侯濟涇，秦人毒涇上流處，舊爲漢、唐之通津。

楚都：郢，今爲湖廣荆州府治江陵縣。史記：文王熊貲始都郢。孔穎達曰：世本及譜皆云武王都郢。又左傳沈尹戌曰若敖、蚡冒，至于武、文，土不過圻，猶不城郢。則楚之都郢並不始于武王，蓋經營之數世，至武、文而始定耳。初時未有城郭。文十四年，公子燮、子儀因城郢作亂，事未得訖。襄十四年，子囊將死，遺言謂子庚必城郢，楚于是始城之。至昭二十三年，囊瓦畏吴，復增修以自固，即杜預所云「江陵縣北紀南城」也。今紀南城在荆州府治北十里。**遷于鄀，**今爲湖廣襄陽府之宜城縣，

〔一〕「河西」，原脱「河」字，據光緒本、春秋大事表卷八補。

所謂鄢郢也。以江陵爲紀郢，故謂此爲鄢郢。史記：昭王十二年，吴伐楚，取鄱，楚恐，北去，徙都鄀。實當春秋定公之六年，吴入郢後之二年矣。因仍謂之郢，故左傳曰「遷郢于鄀」也。今縣西南九十里有故鄀城。又史記：頃襄王二十一年，秦白起拔郢，燒夷陵，楚王東北保陳城。即故陳國。今爲河南陳州府治，號曰郢陳。考烈王二十二年，又遷壽春，仍謂之郢，即今江南鳳陽府之壽州。又三世，至負芻而亡。**丹陽爲楚故都**，在今湖廣歸州東南七里，北枕大江，亦曰秭歸。史記：周成王封熊繹于楚，居丹陽。章懷太子曰「丹陽在秭歸東南」，袁山松謂「屈原有賢姊，聞原放逐，亦來歸，因名秭歸」。又枝江亦名丹陽者，不知楚何時所遷。杜佑通典曰：楚初都丹陽，爲今秭歸，後徙枝江，亦曰丹陽。蓋諸侯遷都，常仍舊名，故有兩丹陽，後世猶因之。晉王濬伐吴，破丹陽，遂克西陵，此歸州之丹陽也。西魏伐江陵，曰爲蕭氏計，席捲渡江，直據丹陽，此枝江之丹陽也。枝江，漢縣，今屬荆州府。水經注云：北據大江，江汜枝分，東入大江，縣治洲上，故名。所謂江陵有九十九洲是也。班固地理志謂「楚封在丹陽郡丹陽縣」者，大謬。丹陽郡，爲今江南鎮江府。**鄢爲楚別都**，今襄陽府宜城縣西南九里有古鄢國。桓十三年：楚屈瑕伐羅，及鄢，亂次以濟。杜注：鄢水在襄陽宜城入漢。昭十三年：靈王沿夏將欲入鄢。夏即漢之別名。杜注云：順漢水入鄢也。本爲楚別都，故靈王欲入。後昭王徙郢于鄀，兼稱鄢郢。以鄢與鄀俱在宜城縣，地相近，故稱鄢以別于江陵之紀郢也。楚又嘗自鄀徙鄢，踰年而復。史記六國表：頃襄王二十年，秦白起拔鄢〔一〕。二十一年，拔郢，王亡走陳。高誘曰：秦兵出武關則臨鄢，下黔中則臨郢。**渚宮**，即今荆州府治江陵城也。文十年：子西爲商公，沿漢泝江，將入郢，王在渚宮，下見之。孔穎達曰：商在漢水北，漢水東流而南入江，子西自商縣沿漢水順流而下，至江乃泝流逆上，渚宮當郢都之南，故王在渚宮，下見之。水經注：今江陵城，楚船官地，即春秋時渚宮也。**荒谷、冶父**，在今荆州府治江陵縣西。桓十三年：莫敖縊于荒谷，群帥囚于冶父以聽刑。案荆州記：州東三里餘有三湖，湖東有水名荒谷，又西北有小城曰冶父。水經注：揚水逕郢城南，又東北路白湖注之。湖在大港北，港南曰中湖，下曰昏官湖，三湖合爲一水，東逕荒谷，荒谷東岸有冶父城，水盛則南通大江，否則南迄江隄，皆當在郢都之側。群帥囚于此以聽刑。今冶父城在江陵縣東。**脾洩**，定五年：王在隨，子西爲王輿服，國于脾洩。杜注：楚邑。近郢都，當在今荆州府江陵縣境。**鄂爲楚熊渠時別都**。今爲湖廣武昌府武昌縣，在府東北八十里。史記：熊渠當周夷王時，興兵伐庸、揚、粵，至于鄂。立其長子康爲句亶王，中子紅爲鄂王。句亶即今江陵，鄂即武昌也。熊渠卒，長子康蚤死，子熊摯紅立，即鄂王紅也，其弟弒而代立，曰熊延。又鄭語孔晁注云：熊繹玄孫曰熊摯，有疾，楚人廢之，立其弟熊延。熊摯自棄于夔，子孫有功，王命爲夔子。與史記云弒少異。案夔即歸，即楚始封之丹陽。

〔一〕「鄢」，原作「郢」，據光緒本、春秋大事表卷七改。

熊摯自竄，不過遜居國都之側。蓋熊渠當日仍都丹陽，分立兩子，各啓土宇，逮武王定都江陵，夔乃獨爲一國，世守宗祀爲附庸，而武昌亦世爲別都耳。**楚邑**：**湫**，莊十九年：楚子伐黄，還及湫，有疾。杜注：南郡鄀縣東南有湫城。今在襄陽府宜城縣西南。楚靈王時，爲伍舉采邑。國語有湫舉，子湫鳴。**析**，僖二十五年：秦、晉伐鄀，過析隈，入而係輿人以圍商密，商密人懼曰〔一〕：秦取析矣。杜注：楚邑，一名白羽，南鄉析縣。昭十八年，楚還許于此。今河南南陽府鄧州内鄉縣即其地，近武關。戰國時，秦昭王發兵下武關，攻楚取析是也。**商**，文十年：子西爲商公。杜注：楚邑，上雒商縣。今陝西商州東九十里有上洛廢縣，又河南鄧州内鄉縣西有商於城，爲商鞅封邑，張儀以商於地誑楚。裴駰曰：有商城在於中，故曰商於。酈道元曰：丹水經内鄉、丹水二縣間，隔于中，故曰商於。或謂商即商州，於即内鄉，至商州凡六百里，皆古商於地矣。**期思**，文十年：楚子田孟諸，期思公復遂爲右司馬。杜注：弋陽期思縣。故蔣國，楚滅之以爲邑，在今河南光州固始縣西北七十里。**大林**，文十六年：楚大饑，戎伐其西南，至于大林。又伐其東南，至于陽丘，以侵訾枝。杜注：楚邑。考今安陸府荆門州西北有長城，城北有櫟林長坂，横木脩竹，隱天蔽日，即曹操追先主處。胡氏曰：長坂在當陽縣東南百二十里。長林城北，蓋自當陽之北，而接長林之境，皆長坂也。**訾枝**，杜注：楚邑。當在安陸府治鍾祥

〔一〕「商密」，原脱，據光緒本、春秋大事表卷七補。

縣境。盧，文十六年：自盧以往，振廩同食。故盧戎國，伐羅，傳所謂「羅與盧戎兩軍之」者也。楚滅之，爲盧邑。孔疏曰：「盧」與「廬」通。漢置中廬縣。今爲中廬鎮，在襄陽府南漳縣東五十里〔一〕。而應劭謂「廬州，古廬子國」，通典因之，而復云左傳「自廬以往」，即此地。又廬州古蹟有同食館，唐元和中刺史路應求建，亦採左傳「自廬以往，振廩同食」之義爲名，誤甚矣。魚，文十六年「滅庸」傳：惟裨、鯈，魚人逐之。杜注：裨、鯈、魚，庸三邑。魚即魚復縣，漢爲益州都尉治。公孫述號曰白帝城，先主改曰永安。今爲四川夔州府治。奉節縣東有魚復浦。葉，宣三年：鄭文公生公子士，朝于楚，楚人酖之，及葉而死。杜注：南陽葉縣。楚遷許于葉，王子勝曰：葉在楚，方城外之蔽也。楚子乃使遷許于析，而更以葉封沈諸梁，號曰葉公。東魏置襄州。其地險隘，高齊保此以備周。今河南南陽府葉縣南三十里有古葉城。轑陽，宣四年：子越圍伯嬴于轑陽而殺之，遂處烝野，將攻王。杜注：楚邑。烝野，杜注：楚邑。俱當在荆州府境。沂，宣十一年：令尹蔿艾獵城沂。杜注：楚邑。定五年大敗夫概王于沂，即此。九縣，宣十二年：鄭行成于楚，曰：請改事君，夷于九縣。杜注：楚滅九國以爲縣。正義曰：莊十四年滅息，十六年滅鄧，僖五年滅弦，十二年滅黄，二十六年滅夔，文四年滅江，五年滅六、滅蓼，十六年滅庸。傳又稱楚武王滅庸，文王縣申、息，凡十一國，不知何以言九。高氏曰：楚人拓

〔一〕「五十里」，原脱「十」字，據光緒本、春秋大事表卷七補。

地，始于北境，次及于東。欒貞子曰：漢陽諸姬，楚實盡之。杜謂姬姓之國在漢北者。夷考姬姓國之近楚者，曰隨，曰息，曰蓼，曰穀。隨終春秋不滅。穀在漢南，息、蓼在淮壖，又非漢北。蓋楚所吞滅姬姓國甚多，皆不見于經、傳也。鄭所謂九縣者，未知何所指。**沈**，宣十二年：戰于邲，沈尹將中軍。杜注：「沈」或作「寢」，寢，縣也，今汝陰固始縣。案：此沈國之別邑，楚取之以爲重鎮，故沈尹見于春秋甚詳。時爲沈尹者，莊王之子公子貞也。靈王時有沈尹射，平王時有沈尹赤，昭王時有沈尹戌，惠王時有沈尹朱。邑本名寢，楚人因取之于沈，遂謂之沈。至光武時改名固始。今屬河南光州。又沈本國，定四年爲蔡所滅，後入楚爲平輿邑，在今汝寧府沈丘縣。後漢地理志汝南郡有平輿，有沈亭故國。輿圖備考于河南沈丘下注云：古沈子國，漢平輿。合諸後漢志平輿有沈亭之説相符，則沈國之在沈丘，信矣〔一〕！**州來**，成七年：吴入州來。杜注：楚邑，淮南下蔡縣。今爲江南鳳陽府壽州，即壽春也。自成七年吴入州來，至昭二十三年雞父之戰，楚師大奔，州來遂入吴，自是入郢之禍兆矣。吴蓋爭之七十餘年而後得。哀二年，吴遷蔡于州來，謂之下蔡，由是壽春城在淮之南，下蔡城在淮之北，相去三十里，夾淮爲固。歷東漢至六朝，常爲重鎮。汴宋南渡，亦謂之南、北壽春。今壽州治，即古壽春縣城，爲楚考烈王所築。州北三十里有蔡國城，即下蔡矣。**吕**，成七年：子重請申、吕爲賞田。吕爲虞、夏時

〔一〕「信」，原作「明」，據味經窩本、乾隆本、光緒本、春秋大事表卷七改。

國，國語：「史伯曰：當成周者南有申、呂。」後并于楚。今南陽府城西三十里有呂城。**鍾離**，成十五年：諸國大夫會吴于鍾離。杜注：楚邑，淮南縣。昭四年：楚箴尹宜咎城鍾離以備吴。二十四年〔一〕：楚子爲吴師以略吴疆，師還，吴踵楚，遂滅巢及鍾離。南北朝時爲重鎮。今江南鳳陽府鳳陽縣東四里有鍾離舊城。**新石**，成十五年：鄭子罕侵楚，取新石。杜注：楚邑。當在河南南陽府裕州葉縣境。**巢**，成十七年：吴人圍巢，伐駕，圍釐、虺。杜注：巢、駕、釐、虺，楚四邑。巢即薳啓疆城之以備吴者，今爲江南廬州府巢縣。**駕、釐、虺**，襄三年：吴伐楚，取駕。駕，良邑也。駕、釐皆在無爲州境，虺在廬江縣境，俱屬廬州府。**棠**，襄十四年：楚子囊師于棠以伐吴。昭二十年，伍奢長子曰棠公尚。寰宇記：六合，古棠邑。今爲江南江寧府六合縣。**棘**，襄二十六年：聲子曰：吴于是伐巢，取駕，克棘。杜注：楚邑，譙國酇縣東北有棘亭。今在河南歸德府永城縣南。**櫟**，昭四年：吴伐楚，入棘、櫟、麻。杜注：楚東鄙邑，汝陰新蔡縣東北有櫟亭。今河南汝寧府新蔡縣北二十里有野櫟店，即古櫟城也。若鄭之櫟邑，則今河南禹州，與此不同。**麻**，杜注：楚東鄙邑。魏收志：碭郡安陽縣治麻城。今江南徐州府碭山縣有安陽城，即古麻城也。以楚東鄙言之，安陽之説近是。**城父**，昭九年：楚公子棄疾遷許

〔一〕「二十四年」，原作「三十四年」，據味經窩本、乾隆本、光緒本、春秋大事表卷七改。

于夷，實城父。杜注：城父縣屬譙郡。案：楚有兩城父，此所謂夷城父，取諸陳者也。僖二十三年：楚伐陳，取焦、夷。杜注：夷，一名城父。即此。焦邑，別見陳地。昭三十年，楚城夷以處徐子章羽。三十一年，吴人侵楚，伐夷。蓋夷、城父二名兼用矣。今江南潁州府亳州東南七十里有城父城。又有北城父。昭十九年：費無極言于楚子，大城城父，而寘太子焉，以通北方，故太子建居于城父。杜注：今襄城城父縣。此又一城父也。哀六年：昭王攻大冥，卒于城父。即此。漢置父城縣。王莽末，馮異爲父城長，光武屯巾車鄉獲馮異處也。今河南汝州郟縣西四十里有城父城。不羹，昭十一年：楚子城陳、蔡、不羹。杜注：襄城縣東南有不羹城，定陵西北有不羹亭。案：羹，音郎，有東、西二不羹。今河南許州府襄城縣東南有西不羹城。定陵故城在河南府舞陽縣北，西北有東不羹城。中犨，昭十三年：王奪鬬韋龜中犨田。杜注：邑名。疑當在南陽府境。州屈，昭二十五年：楚子使薳射城州屈，復茄人焉。在今江南鳳陽府治鳳陽縣西。茄，近淮小邑。丘皇，城丘皇，遷訾人焉。在今河南汝寧府信陽州境。訾，亦在信陽州境。昭十三年，楚靈王師及訾梁而潰，即此。訾水之梁也。卷，使熊相郭巢，季然郭卷。杜注：使二大夫爲巢、卷二邑築郭也。卷城在南陽葉縣南。後漢志葉有卷城。在今河南南陽府葉縣西南。巢，見前。潛，昭二十七年：吴師圍潛。杜注：楚邑。在廬江六縣西南。昭三十一年，吴人侵潛、六，楚沈尹戌帥師救潛，吴師還。楚遷潛于南岡，即此。漢置灊縣，屬廬江郡。晉因之。今江南六安州霍山縣東北三十里有灊城南岡，即漢置縣處也。養，昭三十年：吴公子掩餘、燭庸奔楚，楚子大封而定其徙，逆吴公子，使居養。莠尹然、左司馬沈尹戌城之，取于城父與胡田以益之。杜注：養，即楚封吴公子之邑。胡田，故胡子之地。今河南陳州府沈丘縣東有養城，春秋時楚養邑也。杜雖不言養所在，然他處注云：城父，屬譙郡。汝陰西北有胡城。譙郡今爲江南亳州，汝陰今爲潁州府，沈丘與之逼近，正在吴、楚境上，言養邑在此，理可通矣。**豐**，哀四年：司馬起豐、析與狄戎。杜注：楚邑。析南有豐鄉。今河南南陽府淅川縣西南有豐鄉城，其地與鄖陽相接。**析**，杜注：楚邑，析縣屬南鄉郡。今淅川縣及内鄉縣之西北境皆析地。**白**，哀十六年：子西召故太子建之子勝于吴，使處吴境，爲白公。杜注：楚邑。汝陰褒信縣西南有白亭。今河南光州息縣東有白城，東北七十里有褒信城。**慎**。吴人伐慎，白公敗之。杜注：汝陰慎縣也。今江南潁州府潁上縣西北有慎城。水經注潁水經慎縣故城，是其地。文獻通考云白公勝邑。案：左傳子西召勝使處吴境，爲白公。杜注：白，楚邑也。汝陰郡褒信縣西南有白亭。是勝之封邑在褒信矣。白公敗吴于慎，非封慎也，慎自是楚邑，但非白公所封之邑耳。

楚地：沈鹿，桓八年：楚子合諸侯于沈鹿。杜注：楚地。今湖廣安陸府治鍾祥縣東六十里有鹿湖，池深不可測〔一〕，相傳有白鹿入此，因名。今涸爲上腴。**郊郢**，桓十一年：鬭廉謂屈瑕曰：君次于郊郢，以禦四邑。杜注：楚地。今安陸府治鍾祥縣郢州故城是其地也。

〔一〕「池」，諸本作「地」，據春秋大事表卷七改。

前代置郢州，蓋以楚郊郢故。案：府治旁控石城，下臨漢水，蓋險固地。當時四國，隨在隨州，蓼在固始，州在監利，絞在鄖陽，遼遠不能遽集，而此居中扼要，故欲據之，以離其黨羽，因以伐鄖之孤軍耳。鄖國，今德安府治安陸縣與？「溳」、「沄」二字通用。水經注：溳水經安陸故城，古鄖國也，若敖娶沄子之女生子文，即此。**樠木之下**，莊四年：楚武王卒于樠木之下。今安陸府治鍾祥縣東一里有樠木山，一名武陵，以楚武王卒于此，因名。**那處**，莊十八年傳：楚武王遷權于那處。杜注：楚地，南郡編縣東南有那口城。史記：文王少子季載封于冉。孔氏曰：「冉」一作「郍」，或作「那」，皆讀曰「然」，即那口也。今安陸府荆門州東南有那口故城〔一〕。**津**，莊十九年：楚子禦巴人，大敗于津。杜注：楚地。水經注：枝江縣西三里有津鄉。枝江縣今屬荆州府。後漢建武四年，岑彭謀伐蜀，引兵屯津鄉，當荆門要會。十一年，「自津鄉攻田戎于荆門，克之」是也。**陘**，僖四年：齊伐楚，次于陘。杜注：楚地。潁川召陵縣南有陘亭。在今河南許州郾城縣召陵城南。**召陵**，盟于召陵，杜注：潁川縣也。今郾城縣東四十五里有召陵故城。**武城**，僖六年：許僖公見楚子于武城。杜注：楚地，在南陽宛縣北。今南陽府治，南陽縣北有武延城，故爲申國地，申滅屬楚。**選**，文十六年：麇人率百濮聚于選，將伐楚，楚謀徙于阪高。杜注：楚地。當在荆州府枝江縣南境。**阪高**，杜注：楚地。地當在今襄陽府西境。

〔一〕「那口」，原脱「那」字，據光緒本、春秋大事表卷七補。

句澨，楚次于句澨，使廬戢黎侵庸，及庸方城。杜注：楚西界地。當在襄陽府均州西。**庸方城**，杜注：庸地，上庸縣東有方城亭。今鄖陽府竹山縣東四十五里有方城，山上平坦，四面險固。山南有城，周十餘里，即春秋時庸方城也。**陘隰**，先君蚡冒，所以服陘隰也。杜注：地名。荆州府以東多山谿之險，因名。**臨品**，楚子會師于臨品，子越自石溪，子貝自仞以伐庸。杜注：地名。當在襄陽府均州界。**石溪**，杜注：入庸道。當在均州界。**仞**，杜注：入庸道。當在均州界。**臯滸**，宣四年：楚子與若敖氏戰于臯滸。杜注：楚地。路史：英、六、貳、軫，皆臯地，陶之所封也。後皆屬楚。滸，水邊地名。案：傳上文云若敖師于漳澨，漳水在荆州府枝江縣北四十里，此亦當在其境。**郔**，宣十一年：楚左尹子重侵宋，王待諸郔。杜注：楚地。當在河南陳州府項城縣境。**夏州**，宣十一年：楚入陳，鄉取一人焉以歸，謂之夏州。杜注：州，鄉屬。示討夏氏所獲。地理通釋云：大江中州也。今在湖廣武昌府江夏縣。**鄧**，成九年：鄭伯會楚公子成于鄧。桓二年：蔡侯、鄭伯會于鄧。穀梁傳曰：鄧，某地。不知其國。公羊傳曰：鄧與會爾。又賈逵、服虔並以鄧爲國。而正義駁之云：蔡、鄭懼楚，始爲此會，不應就近楚小國，故知非鄧國也。昭十三年，楚蔡公召子干、子晳盟于鄧。杜注：潁川召陵縣西南有鄧城。推知桓二、成九兩會皆在此矣。戰國時〔一〕，楚懷王伐秦，敗于藍田，韓、魏聞之，南襲楚，至鄧，

〔一〕「戰國時」，原作「戰國策」，據味經窩本、乾隆本、光緒本、春秋大事表卷七改。

即此。今河南許州府郾城縣東南三十五里有鄧襄城。**汝陰之田**，成十六年：楚使公子成以汝陰之田求成于鄭。杜注：汝水之南，近鄭地。楚文王封畛于汝。楚地止于汝水之南，田蓋在汝州陜縣及裕州葉縣間。**瑕**，成十六年：鄢陵之戰，楚師還，及瑕。杜注：楚地。水經注：肥水逕山桑縣故城南，又東積而爲陂，謂之瑕陂。又東南逕瑕城南，春秋楚師還及瑕，即此城也。山桑，漢縣，在今江南潁州府蒙城縣北。**繁陽**，襄四年：楚師爲陳叛故，猶在繁陽。杜注：楚地，在汝南鮦陽縣南。今河南汝寧府新蔡縣有繁陽亭。**柤**，襄十年：會吴于柤。杜注：楚地。今山東兖州府嶧縣東南有渣口戍，即今泇河入氶水之泇口。又汪氏克寬曰：偪陽國及柤地皆在沛縣，蓋地相接云。**庸浦**，襄十三年：吴侵楚，子庚與吴戰于庸浦。杜注：楚地。在今江南廬州府無爲州南濱江之浦也。**雩婁**，襄二十六年：楚子、秦人侵吴，及雩婁。淮南子：楚相孫叔敖決期思之陂，灌雩婁之野。期思陂，即芍陂。今雩婁縣在江南潁州府霍丘縣西南，期思城在河南光州固始縣境，二邑相鄰並也。水經注：雩婁，故吴地。此誤。本傳原云知吴有備而還，是不入吴境也。又爲叔敖陂水所溉，其爲楚地明矣。史記：吴王餘祭十二年，楚伐吴，至雩婁。服虔亦曰：雩婁，楚之東邑。**夏汭**，昭四年：楚沈尹射奔命于夏汭。杜注：漢水曲入江，今夏口也。荆州記：夏口入江處謂之夏汭，蓋夏水之尾。漢末謂之夏口，亦曰漢口，亦曰沔口。沔之下流爲漢，夏水亦會三水共出此口也。今在湖廣武昌府治江夏縣。**瑣**，昭五年：楚伐吴，楚大夫常壽過帥師會楚子于瑣。杜注：楚地。當在今江南潁州府霍丘縣東。**鵲岸**，聞吴師出，薳啓疆帥師從之，遽不設備，吴人敗諸鵲岸，杜注：廬江舒縣有鵲尾渚。高氏曰：志云今廬江府舒城縣西北有鵲亭，即杜預所云也。然薳射自夏汭出，薳啓彊别從江道，交戰不應在楚之内地。杜佑曰：南陵大江中有鵲尾洲，即古鵲岸也。此説可通。今江南太平府繁昌縣西南大江中有鵲尾洲。又池州府銅陵縣北十里有鵲頭山，高聳臨江。故江曰鵲江，岸曰鵲岸。**南懷**，昭五年：薳射帥繁陽之師，先入南懷，及汝清，吴不可入。**汝清**，杜注：皆楚界。俱應在今江、淮間。**豫章**，昭六年：楚使薳洩伐徐，吴人救之。令尹子蕩帥師伐吴師于豫章，而次于乾谿。吴人敗其師于房鍾。豫章凡六見于左傳，杜注始云在江北淮水南，蓋後徙江南豫章。至柏舉之戰，又云：豫章，漢東江北地名。與前文小異，由是諸説紛然。至求之湖廣德安府之章山，施諸吴、楚夾漢，則可以解定二年之「見舟豫章」、昭十三年「楚師還自徐，吴人敗諸豫章，獲其五帥」，則相距千餘里，求諸傳文，前後斷不可合。愚嘗考之，豫章，寬大之語。自江西之饒州、南康二府，西抵九江府之德化，盡鄱陽湖之境，隔江爲江南安慶府之宿松，北接潁、亳、廬、壽，西接光、黄，皆爲楚之豫章，地跨大江南北以及淮南。蓋鳳陽以西，壽、霍、光、固之境，皆近淮壖，爲吴、楚日交兵處。今日但以江西爲豫章，乃漢豫章郡，非春秋豫章地也。秦滅楚，置九江郡。漢分九江，置豫章郡，乃遥取春秋之豫章爲名。如會稽本在浙東，而秦、漢之會稽郡則盡浙西之境也。皇輿表以南昌爲吴豫章地，尤非。南昌乃漢豫章郡治，如秦會稽都尉治蘇州，其地統隸極遠，今日豈求會稽于蘇州乎？且南昌始終爲楚地，于吴無涉。考史記闔閭十一年，吴伐楚取番，番即今鄱陽縣，爲饒州府治。而闔閭十一年爲定公六年，在柏舉之後，則當柏舉戰時，吴尚未有饒州之地，又安得越南康、九江二府而先有南昌也哉？由是知左傳舍舟淮汭，自豫章與楚夾漢，豫章斷非今日之南昌。案：淮汭爲今壽州，在淮之南。杜氏所云豫章在江北淮水南者，正當即指淮汭而言。蓋舍舟于此，遵陸亦當由此耳。至漢東之説，高氏辨之甚明，不論可也。**乾谿**，杜注：在譙國城父縣南，楚東境。今江南潁州府亳州東南七十里有乾谿，與城父村相近，即漢城父縣也。**夷濮西田**，昭九年：然丹遷城父人于陳，以夷濮西田益之。杜注：夷田在濮水西者。水經注：夏肥水上承沙水，東南流逕城父縣故城，春秋所謂夷田在濮水西者也。蓋濮水亦稱沙水，在潁州府亳州西境，今堙。**潁尾**，昭十二年：楚子狩于州來，次于潁尾。杜注：潁水之尾，在下蔡西。蓋潁水入淮處也。亦謂之潁口，歷南北朝至唐、宋，皆爲戰爭地。今在江南鳳陽府壽州西北四十里。**魚陂**，昭十三年：楚公子比爲王，公子黑肱爲令尹，次于魚陂。杜注：竟陵縣城西北有甘魚陂。戰國策「冷向曰：楚南有符離之塞，北有甘魚之口」是也。今在湖廣安陸府天門縣西北。天門縣即古竟陵縣。**訾梁**，師及訾梁而潰。梁名，在河南汝寧府信陽州界。**宗丘**，昭十四年：楚子使然丹簡上國之兵于宗丘。杜注：楚地。當在今湖廣宜昌府歸州境。上國，在國都之西，西方居上流，故謂之上國。**長岸**，昭十七年：楚人及吴戰于長岸。杜注：楚地。今江南太平府當塗縣西南三十里有西梁山，與和州南七十里之東梁山夾江相對，如門之闕，亦曰天門山。郡國志云：春秋楚獲吴乘舟餘皇處也。歷代爲建康西偏之要地。**下陰**，昭十九年：楚工尹赤遷陰于下陰。杜注：陰縣，屬南鄉郡。水經注：沔水逕穀城東，又南逕陰縣故城西，故下陰也。春秋遷陰于下陰，即此。今湖廣襄陽府光化縣西漢水西岸有古陰縣城。**雞父**，昭二十三年：戰于雞父。杜注：楚地，安豐縣南有雞備亭。今江南鳳陽府壽州西南六十里有安豐故城，雞備亭又在其城西南。**圉陽**，昭二十四年：楚子爲舟師，以略吴疆，及圉陽而還。杜注：楚地。應在江南廬州府巢縣南境。**柏舉**，定四年：吴、楚戰于柏舉。杜注：楚地。名勝志云：湖廣黄州府麻城縣東北三十里有柏子山，縣東南有舉水。柏舉之名，蓋因柏山、舉水而得。今案傳文「子常濟漢，自小别至于大别」，又「三戰而陳于柏舉」，是在漢之東北，其地應在麻城縣境也。**大隧、直轅、冥阨**，左司馬戌謂子常曰：子沿漢而與之上下，我悉方城外以毁其舟，還塞大隧、直轅、冥阨。杜注：三者，漢東之隘道。又城口是三隘道之總名，所謂義陽與三關之塞也。三關之中，冥阨最著，在河南汝寧府信陽州東南九十里，湖廣德安府應山縣北六十五里，一名平靖關。其關因山爲障，不營濠湟，故以平靖爲名。亦曰冥塞，莊辛對楚襄王「穰侯塡黽塞之内，投己乎冥塞之外」是也。大隧，一名武陽關，在信陽州東南一百五十里，西南至應山縣一百三十里，地名大寨嶺，薛氏云「三關之險，大寨嶺爲平易」是也。直轅，一名黄峴關，又謂之九里關，在信陽州南九十里，南至應山亦九十里。義陽城與三關，勢如首尾。南北朝時最爲重鎮，得失不常。侯景之亂，三關爲齊有，南國之勢益弱。春秋之世，楚所恃以爲國者。申、息之間，方城之外，扼要惟此也。稷，定五年：秦子蒲使楚人先與吳戰〔一〕，而自稷會之，大敗夫概王于沂。杜注：楚地。當在河南南陽府桐柏縣境。軍祥，薳射子從子西，敗吳師于軍祥。杜注：楚地。當在湖廣德安府隨州西南。堂谿，夫概王奔楚，爲堂谿氏。杜注：楚地。水經注：灈水出汝南吳房縣，吳房西北有堂谿城，即此也。吳房本房子國，楚封夫概于此，故曰吳房。今河南汝寧府遂平縣西吳房故城，北有堂谿城，與西平縣及許州府郾城縣相接。麇，吳師居麇。杜注：楚地。今湖廣岳州府治巴陵縣東有麇城。案：麇本小國，其地爲今鄖陽府治鄖縣。文十一年，楚子伐麇，後尋爲楚滅。高氏謂：吳師敗楚師于雍澨，吳師居麇，雍澨在安陸府京山縣境，麇地不能至此，當是麇滅之後，楚人遷之以來，如羅、鄀類耳。竊謂麇之爲麇國，不可知。而彙纂謂在岳州巴陵縣，此斷非也。細案前後傳文，定四年，戰于柏舉，係黄州府麻城縣，吳從楚師及清發，係德安府附郭安陸縣，繼敗諸雍澨，五戰及郢，雍澨係安陸府京山縣；楚子遂棄其國都奔隨，隨爲德安府之隨州，近河南。蓋吳師從淮右陸路來，與楚夾漢，在漢水之北，交戰只在楚之北境，楚亦倉皇向北走，未嘗一涉洞庭湖之南也。且傳云敗諸雍澨，五戰及郢，是年左司馬戌及息而還，敗吳師于雍澨，三戰皆傷。五年秋，吳師又敗楚師于雍澨，則雍澨爲苦戰

〔一〕「吳」，諸本脱，據春秋大事表卷七補。

之地〔一〕，所謂「父兄親暴骨焉」者也。子期欲焚麇，而子西不可，則麇即爲雍澨無疑。案：「麇」一作「麇」，宋白曰「楚伐麇」，今安陸府當陽縣東南六十里有麇城，與京山接壤，此爲較近。竊意水草之交爲麇，麇即雍澨水邊，吴師偶屯駐其地耳。如此纔與傳文脗合。若岳州巴陵遠在湖南，吴、楚未嘗一戰，其地何暴骨之有？且郢爲今荆州江陵縣，在湖之北，王已出奔隨州，何用更涉楚之南，入楚之内地乎？必不然矣。**負函**，哀四年：楚人謀北方，致蔡于負函。杜注：楚地。在今河南汝寧府信陽州境。**繒關**，致方城之外于繒關。杜注：楚地。在今邵州境。**倉野**，右師軍于倉野。杜注：在上洛縣。今陝西商州東南有倉野聚。**三户**。楚執蠻子與其五大夫，以畀楚師于三户。杜注：丹水縣北有三户亭。今河南南陽府淅川縣西南有三户城。

楚山川：荆山，昭四年傳：荆山、中南，九州之險。杜注：荆山在新城沶鄉縣南。荆山在今湖廣襄陽府南漳縣西少北八十里。昭十三年：楚遷許、胡、沈、道、房、申于荆。杜注：荆，荆山。是荆山之爲地廣矣。子革曰：昔我先君熊繹，辟在荆山。則以地近四境爲言耳。**塗山**，昭四年：穆有塗山之會。杜注：塗山在壽春東北。塗山在江南鳳陽府懷遠縣東南八里。水經注：荆、塗二山，本相連爲一脈，禹以桐柏之流泛濫爲害，乃鑿山爲二以通之，兩山間有斷接谷。**大别**，定四年：楚師濟漢而陳，自小别至于大别。大别山在今湖廣漢陽府漢陽縣東北半

〔一〕「苦」，原脱，據光緒本、春秋大事表卷七補。

里，漢、江西岸，江水逕其南，漢水從西北來會之。山之左即沔口。地説曰「漢水東行觸大别之陂，南與江合」是已。亦名魯山，有魯肅祠，因名。**小别**，小别山在今漢陽府漢川縣南十里，山形如甑，亦名甑山。漢川在漢陽之西北百七十里，則小别當在大别之西。孔穎達謂「在大别之東」，謂「楚師退而至大别，自東漸西」者，非是。**方城**，僖四年：屈完曰：楚國方城以爲城。杜注：方城山在南陽葉縣南。方城，山名，在今河南南陽府裕州東北四十里。葉正在州北，楚人因山爲固築連城，東向以拒中國，則屈完所謂「方城以爲城」也。今自葉縣之方城山至唐縣，連接數百里。一曰長城山，即古方城舊蹟。**少習**，哀四年：將通于少習以聽命〔一〕。杜注：少習，商縣武關也。少習，山名，在今陝西西安府商州東。武關在少習山下，故亦名少習。京相璠曰：武關，楚通上雒阨道也。春秋時，蓋嘗爲晉有，以其近陰地。穆公之世，秦伐鄀，與楚爭商密，近武關地。至是云將通少習，而杜釋之如此，是楚已得武關矣。今由河南之南陽，湖廣之襄、鄖入長安者，必道武關。自武關至長安四百九十里，多從山中行，至藍田始出險就平，蓋自古爲險阨矣。**菟和**，哀四年：左師軍于菟和。杜注：菟和山在上雒東。菟和，山名，今陝西商州東有菟和山，通襄漢往來之道。**析隈**，僖二十五年：秦、晉伐鄀，秦人過析隈，入而係輿人，以圍商密。杜注：析，今南鄉析縣。析隈，山名，在今河南南陽府鄧州南七十里，俗訛爲厮隈山。

〔一〕「通」，諸本脱，據春秋大事表卷八補。

汾陘之塞，戰國策：蘇秦曰：楚北有汾、陘之塞。鮑彪注曰：陘，召陵陘亭。汾在襄城。陘山在今河南許州府郾城縣南。又新鄭亦有陘山，在縣南三十里，蓋陘塞緜亘甚遠。蘇秦説楚曰北有汾、陘，説韓曰南有陘山，蓋二國皆恃此爲險。在楚爲北塞，在韓則爲南塞也。徐廣曰：陘，山絶之名。汾，襄十八年：楚子庚治兵于汾。杜注：襄城東北有汾丘城。汾丘在今河南許州府襄城縣東北。史記：秦昭王四十三年，攻韓汾、陘，拔之。蓋與新鄭陘山俱爲南北隘道。阜山，文十六年：戎伐楚西南，至于阜山。阜山在今湖廣鄖陽府房縣南五十里〔一〕。萊山，昭五年：沈尹赤會楚子于萊山。今河南光州光山縣南百五十里有天臺山，或云即萊山。坻箕之山，昭五年：楚子觀兵于坻箕之山。今江南廬州府巢縣南七十三里有踟蹰山，輿地志以爲即坻箕山。樠木山，莊四年：楚莊王卒于樠木之下。今湖廣安陸府治東一里有樠木山，上有青泥池，一名青泥山。三國志魏樂進與關羽相拒于青泥山，祝穆曰即樠木山也。亦名武陵，以楚武王卒于此而得名。大江，宣十二年：鄭行成于楚，曰：其俘諸江南，以實海濱，亦惟命。江水自四川夔州府巫山縣流入楚境，經湖廣宜昌府巴東縣及歸州之北，爲楚始封之丹陽。又東歷夷陵州、荆州府、岳州府，又北至漢陽府城東、武昌府城西而會于漢水。復北折而東歷武昌府北，又東歷黄州府南，又東南歷廣濟縣、黄梅縣之南，而入江南安慶府宿松縣界。

〔一〕「房縣」，原脱「縣」字，據春秋大事表卷八補。

江之南岸，即江西九江府德化縣界矣。迂迴千八百餘里，皆當時楚境也。初都丹陽，在枝江，居江南。後徙郢都，在荆州府，居江北。別都鄂，即武昌府，亦在江之南。自荆州以南，皆楚所謂江南也。楚遷權于那處，遷六小國于荆山，在江北；遷羅于枝江，遷許于華容，在江南。鄭蓋欲自比此屬耳。春秋時，未知有南海。屈完之對齊桓公，蓋漫爲侈大之詞，實非楚境也。鄭請實海濱，亦自貶損以悦之耳。

漢水，莊四年：莫敖以王命入盟隨侯，且請爲會于漢汭而還，濟漢而後發喪。杜注：汭，内也，謂漢西。漢水自襄陽府城北折而東南，經宜城縣之東，又經安陸府城之西，荆門州之東，復東南出，經潛江縣北及景陵縣西，又東歷沔陽州北及漢川縣南，至漢陽府城東北大別山下，會于大江。此漢汭，乃襄陽以南至安陸之漢水也。自襄陽至安陸府七百里，自安陸至沔陽州七百里，安陸爲楚之郊郢。是時王卒于樠木之下，在安陸府治東一里。莫敖懼隨人邀襲，故以王命請隨侯爲會于此，示以整暇，待隨侯濟漢歸國而後發王喪也。此時楚尚未能有漢，隨在漢東，楚在漢西，故杜注漢汭爲漢西。**淮水**，桓八年：楚武王侵隨，軍于漢、淮之間。淮源出桐柏山，在今河南南陽府桐柏縣東一里，東南接湖廣德安府隨州。隨州即春秋時隨國，正當漢之東、淮之南，故曰軍于漢、淮之間。是時南陽之境猶未爲楚有，逮後文王縣申、息，封畛于汝，則淮爲楚境内之水矣。彙纂曰：楚軍于漢、淮之間，當在今安陸府應山縣境。

汝水，成十六年：楚以汝陰之田求成于鄭。杜注：汝水之南，近鄭地。汝水出河南汝州魯山縣東北，經伊陽至汝州南，又東南經寶、郟，南入南陽府裕州，歷許州府之襄城、郾城，南至汝寧府西平境，又東南流至潁州南而入于淮。其自南陽以下，皆楚境也。楚文王封畛于汝，蓋楚地止于汝水之南。其在汝州郟縣及裕州葉縣間者，汝陰田也。**潁水**，昭十二年：楚子狩于州來，次于潁尾。杜注：潁水之尾，在下蔡西。潁水出陽城山東，至下蔡入淮，在今江南潁州府潁上縣，與鳳陽府壽州接界。潁水入淮處，在壽州西北四十里，所謂潁尾也，亦謂之潁口。荀子曰：楚汝、潁以爲險。**溠水**，莊四年：除道梁溠，軍臨于隨。杜注：溠水在義陽厥縣西。梁，橋也。溠水在今隨州北八十五里，周禮職方：豫州其浸波、溠。是時王薨于行，若歸國，則虛實立見；若進兵臨漢，復恐隨人阻漢而守，故用奇兵別開新道，橋溠水，出不意而直壓隨都。隨既懼而行成。計從漢還，又恐隨人乘半渡而邀擊，復以王命請隨侯爲會于漢汭，而我乃還國。蓋欲隨人以好會之禮，送楚師至漢水之西。隨既會訖，濟漢東還，而後發王喪。始由奇道從溠東渡，繼由正道從漢西歸也。**彭水**，桓十二年：楚伐絞，楚師分涉于彭。釋例：彭水至南鄉筑陽縣入漢。彭水在今湖廣鄖陽府房縣西，南流入穀城縣界。**涌水**，莊十八年：閻敖游涌而逸。杜注：涌水在南郡華容縣。涌水在今湖廣荆州府監利縣東南，乃夏水支流。水經注：江水當華縣東南，涌水出焉。涌水自夏水南通于江，謂之涌口。閻敖游涌而逸于二水之間者也。**鄀水**，桓十三年：及鄀，亂次以濟。杜注：鄀水在襄陽宜城縣入漢。鄀水在今湖廣襄陽府宜城縣南。**滑水**，宣八年：楚伐舒、蓼，滅之，楚子疆之，及滑汭。滑汭當爲今江南廬州府東境。**雲中**，定四年：楚子濟江，入于雲中。**夢中**，宣四年：邧夫人使棄諸夢中。周禮職方：荆州藪曰雲夢。今湖廣德安府雲夢縣南一里有雲夢橋。今澤已湮，昔時方八九百里〔一〕。雲澤跨江之南，夢澤跨江之北。今荆州府之監利、石首、枝江三縣，安陸府之荆門州、沔陽州，黄州府之蘄州及黄岡、麻城二縣，德安府之安陸縣，俱有雲夢之稱，蓋跨州亘隰，兼包勢廣矣。**睢水**，定四年：楚子涉睢。杜注：睢水出新城昌魏縣東，至枝江縣入江。是楚王西走處。睢水入江處在今荆州府枝江縣，當郢都之西，楚王避吴西走處也。「睢」一作「沮」。**漳水**，宣四年：子越師于漳澨。杜注：漳水出新城沶鄉縣南，至當陽縣入沮。漳水在今湖廣安陸府當陽縣北四十里，自南漳流入城，至縣東南五十里，與沮合，名合溶渡。**湛水**，襄十六年：晉、楚戰于湛阪，楚師敗績，晉師遂侵方城之外。杜注：昆陽縣北有湛水，東入汝。湛水在河南南陽府葉縣北三十里。縣北二十里有昆陽城。周禮：荆州，其浸潁、湛。水經注：湛水出犨縣北魚齒山，東南流湛浦，春秋晉、楚戰于湛阪，即此。**泜水**，僖三十三年：楚子上救蔡，與晉師夾泜而軍。杜注：泜水出魯陽縣東，經襄城定陵入汝。泜水即滍水，在今河南南陽府葉縣東北一里，光武大敗王邑、王尋于昆陽，士卒溺死，滍水爲之不流，即此。定陵在今南陽府舞陽縣界。**夏水**，昭四年：楚沈尹射奔命于夏汭。杜注：夏汭，漢水曲入江，今夏口也。孔穎達曰：漢水之尾，變爲夏水。以冬竭夏流，故名。夏汭，乃漢水入江處，其地在漢陽府城東、武昌府城西，正當大别山下，禹貢所謂南入于江者。莊

〔一〕「八」，諸本脱，據春秋大事表卷八補。

四年，會于漢汭，在安陸府治鍾祥縣北。去此七百里，泉始出山爲漾，南流爲沔，至漢中東流爲漢尾，稱夏，隨地立名。亦有全漢俱稱夏者。昭十三年：王沿夏，欲入鄢。杜注：順流爲沿，順漢水南至鄢。鄢在今襄陽府宜城縣。順流入鄢，則猶在宜城之北，漢水之上流。左傳遽稱夏者，是舉尾以該首，猶水經以全漢爲沔，是舉首以該尾也。**羅水**，昭五年：楚子以馹至于羅汭。杜注：羅，水名。今河南汝寧府羅山縣舊有羅水，北入淮。楚子當至此。或云即汨羅，不應反過洞庭湖南，大謬。**窮水**，昭二十七年：楚與吳師戰于窮，令尹子常以舟師及沙汭而還。水經注：淮水又東，窮水入焉。窮水出安豐縣窮谷，即楚與吳師遇處。在今江南潁州府霍丘縣西南八里。**沙水**，水經注：汴、沙到浚儀而分，汴東注，沙南流，至義城縣西南入于淮，謂之沙汭，楚東地也。義城故城在今江南鳳陽府懷遠縣東北。**臼水**，定五年：王之奔隨也，將涉于成臼。杜注：江夏竟陵縣有臼水，西南入漢。今湖廣漢陽漢川縣有臼水，亦名臼子河，西南與漢水合。**清發**，定四年：吳從楚師，及清發。杜注：清發，水名。水經注：溳水過安陸縣西，又南逕石巖山北，亦謂之清水，即春秋時吳從楚師處。今湖廣德安府附郭安陸縣城西八十里有石巖山，溳水經其下。**雍澨**。定四年：吳從楚，敗諸雍澨，五戰及郢。今湖廣安陸府京山縣西南八十里有三澨水，通于漢、江，春秋之雍澨其一也。又縣境有汊澨、漳澨、薳澨，說者以爲即禹貢之三澨。昭二十三年，薳越縊于薳澨，今湮。

右春秋列國都邑山川中

五禮通考卷二百十

嘉禮八十三

體國經野

春秋列國都邑山川下附四書釋地

顧氏棟高春秋大事表：吴都：梅里，今爲江南常州府無錫縣。吴地記：泰伯築城於梅李，平墟周三里二百步，外郭周三百餘里〔一〕。其地，漢爲無錫縣地。劉昭曰：無錫縣東皇山有泰伯冢，去墓十里即舊宅，井猶存。杜氏通典：無錫縣東南三十里有泰伯城，地曰梅李鄉，亦曰梅里村。城

〔一〕「三百」，原作「三十」，據味經窩本、乾隆本、光緒本、春秋大事表卷七改。

東五里有皇山，一名鴻山，自泰伯至闔閭，二十三君俱都此。**遷於姑蘇。**今爲江南蘇州府治。城邑考：周敬王六年，闔閭築大城，周四十二里三十步，小城八里二百六十步。開陸門八、水門八，名皆子胥所制。東曰婁曰匠，西曰閶曰胥，南曰盤曰蛇，北曰平曰齊。以地有姑蘇山，因曰姑蘇。山在府城西三十里。案：敬王六年爲吴闔閭元年，魯昭公之二十八年也。韋昭國語注曰：姑蘇，臺名。非也。姑蘇爲吴國都之地名。越伐吴，王率其賢士重禄以上姑蘇，猶夫越棲會稽耳。安有棄其國都而走保一臺乎？觀後范蠡入姑蘇之宮，遂滅吴，則姑蘇爲吴都無疑矣。

吴邑：鳩兹，襄三年：楚子重伐吴，克鳩兹，至于衡山。杜注：吴邑，在丹陽蕪湖縣東。今太平府蕪湖縣東四十里有鳩兹港，即此也。漢蕪湖縣屬丹陽郡，以地卑蓄水，嘗生蕪藻，因名。孫權使陸遜屯兵于此，先主嘗謂權曰：『江東形勝，先有建業，次有蕪湖。』古蕪湖城在今縣東三十里。輿地通考：今蕪湖縣德政鄉有句慈社，即鳩兹之訛也。衡山即横望山，在當塗縣城東北六十里。「衡」、「横」，古通用。杜注云在烏程縣南，太遠，非是。

朱方，襄二十八年：齊慶封奔吴，吴與之朱方。杜注：吴邑。顔師古曰：丹徒，古朱方也。秦始皇以其地有天子氣，使赭衣徒三千鑿京峴，以敗其勢，因名丹徒。漢置縣。有孫氏所築子城，特堅，號鐵甕城。汴宋改名曰鎮江府。今爲鎮江府附郭丹徒縣。

延陵，襄三十一年：趙文子問曰：延州來季子其果立乎？杜注：季札邑。本封延陵，後復封州來，故曰延州來。公羊傳：季子去之延陵。春秋時已有延陵之名，其曰延州來者，省文也。漢改毘陵。晉改晉陵，尋爲郡。隋廢郡，置常州府。唐增置武進縣，與晉陵俱附郭。明初并晉陵入武進。季札墓在今武進縣北七十里申浦之西。**檇李**，定十四年：於越敗吳于檇李。杜注：吳郡嘉興縣南醉李城。吳越春秋：吳王夫差增越封，西至于醉李。然則與闔閭戰時，檇李猶當爲吳地。杜氏通典：吳國南百四十里，與越分境。吳伐越，越子禦之于檇李，則今嘉興縣之地也。古檇李城在今浙江嘉興府嘉興縣南四十五里。**艾**。哀二十年：吳公子慶忌出居于艾。杜注：吳邑。豫章有艾縣。水經注：湞水出豫章艾縣桓山西南。吳公子慶忌諫夫差，不納，居于艾是也。今江西南昌府寧州西一百里龍平岡有古艾城。**吳地：淮上**，襄三年：晉侯使荀會逆吳子于淮上。淮水東流，由楚地入吳境，入海。此淮上當在臨淮、泗州之境。**善道**，襄五年：會吳于善道。杜注：地闕。公、穀皆作「善稻」。范甯注曰：吳地。阮勝之南兖州記云：盱眙本吳善道地，秦置盱眙縣。項羽尊楚懷王爲義帝，都盱眙。許慎曰：張目爲盱，舉目爲眙。城居山上，可以矚遠，故曰盱眙。今屬江南泗州。**臯舟之隘**，襄十四年：楚子囊師于棠以伐吳，吳人自臯舟之隘要而擊之。杜注：吳險阨之道。或曰水淺滯舟之處，非地名也。案傳云師于棠，棠爲今江寧府六合縣。又云「吳不出而還，子囊殿。吳人要而擊之，楚人不能相救」，蓋從濱江水淺之處，邀其惰歸，使首尾斷絶也。約當近六合，在泗州、盱眙之間。**房鍾**，昭六年：楚子蕩伐吳，吳人敗其師於房鍾。杜注：吳地。或曰在今潁州府蒙城縣界。案傳云子蕩師於豫章，而次於乾谿，乾谿在今潁州府亳州，則此蒙城縣當亦相近。**橐臯**，哀十二年：會吳於橐臯。杜注：在淮南逡遒縣東南。孟康曰：橐臯，音拓姑。漢置縣。

宋紹興十一年，兀术陷廬州，屯兵柘皋，爲劉錡等所敗。「橐」訛爲「拓」，又訛爲「柘」。今廬州府巢縣西北六十里有柘皋鎮，俗猶名會吴城。漢逡遒故城在今廬州府治合肥縣東，與巢縣相接壤。**鄖**，哀十二年：公會衛侯、宋皇瑗於鄖。杜注：發陽也，廣陵海陵縣東南有發繇口〔一〕。案晉時海陵縣屬廣陵郡，今爲江南泰州。發陽無考。今通州如臯縣亦係海陵地，縣南十里有會盟原，相傳爲吴、楚會盟處。考春秋之世，吴、楚始終無盟會事，意必指此矣。**桐汭**，哀十五年：楚伐吴，及桐汭。杜注：宣城廣德縣西南有桐水。在今江南廣德州西北二十五里〔二〕。**良**，哀十五年：楚伐吴，陳侯使公孫貞子弔焉，及良而卒。杜注：吴地。又昭十三年：晉侯會吴子於良，水道不可，辭。杜注：下邳有良城縣。即此良也。前漢於良地置良城縣，屬東海郡。師古曰：即晉時會吴處。後漢屬下邳國，晉改曰良城縣。今邳州北六十里有良城。**額黄**。哀十六年：楚白公之亂，王孫燕奔額黄氏。杜注：吴地。在今寧國府境。**吴山川**：**夫椒**，哀元年：吴敗越于夫椒。杜注：吴郡吴縣西南太湖中椒山。通典：包山，一名夫椒山，即西洞庭山也，在太湖中。左思吴都賦：指包山而爲期，集洞庭而淹留。即此。山周迴百三十五里，在今江南蘇州府吴縣西南八十五里。或云在無錫縣西北，與馬迹山相近，似誤。**衡山**，

〔一〕「發繇口」，春秋左傳正義卷五九作「發繇亭」。
〔二〕「西北」，原作「西南」，據光緒本、春秋大事表卷七改。

襄三年：楚子重伐吴，克鳩兹，至于衡山。杜注：在吴興烏程縣南。案：鳩兹在今江南太平府蕪湖，而烏程乃浙江湖州府之附郭縣，相去太遠，不可從。今太平府當塗縣東北六十里有横山，「横」與「衡」古通用，似爲近之。海，哀十年：吴徐承帥舟師自海入齊。大江自江南通州入海，淮自淮安府安東縣入海，吴從此至山東登萊府界，即齊地。大江，哀九年：吴城邗溝，通江、淮。大江自西來，流入江南安慶府宿松縣界，南岸爲江西九江府德化縣界。楚地止此。從此入吴境，經安慶府，太平府，江寧府，鎮江府，常州府武進、江陰縣之北，靖江縣之南，又東至通州之狼山入海，經流千五百餘里，皆吴地。淮水，襄三年：晉侯使荀會逆吴子於淮上。淮水發源河南南陽府桐柏縣桐柏山，東流至光州東北，又東由固始縣入江南潁州府界。又東流至潁上縣東南，又東北至鳳陽府懷遠縣界。自發源至此，皆楚地，以下入吴。又東經長淮衛至五河縣，又東徑泗州城南，盱眙城北，漫衍入洪澤湖。盱眙即吴之善道地。襄五年，會吴于善道，即此。又東北出淮安府清河縣之清口，與黄河會，又刷河東流，經山陽縣，至安東縣雲梯關入海。淮上當在臨淮、泗州之境。邗溝，見上。杜注：於邗江築城穿溝，東北通射陽湖，西北至末口入淮，通糧道也。今爲邗江，亦曰漕河，起揚州府城東南二里，歷邵伯湖、高郵湖、寶應湖，北至黄浦，接淮安界，爲山陽瀆，其合淮處曰末口，在淮安府北五里。自江達淮，南北長三百餘里。淮安府志云：運河，古山陽瀆，隋開皇六年鑿。然吴王城邗溝出於末口，即新城北辰方之北閘也。三國時以無運而塞，隋因平陳而廣之，五代亦以不運而湮，周以平南唐而濬之，元以兵阻而廢。洪、永間以漕運而復之。時已築新城，則又倣宋轉運使喬維嶽之制，自郡城西北，逶迤轉於西南，建閘通清河口，皆平江伯陳瑄之力也。又云：石閘在新城北，洪武十年建，今廢爲水關。末口即北閘，北閘即今新城之北水關。末口在淮安北五里，確有可據。射陽湖在淮安府東南七十里，長三百里，故時邗溝由此入淮，後人於此立堰，曰北神堰。今漕運皆由淮安城西，而城東入淮之故道廢。北神堰不復治，而射陽湖亦僅成帶水矣。禹貢錐指曰：今山陽縣西有山陽瀆，即古邗溝。其縣北五里之北神堰，即古末口也。明永樂十三年，平江伯陳瑄總督漕運，故老爲瑄言：「淮安城西有管家湖，自湖至淮河鴨陳口僅二十里，與清河口相直，宜鑿河引湖水入淮，以通漕。」瑄以聞，遂發軍民開河，置四牐以時啓閉，此即今日由城西入淮之運道也。笠澤，哀十七年：越伐吴，吴子禦之笠澤。今太湖也，亦謂之五湖。周禮職方：揚州藪具區，浸五湖。以周行五百里，故名。吴志：東北則有建康、常、潤數郡之水，自百瀆注之，西南則宣、歙、臨安、苕、霅諸水，自七十二漊注之，源多流盛，東西三百餘里，南北一百二十里，周五百里，今江南蘇州府之吴、吴江二縣，常州府之武進、無錫、宜興三縣，浙江湖州府之烏程、長興二縣，皆其所分隸也。桐水。哀十五年：楚伐吴，及桐汭。杜注：宣城廣德縣西南有桐水。桐水在今江南廣德州西北二十五里，源出州南白石山，西北流經建平縣界，又西入宣城縣界，滙于丹陽湖，入大江。南畿志：古郡名曰桐川，曰桐汭。

越都：會稽。今爲浙江紹興府山陰縣。史記：帝少康之庶子封於會稽，以奉禹祀。至周初，受封爲不成子。韋昭曰：周禮，諸子之國封疆方二百里，越不能成子，言其國小也。昭五年，會楚伐吴，事始見于經。是時越地，南至于勾無，北至于禦兒，東至于鄞，西至于姑蔑，蓋跨有錢塘之東西。至勾踐歸吴，吴又增其封，東至于勾甬，西至于檇李，南至于姑末，北至于平原，縱横八百餘里。禦兒在今嘉興府石門縣東二十里。會稽，越王城，在紹興府南十二里。

越地：**鄞**，今浙江寧波府治鄞縣。**禦兒**，越地。一名語兒。在今浙江嘉興府石門縣東二十里。**姑蔑**，哀十三年：越伐吴，王孫彌庸見姑蔑之旗。杜注：東陽大末縣。案：越境西至姑蔑，即秦置大末縣，屬會稽郡。晉改屬東陽郡。今屬衢州府龍游縣。**甬東**，哀二十二年：越使吴王居甬東。杜注：勾章縣東海中洲是也。案：越境南至于勾無，即此。勾無，即勾章。越滅吴，因大城之，章霸功以示子孫，故曰勾章。秦置縣。漢武帝遣横海將軍韓説出勾章浮海擊閩，越是也。故城在今寧波府慈谿縣西南三十五里。海中洲，即舟山。本朝置定海縣，屬寧波府。其地在故定海縣東北故定海縣，錢氏置，今改爲鎮海縣地。**冥**。哀十九年：楚公子慶、公孫寛追越師，至冥，不及。杜注：越地。案：江西饒州府之鄱陽縣爲楚，餘干縣爲越。餘干，即漢時餘汗，越之餘也。廣信府之弋陽、貴溪二縣，本餘干縣地。此冥地，當在饒州、廣信之間。

越山川：**會稽**，哀元年：吴王夫差入越，越子保于會稽。會稽，山名。史記：禹會諸侯于江南，計功而崩，因葬焉，命曰會稽。會稽者，會計也。水經注謂之古防山，周禮所謂揚州之鎮也。在今浙江紹興府會稽縣東南十二里。**海**，哀二十二年：越使吴王居甬東。杜注：勾章縣東海中洲也。越地東至于鄞，今寧波府附郭鄞縣；南至于勾無，寧波府定海縣東南，皆邊海。范蠡曰：吾先君濱于東海之陂。吴、晉黄池之會，范蠡、舌庸帥師沿海泝淮，以絶吴路。**大江**，史記：越兵横行于江、淮東。又楚世家：越已滅吴，而不能正江、淮北。正義曰：謂廣陵縣及徐、泗等州。是越地僅至江也。**淮水**。史記：勾踐已平，乃以兵北渡淮，與齊、晉諸侯會于徐州。周元王命爲伯。勾踐已去，渡淮南，以淮上地與楚。

邾都：邾，今爲山東兖州府鄒縣。後改國號曰鄒，因山爲名。鄒山周四十里，在縣東南。今鄒治爲宋時所徙。古邾城在縣東南二十六里。**遷於繹**。文十三年：邾文公遷于繹。杜注：鄒縣北有繹山。徙都于彼山旁，山旁尚有舊邑也。邾既遷都于此，境内應别有繹邑。宣十年：公孫歸父帥師伐邾，取繹。必非取其國都，當是取其别邑。至哀七年，魯師入邾，處其公宫。邾衆保于繹，則棄城而棲山矣。疏稱繹山在鄒縣北，而今之繹山在縣東南二十五里，蓋古時縣治在山南，而今則徙于山北也。文公徙都，不過稍北數里。**邾邑：訾婁**，僖三十三年：公伐邾，取訾婁。胡傳及薛氏、趙氏皆以爲邾邑，在兖州府濟寧州界。**漆**，襄二十一年：邾庶其以漆、閭丘來奔。杜注：邾二邑，在高平南平陽縣東北有漆鄉，西北有顯閭亭。定十五年城漆，即此。今鄒縣北有漆城。**閭丘**，在鄒縣南。**蟲**，昭十九年：宋公伐邾，圍蟲。杜注：邾邑。當在今兖州府濟寧州境。**離姑**，昭三十三年：邾人城翼，還，將自離姑，武城人塞其前。杜注：邾邑。孔穎達曰：邾、魯境界相錯，邾人從翼還，先經魯之武城，然後始至離姑，而後至邾。今其地在費縣故武城之南。**濫**，昭三十一年：邾黑肱以濫來奔。杜注：東海昌慮縣。今昌慮故城在滕縣東南六十里。**絞**，哀二年：伐邾，將伐絞。杜注：邾邑。在今滕縣境。**茅**。哀七年：邾茅成子以茅叛。杜注：高平西南有茅鄉亭。在今兖州府金鄉縣西北四十里。

邾地：翼，隱元年：公子豫及邾人、鄭人盟于翼。杜注：邾地。在今山東沂州府費縣西南九十里。**偃**，僖元年：公敗邾師于偃，虚丘之戍將歸者也。杜注：邾地。在費縣南。**虚丘**，杜注：邾地。邾人戍虚丘，欲以侵魯，公要而取之。在費縣界。**狐駘**，襄四年：臧孫紇侵邾，敗于狐駘。杜注：邾地，魯國番縣東南有目駘亭。哀二十七年，越子使后庸來聘。言邾田，封于駘上，即此。今狐駘山在兖州府滕縣東南二十里。**漷東**，哀二年：魯伐邾，取漷東田及沂西田〔一〕。**沂西**，小沂水也。**句繹**。及邾子盟于句繹。杜注：邾地。當在今鄒縣東南境。哀十四年，小邾射以句繹來奔，即此。

邾山川：繹，文十三年：邾文公卜遷于繹。杜注：魯國鄒縣北有繹山。一名高氏列諸小邾地。嶧山。在今兖州府鄒縣東南二十五里。郭璞曰：繹山純石積搆，連屬如繹絲然，故名。水經注：嶧山

〔一〕「西田」，原作「泗田」，據光緒本、春秋大事表卷七改。

東西二十里。**漷水**，哀二年：取漷東田及沂西田。漷水出鄒山東，則流于邾、魯之間。今滕縣南十五里有漷水，即襄十九年取邾田自漷水者。前所取未盡，故邾復以賂魯。**沂水**。此小沂水也。出太山武陽之冠石山。今兖州府費縣爲邾之沂，此「沂西田」是也。出曲阜縣尼丘山西北，徑魯之雩門者，爲魯城南之沂，曾點浴沂，昭二十五年，「季孫請待于沂上以察罪」是也。出沂州府沂水縣西北一百七十里者，爲齊之沂，襄十八年，「晉師東侵及濰，南及沂」是也。禹貢「淮、沂其乂」，係沂水縣之沂，與邾、魯之沂自别。

紀都：**紀**，在今山東青州府壽光縣。莊四年：紀侯大去其國。自是紀亡於齊矣。杜注：紀國在東莞劇縣。今縣東南三十里有劇城。又紀城亦在縣東南。**後以鄫入齊**。在今青州府臨淄縣。莊三年〔一〕：紀季以鄫入于齊。紀于是乎始判。杜注：齊欲滅紀，故季以鄫入齊爲附庸也。國語：齊桓公初立，正封域，東至于紀鄫，蓋特存之。案：齊都臨淄，而鄫即在臨淄之境，則知桓公初年，齊之東向地甚狹。管仲云東至于海，特夸詞耳。迨滅紀、滅郕後，復稍併莒、紀之地以自益。至襄六年，晏弱滅萊、棠，則盡有登、萊之地，東至于海矣。杜注：鄫，紀邑，在齊國東安平縣。今臨淄東十九里有安平城，又鄫亭亦在縣東。**紀邑**：**浮來**，隱八年：公及莒人盟于浮來，成紀好也。杜注：紀

〔一〕「三年」，諸本作「二年」，據春秋大事表卷七校勘記改。

邑，東莞縣北有邳鄉，邳鄉西有公來山，號邳來間。今沂州府蒙陰縣西北有浮來山，與莒州接界。**郱**，莊元年：齊師遷紀郱、鄑、郚。杜注：紀邑，在東莞臨朐縣東南。應劭曰：一作駢。後爲齊大夫伯氏邑。管仲奪伯氏駢邑三百，即此。今在青州府臨朐縣東南。**鄑**，杜注：紀邑，都昌縣西有訾城。今在萊州府昌邑縣西北三十里。**郚**。杜注：紀邑，朱虛縣東南有郚城。今青州府安丘縣西南六十里有郚山，四面險絶，其上寬平，約數百里，有古城遺址，即郚城也。晉朱虛縣在臨朐縣東六十里。

莒都：**莒**，今爲山東沂州府莒州〔二〕，接江南界。武王初封玆輿期于計，不知何年徙都此。戰國時，楚簡王滅莒，地入于齊，爲莒邑。齊湣王走莒，即此。**初封介根**。今爲山東萊州府高密縣，即計也。春秋初徙于莒，而介根爲莒邑。襄二十四年，「齊侯伐莒，取介根」，即此。漢置計斤縣，師古曰：「計斤，即介根。」今縣東南四十里有計斤城。**莒邑**：**密**，隱二年：紀子伯、莒子盟于密。杜注：莒邑，城陽淳于縣東北有密鄉。今萊州府昌邑縣東南十五里有密鄉故城。疑此時之莒尚都介根。**鄢陵**，文七年：公孫敖如莒莅盟，且爲仲逆己氏，及鄢陵，登城見之，美，自爲娶之。杜注：莒邑。在今沂州府沂水縣，與鄭之鄢陵有別。**渠丘**，成八年：渠丘公立于池上。杜注：渠丘公，莒子朱也。渠

〔二〕「沂州府」，原脱「沂」字，據味經窩本、乾隆本、光緒本、春秋大事表卷七補。

丘，邑名，莒縣有蘧里。漢北海安丘縣，孟康曰：古渠丘也。伏琛齊記亦云：渠丘亭在安丘東北十里。但非莒縣境，與杜不合，然地自相鄰。安丘縣，今屬青州府。**且于**，襄二十三年：齊侯襲莒，門于且于。明日，復戰，期于壽舒。杜注：莒邑。在今莒州境。**壽舒**，杜注：莒邑。亦屬莒州。**蒲侯氏**，杞殖華還，載甲宿于莒郊。明日，先遇莒子于蒲侯氏。杜注：近莒之邑。**大龐**，昭元年：莒務婁、瞀胡以大龐及常儀靡奔齊。**常儀靡**，杜注：莒二邑。當在莒州北境。**防**，昭五年：莒牟夷以牟婁及防、兹來奔。杜注：莒邑，城陽平昌縣西南有防亭。今青州府安丘縣西南六十里有故平昌城，防亭亦在縣西南。**兹**，杜注：莒邑，姑幕縣東北有兹亭。今青州府諸城縣西四十里有姑幕城，兹亭在其境。**牟婁**，見杞地。**紀鄣**，昭十九年：齊人伐莒，莒子奔紀鄣。杜注：莒邑，東海贛榆縣東北有紀城。案：贛榆縣今屬江南海州，縣北七十五里有古紀鄣城。**鄅**。昭十年：季孫意如伐莒，取鄅。杜注：莒邑。當在今沂水縣界。

莒地：向，僖二十六年：公會莒子、衛甯速盟于向。杜注：莒地。寰宇記曰：莒州南七十里有向城，與沂州府治接界。案：向本小國。隱二年：莒人入向。杜注：龍亢縣東北有向城。龍亢故城在今江南鳳陽府懷遠縣西北八十五里，古向城在縣東北四十五里。江南通志收入臨淮縣，二縣本相接。**壽餘**。昭二十二年：莒敗齊師于壽餘。杜注：莒地。當在青州府安丘縣境。

虞都：夏墟。今爲山西解州之平陸縣，在河之北。譜云：武王封虞仲之庶孫爲虞仲後，處中國爲西吴〔一〕。史記：武王封周章弟虞仲于周之北故夏墟，與荆蠻、勾吴爲兄弟。杜注：虞在河東大陽縣。唐改曰平陸。今縣東北四十里有古虞城。**虞邑：鄍。**僖二年：晉荀息曰：冀爲不道，入自顛軨，伐鄍、三門。杜注：虞邑。今山西解州平陸縣東北二十五里有故鄍城。**虞地：共池，**杜注：闕。今平陸縣西四十里許有共池，與讓畔城相近，志云虞公出奔地。**顛軨，**在平陸縣東北五十里。**三門。**在平陸縣東五十里，即砥柱之三門也。見山川。**虞山川：顛軨，**僖二年：晉伐虢，假道于虞，曰：冀爲不道，入自顛軨，伐鄍、三門。杜注：大陽縣東北有顛陵坂。顛軨在今山西解州平陸縣東北五十里，自上及下，七山相重，東西絶澗，至爲險仄。亦曰虞坂，戰國策「騏驥止于虞坂而不能進」是也。**三門，**即禹貢之砥柱山。在今解州平陸縣東五十里。河流至此，山有三門，南曰鬼門，中曰神門，北曰人門。水經注：禹破山以通河，謂之三門。**共池。**桓十年：虞公出奔共池。杜注：地名，闕。今山西解州平陸縣西四十里許有共池。志云虞公出奔地。山海經曰：甘棗之山，共水出焉，西流至于河。

虢都：上陽。在今河南陝州東南。周文王弟虢叔始封在陝西鳳翔府寶雞縣東六十里。東遷後，爲秦之雍地，漢書虢縣注云「雍爲西虢」是也。隱元年：鄭人以王師伐衛。杜注：弘農陝縣東南有

〔一〕「西吴」，原脱「西」字，據味經窩本、乾隆本、光緒本、春秋大事表卷七補。

虢城。則從平王東徙後所封矣。**虢邑：下陽。**僖二年：虞師、晉師滅下陽。杜注：虢邑，在河東大陽縣。今大陽廢縣在山西解州平陸縣東五十里，又東北三十里爲故下陽城。**虢地：玤，**莊二十一年：王巡虢守，虢公爲王宮于玤。杜注：虢地。在今河南河南府澠池縣界。**莘，**莊三十二年〔一〕：有神降于莘。杜注：虢地。今河南陝州硤石鎮西十五里莘原是也。**渭汭，**閔二年：虢公敗犬戎于渭汭。杜注：水之隈曲曰汭。案：渭水入河處，在今陝西同州府華陰縣，乃虢之西境。**桑田。**僖二年：虢公敗戎于桑田。杜注：虢地，在弘農陝縣東北。今河南陝州靈寶縣西二十五里稠桑驛，即其地。**虢山川：**虢山不見傳。僖十五年：晉侯許賂秦伯，東盡虢略。杜注：從河南而東，盡虢界。元豐志：自河南府西南抵虢州界三百二十五里，稍南抵鄧州界六百里，皆高山深林，古虢略也。據此，則晉桃林之塞以前當屬虢，但傳無明文耳。**渭汭。**閔二年：虢公敗犬戎于渭汭。杜注：渭水出隴西，東入河。渭水出陝西臨洮府渭源縣界鳥鼠山西北谷，東流經盩厔、興平、咸陽、渭南，至華陰縣入河。渭水入河處，乃虢之西境也。案：昭二十三年：萇弘曰：周之亡也，三川震。杜注：涇、渭、洛水也。三川舊屬西周。後涇水屬秦，渭水屬虢，旋屬晉。惟洛水出陝西慶陽府北，其入河處謂之洛汭，在今河南府鞏縣東北三十里，則猶爲周地耳。

〔一〕「三十二年」，原作「二十二年」，據光緒本、春秋大事表卷七改。

杞都：淳于，在今山東青州府之安丘縣。案：淳于本州國地。桓五年冬，經書州公如曹，傳曰：淳于公度其國危，遂不復。淳于，本州國之都，而杞居之，是亡州者杞也。然隱三年，州未亡，莒人所取之牟婁已在東土，與淳于爲鄰。杞本弱小，不應立國雍丘，而遥屬小邑于千數百里之外，則知春秋之前，杞早居于東土矣。女叔齊曰：杞，夏餘也，而即東夷。邾、莒以東皆夷，特未詳其何地耳。今青州府安丘縣東北三十里有淳于故城。**遷於緣陵**。在今青州府之昌樂縣，亦曰營陵，路通登、萊。僖十四年：諸侯城緣陵。蓋是時淮夷病杞，齊桓遷之稍北以自近，如楚遷許於葉，吴遷蔡於州來。然杜注「杞地」，則仍爲杞地之錯入於齊者耳。至襄二十七年，杞復遷淳于。案是年晉合諸侯之大夫城杞，祁午數趙文子之功曰「城淳于」。蓋城杞即城淳于，是杞復遷淳于之證也。今縣東南三十里有營陵故城。

杞邑：牟婁，隱三年：莒人伐杞，取牟婁。杜注：杞邑，城陽諸縣東北有婁鄉。自隱三年後，地屬莒。昭五年，莒牟夷以奔魯。今青州府諸城縣東北有婁鄉城，與安丘縣接境。**無婁**。宣十五年：仲孫蔑會齊高固於無婁。杜注：杞邑。公羊作「牟婁」，蓋即莒人所取。然此時已爲莒邑，杜注疑有誤。

庸都：上庸。今爲湖廣鄖陽府竹山縣。文十六年：楚大饑，戎伐其西南。庸人率群蠻以叛楚。麇人率百濮聚于選。楚使廬戢棃侵庸方城。又與之遇，七遇皆北，惟裨、鯈、魚人逐之。庸人遂不設備。楚人、秦人、巴人滅庸。楚自此益彊。今縣東四十里有上庸故城。**庸邑：裨、鯈、魚**。

杜注：庸三邑。魚，魚復也，漢置魚復縣，公孫述改號曰白帝城，先主改曰永安。蕭梁置信州，唐改夔州，今爲四川夔州府治奉節縣。

庸地：方城。 杜注：庸地，上庸縣東有方城亭。今竹山縣東四十五里有方城，山上平坦，四面險固，山南有城，周十餘里，即春秋時庸方城也。

麇都：錫穴。 今爲湖廣鄖陽府治鄖縣。文十一年：潘崇伐麇，至錫穴。杜注：麇地。蓋即麇之國都。錫，音陽。至十六年，楚伐庸，麇人率百濮聚于選，則麇猶存。蓋庸在上庸，爲今竹山縣。麇有錫穴及防渚，爲今之鄖縣、房縣，俱屬鄖陽府，爲接壤。庸滅而麇亦不復存矣。今與陝西、四川俱接界。

麇地：防渚。 文十一年：楚子伐麇。成大心敗麇師于防渚。杜注：麇地。杜佑曰：房陵即春秋時麇國地，所謂防渚者也。秦始皇徙趙王遷于房陵，即此。建安十四年，先主遣孟達攻下房陵，又使劉封自漢中乘沔水會達，攻上庸，太守申耽降。後孟達據房陵降魏。蓋隴蜀咽喉，蜀、魏所必爭之地也。今爲鄖陽府房縣。明季流賊張獻忠居穀城，羅汝才居房縣，既降，復叛，遂潰爛天下。蓋幅員曠遠，接壤四川，爲藏慝伏奸之地。穀城屬襄陽府，今有鎮臣駐劄。

徐都：下邳。 在今江南泗州。自兩漢迄南北朝，皆曰徐縣。左傳杜注：徐國在下邳僮縣東南。漢書志：臨淮郡徐縣，春秋時徐國。昭三十年，徐子章禹爲吴所滅。今泗州北八十里有古城，相傳爲徐偃王築地，與虹縣接。

徐地：婁林。 僖十五年：楚敗徐于婁林。杜注：徐地。在今江南泗州境。後漢書志下邳國徐縣有樓亭，或曰古蔞林。伏滔北征記曰：縣北有大冢，徐君墓，延陵解劍之處。蒲隧。昭十六年：齊師伐徐，至于蒲隧。杜注：徐地，取慮縣南有蒲姑陂。在今鳳陽府虹縣北。

北燕山川：濡水。昭七年：齊、燕盟于濡上。杜注：濡水出高陽縣東北〔二〕，至河間鄚縣入易水。水經注：濡水出蒲陰縣南，枉渚迴湍，率多曲復，亦曰曲逆水。漢封陳平爲曲逆侯，即此。曲逆縣，章帝改曰蒲陰縣。其故城在今直隸保定府完縣東南二十里，是濡水之上源矣。濡水在今安州、任丘間。

右春秋列國都邑山川

閻氏若璩四書釋地附：

康。康誥，大學引者四，孟子引者二。孔安國書傳以「康誥」之「康」爲圻内國名，遠勝鄭康成作謚號解。嘗證以二事：一定四年「命以康誥，而封於殷墟」，當既有誥文，輒有篇名，豈待身後之謚取以冠其篇乎？一史記衛世家：「康叔卒，子康伯代立。」父謚康，子亦謚康，將兩代同一易名之典乎？故世本宋忠注曰：「封從畿内

〔二〕「出」，諸本脱，據春秋大事表卷八補。

之康徙封衛。衛即殷墟，畿内之康，不知所在也。」讀括地志云：「故康城在許州陽翟縣西北三十五里。」陽翟，今禹州，正周畿内地。

淇竹。詩集傳淇奥篇：「淇上多竹，漢世猶然。」此自謂漢武帝下淇園之竹以塞決河，寇恂伐淇園之竹爲矢以給軍耳。酈道元云：「今通望淇川，無復此物。」又可證朱子止及漢之故。然未遡其所由始，惟晉戴凱之言：「淇園，衛地，殷紂竹箭園也。」見班彪志。今無此文。毛詩所詠「瞻彼淇澳，緑竹猗猗」，是北土寒冰，至冬地涷，竹根類淺，故不能植，惟𥳑音央。竹根深，故能晚生，故曰「根深耐寒，茂被淇苑」。然則毛詩之所謂「緑竹」者，乃𥳑竹，非常竹也。

南山。詩詠南山，不必盡有指實，而可指實者二焉。一曹南之山，郡縣志在曹州濟陰縣東二十里，「南山朝隮」是也。今曹縣。一終南之山，郡縣志在京兆府萬年縣南五十里，如「南山之壽」、「幽幽南山」、「節彼南山」、「信彼南山」是也。今在長安、咸寧、藍田、盩厔四縣。

秦誓。秦誓篇，史繫於封殽尸，爲發喪哭之後。書序則謂「敗殽還歸而作」。王伯厚亦莫能折衷，但云二書各不同。金仁山竟從史。余以左氏傳考之，誓當作於僖三十三年夏，秦伯素服郊次，鄉師而哭之日，不作於文三年夏，封殽尸，將霸西戎之時。蓋霸西戎則其志業遂矣，豈復作悔痛之辭哉！殽，晉之南境，從秦嚮鄭，路必經之。括地志云：二殽山，一名嶔崟，在洛州永寧縣西北二十里，即古之殽道，蘇代謂之殽塞，淮南王安謂之殽阪，司馬遷謂之殽阸，馮異謂之殽底，孔穎達謂之殽關。元和志謂「東殽三十五里，在秦關之東，漢關之西」是也。

華嶽。中庸：「載華嶽而不重。」華，山名；嶽，亦山名。蓋舉二山，下故對以二水。在禹貢名岍，在國語名西吳，管子書作西虞，在前漢志名吳山，後漢志名吳嶽山，實一山也。周禮：「豫州，山鎮曰華。雍州，山鎮曰嶽。」爾雅釋山：「河南曰華，河西曰嶽。」皆並配對舉，則中庸可知矣。

杞。「杞不足徵」。此時之杞，非復周武王初封東樓公之杞國也。初封杞，即今開封杞縣。索隱曰：「至春秋時，杞已遷東國。」雖未知的都何所，要隱四年「莒人伐杞，取牟婁」，桓二年七月「杞侯來朝」，九月「伐杞，入之」，與今之莒州及曲阜縣相鄰可知。逮桓六年，淳于公即經所稱州公者，其國亡，杞似并之。杜元凱曰：「遷都於淳于。」僖十四年：「杞辟淮夷，諸侯爲城焉。」杜元凱曰：「又遷于緣陵。」襄二十九年，「晉合諸侯以城杞」，即昭元年祁午數趙文子之功云「城淳于」者。杜元凱曰：「杞又遷都淳于。」淳于，漢置縣，屬北海郡。其故城一名杞城，在今青州安丘縣東北三十里，其遺趾宛然。緣陵，杜止注「杞邑」。臣瓚曰：「漢北海之營陵縣，春秋謂之緣陵。」以余考，殆今昌樂縣東南五十里營丘城是。蓋杞當春秋，去初封已千有餘里，而顛沛流離，賴人之力以圖存史記。一則杞小微，其事不足稱述，再則杞微甚，不足徵也。

鄹人之子。鄹，魯邑名。今則在鄹縣界。鄹人之子，乃孔子少賤時之稱。集注：「此蓋孔子始仕之時，入而助祭也。」最當。「始仕」即指孔子年二十爲委吏，二十一爲乘田吏言，方與少賤稱相闕合。或曰：二者何等卑職，敢駿奔走於廟中？余曰：觀祭統：「煇者，甲吏之賤者也；胞者，肉吏之賤者也；翟者，樂吏之賤者也；閽者，守門之賤者也。皆以有事于宗廟，尸以其餘畀之。」則委吏若周禮之委人，共祭祀之薪蒸木材。乘田吏，周禮之牛人、羊人。牛人，凡祭祀，共其牛牲之互，與其盆簝，以待事。羊人，凡祭祀飾羔，祭祀割羊牲，祭其首者也。非無與於廟事，其應在群有司之列可知。獨當祭時，魯君在前，卿大夫侍從，雝雝肅肅，安得容一少且賤者呶然致辭說哉！故顧瑞屏以爲「子入廟，當是隔日宿齊，始可每事問」者是。

魯昌平鄉陬邑。太史公曰：「孔子生魯昌平鄉陬邑。」是以國統鄉，以鄉統邑。昌平，本山，鄉蓋以山得名。括地志云：「在兖州泗水縣南六十里，故鄹城在泗水縣東南六十里，故闕里又在縣南五十里。」此則以曲阜之闕里名其地，非真闕里也。真闕里，伍緝之曰：「背洙面泗。」

儀。孔子時，衛都濮陽，爲今大名府開州。生平凡五至衛焉。第一，去魯司寇，輒適衛；第二，將適陳，過匡，過蒲，皆不出衛境而反衛；第三，過曹，而宋，而鄭，而陳，仍適衛；第四，將西見趙簡子，未渡河而反衛；第五，如陳，而蔡，而葉，復如蔡，而楚，仍反乎衛。儀邑城在今開封府蘭陽縣西北二十里，乃衛西南境，距其國五百餘里。不知孔子先至國而後儀邑，或由儀邑而國都，皆不可知。要爲第一次適衛時事則無疑。何則？封人曰：「二三子何患於喪乎？」喪，失位去國也，「天將以夫子爲木鐸」，使周流四方，以行其教。天生夫子，豈爲一魯國已乎？其語與情蹤正合。

觀承案：「木鐸」二字，下得絶奇。集注原有兩說，然前說顢頇儱侗，反不如後說清切。得此閻氏一說，并「失位」二字，亦有着落。而「天下」二字，乃非泛然，更覺神理針鋒，一一相對，以補集注之缺，可也。

汶、沂。曾氏曰：「汶有徐州之汶，有青州之汶。」余謂沂亦有徐州之沂，有青州之沂。周禮：「青州，其浸沂。」此用周禮。論語在汶浴沂，皆指徐州言，以魯事也。汶出泰山萊蕪縣原山，西南入泲，與出琅邪朱虛縣東泰山，即今東鎮沂山。至安丘入濰者別。沂出魯魯縣尼丘山西北，逕魯之雩門注於泗水，與出泰山蓋縣艾山南至下邳入泗，杜預所謂大沂水者別。

葉。葉，楚縣名。故城距今南陽府葉縣治三十里，中有沈諸梁祠，有方城山。屈完曰「楚國方城以爲城」，即此。越王無疆曰：「夏路以左。」劉氏注：「楚適諸夏，路出方城，人向北行，以西爲左，故云夏路以左。」括地志：「楚嘗爭霸中國，連山累石，於此以爲固，號曰方城，一謂之長城。」蓋春秋時，楚第一重地也，宜以沈諸梁鎮撫焉。

互鄉。云互鄉所在者頗多，獨王伯厚引王無咎云：「亳州鹿邑縣外有互鄉城，邑人相傳，謂童子見孔子，即其處。前代因立互鄉縣，其城猶存。」余謂州縣建置，事關朝廷，名雖或革，迹猶可尋。因檢新、舊唐書、杜氏通典、隋地理志，鹿邑名縣，始隋開皇十八年，此後未見有析置互鄉事。雖伯厚語，恐未足憑。

荆蠻、吴。集注：「仲雍與泰伯同竄荆蠻。」又云：「仲雍居吴。」不達者遂以吴與荆蠻爲二地，實則一地。寰宇記：「今常州無錫縣東南四十里有吴太伯城。」高忠憲所謂「梅里平墟爲泰伯端委之地」是也。下逮吴王僚二十三君，並都此。惟闔閭元年，始築吴郡城，徙都之，今蘇州城，通典：「吴之都，其南百四十里，與越分境。」余謂此必指檇李。賈逵曰：「檇李，越地。」班固曰：「故就李鄉，吴、越戰地。」今嘉興府西南有檇李城，越王勾踐既棲會稽後，越語紀其地曰「北至於禦兒」，此又指石門縣之語溪，殆詩所謂「今也日蹙國百里」乎？

匡。禮記檀弓疏曰：「陽虎嘗侵暴於匡，時又孔子弟子顏刻爲陽虎御車，後孔子亦使刻御車，從匡過，孔子與陽虎相似，故匡人謂孔子爲陽虎，因圍，欲殺之。」與漢包咸注同，足解孔子世家「顏刻爲僕，以策指匡曰：昔吾入此，由彼缺也」一段不明處。匡，地名，今大名府長垣縣西南一十五里有匡城。

川上。「子在川上」，相傳即泗水發源處。今之泉林寺，在泗水縣東五十里陪尾山下，四源並發。寺之左右，大泉十數，泓渟澄澈，互相灌輸，會而成溪，是爲泗水。

長府。左傳昭二十五年：「公居於長府。」杜注：「長府，官府名。」九月戊戌，伐季氏，遂入其門。長府，今不知所在。意其與季氏家實近，公居焉，出不意而攻之。論語鄭注：「長府，藏名也，藏財貨曰府。」又意公微弱，將攻權臣，必先據藏財貨之府，庶可結士心。亦一解。後反覆尋究，始得之。蓋應劭曰：「曲阜在魯城中，委曲長七八里。」酈道元曰：「阜上有季氏宅，宅有武子臺。臺西北二里爲周公臺。周公臺南四里許爲孔廟，即夫子之故宅也。」然則今知得孔廟所在，則可以知季氏宮，由季氏宮又可想像而得長府地。

莒父。莒父，鄭康成謂：「舊説云：莒父，魯下邑。」明明見春秋定公十有四年秋經文「城莒父及霄」，何得但云「舊説」？杜氏注：「公懼而城二邑者，以叛晉，助范氏。」故是時，荀寅、士吉射據朝歌，晉人圍之，魯與齊、衛謀救之。朝歌在魯正西將八百里，則莒父屬魯之西鄙。子夏爲宰邑，去其家密邇，要亦約略言之爾。

駢邑三百。集注引荀子「與之書社三百，而富人莫之敢距」，以證「駢邑三百」，而「三百」字爲數方明。蓋孔子世家索隱曰：「古者二十五家爲里，里各立社。書社者，書其社之人名於籍。楚以七百里書社之人封孔子也。」則書社三百，乃七千五百家。駢邑，今臨朐縣是。管仲所食之邑，不止於此，此特其一爾。余因悟「昭王將以書社地七百里封孔子」，朱子疑七百里，恐無此理，不知里也社也一也，二十五家耳，七百二十五家，乃萬七千五百家，非如「古者路程以三百步爲里」之「里」。然孔子得之，即足以王，故子西以爲不可。今論語序説節其文爲「以書社地封孔子」，去「七百」字，書社將何所著？然則哀十五年「齊與衛地書社五百」，晏子「昔先君桓公以書社五百封管仲」，吕氏春秋「越以書社三百封墨子」，荀去却「五百」、「三百」字，其可得通乎？

石門。論語：「子路宿於石門。」或曰：「石門，齊地。隱公三年齊、鄭會處，即此。」非也。讀太平寰宇記，古魯城凡有七門，次南第二門名石門。案論語「子路宿於石門」，注云：「魯城外門，蓋郭門也。」因悟孔子轍環四方久，使子路歸魯視其家，甫抵城而門已闔，只得宿於外之郭門。次日晨興，伺門入，掌啓門者訝其太蚤，曰：「汝何從來乎？」若城門既大啓後，往來如織，焉得盡執人而問之，此可想見一。

「自孔氏」，言自孔氏處來也，夫不曰孔某而曰孔氏，以孔子爲魯城中人，舉其氏輒可識，不如答長沮之問爲孔某，此可想見二。「是知其不可而爲之者與」，分明是孔子正棲棲皇皇歷聘於外，若已息駕乎洙、泗之上，不必作是語，此可想見三。總從「魯郭門」三字悟出情踪，誰謂地理不有助於經學與？

闕黨、闕里。闕黨，黨名。亦猶達巷，亦黨名也。闕里，里名。亦猶史記孔子世家有孔里，亦里名也。闕黨，案兖州府志，在府城東北一里。有泉，亦以此名。荀子稱「仲尼居於闕黨，闕黨之子弟以化」是也。闕里在曲阜縣城中至聖廟之東，梅福稱「今仲尼之廟不出闕里」是也。然闕里亦有二：一在魯城中，一在泗水縣南五十里。以孔子生於此，遂以闕里名之，見史記索隱、正義。

闕里。家語：「顏繇，字季路，少孔子六歲。孔子始教於闕里，而受學焉。」朱子引入集注，作「孔子始教而受學焉」，削去「闕里」字。此朱子所以爲精於地理也。孔子時，無闕里之名，闕里首僅見漢書梅福傳。東漢後，方盛稱之。蓋緣魯恭王徙魯，於孔子所居之里造宫室，有雙闕焉，人因名孔子居曰闕里。或曰：有徵乎？余曰：一徵於水經注：「孔廟東南五百步有雙石闕，即靈光之南闕。」一徵於史晨饗孔廟後碑：「以今日拜孔子，望見闕觀，式路虔跽，既至升堂。」爾時闕尚存，尚可得其名里之由。顧氏肇域記於曲阜縣則引魯世家「煬公築茅闕門」，謂已有闕之名。不知此自魯兩觀、魯象魏在雉門之旁者，春秋所謂「雉門及兩觀災」是也，豈孔子士庶而敢居於外朝之地哉？比而同之，誤矣。讀集注者，要須心知其意，於此益悟家語果王肅私定，以難鄭玄，而非朱子所恨不見之古文家語。何則？古文家語那得有「闕里」字？而有之，應出王肅手，豈非知其意者，由於論其世也哉！朱子削而存之，有以夫！

柳下。卞，今泗水縣。莊子爲邑大夫，子路即其治民。武城，今在費縣。子游爲之宰〔一〕，曾晳父子、澹臺滅明皆其治民。展禽爲魯公族，居應於曲阜，而食邑則在柳下。柳下，今不可的知所在。以顔斶言「秦攻齊，令有敢去柳下季壟五十步而樵採者，死不赦」證之，古人多葬於食邑，壟所在即邑所在，則柳下者，自當在齊之南，魯之北，二國壤接處，方昔爲魯地，後爲齊有也。

〔一〕「子游」，原作「子路」，據光緒本改。

固而近於費。前漢志：顓臾國，在泰山郡蒙陰縣蒙山下。費縣爲魯季氏邑，則屬東海郡。杜氏通典總收於沂州費縣下，曰：「有蒙山，有東蒙山，有顓臾城，又有子游所宰之武城。」余讀酈注「沂水」條云：「沂水從臨沂縣東流逕蒙山下，又東南逕顓臾城北，又東南流逕費縣故城南。」案其里程，相距纔七十里，故曰「近」。

東蒙。東蒙，山名。即書之「蒙、羽其藝」，詩之「奄有龜蒙」之「蒙」也。自元和志誤析爲二，謂在沂州費縣西北八十里者蒙山，在費縣七十里者東蒙山，相距僅五里，覺論語與書、詩遂各有所屬。余舉漢地理志「蒙陰縣」注曰「禹貢蒙山在西南有祠，顓臾國在蒙山下」，證其爲一山也。

首陽。史記正義首陽山凡五所。王伯厚考曾子書以爲在蒲阪舜都者，得之。余謂莫徵信於酈注，然已兩説互存。既云河北縣雷首山今在蒲州。有夷齊廟，闞駰十三州志曰：「山一名獨頭山，夷、齊所隱也。山南有古冢，陵柏蔚然，攢茂丘阜，俗謂之夷齊墓。」又云：「平縣故城有首陽山，今在偃師縣。春秋所謂首戴也。夷齊之歌所矣曰登彼西山。上有夷、齊之廟。」蓋莫能定爾。總之，認餓爲失國而餓，兩地皆可遯迹；認餓爲恥食周粟，則寧死乎唐、虞揖遜區。不知恥食周粟者，必無之事也。

微、箕。微、箕，二國名。鄭康成以爲俱在圻内。今潞安府潞城縣東北一十五里有微子城，遼州榆社縣東南三十里有古箕城，皆其所封地，疑近是。余獨慨有周御世，文物一新，微子國於宋，箕子封於朝鮮，雖各待以不臣，而回首故封，頓成墟里。此他日微、箕二子咸有麥秀之悲也。

河、河内。「大師摯適齊」章。集注：「河，河内。漢，漢中。海，海島也。」並本邢疏，緊貼「入」字作解，以爲妙矣。而「河内」之解，則大不可。蓋古所謂河内者，在冀州三面距河之内，非若漢郡之但以懷、汲爲河内。史記正義曰：「古帝王之都多在河東、河北，故呼河北爲河内，河南爲河外。」又曰：「河從龍門南至華陰，東至衛州東北入海，曲繞冀州，故言河内。」豈此鼓方叔當日去魯，真入冀州，河之北乎？抑不過居於河之濱，即曰「入」乎？且認煞「入」字，勢必如「關關雎鳩，在河之洲」，水中可居者曰洲；又必如「汎彼柏舟，在彼中河」，中，河之中也，然後可。此豈人所居處者哉！疏義至此鑿矣，拘矣！或來詰曰：國語：「昔殷武丁能聳其德，至於神明，以入於河，自河徂亳。」韋昭解「入於河」曰：「遷於河内。」「入」字不嘗作如是解耶？余獨以爲否否。蓋盤庚自河北而河南，都亳殷，皇甫謐以爲今偃師是，三傳至於武丁，仍都亳殷。白公所謂「以入於河，自河徂亳」者，乃武丁爲王子時，其父小乙欲其知民之艱苦，使居民閒，遷徙不常，故自河外入河内，復自河内往河外。此「入于河」，却確指河内言，非同魯論。孟子謂「讀其書者，當論其世」，余則謂并當論其地也。

明堂，靈臺。封禪書：「初，天子封泰山。泰山東北阯，古時有明堂處。」是古明堂至漢武帝時猶有遺蹤。括地志：「辟雍、靈沼，今悉無復處，惟靈臺孤立，高二丈，周回一百二十步。」是周靈臺，至唐太宗時猶存。

河東、河内。梁河東，今之安邑等縣。梁亦有河西，六國表「魏入河西地於秦」是也。梁河内，今之河内、濟源等縣。梁亦有河外。蘇秦傳「大王之地，北有河外」，注云「謂河南地」是也。河東西，亦謂之河内外，左傳僖十五年，「賂秦伯以河外列城五，内及解梁城」，魏世家無忌曰「所亡於秦者，河外、河内」是也。至河内外，則梁之河北、河南地，蘇代曰：「秦正告魏，我陸攻則擊河内，水攻則滅大梁。」是。然則梁之地自河西，逶迤而至河南，幾將二千里，何以蘇秦曰「魏地方千里」？蓋從長而横不足，絶長補短算耳。然已比韓猶大，比趙實小，是以文侯、武侯用之則爲天下疆，惠王、襄王用之則弱於天下，國勢固在於主德哉！

文王囿七十里。從來説者皆以文王七十里之囿爲疑，曰：「那得有如許地大？」余亦疑者久之。近考得其説，蓋三輔黄圖云「靈囿在長安縣西四十二里」，王伯厚以「文王之囿方七十里」注於下。余謂在今鄠縣東三十里，正漢地理志所謂「文王作酆」，注：今長安西北界靈臺鄉酆水上是。杜氏左傳注：「酆在鄠縣東，有靈臺。」有鄠、杜竹林，南山檀柘，號稱陸海，爲九州膏腴」者。文王當日，弛以與民，恣其芻獵以往，但有物以蕃界之，遂名之曰囿云爾。此實作邑於豐時事，非初岐山事也。豐去岐三百餘里。善乎穀梁傳云：「山林藪澤之利，所以與民共也。虞之非正也。」注：「虞，典禽獸之官。言規固而築之，又置官司以守之，是不與民共同利。」曾謂文王當日而如是乎？後漢武帝建元中，舉籍盩厔、鄠、杜，除以爲上林苑，屬之南山，即其處。但武帝爲己之禽荒，較文王以利民者，異一。武帝爲己之行幸更衣，較文王以講武者，異二。武帝周袤三百里，中容千乘萬騎，且較文王三倍而贏矣，異三。武帝時，盡化爲腴産，其賈畝一金，規以爲囿，殊可惜，故來東方朔之諫；若文王則初闢土，亦猶「天作高山，太王荒之」者，縱民芻獵而不禁，豈不適相宜，異四。説者不察乎囿之所在，又不通古今情事之異，徒執以岐山國僅百里，不知文王由方百里起耳，豈終於是者哉！或曰：以穀梁傳所云里數計，今之六十二里，遂當古之百里。故左傳黄人謂「自郢及我九百里」，今自江陵至光州僅七百里。郗子謂「吴二千里，不三月不至」，今自蘇州至鄒縣僅一千五百里。則周時七十里之囿，今僅四十三里。參以毛詩傳「囿所以域養禽獸，諸侯四十里」恰合，此四十里又與今合。古書籍所云里數，原具有兩説。此又一説云。

雪宫。「齊宣王見孟子於雪宫」，解者謂雪宫，孟子之館，宣王就見於此，因誇其禮遇之隆。賢者指孟子，與上文梁惠王賢者指人君言不同。果爾，孟子當正色而對，以明不屑，安得含胡曰「有」，而即引之與民同也？元和郡縣圖志：「齊雪宫故址，在青州臨淄縣，縣即其故都東北六里。晏子春秋所謂齊侯見晏子於雪宫。」今晏子春秋無此語。然則先孟子雪宫又爲晏嬰館舍耶？蓋齊離宫之名，游觀勝迹，宣延見孟子於其地，非就見之謂。又管、晏，孟子羞稱，兹以與民樂，忽詳及晏子對景公一段故實，蓋亦以此地曾爲先齊君臣共游觀，以近事爲鑒則言易入，此又須會於言外。

轉附、朝儛。趙注：「琅邪，齊東南境上邑。」集注因之。漢郊祀志作「在齊東北」，非也。今諸城縣東南一百五十里有琅邪山，山下有城，即其處。余曾偏考轉附、朝儛二山，杳不知所在。惟趙氏德，南宋人，有轉附「附」作「鮒」屬萊州之説，殊無依據。妄意此二山當在海之東盡頭，如成山、召石山之類，登之可以觀海。惟至海盡頭，然後回轍，循海之濱西行，以南至琅邪，亦可觀海焉。計其自齊都臨淄一千三百里抵於海，復自海一千一百餘里至琅邪，凡二千四五百里。以春秋之侯封，而騁其雄心，肆其遠略如此，真從前所未有。後惟秦始皇二十八年，並讀曰傍。渤海以東，往東也。過黄、今黄縣、蓬萊縣。腄，今福山縣、棲霞縣。窮成山，在文登縣。封禪書：「成山斗入海。」登之罘，在福山縣。蓋回鑾也。南留琅邪三月。三十七年，自琅邪北至榮成山，正義曰：「即成山。」射巨魚之罘，遂並海西，至平原津。今平原縣。漢武帝太始三年，行幸琅邪，禮日成山，登之罘，浮大海。司馬相如賦曰「齊東陼鉅海，南有琅邪，觀乎成山，射乎之罘」，正暗用秦皇之事。或曰今青州爲齊地，若萊州則萊子國，登州則牟子國，皆非齊有，景固可以任其車轍馬迹所之乎？余曰：萊子城在黄縣東南二十五里，國已滅。靈公十五年，所以晏子對景公言，聊、今聊城縣。攝今博平縣。以東，姑、尤以西。姑，大沽河；尤，小沽河。一出黄縣，一出掖縣，實齊之東界也。指晝明析如是。惟今寧海州文登縣尚屬牟子國，要亦不過蕞爾附庸，素服役於彊大者，晏子所謂「爲諸侯憂」，正指此等，何難登其山而臨其海乎？

水滸。孟子：「太王去邠，踰梁山，邑於岐山之下，居焉。」云山而不及水。詩詠古公辟狄，「率西水滸，至于岐下」，云水而不及山。太史公生當後，合而作周本紀，曰：「遂去豳，渡漆、沮，踰梁山，止於岐山。」將自邠抵岐東南二百五十餘里，登山涉水，叙次如畫。然程大昌雍録謂渭水實在梁山下之南，循渭西上可以達岐，則詩水字又與漆、沮無干，似益精確矣。

梁山。雍州有二梁山：一在今韓城、郃陽兩縣境。書「治梁及岐」，詩「奕奕梁山」，春秋「梁山崩」，爾雅「梁山，晉望也」，皆是。於孟子之梁山無涉。孟子梁山則在今乾州西北五里，其山横而長，自邠抵岐二百五十餘里，山適界乎一百三十里之間。太王當日必踰此山，然後可遠狄患，營都邑，改國曰周。古諸侯國名，雖曰受之天子，傳之祖宗，而隨在易名，初不以爲嫌。如唐叔虞一傳而子燮改國爲晉，魏侯罃國於梁，韓哀侯國於鄭曰鄭，無後代所爲同家異國之説。後秦始皇幸梁山宫，從山上見丞相車騎甚衆，弗善，亦此梁山也。

齊滅薛。余向主孟子之滕與文公言，當在赧王元二間丁未戊申爾。時薛滅已久，非至是齊始取其地而城之也。六國表、田齊世家、孟嘗君傳並云：「湣王三年庚子，封田嬰於薛。」實通鑑顯王四十八年事。薛不滅，無由以薛封靖郭君，嬰不封，無由薛城中有靖郭君冢。此事理至易明者。薛滅已八九年，齊方於此築城。戰國策載靖郭君將城薛矣，以客海大魚之諫，乃輟城薛，何妨至是復欲城，且將之爲辭？事未定也。孟獻城虎牢而鄭人懼，晏弱城東陽而萊子服，文公焉得而不恐哉！

微仲。微，畿内國名。孔安國傳亦云。嘗思微子既國於此，其長子應曰微伯，蚤卒，有子名腯。次子曰微仲，名衍，即後國於宋者。以周禮，適子死，立適孫，次子不得干焉。微子則從其故殷之禮，舍己之長子之子腯，而立己次子衍，故微仲實微子之第二子，非其弟也。此與子服伯子引以況公儀仲子者脗合，其證一。班固古今人表於「微子」下注曰「紂兄」，「宋微中」下注曰「啓子」，其證二。啓既殷帝乙之元子，衍果屬次子，王畿千里，豈少閒土？斷無兄弟並封於一國之理，其證三。

禮，凡尊者有賜，則明日往拜。喪則孝子不忍遽死其親，故贈襚之賜拜於葬後。孟子奉母仕於齊，母卒，王以卿禮含襚，及歸魯，三月而葬，反於齊，拜君賜也。其『止于嬴』，何也？禮，衰絰不入公門。大夫去國踰竟，爲壇位，鄉國而哭。此喪禮也。故自魯越國至齊境上，爲壇位，成禮於嬴，畢，將遂反也。解者不悉，謂孟子勸人行三年喪，而身違之，又罪萬章之徒脩文不善，可謂逐臭李覯、左袒臧倉者矣。」余考或問及解者二段，俱出郎瑛七修類稾，亦能疑人所未疑者，而特不能辨釋。郝氏從而辨釋之，可謂精矣，少錯解「止於嬴」句。嬴，齊南邑。春秋桓三年：「公會齊侯於嬴。」杜注云：「嬴，今泰山嬴縣。」案：嬴縣故城在萊蕪縣西北四十里北，汶水之北，去齊都臨淄尚三百餘里，豈有拜君賜於三百餘里之外者乎？且「衰絰不入公門」，未聞不入國門也。爲壇位而哭，乃出亡禮，非喪者所用。蓋孟子母歿於齊，及奉喪來歸，皆哀戚匆遽，無暇可語。惟至往齊拜賜，舍於逆旅，始得以一論匠事耳。以論匠事於止嬴日，故繫「止於嬴」，亦猶與公孫丑論不受禄於居休日，故繫以居休，豈必別有義在乎？禮：「斬衰，唯而不對；齊衰，對而不言。」孟子居母喪，正齊衰，故猶答充虞以言，而但不先發言於人耳。夫一唯一對，猶致謹不失如此。曾謂孟子奪喪復仕，若當時莫之行者一輩所爲哉，亦太誣矣。郝氏之亟正也，固宜。又曰：「或問子以孟子奉母仕于齊，其説亦有徵乎？」余曰：徵之劉向列女傳。傳云「孟子處齊，有憂色，擁楹而歎，孟母見之」云云，則知母蓋同在齊。自齊葬於魯，則知母即歿於齊也。「然則既歿而葬，宜終喪於家，曷爲而遽反於齊？」余曰：此蓋終三年喪，復至齊而爲卿耳，非遽也。「果爾，何以爲『前日』解？」余曰：孟子之書，有以昔與今對言，昔似在所遠而有指昨日者，「昔者辭以疾」是也。以前日與今對言，前日似在所近而亦有指最遠者，「前日願見而不可得」是也。夫孟子久於齊而後去，去齊之日，上溯其未游齊之日，猶目之爲「前日」，安在僅三年者而不可目以前日耶？或訝曰：「充虞蓄一疑於心，至三年始發之與？」余曰：此尤足以見孟門弟子之好問也。陳臻從於齊，於宋，於薛，辭受之後而問；屋廬子從居鄒，處平陸，以至見季任不見儲子之後而問。其事之相距，誠非止一二年，而歷歷記憶，反覆以究其師之用心者，猶一日也。夫充虞亦猶是爾。且尤可證者，孝子之喪親，言不文。今也援古論今，幾於文矣。三年之喪，言而不語。語，爲人論説也。後魏孝文帝以與公卿往復，追用慟絶，曰：「朕在不言之地，不應如此喋喋。」然則孟子反喋喋邪？

見顧出孝文下邪？故充虞問答，斷自於免喪之後者，爲得其實也。或又訝曰：「向所稱郝氏之解非與？」曰：非也。「曷徵乎爾？」曰：徵之於儀禮。士喪禮云：「三日，成服，杖。拜君命及衆賓，不拜棺中之賜。」注謂：「既殯之明日，全三日，始歠粥矣。禮尊者加惠，明日必往拜謝之。棺中之賜，不施己也。」既夕記云「主人乘惡車」，注謂：「拜君命，拜衆賓及有故，行所乘也。」然則當孟子母歿於齊，必赴於王，王使人弔，與成服後往謝，所謂乘惡車者，是王使人襚與，則所謂棺中之賜不施己者，禮明云不拜，況葬後耶？郝氏之誤解可足據邪？總之，孟子拜君命，非拜君賜；拜亦於殯後，非葬後，皆不出齊都城之事。丘文莊濬家禮儀節有云：「世俗親友來弔，其孝子必具衰絰，躬造其門，謂之謝孝。使居喪者纍然衰絰，奔走道塗，信宿旅次，甚至浹旬彌月，考之古禮無有也。」夫文莊謂「無有」，而孟子反有之邪？喪禮至近代不講，宜郝氏之說紛紛也。

晝。晝，當作「畫」，不待言。「齊西南近邑」，集注本趙氏、劉熙來。但括地志以畫即戟里城，在臨淄城西北三十里。一南一北，殊判然。余謂孟子去齊歸鄒，鄒實在齊之西南，上云「南」者，是又因悟樂毅初入齊，聞畫邑人王蠋賢，令軍中環畫邑三十里無人，則爾時齊都城西南隅無敢有闌出者矣。

休。孟子致爲臣而歸，歸於鄒也。中間經過地名休者，少憩焉，與丑論在齊事，故曰居休。故休城在今兖州府滕縣北一十五里，距孟子家約百里。路史國名紀：「休在潁川。或云介休。介在膠西。」並非。

河注海。禹於帝堯八十載癸亥告成功，河自右碣石入於海。碣石，山名，在今永平府昌黎縣。後一千六百七十六年爲周定王五年己未，周譜曰「河徙」，水經注曰「河徙故瀆」，並不言所在。惟漢地理志「魏郡鄴縣」下注云：「故大河在東北入海。」此河入海之一變也。鄴縣城在今彰德府臨漳縣西。逮漢武帝元封二年壬申，既塞宣房。後宣帝地節元年壬子，前此四十一年間，河復北決於館陶，分爲屯氏河，東北至章武入海。章武城在今河間府鹽山縣西北。此河入海又一變也。宋史河渠志：「神宗熙寧十年丁巳，七月乙丑，河大決於澶州曹村，澶淵北流斷絶，河道南徙，東匯於梁山張澤濼，分爲二派，一合南清河入於淮，一合北清河入於海。」北清河，濟水故道。南清河，即今泗水，淮安府清河縣之清口是。此又一變矣。洪武二十四年辛未，河全入於淮，而故道遂淤。雖永樂九年辛卯，復疏入故道，而正統宋滅滕。漢地理志：「滕三十一世爲齊所滅。」杜氏釋例：「文王子錯叔繡之後，十七世至宣公，始見春秋。隱公以下，春秋後六世，而齊滅之。」水經注並同。竹書紀年：「於越滅滕。」惟戰國策作「宋滅」，而通鑑繫之赧王二十九年乙亥，上距孟子勸行仁政甚遠。集注於宋初王時即曰「嘗滅滕」，無乃驟與？只當曰：「宋君偃立十一年，自稱王，敗齊、楚、魏之兵，欲霸天下，疑即此時云。」

莊、嶽。炳燭齋隨筆曰：「『引而置之莊、嶽之間』，注云：『莊、嶽，齊街里名。』疏別無一語。案：左傳襄二十八年：『得慶氏之木百車於莊。』昭十年：『又敗諸莊。』哀六年：『戰於莊。』即此『莊』也。襄二十八年：『慶封反陳於嶽。』即此『嶽』也。蓋皆齊城内街里之名。此繫經典正文，疏家全不引之，足見其疏。」余謂朱子言疏乃邵武士人作，不解名物制度，書不似疏，益爲信然。近刻日知録並同。

於陵。顧野王輿地志：「齊城有長白山，陳仲子夫妻所隱處。」酈注：「魚子溝水南出長白山東抑泉口，山即陳仲子夫妻之所隱。」志「長白山」者，節去下「山」字，若以抑泉口即其家於陵，非也。唐張説石泉驛詩目下自注「於陵仲子宅」。漢於陵故城，章懷太子賢曰：「在今淄州長山縣南。」與通典合。張説詩云：「長白臨江上，於陵入濟東。我行弔遺迹，感歎石泉空。」石泉，非孟子所謂井者耶？江，繡江，發源長白山南，今章丘縣淯河是。計於陵仲子家離其母所居，幾二百里矣。

滄浪。集注：「滄浪，水名。」殊非，蓋地名也。當云：「武當縣西北四十里，漢水中有洲名曰滄浪，漢水流經此地，遂得名滄浪之水云。」善乎宋葉夢得云：「大抵禹貢水之正名可以單舉者，若漢、若濟之類是；不可單舉者，則以『水』足之，若黑水、弱水之類是；非水之正名，而因以爲名，則以『水』别之，若滄浪之水者是。」

北海、東海。齊世家：「太公望吕尚者，東海上人。」注未悉。後漢琅邪國海曲縣，劉昭引博物記注云：「太公吕尚所出，今有東吕鄉。又釣於棘津，其浦今存。」又於清河國廣川縣棘津城，辯其當在琅邪海曲，此城殊非。余謂海曲故城，通典稱在莒縣東，則當日太公辟紂，居東海之濱，即是其家。漢崔瑗、晉盧無忌立齊太公碑，以爲汲縣人者，誤。伯夷，孤竹國之世子也。前漢遼西郡令支縣有孤竹城。括地志：「孤竹古城，盧龍縣南十二里。」余謂今永平府治。河入海，從右碣石，正古之北海，在今昌黎縣西北，亦是當日辟紂處，去其國都不遠。通志以居北海爲濰縣者，亦誤。

畢郢。畢郢曰畢原，實有二處。在渭水南之畢原，一名畢郢，周文王墓在焉。周公薨，成王葬於畢。史稱畢在鎬東南，杜中地，迫終南。韓愈南山詩「前尋徑杜墅，坌蔽畢原陋」是。在渭水北之畢原，則名陌，秦惠文王陵在焉，悼武王陵亦在焉，隔僅一里。元和郡國圖志：「畢原，即咸陽縣所理也。原南北數十里，東西二三百里，無山川陂湖，井深五十丈，亦謂之畢陌。漢氏諸陵在其上。」故劉滄咸陽懷古詩「渭水故都秦二世，咸原秋草漢諸陵」是。至文王庶子高所封畢，左氏注云「在長安縣西北」是。畢郢，通典云「在咸陽縣」是。畢陌，兩杜氏之言，吾從預。

溱、洧。溱、洧，二水名。說文引詩「溱與洧」作「潧」，曰：「潧水出鄭國，洧水出潁川陽城山，東南入潁。」史記注引括地志以爲「古新鄭城南洧與溱合」，水經亦云。余讀酈道元注，於洧水相鄰者，若丹水、汝水、潁水、溭水、渠水、沙水，皆不載有橋梁，獨洧水一則曰「又東逕陰坂北，水有梁焉」，再則曰「又屈而南流，其水上有梁，謂之相門橋」，則洧水之宜置有梁。孟子言殊，非無因，竊以諸葛武侯相蜀，好治官府、次舍、橋梁、道路，所至井竈藩溷，皆應繩墨。子産治鄭，何獨不然？此亦不過偶於橋有未修，以車濟人，而孟子遂即其事以深論之云。

武城。「曾子居武城」，即仲尼弟子列傳之南武城，魯邊邑也，在今費縣西南八十里石門山下。吴未滅，與吴鄰；吴既滅，與越鄰。越王句踐嘗徙治琅邪，起館臺，又嘗與魯泗東，地方百里，此豈待浮海入寇而後至武城邪？講義爲是説者，總緣朱子集注不詳及地理耳。然考魯哀十三年，吴會於黄池，越亦曾遣舟師浮海入淮以邀之，由吴之壤隔絶也。今越既并吴，商、魯之間，可以惟兵横行，寇之興也，何嘗之有？余因又悟春秋四書「穀」，而一書「小穀」者，别於穀也，明其爲管仲之邑也。史記加「南」於武城上者，别於魯之北有東武城也，明曾子之爲費邑人也。

幽州。書孔疏云：「流四凶在治水前，於時未作十二州，則無幽州之名，而云幽州者，史據後定言之。」非也。當流共工時，此地已名幽州，即今密雲縣是。括地志：「故龔城在檀州燕樂縣界。故老傳云：舜流共工幽州，居此城。」幽州其地狹，及後肇十有二州，取顓頊「北至於幽陵」、帝堯「北方曰幽都」之幽，以名所分冀州東北地，即今順天府遼東、廣寧衛以西是。幽州其地廣，大抵帝王廢置，理必相沿，舜立幽州，合因於古矣。

崇山。書孔疏云：「禹貢無崇山，不知其處，蓋在衡嶺之南也。」亦非。通典澧州澧陽郡理澧陽縣，本漢零陽縣地，有崇山，即放驩兜之所。宋則在慈利縣。路史以爲今有驩兜墓是。然又引嶺外驩州圖經，合之寰宇記，並以驩州爲放所，頗疑其去崇山遠。後楊升菴引沈佺期長流驩州時，嘗案九真圖，崇山至越裳四十里，杉谷起古崇山，竹谿從道明國來，於崇山北二十五里合，故詩云：「朝發崇山下，暮坐越裳陰。西從杉谷度，北上竹谿深。竹谿道明水，杉谷古崇岑。」越裳，古國名，重九譯者。在秦爲象郡，兩漢爲九真郡。吴分置九德郡。梁曰德州。隋開皇十八年，改驩州。煬帝改日南郡。唐兩因之，理九德縣。佺期又有移驩州廨詩云：「古來堯禪舜，何必罪驩兜？」是真以州得名由驩兜也者。不知漢九真郡治胥浦縣，莽曰驩成，又領有咸驩縣。開皇十八年改州名，實本此。合之唐武德曾於咸歡縣置驩州，則驩與歡同，乃「驩喜」之「驩」，於「驩兜」了不相涉。

三苗。三苗，國名。杜元凱闕其所在。惟張守節據吴起言：「昔三苗氏左洞庭，右彭蠡。」洞庭，湖名，在岳州巴陵縣西南一里，南與青草湖連。彭蠡，湖名，在江州潯陽縣東南五十二里。以天子在北，故洞庭在西爲左，彭蠡在東爲右。今江州、鄂州、岳州，三苗之地也。杜氏通典則以潭州、岳州、衡州皆古三苗國地。

三危、羽山。羽山見禹貢，班固志載東海郡祝其縣，司馬彪志亦然。今贛榆縣西北八十里。唐崔國輔詩「羽山一點青，海岸日光碎」是。三危山，亦見禹貢，班志失載，司馬志未補，此大闕。亦直至隋地理志，敦煌郡敦煌縣有三危山，括地志：「三危山在沙州敦煌縣東南三十里。」舜殛鯀於此，以變東夷，即禹貢之「東漸於海」；遷三苗於此，以變西夷，即禹貢之「西被於流沙」矣，豈直刑加其身蔽厥辜已乎？

有庳。有庳之在今永州府零陵縣，已成千古定所。而集注云未知是否，此最朱子妙處。蓋一以經文爲案也。經文欲常常而見之，故源源而來，不及待一年之貢期，五年之朝期，以伸吾親愛情，豈有兄居蒲坂，弟居零陵，陸阻太行，水絶洞庭，較諸驩兜放處，尤遠千里之理？且果零陵之是國也，比歲一至，則往返幾將萬里，其勞已甚。數歲而數至，勢必日奔走於道路，風霜之中，而不少寧息。親愛弟者，固如是乎？蓋有庳之封，必近在帝都，而今不可考爾。或曰：然則今零陵曷爲傳有是名也？案：括地志云：「鼻亭神在營道縣北六十里。故老傳言舜葬九疑，象來至此，後人立祠名爲鼻亭。窮崖絶徼，非人迹可歷。舜封象於有庳，蓋此地。」「蓋」

者，疑辭，亦與集注「或曰」同。

咸丘。古人以所居之地得姓氏，不必定常於其地。如咸丘，魯地，而蒙則齊人是。「咸丘」二字見爾雅：「左高曰咸丘。」見春秋桓公七年：「焚咸丘。」杜注：「咸丘，魯地。高平國鉅野縣南有咸亭。」咸丘複氏自以此。余最賞趙氏注此章，於「東」字妙有體會，曰：「東野，東鄙田野之人所言耳。咸丘蒙，齊人也，故聞齊野人之言，書曰『平秩東作』，謂治農事也。」不然何不云齊之西或北野人乎？至今濟南府齊東縣，則置於元憲宗三年，以鎮而名，於孟子無涉。

南河之南。古帝王之都，皆在冀州。堯治平陽，舜治蒲阪，禹治安邑。安邑在今夏縣西北十五里。三都相去各二百餘里，在大河之北。其河之南則豫州地，非帝畿矣。舜避堯之子於南河之南，得毋亦如左氏所云「越竟乃免」乎？禹避於陽城，益避於箕山之陰，皆此意。

陽城，箕山之陰。陽城，山名。漢潁川有陽城縣，以山得名，洧水所出。唐武后改曰告成，後又曰陽邑，五代周省入登封，故此山在今登封縣北三十八里，去嵩山幾隔三十里，安得即云「嵩山下之深谷」與？箕山爲嵩高之北，而張守節云：「箕山一名許由山，在洛州陽城縣南十三里。」括地志遂云：「陽城縣在箕山北十三里。」守節又云：「陽城縣在嵩山南二十三里。」括地志遂云：「嵩山，一名外方山，在洛州陽城縣西北二十三里。」足互相證明斷斷其非一山也。集注誤由趙氏，只觀酈道元注，先叙太室山，次五渡水，並屬崇高縣。又叙禹避商均於此，及周公測日景處。次箕山及上有許由冢，並屬陽城縣。雖同見潁水條内，而山固區以別矣！

桐，湯墓所在。殷本紀：「伊尹放太甲於桐宮。」注似引鄭康成注書序語曰：「桐，地名也，有王離宮焉。」初不指爲湯葬地。余以後漢志梁國虞縣有空桐地，有桐地，有桐亭，太甲所放處，應即在於此。虞，今歸德虞城縣，距湯都南亳僅七十里方可。伊尹既攝國政，復時時往桐，訓太甲三年。不然，如人言湯亳爲偃師，偃師去虞城八百餘里，尹豈有縮地之術，分身以應乎？湯都，仍屬穀熟鎮爲是。至湯墓，劉向博極群書者也，告成帝云：「殷湯無葬處。」蓋直至哀帝建平元年，大司空御史長卿案行水災，因行湯冢，始得之於汾陰亳疑衍。縣北東郭，去縣三里，冢四方，方各十步，高七尺，上平，處平地。馬端臨曰「今河中府」是。故宋太祖乾德四年著諸祀典，迄今不易。雖有杜預「湯冢在薄城中」，魏王泰「又在偃師縣東」兩説，吾未敢以爲據集注云云，亦偶誤本孔安國書傳。

莘。「耕於有莘之野」，集注：「莘，國名。」未指其所在。余謂元和郡縣志：「故莘城在汴州陳留縣東北三十五里，古莘國地。」計其去湯都南亳今商丘縣穀熟鎮。不過四百里，所以湯使可三往聘。若太姒所産之莘國，則在今西安府郃陽縣南三十里，道遥遠矣。

虞、虢。虞、虢，二國。杜注「虞國在河東大陽縣」，謂山西之平陸縣也。「虢，西虢國，弘農陜縣東南有虢城」，謂河南之陜州也。名雖二省，而界相連。莫妙於裴駰引賈逵注曰：「虞在晉南，虢在虞南。」一言之下，而形勢瞭然。爾時爲晉獻公十九年，正都於絳。絳在太平縣之南，絳州之北，土人至今呼故晉城，遺址宛然。余嘗怪杜於莊二十六年「士蔿城絳」注：「絳，今平陽絳邑縣」；成六年「不如新田」，又注「新田，今平陽絳邑縣」。竟爲一地乎？果爲一地，不應將遷新田之時，名獻公所都曰故絳矣。新田，括地志：「在絳州曲沃縣南二里，土呼王官城，距故晉城五十里。」明一統志：平陽府古蹟載晉城，在太平縣南二十五里，晉士蔿所築，獻公都焉。屈産之乘。通典：「慈州文成郡理吉昌縣，春秋時晉之屈邑，獻公子夷吾所居，漢河東北屈縣。左傳云：『晉有屈産之乘，此有駿馬。』」與劉昭注後漢志同。余謂今山西吉州是。樂史傳會爲石樓縣，明一統志本之。但石樓乃漢西河土軍縣，非北屈地。

牛山。牛山，齊之東南山也。本趙氏，亦是岐在複壁中所注，方向少錯，無論今目驗在臨淄縣南一十里，亦在唐臨菑縣南二十一里。括地志所謂管仲冢與桓公冢連在牛山上是。酈道元注：「牛山，一名南郊山，天齊淵出焉，齊此得名。」梁劉昭不知引何人孟子注云：「南小山曰牛山。」晉左思齊都賦云：「牛嶺鎮其南。」列子：「齊景公游於牛山，北臨其國城而流涕。」夫臨曰北，正以山實在其南。

石丘。集注止云：「石丘，地名。」趙氏注：「宋牼，宋人。」參以荀子非十二子篇「宋鈃」注：「鈃，與『牼』同。宋人，與孟子、尹文子、彭蒙、愼到同時。」正合。孫奭疏遂云：「石丘，宋國地也。」蓋宋牼者，宋人，將欲往楚，而孟子游宋，適相值於石丘之地。又漢藝文志尹文子一篇注云：「説齊宣王。」劉向曰：「與宋牼俱游稷下。」宋子十八篇注云：「孫卿道宋子。」荀子：「宋子有見於少，無見於多。」注：「宋子名鈃，與孟子同時。」即見漢藝文志者。余因悟齊宣王喜文學游説之士，自如騶衍、淳于髡、田駢、接子、慎到、環淵之徒七十六人，皆賜列第，爲上大夫，不治而議論，是以齊稷下學士復盛。孟子固嘗與宋牼有雅，故於齊別去，久之忽邂逅石丘，呼以先生，請其所之，殆非未同而言者比也。

任。任，國名。太皞之後，風姓。漢爲任城縣，後漢爲任城國。今濟寧州東任城廢縣是。去古鄒城僅百二三十里，宜屋廬子明日即可往問哉！

淇，河西。「王豹處淇，河西善謳」，集注略不及趙氏注之詳明，當采入注曰：「王豹，衛之善謳者。淇，水名。」衛詩竹竿之篇：「泉源在左，淇水在右。」碩人之篇：「河水洋洋，北流活活。」衛地濱於淇水，在北流河之西，故曰「處淇水而河西善謳」，所謂鄭、衛之聲也。

葵丘。春秋有二葵丘。一齊地，近在臨淄縣西，連稱、管至父所戍者。一宋地，司馬彪云：「陳留郡外黄縣東有葵丘聚，齊桓公會此城中。」遠在齊之西南，故宰孔稱齊侯「西爲此會也」，又曰「東略之不知，西則否矣」。後果七年，「會於淮，謀鄫，且東略也」，是孔之言驗然。先未幾，獻公卒，晉亂，齊侯以諸侯之師伐之，及高梁而還。高梁，晉地，又在葵丘西北幾千里，是宰孔之言亦不驗。

南陽。左傳：「晉於是始啓南陽。」杜注：「在晉山南，河北，故曰南陽。」余謂即今太行山之南，河内、濟源、修武、温縣地。孟子「遂有南陽」，趙注：「山南曰陽，岱山之南謂之南陽也。」余謂史稱「泰山之陽則魯，其陰則齊」，南陽屬齊，必齊之地深插入魯界中者，魯故欲一戰有之。二南陽所指各不同。公羊傳：「齊桓使高子將南陽之甲，立僖公而城魯。」注：「南陽，齊下邑。」

傅巖。集注：「説築傅巖。傅氏之巖，在虞、虢之間。」今平陸縣東三十五里是，俗名聖人窟，爲説所傭隱止息處，非於此築也。巖東北十餘里，即左傳之巔軨坂，有東西絶澗，左右幽空，窮深地壑，中則築以成道，指南北之路，謂之爲軨橋也。説身負版築，爲人所執役，正於此地。至今澗猶呼沙澗水，去傅巖一十五里。墨子、尸子並以傅巖在北海之洲者，大非。「説操築於傅巖兮」，爲騷辭則可。

孫叔敖海濱。趙氏注：「孫叔敖隱處，耕於海濱。楚莊王舉之以爲令尹。」此亦是隨文解之，事實無所徵。莊王時，楚南境、東境去海尚遠，而史記稱「孫叔敖，楚之處士」，荀子、吕氏春秋並以爲「期思之鄙人」。期思故城在今固始縣西北七十里。固始，本寢丘，即莊王感優孟之言以封其子者，傳十世不絶。其得爲令尹也，或曰進自虞丘子，史記、説苑、列女傳。或曰沈尹莖力，吕氏春秋。或曰楚有善相人者招聘之，新序。皆無起家海濱説。蓋孟子所據之書籍，今不可考矣。余又考孫叔敖，即宣十一年楚莊王十六年。令尹蔿艾獵，艾獵乃蔿賈之子。賈，字伯嬴。宣四年，楚莊王九年。官司馬，爲子越椒所惡，因而殺之。意者子遂式微，竄處海濱，不七八年，莊知其賢，擢爲令尹與？但蔿賈乃薳吕臣之子，吕臣繼子玉官令尹，出自公族，自應爲楚郢人，何得遠在期思之鄙？意者叔敖子實不才，襄十五年「蔿子馮」，杜注：「叔敖從子。」徒世守封土，莫顯於朝，後人遂以其子孫之占籍上繫諸先人與？

東山。集注：「東山，蓋魯城東之高山。」蓋，疑詞。朱子生平足未至曲阜，故作此言。其實曲阜縣東二十里有防山，孔子父母合葬處，世家所謂「防山在魯東」，絶不高也。或曰費縣西北蒙山，正居魯四境之東，一名東山，孟子云「孔子登東山而小魯」，指此，疑近是。

范。今東昌府濮州范縣。本春秋晉大夫士會邑。國語是以受隨、范，是又半屬魯。後漢志「東郡范縣有秦亭，即莊三十一年『築臺於秦』」，地道記在縣西北」是也。孟子時則屬齊。趙注云：「范，齊邑，王庶子所封食也。」頗妙。蓋齊王之子，生長於深宮，賜第於康衢，貴仕於朝内，豈容遠在七八百里之下邑而爲孟子所見？其在范者，殆猶靖郭君、孟嘗君之薛乎？既思孟子書法不曰「之齊見王子於范」，而曰「自范之齊望見齊王子」，下一「望」字，意者當時最多交質，此以王子出質敵國，路經於范，遂與孟子適相值乎？亦未可定。

垤澤之門。三衢毛氏曰：「呼，喚也。凡類息招呼則平聲。小爾雅烏呼吁嗟，醫書一呼一吸爲一息，杜甫詩『呼兒問煮魚』之類也。叫號而呼則去聲，詩『式號式呼』，左傳『蒼葛呼』之類也。」果爾，魯君於垤澤之門，自應如趙注云「以城門不自肯夜開，故君自發聲」之呼，爲平聲，不應如集注音「去聲」，爲叫號之呼明矣。近講義又云：「有作魯君自呼之聲者，陋甚。試看『呼於門』『於』字，是呵護傳呼來於垤澤之門。」尤非。人之聲音，關乎貴賤，呵護傳呼，乃賤者之役聲，可習之而能。若魯君與宋君，聲爲居高養優所移，豈他人能似？仍屬倉卒自呼，故爲監門者所疑。垤澤，即襄十七年築者謳曰之「澤門」，杜氏注「宋東城南門」是也。或曰：得毋以禹貢盟諸澤名其門乎？案：盟諸澤在故宋國，微子所封之東北，此自爲南門耳。睢陽故城在今商丘縣南，東南門曰垤澤門。括地志所謂「宋東城南門曰澤門」是。

棠。春秋三棠邑。一宋、魯之界上，隱公五年「春，矢魚於棠」公羊稱爲邑。是也，今魚臺縣。一楚邑，伍奢長子尚爲棠君是也，今六合縣。一齊邑，「齊棠公之妻」，杜注：「棠公，齊棠邑大夫。」不言所在。余謂棠，齊邑也。後漢志：北海即墨縣有棠鄉。齊靈公十五年滅萊，邑故爲齊有。後孟子「爲發棠」，即此是也，今即墨縣甘棠鄉。

右四書釋地附

戰國七雄

地志：秦都咸陽。右隴、蜀，隴，鳳翔府隴州西北六十里隴坻是；蜀，四川保寧府劍州以西，皆古蜀地。左關、坂，關，函谷關。古關在河南府陝州靈寶縣南十里，今曰潼關，在西安府華州華陰縣東四十里。坂，崤坂，在河南府永寧縣北六十里。北有甘泉、谷口，甘泉山在西安府涇陽縣北百二十里。谷口在西安府醴泉縣東南四十里，亦曰寒門。南帶涇、渭。

韓韓武子封韓原，即故韓國也。宣子徙居州，今懷慶府城東南五十里武德城是。貞子徙平陽，即堯都也。哀侯滅鄭，徙陽翟，今開封府禹州治是。北有鞏、洛、成皋之固，成皋，即虎牢。西有宜陽、

商阪之塞，宜陽，今河南府宜陽縣。商坂，即商洛山，在西安府商州東南九十里。**東有宛、穰、洧水**，穰，今南陽府鄧州。洧水出禹州密縣境，至陳州西華縣北，合於潁水。**南有陘山**。陘山在禹州新鄭縣南三十里，亦名陘塞。

魏畢萬封魏城，即永樂城也。悼子徙霍，即平陽霍州也。魏絳徙安邑，即禹都也。惠王徙大梁，遂稱曰梁，即今開封府。**東有淮、潁，西有長城**，史記：「惠王十九年，築長城，塞固陽。」以備秦及西戎。又秦紀：「魏築長城，自鄭濱洛以北，有上郡。」固陽，今陜西榆林衛北廢豐州境，有稒陽古塞。鄭，今西安府華州。上郡，今延安綏德州北有古上郡城。蓋魏惠王時河西之地，猶爲魏有。**南有鴻溝**，史記河渠書滎陽下：「引河東南爲鴻溝，以通宋、鄭、陳、蔡、曹、衛，與濟、汝、淮、泗會於楚。」蓋即故汴河矣。汴河舊自滎陽東南至鳳陽府泗州東西兩城間入於淮。**北有河外**。正義曰：「魏以河内爲河外。」

趙造父封趙城，今平陽府趙城縣是。趙夙邑耿，趙衰居原，簡子居晉陽，今太原府太原縣也。獻侯治中牟，今彰德府湯陰縣西五十里中牟城是。敬侯始都邯鄲，今北直廣平府邯鄲縣是。**西有常山，南有河、漳，東有清河**，水經：「淇水東北過廣宗縣，東爲清河。」廣宗，今順德府廣宗縣。又漢有清河郡，今爲廣平府清河縣，清河舊經其處云。**北有燕國**。

燕都薊。今順天府附郭大興縣。**東有朝鮮、遼東**，朝鮮，今遼東塞外國。**北有林胡、樓煩，**

西有雲中、九原，九原，賈耽曰：「九原故城在中受降城北四十里。」今陝西榆林衛廢豐州東北境是。南有滹沱、易水。

齊都臨淄。南有泰山，東有琅邪，琅邪山在青州府諸城縣東南百五十里。西有清河，北有渤海。

楚都郢。西有黔中、巫郡，東有夏州、海陽，夏州，車胤曰：「夏口城北數里有洲，名夏州。」夏口城在今武昌府城西，亦曰魯口。海陽，劉伯莊曰：「楚并吴、越，地東至海。」海陽蓋謂楚之東南境。南有洞庭、蒼梧，洞庭湖在岳州府城西南一里。蒼梧，山海經注云：「即九疑山也。」在今永州府道州寧遠縣南六十里。北有陘塞、郇陽。陘塞即陘山。郇陽，今漢中府興安州洵陽縣縣東南有洵水，流入漢，曰洵口。

右戰國七雄

五禮通考卷二百十一

嘉禮八十四

體國經野

秦

地理通釋：秦四十郡。晉地理志云：「始皇初并天下，分天下爲三十六郡：内史、漢三輔及弘農郡。三川、漢河内、河南兩郡。河東、南陽、南郡、九江、漢並因之。鄣郡、治故鄣，在今湖州長興縣西南。他郡所治當考。漢改爲丹陽郡。會稽、潁川、漢並因之。碭郡、漢梁國。泗水、漢改爲沛郡。薛郡、漢魯國。東郡、琅邪、漢並因之。齊郡、漢齊國。上谷、漁陽、右北平、遼西、遼東、代郡、鉅鹿、邯鄲、上黨、太原、雲中、漢並因之。九原、漢改爲五原郡。雁門、上郡、隴西、北地、漢中、巴郡、蜀郡、漢並因之。黔中、漢改爲武陵郡。今鼎、澧、辰、沅、黔州之地〔一〕。長沙，漢長沙國。凡三十六郡。於是興師踰江，平取百越，置桂林、漢改爲鬱林郡。南海、治番禺，漢因之。象郡、漢改爲日南郡。閩中，徐廣曰：「治侯官。」漢武帝虚其地。合四十郡，郡一守焉。其地則西臨洮而北沙漠，東縈西帶，皆臨大海。」

地志：内史，今陝西西安鳳翔府。三川，今河南之河南、開封、衛輝、懷慶府。志云：「治洛陽。」故周都也。河東，今山西平陽府。志云：「治安邑。」故魏都也。上黨，今潞安府遼、澤、沁等州。志云：「治長子。」今潞安府長子縣。太原，今太原汾州府。志云：「治晉陽。」今太原府太原縣是。代郡，今大同府南蔚、朔等州是。雁門，今太原府之代州及大同府之應州、渾源州是。雲中，今陝西榆林衛東北四百餘里廢勝州境是。九原，今榆林衛西北七百餘里廢豐州境是。上郡，今延安府及榆林鎮。北地，今慶陽平涼府及寧夏鎮。志曰：「治義渠。」今慶陽府寧州是。隴西，今臨洮鞏昌府。志曰：「治狄道。」今臨洮府附郭縣。潁川，今開封府之禹州、陳州及汝寧府境是。志曰：「治陽翟。」故韓都也。

〔一〕「黔州」二字，原脱，據味經窩本、乾隆本、光緒本、通鑑地理通釋卷一補。

碭郡，今歸德府及南直鳳陽府之亳州，又徐州西境碭山縣、山東兗州府之濟寧、東平州境皆是。志曰：「治碭。」即碭山縣也。南陽，今南陽府及湖廣之襄陽府境。志曰：「治宛。」即今南陽府治南陽縣也。邯鄲，今北直廣平府及河南之彰德府。志云：「治邯鄲。」即趙都也。上谷，今保定河間府及順天府城西境南境，又宣化府境内皆是。鉅鹿，今真定順德府是。志云：「治鉅鹿。」今順德府平鄉縣也。漁陽，今順天府城以東及薊州境是。右北平，今永平府境是。遼西，今遼東之廣寧鎮及廢大寧衛是。遼東，今遼東定遼等衛是。東郡，今山東東昌府、北直大名府及濟南府長清縣以西是。志云：「治濮陽。」即大名開州境也。齊郡，今青州、登州、萊州及濟南府是。志云：「治臨淄。」故齊都也。薛郡，今兗州府東南至江南淮安府海州境是。瑯琊，今兗州府東境，沂州、青州府南境，莒州、萊州府南境膠州是。泗水，今南直徐州、鳳陽府泗州、淮安府邳州是。志云：「治沛。」今徐州沛縣也。漢中，今陝西漢中府及湖廣鄖陽府。巴郡，今四川保寧、順慶、重慶、夔州府及瀘州境是。志云：「治巴。」即重慶府附郭縣。蜀郡，今成都、龍安府、潼川、嘉定、眉、雅、邛州及保寧府劍州以西皆是。九江，今南直鳳陽、淮安、揚州、廬州，安慶府滁、和二州及江西境内州郡皆是。志曰：「治壽春。」因楚都也。鄣郡，今江南太平、寧國、徽州、池州府及廣德州，又浙江之湖州府。志云：「治鄣。」今湖州府長興縣西南百二十里故鄣城是。會稽，今蘇州、常州、鎮江、松江府及浙江境内州郡。志云：「治吴。」今蘇州府附郭吴縣是。南郡，今湖廣荆州、漢陽、武昌、黄州、德安及襄陽府城以南，又施州衛亦是。志曰：「治郢。」故楚都也。長沙，今長沙、岳陽、衡州、永州、寶慶府郴州，及廣東廣州府北境之連州皆是。志曰：「治湘。」今長沙府附郭長沙縣是。黔中，今常德、辰州、靖州及永順、保靖等司，又四川重慶府南境酉陽等司及貴州之思州、思南府皆是。志曰：「治侯官。」今福州府附郭侯官縣。閩中，今福建州郡。南海，今廣東廣州、肇慶、南雄、韶州、潮州、惠州及高州府北境，廣西平樂府東境，梧州府東南境。志云：「治番禺。」今廣州府附郭番禺縣。桂林，今廣西境内州郡。象郡。今廣東雷州、廉州、高州府，又廣西梧州府之南境，以至安南州郡皆是。

呂氏曰：春秋之時，郡屬于縣，説文：周制，天子地方千里，分爲百縣，縣有四郡。趙簡子誓衆所謂「上大夫受縣，下大夫受郡」是也。戰國之時，縣屬于郡，秦紀「惠文十年，魏納上郡十五縣」是也。方孝公商鞅時，并小鄉爲大縣，縣一令，尚未有郡牧守稱。及魏納上郡之後十餘年，秦紀始書「置漢中郡」。或者山東諸侯先變古制而秦效之與？案：戰國策楚王以新城爲主郡，新城，今南陽府裕州葉縣也。以此考之，郡之所治，必居形勝控扼之地。郡者，縣之主，故謂之主郡。又三川、河東在諸郡之首者，蓋所以陪輔關中，地勢莫重焉，即漢所謂三河也。漢分三川爲河南、河内與河東，號爲三河。史記貨殖傳曰：「昔唐人都河東，殷人都河内，周人都河南。夫三河在天下之中若鼎足，王者所更居也。」

右秦

漢

地理通釋：漢郡國更置。地理志：「漢興，以秦郡太大，稍復開置，又立諸侯王國。武帝開廣三邊。故自高祖增二十六，文、景各六，武帝二十八，昭帝一，訖於孝平，凡郡國一百三，縣邑千三百二十四〔一〕，道三十二，侯國二百四十一，地東西九千三百二里，南北萬三千三百六十八里。」

十三部。百官表：元封五年，初置部刺史，掌奉詔條察州，秩六百石，員十三人。漢十三部，關中、三河司隸自察之。刺史所以有十三員者，征和以前，司隸所統，亦有刺史察之也。前後

〔一〕「千三百二十四」，光緒本、漢書地理志上作「千三百一十四」。

漢地理志：武帝開地斥境，南置交趾，顔氏曰：胡廣記云〔一〕：漢既定南越之地，置交趾刺史，别于諸州，令持節治蒼梧。北置朔方之州，胡廣記曰：「漢分雍州置朔方刺史。」雍州即漢涼州也。以廣之言考之，則涼州疆界闊遠，分朔方諸郡，别置刺史察之。是涼州有兩刺史也。兼徐、梁、幽、并夏、周之制，夏有徐、梁，而無幽、并。周有幽、并，而無徐、梁。漢兼其制則爲十一州。改雍曰涼，改梁曰益，凡十三部。兼夏、周之制爲十一州，新置交州，并司隸所領，爲十三部。

地志：漢高祖定都長安。都邑考：高祖初自南鄭徙都櫟陽，既滅楚，遷都洛陽，既而定都長安，今西安府城西北三十里長安故城是。武帝逐匈奴，衛青等擊走匈奴，取河南地，即今陝西榆林北境河套地也。又過焉支，逾祁連，今陝西山丹衛東南百二十里焉支山，甘州衛西南百里祁連山是。又絶大幕，匈奴遠遁，而幕南無王庭，今河套外陰山以北沙漠地也。通西域，武帝從張騫言，招烏孫、大夏之屬三十六國，皆在今陝西、甘肅塞外。是時自燉煌西至鹽澤、輪臺、渠犂皆起亭障，戍田卒，置使者校尉領護。今陝西肅州衛西八百餘里廢沙州，故燉煌郡也。鹽澤在其西千七百里，輪臺、渠犂又在其西。平南越，遣路博德等擊南越，平之。今廣東境内郡縣也。又遣兵平東越，亦曰閩越，今福建境内是其地。又

〔一〕「胡廣」，原作「故廣」，據光緒本、通鑑地理通釋卷二改。下「胡廣」同。

平西南夷，今自陝西鞏昌府階州以南至四川之黎州、建昌，又東南至遵義府，接貴州、雲南之境皆是。又進兵滇中，降其王，今雲南境内是也。開朝鮮。遣楊僕等平朝鮮，即今朝鮮國。於是南置交趾，以南越地置交趾。北置朔方，取匈奴河南地立朔方郡。顔氏曰：「武帝初置朔方郡，别令刺史監之，不在十三州之限。」分天下爲十三部，而不常所治。司隸校尉部，察郡七：京兆郡，今西安府；扶風郡，今鳳翔府；馮翊郡，今西安之同州；弘農郡，今河南府之陝州；河内郡，今懷慶衛輝府；河南郡，今河南府；河東郡，秦郡也。地志：高祖分秦内史爲三，曰河上，曰渭南，曰中地。武帝改爲京兆、馮翊、扶風，是爲三輔。高祖分秦三川郡爲河南、河内，武帝又分河南郡爲弘農郡。豫州刺史部，察郡三國二：潁川郡，秦郡也；汝南郡，今汝寧府；沛郡，秦泗水郡也；梁國，秦碭郡也；魯國，秦薛郡也。地志：高祖分秦潁川爲汝南，改泗水爲沛，碭郡爲梁，高后復改薛郡爲魯國。冀州刺史部，察郡四國六：魏郡，今彰德大名府；鉅鹿郡，秦郡也；常山郡，治今真定府西南九十里元氏縣；清河郡，治今廣平府清河縣東五十里廢清陽縣；趙國，秦邯鄲郡也；平干國，今廣平府是；真定國，今府；中山國，今真定府之定州；信都國，今真定府之冀州；河間國，今府。地志：高祖分秦邯鄲置魏郡，分鉅鹿置清河、信都、常山、中山郡，改邯鄲爲趙。文帝時又分趙國，置廣平國，分秦上谷郡，置河間國。武帝又分常山郡，置真定國，改廣平曰平干國。至宣帝時平干復曰廣平。兖州刺史部，察郡五國三：陳留郡，今開封府；山陽郡，治今兖州府金鄉縣東昌邑城；濟陽郡，治今兖州府曹州定陶縣；泰山郡，今濟南府之泰安州；東郡，秦郡也；城陽秦九原郡也；雲中郡，秦郡也；定襄郡，治今大同府西北二十八里故定襄城；雁門郡、上郡，皆秦郡也。地志：「高祖分秦雲中郡，置定襄郡。武帝分秦太原郡，置西河郡，改九原爲五原郡，又取匈奴地，置朔方郡。」通典：「安定、上郡、天水、張掖、五原，所謂五屬國也。凡存其國號而屬漢者曰屬國，其後金城、西河、北地亦置焉。」幽州刺史部，察郡十國一：渤海郡，治今河間府之滄州；上谷郡、漁陽郡、右北平郡、遼西郡、遼東郡，皆秦郡也；玄菟郡、樂浪郡，今朝鮮地也；涿郡，治今順天府之涿州；代郡，秦郡也；廣陽國，今順天府是。地志：「高祖分秦上谷郡，置涿郡，又分秦上谷、鉅鹿郡，置渤海郡，又分上谷郡，置燕國。武帝平朝鮮，置玄菟、樂浪、臨屯、真番四郡。昭帝始元五年，罷臨屯、真番郡，又改燕國曰廣陽。」通典：「朔方、五原、雲中、定襄、雁門、代郡、右北平、上谷、漁陽，所謂緣邊九郡也。而北地、朔方、五原、雲中、定襄、雁門、代郡、西河，亦爲緣邊八郡。」交州刺史部。察郡七：南海郡，秦郡也；鬱林郡，今梧州府之鬱林州及潯州，南寧柳州府境；蒼梧郡，今梧州府及平樂府境；交趾郡，今廣西西南境太平等府；合浦郡，今廣東廉州、高州、雷州府及肇慶府南境；九真郡、日南郡，今安南境内。地志：「武帝開南越，置南海、蒼梧、鬱林、合浦、交趾、九真、日南、珠崖、儋耳九郡。元帝時，罷珠崖、儋耳郡。」

右漢

地理通釋：後漢郡國。郡國志：世祖中興，惟官多役煩，乃命并合，省郡國十，縣、邑、道、侯國四百餘所。紀云：建武六年，詔損滅吏員，并合郡縣，於是并省四百餘縣。至於孝順，凡郡國百五，縣、邑、道、侯國千一百八十。永興初，有鄉三千六百八十二，亭萬二千四百二十。郡國比前志增二，縣、邑、道、侯國比前志少三百九十七。通典：東樂浪，西燉煌，南日南，北鴈門，西南永昌，四履之盛亦如前漢。今案：興平元年，孫策分立廬陵。建安十五年，孫權分立鄱陽，乃獻帝時十道。志云：「靈帝末，揚州刺史劉遵上書分立二郡。」

地志：後漢世祖光復舊物，丕顯前謨。都邑考：光武定都雒陽爲東京，而南陽亦謂之南都。後董卓刼遷獻帝于長安，尋還雒陽。曹操復遷帝于許，即今開封許州也。司隸治河南，今府。豫治譙，今鳳陽府亳州是。兖治昌邑，見十三部「兖州」注。徐治郯，見上東海注。青治臨淄，涼治隴，通典：隴城縣。今鞏昌府秦州秦安縣東百二十里有故隴城。并治晉陽，冀治鄗，鄗南。幽治薊，揚治歷陽，今和州也。荆治漢壽，今常德府附郭武陵縣。益治雒，成都府漢州是。交治廣信。今梧州府附郭蒼梧縣。時刺史或稱州牧云。通釋：「光武都洛陽，關中復置雍州，後罷。獻帝興平元年，分涼州、河西四郡爲雍州，是爲十四州。建安十八年，省幽、并爲冀，司隸、涼爲雍，省交州入昌爲行都，今武昌府武昌縣也。**有州五：揚，**治建業。**郢，**治江夏。今武昌府治。**荆，**治南郡。**廣，**治番禺。**交。**治龍編。今安南之奉天府。地志：吴分漢交州之南海、蒼梧、鬱林爲廣，分荆州之江夏以東爲郢，得漢十三州之三。**郡國四十三。**地志：吴大帝置郡四：曰臨賀，治今廣西平樂府賀縣；曰武昌，治今武昌府武昌縣；曰珠崖，復漢郡也；曰新都，治今浙江嚴州府淳安縣。少帝亦置四：曰臨川，今江西撫州府；曰臨海，今浙江台州府；曰衡陽，今湖廣衡州府；曰湘東，治今衡州府酃縣。又景帝置三：曰天門，治今岳州府石門縣；曰建安，今福建建寧府；曰建平，今荆州府歸州。歸命侯置十二：曰始安，今廣西桂林府；曰始興，今廣東韶州府；曰邵陵，今湖廣寶慶府；曰安成，治今江西吉安府安福縣；曰吴興，今湖州府；曰東陽，今金華府；曰宜都，今荆州府夷陵州；曰營陽，今永州府之道州；曰桂林，今廣西柳州府象州是；曰新昌，曰武平，曰九德，則今安南境内也。通釋：「吴大帝置廬陵南部，今江西贛州府是。景帝置合浦北部，今廣西南寧府横州是。」

蜀漢都成都，有州三：益，治成都。**梁，**治漢中。**交。**治建寧。今雲南府東北境廢味縣，故建寧郡治也。地志：蜀分益爲梁，又以建寧太守遥領交州，得漢十三州之一。**郡國二十二。**地志：先主改置郡一，曰巴東，即東漢永寧郡也。增置郡七：曰巴西，今保寧府是；曰梓潼，治今保寧府劍州梓潼縣；曰江陽，今瀘州也；曰漢嘉，改東漢蜀郡屬國置；曰朱提，改東漢犍爲屬國置；曰宕渠，今順慶府是；曰涪陵，今重慶府之涪州。後主置三：曰陰平，改東漢廣漢屬國置；曰雲南，今府，蓋改益州郡爲建寧，移治味縣，而分置雲南郡；曰興古，今爲曲靖軍民府。晉志：「後主又嘗分廣漢，置東廣漢郡云。」

右三國

晉

地理通釋：晉十九州。地理志：晉武帝太康元年，平孫氏，增置郡國二十三：滎陽、上洛、頓丘、臨淮、東莞、襄城、汝陰、長廣、廣甯、昌黎、新野、隨郡、陰平、義陽、毘陵、宣城、南康、晉安、寧浦、始平、略陽、樂平、南平。省司隸置司州，別立梁、秦、寧、平四州，仍吴之廣州，凡十九州。惠帝分揚之豫章至晉安七郡，荆之桂陽、武昌、安成三郡，立江州，郡國一百七十三〔一〕。永嘉南渡，境宇殊狹，九州之地有其二焉。

地志：晉都邑考：晉都洛陽，後愍帝都長安，南遷以後都建康，即吴建業也。分州十九：司州，治雒陽，領郡十二：河南郡、河内郡、河東郡、弘農郡、魏郡、廣平郡、漢郡也；平陽郡、陽平郡，魏郡也；汲郡，即魏朝歌郡也；滎陽郡，今開封府鄭州也；上洛郡，今西安府商州也；頓丘郡，見前。晉志：武

〔一〕「一百七十三」，原作「一百十三」，據光緒本、通鑑地理通釋卷二改。

帝分河南郡置滎陽，分雍州京兆郡置上洛，廢東郡立頓丘郡。豫州，治項，今開封府陳州項城縣。領郡國十：汝南郡、潁川郡、魯郡、梁國、沛國，漢郡也；譙郡、弋陽郡、安豐郡，魏郡也；汝陰郡，今鳳陽府之潁州；襄城郡，治今開封府許州襄城縣。晉志：武帝合陳郡于梁國，而分潁川郡，立襄城，分汝南郡，立汝陰，又移潁川郡治許昌。惠帝時又分汝陰郡，立新蔡郡，今汝寧府新蔡縣也。復分梁國，立陳郡，又分汝南府，立南頓縣。兖州，治廩丘。今東昌府濮州東南百里廢雷澤縣是。領郡國八：陳留國、任城國、東平國、濟北國、泰山郡，漢郡也；高平國，即漢之山陽；濟陽郡，即漢之濟陰。晉志：武帝廢東郡，分置濮陽國。冀州，治房子。今真定府趙州臨城縣，領郡國十三：鉅鹿國、趙國、平原國、清河國、中山國、河間國、渤海郡、常山郡，漢郡也；安平國、博陵國、高陽國，東漢改置郡也；樂陵國、章武國，魏郡也。幽州，治涿。領郡國七：燕國、上谷郡、代郡、遼西郡，漢郡也；北平郡，即漢之右北平；范陽國，即漢之涿郡；廣甯郡，今北直延慶州。晉志：武帝分上谷地置廣甯郡。平州，治昌黎，今廢大寧衛東境廢昌黎縣是。領郡五：遼東郡、樂浪郡、玄菟郡，漢郡也；帶方郡，魏郡也；昌黎郡，漢遼西郡之交黎縣也。并州，治晉陽。領郡國六：太原國、西河國、上黨郡、雁門郡，漢郡也；樂平郡、新興郡，魏郡也。晉志：惠帝時改新興曰晉昌郡。雍州，治京兆。領郡七：京兆郡、馮翊郡、扶風郡、安定郡、北地郡，漢郡也；新平郡，魏郡也；始平郡，治今西安府興平縣。晉志：武帝分京兆郡置始平郡。惠帝時又改扶風郡爲秦國。秦州，初治冀城，今鞏昌府伏羌縣，後治上邽，即魏秦州治也。領郡六：隴西郡、天水郡、武都郡，漢郡也；南安郡，東漢加置郡也；略陽郡，魏郡也；陰平郡，蜀郡也。晉志：武帝置陰平郡，治陰平縣，今鞏昌府階州文縣也，蓋移蜀郡於此云。惠帝時又分隴西，置狄道郡，即今之臨洮府。**涼州**，治武威。領郡八：武威郡、張掖郡、金城郡、酒泉郡、燉煌郡、西海郡，漢郡也；西平郡，魏郡也；西郡，治今山丹衛東北廢日勒縣。晉志：惠帝分燉煌、酒泉地置晉昌郡，即今肅州衛西五百二十五里廢瓜州也。又有武興郡，在今涼州衛西北境。晉興郡，在今西寧衛北境，蓋涼州牧張軌所增置。**梁州**，治南鄭。領郡國八：漢中郡、廣漢郡、巴郡，漢郡也；巴東郡、巴西郡、梓潼郡、涪陵郡，蜀郡也；新都國，今成都府漢州也。郡國志：晉廣漢郡治廣漢縣，而於雒縣分置新都國。廣漢縣，今潼川州鹽亭縣東廢縣是。惠帝時又分巴西置宕渠郡，即蜀漢舊郡也。**益州**，治成都。領郡八：蜀郡、犍爲郡、汶山郡、越巂郡、牂牁郡，漢郡也；漢嘉郡、江陽郡、朱提郡，蜀郡也。**寧州**，治雲南。領郡四：永昌，東漢郡也；建寧、興古、雲南，蜀漢改置郡也。晉志：惠帝又分建寧以西，置益州郡。今雲南府晉寧州是。**荆州**，初治襄陽，後治江陵。領郡國二十二：南郡、南陽國、武陵郡、零陵郡、桂陽郡、江夏郡、長沙郡，漢郡也；義陽郡、襄陽郡、新城郡、魏興郡、上庸郡，魏郡也；建平郡、宜都郡、武昌郡、衡陽郡、湘東郡、邵陵郡、安成郡、天門郡，吴郡也；順陽郡，治今襄陽府光化縣東北廢酇縣；南平郡，治今岳州府安鄉縣。晉志：武帝分南郡爲南平郡，改南鄉爲順陽郡，移治酇，又移義陽郡，治新野，即今南陽府鄧州新野縣也，尋復故。又初平蜀，置建平郡，治今夔州府巫山縣。後平吴，以吴建平郡并入焉。惠帝時又分義陽立隨郡，即今德安府隨州也。又分南陽立新野郡，治今南陽府裕州葉縣東廢棘陽縣，又分江夏立竟陵郡，今沔陽州是也。青州，治臨淄。領郡國六：齊國、濟南郡、城陽郡、東萊國，漢郡也；樂安國，東漢改置郡也；長廣國，今登州府是。晉志：武帝分東萊置長廣郡。惠帝時又分城陽郡，置平昌郡，治今青州府安丘縣西南七十里平昌城。又因漢舊置高密國云。徐州，治彭城。領郡國七：彭城國、東海郡、瑯琊郡、廣陵郡，漢郡也；下邳國，東漢改置郡也；東莞郡，治今青州府莒州沂水縣；臨淮郡，治今鳳陽府泗州盱眙縣。晉志：武帝分下邳郡置臨淮，又分瑯琊郡置東莞，而廣陵郡移治淮陰，今淮安府城西四十里廢淮陰縣是也。惠帝時又分東海郡置蘭陵郡，治今兖州府嶧縣，又分東莞郡置東安郡，治今青州府莒州沂水縣南五十里東安城。又分臨淮置淮陵郡，治今盱眙縣西百里廢淮陵縣；又置棠邑郡，今應天府六合縣也。揚州，初治壽春，即淮南郡，後治建鄴，即建康也。領郡國十八：丹陽郡、淮南郡、廬江郡、豫章郡、會稽郡，漢郡也；鄱陽郡、廬陵郡、吴郡，東漢郡也；臨川郡、建安郡、吴興郡、臨海郡、東陽郡，吴郡也；新安郡，即吴新都郡也；南康郡，即吴廬陵南部也；宣城郡，今寧國府；毗陵郡，今鎮江常州府；晉安郡，今福建福州府。晉志：武帝分丹陽郡立宣城郡，改吴新都郡曰新安，改吴廬陵南部爲南康郡。分建安立晉安郡，分丹陽立毗陵郡，治今鎮江府丹徒縣。又惠帝分廬江、武昌地，置尋陽郡，今九江府也，又分淮南置歷陽郡，今和州也。又分吴興、丹陽置義興郡，治今常州府宜興縣，又改毗陵曰晉陵云。廣州，治番禺，見秦南海郡治。領郡十：南海郡、蒼梧郡，漢郡也；南涼郡，東漢郡也；始安郡、始興郡、桂林郡、臨賀郡，吴郡也；高興郡，今高州府化州；新寧郡，治今肇慶府新興縣；寧浦郡，即孫吳合浦北部也。晉志：武帝末以高興省入高涼郡。交州。治龍編。領郡七：合浦郡、交趾郡、九真郡、日南郡，漢郡也；新昌郡、武平郡、九德郡，吴郡也。宋志：晉初并天下，有州十六，後分涼、雍爲秦，幽爲平，益爲寧。惠帝時又分揚之豫章、鄱陽、廬陵、臨川、南康、建安、晉安七郡，荆之桂陽、武昌、安成三郡爲江州，於是有二十州。通釋：江州初治豫章，後治武昌。懷帝時又分荆之長沙、衡陽、湘東、零陵、邵陵、桂陽，廣之始安、始興、臨賀，凡九郡，置湘州。郡國一百七十有三，新置郡二十，因漢郡者九十四，因魏郡者十九，因吴郡者二十，因蜀郡者十一。改漢郡置者四，改魏郡置者二，改吴郡置者三，廢漢郡者二：東郡、陳郡也。又魏廢漢郡七，而廬江則晉復置。蜀漢改漢郡二：永寧、益州也。合之，適得後漢百有八郡之數云。縣一千一百有九，盡秦、漢之境矣。

右晉

南北朝

地理通釋：宋二十二州。通典云：自東晉成帝時，中原流民多南渡，遂於江、漢、淮之間，僑立州郡以撫其民，中間併有廢置，離合非一，不能詳制焉。今大較以孝武大明八年爲正，凡二十二州。

地志：宋因晉都，有州二十二：揚，治建業。南徐，治京口。徐，治彭城。後没於魏，以鍾離爲北徐州。鍾離，今鳳陽府臨淮縣也。南兗，治廣陵。兗，治瑕，今兗州府附郭滋陽縣。後没於魏，以淮陰爲北兗州。南豫，治歷陽。豫，治汝南，即懸瓠也。青，初治歷陽城，今濟南府附郭歷城縣，後徙臨淄。冀，治歷城，後陷於魏，青、冀皆移治贛榆，今淮安府海州屬縣也。司，治義陽。荆，治南郡。郢，治江夏。湘，治臨湘，即今長沙府附郭長沙縣。江，治尋陽。雍，治襄陽。梁，治南鄭。秦，亦治南鄭。寧，治建寧。廣，治南海。今廣州府附郭縣。交，治龍編。越。治臨漳。今廉州府治是。宋志：晉遷江左，有揚、荆、湘、江、梁、益、交、廣數州，其徐州則有過半，豫州唯得譙城而已。宋分揚爲南徐，徐爲南兗，揚州之江西悉屬豫州，分荆爲雍，分荆、湘爲郢，又分荆爲司，分廣爲越，分青爲冀，分梁爲秦，或爲南、北秦云。郡二百三十八，縣一千一百七十九。

蕭齊因宋初失淮北，後失淮南，紀其大端，有州二十三：青，治朐山，今淮安府海州治是。冀，治漣口，今淮安府安東縣。豫，治壽春。北兗，治淮陰。北徐，治鍾離。巴。治巴東。齊分宋梁州置。其餘悉因宋。舊郡三百九十五，縣千四百七十四。

蕭梁承齊之後，有州二十三，與蕭齊同也。郡三百五十，縣千二十有三。隋志：梁天監以後，開閩越，克淮浦，平狸洞，破牂牁，又以舊州析置，大同中，州至一百有七。長、淮南北，得失不恒。

陳版圖彌蹙，西不得蜀漢，北不得淮、肥，雖曾克復淮南，未幾復失。陳宣帝遣吴明徹北伐，克壽春、淮陰、朐山等城，盡復淮南地。又因周主滅齊，復命明徹圖淮北。圍彭城未下，周將王軌引輕兵據淮口，遏陳船歸路。明徹引還至清口，舉軍皆没。周韋孝寬尋渡淮，略取江北地。淮口亦曰清口。始終以長江爲限。有州四十二，自是置州益多，無復前制。郡百有九，縣四百三十有八。

後魏起自北荒，鮮卑别部拓跋力微始遷盛樂，今大同府西北三百里故成樂城是也。其後猗盧徙馬邑，即今大同府朔州馬邑縣，兼有代、常山二郡地，稱代什翼犍，都雲中。通典曰：朔州北三百餘里雲中城是。後因内亂，苻堅伐之，分其國爲二，拓跋珪復盛，改代曰魏，都平城。今大同府附郭大同縣也。通釋：猗盧時，城盛樂爲北都，脩故平城爲南都。道武克并州，下常山，拔中山，盡取慕容燕河北地。明元時，漸有河南州鎮。道武初，得滑臺、許昌，皆棄不守。至是復遣將攻滑臺、碻磝、金墉、虎牢及許昌、汝陰諸州鎮，皆設兵戍守。金墉，故洛陽城西北隅是也。太武西克統萬，滅赫連夏，盡有關隴之地。東平遼東，滅北燕、馮弘，遂取龍城以東地。又西克姑臧，滅沮渠、北涼，取河西諸郡。南臨瓜步。瓜步山在今應天府六合縣東二十五里。時宋主屢遣將北伐，太武怒，舉兵南侵，遣拓跋仁自洛陽趨壽陽，長孫真趨馬頭，拓跋建趨鍾離，拓跋那自青州趨下邳，魏主自東平趨鄒山，攻彭城，不克，遂踰淮而南。至瓜步，還攻盱眙，不克而去。馬頭，今盧州府六安州北二十里馬頭城是。鄒山，今兖州府鄒縣也。獻文之世，長、淮以北，悉爲魏有。宋人以懸瓠、彭城降魏，魏復取青、冀諸城鎮。孝文都洛，復取南陽。孝文取沔北五郡：曰南陽，曰順陽，曰新野，曰舞陰，今南陽府泌陽縣也，東晉末置。曰淅陽，今南陽府鄧州内鄉縣也，魏置。宣武時，又得壽春，時又取合肥、建安諸郡。續收漢川，至於劍閣，時梁人以漢中降魏。兼得淮西之地。魏元英拔義陽三關地。三關：一曰平靖關，在今汝寧府信陽州東南九十里古冥阸塞也；一曰黄峴關，在州東南百餘里，又名百雁關，今名九重關；一曰武陽關，今州東南百五十里，亦名灃山關。於是魏地北逾大磧，陰山以北曰大磧。西至流沙，在今西域火州境。東接高麗，即今朝鮮國。南臨江、漢。州百十有一，郡五百十有九，縣千三百五十有二。

高齊起自晉州，東有殷、冀。殷，今真定府趙州。冀，今真定府冀州。歡初爲晉州刺史，爾朱兆使統六鎮之衆，都督并、肆。歡引兵屯壺關，會高乾等起兵山東，共迎歡爲盟主，因兼有殷、冀，謀討爾朱。壺關，今潞安府屬縣。遂滅爾朱，歡起兵冀州，攻鄴，克之。爾朱兆等合兵討歡，歡大破之，遂入洛陽，立平陽王修，自爲丞相。歡尋還鄴，西討爾朱兆於晉陽。兆走秀容，歡以晉陽四塞，建丞相府居之。

尋襲秀容，兆敗死。秀容，今太原府忻州也，後魏肆州治焉。**刼魏遷鄴**，魏主修與歡有隙，歡舉兵南向，修奔長安，歡立善見於洛陽，尋遷鄴。至高洋，乃篡位，稱鄴爲上都，晉陽爲下都。**於是河北自晉州之東，河南自洛陽之東，皆爲齊境。**又因梁末侯景之亂，遣將略地，南際于江。**有州九十七，郡百有六十，縣三百六十有五。**

宇文周起自高平，據有關隴。初，爾朱榮遣賀拔岳討關中群盜，悉平之。宇文泰以功爲原州刺史，尋遷夏州。會岳爲侯莫陳悦所殺，泰討平之，遂有賀拔岳之衆。軍於高平，魏主拜泰爲雍州刺史，都督關中。泰盡除遺盜，撫定關隴，與高歡爲敵。原州即高平。夏州，即赫連夏統萬。**魏主西奔，漸移其社。**魏主修奔長安，泰自爲大丞相，尋弒修而立南陽王寶炬。至宇文覺，始篡位。**於是河南自洛陽之西，河北自晉州之西，皆爲周境。文帝既西兼巴蜀，**蕭紀自成都伐江陵，泰遣尉遲迥自散關趨劍閣，至涪水，進襲成都，蜀人望風降附。散關在今鳳翔府寶雞縣南五十里。劍閣即蜀漢劍門。涪水在成都府綿州。**南克江、漢，**于謹伐梁，取荆、襄及巴陵、湘州地。後巴、湘復爲陳人所取。**武帝又東并高齊，**兼取陳人淮以南地。**有州二百十一，郡五百有八，縣一千一百二十四。**

右南北朝

隋

地志：隋滅梁并陳，天下爲一。都邑考：隋承周舊，改築長安城而都之，今西安府城是。煬帝又改築洛陽城爲東都，今河南府城是。析置州縣。文帝初以官煩民弊，廢五百餘郡，以州治民，職同郡守，無復刺舉之任。煬帝平林邑，今雲南徼外占城國是。煬帝於其地，置蕩、農、沖三州。定吐谷渾，今陝西、甘肅徼外西域諸國是。煬帝于其地置鄯善、且末、西海、河源四郡。或曰西海，亦因漢郡云。改州爲郡，煬帝并省諸州，改州爲郡，依漢制置太守，以司隸刺史相統治。有郡一百九十，縣一千二百五十五，東西九千三百里，南北一萬四千八百十五里，東南皆至海，西至且末，今西寧衛徼外有且末河，隋於其地置且末部。北至五原。即秦九原郡。

右隋

唐

地理通釋：唐十道。地理志：唐興，高祖改郡爲州，太守爲刺史，武德元年。又置都督府以治之。七年。然天下初定，權置州郡頗多。太宗元年，始命併省，又因山川形便，分天下爲十道。至十三年定簿，凡州府三百五十八，縣一千五百五十一。明年，

平高昌，又增州二縣六。其後，北殄突厥頡利，西平高昌，北踰陰山，西抵大漠，其地東極海，西至焉耆，南盡林州南境，北接薛延陀界，東西九千五百一十一里，南北一萬六千九百一十八里。會要：凡天下三百六十州，自後併省，迄于天寶，凡三百三十一州存焉。

地志：唐都邑考：唐都長安，武后時都洛陽，昭宗爲朱全忠所刼，遷于洛陽。通釋：唐初以長安、洛陽爲東西兩京，後以京兆、河南、太原爲三都。肅宗時又以蜀郡爲南京，鳳翔爲西京，而京兆爲中京。已又置南都於荆州。代宗詔以京兆爲上都，河南爲東都，鳳翔爲西都，江陵爲南都，太原爲北都，曰五都。而京兆亦曰西京，東都亦曰東京，又爲神都云。**分天下爲十道，**隋季分割州府倍多。高祖改郡爲州，太守爲刺史，其邊鎮襟帶之地置總管府，以領軍戎。又改總管爲都督府。太宗并省州縣，因山川形便，分天下爲十道。**東距河，西抵隴坂，**即隴山也。**南據終南，**終南山在西安府南五十里，一名中條山，亦曰中南山。**北邊沙漠，曰關内道。**領州二十二：曰雍州，開元初曰京兆府，即今西安府也；曰華州，亦爲華陰郡；曰同州，亦爲馮翊郡；曰岐州，亦爲扶風郡，肅宗時升爲鳳翔府；曰隴州，亦爲汧陽郡，今屬鳳翔府；曰邠州，亦爲新平郡，今屬西安府；曰涇州，亦爲安定郡，今屬平涼府；曰寧州，亦爲彭原郡，今屬慶陽府；曰慶州，亦爲安化郡，又爲順化郡，即今慶陽府；曰原州，亦爲平涼郡，治今平涼府鎮原縣；曰靈州，亦爲靈武郡，治今寧夏衛靈州所；曰鹽州，亦爲五原郡，治今榆林鎮西南六百里廢五原縣；曰銀州，亦爲銀川郡，治今榆林衛西南二百里廢榆林縣；曰夏州，亦爲朔方郡，治今榆林衛西三百里廢朔方縣；曰豐州，亦爲九原郡，今榆林鎮西北廢豐州是；曰勝州，亦爲榆林郡，今榆林衛東北廢勝州是；曰丹州，亦爲咸寧郡，治今延安府宜川縣；曰延州，亦爲延安郡，今府；曰坊州，亦爲中部郡，治今延安府鄜州中部縣；曰鄜州，亦爲洛交郡，即今州也；曰綏州，亦爲上郡，即今延安府綏德州；曰會州，亦爲會寧郡，今固原鎮靖鹵衛也。明皇時又增置宥州，亦爲寧朔郡，亦爲懷德郡，治今榆林衛西五百里廢延恩縣。又置麟州，亦曰新秦郡，治今延安府葭州神木縣西北四十里廢新秦縣。宣宗又于故安樂州置威州，今寧夏中衛東南百五十里鳴沙城是，本高宗所置羈縻州也。又于原州蕭關縣置武州，今平涼府鎮原縣西北百四十里蕭關是。又置衍州，在今延安府北境。昭宗時又置耀州，又置乾州，今西安府屬州也。五代史：皆李茂貞置。唐志：高祖武德初改郡爲州，明皇天寶初又改州爲郡，肅宗乾元初又復爲州云。**東盡海，西距函谷，**函谷見前。**南濱淮，北薄于河，曰河南道。**領州二十七：曰洛州，開元初曰河南府；曰陝州，後亦爲陝郡；曰汝州，亦爲臨汝郡；曰鄭州，亦爲滎陽郡；曰汴州，亦爲陳留郡，今開封府；曰豫州，亦爲汝南郡，代宗時改爲蔡州，今汝寧府；曰許州，亦爲潁川郡；曰陳州，亦爲淮陽郡；曰潁州，亦爲汝陰郡；曰亳州，亦爲譙郡；曰曹州，亦爲濟陰郡；曰宋州，亦爲睢陽郡，今歸德府；曰滑州，亦爲靈昌郡，治今大名府滑縣；曰濮州，亦爲濮陽郡，今屬東昌府；曰濟州，亦爲濟陽郡，治今濟南府長清縣西廢盧縣，天寶中州廢；曰鄆州，亦爲東平郡，今兗州府東平州；曰齊州，亦爲臨淄郡，又爲濟南郡，即今濟南府；曰淄州，亦爲淄川郡，治今濟南府淄川縣；曰徐州，亦爲彭城郡；曰兗州，亦爲魯郡，今兗州府；曰泗州，亦爲臨淮郡，今屬鳳陽府；曰沂州，亦爲瑯琊郡，今屬兖州府；曰青州，亦爲北海郡，今青州府；曰萊州，亦爲東萊郡，今萊州府；曰登州，亦爲東牟郡，今登州府；曰密州，亦爲高密郡，治今青州府諸城縣；曰海州，亦爲東海郡，今屬淮安府。又憲宗增置宿州，治今鳳陽府宿州東北二十五里廢符離縣。武宗時又增置孟州，治今懷慶府孟縣。**東距常山，西據河，南抵首陽、大行，**首陽山一名雷首山，在今蒲州東南十五里。**北邊匈奴，曰河東道。**領州十九：曰并州，開元中曰太原府，治今太原府太原縣；曰潞州，亦爲上黨郡，今潞安府；曰澤州，亦爲高平郡；曰晉州，亦爲平陽郡；曰絳州，亦爲絳郡；曰蒲州，亦爲河東郡，肅宗時升爲河中府，或爲中都；曰虢州，亦爲弘農郡，治今河南府陝州靈寶縣西南廢弘農縣；曰汾州，亦爲西河郡；曰慈州，亦爲文成郡，今平陽府吉州也；曰隰州，亦爲大寧郡，今屬平陽府；曰石州，亦爲昌化郡，今汾州府永寧州也；曰沁州，亦爲陽城郡，治今沁州沁源縣；曰遼州，亦曰箕州，又爲樂平郡，後又爲儀州，即今遼州也；曰嵐州，亦爲樓煩郡，治今太原府岢嵐州嵐縣；曰忻州，亦爲定襄郡；曰代州，亦爲雁門郡，今俱屬太原府；曰朔州，亦爲馬邑郡，今屬大同府；曰蔚州，亦爲安邊郡，初治今蔚州靈丘縣，後徙今治，今屬大同府；曰雲州，亦爲雲中郡，即大同府也。昭宗時增置憲州，治今太原府靜樂縣西廢樓煩縣。唐志：李克用所置也。**東並海，南迫于河，西距太行、常山，北通渝關、薊門，**渝關，即山海關也；薊門，即居庸關也。在今順天昌平州西北三十里。**曰河北道。**領州二十五：曰懷州，亦爲河內郡，今懷慶府；曰衛州，亦爲汲郡，今衛輝府；曰相州，亦爲鄴郡，今彰德府；曰洺州，亦爲廣平郡；曰邢州，亦爲鉅鹿郡，今順德府；曰趙州，亦爲趙郡；曰冀州，亦爲信都郡，今俱屬真定府；曰恒州，亦爲常山郡，又爲鎮州，即今真定府；曰定州，亦爲博陵郡，今真定府定州；曰易州，亦爲上谷郡，今保定府易州；曰幽州，亦爲范陽郡，今順天府；曰鄚州，亦爲文安郡，治今河間府任丘縣北三十五里廢鄚縣；曰瀛州，亦爲河間郡，今府；曰深州，亦爲饒陽郡，治今真定府饒陽縣；曰貝州，亦爲清河郡，今廣平府清河縣；曰魏州，亦爲魏郡，今大名府；曰博州，亦爲博平郡，今東昌府；曰德州，亦爲平原郡，治今濟南府陵縣；曰滄州，亦爲景城郡，治今河間府滄州東四十里廢清池縣；曰棣州，亦爲樂安郡，今濟南府武定州也；曰嬀州，亦爲嬀川郡，今宣府鎮懷來衛；曰檀州，亦爲密雲郡，治今順天府密雲縣；曰營州，亦爲柳城郡，治今廢大寧衛東三百里廢柳城縣；曰平州，亦爲北平郡，今永平府；曰燕州，亦爲歸德郡，治今順天府昌平州順義縣。開元中復置薊州，亦爲漁陽郡。天寶初又置順州，亦爲順義郡，治范陽城内。又分順州北境置歸德州，亦爲歸化郡，治今順天府懷柔縣。肅宗廢順義、歸化郡，而以歸德郡爲順州。代宗時又分幽州置涿州，即今州也，又復澶州，今大名府開州也，又復磁州，今彰德府磁州也。唐志：貞觀中有景州，治今河間府景州東北四十里廢弓高縣，後廢置不一。昭宗時，分定州置祁州，今屬保定府，蓋王處存所置云。**東接荆、楚，西抵隴、蜀，南控大江，北距商、華之山，**商山即商洛。**曰山南道。**

領州三十三：曰荆州，亦爲江陵郡，肅宗時爲江陵府；曰襄州，亦爲襄陽郡；曰鄧州，亦爲南陽郡，治今南陽府鄧州；曰商州，亦爲上洛郡，今屬西安府；曰復州，亦爲竟陵郡，今沔陽州也；曰郢州，亦爲富水郡，即明承天府；曰隨州，亦爲漢東郡，今屬德安府；曰唐州，亦爲淮安郡，治今南陽府唐縣；曰峽州，亦爲彝陵郡，今荆州府彝陵州；曰歸州，亦爲巴東郡，今荆州府歸州；曰均州，亦爲武當郡，今屬襄陽府；曰房州，亦爲房陵郡，治今鄖陽府房縣；曰金州，亦爲安康郡，今漢中府興安州；曰夔州，亦爲雲安郡，今夔州府；曰萬州，亦爲南浦郡，治今夔州府萬縣；曰忠州，亦爲南賓郡，今重慶府忠州也；曰梁州，亦爲漢中郡，德宗時曰興元府，今漢中府也；曰洋州，亦爲洋川郡，治今漢中府西鄉縣；曰集州，亦爲符陽郡，治今保寧府巴州之廢難江縣；曰巴州，亦爲清化郡，即今州也；曰通州，亦爲通川郡，今夔州府達州也；曰開州，亦爲盛山郡，治今夔州府開縣；曰壁州，亦爲始寧郡，治今保寧府通江縣；曰蓬州，亦爲咸安郡，今屬順慶府；曰渠州，亦爲潾山郡，治今順慶府廣安州渠縣；曰涪州，亦爲涪陵郡，今重慶府涪州也；曰渝州，亦爲南平郡，今重慶府；曰合州，亦爲巴川郡，今重慶府合州；曰鳳州，亦爲河池郡，治今漢中府鳳縣；曰興州，亦爲順政郡，治今漢中府寧羌州略陽縣；曰利州，亦爲益昌郡，治今保寧府廣元縣；曰閬州，亦爲閬中郡，今保寧府；曰果州，亦爲南充郡，今順慶府也。

東接秦州，西踰流沙，南連蜀及吐蕃，北界沙漠，曰隴右道。領州二十有一：曰秦州，亦爲天水郡，治今鞏昌府秦州西廢上邽縣；曰渭州，亦爲隴西郡，治今鞏昌府城東南五里廢襄武縣；曰蘭州，亦爲金城郡，今屬臨洮府；曰河州，亦爲安鄉郡，今屬臨洮府；曰洮州，亦爲臨洮郡，治今洮州衛西南七十里廢臨潭縣；曰岷州，亦爲和政郡，即今岷州衛；曰成州，亦爲同谷郡，初治鞏昌府成縣西百二十里廢上禄縣，後治今成縣；曰武州，亦爲武都郡，治今階州北三百十里廢將利縣；曰疊州，亦爲合川郡，治今洮州衛西南二百三十里廢合川縣；曰宕州，亦爲懷道郡，治今岷州衛南百二十里廢懷道縣；曰鄯州，亦爲西平郡，即今西寧衛；曰廓州，亦爲寧塞郡，治今西寧衛南百八十里廢廣威縣；曰涼州，亦爲武威郡；曰甘州，亦爲張掖郡；曰肅州，亦爲酒泉郡；曰瓜州，亦爲晉昌郡，治今肅州衛西五百二十五里廢晉昌縣；曰沙州，亦爲燉煌郡；曰伊州，亦爲伊吾郡，今甘肅徼外哈密衛也；曰西州，亦爲交河郡，今哈密西火州也；曰庭州，亦爲北庭都護府，今火州西廢金滿縣是也。天寶中又分金城郡，置狄道郡，後亦爲臨州，即今臨洮府也。**東臨海，西抵漢，南據江，北距淮，曰淮南道。**領州十四：曰揚州，亦爲廣陵郡；曰楚州，亦爲淮陰郡，即今淮安府；曰和州，亦爲歷陽郡；曰滁州，亦爲永陽郡；曰濠州，亦爲鍾離郡，治今鳳陽府臨淮縣；曰壽州，亦爲壽春郡；曰廬州，亦爲廬江郡，今府；曰舒州，亦爲同安郡，今安慶府；曰蘄州，亦爲蘄春郡，今屬黄州府；曰黄州，亦爲齊安郡，今府；曰沔州，亦爲漢陽郡，今漢陽府；曰安州，亦爲安陸郡，今德安府；曰申州，亦爲義陽郡，今汝寧府信陽州；曰光州，亦爲弋陽郡，今屬汝寧府。**東臨海，西抵蜀，南極嶺，北帶江，曰江南道。**領州五十有一：曰潤州，亦爲丹陽郡，今鎮江府；曰常州，亦爲晉陵郡；曰蘇州，亦爲吴郡；曰湖州，亦爲吴興郡；曰杭州，亦爲餘杭郡；曰睦州，亦爲新定郡，今嚴州府；曰歙州，亦爲新安郡，今徽州府；曰衢州，亦爲信安郡；曰越州，亦爲會稽郡，今紹興府；曰婺州，亦爲東陽郡，今金華府；曰台州，亦爲臨海郡；曰明州，亦爲餘姚郡，今寧波府；曰温州，亦爲永嘉郡；曰括州，亦爲縉雲郡，又爲處州，即今處州府；曰建州，亦爲建安郡，今福建建寧府；曰福州，亦爲長樂郡；曰泉州，亦爲清源郡；曰汀州，亦爲臨汀郡；曰宣州，亦爲宣城郡，今寧國府；曰饒州，亦爲鄱陽郡；曰撫州，亦爲臨川郡；曰虔州，亦爲南康郡，今贛州府；曰洪州，亦爲豫章郡，今南昌府；曰吉州，亦爲廬陵郡，今吉安府；曰袁州，亦爲宜春郡；曰郴州，亦爲桂陽郡；曰江州，亦爲潯陽郡，今九江府；曰鄂州，亦爲江夏郡，今武昌府；曰岳州，亦爲巴陵郡；曰潭州，亦爲長沙郡，今長沙府；曰衡州，亦爲衡陽郡；曰永州，亦爲零陵郡；曰道州，亦爲江華郡，今屬永州府；曰邵州，亦爲邵陽郡，今寶慶府；曰朗州，亦爲武陵郡，今常德府；曰澧州，亦爲澧陽郡，今屬岳州府；曰辰州，亦爲盧溪郡；曰錦州，亦爲盧陽郡，治今辰州府沅州麻陽縣西三十里廢盧陽縣；曰楚州，亦爲清江郡，即今施州衛；曰溪州，亦爲靈溪郡，即今永順宣慰司；曰思州，亦爲寧奚郡，今貴州思南府；曰南州，亦爲南川郡，治今重慶府南川縣；曰黔州，亦爲黔中郡，治今重慶府涪州彭水縣；曰費州，亦爲涪川郡，治今思南府境廢涪川縣；曰舞州，又曰業州，亦爲龍標郡，治今沅州西百里廢峨山縣；曰巫州，又曰沅州，亦爲潭陽郡，治今沅州南五十里廢龍摽縣；曰彝州，亦爲義泉郡，治今遵義府綏陽縣；曰溱州，亦爲溱溪郡，治今遵義府北二十五里廢營懿縣；曰播州，今爲播川郡，即今遵義府；曰珍州，亦爲夜郎郡，治今遵義府真安州西南四十里廢營德縣。肅宗時增置江寧郡，又曰昇州，旋廢。昭宗時復置，即今江寧府。又置信州，即今江西廣信府。代宗時復置池州，亦爲秋浦郡，即今池州府。**東連牂牁，西界吐番，南接群蠻，北通劍閣，曰劍南道。**領州三十有三：曰益州，亦爲蜀郡，肅宗時升爲成都府；曰蜀州，亦爲唐安郡，今成都府崇慶州也；曰彭州，亦爲濛陽郡，治今成都府彭縣；曰漢州，亦爲德陽郡；曰綿州，亦爲巴西郡，今俱屬成都府；曰劍州，亦爲普安郡，今屬保寧府；曰梓州，亦爲梓潼郡，今潼川州也；曰遂州，亦爲遂寧郡，治今潼川州遂寧縣；曰普州，亦爲安岳郡，治今潼川州安岳縣；曰資州，亦爲資陽郡，治今成都府資縣；曰簡州，亦爲陽安郡，今成都府簡州；曰陵州，亦爲仁壽郡，治今成都府仁壽縣；曰邛州，亦爲臨邛郡；曰雅州，亦爲盧山郡；曰眉州，亦爲通義郡；曰嘉州，亦爲犍爲郡，今嘉定州也；曰榮州，亦爲和義郡，治今嘉定州榮縣；曰瀘州，亦爲瀘川郡；曰戎州，亦爲南溪郡，即今敘州府；曰黎州，亦爲洪源郡，今黎州安撫司是；曰茂州，亦爲通化郡；曰龍州，亦爲油江郡，即今龍安府；曰扶州，亦爲同昌郡，治今鞏昌府階州文縣西北百六十里廢同昌縣；曰文州，亦爲陰平郡，即今文縣也；曰翼州，亦爲臨翼郡，今四川疊溪所是；曰松州，亦爲交川郡，今四川松潘衛；曰維州，亦爲維川郡，今成都府威州也；曰嶲州，亦爲越嶲郡，今寧遠府也；曰姚州，亦爲雲南郡，今雲南姚安府；曰當州，亦爲江原郡；曰靜州，亦爲靜川郡；曰悉州，亦爲歸誠郡；曰拓州，亦爲蓬山郡，皆四川西徼外生番地也。開元末，又置恭州，亦爲恭化郡，在今生番界。

又置奉州，亦爲雲山郡，後又爲保州，治今威州保縣西百餘里定廉廢縣。天寶中又置昭德郡，亦爲真州，又置靜戎郡，亦爲霸州，在今生番界内。**東南濟海，西極群蠻，北據五嶺，**五嶺：一曰塞上嶺，亦名大庾嶺，俗稱梅嶺，在今南雄府北八十里；一曰騎田嶺，亦名臘嶺，在今韶州府乳源縣西五里，通釋曰在郴州；一曰都龐嶺，亦名永明嶺，在今永州府道州永明縣北五十里；一曰甿渚嶺，亦名白芒嶺，通釋曰在道州；一曰越城嶺，亦名臨源嶺，在今桂林府興安縣北三里，綿亘蓋千里云。

曰嶺南道。領州七十：曰廣州，亦爲南海郡；曰韶州，亦爲始興郡；曰循州，亦爲海豐郡，即今惠州府；曰潮州，亦爲潮陽郡；曰漳州，亦爲漳浦郡；曰連州，亦爲連山郡，今屬廣州府；曰端州，亦爲高要郡，今肇慶府；曰康州，亦爲晉康郡，今肇慶府德慶州；曰岡州，亦爲義寧郡，治今廣州府新會縣；曰恩州，亦爲恩平郡，治今肇慶府陽江縣；曰高州，亦爲高梁郡，治今高州府電白縣西北三十七里廢良德縣，後徙治電白；曰春州，亦爲南陵郡，治今肇慶府陽春縣；曰封州，亦爲臨封郡，治今肇慶府德慶州封川縣；曰辨州，亦爲陵水郡，今高州府化州也；曰羅州，亦爲招義郡，治今化州石城縣；曰瀧州，亦爲開陽郡，今廣東羅定州是；曰新州，亦爲新興郡，治今肇慶府新興縣；曰潘州，亦爲南潘郡，治今高州府附郭茂名縣；曰雷州，亦爲海康郡；曰瓊州，亦爲瓊山郡；曰儋州，亦爲昌化郡；曰崖州，亦爲珠崖郡；曰振州，亦爲延德郡，治今崖州西境廢寧遠縣；曰桂州，亦爲始安郡，今桂林府；曰蒙州，亦爲蒙山郡，治今桂林府荔浦縣境廢立山縣；曰昭州，亦爲平樂郡，今平樂府；曰富州，亦爲開江郡，治今平樂府東南百六十里廢龍平縣；曰梧州，亦爲蒼梧郡；曰賀州，亦爲臨賀郡，治今平樂府賀縣；曰龔州，亦爲臨江郡，治今潯州府平南縣；曰象州，亦爲象郡，通典：治武化縣，今柳州府來賓縣有武化城；曰柳州，亦爲龍城郡；曰粵州，亦爲龍水郡，又爲宣州，今慶遠府；曰融州，亦爲融水郡，治今柳州府融縣；曰嚴州，亦爲修德郡，治今柳州府來賓縣；曰澄州，亦爲賀水郡，治今柳州府賓州上林縣；曰賓州，亦爲安城郡，又爲嶺方郡，即今州也；曰邕州，亦爲朗寧郡，今南寧府是；曰横州，亦爲寧浦郡，今屬南寧府；曰貴州，亦爲懷澤郡，治今潯州府貴縣；曰繡州，亦爲常林郡，通典：在貴州東南百里。曰潯州，亦爲潯江郡，今潯州府；曰欽州，亦爲寧越郡，治今廉州府欽州東三十里廢欽江縣；曰竇州，亦爲懷德郡，治今高州府信宜縣；曰廉州，亦爲合浦郡；曰田州，亦爲横山郡，即今廣西田州府；曰容州，亦爲普寧郡，治今梧州府容縣；曰藤州，亦爲感義郡，治今梧州府藤縣；曰義州，亦爲連城郡，治今梧州府岑溪縣；曰鬱林州，亦爲鬱林郡，治今梧州府鬱林州東北廢石南縣；曰白州，亦爲南昌郡，治今鬱林州博白縣；曰牢州，亦爲定川郡，唐志治南流縣，即今鬱林州治是也；曰平琴州，亦爲平琴郡，治今鬱林州興業縣東九十里廢容山縣；曰黨州，亦爲寧仁郡，治今鬱林州西廢善勞縣；曰禺州，亦爲温水郡，治鬱林州陸川縣北廢峨石縣；曰古州，亦爲樂古郡；曰巖州，亦爲安樂郡；曰瀼州，亦爲臨潭郡；曰籠州，亦爲扶南郡；曰環州，亦爲正平郡；曰武峨州，亦爲武峨郡；曰交州，亦爲安南都護府；曰驩州，亦爲日南郡；曰愛州，亦爲九真郡；曰陸州，亦爲玉山郡；曰峰州，亦爲承化郡；曰長州，亦爲文陽郡；曰福禄州，亦爲福禄郡；曰湯州，亦爲湯泉郡；曰芝州，亦爲忻城郡，皆在今安南國境。開元中，復勤州，亦爲銅陵郡，治今肇慶府陽春縣境廢富林縣，又置萬安州，亦爲萬安郡，今瓊州府萬州也。又置山州，亦爲龍池郡，治今梧州府博白縣南境廢龍池縣，又置淳州，亦爲永定郡，又爲巒州，今南寧府永淳縣也。

睿宗時置二十四都督府，分統諸州。揚、益、并、荆四州爲大都督，汴、兖、魏、冀、蒲、綿、秦、洪、潤、越十州爲中都督，齊、鄜、涇、襄、安、潭、遂、通、梁、夔十州爲下都督。既又以潞、益、揚、荆、幽五州爲大都督，凉、秦、靈、延、代、兖、梁、安、越、洪、潭、桂、廣、戎、福十五州爲中都督，夏、原、慶、豐、勝、營、松、洮、鄯、西、雅、瀘、茂、嶲、姚、夔、黔、辰、邕、容二十州爲下都督。蓋開元中所更置，合爲四十云。**明皇增飾舊章，分十五道：**唐志：睿宗景雲二年，以江山闊遠，奉使者艱難，乃分江南、山南皆爲東西道，又分隴右爲河西道。明皇開元二十一年，又分關内置京畿道，分河南置都畿道，又分江南西置黔中道，而并河西於隴右，爲十五。**京畿，**治西京。**都畿，**治東都。**關内，**多以京官遥領。**河南，**治陳留郡。**河東，**治河東郡。**河北，**治魏郡。**隴右，**治西平郡。**山南東，**治襄陽郡。**山南西，**治漢中郡。**劍南，**治蜀郡。**淮南，**治廣陵郡。**江南東，**治吴郡。**江南西，**治豫章郡。**黔中。**治黔中郡。**郡府三百二十有八，縣千五百七十三，羈縻州郡統於六都護者不在其中。**唐貞觀至開元，蠻夷多内屬，即其部落爲羈縻府州，多至八百五十有六，其大者爲都督府。又于沿邊諸道設六都護府分統之。關内道二：曰雲中都護府，亦爲單于都護府，治振武軍，即後魏之盛樂城也；曰燕然都護府，亦爲翰海都護府，又爲安北都護府。初治中受降城，在今榆林衛廢豐州東北三百餘里，後徙天德軍，今大同府朔州西北三百里天德城是也。隴右道二：曰安西都護府，初治西州，後徙龜兹，即今肅州西徼，亦力把力國也；曰北庭都護府，治瀚海軍，即庭州也。河北道一：曰安東都護府，初治平壤，後徙遼東故城，即今奉天府也，又徙新城，今瀋陽衛西北一百八十里廢遼州是也，後徙平州，又徙遼西故城，在今大寧廢衛廢柳城東二百七十里。嶺南道一：曰南安都護府，初治交趾，後治宋平，皆安南屬縣也。

又安西、安北、單于爲大都護，安南、安東、北庭爲中都護，又龜兹、毗沙、焉耆、疏勒爲西域四鎮，而毗沙亦曰于闐，焉耆亦曰碎葉，又豐、勝、靈、夏、朔、代爲河曲六州，廣、桂、容、邕、安南爲嶺南五府，亦曰五管云。

右唐

五禮通考卷二百十二

嘉禮八十五

體國經野

五代

地理通釋：五代所有州。梁、唐、晉、漢、周，皆以藩鎮更爲帝。職方考：梁初，天下别爲十一國，南有吴、浙、荆、湖、閩、漢，西有岐、蜀，北有燕、晉，而朱氏所有七十八州以爲梁。莊宗初起并、代，取幽、滄，有州三十五，其後又取梁、魏、博等十有六州，合五十一州以滅梁。岐王稱臣，又得其州七。同光破蜀，已而復失，惟得秦、鳳、階、成四州，而營、平二州陷於契丹，其增置之州一，寰。合一百二十三州以爲唐〔一〕。石氏入，獻十有六州於契丹，幽、薊、瀛、莫、涿、檀、順、新、嬀、儒、武、雲、應、寰、朔、蔚。而得蜀金州。又增置之州一，威。合一百九州以爲晉。劉氏之初，秦、鳳、階、成復入於蜀。隱帝時，增置之州一，解。合一百六州以爲漢。郭氏代漢，十州入於劉旻，世宗取秦、鳳、階、成、瀛、莫及淮南十四州，又增置之州五，濟、濱、雄、霸、通。而廢者三，衍、武、景。合一百一十八州以爲周。軍不在焉。五代置軍六，皆寄治于縣，隸于州，故不别出。

地志：五代梁梁都洛陽，謂之西都。以汴州爲東都開封府，而廢京兆府爲雍州。友貞嗣立，復都汴州。有州七十有八。五代志：朱温新置州一，曰輝州。後唐改曰單州，初治今徐州碭山縣，後治今兖州府單縣。

唐既滅梁，莊宗初即位於魏州，因以州爲東京興唐府，而以太原爲西京，鎮州爲北都。滅梁後都洛，復京兆爲西都，太原爲北都，洛陽爲東都，亦曰洛京，而開封仍稱宣武軍，北都仍曰鎮州，東京改爲鄴都。又西并鳳翔，唐既滅梁，李茂貞稱臣奉貢，改封秦王。茂貞卒，以其子繼曮爲鳳翔節度使，遂盡取

〔一〕「唐」，原作「晉」，據味經窩本、乾隆本、光緒本、通鑑地理通釋卷三改。

其汧、隴七州地。**南收巴蜀，**唐遣郭崇韜伐蜀，入散關，山南諸州望風降下，至興州，劍南諸州皆來降，進至利州，趨綿州，入鹿頭關，據漢州，王衍迎降，以孟知祥、董璋爲兩川節度使。散關，即大散關也。鹿頭關在今成都府漢州德陽縣北三十里。**及同光之亂，兩川復失。**同光末，内外離叛，莊宗爲伶人郭從謙所弒，嗣源自大梁入洛陽，即帝位。孟知祥等知中原多故，謀據兩川，唐遣兵攻之，不克，於是兩川及山南凡四十餘州皆陷，唐所得者秦、鳳、階、成四州而已。**明宗時有州一百二十五，**五代志：後唐增置之州二：曰寰州，今大同府朔州馬邑縣；曰府州，今延安府葭州府谷縣。**而營、平二州已没於契丹。**時契丹强盛，入渝關，芻牧于營、平間，爲幽、并患。渝關，即山海關。

石晉興戎，以燕、雲十六州賂契丹。十六州爲幽、薊、瀛、莫、檀、涿、順、新、媯、儒、武、雲、寰、應、朔、蔚也。新，今北直保安州；儒，今北直延慶州；武，今大同府朔州西百五十里之廢武州也，亦曰毅州；應，今大同府應州。輿地廣紀：「俱唐末置。」又山前山後十六州者，幽、薊、瀛、莫、涿、檀、平、順爲山前八州，新、媯、儒、武、雲、應、朔、蔚爲山後八州也。平州先没，寰州後置，故此有寰州而無平州云。**大梁未傾，**晉自洛陽徙都汴，升汴州爲東京開封府，以洛陽爲西京，改西都爲晉昌軍，興唐府爲廣晉府，亦曰鄴都云。**有州一百有九。**晉亡十六州於契丹，而取蜀州，一曰金州。又增置州一，曰威州，治今慶陽府環縣。**契丹南牧，始終晉緒。**契丹屢寇河北，至是自易、定趨恒州，晉遣杜威帥諸軍禦之，威以衆降契丹，遂從邢、相而南渡白馬，入大梁，執晉主重貴，徙之黄龍府。黄龍府在今遼東開元衛北六百餘里。

劉氏保有晉陽，遂成漢業，南入大梁。漢因晉都，改晉昌爲永興軍，廣晉爲大名府。有州一百有六。時秦、鳳、階、成四州復入於蜀。增置一州，曰解州，今平陽府解州也。郭威守鄴，舉兵内向，代漢稱周，周因漢都，廢鄴都，止稱大名府。幅員未廣。時河東十州入於劉崇。世宗西克階、成，遣王景伐蜀，克階、成、秦、鳳四州。南收江北，伐南唐，取揚、泰、滁、和、海、楚、泗、濠、壽、光、廬、舒、蘄、黄十四州。泰州，今屬揚州府，南唐所置州也。北奠三關，三關，一曰益津關，今順天府霸州也；一曰瓦橋關，今保定府雄縣；一曰高陽關，今保定府安州高陽縣。通釋：「霸州東淤口關也。」時世宗伐契丹，取瀛、莫、定三關。有州一百十有八。周失河東十州，取巴蜀四州、南唐十四州、契丹二州。又增置五州：曰濟州，治今兖州府濟寧州鉅野縣，唐天寶後濟州廢，至是改置曰濱州，今濟南府濱州也；曰雄州，即今雄縣；曰霸州，即今州；曰通州，今揚州府通州也。又廢三州，曰衍州，曰武州，曰景州。

右五代

宋

地志：宋都邑考：宋都大梁，曰東京開封府，以洛陽爲西京河南府，以歸德爲南京應天府，而大名府爲北京，稱四京。南渡後，以杭州爲臨安府，遂定都焉。分天下爲十五路：宋置十五路，轉運、經略、安撫等使，羅節鎮所領支郡，軍、監與州、府同列。京東，領府二，州十五，軍四，監二：開封，即今府。應天，今歸德府也。兖州、徐州、曹州、青州、鄆州、密州、齊州、濟州、沂州、登州、萊州、淄州、濮州，見唐河南道注。而濟州治鉅野，單州、濰州治今萊州府平度州濰縣。廣濟軍，今兖州府曹州定陶縣；清平軍，今濟南府章丘縣；淮陽軍，今淮安府邳州；宣化軍，今青州府高苑縣也。萊蕪監，今濟南府泰安州萊蕪縣。利國監，在今徐州東北九十里盤馬山下。志曰：京東路，東至海，西距汴，南極淮、泗，北薄於河，以開封府守臣兼領。而兖州亦曰襲慶府，曹州亦曰興仁府，青州曰鎮海軍，鄆州亦曰東平府，密州亦曰安化軍，齊州亦曰濟南府，濰州亦曰北海軍。徽宗時，又增置拱州，亦曰保慶軍，今歸德府睢州也。京西，領府一，州十六，軍二：河南，今府也。滑州、鄭州、汝州、陳州、許州、蔡州、潁州、孟州，見唐河南道注。唐州、鄧州、襄州、均州、房州、金州、隨州、郢州，見唐山南道注。而唐州治今南陽府泌陽縣。信陽軍，即唐申州也；光化軍，今襄陽府光化縣也。志曰：京西路，東接汝、潁，西距崤、函，南逾漢、沔，北抵河津，以河南守臣兼領。而滑州亦曰武成軍，汝州亦曰陸海軍，陳州亦曰淮寧府，許州亦曰潁昌府，潁州亦爲順昌軍，又爲順昌府，襄州亦曰襄陽府，隨州亦曰崇義軍，金州亦曰昭化軍，信陽亦曰義陽軍云。河北，領府三，州二十二，軍十四：大名，今府；河間，今府；真定，今府也。貝州、博州、德州、滄州、棣州、深州、洺州、邢州、冀州、趙州、定州、莫州、相州、懷州、衛州、澶州、磁州、祁州，見唐河北道注。而深州移治靜安，今州治也。濱州、雄州、霸州，霸州治今霸州文安縣。保州，即今保定府也。德清軍，今大名府清豐縣；保順軍，今濱州海豐縣；永靜軍，今河間府景州；破鹵軍，即霸州東淤口砦；平戎軍，今順天府霸州保定縣；靜戎軍，今保定府安肅縣；威鹵軍，今安肅縣西二十五里廢遂城縣；乾寧軍，今河間府青縣；順安軍，今保定府安州高陽縣；寧邊軍，今保定府博野縣；天威軍，今真定府井陘縣；承天軍，今真定西娘子關是；靜安軍在深州城内；通利軍，今大名府濬縣也。志曰：河北路，東至海，西薄太行，南臨河，北據三關，以大名守臣兼領。而河間府亦曰瀛海軍，貝州亦曰恩州，邢州亦曰信德府，冀州亦曰安武軍，趙州亦曰慶源軍，亦曰慶源府，定州亦曰定武軍，亦曰中山府，澶州亦曰開德府，保州亦曰安塞軍，破鹵軍亦曰信安軍，平戎軍亦曰保定軍，靜戎軍亦曰安肅軍，威鹵軍亦曰廣信軍，乾寧軍亦曰清州，寧邊軍亦曰永寧軍，通利軍亦曰濬州，又爲安利、濬川、平川等軍，後又置平北軍，今保定府完縣也。河東，領州十七，軍六，監二：并州、代州、忻州、汾州、遼州、澤州、潞州、晉州、絳州、慈州、隰州、石州、嵐州、憲州，見唐河東道注。而并州移治陽曲，即今府治；憲州移治靜樂，今太原府屬縣；豐州、麟州，見唐關内道注。府州。平定軍，今太原府平定州；火山軍，今太原府河曲縣；定羌軍，今太原保德州；寧化軍，在太原岢嵐州嵐縣東北；岢嵐軍，今州；威勝軍，今沁州。大通監，今太原交城縣。永利監，今太原府太原縣。志曰：河東路，東際常山，西逾河，南距底柱，北塞雁門，以太原府守臣兼領。而并州亦曰太原府，潞州亦曰昭德軍，亦曰隆德府，晉州亦曰平陽府，慈州亦曰吉鄉軍，麟州亦曰建寧軍，亦曰鎮西軍，府州亦曰靖康軍，定羌軍亦曰保德軍，而豐州没于夏。慶曆中，于府谷北僑置。又增置晉寧軍，今延安府葭州也；又增置慶祚軍，今平陽府趙城縣也。底柱山，在今河南府陝州東北四十里。陝西，領府三，州二十五，軍四，監二：京兆，今西安府；河中，今平陽府之蒲州；鳳翔，今府也。同州、華州、丹州、延州、鄜州、坊州、邠州、寧州、涇州、原州、慶州、隴州、乾州、耀州，見唐關南道注。秦州、成州、階州，見唐隴右道注。而秦州移治成紀，今州治也；階州移治福津，今州東七十里廢福津縣是。商州、鳳州，見唐山南道注。虢州，見唐河東道注。陝州，見唐河南道注。環州、解州，五代漢所置州也。渭州，今平涼府治是。義州，治今平涼府華亭縣。保安軍，今延州府保安縣；慶成軍，今平陽府蒲州滎河縣；鎮戎軍，今平涼府固原州北百二十里鎮戎所是；德順軍，今平涼府靜寧州也。開寶監，今鞏昌府徽州兩當縣。沙苑監，在今同州南十二里。志曰：陝西路，東盡崤、函，西包汧、隴，南連商洛，北控蕭關，以京兆守臣兼領。而京兆亦曰永興軍，華州亦曰鎮潼軍，延州亦曰延安府，寧州亦曰興寧軍，涇州亦曰彰化軍，慶州亦曰慶陽府，秦州亦曰雄武軍，陝州亦曰保平軍，耀州亦曰感義軍，又爲感德軍，乾州亦曰醴州。後又復唐之綏州，亦曰綏德軍。又復銀州，旋廢爲銀川城。又復唐之會州、河州、岷州、蘭州、洮州、廓州。而岷州治今衛東廢祐川縣。又復唐之鄯州，亦曰西寧州，又爲賓德軍。又增置定邊軍，在今慶陽府北三百里。又置懷德軍，今平涼府鎮原縣西百里廢平夏城也。

又於唐之臨川置鎮洮軍，亦曰熙州，今臨洮府治是。又置湟州，亦曰嚮德軍，又爲樂州，在今西寧衛東南二百里；又置震武軍，在樂州北境；又置積石軍，在今西寧衛廢廓州西百八十里；又置西安州，今固原州西北二百三十里西安所是；又置清平軍，今西安府盩厔縣東廢終南縣也。蕭關，見唐關内道注。**淮南**，領州十八，軍三，監二：揚州、楚州、濠州、壽州、光州、黄州、蘄州、舒州、廬州、和州、滁州，見唐淮南道注。海州、泗州、亳州、宿州，見唐河南道注。泰州、通州、真州，今揚州府儀真縣也。漣水軍，今淮安府安東縣；高郵軍，今揚州府高郵州；無爲軍，今廬州府無爲州也。利豐監，在通州西南四里；海陵監，今泰州如臯縣。志曰：淮南路，東至海，西抵睢、漢，南瀕江，北據淮，以揚州守臣兼領。而壽州亦曰壽春府，光州亦曰光山軍，舒州亦曰安慶府，又爲德慶軍，亳州亦曰集慶軍，真州亦曰建安軍，通州亦曰靜海軍，宿州亦曰保靜軍。徽宗時又增置六安軍，今六安州也。睢水出河南歸德府夏邑縣，南經江南徐、宿等州境，至淮安府邳州宿遷縣東南合大河。**江南**，領府一，州十三，軍六：江寧，今府也。宣州、歙州、池州、饒州、撫州、江州、洪州、袁州、吉州、虔州、信州。太平州即南唐之雄遠軍。筠州。廣德軍，今廣德州；南康軍，今江西南康府；興國軍，今武昌府興國州；臨江軍，今江西臨江府；南安軍，今江西南安府；建昌軍。志曰：江南路，東限閩海，西界夏口，南抵大庾，北際大江，以江寧守臣兼領。而江寧府亦曰昇州，亦曰建康軍。虔州亦曰贛州，太平州亦曰南平軍，興國軍亦曰永興軍。**湖南**，領州七，監一：潭州、衡州、道州、永州、邵州、郴州、全州。桂陽監。志曰：湖南路，東據衡岳，西接蠻獠，南阻五嶺，北界洞庭，以潭州守臣兼領。徽宗時，又增置武岡軍，今寶慶府武岡州也。**湖北**，領府一，州九，軍二：江陵，今荆州府也。鄂州、岳州、澧州、辰州、復州、峽州、歸州。鼎州即唐江南道朗州。安州，唐淮南道屬州也。漢陽軍，即唐沔州；荆門軍，今荆門州也。志曰：湖北路，東盡鄂渚，西控巴峽，南抵洞庭，北限荆山，以江陵守臣兼領。而岳州亦曰岳陽軍，安州亦曰德安府。後又置沅州，即唐巫州也，改治州西盧陽縣，即唐錦州治。又置誠州，亦靖州，即今州也。**兩浙**，領州十四，軍二：杭州、睦州、湖州、蘇州、常州、潤州、婺州、衢州、温州、處州、台州、明州、越州、秀州。江陰軍、順化軍。志曰：兩浙路，東至海，南接嶺島，西控太湖，北枕大江，以杭州守臣兼領。而杭州亦曰寧海軍，睦州亦曰建德軍，又爲嚴州。蘇州亦曰平江軍，後又爲平江府，潤州亦爲鎮江府，湖州亦曰昭慶軍，婺州亦曰保寧軍，温州亦曰應道軍，明州亦曰奉國軍。**福建**，領州六，軍二：福州、泉州、建州、汀州、漳州、南劍州。興化軍，今府；邵武軍，今府。志曰：福建路，東、南據海，西、北距嶺，以福州守臣兼領。而泉州亦曰平海軍，建州亦曰建寧軍，興化軍亦曰太平軍。嶺，仙霞嶺，在浙西衢州府江山縣南。**西川**，領州二十五，軍三，監一：益州、蜀州、彭州、漢州、綿州、梓州、遂州、榮州、眉州、嘉州、邛州、雅州、黎州、茂州、簡州、資州、陵州、普州、瀘州、果州、合州、渠州，威州即唐維州，叙州即唐戎州。昌州，今重慶府榮昌縣，蜀王建置。永康軍，今成都府灌縣；懷安軍，今成都府金堂縣東三十里廢金水縣；廣安軍，今順慶府廣安州也。富順監，今叙州府富順縣也。志曰：西川路，東接嘉陵，西控生番，南環瀘水，北阻岷山，以益州守臣兼領。而益州亦曰成都府，梓州亦曰靜戎軍，又爲靜安軍，又爲劍南東川軍，又爲潼州府。遂州亦曰遂寧府，茂州亦曰威戎軍，陵州亦曰雙井監，亦曰仙井監，瀘州亦曰瀘川軍，永康軍亦曰永寧軍，富順監亦曰富義監。後又置淯井監，亦曰長寧軍，今叙州府長寧縣也。又置石泉軍，今成都府石泉縣也。嘉陵江在今保寧府城西，瀘水在今馬湖府城南。**峽西**，領府一，州十八，軍二，監一：興元，今漢中府也。洋州、興州、利州、閬州、巴州、蓬州、渝州、夔州、忠州、萬州、開州、涪州、黔州、施州、文州、龍州、劍州。達州即唐山南道通州也。雲安軍，今夔州府雲陽縣；梁山軍，今夔州府達州梁山縣也。大寧監，今夔府大寧縣也。志曰：峽西路，東接三峽，西抵陰平，南扼群獠，北連大散，以興元守臣兼領。而洋州亦曰武康軍，利州亦曰寧武軍，閬州亦曰安德軍，渝州亦曰恭州。後又增置南平軍，即唐江南道南州也。徽宗又因唐舊置珍州、播州、思州云。三峽，即西陵三峽。陰平，即文州。**廣東**，領州十六：廣州、連州、韶州、康州、端州、新州、春州、恩州、封州、賀州、潮州。雄州即今南雄府南，漢置。英州、惠州，即唐之循州。循州，治今惠州府龍川縣。梅州，治今惠州府程鄉縣。志曰：廣東路，東、南據大海，西、北距五嶺，以廣州守臣兼領。而端州亦曰興慶軍，又爲肇慶府，恩州亦曰南恩府，雄州亦曰南雄州云。**廣西**。領州二十六：桂州、昭州、梧州、潯州、龔州、鬱林州、賓州、象州、柳州、宜州、融州、邕州、横州、貴州、白州、藤州、容州、欽州、廉州、雷州、高州、瓊州、儋州、萬安州、崖州。化州即唐之辨州也。而鬱林移治南流，象州移治陽壽，欽州移治靈山，皆今州治也。志曰：廣西路，南撫交趾，西鎮蠻獠，東、北距嶺，以桂州守臣兼領。而宜州亦曰慶遠軍，融州亦曰清遠軍，儋州亦曰昌化軍，萬州亦曰萬安軍，崖州亦曰朱崖軍。徽宗時又置平州，今柳州府懷遠縣也，亦曰懷遠軍。又置觀州，今慶遠府南丹州也。其隨置隨廢者，多至十餘州云。凡府、州、軍、監三百二十有一，縣一千一百六十二。羈縻州縣不在此列。東、南皆至海，西盡巴、僰，今馬湖府，古僰國也。北極三關，東西六千四百八十五里，南北一萬一千六百二十里。

司馬氏光曰：自周室東遷，王政不行，諸侯逐進，凡五百五十年而合於秦。秦虐用其民，十有一年，而天下亂。又八年，而合於漢。漢爲天子二百有六年而失其柄，王莽盜之十有七年而復爲漢。更始不能有，光武誅除僭僞，凡十有四年，然後能一之。又一百五十三年，董卓擅朝，州郡更相吞噬。至於魏氏，海内三分，凡九十有一年而合於晉。晉得天下纔二十年，惠帝昏愚，群雄乘釁，散爲六七，聚爲二三，凡二百八十有八年而合於隋。隋得天下纔二十有八年，煬帝無道，九州幅裂，八年而天下合于唐。唐得天下一百三十年，明皇恃其承平，荒於酒色，漁陽竊發，四海横流，肅、代以降，方鎮跋扈，陵遲至於五代，朝成夕敗，有如逆旅。太祖起而拯之，東征西伐，大勳未集。太宗嗣而成之，凡二百二十有五年，然後大禹之迹復混而爲一。由是觀之，上下一千七百餘年，天下一統者，五百餘年而已。

熙寧以後，定天下爲二十三路：初，真宗分江南爲兩路，川陝爲四路，曰十八路，自是諸路分合不常。神宗元豐八年，定天下爲二十三路。京東東路，以青州守臣兼領。京東西路，仍以開封守臣兼領。京西南路，以襄陽守臣兼領。京西北路，仍以河南守臣兼領。宋志：仁宗時常分京東、京西兩路，置京畿路，後仍罷歸本路云。河北東路，仍以大名守臣兼領。河北西路，以真定守臣兼領。河東路，仍以太原守臣兼領。陝西永興路，仍以永興守臣兼領。京兆府亦名永興軍也。秦鳳路，以秦州守臣兼領。初，陝西分四路，神宗又建熙河路，又分置永興路，爲六路，至是定爲兩路。以鄜延、環慶入永興，以涇原、熙河入秦鳳。淮南東路，仍以揚州守臣兼領。淮南西路，以廬州守臣兼領。江南東路，仍以江寧守臣兼領。江南西路，以洪州守臣兼領。兩浙路，仍以杭州守臣兼領。宋志：熙寧中常分兩浙爲東西路，西路治杭州，東路治越州。荆湖南路，仍以潭州守臣兼領。荆湖北路，仍以江陵守臣兼領。西川成都路，仍以成都守臣兼領。梓州路，以梓州守臣兼領。峽西利州路，仍以興元守臣兼領。夔州路，以夔州守臣兼領。福建路，仍以福建守臣兼領。廣南東路，仍以廣州守臣兼領。廣南西路。仍以桂州守臣兼領。徽宗時，又嘗分置黔南路，治融州。自王安石喜邊功，而种諤取綏州，韓絳取銀州，王韶取熙河，章惇取懿、洽，懿州即今辰州府沅州，洽州在今沅州西境。謝景温取徽、誠，徽州，今靖州綏寧縣。誠州，即靖州也。熊本取南平，峽西路南平軍也。宋志：「熙寧中置南平軍，統溱、播諸降獠。」溱、播二州，見唐江南道注。郭逵取廣源，廣源州在今安南境內。李憲取蘭州，沈括取葭蘆四砦，四砦，曰葭蘆，即今延安府葭州。曰米脂，即今葭州米脂縣。曰浮圖，在今綏德州西北境。曰安疆，在今慶陽府北百五十里。繼以王贍取青唐、即鄯州也。邈川、即湟州也。寧塞、即廓州也。龍支，在今西寧衛東南八十里，亦曰宗哥城。王厚復湟、鄯。徽宗初立，以西邊困弊，吐蕃復叛，議棄諸州，未幾，復命王厚將兵取之。徽宗時，又建燕山、雲中兩路，燕山路領府一，曰燕山府，即唐之幽州。州九，曰涿州、檀州、平州、易州、營州、順州、薊州、景州、經州也。雲中路領府一，曰雲中府，即唐之雲州。州七，曰應州、朔州、蔚州、奉聖州、歸化州、儒州、嬀州也。景州，今順天府遵化州。經州，今薊州玉田縣。奉聖州，即新州。歸化州，即武州。而燕山路亦曰山前，雲中路亦曰山後。不可勝紀。高宗南渡，輿地登於職方者，東盡明、越，西抵岷、嶓，嶓冢山，在漢中府寧羌州沔縣西百二十里。南斥瓊崖，北至淮、漢，補短截長，分路十六：浙西，統府四：臨安、平江、鎮江、嘉興也。州三：常州、嚴州、湖州也。軍一：江陰也。宋志：高宗升杭州曰臨安府，秀州曰嘉興府。理宗時，又改湖州曰安吉州。浙東，統府一：紹興也。州六：婺州、温州、衢州、處州、明州、台州也。宋志：高宗升越州曰紹興府。光宗初，又升明州爲慶元府。江東，統府一：建康也。州六：宣州、池州、徽州、饒州、信州、太平州也。軍二：廣德、南康也。宋志：高宗改江寧府爲建康府。孝宗時，又升宣州爲寧國府。江西，統州七：洪州、贛州、袁州、江州、撫州、瑞州、吉州也。軍四：興國、建昌、臨江、南安也。宋志：孝宗時，升洪州曰隆興府。理宗初，改沔州曰瑞州，而江州亦曰定江軍。淮東，統州六：揚州、泰州、真州、滁州、通州、楚州也。軍二：高郵、招信也。宋志：高宗時，升高郵軍曰承州，旋復故。又升泗州盱眙縣爲招信軍，而廢天長軍、漣水軍，漣水軍尋亦復故。又理宗升楚州，治山陽縣，爲淮安軍，又爲淮安州。又升寶應縣爲州，今高郵州寶應縣也。度宗又置安淮軍，今鳳陽府五河縣也。又置清河軍，今淮安府清河縣。淮西，統府一：壽春也。州七：舒州、廬州、和州、濠州、光州、黄州、蘄州也。軍二：六安、無爲也。宋志：孝宗廢壽春曰安豐軍。寧宗升舒州爲安慶府。理宗又增置懷遠軍，即今鳳陽府懷遠縣也。湖南，領州七：潭州、衡州、道州、永州、邵州、郴州、全州也。軍三：武岡、桂陽、茶陵也。宋志：高宗時，升桂陽監爲軍，即今長沙府茶陵州也。理宗時，又升邵州爲寶慶府。湖北，統府二：荆南、德安也。州十：鄂州、岳州、鼎州、復州、澧州、歸州、峽州、辰州、沅州、靖州也。軍二：漢陽、荆門也。宋志：高宗改江陵府曰荆南，尋復故。孝宗又升鼎州曰常德府。又寧宗增置壽昌軍，即今武昌府武昌縣。通釋：湖北路兼領信陽軍云。京西，統府一：襄陽也。州四：隨州、房州、均州、郢州也。軍二：光化、棗陽也。宋志：高宗增置棗陽軍，今襄陽府棗陽縣。成都，領府二：成都、崇慶也。州十二：眉州、嘉州、漢州、綿州、邛州、彭州、黎州、雅州、簡州、隆州、威州、茂州也。軍二：永康、石泉也。宋志：高宗升蜀州爲崇慶軍，孝宗升爲府，又改仙井監曰隆州。寧宗升嘉州爲嘉定府，又爲嘉慶軍。**潼川**，領府二：潼川、遂寧也。州九：瀘州、資州、普州、叙州、昌州、合州、渠州、果州、榮州也。軍三：懷安、廣安、長寧也。監一：富順也。宋志：理宗升果州爲順慶府。度宗末，又升榮州爲紹熙府，改瀘州爲江安州，廣安軍爲寧西軍。**利州**，統府一：興元也。州十四：利州、金州、洋州、興州、鳳州、閬州、蓬州、巴州、劍州、階州、文州、龍州、西和州、成州也。軍二：天水、大安也。宋志：高宗分利州路爲東西路，東路治興元，領劍、利、閬、金、洋、巴、蓬、大、安等州凡九，西路治興州，領階、成、和、鳳、文、龍等州凡七，後屢合屢分。又高宗改岷州爲西和州，移治今鞏昌府西和縣。又置大安軍，治今漢中府寧羌州沔縣西八十里廢三泉縣。孝宗時改劍州爲隆慶府。寧宗改興州爲沔州，又置天水軍，今秦州西南七十里天水廢縣是也。理宗又改成州爲同慶府。**夔州**，統府一：重慶也。州十：夔州、達州、忠州、開州、萬州、涪州、黔州、施州、播州、思州也。軍三：雲安、梁山、南平也。監一：大寧也。宋志：高宗升渝州爲重慶府。理宗升黔州曰紹慶府。度宗又升忠州爲咸淳府。**福建**，統州六：福州、建州、泉州、汀州、漳州、南劍州也。軍二：興化、邵武也。宋志：高宗末年，升建州爲建寧府。**廣東**，統府二：肇慶、德慶也。州十二：廣州、韶州、惠州、潮州、英州、南雄州、連州、新州、封州、梅州、循州、南恩州也。宋志：高宗升康州爲德慶府。寧宗又升英州爲英德府。**廣西**。領府一：靜江也。州二十一：容州、邕州、象州、融州、昭州、梧州、藤州、潯州、貴州、柳州、宜州、賓州、橫州、化州、高州、雷州、廉州、欽州、賀州、瓊州、鬱林州也。軍三：萬安、朱崖、南寧也。宋志：高宗升桂州爲靜江府，又改昌化軍爲南寧軍，而廢龔州入潯州，白州入鬱林州。度宗時，又升宜州曰慶遠府。凡府、州、軍、監一百九十，縣七百有三。

右宋

遼金元

地志：遼起自臨潢，臨潢在今廢大寧衛東北七百餘里，其城南臨潢水，契丹世居其地。西兼突厥，取陰山以西地。東併渤海，渤海，大氏初據有遼東及朝鮮、濊貊諸國，至是爲契丹所滅。有城邑之居百有三。初有中華營、平二州地，劉守光稱燕帝求援於契丹，遂割營、平二州，畀之契丹。又分平州地，置灤州，即今永平府灤州也。援立石晉，取燕、雲十六州。後復南侵至汴，滅晉而還。周伐契丹，復關南地，於是以白溝河爲界。白溝河，在今保定府新城縣南三十里，下流合衛河入海，亦曰界河。西至金山，在今陝西、甘肅徼外，哈密衛北。迄於流沙，北至臚朐河，在漠北千餘里，今名飲馬河。東至海，延袤萬里。建五京，臨潢曰上京，亦曰皇都。遼陽曰南京，亦曰東京，又爲東平府。遼西曰中京，又爲大定府。幽州曰南京，又爲析津府。雲中曰西京，又爲大同府。有府六，曰定理府，故挹婁國地。曰率賓府，故率賓國地。曰鐵利府，故鐵利國地。皆在瀋陽東北境。曰安定府，曰長嶺府，皆在盛京奉天府東境。曰鎮海府，在奉天南境。遼志開州亦曰開封府，今在開元縣東北故濊貊地也。霸州亦曰興中府，唐河北道營州地也。而龍州亦曰黄龍府，今奉天府開原縣。又張穀曰「契丹八路」，蓋指五京爲五路，而黄龍、興中及平州共爲八路云。**州軍城百五十有六，縣二百有九，部族五十有二，屬國六十。**

金起自海濱，女真世居混同江東長白山，鴨緑水之源。其國東鄰高麗，西界北海、鐵甸，南憑海，北接室韋，地方千里。混同江在今開元縣北千五百里，長白山在今開元縣北千里吉林烏拉永吉州東南，横亘千里，高二百里，爲混同、鴨緑諸江之源。鴨緑江源出長白山，至奉天府東南境入於海。**西克黄龍，南取遼陽，進取臨潢，克中京。又西克雲中，乃入居庸，并幽、薊，還都會。**今奉天府開原縣。**既滅遼，**時遼地盡亡於金，遼主延禧徬徨於山陰、天德之間，金將婁室執之以歸，遼亡。山陰，今大同府應州山陰縣。天德山在今大同府朔州西北三百里，唐天德軍城在焉。**遂侵汴都，還取兩河地，繼又略關陝，攻山東，殘西京。**粘没喝、兀术等屢陷河南，州郡皆棄而不守，至盡取關中六路，及山東州郡，乃移師入汴，宋人棄城南走。**屯田募兵，增設守備，與宋分疆。西循大散，東限長、淮。襲遼制，建五京，**以會寧爲上京，遼陽爲東京，燕山爲南京，大同爲西京，大定爲中京。完顔亮遷都燕，改燕京爲中都大興府，而以大定府爲北京，以汴京路爲南京。宣宗遷於汴，又以河南府爲中京。至哀宗守緒，亡於蔡州。**置十四總管府，共爲十九路，**金以會寧、遼陽、燕山、大同、大定五京爲五路。而於河東置河東南路，治平陽；河東北路，治太原。於河北置河北東路，治河間；河北西路，治真定。於山東置山東東路，治益都；山東西路，治東平。於關中置京兆路，治長安；熙秦路，治鳳翔；慶原路，治慶陽；鄜延路，治延安。又於宋之東京置汴京路，於宋之北京置大名路，而於遼東東境置婆娑路，黑水北境置蒲興路，是爲十四路總管府。後又增置咸平等路云。益都即今青州府。婆娑府，在今奉天府城東四百七十里。蒲興府，在今開原縣北千餘里。咸平府，亦在開原縣東北境。閒散府九，廣寧府，今遼東廣寧縣。濟南府，即今府也。河中府，今平陽府蒲州。晉安府，今平陽府絳州。中山府，今真定府定州也。彰德府、歸德府、鞏昌府、臨洮府，皆今府也。凡不繫五京十四路所治而稱府者，曰閒散。後置德興府，今保安州。又德平軍置中京，號金昌府，即今河南府也。節鎮三十六，防禦郡二十二，刺史郡七十三，軍十，利涉軍，故黄龍府也。來遠軍，在遼東開原縣北六百里。武興軍，今大同府西廢東勝州也。順天軍，今保定府。永定軍，今保定府雄縣。高陽軍，今保定府易州。信安軍，今順天府霸州。定海軍，今萊州府。河平軍，今衛輝府。金安軍，今西安府華州也。州六，澄州，今奉天府海城縣。宜州，今錦州府。義州、復州，今奉天府。復州、蓋州，今奉天府蓋平縣。瀋州，今奉天府承德縣。貴德州，在瀋陽衛東境。縣六百三十二，城塞堡關百二十二，鎮四百八十八，東極海，西逾積石，今陝西西寧衛西南百餘里大積石山是。北過陰山，南抵淮、漢，地方亦萬餘里。

元起於和林，和林在斡難河之南，大磧之北，蒙古世居其地。盡取漠南、山北、遼海、河朔、山東、關右地，時又并西域，太祖滅西域四十餘國，後蒙哥襲位，復遣旭烈入乞石迷等國。又渡海收富浪國。西域之地，悉歸蒙古云。兼西夏，夏先爲蒙古所侵，日以衰弱，遂降於蒙古。太祖自西域還，遂執夏主晛而并其國。降高麗。高麗爲契丹遺種所侵，太祖遣兵救却之，高麗舉國降附。太宗滅金，撫中夏。世祖又滅大理，世祖爲諸王時，開府漠南，率兵入大理，滅之。又取鄯闡、烏爨等國，使其子忽哥鎮守。定吐番，世祖滅大理，遂入吐番，諸部悉降附。殘交趾，兀良合台自吐番進攻西南裔，未下者悉平之，設官屯守。又入交趾，敗交人於洮江，其王遁入海，遂屠其人而還。交人復據其地。洮江在今安南境内。取江南，遂一天下。世祖初襲位於開平，以開平爲上都，尋遷燕京曰中都，又改稱大都。開平，即今宣府鎮東北七百里開平廢衛也。立中書省一，統河北、山東、山西地，謂之腹裏。行中書省十有一：嶺北，治和寧路。元初建都於此，亦曰元昌路，亦曰和林路，又爲和林行省。仁宗時，改和林路曰和寧，改和林行省曰嶺北，統漠北諸城鎮。遼陽，治遼陽路，即今奉天府，統遼西、遼東地。河南，治汴梁路，即今開封府，統河南、江北地。至順帝時，又於揚州路分建淮南行省。陝西，治奉元路，即今西安府，統關中及漢中地。四川，治成都路，統四川及順元地。順元，今貴州也。甘肅，治甘州路，統河西及寧夏地。浙江，治杭州路，統浙江、江南及福建地。後又於福州路置福建行中書省。江西，治隆興路，今南昌府是，統江西及廣東也。湖廣，治武昌路，統湖南、北及廣西地。後又於靜江路分置廣西行省。雲南，治中慶路，今雲南府是，統雲南地。征東。治東寧路，今朝鮮之西京也，統高麗地。路一百八十五，府三十六，州三百五十九，軍四，長寧軍，即宋西川路之淯井監。南寧軍，即宋廣西路之儋州。萬安軍，即宋廣西路之萬州。珠崖軍，即宋廣西路之崖州。安撫司十五，播州沿邊安撫司，今四川遵義府也。乾寧軍民安撫司，今廣東瓊州府。慶遠、南丹等處軍民安撫司，今廣西慶遠府。順元等路軍民安撫司，今貴州貴陽府。都雲、定雲等處軍民安撫司，今貴州都匀府。新添、葛蠻安撫司，今貴州貴定縣。盧番靜海軍安撫司，今貴陽府盧番長官司也。程番武勝軍安撫司，今貴陽府程番長官司也。方番河中府安撫司，今貴陽府方番長官司也。洪番永順軍安撫司，今貴陽府洪番長官司也。卧龍番南寧州安撫司，今貴陽府卧龍番長官司也。金石番太平軍安撫司，今貴陽府金石番長官司也。小龍番應天府安撫司，今貴陽府小龍番長官司也。大龍番應天府安撫司，今貴陽府大龍番長官司也。羅番遏蠻軍安撫司，今貴陽府羅番長官司也。縣一千二百二十七。東盡遼左，西極流沙，南越嶺表，北逾陰山，東西萬餘里，南北數萬里。

鄭氏曰：分州，始於人皇。州統縣，縣統郡，始於周。郡統縣，始於秦。州統郡，郡統縣，始於漢。割據之世，置州乃多。隋文析天下爲州，煬帝改州爲郡，而州郡相等。唐乃混州郡爲一，於建置京邑之州，則始命爲府。宋又府州並列矣。元始建爲路、府、州之制，州乃益降而小，幾與縣同列云。

王氏曰：元人制路、府、州、縣之等，大率路領州，州領縣，亦有以路領府，府領州，州領縣者。又有府與州不隸路而直隸省者。其户口之多，輿地之廣，雖漢、唐極盛之際有不逮焉，何也？元起於沙漠，遂兼西域，其西北所至，浩邈無垠，不可以里數限也。

右遼金元

明

明史地理志：洪武初，建都江表，革元中書省，以京畿應天諸府直隸京師。後盡革行中書省，置十三布政使司，分領天下府州縣及羈縻諸司。又置十五都指揮使司，而於京師建五軍都督府，俾外都指揮使司各以其方附焉。成祖定都北京，以北平爲直隸，又增設貴州、交趾二布政使司。後南交復棄外徼。終明之世，爲直隸者二：京師、南京。爲布政使司者十三：山東、山西、河南、陝西、四川、湖廣、浙江、江西、福建、廣東、廣西、雲南、貴州。其分統之府百有四十，州百九十有三，縣千一百三十有八。羈縻之府十有九，州四十有七，縣六，編里六萬九千五百五十有六。兩京都督府，分統都指揮使司十有六，行都指揮使司五，北平、山西、陝西、四川、福建，留守司二。所屬衛四百九十有三，所二千五百九十有三，守禦千户所三百一十有五，又土官宣慰司十有一，宣撫司十，安撫司二十有二，招討司一，長官司一百六十有九，蠻夷長官司五。其邊鄙重鎮凡九：遼東、薊州、宣府、大同、榆林、寧夏、甘肅、太原、固原，皆分統衛所關堡。計明初封略，東起朝鮮，西據土番，南包安南，北距大磧，東西一萬一千七百五十里，南北一萬零九百四里。

京師，北至宣府，東至遼海，南至東明，西至阜城，府八，直隸州二，屬州十七，縣一百一十六。順天府，領州五，縣二十二，治大興、宛平。大興、宛平、良鄉、固安、永清、東安、香河。通州領縣四：三河、武清、漷縣、寶坻。霸州領縣三：文安、大城、保定。涿州領縣一：房山。昌平州領縣三：順義、懷柔、密雲。薊州領縣四：玉田、豐潤、遵化、平谷。保定府，領州三，縣十七，治清苑。清苑、滿城、安肅、定興、新城、雄容、城唐、慶都、博野、蠡完。祁州領縣二：深澤、東鹿。安州領縣二：高陽、新安。易州領縣一：淶水。河間府，領州二，縣十六，治河間。河間、獻、阜城、肅寧、任丘、交河、青興、濟靜、海寧、津。景州領縣三：吴橋、東光、故城。滄州領縣三：南皮、鹽山、慶雲。真定府，領州五，縣二十七，治真定。真定、井陘、獲鹿、元氏、靈壽、藁城、欒城、無極、平山、阜平、行唐。定州領縣二：新樂、曲陽。冀州領縣四：南宫、新河、棗彊、武邑。晉州領縣三：安平、饒陽、武彊。　趙州領縣六：柏鄉、隆平、高邑、臨城、贊皇、寧晉。　深州領縣一：衡水。　**順德府**，領縣九，治邢臺。　邢臺、沙河、南和、任、内丘、唐山、平鄉、鉅鹿、廣宗。　**廣平府**，領縣九，治永年。　永年、曲周、肥鄉、雞澤、廣平、成安、威、邯鄲、清河。　**大名府**，領州一，縣十，治元城。　元城、大名、魏、南樂、清豐、内黄、濬、滑。　開州領縣二：長垣、東明。　**永平府**，領州一，縣五，治盧龍。　盧龍、遷安、撫寧、昌黎。　灤州領縣一：樂亭。　**延慶州**，領縣一：永寧。　**保安州**。　**萬全都指揮使司**，領衛十五：宣府左、宣府右、宣府前、萬全左、萬全右、懷安、保安右、懷來、延慶右、開平、龍門。　又蔚州、延慶左、永寧、保安四衛，俱設於本州縣。　守禦千户所四，興和守禦千户所，龍門守禦千户所，又廣昌、美峪二所亦設於本處。　堡五：長安嶺、鵰鶚、赤城、雲州、馬營。　**北平行都指揮使司**。　領衛二十二：大寧、新城、富峪、會州、木榆、全寧、營州左屯、營州右屯、營州中屯、營州前屯、營州後屯、興州左屯、興州右屯、興州中屯、興州前屯、興州後屯、開平、開平左屯、開平右屯、開平中屯、開平前屯、開平後屯。　寬河守禦千户所，宜興守禦千户所。

蕙田案：興和守禦千户所，永樂元年，直隸後軍都督府。二十年，爲阿魯台所攻，徙治宣州衛城，所地遂虚。明史地理志於萬全都司、北平行都司兩存興和所，殊未明晳。今從兵志，以興和隸萬全，又興和、龍門、廣昌、美峪，實有四所。

地理志云「三所」，誤，今改正。

南京，北至豐、沛，西至英山，南至婺源，東至海，府十四，直隸州四，屬州十七，縣九十七。應天府，領縣八，治上元。上元、江寧、句容、溧陽、溧水、高淳、江浦、六合。鳳陽府，領州五，縣十三，治鳳陽。鳳陽、臨淮、懷遠、定遠、五河、虹。壽州領縣二：霍丘、蒙城。泗州領縣二：盱眙、天長。宿州領縣一：靈璧〔一〕。潁州領縣二：潁上、太和。亳州。淮安府，領州二，縣九，治山陽。山陽、清河、鹽城、安東、桃源、沭陽。海州領縣一：贛榆。邳州領縣二：宿遷、睢寧。揚州府，領州三，縣七，治江都。江都、儀真、泰興。高郵州領縣二：寶應、興化。泰州領縣一：如皋。通州領縣一：海門。蘇州府，領州一，縣七，治吴。吴、長洲、吴江、崑山、常熟、嘉定。太倉州領縣一：崇明。松江府，領縣三，治華亭。華亭、上海、青浦。常州府，領縣五，治武進。武進、無錫、宜興、江陰、靖江。鎮江府，領縣三，治丹徒。丹徒、丹陽、金壇。廬州府，領州二，縣六，治合肥。合肥、舒城、廬江。無爲州領縣一：巢。六安州領縣二：英山、霍山。安慶府，領縣六，治懷寧。懷寧、桐城、潛山、太湖、宿松、望江。太平府，領縣三，治當塗。當塗、蕪湖、繁昌。池州

〔一〕「領縣一靈璧」五字，原脱，據光緒本、明史地理志一補。

府，領縣六，治貴池。貴池、青陽、銅陵、石埭、建德、東流。

寧國府，領縣六，治宣城。宣城、南陵、涇、寧國、旌德、太平。

徽州府，領縣六，治歙。歙、休寧、婺源、祁門、黟、績溪。

徐州，領縣四：蕭、沛、豐、碭山。

滁州，領縣二：全椒、來安。

和州，領縣一：含山。

廣德州。領縣一：建平。

山東，南至郯城，北至無棣，西至定陶，東至海，府六，屬州十五，縣八十九。

濟南府，領州四，縣二十六，治歷城。歷城、章丘、鄒平、淄川、長山、新城、齊河、齊東、濟陽、禹城、臨邑、長清、肥城、青城、陵。泰安州領縣二：新泰、萊蕪。德州領縣二：德平、平原。武定州領縣四：信陽、海豐、樂陵、商河。濱州領縣三：利津、霑化、蒲臺。

兗州府，領州四，縣二十三，治滋陽。滋陽、曲阜、寧陽、泗水、鄒、滕、嶧、金鄉、魚臺、單、城武。濟寧州領縣三：嘉祥、鉅野、鄆城。東平州領縣五：汶上、東阿、平陰、陽穀、壽張。曹州領縣二：曹、定陶。沂州領縣二：郯城、費。

東昌府，領州三，縣十五，治聊城。聊城、堂邑、博平、茌平、莘、清平、冠。臨清州領縣二：丘、館陶。高唐州領縣三：恩、夏津、武城。濮州領縣三：范、觀城、朝城。

青州府，領州一，縣十三，治益都。益都、臨淄、博興、高苑、樂安、壽光、昌樂、臨朐、安丘、諸城、蒙陰。莒州領縣二：沂水、日照。

萊州府，領州二，縣五，治掖。掖。平度州領縣二：濰、昌邑。膠州領縣二：高密、即墨。

登州府，領州一，縣七，治蓬萊。蓬萊、黃、福山、棲霞、招遠、萊陽。寧海州領縣一：文登。

遼東都指揮使司。領衛

二十五，治定遼中衛。　定遼中、定遼左、定遼右、定遼前、定遼後、鐵嶺、東寧、瀋陽、海州、蓋州、金州、復州、義州、遼海、三萬、廣寧左屯、廣寧右屯、廣寧中屯、廣寧前屯、廣寧後屯、廣寧、廣寧左、廣寧右、廣寧中、寧遠。　州二：自在、安樂。

山西，東至真定，北至大同，西、南皆至河，府五，直隸州三，屬州十六，縣七十九。

太原府，領州五，縣二十，治陽曲。　陽曲、太原、榆次、太谷、祁、徐溝、清源、交城、文水、壽陽、盂、靜樂、河曲。　平定州領縣一：樂平。　忻州領縣一：定襄。　代州領縣三：五臺、繁峙、崞。　岢嵐州領縣二：嵐、興。　保德州。　平陽府，領州六，縣二十八，治臨汾。　臨汾、襄陵、洪洞、浮山、趙城、太平、岳陽、曲沃、翼城、汾西、蒲、靈石。　蒲州領縣五：臨晉、猗氏、滎河、萬泉、河津。　解州領縣五：安邑、夏、聞喜、平陸、芮城。　絳州領縣三：稷山、絳、垣曲。　霍州。　吉州領縣一：鄉寧。　隰州領縣二：大寧、永和。　汾州府，領州一，縣七，治汾陽。　汾陽、孝義、平遥、介休、石樓、臨。　永寧州領縣一：寧鄉。　潞安府，領縣八，治長治。　長治、長子、屯留、襄垣、潞城、壺關、黎城、平順。　大同府，領州四，縣七，治大同。　大同、懷仁。　渾源州。　應州領縣一：山陰。　朔州領縣一：馬邑。　蔚州領縣三：廣靈、廣昌、靈丘。　澤州，領縣四：高平、陽城、陵川、沁水。　沁州，領縣二：沁源、武鄉。　遼州，領縣二：榆社、和順。　山西行都指揮使司。　領衛十四：大同左、大同右、大同前、大同後、朔州、鎮虜、安東中屯、陽和、玉林、高山、雲川、天成、威遠、平虜。

河南，北至武安，南至信陽，東至永城，西至陝州，府八，直隸州一，屬州十一，縣九十六。開封府，領州四，縣三十，治祥符。祥符、陳留、杞、通許、太康、尉氏、洧川、鄢陵、扶溝、中牟、陽武、原武、封丘、延津、蘭陽、儀封、新鄭。陳州領縣四：商水、西華、項城、沈丘。許州領縣四：臨潁、襄城、郾城、長葛。禹州領縣一：密。鄭州領縣四：滎陽、滎澤、河陰、汜水。河南府，領州一，縣十三，治洛陽。洛陽、偃師、鞏、孟津、宜陽、永寧、新安、澠池、登封、嵩、盧氏。陝州領縣二：靈寶、閿鄉。歸德府，領州一，縣八，治商丘。商丘、寧陵、鹿邑、夏邑、永城、虞城。睢州領縣二：考城、柘城。汝寧府，領州二，縣十二，治汝陽。汝陽、真陽、上蔡、新蔡、西平、確山、遂平。信陽州領縣一：羅山。光州領縣四：光山、固始、息、商城。南陽府，領州二，縣十一，治南陽。南陽、鎮平、唐、泌陽、桐柏、南召。鄧州領縣三：内鄉、新野、淅州。裕州領縣二：舞陽、葉。懷慶府，領縣六，治河内。河内、濟源、修武、武陟、孟、温。衛輝府，領縣六，治汲。汲、胙城、新鄉、獲嘉、淇、輝。彰德府，領州一，縣六，治安陽。安陽、臨漳、湯陰、林。磁州領縣二：武安、陟。汝州。領縣四：魯山、郟、寶豐、伊陽。

陝西，東至華陰，南至紫陽，北至河套，西至肅州，府八〔二〕，屬州二十，縣九十五。

〔二〕「府八」下，原衍「直隸州」三字，據味經窩本、乾隆本、光緒本删。

西安府，領州六，縣三十一，治長安。長安、咸寧、咸陽、涇陽、興平、臨潼、渭南、藍田、鄠、盩厔、高陵、富平、三原、醴泉。華州領縣二：華陰、蒲城。商州領縣四：商南、雒南、山陽、鎮安。同州領縣五：朝邑、郃陽、韓城、澄城、白水。耀州領縣一：同官。乾州領縣二：武功、永壽。邠州領縣三：淳化、三水、長武。鳳翔府，領州一，縣七，治鳳翔。鳳翔、岐山、寶雞、扶風、郿、麟游、汧陽。隴州。漢中府。領州一，縣八，治南鄭。南鄭、褒城、城固、洋、西鄉、鳳、沔。寧羌州領縣一：略陽。

蕙田案：興安州領縣六，明初屬漢中府。神宗十一年，改曰興安州。二十三年，直隸陝西布政使司。漢中府實領州一、縣八，明史地理志於漢中府載州二、縣十四，而不著興安州改隸始末，至使界畫不清，今改正。

延安府，領州三，縣十六，治膚施。膚施、安塞、甘泉、安定、保安、宜川、延川、延長、青澗。鄜州領縣三：洛川、中部、宜君。綏德州領縣一：米脂。葭州領縣三：吴堡、神木、府谷。慶陽府，領州一，縣四，治安化。安化、合水、環、真寧。寧州。平涼府，領州三，縣七，治平涼。平涼、崇信、華亭、鎮原、隆德。涇州領縣一：靈臺。靜寧州領縣一：莊浪。固原州。鞏昌府，領州三，縣十四，治隴西。隴西、安定、會寧、通渭、漳、寧遠、伏羌、西和、成。秦州領縣三：秦安、清水、禮。階州領縣一：文。徽州領縣一：兩當。臨洮府，領州二，縣三，治狄道。狄道、渭源。蘭州領縣一：金。　河州。　靈州　興安州，領縣六，平利、石泉、洵陽、漢陰、白河、紫陽。　陝西都指揮使司，領衛十，所五。　洮州。　岷州領所一：西固城守禦軍民千户。　榆林。　寧夏領所四：靈州守禦千户、興武守禦千户、韋州守禦千户、平虜千户。　寧夏前、寧夏左屯、寧夏右屯、寧夏後、寧夏中、靖虜。　陝西行都指揮使司。　領衛十二，所四。　甘州左、甘州右、甘州中、甘州前、甘州後、肅州、山丹、永昌、涼州、鎮番、莊浪、西寧。　碾伯守禦千户、鎮夷守禦千户、古浪守禦千户、高臺守禦千户。

四川，北至廣元，東至巫山，南至烏撒、東川，西至威茂，府十三，直隸州六，宣撫司一，安撫司一，屬州十五，縣一百十一，長官司十六。　成都府，領州六，縣二十五，治成都。　成都、華陽、雙流、郫、温江、新繁、新都、彭、崇寧、灌、金堂、仁壽、井研、資、内江、安。　簡州領縣一：資陽。　崇慶州領縣一：新津。　漢州領縣三：什邡、綿竹、德陽。　綿州領縣二：羅江、彰明。　茂州領縣一：汶川。　威州領縣一：保。　保寧府，領州二，縣八，治閬中。　閬中、蒼溪、南部、昭化、廣元。　劍州領縣一：梓潼。　巴州領縣二：通江、南江。　順慶府，領州二，縣八，治南充。　南充、西充。　蓬州領縣二：營山、儀隴。　廣安州領縣四：岳池、渠、鄰水、大竹。　夔州府，領州一，縣十二，治奉節。　奉節、巫山、大昌、大寧、雲陽、萬開、梁山、新寧、建始。　達州領縣二：東鄉、太平。　重慶府，領州三，縣十七，治巴。　巴、江津、壁山、永川、榮昌、大足、安居、綦江、南川、長壽、黔江。　合州領縣贛州府，領縣十二，治贛。贛、雩都、信豐、興國、會昌、安遠、寧都、瑞金、龍南、石城、定南、長寧。南安府。領縣四，治大庾。大庾、南康、上猶、崇義。

湖廣，北至均州，南至九疑，東至蘄州，西至施州，府十五，直隸州二，屬州十七，縣一百有八，宣慰司二，宣撫司四，安撫司五，長官司二十一，蠻夷長官司五。武昌府，領州一，縣九，治江夏。江夏、武昌、嘉魚、蒲圻、咸寧、崇陽、通城。興國州領縣二：大冶、通山。漢陽府，領縣二，治漢陽。漢陽、漢川。黃州府，領州一，縣八，治黃岡。黃岡、麻城、黃陂、黃安、蘄水、羅田。蘄州領縣二：廣濟、黃梅。承天府，領州二，縣五，治鍾祥。鍾祥、京山、潛江。荆門州領縣一：當陽。沔陽州領縣一：景陵。德安府，領州一，縣五，治安陸。安陸、雲夢、應城、孝感。隨州領縣一：應山。岳州府，領州一，縣七，治巴陵。巴陵、臨湘、華容、平江。澧州領縣三：安鄉、石門、慈利。荆州府，領州二，縣十一，治江陵。江陵、公安、石首、監利、松滋、枝江。夷陵州領縣三：長陽、宜都、遠安。歸州領縣二：興山、巴東。襄陽府，領州一，縣六，治襄陽。襄陽、宜城、南漳、棗陽、穀城、光化。均州。鄖陽府，領縣七，治鄖。鄖、房、竹山、上津、竹谿、鄖西、保康。長沙府，領州一，縣十一，治長沙。長沙、善化、湘陰、湘潭、瀏陽、醴陵、寧鄉、益陽、湘鄉、攸、安化。茶陵州。常德府，領縣四，治武陵。武陵、桃源、龍陽、沅江。衡州府，領州一，縣九，治衡陽。衡陽、衡山、耒陽、常寧、安仁、酃。　桂陽州領縣三：臨武、藍山、嘉禾。　**永州府**，領州一，縣七，治零陵。　零陵、祁陽、東安。　道州領縣四：寧遠、江華、永明、新田。　**寶慶府**，領州一，縣四，治邵陽。　邵陽、新化、城步。　武岡州領縣一：新寧。　**辰州府**，領州一，縣六，治沅陵。　沅陵、盧溪、辰溪、溆浦。　沅州領縣二：黔陽、麻陽。　**郴州**，領縣五：永興、宜章、興寧、桂陽、桂東。　**靖州**，領縣四：會同、通道、綏寧、天柱。　**施州衛軍民指揮使司**，領所一，宣撫司四，安撫司九，長官司十三，蠻夷官司五。　大田軍民千户所。　施南宣撫司領安撫司五。　東鄉五路安撫司領長官司三：搖把洞、上愛茶峒、下愛茶峒。　蠻夷官司二：鎮遠、隆奉。　忠路安撫司領長官司一：劍南。　忠孝安撫司。　金峒安撫司領蠻夷官司一：西坪。　中峒安撫司。　散毛宣撫司領安撫司二：龍潭安撫司、大旺安撫司。　領蠻夷官司二：東流、臘壁峒。　忠建宣撫司領安撫司二：忠峒安撫司、高羅安撫司領長官司一：思南。　容美宣撫司領長官司五：盤順、椒山瑪瑙、五峰石寶、石梁下峒、水盡源通塔平。　木冊、鎮南、唐崖三長官司，俱直隸施州衛。　**永順軍民宣慰使司**，領州三，長官司六。　南渭州、施溶州、上溪州。　臘惹洞、麥著黄洞、驢遲洞、施溶溪、白崖洞、田家洞。　**保靖州軍民宣慰使司**。　領長官司二：五寨、草子坪。

浙江，西至開化，南至平陽，北至太湖，東至海，府十一，屬州一，縣七十五。　**杭州府**，領縣九，治錢塘。　錢塘、仁和、海寧、富陽、餘杭、臨安、於潛、新城、昌化。　**嚴州府**，領縣六，治建德。建德、桐廬、淳安、遂安、壽昌、分水。嘉興府，領縣七，治嘉興。嘉興、秀水、嘉善、崇德、桐鄉、平湖、海鹽。湖州府，領州一，縣六，治烏程。烏程、歸安、長興、德清、武康。安吉州領縣一：孝豐。紹興府，領縣八，治山陰。山陰、會稽、蕭山、諸暨、餘姚、上虞、嵊、新昌。寧波府，領縣五，治鄞。鄞、慈谿、奉化、定海、象山。台州府，領縣六，治臨海。臨海、黃巖、天台、仙居、寧海、太平。金華府，領縣八，治金華。金華、東陽、蘭谿、義烏、永康、武義、浦江、湯溪。衢州府，領縣五，治西安。西安、龍游、常山、江山、開化。處州府，領縣十，治麗水。麗水、青田、縉雲、松陽、遂昌、龍泉、慶元、雲和、宣平、景寧。温州府。領縣五，治永嘉。永嘉、瑞安、樂清、平陽、泰順。

福建，北至嶺，西至汀州，南至詔安，東至海，府八，直隸州一，屬縣五十七。福州府，領縣九，治閩。閩、侯官、長樂、福清、連江、羅源、古田、閩清、永福。興化府，領縣二，治莆田。莆田、仙遊。建寧府，領縣八，治建安。建安、甌寧、建陽、崇安、浦城、松溪、政和、壽寧。延平府，領縣七，治南平。南平、將樂、沙、尤溪、順昌、永安、大田。汀州府，領縣八，治長汀。長汀、寧化、上杭、武平、清流、連城、歸化、永定。邵武府，領縣四，治邵武。邵武、光澤、泰寧、建寧。泉州府，領縣七，治晉江。晉江、南安、同安、惠安、安溪、永春、德化。漳州府，領縣十，治龍溪。龍溪、漳浦、龍巖、長泰、南靖、漳平、平和、詔安、海澄、寧洋。福寧州。領縣二：寧德、福安。

廣東，北至五嶺，東至潮州，西至欽州，南至瓊海，府十，直隸州一，屬州七，縣七十五。廣州府，領州一，縣十五，治南海。南海、番禺、順德、東莞、新安、三水、增城、龍門、香山、新會、新寧、從化、清遠。連州領縣二：陽山、連山。肇慶府，領州一，縣十一，治高要。高要、高明、四會、新興、開平、陽春、陽江、恩平、廣寧。德慶州領縣二：封川、開建。韶州府，領縣六，治曲江。曲江、樂昌、英德、仁化、乳源、翁源。南雄府，領縣二，治保昌。保昌、始興。惠州府，領州一，縣十，治歸善。歸善、博羅、長寧、永安、海豐、龍川、長樂、興寧。連平州領縣二：河源、和平。潮州府，領縣十一，治海陽。海陽、潮陽、揭陽、程鄉、饒平、惠來、鎮平、大埔、平遠、普寧、澄海。高州府，領州一，縣五，治茂名。茂名、電白、信宜。化州領縣二：吳川、石城。雷州府，領縣三，治海康。海康、遂溪、徐聞。廉州府，領州一，縣二，治合浦。合浦。欽州領縣一：靈山。瓊州府，領州三，縣十，治瓊山。瓊山、澄邁、臨高、定安、文昌、會同、樂會。儋州領縣一：昌化。萬州領縣一：陵水。崖州領縣一：感恩。羅定州。領縣二：東安、西寧。

廣西，北至懷遠，東至梧州，西至太平，南至博白，府十一，州四十有八，縣五十，長官司四。桂林府，領州二，縣七，治臨桂。臨桂、興安、靈川、陽朔。全州領縣一：灌陽。永寧州領縣二：永福、義寧。平樂府，領州一，縣七，治平樂。平樂、恭城、富川、賀、荔浦、修仁、昭平。

永安州。梧州府，領州一，縣九，治蒼梧。蒼梧、藤、容、岑溪、懷集。鬱林州領縣四：博白、北流、陸川、興業。潯州府，領縣三，治桂平。桂平、平南、貴。柳州府，領州二，縣十，治馬平。馬平、洛容、柳城、羅城、懷遠、融、來賓。象州領縣一：武宣。賓州領縣二：遷江、上林。慶遠府，領州四，縣五，治宜山。宜山、天河、忻城。河池州領縣二：思恩、荔波。南丹州、東蘭州、那地州。南寧府，領州七，縣三，治宣化。宣化、隆安。橫州領縣一：永淳。新寧州、上思州、歸德州、果化州、忠州、下雷州。思恩軍民府，領州二，縣二。奉議州、上映州。上林、武緣。太平府，領州十七，縣三，治崇善。崇善、陀陵、羅陽。左州、養利州、永康州、上石西州、太平州、思城州、安平州、萬承州、全茗州、鎮遠州、茗盈州、龍英州、結安州、結倫州、都結州、上下凍州、思明州。思明府，領州三：下石西州、西平州、祿州。鎮安府　田州　歸順州　泗城州　向武州　都康州　龍州　江州，領縣一：羅白。思陵州　憑祥州　長官司四。永順、永定、永安、安隆。

雲南，北至永寧，東至富州，西至千崖，南至木邦，府十九，禦夷府二，州四十，禦夷州三，縣三十，宣慰司八，宣撫司四，安撫司五，長官司三十三，禦夷長官司二。雲南府，領州四，縣九，治昆明。昆明、富民、宜良、羅次。晉寧州領縣二：歸化、呈貢。安寧州領縣一：祿豐。昆陽州領縣二：三泊、易門。嵩明州。曲靖府，領州四，縣二，治南寧。南寧、亦佐。

霑益州、陸涼州、馬龍州、羅平州。尋甸府，臨安府，領州六，縣五，長官司九，治建水州。建水州、石屏州、阿迷州、寧州、新化州、寧遠州。通海、河西、嶍峨、蒙自、新平。納樓茶甸、教化三部、王弄山、虧容甸、溪處甸、思佗甸、左能寨、落恐甸、安南。

蕙田案：臨安府，明初領通海、河西、嶍峨、蒙自四縣，神宗十九年，置新平，共領縣五。明史地理志誤云「領縣四」，今改正。

澂江府，領州二，縣三，治河陽。河陽、江川、陽宗。新興州、路南州。廣西府，領州三：師宗州、彌勒州、維摩州。廣南府，領州一：富州。元江軍民府，領州二：奉化州、恭順州。楚雄府，領州二，縣五，治楚雄。楚雄、廣通、定遠、定邊、碍嘉。南安州、鎮南州。姚安軍民府，領州一，縣一。姚州。大姚。武定府，領州二，縣一。和曲州、祿勸州。元謀。景東府　鎮沅府，領長官司一：祿谷寨。大理府，領州四，縣三，治太和。太和。趙州領縣一：雲南。鄧川州領縣一：浪穹。賓川州、雲龍州。鶴慶軍民府，領州二：劍川州、順州。麗江軍民府，領州四：通安州、寶山州、蘭州、巨津州。永寧府，領長官司四：剌次和、革甸、香爐甸、瓦魯之。北勝州，永昌軍民府，領州一：騰越州。縣二：保山、永平。安撫司四：潞江、鎮道、楊塘、瓦甸。長官司三：鳳溪、施甸、茶山。蒙化府　順寧府，領州一：雲州。長官司一：孟緬。車里軍民宣慰使司　緬甸軍民宣慰使司，領長官司一：東倘。　木邦軍民宣慰使司　八百大甸軍民宣慰使司　孟養軍民宣慰使司　老撾軍民宣慰使司　南甸宣撫司　千崖宣撫司　隴川宣撫司　孟定禦夷府，領安撫司一：耿馬。　孟艮禦夷府　威遠禦夷州　灣甸禦夷州　鎮康禦夷州　孟密宣撫司　蠻莫安撫司　者樂甸長官司　鈕兀禦夷長官司　芒市禦夷長官司　孟璉長官司　大古剌軍民宣慰使司，底馬撒軍宣慰使司，小古剌長官司　茶山長官司　底板長官司　孟倫長官司　八家塔長官司　剌和莊長官司　促瓦長官司　散金長官司　麻里長官司　八寨長官司　底兀剌宣慰使司　廣邑州。

貴州，北至銅仁，南至鎮寧，東至黎平，西至普安，府十，州九，縣十四，宣慰司一，長官司七十六。　貴陽軍民府，領州三，縣二，長官司十六，治新貴。　新貴、貴定。　開州。　定番州領長官司十六：程番、小程番、上馬橋、盧番、韋番、方番、洪番、臥龍番、小龍番、大龍番、金石、羅番、盧山、木瓜、麻响、大華。　貴州宣慰使司，領長官司七：水東、中曹蠻夷、龍里、白納、底寨、乖西蠻夷、養虎坑。　安順軍民府，領州三，長官司六。　寧谷寨、西堡。　鎮寧州領長官司二：十二營、康佐。　永寧州領長官司二：慕役、頂營。　普安州。　都匀府，領州二，縣一，長官司八。　都匀、邦水、平浪、平洲六洞。　麻哈州領長官司二：樂平、平定。　獨山州領縣一：清平。　長官司二：合江州陳蒙爛土、豐寧。

平越軍民府，領衛二，州一，縣三，長官司二。清平衛、興隆衛。黃平州。餘慶、甕安、湄潭。凱里、楊義。黎平府，領縣一，長官司十三。永從。潭溪、八舟、洪舟泊里、曹滴洞、古州、西山陽洞、新化、湖耳、亮寨、歐陽、中林驗洞、赤溪湳洞、龍里。思南府，領縣三，長官司三，治安化。安化、婺川、印江。蠻夷、沿河祐溪、朗溪。思州府，領長官司四：都坪峨異溪、都素、施溪、黃道溪。鎮遠府，領縣二，長官司三，治鎮遠。鎮遠、施秉。偏橋、邛水十五洞、臻剖六洞横坡等處。銅仁府，領縣一，長官司五，治銅仁。銅仁。省溪、提溪、大萬山、烏羅，平頭着可。石阡府，領縣一，長官司三。龍泉。石阡、苗民、葛彰葛商。龍里衛軍民指揮使司，領長官司一：太平伐。新添衛軍民指揮使司，領長官司五：新添、小平伐、把平寨、丹平、丹行。安南衛　威清衛　平壩衛　畢節衛，領所一：守禦七星關後千户所。赤水衛，領所四：摩尼千户、白撒千户、阿落密千户、前千户。普市守禦千户所　敷勇衛，領所四：於襄守禦千户、息烽守禦千户、濯靈守禦千户、脩文守禦千户。鎮西衛。領所四：威武守禦千户、赫聲守禦千户、柔遠守禦千户、定遠守禦千户。

右明

五禮通考卷二百十三

嘉禮八十六

設官分職

蕙田案：周禮：六官之首，皆冠之曰「設官分職」。蓋聖人爲國以禮，禮以辨上下，主秩叙，則官職之統屬相維，大小相貫，内外相繫，固典禮之一大事也。禮經之傳於世者，周官居其一，先儒謂運用天理爛熟之書，千萬世弗能越焉。然因革損益，則隨時變通，所以適宜而協于政者，其數莫可殫矣。今仍朱子經傳通解遺意，彙經傳之文，略爲考證，以見古初三代之本，建置規模，精意具在。後代職官，粗舉大綱，以附于後。若其沿革之詳，則以俟專家者。

官制總論

書説命：明王奉若天道，建邦設都。樹后王、君公，承以大夫、師長，不惟逸豫，惟以亂民。

惟治亂在庶官。傳：言所官得人則治，失人則亂。官不及私昵，惟其人。傳：不加私昵，惟能是官。爵罔及惡德，惟其賢。傳：言非賢不爵。疏：戒王使審求人，絶私好也〔一〕。

蔡氏沈曰：六卿百執事，所謂官也。公卿大夫士，所謂爵也。官以任事，故曰能。爵以命德，故曰賢。惟賢惟能，所以治也。私昵惡德，所以亂也。

周官：明王立政，不惟其官，惟其人。傳：言聖帝明王立政修教，不惟多其官，惟在得其人。

周禮：惟王建國，辨方正位，體國經野，設官分職，注：鄭司農云：置冢宰、司徒、宗伯、司馬、司寇、司空，各有所職，而百事舉。疏：既體國經野，須立官以治民，故云「設官分職」也。以爲民極。

天官：大宰以八法治官府：一曰官屬，以舉邦治。二曰官職，以辨邦治。三曰官

〔一〕「絶」，諸本作「謹」，據尚書正義卷一〇改。

聯，以會官治。四曰官常，以聽官治。五曰官成，以經邦治。六曰官法，以正邦治。七曰官刑，以糾邦治。八曰官計，以弊邦治。注：百官所居曰府；弊，斷也。鄭司農云：「官屬，謂六官，其屬各六十，若今博士、大史、大宰、大祝、大樂屬太常也；小宰職曰『以官府之六屬舉邦治，一曰天官，其屬六十』是也。官職，謂六官之職，小宰職曰：『以官府之六職辨邦治，一曰治職，二曰教職，三曰禮職，四曰政職，五曰刑職，六曰事職。』官聯，謂國有大事，一官不能獨共，則六官共舉之。聯讀爲『連』，古書『連』作『聯』。聯謂連事通職，相佐助也。小宰職曰：『以官府之六聯合邦治，一曰祭祀之聯事，二曰賓客之聯事，三曰喪荒之聯事，四曰軍旅之聯事，五曰田役之聯事，六曰斂弛之聯事。』官常，謂各自領其官之常職，非連事通職所共也。官成，謂官府之成事品式也。小宰職曰：『以官府之八成經邦治，一曰聽政役以比居，二曰聽師田以簡稽，三曰聽閭里以版圖，四曰聽稱責以傅別，五曰聽禄位以禮命，六曰聽取予以書契，七曰聽賣買以質劑，八曰聽出入以要會。』官法，謂職所主之法度。官職主祭祀、朝覲、會同、賓客者，則皆自有其法度。小宰職曰：『以法掌祭祀、朝覲、會同、賓客之戒具。』官刑，謂司刑所掌墨辠、劓辠、宫辠、刖辠、殺辠也。官計，謂三年則大計群吏之治而誅賞之。」玄謂：官刑，司寇之職五刑，其四曰官刑，上能糾職。官計，謂小宰之六計，所以斷群吏之治。

魏氏校曰：治天下有體：邦國，君道也，以六典治之；官府，臣道也，以八法治之。

以八柄詔王馭群臣：一曰爵，以馭其貴；二曰禄，以馭其富；三曰予，以馭其幸；

四曰置，以馭其行；五曰生，以馭其福；六曰奪，以馭其貧；七曰廢，以馭其罪；八曰誅，以馭其過。注：柄，所秉執以起事者也。詔，告也，助也。爵謂公、侯、伯、子、男、卿、大夫、士也。詩云「誨爾序爵」，言教王以賢否之第次也。班禄所以富臣下。書曰：「凡厥正人，既富方穀。」幸，謂言行偶合于善，則有以賜予之，以勸後也。生，猶養也。賢臣之老者，王有以養之。成王封伯禽于魯，曰「生以養周公，死以爲周公後」是也。五福，一曰壽。奪，謂臣有大罪，没入家財者。六極，四曰貧。廢，猶放也，舜殛鯀于羽山是也。誅，責讓也。曲禮曰：「齒路馬有誅。」凡言馭者，所以敺之，納之于善。

王氏應電曰：爵、禄二者，王所以馭群臣，八柄之大者。予、奪二者，自其禄而施低昂之柄。廢、置二者，自其爵而操進退之柄。生、誅二者，制其死生之柄也。予、置、生皆作福之事，奪、廢、誅皆作威之事。洪範曰「惟辟作福，惟辟作威」，「臣無有作威作福」，故以詔王也。

小宰：以官府之六叙正群吏：一曰以叙正其位，二曰以叙進其治，三曰以叙作其事，四曰以叙制其食，五曰以叙受其會，六曰以叙聽其情。注：叙，秩次也，謂先尊後卑也。治，功狀也。食，禄之多少。情，爭訟之辭。疏：凡言「叙」者，皆是次序。先尊後卑，各依秩次，則群吏得正，故云「正群吏」也。「一曰以叙正其位」者，謂若卿、大夫、士朝位尊卑次列。「二曰以叙進其治」者，謂卿、大夫、士有治職功狀文書進于上，亦先尊後卑也。「三曰以叙作其事」者，謂有所執掌起事，亦先尊後卑也。「四曰以叙制其食」者，謂制禄依爵命授之，亦先尊後卑也。「五曰以叙受其會」者，謂歲終進會計文書受之，亦先尊後卑也。「六曰以叙聽其情」者，情謂情實，則獄訟之情，受聽斷之時，亦先尊後卑也。

治叙。鄭氏伯謙曰：考之諸官，小宰月終受群吏之要，則以官府之叙。宰夫掌百官府之徵令，則有胥以治叙。宮伯掌王宮士庶子之政令，而歲終必均其叙。内史以八枋之法詔王治，而納訪必掌其叙。鄉師凡邦事令作秩叙。下而里宰合耦于耡，亦行其秩叙。蓋治衆必有叙，乃不至紊亂，故小宰以「六叙正群吏」爲先也。

以官府之六聯合邦治：一曰祭祀之聯事，二曰賓客之聯事，三曰喪荒之聯事，四曰軍旅之聯事，五曰田役之聯事，六曰斂弛之聯事。凡小事，皆有聯。注：鄭司農云：「大祭祀，大宰贊玉幣，司徒奉牛牲，宗伯視滌濯、莅玉鬯，省牲鑊、奉玉齍，司馬羞魚牲、奉馬牲，司寇奉明水火；大喪，大宰贊贈玉、含玉，司徒帥六鄉之衆庶屬其六引，宗伯爲上相，司馬平士大夫，司寇前王，此所謂官聯。」杜子春：「弛讀爲施。」玄謂：荒政弛力役，及國中貴者、賢者、服公事者、老者、疾者皆舍，不以力役之事。奉牲者，其司空奉豕與？

葉氏時曰：大宰以官聯會官治，舉其要也。小宰以六聯合邦治，分其詳也。夫所謂聯者，大宰、小宰、宰夫之職，正貳之聯也；宮正、宮伯，宮衛之聯；膳夫、庖人，膳羞之聯；醫師至獸醫，醫官之聯；酒正至鹽人，飲食之聯；太府而下，財官之聯；内宰而下，宮正之聯：此治官之聯也。教官有教之聯，禮官有禮之聯，政官有政之聯，刑官有刑之聯，人皆知其分職率屬之爲官聯也。至於聯事合屬，有非其官之屬而實相聯者焉。以祭祀言之，宗伯而下，鬱鬯、尊彝、典祀等職，皆聯事也。而大宰祭祀則贊玉幣，司徒奉牛牲，司馬奉馬牲，司寇奉犬牲，此非他官之合聯乎？以賓客言之，行人而下，司儀、行夫、環人、掌客等職，皆聯事也。而大宰朝會則贊玉幣，宰夫掌牢禮，司徒脩委積，封人飾牛牲，此非他官之合聯乎？太宰贊含，鄉師治役，司徒荒政，遺人委積，此喪荒之聯事也。司馬治軍，司徒致民，小宰掌具，縣師受法，此軍旅之聯事也。司馬教陳，鄉師帥民，司徒舉旗，虞人萊野，此田役之聯事也。閭師征賦，太府受財，司徒施征，司馬制賦，此斂弛之聯事也。六官聯事，不一而足，以至小事，莫不有聯。典祀春官，而得以征役於秋官之司隸；鼓人地官，而得以詔鼓於夏官之太僕；秋官掌戮，而得預天官甸師之殺；秋官蠻隸，而得執夏官校人之役；鄉師地官，而考辟於司空；稍人地官，而聽政於司馬。有同寅協恭，而無畔官離次；有聯事合治，而無分朋植黨。成周之官，所以內外相統，小大相維，而無曠官者，六聯爲有助焉。是故分其職而率其屬，則事權若分而不相混；合其聯而會其治，則事權若合而不相離。此官治之所以會，而邦治之所以合也。雖然，周人聯事之意，不特見於官然也。其在鄉也，則比、閭、族、黨、州、縣之有聯；其在遂也，則鄰、里、酇、鄙、縣、都之有聯。司徒之安民，則曰聯兄弟，聯師儒，聯朋友；族師之登民，則十人爲聯，十家爲聯，八閭爲聯。至于司關之官，亦掌國貨之節以聯門市，是無往而不爲聯也。官治其有不會乎？邦治其有不合乎？

王氏應電曰：一事而一官專行之，此六職也。一事而合六官共行之，此六聯也。非專行則侵，非共行則闕，合二者而官制之善始見。

以官府之八成經邦治：一曰聽政役以比居，二曰聽師田以簡稽，三曰聽閭里以版圖，四曰聽稱責以傅別，五曰聽祿位以禮命，六曰聽取予以書契，七曰聽賣買以質劑，八曰聽出入以要會。注：鄭司農云：「政，謂軍政也。役，謂發兵起徒役也。比居，謂伍籍也。比地爲伍，因内政寄軍令，以伍籍發軍起役者，平而無遺脱也。簡稽士卒、兵器、簿書。簡，猶閱也。稽，猶計也，合也。合計其士之卒伍，閱其兵器，爲之要簿也。故遂人職曰：『稽其人民，簡其兵器。』國語曰：『黄池之會，吴陳其兵，皆官師擁鐸拱稽。』版，户籍。圖，地圖也。聽人訟地者，以版圖決之。司書職曰：『邦中之版，土地之圖。』稱責，謂貸子。傅別，謂券書也。聽訟責者，以券書決之。傅，傅著約束于文書。別，別爲兩，兩家各得一也。禮命，謂九錫也。書契，符書也。質劑，謂市中平賈，今時月平是也。要會，謂計最之簿書，月計曰要，歲計曰會。故宰夫職曰：『歲終，則令群吏正歲會；月終，則令正月要。』」玄謂：政，謂賦也。凡其字或作政，或作正，或作征，以多言之宜從征，如孟子「交征利」云。傅別，謂爲大手書于一札，中字別之。書契，謂出予受入之凡要，凡簿書之最目，獄訟之要辭，皆曰契。春秋傳曰：「王叔氏不能舉其契。」質劑，謂兩書一札，同而別之，長曰質，短曰劑。傅別、質劑，皆今之券書也，事異，異其名耳。禮命，禮之九命之差等。

葉氏時曰：太宰以官成經邦治，又以官成待萬民之治。宰夫則曰「師掌官成以治凡」，大司寇則曰「凡庶民之獄訟，以邦成弊之」。鄭司農以八成若今之決事比，賈公彦以八成若今之斷事律，是聽斷之不可無官成也。此太宰所以分邦成之目，而以經邦治焉。司徒曰：「五家爲比，五比爲閭。」此比居之有籍也，聽征役之訟，則以比居決之。遂人曰：「稽其人民，簡其兵器。」此簡稽之有簿也，聽師田之訟，則以簡稽決之。版圖如司書「邦中之版，土地之圖」是也。聽閭里之訟，則以版圖決之。禮命，如宗伯「一命受職，再命受服」是也。聽禄位之訟，則以禮命決之。傅別，鄭司農謂「券書也」，後鄭謂「爲大手書於一札，中字別之」。愚案：士師言「以財獄訟者，正之以傅別」，今聽稱責以傅別，則是傅著文書別爲兩本也，故以之決財貨稱貸之爭。書契，鄭司農謂「符書也」，後鄭謂「出予受入之凡要」。愚案：酒正「凡有秩酒者，以書契授之」，今聽取予以書契，則是取其券書之相符也，故以之決倳秩、取予之爭。質劑，如質人「大市以質，小市以劑」，聽市廛之買賣，則以質劑決之也。謂之委會，如宰夫「月終正月要，歲終正歲會」，聽貨賄之出入，則以要會決之也。謂之成者，蓋言其一成而不可易也；謂之經者，蓋言其治有常而不可紊也。然此皆簿書之要爾，聖人於簿書之煩，惟恐防姦之不密，其待民不既薄乎！誠以民聚而必有事，事起而必有爭，聖人起教于微眇而憂患于未然，是以有書以載其法，有法以待其事，事來而應之以法，訟起而正之以書，猶決事之不可無比，斷事之不可無律也。天下豈有不決之訟，而猶有不經之民哉！易曰：「上古結繩而治，後世聖人易之以書契，百官以治，萬民以察，蓋取諸夬。」其官成之謂與？抑嘗觀士師之職有曰「掌士之八成」，鄭司農亦曰「若今時決事比」。案：士師八成，曰邦汋、邦賊、邦諜、犯邦令、撟邦令、爲邦盜、爲邦朋、爲邦誣而已。初無簿書之要，而亦謂之成，鄭氏皆以爲決事比之類。蓋成者，取其行事之成者以爲品式也。聽斷而不稽成事以爲法，則舞文弄法者有之，誣上行私者有之，求以防姦，而適以爲姦也。然則士師不可無事之八成，猶小宰不可無官府之八成，此鄭氏所以均謂之「若漢之決事比」與？

蕙田案：八成者，每事各有一成之例，以爲聽斷之法式，如今之律令則例是也。大宰既定其綱，小宰又别其目，頒諸官府，俾奉行之。故上有畫一之治，而下無舞文之弊。

以聽官府之六計，弊群吏之治：一曰廉善，二曰廉能，三曰廉敬，四曰廉正，五曰廉法，六曰廉辨。注：聽，平治也，平治官府之計有六事。弊，斷也，既斷以六事，又以廉爲本。善，善其事，有辭譽也。能，政令行也。敬，不解于位也。正，行無傾邪也。法，守法不失也。辨，辨然不疑惑也。杜子春云：「廉辨，或爲廉端。」

高氏愈曰：六計所以課吏，而皆以廉爲本。蓋廉者，立身之大閑，居官之要術。若其貪欲，而以才幹濟之，尤聖王之所禁也。漢人取士曰興廉，調吏曰察廉，蓋猶存周官遺意，而所謂六條察吏者，蓋亦本此。

蕙田案：王介甫訓廉爲察，王次點亦從之，然上文曰聽曰弊，則察已在其中矣，無庸贅出也。皋陶制刑，貪墨者殺，周官弊吏以廉爲本，古人之重廉而懲貪如此！

宰夫掌百官府之徵令，辨其八職：一曰正，掌官法以治要；二曰師，掌官成以治凡；三曰司，掌官法以治目；四曰旅，掌官常以治數；五曰府，掌官契以治藏；六曰史，掌官書以贊治；七曰胥，掌官叙以治叙；八曰徒，掌官令以徵令。注：別異諸官之八職，以備王之徵召所爲。正，辟於治官，則冢宰也。治要，若歲計也。師，辟小宰、宰夫也。治凡，若月計也。司，辟上士、中士。治目，若今日計也。旅，辟下士也。治數，每事多少異也。治藏，藏文書及器物。贊治，若今起文書草也。治叙，次序官中，如今侍曹伍伯傳吏朝也。徵令，趨走給召呼。疏：言「掌百官府之徵令，辨其八職」者，謂總王朝三百六十官，以備王之所徵召及施令。若不分別其職，則徵召無所指斥，故須分別三百六十職也。「一曰正」者，正，長也。六卿下各有屬六十，故六卿稱正也。云「掌官法」者，掌當官之法也。「以治要」者，要，謂大計要也。

劉氏曰：正，六官之長。師，六官之丞。司，六屬之長。旅，六屬之佐。要，大要也。合衆目以爲凡。目，條目也。數者，目之細。正、師之治簡，司、旅之治詳。凡詳于要，數密于目。

高氏愈曰：八職所掌，大率尊者舉略，卑者治詳，以尊臨卑，以下奉上。此周公建官之體統，使尊者而欲盡閱其事，則耳目不給，而奸胥有弄法之弊；使卑者無所統承，則意見厖襍，而十羊九牧之害作矣。

右官制總論

上古官制

春秋昭公十七年左氏傳：郯子來朝，公與之宴。昭子問焉，曰：「少皞氏鳥名官，何故也？」郯子對曰：「吾祖也，我知之。昔者黄帝氏以雲紀，故爲雲師而雲名。注：黄帝受命有雲瑞，故以雲紀事。百官師長，皆以雲爲名，號縉雲氏，蓋其一官也。疏：以少皞之立有鳳鳥之瑞，而以鳥紀事。黄帝以雲紀事，明其初受天命，有雲瑞也。雲爲官名，更無所出，唯文十八年傳云「縉雲氏有不才子」，疑是黄帝時官，故云縉雲氏，蓋其一官也。炎帝氏以火紀，故爲火師而火名。注：炎帝，神農氏，有火瑞，以火紀事，名百官。共工氏以水紀，故爲水師而水名。注：共工，以諸侯霸有九州者，在神農前、大皞後，亦受水瑞，以水名官。大皞氏以龍紀，故爲龍師而龍名。注：大皞，伏犧氏，有龍瑞，故以龍名官。疏：此黄帝以上四代，用火、雲、水、龍紀事，其官之名，必用火、雲、水、龍爲之。但書典散亡，更無文紀，其名不可復知，故杜不復爲説。唯有縉雲見傳，疑是黄帝官耳。服虔云：「黄帝以雲名官，蓋春官爲青雲氏，夏官爲縉雲氏，秋官爲白雲氏，冬官爲黑雲氏，中官爲黄雲氏。炎帝以火名官，春官爲大火，夏官爲鶉火，秋官爲西火，冬官爲北火，中官爲中火。共工以水名官，春官爲東水，夏官爲南水，秋官爲西水，冬官爲北水，中官爲中水。大皞以龍名官，春官爲青龍氏，夏官爲赤龍氏，秋官爲白龍氏，冬官爲黑龍氏，中官爲黄龍氏。」此皆事無所見，苟出肺腸。少皞鳥紀，不以五方名官，焉知彼四代者，皆以四時五方名官乎？以縉爲赤色，則云夏官爲縉雲，焉知餘方不更爲之目，而直指青、黄爲名也？以天文有大火、鶉火，即云春爲大火，夏爲鶉火，其餘何故直以西、北名火也？此皆虚而不經，故不可採用。**我高祖少皞摯之立也**〔一〕，**鳳鳥適至，故紀於鳥，爲鳥師而鳥名。鳳鳥氏，曆正也。**注：鳳鳥知天時，故以名曆正之官。疏：當時名官，直爲鳥名而已，其所職掌，與後代名官所司事同。所言曆正以下，及司徒、司寇、工農之屬，皆以後代之官所掌之事託言之。言爾時鳥名，如今之此官也。**玄鳥氏，司分者也。**注：玄鳥，燕也。以春分來，秋分去。疏：此鳥以春分來，秋分去，故以名官，使之主二分。**伯趙氏，司至者也。**注：伯趙，伯勞也。以夏至鳴，冬至止。**青鳥氏，司啓者也。**注：青鳥，鶬鴳也。以立春鳴，立夏止。**丹鳥氏，司閉者也。**注：丹鳥，鷩雉也。以立秋來，立冬去，入大水爲蜃。上四鳥，皆曆正之屬官。**祝鳩氏，司徒也。**注：祝鳩，鷦鳩也。鷦鳩孝，故爲司徒，主教民。**鴡鳩氏，司馬也。**注：鴡鳩，王鴡也，鷙而有别，故爲司馬，主法制〔二〕。**鳲鳩氏，司空也。**注：鳲鳩，鴶鵴也。鳲鳩平均，故爲司空，平水土。**爽鳩氏，司寇也。**注：爽鳩〔三〕，鷹也。鷙，故爲司寇，主盜賊。**鶻鳩氏，司事也。**注：鶻鳩，鶻鵃也。春來冬去，故爲司事。**五鳩，鳩**

〔一〕「摯」，諸本脱，據春秋左傳正義卷四八補。
〔二〕「法制」，原作「法官」，據光緒本、春秋左傳正義卷四八改。
〔三〕「爽」，諸本脱，據春秋左傳正義卷四八補。

民者也。注：鳩，聚也，治民上聚，故以鳩爲名。五雉，爲五工正。注：五雉，雉有五種：西方曰鷷雉，東方曰鶅雉，南方曰翟雉，北方曰鵗雉，伊、洛之南曰翬雉。利器用，正度量，夷民者也。注：夷，平也。九扈，爲九農正，注：扈有九種也，春扈鳻鶞，夏扈竊玄，秋扈竊藍，冬扈竊黄，棘扈竊丹，行扈唶唶，宵扈嘖嘖，桑扈竊脂，老扈鷃鷃。以九扈爲九農之號，各隨其宜以教民事。扈民無淫者也。注：扈，止也。止民使不淫放。自顓頊以來，不能紀遠，乃紀于近。爲民師而命以民事，則不能故也。」注：顓頊氏，代少皞者，德不能致遠瑞，而以民事命官。仲尼聞之，見於郯子而學之。

賈氏公彦曰：政教君臣，起自人皇之世，至伏羲因之。伏羲已前，雖有三名，未必具立官號。至黄帝，名位乃具。案左傳云：「自顓頊以來，不能紀遠，乃紀于近。」是少皞以前，天下之號象其德，百官之號象其徵；顓頊以來，天下之號因其地，百官之號因其事。事即司徒、司馬之類是也。少皞氏言祝鳩氏爲司徒者，本名祝鳩，言司徒者，以後代官況之。

二十九年左氏傳：蔡墨曰：「五行之官，是爲五官，實列受氏姓，封爲上公，注：爵上公。**祀爲貴神。社稷五祀**〔一〕**，是尊是奉。木正曰句芒，**注：正，官長也。取木生句曲而有芒角也。疏：正訓爲長，木官之最長也。其火、金、水、土正亦然。**火正曰祝融，**注：祝融，明貌。**金正曰蓐收，**注：秋物摧蓐而可收也。**水正曰玄冥，**注：水陰而幽冥。**土正曰后土。」**注：土爲群物主，故稱后也。**魏獻子曰：「社稷五祀，誰氏之五官也？」對曰：「少皞氏有四叔，**疏：四叔是少皞之子孫，未知於少皞遠近也。四叔出於少皞耳，其使重爲句芒，非少皞使之。世族譜云：「少皞氏，其官以鳥爲名。」然則此官皆在高陽之世也。楚語云：「少皞氏之衰也，九黎亂德，民神雜糅，不可方物。顓頊受之，乃命木正重司天以屬神〔二〕，命火正黎司地以屬民。」是則重、黎居官，在高陽之世也。又鄭語云「黎爲高辛氏火正，命之曰祝融」，則黎爲祝融，又在高辛氏之世。案：世本及楚世家云：「高陽生稱，稱生卷章，卷章生黎。」如彼文，黎是顓頊之曾孫也。楚語云：「少皞之衰，顓頊受之，即命重、黎。」似是即位之初，不應即得命曾孫爲火正也。少皞世代不知長短，顓頊初已命黎，至高辛又加命，不應一人之身緜歷兩代。事既久遠，書復散亡，如此參差，難可考校。世家云：「共工作亂，帝嚳使黎誅之而不盡。帝誅黎，而以其弟吳回爲黎，復居火正，爲祝融。」即如此言，黎或是國名、官號，不是人之名字。顓頊命

〔一〕「祀」，原作「氏」，據光緒本、春秋左傳正義卷五三改。
〔二〕「木正」，諸本作「南正」，據春秋左傳正義卷五三改。

黎，高辛命黎，未必共是一人。傳言世不失職，二者或是父子，或是祖孫，其事不可知也。由此言之，少皞四叔，未必不有在高辛世者也。曰重、曰該、曰修、曰熙，實能金、木及水。注：能治其官。使重爲句芒，注：木正。該爲蓐收，注：金正。修及熙爲玄冥，注：二子相代爲水正。世不失職，遂濟窮桑，此其三祀也。注：窮桑，少皞之號。四子能治其官，使不失職，濟成少皞之功。顓頊氏有子曰犂，爲祝融；注：犂爲火正。共工氏有子曰句龍，爲后土；疏：共工有子，謂後世子耳，亦不知句龍爲后土在于何代。少皞氏既以鳥名官，此當在顓頊以來耳。此其二祀也。后土爲社；稷，田正也。注：掌播殖也。有烈山氏之子曰柱，爲稷，自夏以上祀之。周棄亦爲稷，自商以來祀之。

漢書百官公卿表：自顓頊以來，爲民師而命以民事，有重黎、句芒、祝融、后土、蓐收、玄冥之官。

蕙田案：此木正、火正、金正、水正、土正及田正，凡六官名，皆顓頊以後之制。堯命棄爲后稷，蓋因于此。史記「黄帝置左右大監，監于萬國」，其文不見于經，故不備載。

觀承案：五官之外，又有田正，則是六官矣。此即禹於水、火、金、木外分土與穀，爲六府之所本也。

右上古官制

唐虞官制

書周官：唐、虞稽古，建官惟百，内有百揆、四岳，外有州牧、侯伯。傳：堯、舜考古以建百官，内置百揆、四岳，象天之有五行。外置州牧十二及五國之長，上下相維，外内咸治。言有法。庶政惟和，萬國咸寧。傳：官職有序，故衆政惟和，萬國皆安，所以爲正治。疏：唐堯、虞舜考行古道，立官惟數止一百也。「内有百揆四岳」者，「百揆，揆度百事，爲群官之首，立一人也；四岳，内典四時之政，外主方岳之事，立四人也。「外有州牧侯伯」，牧，一州之長；侯伯，五國之長。各監其所部之國，外内置官，各有所掌，衆政惟以協和萬邦，所以皆安也。

呂氏祖謙曰：唐、虞建官惟百，而謂之稽古，則官之有百，蓋前於唐、虞矣。侯伯逮春秋猶襲以霸者之稱，在唐、虞則必次州牧而總諸侯者也。唐、虞之官，見于書者猶多，成王獨舉其四，惟識其大，故能挈其綱也。

堯典：乃命羲、和，欽若昊天，曆象日月星辰，敬授人時。傳：重、黎之後，羲氏、和氏世掌天地四時之官。疏：楚語云：「顓頊命南正重司天以屬神，火正黎司地以屬民。堯育重、黎之後，使復典之，以至夏、商。」據此，則自夏及商，無他姓也。呂刑稱「乃命重、黎」，傳云：重即羲，黎即和也。羲、和雖别爲氏族，而出自重、黎，故呂刑以重、黎言之。

朱子曰：曆是古時一件大事，故炎帝當作「少昊」。以鳥名官，首曰鳳鳥氏，曆正也，歲月日時既定，則百工之事可考其成。

共工方鳩僝功。傳：共工，官稱。

帝曰：咨！四岳。傳：四岳即羲、和之四子，分掌四岳之諸侯，故稱焉。

朱子曰：四岳，官名。一人而總四岳諸侯之事也。

語類：問：四岳、百揆。曰：四岳是總在外諸侯之官，百揆則總在内百官者。又問：四岳是一人，是四人？曰：「汝能庸命，巽朕位」，不成讓於四人？又如「咨二十有二人」，乃四岳、九官、十二牧，尤見得四岳只是一人。

蕙田案：孔傳以四岳即羲仲、羲叔、和仲、和叔四人，分掌四岳之事，其説牽合難信。據春秋傳云：「大許，太岳之後也。」又云：「謂我姜戎，四岳之裔胄也。」則堯時四岳蓋姜姓，姜姓出于神農，與羲和之出自高陽者異矣。

舜典：納于百揆，百揆時叙。傳：揆，度也。度百事，總百官，納舜于此官。

蔡氏沈曰：百揆者，揆度庶政之官，惟唐、虞有之，猶周之冢宰也。

乃日覲四岳群牧，班瑞于群后。

蔡氏沈曰：四岳，四方之諸侯。群牧，九州之牧伯也。

鄧氏孝孺曰：四岳領群牧，群牧領群后。

月正元日，舜格于文祖。詢于四岳，闢四門。傳：詢，謀也，謀政治于四岳。開闢四方之門未開者，廣致衆賢。**明四目，達四聰。咨十有二牧，曰：「食哉，惟時。**傳：咨，亦謀也。所重在于民食〔一〕，惟當敬授民時。**柔遠能邇，惇德允元。**傳：柔，安。邇，近。惇，厚也。元，善之長。言當安遠，乃能安邇。厚行德信，使足長善。**而難任人，蠻夷率服。」**傳：任，佞。難，拒也。佞人斥遠之，則忠信昭于四夷，皆相率而來服。

舜曰：「咨，四岳！有能奮庸熙帝之載，傳：奮，起。庸，功。載，事也。訪群臣有能起發其功，廣堯之事者。**使宅百揆，亮采惠疇？」**傳：亮，信。惠，順也。求其人，使居百揆之官，信立其功，順其事者，誰乎？**僉曰：「伯禹作司空。」**傳：四岳同辭而對。禹代鯀爲宗伯〔二〕，入爲天子司空，治洪

〔一〕「食」，原脱，據光緒本、尚書正義卷三補。
〔二〕「宗伯」，諸本作「崇伯」，據尚書正義卷三改。

水有成功，言可用之。帝曰：「俞，咨！禹，汝平水土，惟時懋哉！」傳：然其所舉，稱禹前功以命之。懋，勉也。惟居是百揆，勉行之。禹拜稽首，讓于稷、契暨臯陶。傳：居稷官者，棄也。契、臯陶，二臣名。稽首，首至地。帝曰：「俞，汝往哉！」傳：然其所推之賢，不許其讓，敕使往宅百揆。

蔡氏沈曰：僉，衆也，四岳所領四方諸侯有在朝者也。平水土者，司空之職。蓋四岳及諸侯言伯禹見作司空，可宅百揆，舜然其舉，而咨禹，使仍作司空，而兼行百揆之事，録其舊績，而勉其新功也。以司空兼百揆，如周以六卿兼三公，後世以他官平章事、知政事，亦此類也。

帝曰：「棄，黎民阻飢，汝后稷，播時百穀。」傳：阻，難。播，布也。衆人之難在於飢。汝后稷，布種是百穀以濟之。美其前功以勉之。

金氏履祥曰：棄之爲稷，久矣。帝始即位，因其職而中命之也。舜典凡不咨而命，命而不讓者，皆因其職而申命之也。

帝曰：「契！百姓不親，五品不遜。傳：五品，謂五常。遜，順也。汝作司徒，敬敷五教，在寬。」傳：布五常之教，務在寬，所以得人心，亦美其前功。

帝曰：「臯陶，蠻夷猾夏，寇賊姦宄，汝作士，五刑有服，傳：士，理官也。五刑：墨、劓、剕、宫、大辟。服，從也。言得輕重之中正。五服三就，傳：既從五刑，謂服罪也。行刑當就三處，大罪於原野，大夫於朝，士於市。五流有宅，五宅三居。傳：謂不忍加刑，則流放之，若四凶者。五刑之流，各有所居。五居之差，有三等之居，大罪四裔，次九州之外，次千里之外。惟明克允。」傳：言皋陶能明信五刑，施之遠近，蠻夷猾夏，使咸信服，無敢犯者。因禹讓三臣，故歷述之。

朱子曰：禮樂所以成教化，而兵刑輔之。當唐、虞之時，禮樂之官析爲二，兵刑之官合爲一，詳略之意可見。

薛氏季宣曰：禮，大刑用甲兵，則蠻夷盜賊之事，亦領于士師也。

陳氏大猷曰：隆古之時，兵既不常用，但領之於士官，聖人仁天下之深意也。唐、虞兵刑之官合爲一，而禮樂分爲二；成周禮樂之官合爲一，而兵刑分爲二。蓋帝者之世，詳于化而略于政；王者之世，詳于政而略于化。此世變升降之異也。

帝曰：「疇若予工？」僉曰：「垂哉！」傳：問誰能順我百工事者，朝臣舉垂。垂，臣名。帝曰：「俞，咨！垂，汝共工。」傳：共謂共職事。垂拜稽首，讓于殳斨暨伯與。傳：殳斨、伯與，二臣名。帝曰：「俞，往哉！汝諧。」傳：汝能諧和此官。

薛氏季宣曰：前共工不名，蓋世官也。共工放後，工官始分，而垂爲之。

帝曰：「疇若予上下草木鳥獸？」僉曰：「益哉！」傳：上謂山。下謂澤。順謂施其政教，取之有時，用之有節。言伯益能之。帝曰：「俞，咨！益，汝作朕虞。」傳：虞，掌山澤之官。益拜稽首，讓于朱虎、熊羆。帝曰：「俞，往哉！汝諧。」傳：朱虎、熊羆，二臣名。垂、益所讓四人，皆在元、凱之中。

朱子曰：孟子説「益烈山澤而焚之」，是使之除去障翳，驅逐禽獸耳。未必使之爲虞官也。至舜命之作虞，然後使之養育其草木鳥獸耳。

馬氏明衡曰：周禮有山虞、澤虞，乃是育養禽獸魚鱉之官，其職比此較輕。上古之時，洪水之後，山林川澤皆未能得所，益之爲虞，蓋皆平治一番，與禹平水土相表裏。

蕙田案：孟子稱舜使益掌火，在禹未治水之前。所云「掌火」者，疑即古火正之官。此舜命官在水土既平之後，以益有烈山澤之功，故即命爲虞，掌山澤之事。

帝曰：「咨！四岳，有能典朕三禮？」僉曰：「伯夷。」傳：三禮，天、地、人之禮。伯夷，臣名，姜姓。帝曰：「俞，咨！伯，汝作秩宗。」傳：秩，序。宗，尊也。主郊廟之官。夙夜惟寅，直哉惟清。」傳：夙，早也。言早夜敬思其職，典禮施政教，使正直而清明。伯拜稽首，讓于夔、龍。傳：夔、龍，二臣名。帝曰：「俞，往，欽哉！」傳：然其賢，不許讓。

蔡氏沈曰：秩，序也。宗，祖廟也。秩宗，主叙次百神之官，而專以秩宗名之者，蓋以宗廟爲主也。周禮亦謂之宗伯，而都家皆有宗人之官，以掌祭祀之事，亦此意也。

帝曰：「夔，命汝典樂，教胄子。傳：胄，長也。謂元子以下至卿大夫子弟。以歌詩蹈之舞之，教長國子中、和、祗、庸、孝、友。直而温，寬而栗。傳：教之正直而温和，寬宏而能莊栗也。剛而無虐，簡而無傲。傳：剛失之虐，簡失之傲，教之以防其失。詩言志，歌永言。傳：謂詩言志以導之，歌詠其義以長其言。聲依永，律和聲。傳：聲謂五聲，宮、商、角、徵、羽。律謂六律、六吕，十二月之音氣。言當依聲律以和樂。八音克諧，無相奪倫，神人以和。」傳：倫，理也。八音能諧，理不錯奪，則神人咸和。命夔，使勉之。

朱子曰：大司樂之教即是夔典樂事。古者教人多以樂，如舜命夔之類。蓋終日以聲音養其性情，亦須理會得樂，方能聽。

帝曰：「龍！朕堲讒説殄行，震驚朕師。傳：堲，疾。殄，絶。震，動也。言我疾讒説絶君子之行而動驚我衆，欲遏絶之。命汝作納言，夙夜出納朕命，惟允。」傳：納言，喉舌之官。聽下言納于上，受上言宣于下，必以信。

蔡氏沈曰：納言，官名。命令政教，必使審之既允而後出，則讒説不得行，而矯僞無所托矣。敷奏復逆，必使審之既允而後入，則邪僻無自進，而功緒有所稽矣。周之内史，漢之尚書，魏晉以來所謂中書門下者，皆此職也。

又曰：此以平水土，若百工各爲一官。而周制同領于司空。此以士一官兼兵刑之事，而周禮分爲夏秋兩官。蓋帝王之法，隨時制宜，所謂「損益可知」者如此。

王氏炎曰：百揆，百官之首，故先命禹。養民，治之先務，故次命稷。富然後教，故次命契。刑以弼教，故次命臯陶。工立成器，以爲天下利，人治之末，故次命垂。如此治人者略備矣，然後及草木鳥獸，故次命益。民物如此，則隆禮樂之時也，故次命夷、夔。禮先樂後，故先夷後夔。樂作則治功成矣，群賢雖盛，治功既成。苟讒間得行，則賢者不安，前功遂廢，故命龍于末，所以防讒間，衛群賢，以成其終。

帝曰：「咨！汝二十有二人，傳：禹、垂、益、伯夷、夔、龍六人新命有職。四岳、十二牧，凡二十二人，特敕命之。欽哉！惟時亮天功。」傳：各敬其職，惟是乃能信立天下之功。

蔡氏沈曰：二十有二人，四岳、九官、十二牧也。周官言内有百揆、四岳，外有州牧、侯伯。蓋百揆者，所以統庶官，而四岳者，所以統十二牧也。既分命之，又總告之，使之各敬其職，以相天事也。

三載考績，三考，黜陟幽明，傳：三年有成，故以考功。九歲則能否幽明有别，黜退其幽者，升進其明者。庶績咸熙。傳：考績法明，衆功皆廣。疏：此史述舜事，非帝語也。

林氏子奇曰：周禮太宰歲終則令百官府各正其治，受其會，聽其致事而詔王廢置，三歲則太計群吏之治而誅賞之，此即唐、虞考績之法也。然其制已密，不若唐、虞之寬也。

益稷：帝曰：「吁！臣哉鄰哉！鄰哉臣哉！」傳：鄰，近也。帝曰：「臣作朕股肱耳目。予欲左右有民，汝翼。予欲宣力四方，汝爲。予欲觀古人之象，日、月、星辰、山、龍、華蟲作會，宗彝、藻、火、粉米、黼、黻、絺繡，以五采彰施于五色，作服，汝明。予欲聞六律、五聲、八音，在治忽，以出納五言，汝聽。予違，汝弼。汝無面從，退有後言。欽四鄰。」傳：四近，前後左右之臣，敕使敬其職。

尚書大傳：古者天子必有四鄰。前曰疑，後曰丞，左曰輔，右曰弼。天子有問，無以對，責之疑。可志而不志，責之丞。可正而不正，責之輔。可揚而不揚，責之弼。其爵視卿，其禄視次國之君也。

禮記文王世子記曰：「虞、夏、商、周有師、保，有疑、丞，設四輔及三公，不必備，惟其人。」語使能也。疏：「四輔」者，案尚書大傳云「前曰疑，後曰丞，左曰輔，右曰弼」也。

蕙田案：尚書之四鄰，禮記謂之四輔。以其爲親近之臣，故曰鄰。以其有輔弼之職，故曰輔也。史記夏本紀載臯陶謨文云「敬四輔臣」，與文王世子正合。

明堂位：有虞氏官五十。注：以夏、周推前後之差，有虞氏官宜六十，不得如此記也。

賈氏公彦曰：虞官六十，唐則未聞。堯、舜道同，或皆六十。并屬官言之，則皆有百，故成王周官曰「唐、虞建官惟百」也。

方氏慤曰：書言「唐、虞稽古，建官惟百」，與此不同者。書之所言者，據其號；記之所言者，據其人。蓋官有等差，而分職不可以無辨；職有繁簡，而用才或得以相兼。故官之號常多，而官之人常少，則虞之官其實五十而已。

蕙田案：春秋緯稱堯時舜爲太尉，説苑稱稷爲司馬，皆於經無據，今不取。

觀承案：「唐、虞稽古，建官惟百，夏、商官倍，亦克用乂」，此尚書周官之明文也。而明堂位乃云「有虞氏官五十，夏后氏官百，殷二百」，何相剌謬耶！百官之稱，其來已久。禹謨亦云「率百官，若帝之初」，必非官止五十而虚加一倍以數之也，則明堂位之言恐非其實矣。至注疏「虞官六十，夏百二十，殷人二百四十」之云，則亦臆測耳。

附辨諸儒以羲和爲堯時六官：

馬氏融曰：羲氏掌天官，和氏掌地官，仲、叔四子掌四時。

賈公彦周禮正義序：堯典云「乃命羲、和」，注云：「高辛之世，命重爲南正司天，犂爲火正司地。堯育重、犂之後羲氏、和氏之子，賢者使掌舊職。天地之官，亦紀于近，命以民事，其時官名蓋曰稷、司徒。」是天官，稷也；地官，司徒也。又云「分命羲仲」、「申命羲叔」、「分命和仲」、「申命和叔」，使分主四方。注：「仲、叔，亦羲、和之子。堯既分陰陽四時，又命四子爲之官。掌四時者，字曰仲、叔；則掌天地者，其曰伯乎？是有六官。」案下「驩兜曰共工」，注：「共工，水官也。」至下舜求百揆，禹讓稷、契暨皋陶。「帝曰：棄，黎民阻飢，汝后稷，播時百穀。」注：「稷，棄也，初，堯天官爲稷。」又云「帝曰：契，百姓不親，汝作司徒」，又云「帝曰：皋陶，汝作士。」此三官是堯時事，舜因禹讓，述其前功。下文云「舜命伯夷爲秩宗」，舜時官也。以先後參之，唯無夏官之名。以餘官約之，夏傳云司馬在前，又後代況之。則羲叔爲夏官，是司馬也。故分命仲叔。注云官名，蓋春爲秩宗，夏爲司馬，秋爲士，冬爲共工，通稷與司徒，是六官之名見也。鄭玄分陰陽爲四時者，非謂時無四時官，始分陰陽爲四時，但分高辛時重、黎之天地官，使兼主四時耳。而云仲、叔，故云「掌天地者，其曰伯乎」。若然，堯典云伯禹作司空，四時官不數之者，鄭云：「初，堯冬官爲共工，舜舉禹治水，堯知其有聖德，必成功，故改命司空，以官名寵異之，非常官也。」至禹登百揆之任，捨司空之職，爲共工與虞，故曰「垂作共工，益作朕虞」是也。案堯典又云「帝曰疇咨，若時登庸」，鄭注云：「堯末時，羲、和之子皆死，庶績多闕而官廢。當此之時，驩兜、共工更相薦舉。」下又云「帝曰四岳，湯湯洪水，有能俾乂」，鄭云：「四岳，四時之官，主四岳之事。」始羲、和之時，主四岳者謂之四伯。至其死，分岳事寘八伯，皆王官。其八伯，唯驩兜、共工、放齊、鯀四人而已，其餘四人無文可知。案周官云「唐、虞稽古，建官惟百。內有百揆、四岳」，則四岳之外更有百揆之官者。但堯初天官爲稷，至堯試舜天官之任，謂之百揆。舜即真之後，命禹爲之，即天官也。案：尚書傳云「惟元祀，巡狩四岳八伯」，注云：「舜格文祖之年，堯始以羲、和爲六卿，春夏秋冬者，并掌方岳之事，是爲四岳，出則爲伯。其後稍死，驩兜、共工求代，乃置八伯。」元祀者，除堯喪，舜即真之年。九州言八伯者，據畿外八州。鄭云：「畿內不置伯，鄉遂之吏主之。」

朱子曰：羲、和即是那四子。或云有羲伯、和伯，共六人，未必是。

蕙田案：堯典云「乃命羲、和」，是舉其綱。又云「分命羲仲」，「申命羲叔」，「分命和仲」，「申命和叔」，是詳其目。非二仲二叔之外又有二伯也。堯命羲、和，惟云「欽天授時」，以和氏爲地官，尤屬謬妄。六卿之名始見於夏書，唐、虞但有司空、司徒之名。夏、殷以後，始有大宰、司馬、司寇。至天地春夏秋冬六官之名，則惟周禮有之。自周以前，未之有也。賈氏以堯時稷爲天官，司徒爲地官，羲、和二伯爲之。又以羲叔爲夏官司馬，皆出臆揣，不可爲據。觀舜典「舜命九官」，與周之六官絶不相同，則以羲、和當六卿者，不辨而自屈矣。古人重司天之官，故郯子述少昊氏官名，首舉鳳皇氏，而後及五鳩、九扈之屬。堯典首羲、和，亦即此意。以羲、和爲六卿，又以爲即四岳，皆出漢儒附會，不足信。

右唐虞官制

夏商官制

書周官：夏、商官倍，亦克用乂。傳：禹、湯建官二百，亦能用治。疏：夏禹、商湯立官倍多於唐、虞，雖不及唐、虞之消簡，亦能用以爲治。

甘誓：大戰于甘，乃召六卿。注：天子六軍，其將皆命卿。

齊氏召南曰：案六卿之名，始見于此。鄭康成注大傳曰：「夏六卿，后稷、司徒、秩宗、司馬、作士、共工也。」此以周官準度虞、夏，想當然耳。士即刑官，稱士爲作士，虞爲朕虞，皆漢人之陋也。孔穎達疏禮記月令曰：「案書傳有司徒、司馬、司空，公領三卿，此夏制也。曲禮云司徒、司馬、司空、司士、司寇，此殷制也。」鑿鑿言之，亦無確據。杜佑通典謂「堯置天地四時之官爲六卿」，其說本于賈公彦考工記疏，然堯時實未見六卿名目。

禮記明堂位：夏后氏官百。注：昏義曰：「天子立六官、三公、九卿、二十七大夫、八十一元士。」凡百二十，此謂夏時也。

蕙田案：夏之官名見于甘誓者曰六卿；見于胤征者曰遒人，曰官師，曰工，曰瞽，曰嗇夫；見于立政者曰事，曰牧，曰準；見于夏小正者曰主夫，曰鹿人，曰嗇人；見于春秋傳者曰豢龍氏，曰御龍氏，曰陶正，曰車正。

曲禮：天子建天官，先六大，曰大宰、大宗、大史、大祝、大士、大卜，典司六典。注：典，法也。此蓋殷時制也，周則太宰爲天官，大宗曰宗伯，宗伯爲春官，大史以下屬焉。大士，以神仕者。天子之五官，曰司徒、司馬、司空、司士、司寇，典司五衆。注：此亦殷時制也，周則司士屬司馬，大宰、司徒、宗伯、司馬、司寇、司空爲六官。**天子之六府，曰司土、司木、司水、司草、司器、司貨，典司六職。**注：府，主藏六物之稅者。此亦殷時制也，周則皆屬司徒。司土，土均也。司木，山虞也。司水，川衡也。司草，稻人也。司器，角人也。司貨，丱人也。**天子之六工，曰土工、金工、石工、木工、獸工、草工，典制六材。**注：此亦殷時制也，周則皆屬司空。土工，陶、瓬也。金工，築、冶、鳧、㮚、段、桃也。石工，玉人、磬人也。木工，輪、輿、弓、廬、匠、車、梓也。獸工，函、鮑、韗、韋、裘也。唯草工職亡，蓋謂作萑葦之器。**五官致貢曰享。**注：貢，功也。享，獻也。致其歲終之功於王，謂之獻也。周禮大宰：「歲終則令百官府各正其治，受其會，聽其致事，而詔王廢置。」疏：此以下是殷禮。案：甘誓云：「六事之人。」鄭云：「周禮六軍皆命卿，則三代同矣。」案：甘誓及鄭注則三王同有六卿。又鄭注大傳夏書云：「所謂六卿者，后稷、司徒、秩宗、司馬、作士、共工也。」而不說殷家六卿之名。今此記所言，上非夏法，下異周典，鄭唯指爲殷禮也。殷家六卿，太宰、司徒、司馬、司空、司士、司寇是也。但周立六卿，象天地四時，而殷六卿所法則有異。以大宰爲一卿，以象天時，司徒以下五卿，法于地事，故鄭志崇精問焦氏云：「鄭云三王同六卿，殷應六卿，此云五官，何也？」焦氏答曰：「殷立天官與五行，其取象異耳。是司徒以下法五行，并大宰爲六官也。但大宰既尊，故先列大宰，并顯大宰之下隸屬大宰之官。既法于天，故同受大名，故云『先六大』也。」「天子之五官」者，嚮立六官，以法天之六氣，此又置五官，以象地之五行也。天官尊、陽，故一卿以攝衆。地官卑、陰，故五卿俱陳也。「天子之六府」者，殷六卿外復別立此六官也。府者，藏物之處，既法天地立官，天地應生萬物，故爲萬物立府也。「天子之六工」者，工，能也，言能作器物者也。前既有六府之物，宜立六工以作之爲器物，故爲次也。亦有六者，依府以用事也。歲終則五官各考其屬一年之功，以獻于天子，故云「致貢曰享」也。五官謂天子五官，司徒以下。

呂氏大臨曰：殷人尊神，率民以事神，先鬼而後禮，大宗以下皆事鬼神，奉天時之官，故總謂之天官。太宰者，佐王代天工以治者也。大宗，掌事鬼神者也。大史，掌正歲年及頒朔，則奉天時者也。大祝，所以接神者也。士者，即周司巫，巫，所以降神者也。大卜主問龜，所以求神者也。六者皆天事也、人事也。人事可變，天事不可變者也。周官司士，則夏官之屬。此別出司士爲一官者，司士掌群臣之版及卿大夫、士、庶子之數，則所統有衆，與司馬、司徒、司空、司寇略等矣，所以並立爲五官也。司徒之衆，則六卿、六遂是也。司馬之衆，六軍是也。司空之衆，百工是也。司寇之衆，士師、司隸之屬是也。故曰「典司五衆」。「六府」者，主藏之官，斂藏六者之入，以待國用者也。農以耕事貢九穀，則司土受之。山虞以山事貢材木，則司木受之。澤虞以澤事貢水物，則司水受之。圃以樹事貢薪芻疏材，則司草受之。工以飭材事貢器物，則司器受之。商以市事貢貨賄，則司貨受之。周官司土則廩人、倉人之職，司木則山虞、林衡之職，司水則澤虞、川衡之職，司草則委人之職，司器、司貨則玉府、內府之職。所入者，乃農圃、虞衡、工商之民所貢，故曰「典司六職」。六工者，飭材爲器，以待國用者也。草工以萑葦、莞蒲、菅蒯之類爲器用者。六工所治之材，各有不同，故曰「典制六材」。終歲則司徒以下五官各致其功，以獻于王，故謂之享。王得以行其誅賞。「太宰不貢」者，周官大宰詔王廢置，則殷制亦然也。

陸氏佃曰：司徒，教官也。司馬，政官也。故五官，一曰司徒；次二曰司馬；有教有政而後事可立，故次司空；事立矣，則以禮文之可也，故次司士；禮之所去，刑之所取也，故次司寇。以司士代宗伯者，以司士所掌與禮相通也。六典，書也。五衆，則其人焉。五衆，謂若大司徒、大司馬、典司、小司徒、小司馬之類。不言大宰，大宰典司六卿。五衆有位者，六職則其職而已。考工記曰：「凡攻木之工七，攻金之工六，攻皮之工五，設色之工五，刮摩之工五，摶埴之工二。」土工，蓋摶埴之工。金工，蓋攻金之工。石工，蓋刮摩之工。木工，蓋攻木之工。獸工，蓋攻皮之工。草工，蓋設色之工。若以藍爲青、以茢爲紫、以蒨爲紅、以菉爲黄之類是也。或曰草讀如字，今俗作皂，非正也。殷人尚質，故設色之工謂之草工。

吴氏華曰：以郯子所言官名考之，其言少昊氏之官名，則曰祝鳩氏，司徒也；鴡鳩氏，司馬也；鳲鳩氏，司空也；爽鳩氏，司寇也；鶻鳩氏，司事也。五鳩，鳩民者也。五官之名，實與曲禮鄭注周制同。

齊氏召南曰：鄭氏謂五官，是殷制，亦非鑿空。史記周本紀：「古公作五官有司，民皆歌樂之。」此即本大雅「乃召司空，乃召司徒」之文以爲説耳。若左傳言「職官五正」，則殷制之明驗也。

明堂位：殷二百。注：以夏、周推前後之差，殷宜二百四十。

蕙田案：商之官名，其别見于詩、書者，曰阿衡，亦曰保衡，曰相，曰卿士，曰父師，曰少師，曰蒙士。又春秋傳稱仲虺爲湯左相，則殷有左右二相矣。箕子陳洪範稱司徒、司空、司寇、卿士、師尹之屬，皆殷制之可考者。

王制：王者之制禄爵，公、侯、伯、子、男，凡五等。諸侯之上大夫卿、下大夫、上士、中士、下士，凡五等。注：二五，象五行剛柔十日。禄，所受食。爵，秩次也。上大夫曰卿。

疏：上大夫卿者，見下文云「下大夫倍上士，卿四大夫禄」，是下大夫之上則有卿，故知上大夫即卿也。此上大夫卿外，惟有下大夫，所以下文除卿之外，更有上大夫、下大夫者，謂就下大夫之中更分爲上下耳。卿者，白虎通云：「卿之言嚮也，爲人所歸嚮。大夫者，達人，謂扶達于人。士者，事也。」皇氏、熊氏皆爲任職事。其大夫之稱，亦得兼三公，故詩云「三事大夫」，謂三公也。上大夫卿亦兼孤也。故春秋陽處父爲太傅，經云「晉殺其大夫陽處父」是也。孤亦稱公，故鄉飲酒禮云「公三重」，是孤也。卿亦得稱公，故春秋襄三十年傳云鄭伯有之臣，稱伯有曰「吾公在壑谷」。士既命同，而分爲三等者，言士職卑德薄，義取漸進，故細分爲三。卿與大夫德高位顯，各有别命，不復細分。其諸侯以下，及三公至士，總而言之，皆謂之官。官者，管也，以管領爲名，若指其所主，則謂之職。故周禮云「設官分職」，通卿、大夫、士也。知諸侯亦爲官者，尚書周官云「唐、虞稽古，建官惟百」，下云「外有州牧侯伯」，是州牧侯伯亦爲官也。若細而言之，諸侯非偏有所主，則非官也。故學記云「大德不官」，注云「天子諸侯」是也。諸侯亦稱職，故左傳云「小有述職，大有巡功」。述職，謂諸侯朝天子，是諸侯稱職也。其爵，則殷以前，大夫以上有爵，故士冠禮云「古者生無爵，死無謚」，謂士也。周則士亦有爵，故鄭注「周制以士爲爵，死猶不爲謚耳」是也。

陳氏祥道曰：周官凡言爵禄，皆先爵而後禄。此先禄而後爵者，蓋田不分不可以制禄，禄不制不可以定爵。先王量財以制用，視禄以制爵，然後無有餘不足之患矣。然則爵禄者，班爵禄之序也。禄爵者，制爵禄之序也。君之德純，故公侯伯子男無上中下之辨。臣之德不必皆純，故大夫士有上中下之差。然皆止五等者，五者，天地之中數也。孟子以天子至子男凡五等，君至下士凡六等。與此不同者，此言制爵之法，孟子言班爵之法。制之出于天子，故不必言天子班之。首于天子與君，故兼天子與君也。

蕙田案：周禮序官有卿，有中大夫，有下大夫，而無上大夫。王制云：「諸侯之上大夫卿。」注云：「上大夫曰卿。」春秋書列國之卿皆曰大夫。然則天子諸侯之上大夫皆曰卿，三代皆然也。孟子云「卿一位，大夫一位」，卿即上大夫也，大夫則兼中下大夫而言。此云下大夫，蓋亦兼中大夫言之，或云諸侯之國無中大夫。

天子之三公之田視公侯，天子之卿視伯，天子之大夫視子男，天子之元士視附庸。注：皆象星辰之大小也。不合，謂不朝會也。小城曰附庸。附庸者，以國事附于大國，未能以其名通也。視，猶比也。元，善也。善士謂命士也。

陸氏佃曰：此與孟子所言各差一等，非不同也。孟子言受地爾。蓋天子之卿之田視伯，即受地視侯。他倣此。

徐氏自明曰：先王設官制禄，寰外諸侯，自公侯至于附庸，王朝之臣，自三公至于元士，受田相視，内外齊一，所以制天下偏重之患，而使遠近若一也。夫分田之法，所以内必視夫外者，蓋先王之制，出爲列國之君，則入爲王朝之臣，所以一内外也。内爲三公稱公，外而諸侯亦稱公，故畢公以父師保釐東土，衛侯以列國入相于周。周公居東，復相成王；山甫徂齊，式遄其歸。或以三公居外，復入爲内諸侯，所以出入均勞，而内外之輕重不分也。春秋以來，鄭武公入爲周司徒，鄭莊公爲平王卿士，而滕侯亦曰「我，周之卜正」。蓋畿外諸侯入備王官，先王所以一内外，此所以内諸侯之禄視外諸侯而爲之制也。是故三公則受百里之地，六卿則受七十里之地，二十七大夫則受五十里之地，而元士三等亦視附庸而受田。夫田者，禄之所自出，而居官之禄即田也。古者内諸侯自公卿大夫皆有采邑之地，其田自官給之，其耕之者固自有人也。大夫之食采地，蓋任官之有功者始食之，其子孫之繼世者得世其禄，不世其官，所謂「大夫有采，以處其子孫」也。其大夫之無功者，則無采地，亦與士，皆食禄于上，以圭田爲祭祀耳。夫自三公至于元士，大者受邑，小者受田，所謂分田制禄可坐而定，於此略可考矣。自「天子三公之田」至「天子之元士」，此畿内諸侯、公、卿、大夫、士制禄之法。自「諸侯之下士」至「君十卿禄」，此畿外諸侯以下卿、大夫、士制禄之法。然畿内卿大夫則有采地，至諸侯之卿大夫皆量禄分田與之；

畿内公卿大夫元士皆世禄，至諸侯之卿大夫則量禄分田而不世禄矣。

蕙田案：王制所載畿内公卿大夫受田，又與孟子不同。蓋王制述夏、商之法，孟子述周初之法。周初之列爵分土固多，因於二代，而亦小有異同，如此類是也。陸農師謂受地與受田有别，孟子言受地，王制言受田，其實則一。沈氏彤駮之曰：「王制又云『方百里者爲田九十億畝』，則未去三之一而已。稱田矣，以爲皆實田者，非也。」

制：農田百畝。百畝之分，上農夫食九人，其次食八人，其次食七人，其次食六人，下農夫食五人。庶人在官者，其禄以是爲差也。注：農夫皆受田于公，田肥墽有五等〔一〕，收入不同也。庶人在官，謂府史之屬，官長所除，不命于天子國君者。「分」或爲「糞」。

諸侯之下士視上農夫，禄足以代其耕也。中士倍下士，上士倍中士，下大夫倍上士。卿四大夫禄，君十卿禄。次國之卿三大夫禄，君十卿禄。小國之卿倍大夫禄，君十卿禄。注：此班禄尊卑之差。疏：此班禄尊卑之差者，經云「下士視上農夫，禄足以代其耕也」，則

〔一〕「等」，諸本脱，據禮記正義卷一一補。

庶人在官者，雖食八人以下，不得代耕。故載師有官田，謂庶人在官之田。大夫以下位卑禄少，故大小國不殊。卿與君禄重位尊，故禄隨國之大小爲節。案周禮天子卿、大夫、士，與諸侯之臣執贄同，則禄亦同也。此自「下士」至「小國之卿倍大夫禄」，皆據無采地者言之，故鄭答林碩云：「王畿方千里者，凡九百萬夫之地，三分去一，定受田者三百萬夫。出都家之田，以其餘地之税禄無田者，下士食九人，中士食十八人，上士三十六人，下大夫七十二人，中大夫百四十四人，卿二百八十八人。」

陳氏祥道曰：周官載師有官田，則庶人之在官者有田矣。春秋傳曰：「唯卿備百邑。」國語曰：「大國之卿，一旅之田；上大夫，一卒之田。」則諸侯之卿大夫，蓋無田者，禄出於廩；有田者，禄出於田。下士視上農夫則食九人，中士倍下士，則食十有八人。由是積之，上士則食三十六人，下大夫則食七十二人，三等之國士大夫之禄，不以國之大小爲差，而惟卿君不同者。士大夫則分治其職之事，則必以禄稱職；君卿則兼治一國之事，則必以禄視國故也。

蕙田案：此卿、大夫、士班禄之差，與孟子正同，蓋周初因於夏、殷者。

次國之上卿，位當大國之中，中當其下，下當其上大夫。小國之上卿，位當大國之下卿，中當其上大夫，下當其下大夫。注：此諸侯使卿大夫頫聘並會之序也。其爵位同，小國在下；爵異，固在上耳。

方氏慤曰：三等之國，其地與君互降一等，故其卿大夫位之所當，亦各降一等焉。上大夫即卿矣，有上中下卿，又有上大夫者，蓋下大夫之上者也。

欽定義疏：命數則大國、次國之卿分二等，小國一等，位序則各分三等。大夫對卿言之，皆爲下，而於此又分上下者。崔氏靈恩曰：「小宰、小司徒爲上，小司馬、小司寇、小司空爲下也。」或云天官秋官無正卿，故吳、宋宰稱大，魯司寇稱大。孔子爲魯大司寇，是小宰、小司寇爲上。

蕙田案：班爵之制，卿爲一等，大夫爲一等，此復分卿爲三等，大夫爲二等，則主頫聘之位序言之也。大國之中卿當次國之上卿，等而上之，則大國之上卿可當次國之君，故春秋傳叔孫云「列國之卿，當小國之君」也。

其有中士、下士者，數各居其上之三分。注：謂其爲介，若特行而並會也。居，猶當也。此據大國而言，大國之士爲上，次國之士爲中，小國之士爲下。士之數，國皆二十七人，各三分之，上九、中九、下九，以位相當。則次國之上士當大國之中，中當其下，小國之上士當大國之下。凡非命士，亦無出會之事。春秋傳謂士爲微。

蕙田案：此云中士、下士，謂於上士之內又分爲三等，乃上士之中者下者，非班爵之中士、下士也。中士以下無出會之事，故止據上士分之，而不及其餘也。鄭注甚明，無可疑者。後儒不得其指，以爲錯簡，蓋失之。

天子三公、九卿、二十七大夫、八十一元士。注：此夏制也。明堂位曰：「夏后氏之官百」，舉成數也。疏：此一經論夏天子設公卿、大夫、元士之數。周禮官三百六十，此官百二十，故云「夏制」。以夏制不明，更引明堂位「夏后氏之官百」以證之。直云「百」，不云「百二十」，故云「舉成數」也。王制之文，鄭皆以爲殷法。此獨云夏制者，以明堂殷官二百，與此百二十數不相當，故不得云殷制也。記者，故雜記而言之，或舉夏，或舉殷也。

蕙田案：九卿之名，始見於此。周禮考工記：「外有九室，九卿朝焉。」九分其國以爲九，分九卿治之。鄭氏以六卿三孤爲九卿，則三孤亦卿也。此經康成以爲夏制，是夏有九卿。周官立三孤六卿，則周亦有九卿。

講義：官之因革，不概見於世。孔子聞郯子言，謂「天子失官，學在四夷」。孟子答北宫錡，謂「其詳不可得聞，諸侯惡其害己，皆去其籍」。然則此記所載，及書之周官與明堂位所載建官之數，其不同者，亦各舉其略，不必切切然求合也。或者遂謂戴記王制皆雜述前代之法，未别時世，如此處鄭注據明堂位以爲夏制，亦一端耳。朱子儀禮經傳芟去注語而統以夏、商之制者，蓋以卿大夫士官名，唐、虞未有，三、九、二十七、八十一官數，又與周禮不合。既録尚書周官篇，首述唐、虞下及夏、商之文，遂以記文通屬二代，以概著其制，并不審計其數以爲徵也。大抵三代各歷年數百，歷世數十，即一代中先後不無損益，作傳記者各述傳聞，文雖有異，非牴牾也。後人拘牽參合，紛紛失之。

大國三卿，皆命于天子，下大夫五人，上士二十七人。次國三卿，二卿命于天子，一卿命于其君，下大夫五人，上士二十七人。小國二卿，皆命于其君，下大夫五人，上士二十七人。注：命于天子者，天子選用之，如今詔書除吏是矣。小國亦三卿，一卿命于天子，二卿命于其君。此文似誤脱耳。或者欲見畿内之國二卿與？疏：此一節論夏家天子命諸侯之國卿、大夫及士之數。前既云夏官，此亦夏禮。卿、大夫、士數，五等之國悉同，但大國三卿，並受命于天子也。夏之大國，謂公與侯也。殷、周大國，並公也。崔氏云：「三卿者，依周制而言，謂立司徒兼冢宰之事，立司馬兼宗伯之事，立司空兼司寇之事。」故春秋左傳云季孫爲司徒，叔孫爲司馬，孟孫爲司空，此是三卿也。以此推之，故知諸侯不立冢宰、宗伯、司寇之官也。「下大夫五人」者，崔氏云「三卿命于天子」，則大夫以下，皆其君自命之也。三卿則上中下三品而含上下。今云「下大夫五人」者，取卿爲言耳。知大夫有上下者，案前云「次國之下卿位當大國之上大夫」是也。何以五人者？謂司徒之下置小卿二人，一是小宰，一是小司徒；司空之下亦置二小卿，一是小司寇，一是小司空也；司馬之下惟置一小卿，小司馬也。故公羊襄十一年「作三軍，三軍者何？三卿也」，「古者上卿下卿，上士下士」，何休云：「古者諸侯有司徒、司空，上卿各一，下卿各二。司馬事省，上下卿各一。若有軍事，上士相上卿，下士相下卿，足以爲治。今襄公乃益司馬，故云作三軍。踰王制，故譏之。」下卿即大夫也，故此云「下大夫五人，上士二十七人」。云上士者，對府、史之屬也。周禮五等國，悉三卿、五大夫、二十七士，皆與此同。但公國長有四命孤一人，故典命云：「公之孤四命，以皮帛眡小國之君。其卿三命，其大夫再命，其士一命。」「侯伯之卿、大夫、士亦如之。子男之卿再命，其大夫一命，其士不命。」而鄭注再引王制以成彼義，當恐周之人數與王制同也。且曾子問是明當時周法，而云「國家五官」，則五大夫，大夫若五，則知餘亦不異也。且冢宰云「施典于邦國」，「設其參，傳其伍」，鄭云：「參謂卿三人，伍謂大夫五人。」「次國三卿，二卿命于天子，一卿命于其君。下大夫五人，上士二十七人」者，次國者，夏則伯，殷則侯也，周則侯伯也。而卿、大夫、士之命及人之數，與大國同，但一卿其君自命爲異也，下文備也。「小國二卿，皆命于其君，下大夫五人，上士二十七人」者，小國者，殷謂伯，夏、周同子男也。案鄭注言「小國亦三卿」，差次而言，應一卿命于天子，二卿命于其君。此惟言二卿，則似誤也。鄭何以得知應三卿？案前云小國又有上中下三卿，位當大國之下大夫，若無三卿，何上中下之有乎？故知有三卿也。案：周禮「三命受位」，鄭云謂「此列國之卿，始有列位于王」，則子男之卿再命，不應得一卿命于王。而鄭今云一卿命于王者，謂子男之卿亦得王命。而彼注「三命」下云「列國卿三命」者，此自據侯伯爲言，以會彼「三命受位」者耳。鄭又爲一説，畿内之國，惟置二卿，並是其君自命之。

今記者或欲因此又以見畿内之法，故捨去子男一卿命于王者，而不言也。

陳氏祥道曰：周官：「子男之卿再命。」國語曰：「諸侯有卿，伯、子、男有大夫，無卿者，以其無天子之命卿也。」王制亦曰「小國之卿，皆命於其君」。

李氏曰：司馬職云「凡制軍，大國三軍，次國二軍，小國一軍。軍將皆命卿」爲之。則知雖畿外之小國，猶一卿命于天子也。二卿皆命於君者，畿内之國也。畿外舉大國、次國以見小國，畿内舉公卿以見大夫。

顧氏棟高曰：王制「大國三卿皆命于天子」，明大夫以下皆其君自命。案：僖十二年，管仲辭饗禮曰：「有天子之二守國、高在。」宣十六年，「晉侯請於王，命士會爲太傅」，是卿命于天子之證也。晉鞏朔以上軍大夫獻捷於周，而王曰「鞏伯未有職司于王室」，是大夫不命于天子之證也。

天子使其大夫爲三監，監于方伯之國，國三人。注：使佐方伯，領諸侯。　疏：此一節論天子遣大夫往監方伯之國，州别各置三人之事。「天子使其大夫」者，謂使在朝之大夫往監于方伯，每一州輒三人，三八二十四人。崔氏云：「此謂殷之方伯，皆有三人以輔之。佐其伯，謂監所領之諸侯也。」周則于牧下置二伯，亦或因殷使大夫爲三監，故燕禮云「設諸公之坐」，鄭云：「公，孤也。」大國孤公一人，而云諸公者，容牧有三監。然則天子于州牧之國，别置三大夫以輔之，其尊卑之差，則下文其禄視諸侯之卿，其爵視次國之君。其禄視諸侯之卿者，謂公之孤也，故燕禮謂之諸公，與公孤同也。尚書使管叔、蔡叔、霍叔爲三監者爲武庚，與此别也。

馬氏曰：周官：「乃施典於邦國，而建其牧，立其監。」牧之下又立監，所謂三監者是也。

大國之卿，不過三命，下卿再命。小國之卿與下大夫一命。注：不著次國之卿者，以大國之下互明之。此卿命則異，大夫皆同。周禮公侯伯之卿三命，其大夫再命，子男之卿再命，其大夫一命。疏：此一節論大國小國卿大夫命數多少不同之事。經直云「大國之卿」及「小國之卿」，不云次國，故云「不著次國之卿」。云「以大國之下互明之」者，以大國之卿不過三命，則知次國之卿不過再命；大國下卿再命，則知次國下卿一命，故云「互明之」。云「此卿命則異」者，以大國上卿三命，下卿再命，次國上卿再命，下卿一命，小國上下卿並皆一命，故云「卿命則異」。云「大夫皆同」者，謂大國次國小國大夫皆同一命。今經云「小國之卿與下大夫一命」，既與「小國」連文，知非直據「小國下大夫一命」者，以經云「大國下卿再命」，以次差之，明大夫一命，自然次國大夫亦一命，故云「大夫皆同」，此夏、殷制也。案：周禮云「公國之孤四命」，與餘卿不同，則知此大國之卿不過三命，亦謂孤也。大國下卿再命者，謂除孤以外之卿，就再命之中，分爲中卿、下卿也。故前文云「次國之上卿，位當大國之中」是也。次國之卿再命，亦謂上卿執政者，若魯之季孫。下卿一命，亦分爲中下二等，故前文云「中當其下，下當其上大夫」是也。小國之卿雖同一命，亦分爲三等，故前文云「小國之上卿，位當大國之下卿，中當其上大夫，下當其下大夫」。其大國次國小國大夫雖同一命，當皆分爲上下二等，文已具于上。今總云下大夫者，對卿言之。云「周禮公侯伯之卿三命以下」者，皆周禮典命文。以經云「大國之卿不過三命」，故引公侯伯之卿三命以對之。周禮「公之孤四命」，不與三命相當，故不引之也。

蕙田案：諸侯之國皆三卿。大國則有三命之卿、再命之卿，次國則有再命之卿、一命之卿，小國惟一命之卿：皆以命於天子者言之。若其君加命，則大國之卿皆得三命，次國之卿皆得再命，小國卿之未命於天子者亦得一命，所謂命於其君也。周官典命掌五等諸臣之命數，與此不同，故注、疏以夏、殷解之。

諸侯之下士祿食九人，中士食十八人，上士食三十六人，下大夫食七十二人，卿食二百八十八人，君食二千八百八十人。次國之卿食二百一十六人，君食二千一百六十人。小國之卿食百四十四人，君食千四百四十人。次國之卿命于其君者，如小國之卿。天子之大夫爲三監，監於諸侯之國者，其祿視諸侯之卿，其爵視次國之君，其祿取之于方伯之地。疏：前以有「諸侯之下士」以上及大夫卿君，故此依前而釋也。諸侯之士既明，則天子士同之可知，故此文發畿外之卿也。諸侯下士視上農夫，故九人也。上士倍中士，故三十六也。下大夫倍上士，則食七十二人。卿四大夫禄，則二百八十八人。「君食二千八百八十人」者，君謂大國之君也。君十卿禄，故二千八百八十人。「次國之卿食二百一十六人」者，謂夏伯殷侯，周則侯伯國也。此大夫以下，亦如大國大夫，而卿惟得三大夫禄耳，故特言卿也。「君食二千一百六十人」者，君亦十卿禄也。「小國之卿食百四十四人」者，小國謂夏、周男子，殷之伯國也。大夫以下，亦如大國大夫，而卿則二大夫禄耳。故「君食千四百四十人」者，君亦十卿禄也。「次國之卿命于其君」者，大國三卿皆命于天子，則其禄各食二百八十八人。若次國三卿，二卿命于天子，禄各食二百一十六人；而一卿命于其君爲賤，則禄不可等命天子者，故視小國卿，小國卿食一百四十四人也。其若子男一卿命于天子，二卿命于其君，則禄猶如此。其命天子卿無以異也，其國小，故不復差降也，或云視大夫也。其天子之士、卿、大夫無文，宜準大夫之卿、大夫、士也。

諸侯世子世國。大夫不世爵，使以德，爵以功。注：謂縣内及列國諸侯爲天子大夫者。不世爵而世禄，辟賢也。**諸侯之大夫不世爵禄。**疏：諸侯降于天子，故大夫不世爵禄。若有大功德，亦得世之，故隱八年「官有世功，則有官族，邑亦如之」，是據諸侯卿大夫也。

昏義：天子立六官、三公、九卿、二十七大夫、八十一元士，以聽天下之外治，以明章天下之男教，故外和而國治。注：三公以下百二十人，似夏時也。

蕙田案：鄭注王制及昏義，俱以三公以下百二十人爲夏制，據明堂位「夏后氏官百」之文也。然於他書無可考。

又案：王制一篇，其述官制，上與虞書「百揆、四岳、九官、十二牧」不同，下與周禮官數亦異，故先儒並目爲夏、殷之制。而孟子答北宫錡「周室班爵禄」之問，與王制大略多同，説者或又據王制、孟子之文以駮周禮，謂非周公所作。由今考之，孟子言班爵禄，與武成「列爵惟五，分土惟三」相合。蓋周初沿夏、商二代之舊，故有百里、七十里、五十里之國。至周公制禮，乃定五等諸侯之封爲五百里、四百里、三百里、二百里、百里。然後因田以制賦，因賦以出軍，不然則子男五十里之國，豈能出萬二千五百人之一軍？而論語所云「千乘之國」，亦豈方百里者所能給乎？官制之沿革，正與封建相表裏。知周初之建國不同於周禮，則知周初之官制，必不合於周禮矣。至王制之文，又與孟子少異，則所謂周因夏、殷而損益可知者。今依朱子通解，以王制官制爲夏、商之法，而孟子所述班爵，則定爲周初之制云。

書立政：古之人迪惟有夏，乃有室大競，籲俊尊上帝，迪知忱恂于九德之行。乃敢告教厥后曰：「拜手稽首，后矣。」曰：宅乃事，宅乃牧，宅乃準，兹惟后矣。傳：禹之臣蹈知誠信于九德之行，謂賢智大臣。乃敢告教其君以立政。宅，居也，居汝事，六卿掌事者。牧，牧民，九州之伯。居内外之官及平法者皆得其人，則此惟君矣。謀面，用丕訓德，則乃宅人，兹乃三宅無義民。傳：謀所面見之事，無疑，則能大用順德，乃能居賢人于衆官。若此則乃能三居無義民。大罪宥之四裔，次九州之外，次中國之外。

蘇氏軾曰：事，所謂常任也。牧，所謂常伯也。準，所謂準人也。

吕氏祖謙曰：自皋陶以九德告禹，夏后蓋世守以爲知人之法焉。方夏之盛，任三宅者如此。及其衰也，並至于曾無義民。言所任者，皆不義之人，無一君子也。「兹乃」云者，此乃三宅之法，非他，位也猶無義民，則他可知矣。

蔡氏沈曰：言非迪知忱恂于九德之行，而徒謀之面貌，用以爲大順于德而任之，如此，則三宅之人豈復有賢者乎？

蕙田案：三宅，指上「事、牧、準」三者，經文甚明。孔傳因舜典有「五宅三居」之文，遂解宅爲流宥，不可從。

亦越成湯陟丕釐上帝之耿命，乃用三有宅，克即宅，曰三有俊，克即俊。嚴惟丕式，克用三宅三俊。

蔡氏沈曰：三宅，謂居常伯、常任、準人之位者。三俊，謂有常伯、常任、準人之才者。克即者，言湯所用三宅，實能就是位而不曠其職；所稱三俊，實能就是德而不浮其名也。三俊，説者謂他日次補三宅者。詳宅以位言，俊以德言，意其儲養待用，或如説者所云也。

右夏商官制

周初官制

詩大雅緜：乃召司空，乃召司徒。傳：司空、司徒，卿官也。司空掌營國邑，司徒掌徒役之事。疏：后稷封邰爲上公，文王以百里而王，則太王之時，以殷之大國，當立三卿，其一蓋司馬乎？時不召者，司馬于營國之事無所掌故也。

書牧誓：王曰：「嗟！我友邦冢君，御事司徒、司馬、司空，傳：治事三卿，司徒主民，司馬主兵，司空主土，指誓戰者。疏：孔以時已稱王而有六師，亦應已置六卿。今呼三卿，是指誓戰者，故不及太宰、大宗、司寇。亞旅、師氏。傳：亞，次。旅，衆也。衆大夫，其位次卿。師氏〔一〕，大夫，官以兵守門者。千夫長、百夫長。」傳：師帥，卒帥。疏：周禮二千五百人爲師，師帥皆中大夫。百人

〔一〕「氏」，諸本脱，據尚書正義卷一一補。

爲卒，卒長皆上士。孔以師雖二千五百人，舉全數亦得爲千夫長。「長」與「帥」其義同，故以千夫長爲師帥，百夫長爲卒帥。

蕙田案：武王未克商以前，尚用諸侯之制，故有司徒、司馬、司空三卿。注、疏以爲時已置六卿者，非也。泰誓云「王乃大巡六師」，是史官追述之詞，不得爲六卿之證。

立政：周公若曰：「拜手稽首，告嗣天子王矣。」用咸戒于王曰：「王左右常伯、常任、準人、綴衣、虎賁。」傳：常所長事、常所委任，謂三公六卿〔一〕。準人平法，謂士官。綴衣，掌衣服。虎賁，以武力事王，皆左右近臣，宜得其人。周公曰：「嗚呼！休兹，知恤鮮哉！」傳：歎此五者立政之本，知憂得其人者少。

吕氏祖謙曰：常伯等，即三宅。三代之書，他無所見，意者公卿輔相之别名歟？官有别名，如相曰阿衡、保衡，三卿曰圻父、農父、弘父，此亦三代輔相大臣别名耳。綴衣、虎賁，特于侍御僕，從中錯舉二者，以見其餘耳。職重者有安危之寄，

〔一〕「六卿」，諸本作「九卿」，據尚書正義卷一七改。

職親者有習染之移，其繫天下之本，一也。

蔡氏沈曰：牧民之長曰常伯，任事之公卿曰常任，守法之有司曰準人。三事之外，掌服器者曰綴衣，執射御者曰虎賁，皆任用之所當謹者。

亦越文王、武王，克知三有宅心，灼見三有俊心，以敬事上帝，立民長伯。立政，任人、準夫、牧作三事，傳：文、武亦法禹、湯，以立政。常任、準人及牧治，爲天地人之三事。虎賁、綴衣、趣馬小尹，傳：趣馬，掌馬之官。言此三者雖小官長，必慎擇其人。左右攜僕、百司庶府，傳：雖左右攜持器物之僕，及百官有司主券契藏吏，亦皆擇人。大都小伯、藝人表臣、百司，傳：小臣猶皆慎擇其人，況大都邑之小長，以道藝爲表幹之臣及百官有司之職，可以非其任乎？太史、尹伯、庶常吉士，傳：太史，下大夫，掌邦六典之貳。尹伯，長官大夫，及衆掌常事之善士，皆得其人。司徒、司馬、司空、亞旅，傳：此有三卿及次卿、衆大夫，則是文、武未伐紂時。舉文、武之初以爲法則。夷微、盧烝、三亳、阪尹。傳：蠻夷微、盧之衆帥，及亳人之歸文王者，三所爲之立監，及阪地之尹長，皆用賢。文王惟克厥宅心，乃克立兹常事司牧人，以克俊有德。

蔡氏沈曰：任人，常任也。準夫，準人也。牧，常伯也。以職言，故曰事。虎賁、綴衣、趣馬小尹、左右攜僕、百司庶府，此侍御之官也。趣馬，掌馬之官。小尹，小官之長。攜僕，攜持僕御之人。百司，若司裘、司服。庶府，若内府、太府之屬也。大都小伯、藝人表臣、百司、太史、尹伯，此都邑之官也。吕氏曰：大都小伯謂大都之伯、小都之伯也。大都言都不言伯，小伯言伯不言都，互見之也。藝人者，卜、祝、巫、匠，執技以事上者。表臣百司，表，外也，表對裏之詞。上文百司，蓋内百司，若内府、内司服之屬，所謂裏臣也。此百司，蓋外百司，若外府、外司服之屬，所謂表臣也。太史者，史官也。尹伯者，有司之長，如庖人、内饔、膳夫，則是數尹之伯也；鐘師尹鐘，磬師尹磬，大師司樂，則是數尹之伯也。凡所謂官吏，莫不在内外百司之中，至於特見其名者，則皆有意焉。虎賁、綴衣、趣馬小尹、左右攜僕，以扈衛親近而見。庶府以冗賤，人所易忽而見。藝人恐其或興淫巧機詐，以蕩上心而見。太史以奉諱惡，公天下後世之是非而見。尹伯以大小相維，體統所係而見。若大都小伯，則分治郊畿，不預百司之數者。既條陳歷數文武之衆職，而總結之曰「庶常吉士」。庶，衆也，言在文武之廷，無非常德吉士也。司徒、司馬、司空、亞旅，此諸侯之官也。司徒主邦教，司馬主邦政，司空主邦土，餘見牧誓。言諸侯之官，莫不得人也。諸侯之官，獨舉此者，以其名位通於天子歟？夷微、盧烝、三亳、阪尹，此王官之監於諸侯四夷者也。微、盧見經，亳見史。三亳，蒙爲北亳，穀熟爲南亳，偃師爲西亳。烝，或以爲衆，或以爲夷名。阪，未詳。古者險危之地，封疆之守，或不以封而使王官治之，參錯於五服之間，是謂之尹。地志載王官所治非一，此特舉其重者耳。自諸侯三卿以降，惟列官名，而無他語，承上「庶常吉士」之文，以内見外也。夫上自王朝，内而都邑，外而諸侯，遠而夷狄，莫不皆得人以爲官使，何其盛歟！

孟子：北宫錡問曰：「周室班爵禄也，如之何？」孟子曰：「其詳不可得聞也。諸侯惡其害己也，而皆去其籍。然而軻也嘗聞其略也。注：諸侯欲恣行，憎惡其法度妨害己之所爲，故滅去典籍。今周禮司禄之官無其職，是則諸侯皆去之，故使不復存也。軻，孟子名也。言嘗聞其大綱如此矣，今考之禮記王制則合也。天子一位，公一位，侯一位，伯一位，子、男同一位，凡五等也。注：公謂上公九命及二王後也。自天子以下，列尊卑之位，凡五等。君一位，卿一位，大夫一位，上士一位，中士一位，下士一位，凡六等。注：諸侯法天子，臣名亦有此六等，從君下至於士。天子之制，地方千里，公、侯皆方百里，伯七十里，子、男五十里，凡四等。不能五十里，不達於天子，附於諸侯，曰附庸。注：凡此四等，土地之等差也。天子之卿受地視侯，大夫受地視伯，元士受地視子、男。注：視，比也。天子之卿、大夫、士，所受采地之制。大國地方百里，君十卿禄，卿禄四大夫，大夫倍上士，上士倍中士，中士倍下士，下士與庶人在官者同禄，禄足以代其耕也。注：公、侯之國爲大國，卿禄居于君禄十分之一也，大夫禄居于卿禄四分之一也，上士之禄居大夫禄二分之一也，中士、下士轉相倍。庶人在官者，未命爲士者也，其禄比上農夫。士不得耕，以禄代耕也。次國地方七十里，君十卿禄，卿禄三大夫，大夫倍上士，上士倍中士，中士倍下士，下士與庶人在官者同禄，禄足以代其耕也。注：伯爲次國，大夫禄居卿禄三分之一也。小國地方五十里，君十卿禄，卿禄二大夫，大夫倍上士，上士倍中士，中士倍下士，下士與庶人在官者同禄，禄足以代其耕也。注：子、男爲小國，大夫禄居卿禄二分之一也。耕者之所獲，一夫百畝，百畝之糞，上農夫食九人，上次食八人，中食七人，中次食六人，下食五人。庶人在官者，其禄以是爲差。」注：獲，得也。一夫一婦佃田百畝，百畝之田加之以糞，是爲上農夫，其所得穀足以食九口。庶人在官者，食禄之等差，由農夫有上中下之次，亦有此五等，若今之斗食、佐史、除吏也。疏：王制云：「王者之制禄、爵，公、侯、伯、子、男凡五等。諸侯之上大夫卿、下大夫、上士、中士、下士，凡五等。」其不及天子，又無六等，與孟子不合者，蓋以孟子所言則周制，而王制所言則夏、商之制也。王制云「公、侯田方百里，伯七十里，子、男五十里」，孟子不言「田」而言「地」者，蓋禄以田爲主。王制主於分田以制禄，孟子主於制地以分國。國以地爲主，所以有田地之異也。王制云：「天子之三公田視公侯，天子之卿視伯，天子之大夫視子男，天子之元士視附庸。」與孟子不同，亦以周制與夏、商之制不同也。

沈氏彤曰：孟子因籍去而聞其略，此所云並周所沿夏、商之制耳。考諸周官，畿内外皆無七十里之國。王制有七十里之國，注、疏以爲夏、殷之制，而湯國七十里，即見孟子書，由是以觀，而其他之沿於夏、商亦明矣。

蕙田案：周禮一書藏於大史，非世掌國史，莫得見之。故韓宣子觀書於大史氏，始知周禮在魯，而孔子學周禮必於周之柱下史。戰國時，諸侯所去之籍即周禮也。諸侯之籍既失，孟子又未適周，故所傳聞者皆周初之法，與周禮不合。

右周初官制

五禮通考卷二百十四

嘉禮八十七

設官分職

周禮官制上

書周官：立太師、太傅、太保，茲惟三公，論道經邦，燮理陰陽。傳：師，天子所師法；傅，傅相天子；保，保安天子于德義者。此惟三公之任，佐王論道，以經緯國事，和理陰陽。言有德乃堪之。官不必備，惟其人。傳：三公之官不必備員，惟其人有德乃處之。

少師、少傅、少保，曰三孤。傳：此三官名曰三孤。孤，特也。言卑于公，尊於卿，特置此三者。貳公弘化，寅亮天地，弼予一人。傳：副貳三公，弘大道化，敬信天地之教，以輔我一人之治。三公三少，只是加官。

朱子曰：三公三孤，本無職事，亦無官屬，但以道義輔佐天子而已。

陳氏傅良曰：周、召以師保爲冢宰，是卿兼三公也。顧命自太保奭以下，皆卿也。是時召公爲保兼冢宰，芮伯爲司徒，彤伯爲宗伯，畢公爲司馬，皆是以三公兼之。衛侯、康叔爲司寇，毛公爲司空，審如是，則三公多是六卿兼之。但其人足以兼公，則加其公之職位，無其人則止爲卿而已。三公三孤皆無其人，則闕焉而已，而六卿自若也。要之，成周以三公三孤待非常之德，故曰「官不必備，惟其人」。

蔡氏沈曰：此篇與今周禮不同。如三公三孤，周禮皆不載。或謂公孤兼官，無正職，故不載。然三公論道經邦，三孤貳公弘化，非職乎？職任之大，無踰此矣。或又謂師氏即太師，保氏即太保，然以師保之尊而反屬司徒之職，亦無是理也。然周禮非聖人不能作也，意周公方條治事之官，而未及師保之職。所謂未及者，鄭重而未及言之也。書未成而公亡，其間法制有未施用，故與此不合，而冬官亦闕。要之，周禮首末未備，周公未成之書也。讀書者參互而考之，則周公經制可得而論矣。

陳氏師凱曰：周禮未嘗不言公孤，但不載其專職耳。如云「王之三公八命，出封加一等」，則九命爲伯。是舉朝無尊于此者；而外朝之位，三公在前，孤卿大夫在左，公侯伯子男在右，是惟三公可以面天子，孤則亞于三公，故其位與諸侯之公相對，六卿莫敢先也。其贄，孤執皮帛，卿執羔，則卿亞于孤，又可見矣。

蕙田案：周禮地官之序官云：「鄉老，二鄉則公一人。」鄭氏注云：「王置六鄉，則公有三人也。三公者，内與王論道，中參六官之事，外與六鄉之教，其要爲民，是以屬之鄉焉。」賈疏引曲禮「三公於諸侯曰天子之老」以證之，其説極確。然序官雖列鄉老之名，而不及其職者，以三公位居六卿之右，其職主于論道經邦，燮理陰陽，佐天子以出治。其分六鄉使領之者，如周、召分陝東西爲二伯，但遥領其政教而已。以三公非地官之屬，故闕其職掌，所以尊之也。然六鄉之官，惟鄉老爲最尊，故特序于鄉大夫之前，不没其實也。惟三年大比，獻賢能之書，鄉老亦與其事，則附見于鄉大夫職。蓋舉賢任官，固大臣職也。後儒或謂鄉老，公孤之致仕在鄉者。然致仕之臣無常額，安得云每二鄉置一人乎？

觀承案：六鄉之官，鄉老最尊，故六卿則每鄉一人，鄉老以公爲之，則每二鄉一人。然此乃三公之兼職，而非其本職也。其本職自在論道燮理，用心於根本之地，而不在職業之地，課勤惰也。今周禮止有六卿分職，而缺三公之位，故先儒謂周禮乃周公屬稿而未能盡行之書者，良非無據。後人乃據鄉老有「二鄉則公一人」之文，以爲周禮原有三公之職，是以兼職而冒爲本職，逐末而忘其本已。

冢宰掌邦治，統百官，均四海。傳：天官卿，稱太宰，主國政治，統理百官，均平四海之内邦國。言任大。司徒掌邦教，敷五典，擾兆民。傳：地官卿，司徒主國教化，布五常之教，以安天下衆民，使小大皆協睦。宗伯掌邦禮，治神人，和上下。傳：春官卿，宗廟官長，主國禮，治天神、地祇、人鬼之事，及國之吉、凶、賓、軍、嘉五禮，以和上下尊卑等列。司馬掌邦政，統六師，平邦國。傳：夏官卿，主戎馬之事，掌國征伐，統正六軍，平治王邦四方國之亂者。司寇掌邦禁，詰姦慝，刑暴亂。傳：秋官卿，主寇賊法禁，治姦惡，刑强暴作亂者。夏司馬討惡助長物，秋司寇刑姦順時殺。司空掌邦土，居四民，時地利。傳：冬官卿，主國空土以居民。士、農、工、商四民，使順天時，分地利，授之土。能吐生百穀，故曰土。六卿分職，各率其屬，以倡九牧，阜成兆民。傳：六卿各率其屬官大夫士，治其所分之職，以倡道九州牧伯爲政，大成兆民之性命，皆能其官，則政治。疏：周禮冬官亡。小宰職云：「六曰冬官，掌邦事。」又云：「六曰事職，以富邦國，以養萬民。」馬融云：「事職掌百工、器用、耒耜、弓車之屬。」與此主土居民全不相當。冬官既亡，不知其本。禮記王制記司空之事云：「量地以制邑，度地以居民。」是明冬官本有主土居民之事也。齊語云：「管仲制法，令士、農、工、商四民不雜。」即此「居民使順天時，分地利，授之土」也。土則地利爲之名，以其吐生百穀，故曰土也。周禮云「事」，此云「土」者，爲下有「居四民」，故云「土」以居民，爲急故也。

呂氏祖謙曰：冢宰相天子統百官，則司徒以下無非冢宰所統，乃均列一職而併數之，爲六者綱，在綱中也。乾坤之與六子並列于八方，冢宰之於五卿並列于六職也。

周禮天官冢宰第一：注：象天所立之官。冢，大也。宰者，官也。天者，統理萬物。天子立冢宰，使掌邦治，亦所以總御衆官，使不失職。不言「司」者，大宰總御衆官，不主一官之事也。疏：周天有三百六十餘度，天官亦總攝三百六十官，故云「象天」也。

乃立天官冢宰，使帥其屬而掌邦治，以佐王均邦國。注：掌，主也。邦治，王所以治邦國也。佐，猶助也。鄭司農云：「邦治，謂總六官之職也，故大宰職曰『掌建邦之六典，以佐王治邦國』。六官皆總屬于冢宰，故論語曰『君薨，百官總己以聽于冢宰』，言冢宰于百官無所不主。爾雅曰：『冢，大也。』冢宰，大宰也。」

魏氏校曰：冢，長也。衆官之有冢宰，猶衆子之有冢嫡也。

高氏愈曰：政之均也，始于心之均。心之均者，惡上無以使下，惡前無以先後，此絜矩之道也。後世宰臣濁亂朝政，其惡非一，要皆始于其心之不平。故詩人刺太師尹氏之惡，而一言以蔽之，曰「不平其心」，嗚呼，盡矣！故宰相佐天子理天下，自平其政始；平其政，自平其心始。

蔡氏德晉曰：冢宰之官以天名，夫統地與四時而成天。合教、禮、兵、刑事而成治，則冢宰之任誠重也。先王將使四海之治歸王畿，王畿之治歸六官，六官之治歸冢宰。故天官冢宰立，而萬事之樞機握，四方之根抵定矣。掌邦治，言帥其屬者，先有司之義。均邦國，言佐王者，地道無成之義也。

地官司徒第二： 注：象地所立之官。司徒主衆徒。地者，載養萬物。天子立司徒，掌邦教，亦所以安擾萬民。

乃立地官司徒，使帥其屬而掌邦教，以佐王安擾邦國。 注：教，所以親百姓，訓五品。有虞氏五，而周十有二焉。擾亦安也，言饒衍之。

陳氏傅良曰：先王教民，自經界始，爲井、邑、丘、甸以正其賦，比、閭、族、黨以居其民，伍、兩、卒、旅以寓其兵，無非習民于正而遇之以道德之意，俾之分定而心一，生厚而德優，以服從上令，是曰教典。豳風述風化之由，孟子言王道之本，無非田圃之事，誠知本者。後世大臣不問疆理之務，但以設學博置弟子員爲修教化，何以納民于善也？

方氏苞曰：以地官掌教者，禮官所教，秀民而已。土地、人民皆隸于地官，而親民之吏屬焉。必地官掌教，乃能盡天下之人無一不教。古之聖人所以務明明德于天下，而非漢、唐之治所及也。

蔡氏德晉曰：冢宰佐王，奉若天道，統馭百官。司徒佐王，祖識地德，養教萬民，故二官相次。又冢宰之屬多上正君德之職，司徒之屬多下安民生之職，而師保之官亦所以正君德也。二官立，而邦之根本固矣。

春官宗伯第三：注：象春所立之官也。宗，尊也。伯，長也。春者，出生萬物。天子立宗伯，使掌邦禮，典禮以事神爲上，亦所以使天下報本反始。不言司者，鬼神示人之所尊，不敢主之故也。

乃立春官宗伯，使帥其屬而掌邦禮，以佐王和邦國。注：禮謂曲禮五，吉、凶、賓、軍、嘉，其別三十有六。鄭司農云：「宗伯，主禮之官，故書堯典曰：『帝曰：「咨！四岳，有能典朕三禮？」僉曰：「伯夷。」帝曰：「俞，咨伯，女作秩宗。」』宗官又主鬼神，故國語曰：使名姓之後，能知四時之生，犧牲之物，玉帛之類，采服之宜，彝器之量，次主之度，屏攝之位，壇場之所，上下之神祇，氏姓之所出，而率舊典者爲之宗。春秋：『禘于大廟，躋僖公。』而傳曰：『夏父弗忌爲宗人。』又曰：『使宗人釁夏獻其禮。』禮特牲曰：『宗人升自西階，視壺濯及豆籩。』然則唐、虞歷三代，以宗官典國之禮與其祭祀，漢之大常是也。」

郝氏敬曰：地官稱「司」，春官不稱「司」，何也？地後天而春先時。天首六官，春首四時，故天稱冢宰，春稱宗伯，所以尊禮而配天也。

者也。蔡氏德晉曰：天地之化，始于春；治教之端，在于禮。春于天爲元，于人則爲仁，而禮以仁爲體，吉禮以仁鬼神，凶禮以仁死喪，賓禮以仁賓客，軍禮、嘉禮以仁邦國萬民。凡禮儀三百，威儀三千，無一事而非仁也，此春官所以掌禮而贊治教也。司徒、司馬、司寇、司空皆言司，以各主一事也。冢宰兼統六官，故不言司。宗伯亦不言司者，禮無乎不用，治非禮不制，教非禮不行，政非禮不立，刑無禮則淫，事無禮則亂，故亦不言司也。

夏官司馬第四： 注：象夏所立之官。馬者，武也，言爲武者也。夏整齊萬物，天子立司馬，共掌邦政，政可以平諸侯，正天下，故曰統六師，平邦國。

乃立夏官司馬，使帥其屬而掌邦政，以佐王平邦國。 注：政，正也，政所以正不正者也。孝經説曰：「政者，正也。正德名以行道。」

鄭氏鍔曰：太宰平邦國，平之以道，平于順治之前。司馬平邦國，平之以政，平于叛違之後。

高氏愈曰：兵威雄猛，象夏火之炎烈，故稱夏官。然非馬則徒兵不可以戰，而貴儲之有素，故以司馬名。

蔡氏德晉曰：司馬主兵，係之夏官。夏爲火令，古人有言：「兵猶火也，弗戢，將自焚也。」先王其有垂戒之意乎？

秋官司寇第五： 注：象秋所立之官。寇，害也。秋者，遒也，如秋義殺害、收聚、斂藏于萬物也。

天子立司寇，使掌邦刑。刑者所以驅耻惡，納人于善道也。

乃立秋官司寇，使帥其屬而掌邦禁，以佐王刑邦國。注：禁，所以防姦者也。刑，正人之法。孝經説曰：「刑者，侀也，過出罪施。」

周子曰：天以春生萬物，止之以秋。聖人以仁育萬物，肅之以刑。

華氏泉曰：周書云：「伯夷降典，折民惟刑。」蓋出乎禮則入乎刑，是禮與刑相表裏也。虞書：「明于五刑，以弼五教。」蓋教之所棄即刑之所取，是教與刑相表裏也。

高氏愈曰：刑官名司寇，以除盜賊爲主也。盜賊特飢寒之民，草竊無知，至微末耳，而刑官所掌以是爲主者，何也？觀漢之亂，倡于黄巾；唐之社，屋于黄巢；明之鼎，遷于逆闖；則知盜賊之興，真足以亡天下。而刑官以司寇名，其位即次于司馬，聖人之慮深遠矣。

冬官考工記第六：注：象冬所立之官也。是官名司空者，冬閉藏萬物，天子立司空，使掌邦事，亦所以富充國家，使民無空者也。司空之篇亡，漢興，購求千金不得。此前世識其事者，記録以備大數。

王氏與之曰：書言「司空居四民，時地利」，則所謂事者，非止如漢人考工記之補亡，止言百工之事也。民各有職，職各有事，邦國之富，實基于此。如衛文公務材、訓農、通商、惠工，馴致國家殷富，蓋得事典之遺意。

辨諸儒以冬官未亡，錯見五官之説：

俞氏廷椿曰：司空之篇，實雜出於五官之屬。

朱氏彝尊經義考：俞氏復古編以天官之屬獸人、獻人、鱉人、獸醫、司裘、染人、追師、屨人、掌皮、典絲、典枲改入冬官；以地官之屬鼓人、舞師改入春官；封人、載師、閭師、縣師、均人、遂人、遂師、遂大夫、土均、草人、稻人、土訓、山虞、林衡、川衡、澤虞、丱人、角人、羽人、掌葛、掌染草、囿人、場人改入冬官；以春官之屬天府、世婦、内宗、外宗、太史、小史、内史、外史、御史改入天官；典瑞、典同、巾車、司常、冢人、墓大夫改入冬官；以夏官之屬弁師、司弓矢、槀人、職方氏、土方氏、形方氏、山師、川師、邍師改入冬官；以秋官之屬大行人、小行人、司儀、行夫、掌客、掌訝、掌交、環人改入春官。

王氏與之曰：司空果亡乎？以周官司空之掌考之，司空未可以爲亡也。夫周官言「司空掌邦土，居四民，時地利」，凡經言田萊、溝洫、都邑、涂巷者，非邦土而何？農、工、商、賈、市、井、里、室、廬者，非居民而何？桑麻、穀粟之所出，山澤、林麓之所生，非地利而何？及考小宰官六官設屬，各有六十，今治官之屬六十有三，教官之屬七十有九，禮官之屬七十有一，政官之屬六十有六，意者秦火之餘，簡編脱落，司空之屬錯雜五官之中，先儒莫之能辨，遂以考工記補之，其實司空一官未嘗亡也。

蕙田案：王氏所著周禮訂義八十卷，但移序官於每條之前，其餘俱仍經文之舊，未嘗輕有改移，别著周官補遺證司空非亡。雖亦承俞壽翁之誤，而較之輕改經文者固有間矣。今補遺一編已無存。

丘氏葵曰：余生苦晚，得俞壽翁、王次點兩家之説，始知冬官未嘗亡。又參以諸家之説，訂定天官之屬六十，地官之屬五十七，春官之屬六十，夏官之屬五十有九，秋官之屬五十有七，冬官之屬五十有四，於是六官始爲全書。

朱氏彝尊經義考：丘氏更定周禮，天官之屬六十：太宰、小宰、宰夫、宫正、宫伯、宫人、内宰、九嬪、世婦、女御、内宗、外宗、女祝、女史、内司服、典婦功、縫人、夏采、内小臣、閽人、寺人、内豎、膳夫、庖人、内饔、外饔、亨人、甸師、酒正、酒人、漿人、凌人、籩人、醢人、醯人、鹽人、冪人、腊人、醫師、食醫、疾醫、瘍醫、掌舍、幕人、掌次、天府、大府、玉府、内府、外府、司會、司書、職内、職歲、職幣、太史、小史、内史、外史、御史。地官之屬五十七：大司徒、小司徒、鄉師、鄉老、鄉大夫、州長、黨正、族師、閭胥、比長、遂人、遂師、遂大夫、縣正、鄙師、酇長、里宰、鄰長、師氏、保氏、司諫、司救、調人、媒氏、司市、質人、廛人、胥師、賈師、司虣、司稽、胥、肆長、泉府、司門、司關、掌節、閭師、縣師、稍人、土訓、誦訓、遺人、旅師、委人、迹人、廩人、舍人、倉人、司禄、司稼、舂人、饎人、槀人、掌炭、掌荼、掌蜃。春官之屬六十：大宗伯、小宗伯、肆師、鬱人、鬯人、司尊彝、司几筵、典命、典祀、守祧、職喪、大司樂、樂師、大胥、小胥、大師、小師、瞽矇、眡瞭、磬師、鐘師、笙師、鎛師、韎師、旄人、籥師、籥章、司干、鼓人、舞師、鞮鞻氏、典庸器、馮相氏、保章氏、大卜、卜師、卜人、龜人、菙氏、占人、簭人、占夢、眡祲、大祝、小祝、喪祝、甸祝、詛祝、司巫、男巫、女巫、都宗人、家宗人、大行人、小行人、司儀、行夫、掌客、掌訝、掌交。夏官之屬六十：大司馬、小司馬、軍司馬、輿司馬、行司馬、都司馬、家司馬、諸子、虎賁氏、旅賁氏、司甲、司兵、司戈盾、繕人、環人、挈壺氏、掌固、司險、掌疆、司右、戎右、齊右、道右、大馭、戎僕、齊僕、道僕、田僕、馭夫、馬質、校人、趣馬、巫馬、牧師、廋人、圉師、圉人、射人、司士、司勳、懷方氏、合方氏、訓方氏、匡人、撢人、大僕、小臣、祭僕、御僕、隸僕、服不氏、射鳥氏、羅氏、掌畜、節服氏、小子、羊人、方相氏、司爟、候人。秋官之屬五十七：大司寇、小司寇、士師、鄉士、遂士、縣士、方士、訝士、朝士、司民、司刑、司刺、司約、司盟、職金、司厲、司圜、掌囚、掌戮、司隸、罪隸、蠻隸、閩隸、夷隸、貉隸、布憲、禁殺戮、禁暴氏、野廬氏、蜡氏、雍氏、萍氏、司寤氏、司烜氏、條狼氏、脩閭氏、冥氏、庶氏、穴氏、翨氏、柞氏、薙氏、硩蔟氏、翦氏、赤犮氏、蟈氏、壺涿氏、庭氏、銜枚氏、伊耆氏、象胥、掌察、掌貨賄、朝大夫、都則、都士、家士。冬官補亡五十四：大司空、小司空、載師、封人、量人、均人、土均、草人、稻人、山虞、林衡、川衡、澤虞、丱人、角人、羽人、掌葛、掌染草、囿人、場人、牧人、牛人、充人、獸人、𩺰人、鱉人、雞人、犬人、獸醫、司裘、掌皮、司服、典絲、典枲、染人、弁師、追師、屨人、典瑞、典同、巾車、典路、車僕、司常、司弓矢、槀人、冢人、墓大夫、職方氏、土方氏、形方氏、山師、川師、邍師。蓋合俞壽翁、王次點兩家之説而損益之。

吴氏澂曰：周公相成王，建六官，分六職，禮樂政事，燦然大備。即其設位言之，則曰周官；即其制作言之，則曰周禮。周衰，諸侯惡其害己，滅去其籍，漢河間獻王購得周官五篇，冬官久亡，以考工記補之。考工記乃前世能識古制者所作，先儒皆以爲非，惟劉歆獨識之，而五官亦錯雜，傳至於今，莫敢是正，澄何自而考之乎？本之尚書以考之也。周官一篇，成王董政治官之全書也。執此以考周禮之六官，則不全者可坐而判也。夫冢宰掌邦治，統百官，均四海，執此以考天官之文，則其所載非統百官、均四海之事，可以知其非冢宰之職也。司徒掌邦教，敷五典，擾兆民，執此以考地官之文，則其所載非敷五典、擾兆民之事，可以知其非司徒之職也。宗伯掌邦禮，治神人，和上下；司馬掌邦政，統六師，平邦國，執此以考春、夏二官，則凡掌邦禮邦政者，皆其職也，舍此則非其職也。司寇掌邦禁，詰姦慝，刑暴亂；司空掌邦土，居四民，時地利，執此以考秋、冬二官，則凡掌邦禁、邦土者，皆其職也，舍此則非其職焉。是故天官之文有雜在他官者，如内史、司士之類是也。亦有他官之文雜在天官者，如甸師、世婦之類是也。地官之文有雜在他官者，如大司樂、諸子之類是也。亦有他官之文雜在地官者，如閭師、柞氏之類是也。春官之文有雜在他官者，如封人、大小行人之類是也。亦有他官之文雜在春官者，如御史、大小胥之類是也。夏官之文有雜在他官者，如銜枚氏、司隸之類是也。亦有他官之文雜在夏官者，如職方氏、弁師之類是也。至如掌祭之類，吾知其非秋官之文。縣師、廛人之類，吾知其爲冬官之文。緣文尋意以考之，參諸經籍以證之，而又何疑之有乎？

方氏孝孺曰：書之周官，言六卿之職美矣。冢宰者，治之所從出也。宗伯典禮，司馬主兵，司寇掌禁，司空掌土，皆聽于冢宰者也。冢宰治之本，天下之大政，宜見于冢宰。今周禮列于冢宰之下者，預政之臣不過數人，而六十屬皆庖厨之賤事，攻醫制服之淺技。夫王之膳服，固冢宰之所宜知，然以是實冢宰之職則陋且褻矣，此必非周公之意。司徒以五典施教，其爲事至重，不宜復預他事也。而自鄉師以下近于教者止十二屬，其餘皆春、秋二官之事，而冬官爲最多。蓋定其序者，不知地官在乎主教，而以土官之事屬之。土地，冬官職也，何與乎教？教之大法及冢宰之大政皆已亡矣，其不亡者間見於他官。司馬、司寇纂入者甚衆，惟宗伯稍存，多爲他官所掠。而禮之係乎邦國者亦亡。其亡者皆諸侯之所惡而去之也。而其失序者，漢儒之謬也。余喜讀周禮，憂周公之心不明于後世，以書周公之言爲準，考六卿之屬更次之：自宗伯歸于冢宰者五，自司馬歸者三，自司寇歸者二，合宫正以下爲五，曰宫正，歸以司徒之舍，曰膳夫，曰醫師，曰内宰，曰司農，曰典婦功，曰内司服，附于冢宰之左，重變古也。司徒去其非教事者八十，存者四，以司馬之諸子、訓方氏、匡人、撢人，司寇之掌交歸焉。宗伯自司徒歸者十，自司馬歸者十有九，自司寇歸者十有二。司馬之存者三十有一，司寇之存者二十有三，而以司徒之司虣、司稽、司救、調人歸焉。於是取土地之事、財賦之則，在司徒者五十有五，在司馬者八，在司寇者十有三，爲司空土地不可無治之之道也，故有載師、閭師、縣師、均人。治民無法不可以治地也，故有遂人、遂師、遂大夫、縣正、鄙師、酇長、里宰、鄰長、旅師、稍人、委人、土均。樹藝，地之所宜先也，故有草人焉，有稻人焉，有司稼焉；地圖、方志，王者所宜知也，故有土訓、誦訓；山林、川澤，地之寶也，故有澤虞，有川衡；金玉、錫石、角羽、荼、炭、染草、葛蜃，山澤之所産也，故各有主之者，以致其用；苑囿、場圃、鳥獸，草木所萃也，故有迹人、囿人、場人；穀粟，土地所入，守之宜有制也，故有廩人、倉人；民者，土地之本，不可無恤也，故有遺人以振其凶荒。財用者，生於地而取之有節，故市有司，廛有人，肆有長，賈有師，泉有府；質人、胥師、司門、司關、職方、土方、懷方、合方、形方、山師、川師、邍師，所以辨土地而致稱異也，故自司馬而歸焉。達道路，除不蠲，有野廬氏、蜡氏；掌害稼者，有雍氏；掌水禁，有萍氏；除毒蟲、猛鳥獸、蠹物、鼃黽，有冥氏、庶氏、穴氏、翨氏、硩蔟氏、翦氏、赤犮氏、蟈氏、壺涿氏、庭氏；攻禾殺草有柞氏、薙氏，亦皆司空之事也，故自司寇歸焉。六卿之屬，繇是復其始。其不能皆六十者，亡者衆也，而亦不必以六十爲率也。卿之所掌有大小，其事有煩簡，奚必皆止于六十者乎？

蕙田案：方氏所更五官之屬，與俞氏、丘氏、吴氏又有不同。

王氏應電曰：冬者，萬物之所終也。司空掌邦土，天下之治所由以成，故命名曰冬。漢人以考工記補之，夫共工者，誠冬官之事，但其一屬爾，故取之以入冬官則可，用之以補冬官則不可。自宋以來，乃以五官之事聯職于司空者歸之，以爲司空未嘗亡也。不知周禮之治，每事六官皆與。蓋自王身、王宫、王朝、王畿、四海以及於昆蟲草木，六官皆有其責，非若後世之設官，截然各爲一事也。不得此意，遂用其疑似以相歸併，此説一興，人各自以意見而更定之，豈得復爲周公之周禮哉！

高氏愈曰：六官皆稱「其屬六十」，今以其數考之。天官之屬浮其一，而教官之屬共浮十有九，春官浮其八，夏官浮其十，秋官浮其六，疑若其數過多者。然地官自鄉大夫至比長，自遂大夫至鄰長共十二職，俱無府史胥徒之設，乃即民間賢能舉而長其民者。而比長每鄉至二千四百六十人之多，則非王朝之官也。又自胥師至肆長共六職，皆係市賈而爲長，豈得云官？則實計教官之屬亦止六十一耳。而春官内外宗，係同異姓之女，其數至多。而瞽矇則盲夫，眡瞭則細民，俱非官也，則實計春官之屬止六十有四。夏官三司馬皆闕，又方相氏爲狂夫，圉師、圉人爲厮養，不得居官數，則實計政官之屬亦六十有四。而秋官五隸皆俘奴賤役，不得稱官，則秋官之屬亦止六十有一。而與每屬六十之數固相符也。而或者以爲五官皆有溢額，而欲取以補冬官之闕，謬之甚矣。

方氏苞曰：司空之篇亡，自漢以後無異議。而晚宋、元、明諸儒，乃分割五官以爲事典，是之謂不知而作也。夫五官之事，皆基于事典，故洪範之述官政，首司空而後及其餘。而是經所謂「辨方正位，體國經野」，正司空之職也。尚書周官所謂「居四民，時地利」，則「體國經野」之實用也。即是以求之，則事典之本體昭昭然可見，而群儒之迷謬不足辨矣。蓋惟司徒、司馬與司空聯事，而事各異方，雖若有連而不相及也。鄉師之職：「大役則帥民徒而至，治其政令，既役則受州里之役，要以考司空之辟。」蓋任役事者，地官之民徒，而興事任力，則有司空之辟焉。今其所謂辟者安在哉？大司馬之職：「大役與慮事，屬其植，受其要。」蓋聚大衆，故以司馬之法治植要，以習軍中之壕壘。然司馬曰「與慮事」，則主其事者非司空而誰哉？川澮溝洫之積數，遂人掌之，量人量之，司險設之，而規五溝五涂之深廣，相因山通川之地勢，要縮道路以立關梁，時式險易，以傳衆力，溝或以水漱，防或以水淫，則司空之法也。王畿侯國之封疆，都鄙之室數，大司徒制之，大司馬正之，量人量之，職方氏辨之，土方氏相之，形方氏正其華離，遼師辨其名物，而鄉遂郊關，以封域而別其遠近，農士工商，以作業而異其遊居。城郭渠落，以鄉山經水而審其面勢，測土深以求泉，順地防以行水。春築隄防，冬繕城郭，則司空之法也。其在他職，則事更無聯焉者。社稷宗廟之位，四郊、四望、四類以及山川、丘陵、墳衍之兆，小宗伯授之。會同之壇，司儀令之，而正方攻位，量功命事，小宗伯、司儀不與也。王內之宮寢，宮中之官府、次舍，司空作焉。而後內宰書其版圖之數，宮正、宮伯比其官吏人民士庶子之居。朝市既成，而後小司寇、朝士、太僕掌其政，司市布其令。倉府廐廩既成，而後大府、玉府、內府、外府、倉人、廩人、校人、廋人儆其守。車旗兵甲既成，而後巾車、典路、司常、司甲、司兵、司戈盾、司弓矢辨其用。其他禮樂賓祭之器，守藏服御之物，莫不皆然。惟天官之染人、追師、屨人，夏官之槀人，疑可爲事官之屬。然王后世子之飲食、衣服，皆隸天官而聽于冢宰，聖人有深慮焉。染人以類從，則所掌特宫中之染事耳。兵器之用，惟弓矢爲多而易毁折，故司馬之屬特設槀人以試之。然曰「受財于職金，以齎其工」，則造之者乃弓人矢人可知矣。用此觀之，五官之屬皆確乎其不可易。冬官雖亡，而以五官按之，其職其事可班而列也。又況鄉師所莅之匠師，儀禮大射之工人、士、梓人，覲禮之嗇夫，不屬于司空而焉屬哉？

蕙田案：周禮冬官篇亡，漢、唐諸儒俱無異論。至南宋俞氏庭椿創爲冬官未亡之説，其後王氏與之、吴氏澄、邱氏葵、方氏孝孺等祖述其説，互有更易，支離割裂，全無根據。昔之亡者止冬官一篇，今則并五官之存者而淆亂之，而周公制作之精意幾何其不亡矣。且六官之屬各六十，特舉其大數而言，非真以六十爲定額，而不可浮于六十之外也。天官宰夫之下有上士八人，中士十六人。地官鄉師、春官肆師之下亦同。而夏官之上士别名輿司馬，中士别名行司馬，秋官之上士别名鄉士。其名雖異，而其官未嘗增多。以是推之，則知據五官之目而以爲有溢額者，皆刻舟之見也。至如鄉遂之官隸於司徒，實非王朝之官。九嬪、世婦、女御、内宗、外宗，非外朝之官。胥師、賈師、司虣、司稽、胥肆長皆賈也。瞽矇、眡瞭，樂人也。方相氏，狂夫也。圉師、圉人，圉也。罪隸、蠻隸、閩隸、夷隸、貉隸，隸也：皆有職而無官。然則五官之屬，本無溢多而欲分其數，以補冬官之亡，不亦謬乎！

天官大宰之職，掌建邦之六典，以佐王治邦國。一曰治典，以經邦國，以治官府，以紀萬民。二曰教典，以安邦國，以教官府，以擾萬民。三曰禮典，以和邦國，以統百官，以諧萬民。四曰政典，以平邦國，以正百官，以均萬民。五曰刑典，以詰邦國，以刑百官，以糾萬民。六曰事典，以富邦國，以任百官，以生萬民。注：典，常也，經也，法也。王謂之禮經，常所秉以治天下者也。邦國官府謂之禮法，常所守以爲法式也。常者，其上下通名。鄭司農云：治典，冢宰之職。教典，司徒之職。禮典，宗伯之職。政典，司馬之職。刑典，司寇之職。此三時皆有官，惟冬無官，以三隅反之，則事典司空之職也。

高氏愈曰：太宰言六典，猶中庸言九經也。邦國守之爲常經，百官修之爲常職，萬世由之爲常道。由是典則治，不由是典則亂。六典，六官所分掌，而惟大宰兼統之，所以隆其職，冠于五官之上也。

乃施法于官府，而建其正，立其貳，設其考，陳其殷，置其輔。注：正謂冢宰、司徒、宗伯、司馬、司寇、司空也。貳謂小宰、小司徒、小宗伯、小司馬、小司寇、小司空也。考，成也。佐成事者，謂宰夫、鄉師、肆師、軍司馬、士師也。司空亡，未聞其考。疏：鄉師云：「及葬，執纛以與匠師御匶。」注云：「匠師，事官之屬，其於司空，若鄉師之於司徒。」若然，則匠師司空之考，而此云「未聞」者，彼文以義約之，無正文故也。

小宰以官府之六屬舉邦治。一曰天官，其屬六十，掌邦治。大事則從其長，小事則專達。二曰地官，其屬六十，掌邦教。大事則從其長，小事則專達。三曰春官，其屬六十，掌邦禮。大事則從其長，小事則專達。四曰夏官，其屬六十，掌邦政。大事則從其長，小事則專達。五曰秋官，其屬六十，掌邦刑。大事則從其長，小事則專達。六曰冬官，其屬六十，掌邦事。大事則從其長，小事則專達。注：大事從其長，若庖人、內外饔與膳夫共王之食。小事專達，若宮人、掌舍各爲一官。六官之屬三百六十，象天地四時日月星辰之度數，天道備焉。疏：大事從其長，若膳夫食官之長，則下庖人、內外饔、亨人有事皆來諮白膳夫也。小事則專達，若宮人、掌舍，無大事，無長官可諮，自專行事。

王氏應電曰：三百六十之屬，固以六官爲長，而六官之下，又有各司之長。如膳夫爲膳官長，醫師爲醫官長，內宰爲內官長也。有大事焉，則分司之屬承命于各官之長，各司之長又承命于六官之長，而無敢專行；有小事焉，則各司之長專行之。而六官有弗與，或分司之屬專行之，而其長亦弗與。蓋大臣而理小事，則是上侵乎下，而失其大體；小臣而專大事，則是下侵乎上，而撓其大權，其失均矣。

以官府之六職辨邦治。一曰治職，以平邦國，以均萬民，以節財用。二曰教職，以安邦國，以寧萬民，以懷賓客。三曰禮職，以和邦國，以諧萬民，以事鬼神。四曰政職，以服邦國，以正萬民，以聚百物。五曰刑職，以詰邦國，以糾萬民，以除盜賊。六曰事職，以富邦國，以養萬民，以生百物。注：懷，亦安也。賓客來，共其委積，所以安之。聚百物者，司馬主九畿，職方制其貢，各以其所有。

高氏愈曰：六職，即六典也。大宰以天子所統，經綸天下者言之，故謂之典。小宰以百官所掌，紀綱一事者言之，故謂之職。

蕙田案：以上六官之綱。

治官之屬：大宰，卿一人；小宰，中大夫二人；宰夫，下大夫四人；上士八人，中士十有六人，旅下士三十有二人。注：變冢言大，進退異名也。百官總焉，則謂之冢；列職于王，則稱大。冢，大之上也，山頂曰冢。旅，衆也。下士，治衆事者。自大宰至旅下士，轉相副貳，皆王臣也。王之卿六命，其大夫四命，士以三命而下爲差。府六人，史十有二人。注：府，治藏；史，掌書者。凡府、史，皆其官長所自辟除。胥十有二人，徒百有二十人。注：此民給徭役者，若今衛士矣。胥讀如諝，謂其有才知，爲什長。　疏：府、史大例，皆府少而史多。而府又在史上。惟御史史百有二十〔二〕，人特多，而在府上，以其掌贊書多也。有府兼有史，以其當職事繁也。有史而無府，以其當職事少，得史即足故也。至于角人、羽人等，直有府無史，以其當職文書少，而有税物須藏之也。腊人、食醫之等，府、史俱無，以其專官行事，更無所須也。惟天府一官，府特多于史，以其所藏物特重也。有胥必有徒，胥爲什長故也。腊人之類，有徒無胥者，得徒則足，不假長帥也。食醫之類，胥、徒並無者，專官行事，不假胥、徒也。

林氏之奇曰：冢宰，三公之任而命以卿，蓋卿，爵也；冢宰，官也。其爵則卿，其官則三公可以兼之。

王氏昭禹曰：有藏則置府，有書則置史，有號令之事則置徒，有徒則置胥，有市賈之事則置賈也。

蔡氏德晉曰：治典，太宰以卿一人主之，少宰以中大夫二人副之，既已職其要矣，然非多設佐員以職其詳，則治之繁劇者無由理，故更設宰夫以下大夫四人，統領上中下士五十六人，使職治典之詳也。府、史、胥、徒，則吏員也。自太宰至旅下士，凡六十三人，而府、史、胥、徒止百五十人，官甚多而吏甚簡。蓋周時百官各勤于政，吏止取其給，不必過多。且吏簡則易周知其情弊，不至朋比爲姦，以蒙蔽其上。況吏多而禄不給，不得不薄，薄則内顧之念重，不得不爲姦。惟吏簡則禄易給而得厚，則人咸知

〔一〕「百有二十」，原脱「十」字，據光緒本、周禮注疏卷一補。

自愛，然則先王之減省吏員，誠法也。又成周下士，與庶人在官者同禄，則知吏之與官，其位亦不甚懸絶。蓋必取儒雅賢厚之人居之。如漢世博士弟子之明經者，多補太守卒吏，是以吏之流品不雜，此又正本清源之法也。

宫正，上士二人，中士四人，下士八人，府二人，史四人，胥四人，徒四十人。注：正，長也。宫正，主宫中官之長。疏：上大宰至旅下士，總馭群職，故爲上首。自此宫正已下至夏采六十官，隨事緩急爲先後，故自宫正至宫伯二官，主宫室之事，安身先須宫室，故爲先也。自膳夫至腊人，皆供王膳羞、飲食、饌具之事，人之處世，在安與飽，故食次宫室也。自醫師已下至獸醫，主療疾之事，有生則有疾，故醫次食饌也。自酒正至宫人，陳酒飲肴羞之事，醫治既畢，須酒食養身，故次酒肴也。自掌舍至掌次，安不忘危，出行之事，故又次之。自大府至掌皮，並是府藏計會之事，既有其餘，理須貯積，或出或納，宜計會之，故相次也。自内宰至屨人，陳后夫人已下，内教婦功，婦人衣服之事，君子明以訪政，夜以安息，故言婦人于後也。夏采一職，記招魂，以其死事，故於末言之也。

宫伯，中士二人，下士四人，府一人，史二人，胥二人，徒二十人。注：伯，長也。

魏氏校曰：宫正、宫伯皆士，先王燕居宫中，宦侍婦人不得在側，左右前後所與居者惟士耳。程子嘗言于哲宗曰：「人主親賢士大夫之時多，親宦官宫妾之時少，則可涵養德性，薰陶氣質。」得斯義矣。

王氏應電曰：天官之職，宮中爲至要，故小宰、宰夫以宮職爲至重。宮正、宮伯與小宰、宰夫相戒交舉，乃天官之第一義，所以列銜百職之首也。

蔡氏德晉曰：成周天子之衛有四：官正、宮伯所掌，居守環列之衛也。令官吏及士庶子有德行道藝者直宿衛，以養成君德爲務，孟子所謂「在王所者，長幼卑尊皆薛居州，王誰與爲不善」，乃相臣格王要道，故屬冢宰。太僕所掌，侍御僕從之衛也，主于通政令；虎賁所掌，奔趨先後之衛也，取其有勇力，故二者屬司馬。司隷所掌，周防守禦之衛也，令四翟之吏守王之門，外與罪隸同爲五隸，故屬司寇。然別言之則有四衛，合言之止二衛而已。宮正、宮伯所掌，即漢光禄勳所掌之郎衛也。太僕、虎賁、司隷所掌，即漢衛尉所掌之兵衛也。漢之郎衛，類取明經行脩者充之，自議郎外，皆主更直，執戟宿衛諸殿門，出充車騎，光禄勳考其德行而進退之，猶存周官遺法。魏晉以後，郎衛廢，而光禄不復居禁中。至北齊，光禄寺則掌膳羞帳幕而已。

膳夫，上士二人，中士四人，下士八人，府二人，史四人，胥十有二人，徒百有二十人。

注：膳之言善也，今時美物曰珍膳。膳夫，食官之長也。鄭司農以詩説之，曰「仲允膳夫」。

蔡氏德晉曰：養生莫切於飲食，然物性不齊，而四時五臟，各有宜忌。膳夫選擇牲物，和調美善，而後進于王所，以均平其氣體，衛護其生理，非徒以肥甘養口體而已，記以飲食爲人之大欲存焉。而魯共公擇言亦謂必有以酒與味亡其國者，則知飲食之欲，不可不防閑撙節也。人主玉食萬方，苟縱欲不已，小之則如唐時貢荔枝，置遞鋪，至死者相望于道，以爲民害；大之則如商辛之酒池肉林，而宗社爲墟矣。膳夫以禮制王食，以道節王欲，使品物有定，多寡有數，則臣民不得貢四方珍奇之味，人主不得恣口腹無厭之求，此所以成王清心寡欲之德也。且膳夫一飲一食，必與王俱，如晉知悼子卒，平公飲酒，宰夫杜蕢遂入寢而諫是也。是其有助于相臣格君心之職者非小，故膳夫屬之冢宰也。

庖人，中士四人，下士八人，府二人，史四人，賈八人，胥四人，徒四十人。注：庖之言苞也。裹肉曰苞苴。賈，主市買，知物賈。

内饔，中士四人，下士八人，府二人，史四人，胥十人，徒百人。注：饔，割亨煎和之稱。内饔，所主在内。

外饔，中士四人，下士八人，府二人，史四人，胥十人，徒百人。注：外饔，所主在外。

亨人，下士四人，府一人，史二人，胥五人，徒五十人。注：主爲外内饔煮肉者。

朱子曰：陳君舉説天官之職，如膳羞衣服之官皆屬之，此是治人主之身，此説是。

魏氏校曰：今之厨役，古乃以士爲之，事外無道也。後世士多清談鼎鑊之事，以爲賤役，事道判矣。讀周禮者，以此類求之，庶知古人温恭朝夕、執事有恪之義。

甸師，下士二人，府一人，史二人，胥三十人，徒三百人。注：郊外曰甸。師猶長也。甸師，主共野物官之長。

獸人，中士四人，下士八人，府二人，史四人，胥四人，徒四十人。

𩼝人，中士二人，下士四人，府二人，史四人，胥三十人，徒三百人。

鼈人，下士四人，府二人，史二人，徒十有六人。

腊人，下士四人，府二人，史二人，徒二十人。 注：腊之言夕也。

高氏愈曰：自膳夫至腊人，凡十官爲一屬，以其皆奉王飲食之事也。天官自宰夫而下，首列宫官，所以擁衛王居而防肘腋之變。次列食官醫官，所以保護王躬而防意外之虞。三者皆官之至要，固不得以他官先之矣。

醫師，上士二人，下士四人，府二人，史二人，徒二十人。 注：醫師，衆醫之長。

食醫，中士二人。 注：食有和齊，藥之類。

疾醫，中士八人。

瘍醫，下士八人。 注：瘍，創癰也。

獸醫，下士四人。 注：獸，牛馬之類。

黄氏度曰：周冢宰必兼三公，使其燥濕寒暑之不戒，飲食起居之不節，而疾生焉，何以爲師保？

故食醫之調適飲食爲詳，而醫師奉王之事，屬于冢宰。

葉氏時曰：人君一起居，一飲食，不知致謹，皆足以生疾。不統于大臣，則小臣何所忌？西漢以太醫、太官隸少府而統于丞相、御史，猶有周官遺意。至東漢，則尚藥、太官雖如舊，而悉用奄人主之。唐亦隸之内侍省。起居飲食之重，不揆于大臣，而委之奄竪，豈有防微杜漸、葆和毓德之計哉！

蔡氏德晉曰：醫師職在調護王躬，其屬以食醫爲上，治之于未病也。疾、瘍二醫，則治之于已病矣。食醫之法，下及君子，先王之體群臣也。疾瘍之療，徧及萬民，先王之子庶民也。至獸如牛馬之屬，人所任用者，亦不忍其疾瘍而設醫治之，先王愛物之仁至矣。疾醫不使療瘍，内外之證異也。民醫不使療獸，人物之類殊也。人則疾、瘍分爲二職，獸則統于一職，詳于貴而略于賤也。先王經制之善如此，宜其上下恬熙，民無夭札，物無疵癘，以成大和之治也。

酒正，中士四人，下士八人，府二人，史八人，胥八人，徒八十人。注：酒正，酒官之長。

高氏愈曰：自酒正至冪人共九職，亦皆主王飲食供養之事。但女酒、女漿之屬，皆以女人在王宫之内。内外貴有别，故不與膳夫、庖人相次。

酒人，奄十人，女酒三十人，奚三百人。注：奄，精氣閉藏者，今謂之宦人。月令：仲冬，「其器閎以奄」。女酒，女奴曉酒者。古者從坐，男女没入縣官爲奴，其少才知以爲奚，今之侍史官婢。或曰：奚，宦女。

漿人，奄五人，女漿十有五人，奚百有五十人。注：女漿，女奴曉漿者。

凌人，下士二人，府二人，史二人，胥八人，徒八十人。注：凌，冰室也。詩云：「二之日鑿冰沖沖，三之日納于凌陰。」

高氏愈曰：凌人厠于食官者，夏月酒漿籩醢之味，皆利冰之寒故也。

籩人，奄一人，女籩十人，奚二十人。注：竹曰籩。女籩，女奴之曉籩者。

醢人，奄一人，女醢二十人，奚四十人。注：醢，豆實也。不謂之豆，此主醢，豆不盡于醢也。女醢，女奴曉醢者。

醯人，奄二人，女醯二十人，奚四十人。注：女醯，女奴曉醯者。

鹽人，奄二人，女鹽二十人，奚四十人。注：女鹽，女奴曉鹽者。

葉氏時曰：周官鹽人一職，亦以鹽之用而供邦事，未嘗以鹽之利而供邦財也。後世榷利之禁興，方且榷鹽不足而又榷鐵，榷鐵不足而又榷茶，自漢至唐，法日密矣。

冪人，奄一人，女冪十人，奚二十人。注：以巾覆物曰冪。女冪，女奴曉冪者。

梁氏萬方曰：飲食之官，以冪人終之者，致潔以告成全也。

宮人，中士四人，下士八人，府二人，史四人，胥八人，徒八十人。

掌舍，下士四人，府二人，史四人，徒四十人。注：舍，行所解止之處。

幕人，下士一人，府二人，史二人，徒四十人。注：幕，帷覆上者。

掌次，下士四人，府四人，史二人，徒八十人。注：次，自修正之處。

王氏應電曰：宮寢中凡便身煩勞之事，後世皆屬之宦寺，而周公必以屬士人，宜其有承弼啓沃之功，而無逢迎消蝕之禍也。漢猶近古，孔光以名士親執唾壺侍中。後世宮人意亡而治，彌不古若矣。

大府，下大夫二人，上士四人，下士八人，府四人，史八人，賈十有六人，胥八人，徒八十人。注：大府，爲王治藏之長，若今司農矣。

葉氏時曰：周以大府爲府官之長，總司貨賄出入之權，則利權不分，斂散得宜。使分掌于諸司，而不專總于一司，則出財者惟以給辦爲能，用財者惟以濟事爲功，而不顧後之不繼矣。

玉府，上士二人，中士四人，府二人，史二人，工八人，賈八人，胥四人，徒四十有八人。注：工，能攻玉者。

内府，中士二人，府一人，史二人，徒十人。注：内府，主良貨賄藏在内者。

外府，中士二人，府一人，史二人，徒十人。注：外府，主泉藏在外者。

李氏覯曰：玉府掌天子燕私之物，然而爲冢宰之屬，列大府之下，主以上士之官，而司書之要貳，司會之鈎考，皆必及焉。若以御府禁錢付之親幸之手，省闥之中，外人所不覩，法制所不行，比校所不及，則傷財害民，非細故矣。

葉氏時曰：玉府掌王内帑，内府、外府掌王公帑，公帑二而内帑一，以公用多而私用少也。三府各有所掌，而統之以大府，則三府不得行其私。大府雖總其財，而制之以太宰，則大府亦不得行其私。此成周掌財之官然也。

司會，中大夫二人，下大夫四人，上士八人，中士十有六人，府四人，史八人，胥五人，徒五十人。注：會，大計也。司會主天下之大計，計官之長，若今尚書。

司書，上士二人，中士四人，府二人，史四人，徒八人。注：司書，主計會之簿書。

職内，上士二人，中士四人，府四人，史四人，徒二十人。注：職内，主入也，若今之泉所入，謂之少内。

職歲，上士四人，中士八人，府四人，史八人，徒二十人。注：主歲計以歲斷。

職幣，上士二人，中士四人，府二人，史四人，賈四人，胥二人，徒二十人。

葉氏時曰：財之出入，必有會計。司會爲計官之長，而司書貳之。職内、職歲則以出入相考，而職幣復會其餘財焉。不特此也，司裘何與會計，而歲終且會其裘事？掌皮何與財用，而歲終亦會其財齎？以二官而繼于計官之列，則凡事皆會可知。此成周會財之官然也。然以會計之官鈎考掌財、用財之吏，苟其權不足以制，而爲太府者反得以勢臨之，則將聽命之不暇，又安敢校其是非？故太府僅以下大夫二人，司會乃有中大夫二人，下大夫四人，使之以尊臨卑，以多制寡，而後糾察鉤考之勢得行。司會又隸之冢宰，而冢宰以九式節財，以歲終制用，司會又不得以欺之也。故知大府可以統諸府，司會可以臨大府，太宰可以制司會，則理財之法庶乎可得而論矣。後世有爲漢丞相而不知一歲錢穀之出入，謂當責治粟内史；爲唐宰相而曰陳調兵食非宰相事，請罷度支歸有司：彼豈識大府司會兼屬冢宰之意乎！

蔡氏德晉曰：職内、職歲皆無府藏，唯職幣自有府藏。蓋群臣當用公物，已經内外府支出，其用之有餘，則不復更入内外府，故另立職幣，俾收藏之，以供賜予之用。此職之立，有四善焉：一則支給公物，可以稍寬，令辦事得以舒展；一則令群臣不得侵漁公物以入己；一則令群臣不獻羨餘以媚朝廷；一則令君上不得索瑣悉小利，入公帑而充正用。一職立而君臣之道交得矣。

司裘，中士二人，下士四人，府二人，史四人，徒四十人。

掌皮，下士四人，府二人，史四人，徒四十人。

郝氏敬曰：自大府至掌皮十一職，皆貨財之司，而大府與司會爲出入之長。王飲食居處外，財用爲至急。君心荒于侈，與群小因緣爲姦，亦唯財爲甚，故冢宰兼領之。後世宰相領度支，儒者非之，不知後世之失在别設宰相，不在領度支也。

高氏愈曰：司裘、掌皮二職，亦係王服御之事，故屬之冢宰。又以皮裘之事皆有會計，故列諸會計諸官之下。

内宰，下大夫二人，上士四人，中士八人，府四人，史八人，胥八人，徒八十人。注：内宰，宫中官之長。

鄭氏伯謙曰：内宰爲冢宰之屬，則女寵近習，皆畏師保之檢察而無敢踰節。皇父作相，膳夫、内史皆不得人；晉侯近女而惑疾，醫和以爲趙孟之過。古人致君二南之化，其道由此。

内小臣，奄上士四人，史二人，徒八人。注：奄稱士者，異其賢也。

李氏覯曰：餘奄皆不命也。先王不以恩奪義，不以私廢公，雖其褻人，毋得過寵。奄稱士者止于四人，況可爲卿大夫哉！

吕氏祖謙曰：奄位極于上士，先王防患之意蓋微。

閽人，王宫每門四人，囿游亦如之。注：閽人，司昏晨以啓閉者。囿，御苑。游，離宫也。

沈氏彤曰：宫門皋、庫、雉、應、路凡五，當二十人。囿游之門蓋二，又當八人也。囿人，掌囿游之守禁，是游即在囿中。

寺人，王之正内五人。注：寺之言侍也。詩云：「寺人孟子。」正内，路寢。疏：僖二十四年，寺人披請見，自稱刑臣，明寺人奄人也。寺人既掌内人，不掌男子。而秦詩云「欲見國君，先令寺人」者，秦仲時官未備，故寺人兼小臣也。正内謂后之路寢。若王之路寢，不得稱内。先鄭云：「后六宫，前一後五，前一則路寢。」

朱子曰：天官兼嬪御、宦官飲食之事皆總之，則其於飲食男女之欲，所以制其君而成其德者至矣，豈復有後世宦官之弊！古者宰相之任如此。

蔡氏德晉曰：幽王時，周家法度雖壞，猶有寺人孟子惡讒而作巷伯之詩，孔子賢而録之，則成周寺人必選用醇謹老成可知也。今考員止五人而無爵，其職雖得侍御于王，而所掌正内人之事，蓋慎簡而賤役之，周家所以無宦寺之禍也。秦詩云「未見君子，寺人之令」，説者謂秦仲官未備，故寺人兼小臣，得掌男子。然宦寺與外政自此始。厥後卒用趙高，殺扶蘇，弑二世而亡秦，豈非祖宗立法不善之所致與？

内竪，倍寺人之數。 注：竪，未冠者之官名。

方氏苞曰：童稚未有遽犯宫刑者。按春秋傳，庚宗，婦人之子，叔孫以爲竪官，又孔氏之竪渾良夫，長而美，通于伯姬，則竪非刑人也。

九嬪。 注：嬪，婦也。昏義曰：「古者天子后立六宫，三夫人、九嬪、二十七世婦、八十一御妻，以聽天下之内治，以明章婦順，故天下内和而家理也。」不列夫人于此官者，夫人之于后，猶三公之于王，坐而論婦禮，無官職。

世婦。注：不言數者，君子不苟于色，有婦德者充之，無則闕。

女御。注：昏義所謂御妻。御，猶進也，侍也。

朱子曰：五峰以周禮爲非周公致太平之書，謂如天官冢宰却管甚宫闈之事。其意只是見後世宰相請託宫闈，交結近侍，以爲不可。殊不知此正人君治國平天下之本，豈可以後世之弊而併廢聖人之良法美意哉！

薛氏衡曰：内宰所掌，自内豎以上，所以紀綱王宫之治；自九嬪以下，所以輔成王内之治。

女祝四人，奚八人。注：女祝，女奴曉祝事者。

朱子曰：古人立法，無所不備，有是事則立是官，如宫中祈祝之事，專立女祝以掌之，自無後世巫蠱之禍。

女史八人，奚十有六人。注：女史，女奴曉書者。

張子曰：女史八人，書王后言動，以佐内治，及進御煩碎之事，皆書之，故后、夫人以下莫不懼而增德。

典婦功，中士二人，下士四人，府二人，史四人，工四人，賈四人，徒二十人。注：

典，主也。典婦功者，主婦人絲枲功官之長。

典絲，下士二人，府二人，史二人，賈四人，徒十有二人。

典枲，下士二人，府二人，史二人，徒二十人。

陳氏傅良曰：三官悉用士人爲之，先王以此人主奢儉所係，國家利害所關，非士大夫爲之，則害國亂政，必不得已，與内宫相關通，如内小臣、内司服之類，始用宦者耳。

高氏愈曰：婦人不親絲枲，則湛于逸樂而淫邪易生，故立典婦功、典絲、典枲三官以督之。

内司服，奄一人，女御二人，奚八人。注：内司服，主宫中裁縫官之長。有女御者，以衣服進，或當于王，廣其禮，使無色過。

縫人，奄二人，女御八人，女工八十人，奚三十人。注：女工，女奴曉裁縫者。

染人，下士二人，府二人，史二人，徒二十人。

薛氏衡曰：内司服與縫人既主以奄人，而染人特付之命士者。蓋縫綫之事，雖當便于内，而采章之正，不宜使便于内也。

王氏志長曰：染人職掌甚細，然嫌微之際，所關綦重。書懋五服五章，詩關緑衣黄裏，蓋名器之尊卑，後宫之華朴，與其式法淫邪皆係焉，屬之天官固宜已。

高氏愈曰：婦人淫巧，自衣服始。衣服奇邪，自以艷色相誇鬭始，故染人一官，特掌于冢宰，而後宫服飾化于奇邪者鮮矣。

追師，下士二人，府一人，史二人，工二人，徒四人。注：追，治玉石之名。

高氏愈曰：按：追師爲王后及九嬪、世婦首服，止于工二人，其儉約如此。

屨人，下士二人，府一人，史一人，工八人，徒四人。

史氏浩曰：王有弁師，后有追師；王有司服，后有内司服。各有其司，獨于屨人總之者，以爲不足煩二官。

夏采，下士四人，史一人，徒四人。注：夏采，夏翟羽色。禹貢：徐州貢夏翟之羽。有虞氏以爲緌。後世或無，故染鳥羽，象而用之，謂之夏采。

陳氏傅良曰：冢宰一職，惟制御天子身畔之人，一則環衛之人，二則供奉飲膳酒漿之人，三則出納財賄之人，四則宫中使令之人。蓋以此等與天子勢狎，或用内卿，或用女奚，他卿不能誰何，所以冢宰盡制御之。

李氏光地曰：冢宰兼統百官，理萬事，而其要以正君身爲本。故自王及后世子，凡内外之飲食、服用、居處以至閹豎、閽寺、婦職、女功皆兼而掌之。蓋所以相天子脩身、齊家而爲治國、平天下之本，其慮至遠而義至精也。惟小宰、宰夫則佐冢宰，兼總大體，紀綱内外之政。此外，宮正、宮伯則掌宿衛，居守王宮之事，事之最要者也。膳夫、庖人、内饔、外饔、亨人、甸師、獸人、𩵋人、鼈人、腊人、醫師、食醫、疾醫、瘍醫、獸醫、酒正、酒人、漿人、凌人、籩人、醢人、醯人、鹽人、冪人，皆飲食之事；宮人、掌舍、幕人、掌次，皆王寢處次舍之事；大府、玉府、内府、外府，皆蓄藏之事；司會、司書、職内、職歲、職幣，皆會計之事。以上諸職雖兼掌宮内之服食器用，然皆外職也，故以司裘、掌皮繼之，蓋裘皮雖衣服之類，然不出於婦功，故於内職無所附屬，而自内宰以下則皆内職也。内宰、内小臣、閽人、寺人、内豎，皆内之男官；九嬪、世婦、女御、女祝、女史，皆内之女官；典婦功、典絲、典枲、内司服、縫人、染人、追師、屨人、夏采，則皆服飾之事也。服飾成於婦功，故次於内職之後也。

高氏愈曰：先儒言天官一職，凡宿衛之親人，供奉之近密，凡其布列王宮内外，迫近人主左右者，一舉而屬之冢宰。夫是以嬪妃使令之私，無敢蠱惑人主而侵竊大臣之柄者。後世奪大臣之權而授之群臣，散天官之屬而歸之百司，出内廷之士大夫而置之外廷，上不得以臨於下，外不能以制乎内，甚者宰相大臣反仰鼻息于薰腐之輩，豈復有綱紀名分乎？周公深慮遠識，知後世之撓亂國政者，固必皆若輩爲之，故一攝以大宰之權，使不得以乘間竊威福也。

蔡氏德晉曰：天官冢宰之屬，凡六十三職，以太宰、少宰、宰夫爲主，乃總六官者，其屬五項。宮正、宮伯主王宿衛，膳夫以下主王飲食膳羞，宮人以下主王宮室起居，大府以下主國財用會計，内宰以下主王内治，皆迫近人主左右之人，一舉而屬之冢宰，俾得以道法而檢押廢置之，是以嬪妃、閹寺之流，無敢蠱惑人主而侵奪大臣之柄也。或疑如此恐有宰相不賢之弊，不知人主但當慎擇賢宰相而專任之，不當疑忌宰相而分其權，使群小得以乘間而竊威福至重爲國家禍患也。

蕙田案：天官之屬，卿一人，冢宰是也。中大夫四人，小宰、司會各二也。下大夫十二人，宰夫、司會各四，大府、内宰各二也。上士四十六人，中士百一十八人，下士一百七十九人。自冢宰而外，司會則漢之計相，魏、晉之度支尚書，唐之度支使，宋之三司使是也；大府則漢之司農少府是也；宮正則漢之光禄勳是也；内宰則漢之大長秋是也；膳夫即今之光禄寺；醫師即今之太醫院。

教官之屬：大司徒，卿一人。小司徒，中大夫二人。鄉師，下大夫四人，上士八人，中士十有六人，旅下士三十有二人。府六人，史十有二人，胥十有二人，徒百有二十人。注：師，長也。司徒掌六鄉，鄉師分而治之。二人者共三鄉之事，相左右也。

朱子語類：問：司徒職在敷教，而地官言教者甚略，言山陵林麓之事甚詳，何也？曰：須使不饑不寒，五方之民各得其所，教始可施。但其中言教亦不略，如族師、閭胥書其孝、弟、睦、婣、任、恤，屬民讀法之類皆是。

王氏應電曰：六鄉，天子首善之地，多近臣近親，司徒自治而教之，鄉師爲之師長領袖。六遂以及都鄙，皆天子畿内之地。司徒不能徧及，故于六遂特設遂人一職，治而教之，遂師爲之師長領袖。都鄙之治教，則屬諸其長，而有都則、都士、都宗人、朝大夫等官以提挈之。若邦國之治教，則在諸侯，而有牧伯以統率之。然其教法皆本于司徒也。

鄉老，二鄉則公一人。鄉大夫，每鄉卿一人。州長，每州中大夫一人。黨正，每黨下大夫一人。族師，每族上士一人。閭胥，每閭中士一人。比長，五家下士一人。注：老，尊稱也。王置六鄉，則公有三人也。三公者，内與王論道，中參六官之事，外與六鄉之教。其要爲民，是以屬之鄉焉。州、黨、族、閭、比，鄉之屬別。正、師、胥，皆長也。正之言政也。師之言帥也。胥，有才知之稱。載師職曰：「以官田、牛田、賞田、牧田任遠郊之地。」司勳職曰：「掌六鄉之賞地。」六鄉地在遠郊之内，則居四同。鄭司農云：「百里内爲六鄉，外爲六遂。」

王氏安石曰：鄉老，公也，尊之于鄉，憲其言行，不累以事，故稱老。鄉老于司徒之官，非屬而無職。

陳氏傅良曰：周公、畢公以太師保釐東郊，而召公以太保率西方諸侯，蓋二伯兼鄉老者。方叔涖中鄉之師，則卿爲鄉大夫者歟？春秋傳宋二師令鄉而司徒令隧，管仲爲齊，士鄉十五，公與高、國各率其伍。雖損益非古，而列國孤卿亦董鄉事，所以中外相維，而治出於一。

章氏俊卿曰：鄉大夫，卿也。何以謂之大夫？王制曰「諸侯之上大夫卿」，則卿固可謂之大夫矣。大夫，以智帥人者也，故鄉大夫掌鄉之政教禁令，則卿可曰大夫；朝大夫掌都家之國治，則士亦可曰大夫。

高氏愈曰：鄉大夫，萬二千五百家之長。六鄉共有鄉大夫六人，其官以卿爲之，而復稱鄉大夫者，意大夫其本職，而卿特爲加銜，所以别于六遂耳。州長，二千五百家之長，每鄉五州長，六鄉共有州長三十人。黨正，五百家之長，每州五黨正，五州二十五黨正，六鄉共黨正一百五十人。族師，百家之長，每黨五族師，一州二十五族師，六鄉共族師七百五十人。閭胥，二十五家之長，每族四閭胥，一黨共二十閭胥，一州共百閭，六鄉共有閭胥三千人。自鄉大夫至閭胥，皆佐司徒以教其民者，僅有其官而無府、史、胥、徒以爲役，蓋皆里中賢者選而舉之，使各任其鄉之事，與朝廷之卿大夫不同。比長，五家之長，六鄉七萬五千家，共萬五千比長。比長即五家之民，自閭胥以上則爲另設之官，不在齊民之列。

沈氏彤曰：鄉老，三公兼之，鄉大夫不以六卿兼，何也？曰：鄉老無專職，惟及鄉大夫帥其吏而禮賓賢能，以獻其書于上，退而以五物詢衆庶而已，故三公可兼。若鄉大夫，則職專而所掌多，故别置，而不以六卿兼也。如或兼之，亦與公之兼鄉老常暫殊矣。

蔡氏德晉曰：自鄉大夫至比長，自遂大夫至鄰長，皆無府、史、胥、徒，以此皆鄉遂之民，差其等，職其教，非列位于朝而摻刑政之權者也。其爵雖爲卿大夫士，而無官府之設，其禄亦皆受田于鄉遂，與其子弟自耕，以供一家之衣食，而非有禄廩稍餼之班。故下士即上農夫，受田百畝，中士倍下士，上士又倍中士，大夫又倍上士。其所受之田皆私田，而與其鄉民同養公田者也。唯以致仕之公、卿、大夫、士及世禄之子弟爲之，則皆受公田之禄于朝者也。而司徒歲終之考、三歲之比，又視其賢否以進退其爵秩，是以古者之民富貴貧賤，常與其德行才能相稱，而民莫不砥行脩職，以待上之察舉也。

蕙田案：外朝之位，三公及州長百姓北面。三公每一人領二鄉之教，則州長以下皆其屬吏，故皆從三公之位也。鄉老爲兼官，鄉大夫以下皆正官。周禮列地官之職，有鄉大夫而無鄉老，以此。或謂鄉大夫即六卿爲之，恐未然。

封人，中士四人，下士八人，府二人，史四人，胥六人，徒六十人。注：聚土曰封，謂壝堳埒及小封疆也。

高氏愈曰：司徒主民，民依于土，教民安土重遷，莫重于正四封而建社，故鄉官以下，即以封人先之。

鼓人，中士六人，府二人，史二人，徒二十人。

舞師，下士二人，胥四人，舞徒四十人。注：舞徒，給徭役能舞者以爲之。

牧人，下士六人，府一人，史二人，徒六十人。注：牧人，養牲于野田者。詩云：「爾牧來思，何蓑何笠。或負其餱，三十維物，爾牲則具。」

牛人，中士二人，下士四人，府二人，史四人，胥二十人，徒二百人。注：主牧公家之牛者。詩云：「誰謂爾無牛？九十其犉。」犉者九十，其餘多矣。

充人，下士二人，史二人，胥四人，徒四十人。注：充猶肥也。養繫牲而肥之。

方氏苞曰：鼓舞乃民間通用之樂，必屬地官，于教民乃便。牧人掌牧六牲以共祭祀，亦地事也。牧人養牲于田野，充人養牲于國中。

載師，上士二人，中士四人，府二人，史四人，胥六人，徒六十人。注：載之言事也，事民而稅之。載師者，閭師、縣師、遺人、均人官之長。

閭師，中士二人，史二人，徒二十人。注：主徵六鄉賦貢之稅者。鄉官有州、黨、族、閭、比，正言閭者，徵民之稅，宜督其親民者。凡其賦貢入大府，穀入倉人。

縣師，上士二人，中士四人，府二人，史四人，胥八人，徒八十人。注：主天下土地人民已下之數，徵野賦貢也。名曰縣師者，自六鄉以至邦國，縣居中焉。鄭司農云：「四百里曰縣。」

魏氏校曰：縣師主天下之兵賦，不屬之司馬而屬之司徒者，古者寓兵于農，無事則屬之司徒，此經制也；有事而後屬之司馬，此權制也。是故司馬調兵，必檄司徒之屬，先王所以防微也。

蔡氏德晉曰：成周役法與軍法相表裏，其事至煩重，小司徒既兼總之，又特設縣師，以專司其事，而于六遂内更立稍人掌丘乘之法，亦所以佐縣師也。

遺人，中士二人，下士四人，府二人，史四人，胥四人，徒四十人。注：遺，謂以物有所饋遺。

均人，中士二人，下士四人，府二人，史四人，胥四人，徒四十人。注：均猶平也。主平土地之力政者。

高氏愈曰：自載師至均人，共五官爲一類，皆主土地、人民、賦斂、征役之事，宜爲司徒所掌也。

師氏，中大夫一人，上士二人，府二人，史二人，胥十有二人，徒百有二十人。注：師，教人以道者之稱也，保氏、司諫、司救官之長。鄭司農云：詩云：「樀維師氏。」

保氏，下大夫一人，中士二人，府二人，史二人，胥六人，徒六十人。注：保，安也，以道安人者也。書叙曰：「周公爲師，召公爲保，相成王，爲左右。」聖賢兼此官也。

薛氏衡曰：人主居君師之位，將以善天下之民，必先自善其身，先王特設師保之官，責以長善救失之任，使人主無動不善，所以善天下之本。

魏氏校曰：先王有師臣者，有友臣者。于公孤則師之，于師、保氏則友之。師嚴而友親，相須以成德。後世人主不知務，故師友道廢，人臣唯僕僕爲恭。漢置諫議大夫，唐、宋置拾遺補闕，人主曷嘗與之友哉！

蔡氏德晉曰：師、保氏，所以詔諫王者，即所以教世子者也，故父子一德也。所以教世子者，即所以教胄子者也，故君臣一德也。後世另設東宫官屬以教世子，而詔諫王非其職，則世子無嚴憚之心，教胄子又非其職，則世子無切磋之益，其何以養成諸德也？

蕙田案：周、召爲成王師保，乃三公之職，與經所云師氏、保氏不同，鄭合而一之，誤矣。文王世子云「父師司成」，又云「大司成論説在東序」，即地官之師氏，教國子以道者也。

觀承案：師氏、保氏自與師保之尊不同。據文王世子「父師司成」之文，而以師氏、保氏當之，分析最確，可破康成之謬。

司諫，中士二人，史二人，徒二十人。注：諫猶正也，以道正人行。

司救，中士二人，史二人，徒二十人。注：救猶禁也，以禮防禁人之過者也。

鄭氏鍔曰：王者以天下爲一身，己之德成而無過，亦欲天下之民有德行而無過惡。故爲民設司諫，猶己有詔𢿱之師。爲民設司救，猶己有諫惡之保。

調人，下士二人，史二人，徒十人。注：調猶和合也。

媒氏，下士二人，史二人，徒十人。注：媒之言謀也。謀合異類，使和成者。今齊人名麴麩曰媒。

高氏愈曰：自師氏至媒氏，共六官爲一類，主詔諫王，訓國子，而調和匡正，會合其民。司徒掌教，莫切于此。

司市，下大夫二人，上士四人，中士八人，下士十有六人，府四人，史八人，胥十有二人，徒百有二十人。注：司市，市官之長。

王氏曰：地官主教養萬民，士、農、工、商四者而已。六鄉皆士，故鄉大夫而下於德行之教詳。六遂皆農，故遂人而下於稼穡之教詳。市，商人也。司市而下，治教商人之法也。工則當見之于冬官矣。

質人，中士二人，下士四人，府二人，史四人，胥二人，徒二十人。注：質，平也，主平定物賈者。

廛人，中士二人，下士四人，府二人，史四人，胥二人，徒二十人。注：故書「廛」爲「壇」，杜子春讀「壇」爲「廛」，説云「市中空地」。玄謂廛，民居區域之稱。

胥師，二十肆則一人，皆二史。賈師，二十肆則一人，皆二史。司虣，十肆則一人。司稽，五肆則一人。胥，二肆則一人。肆長，每肆則一人。注：自胥師以及司稽，皆司市所自辟除也。胥及肆長，市中給繇役者。胥師領群胥，賈師定物價，司虣禁暴亂，司稽察留連不時去者。

欽定義疏：有爵者自下士始，故知胥師以下非官也。比長治五家，即假以下士之名。胥師、賈師治二十肆，而仍與群胥伍，以是知古之賤末而貴農也。惟不假以爵，故王都而外，鄉遂、都家、公邑，凡小邑聚有列肆者，守土之吏，皆得辟除，以治市政，又所以便民而恤商也。

泉府，上士四人，中士八人，下士十有六人，府四人，史八人，賈八人，徒八十人。

注：鄭司農云：「故書『泉』或作『錢』。」　疏：其職「掌以市之征布」，故與司市連類在此。

易氏祓曰：外府列于天官而泉府列于地官者，以掌市之征布也。

高氏愈曰：自司市至泉府凡十職，皆所以治市。然自胥師至肆長，皆賈氏爲之，地官之屬六十，其人固皆不在數中也。

司門，下大夫二人，上士四人，中士八人，下士十有六人，府二人，史四人，胥四人，徒四十人。每門下士二人，府一人，史二人，徒四人。注：司門，若今城門校尉，主王城十二門。

高氏愈曰：司門，賤役也，而主之以下大夫。蓋凡門關之内，敢于出入犯禁者，類皆豪强兼并之徒，非位尊權重，必不能防閑檢責之。且王城管鑰，原非可輕。倘奸徒竊發，繫尤非小，故官卑者不可以居是職也。在漢有城門校尉，掌城門屯兵，而出從緹騎且百二十者，後世兵備彌嚴也。

司關，上士二人，中士四人，府二人，史四人，胥八人，徒八十人。每關下士二人，府一人，史二人，徒四人。注：關，界上之門。

掌節，上士二人，中士四人，府二人，史四人，胥二人，徒二十人。注：節猶信也，行者所執之信。

高氏愈曰：司門、司關、掌節三官，以其爲貨賄往來交通所係，故屬於司徒市官之後。太宰九賦，其七所謂關市之賦者，蓋皆司市以下諸官掌之矣。

遂人，中大夫二人〔一〕**。遂師，下大夫四人，上士八人，中士十有六人，旅下士三十有二人，府四人，史十有二人，胥十有二人，徒百有二十人。**注：遂人主六遂，若司徒之于六鄉也。六遂之地，自遠郊以達于畿，中有公邑、家邑、小都、大都焉。鄭司農云：「遂謂王國百里外。」

遂大夫，每遂中大夫一人。縣正，每縣下大夫一人。鄙師，每鄙上士一人。酇

〔一〕「二人」，原作「一人」，據味經窩本、乾隆本、光緒本、周禮注疏卷九改。

長，每鄰中士一人。里宰，每里下士一人。鄰長，五家則一人。注：縣、鄙、酇、里、鄰，遂之屬别也。

王氏安石曰：遂官各降鄉官一等，故州謂之長，縣與黨同謂之正，鄙與族同謂之師。

高氏愈曰：六遂之制，與六鄉無殊。遂人之官視小司徒，遂師視鄉師，二官兼總六遂之政。其地大，其事煩，故其設屬之多，胥徒之盛，直擬于冢宰。司徒之六卿，自遂大夫以下，皆所謂民官，其遂大夫統萬二千五百家，視鄉大夫；縣正統二千五百家，視州長；鄙師統五百家，視黨正；酇長統百家，視族師；里宰統二十五家，視閭胥；鄰長統五家，視比長。而其爵，每視鄉官皆卑一級。

旅師，中士四人，下士八人，府二人，史四人，胥八人，徒八十人。注：主斂縣師所徵野之賦穀者也。旅猶處也。六遂之官，里宰之師也。正用里宰者，亦斂民之税，宜督其親民。

稍人，下士四人，史二人，徒十有二人。注：主爲縣師令都鄙丘甸之政也。距王城三百里曰稍。家邑、小都、大都自稍以出焉。

委人，中士二人，下士四人，府二人，史四人，徒四十人。注：主斂甸稍芻薪之賦以共委積者也。

土均，上士二人，中士四人，下士八人，府二人，史四人，胥四人，徒四十人。注：均猶平也，主平土地之政令者也。

草人，下士四人，史二人，徒十有二人。注：草，除草。

稻人，上士二人，中士四人，下士八人，府二人，史四人，胥十人，徒百人。

高氏愈曰：自旅師至稻人，共六職，俱主郊野、米粟、兵車、芻薪、貢賦與夫糞種、作田之事，次于遂人之下，蓋亦猶其屬官而爲之左右者也。

土訓，中士二人，下士四人，史二人，徒八人。注：鄭司農云：「訓讀爲馴，謂以遠方土地所生異物告道王也。爾雅云：『訓，道也。』」玄謂：能訓説土地善惡之勢。

誦訓，中士二人，下士四人，史二人，徒八人。注：能訓説四方所誦習及人所作爲久時事。

林氏之奇曰：土訓之所訓者，土地之圖。誦訓之所訓者，方志之書。

蕙田案：大司徒以天下土地之圖周知九州之地域，識其大者也。土訓掌道地圖，誦訓掌道方志，以告於王，識其小者也。故二官爲司徒之屬。

山虞，每大山中士四人，下士八人，府二人，史四人，胥八人，徒八十人。中山下士六人，史二人，胥六人，徒六十人。小山下士二人，史一人，徒二十人。注：虞，度也，度知山之大小及所生者。

林衡，每大林麓下士十有二人，史四人，胥十有二人，徒百有二十人。中林麓如中山之虞，小林麓如小山之虞。注：衡，平也，平林麓之大小及所生者。竹木生平地曰林，山足曰麓。

川衡，每大川下士十有二人，史四人，胥十有二人，徒百有二十人。中川下士六人，史二人，胥六人，徒六十人。小川下士二人，史一人，徒二十人。注：川，流水也。禹貢曰：「九川滌源。」

澤虞，每大澤大藪中士四人，下士八人，府二人，史四人，胥八人，徒八十人。中澤中藪如中川之衡。小澤小藪如小川之衡。注：澤，水所鍾也。水希曰藪。禹貢曰：「九澤既陂。」爾雅有八藪。

陳氏汲曰：周禮有頒田法，而山澤未嘗頒之民。太宰以九職任萬民，乃有虞衡以作山澤之材，則知畿内山澤皆官物也，特置虞衡之官以掌之。分山、林、川、澤爲上中下三等，而設官有多少之異。却令山澤之農以時入山林川澤，入山林者供薪蒸木材，入川澤者供川澤之奠，以當邦賦。然則周制何以不頒之民，而乃設官以掌之也？民自有之，則有田不耕，趨末者衆矣。今設官以掌，使旁近之民以時而入，俾各供所有，以當邦賦，則上之政令有制，而下之取有節。

迹人，中士四人，下士八人，史二人，徒四十人。注：迹之言跡，知禽獸處。

卝人，中士二人，下士四人，府二人，史二人，胥四人，徒四十人。注：卝之言礦也，金玉未成器曰礦。

角人，下士二人，府一人，徒八人。

羽人，下士二人，府一人，徒八人。

掌葛，下士二人，府一人，史一人，胥二人，徒二十人。

掌染草，下士二人，府一人，史二人，徒八人。注：染草，藍、蒨、象斗之屬。

掌炭，下士二人，史二人，徒二十人。

掌荼，下士二人，府一人，史一人，徒二十人。注：荼，茅莠。

掌蜃，下士二人，府一人，史一人，徒八人。注：蜃，大蛤。月令：孟冬，「雉入大水爲蜃」。

囿人，中士四人，下士八人，府二人，胥八人，徒八十人。注：囿，今之苑。

場人，每場下士二人，府一人，史一人，徒二十人。注：場，築地爲墠。季秋除圃中爲之。詩云：「九月築場圃，十月納禾稼。」

高氏愈曰：自山虞至場人共十五職，皆主山林藪澤及其徵斂之事。蓋太宰九職有山澤之賦，皆此山虞以下諸官掌之也。

廩人，下大夫二人，上士四人，中士八人，下士十有六人，府八人，史十有六人，胥三十人，徒三百人。注：藏米曰廩。廩人，舍人、倉人、司禄官之長。

舍人，上士二人，中士四人，府二人，史四人，胥四人，徒四十人。注：舍猶宫也，主平宫中用穀者也。

倉人，中士四人，下士八人，府二人，史四人，胥四人，徒四十人。

司禄，中士四人，下士八人，府二人，史四人，徒四十人。注：主班禄。

司稼，下士八人，史四人，徒四十人。注：種穀曰稼，如嫁女以有所生。

舂人，奄二人，女舂抌二人，奚五人。注：女舂抌，女奴能舂與抌者。抌，抒臼也。詩云：「或舂或抌。」

饎人，奄二人，女饎八人，奚四十人。注：鄭司農云：「饎人，主炊官也。」特牲饋食禮曰：「主婦視饎爨。」故書「饎」作「𩟓」。

稾人，奄八人，女稾每奄二人，奚五人。注：鄭司農云：「稾讀爲『犒師』之『犒』，主冗食者，故謂之犒。」

高氏愈曰：自廩人至稾人共八職，皆與米粟之事相出入，故類爲一屬。周公以錢幣事屬天官，以米粟事屬地官者，錢幣主流行，米穀主蓄藏，陰陽之義也。且使會計之繁劇，各有所分，而人不得縱其奸。後世以錢穀二事總于户部一官，而筦算之勞，有不勝言矣。

陳氏傅良曰：周禮地官掌教最難曉。以屬官考之，自鄉師至比長，自遂人至鄰長，皆鄉遂之官。自封人至充人，皆疆場畜牧之官。自載師至均人，皆掌財賦征役之事。自司市至泉府，皆掌市井。自司門至掌節，皆掌門關。自旅師、草人、稻人、虞衡以至掌染草、炭、荼、蜃，極于場人、囿人，無非山林、川澤、田疇之官。所謂教官者，師氏、保氏、司諫、司救、調人、鼓人，不過六七而已。當時謂之教典，何也？先王教民，自經界始，八八爲井，五五爲軍，市有奠居，里有聯比，無非習民于正，而寓之以道德之意，俾之分定而慮不易，事同而心臧，生厚而德正，易直而淳龐，以服從上令，是曰教典。師、保、諫、救、調、媒之官，則導孅惡，訓禮行，判合婚冠者也，而豈徒謂是哉！豳詩述風化之由，孟子言王道之本，無非田圃之事，誠知本者也。

李氏光地曰：大司徒主於教民。然教民者以養民爲本，故自土地田野之事，賦税兵車之政，皆司徒掌之。蓋古者養即爲教，教即爲養，養教不相離，非如後世之截然爲二物也。鄉師、鄉老、鄉大夫、州長、黨正、族師、閭胥、比長，皆六鄉之官也。蓋其六鄉之民，居王城之中，其受田在近郊百里之内，其施教最先，其立法最詳。蓋其所謂教民讀法，序齒興賢，其紀綱條具，布之六遂、都鄙、邦國，所以化民成俗，無不由是。故下六遂之官，詳于田野稼穡而略于教事，非遠近異施也，其法已具于六鄉，故於遂略其詞，立文不同而義相備也。封人主封社稷，鼓人、舞師主鼓舞、祭祀，牧人、牛人、充人主祭祀之犧牲，皆國之大事，故次之。載師、閭師、縣師、遺人、均人主賦斂力征之事，故又次之。師氏、保氏、司諫、司救、調人、媒氏掌教萬民德行道藝，匡其過惡，勸其親睦之事，乃教所以成，故又次之。蓋六鄉之官爲之經，而封人以下至媒氏爲之緯，各主其鄉之祭祀、賦役。教化者，經也；又各爲之專官者，緯也。此其序也。司市、質人、廛人、胥師、賈師、司虣、司稽、胥、肆長、泉府皆市官也。司門、司關、掌節皆關吏也。市在王朝之後，關在王城之外，故關、市次於此。而山林川澤之官，則列於六遂之終者，亦重王城之義也。遂人、遂師、遂大夫、縣正、鄙師、酇長、里宰、鄰長皆六遂之官也。旅師、稍人、委人、土均亦主賦役力征之事者也。旅師猶載師也，稍人猶縣師也，委人猶遺人也，土均猶均人也，其職蓋相成，而或屬於鄉，或屬於遂，亦以所職之遠近爲先後之次也。草人、稻人蓋農師也，繼於土均之後，猶師氏、保氏之繼均人，鄉主教而遂主耕也。土訓、誦訓辨四海九州之土宜地俗，因草人、稻人辨地物而並及之也。山虞、林衡、川衡、澤虞、迹人、丱人、角人、羽人、掌葛、掌染草、掌炭、掌荼、掌蜃皆山澤之官也，次於此者，猶關市之次六鄉也。關市近，故内之；山澤遠，故外之也。囿人、場人，園圃之官也，故次山澤也。廩人、舍人、倉人、司禄、司稼、舂人、饎人、槀人，皆倉廩粟米之官也。國之積貯，民之司命，故以是終焉。

蕙田案：地官之屬，卿一人，大司徒是也。中大夫五人，小司徒二，師氏一，遂人二也。下大夫十五人，鄉師四，保氏一，司市二，司門二，遂師四，廩人二也。上士四十八人，中士百四十八人，下士三百三十八人。山虞、林衡、川衡、澤虞皆中下士，其數無考。其鄉遂之官，則卿六人，中大夫三十六人，下大夫百八十人，上士九百人，中士三千七百五十人，下士萬八千人，而郊野之官不與焉。師氏、保氏如後世之經筵講讀及太子師傅。司門如漢之城門校尉。廩人如魏、晉以後之倉部，今之倉場侍郎也。

禮官之屬：大宗伯，卿一人。小宗伯，中大夫二人。肆師，下大夫四人。上士八人，中士十有六人，旅下士三十有二人。府六人，史十有二人，胥十有二人，徒百有二十人。注：肆猶陳也。肆師佐宗伯陳列祭祀之位及牲器粢盛。

薛氏衡曰：肆之爲言陳也，宗伯以明其義，肆師以陳其數。

鬱人，下士二人，府二人，史一人，徒八人。注：鬱，鬱金香草，宜以和鬯。

鬯人，下士二人，府一人，史一人，徒八人。注：鬯，釀秬爲酒，芬香條暢于上下也。秬如黑黍，一稃二米。

鷄人，下士一人，史一人，徒四人。

司尊彝，下士二人，府四人，史二人，胥二人，徒二十人。注：彝亦尊也。鬱鬯曰彝。彝，法也，言爲尊之法也。

司几筵，下士二人，府二人，史一人，徒八人。注：筵亦席也，鋪陳曰筵，藉之曰席，然其言之筵席通矣。

薛氏衡曰：鬱鬯實尊彝而獻之，莅几筵而陳之，故三職相次。

天府，上士一人，中士二人，府四人，史二人，胥二人，徒二十人。注：府，物所藏。言天者，尊此所藏，若天物然。

典瑞，中士二人〔一〕，府二人，史二人，胥一人，徒十人。注：瑞，節信也。典瑞，若今符

〔一〕「二人」，原作「一人」，據光緒本、周禮注疏卷一七改。

璽郎。

典命，中士二人，府二人，史二人，胥一人，徒十人。注：命，謂王遷秩群臣之書。

司服，中士二人，府二人，史一人，胥一人，徒十人。

高氏愈曰：自天府至司服共四官，皆國家典禮之物，名器爵秩所係，宜爲禮官重職也。

典祀，中士二人，下士四人，府二人，史二人，胥四人，徒四十人。

守祧，奄八人，女祧每廟二人，奚四人。注：遠廟曰祧。周爲文王、武王廟，遷主藏焉。奄，如今之宦者。女祧，女奴有才知者。天子七廟，三昭三穆。奚，女奴也。

薛氏衡曰：典祀掌外祀之兆守，守祧掌先王、先公之廟祧。外焉兆守，謹于四郊；内焉廟祧，謹于宗廟。禮之大本在是。

世婦，每宫卿二人，下大夫四人，中士八人，女府二人，女史二人，奚十有六人。

注：世婦，后宫官也。王后六宫。漢始，大長秋、詹事、中少府、太僕亦用士人。女府、女史，女奴有才智者。疏：王后六宫，每宫卿二人，則十二人也。此主婦人，則卿、大夫、士並奄人爲之，是以賈、馬皆云「奄卿也」。

沈氏彤曰：王之六卿六命，十二小卿皆中大夫，四命。九嬪視九卿。此卿十二人，則當視四命中大夫也。天官之世婦，即春官之世婦乎？曰：然。其職同則其人同也。但兩著其職，而爵數獨詳于春官，則未之歸一耳。朱子以周禮爲草本，蓋謂此類也。

蕙田案：賈疏以世婦爲奄人，大謬，豈有奄人而位爲列卿者乎？考天官世婦所掌，與此世婦所掌，大略相同，則其非兩職明甚。

内宗，凡内女之有爵者。注：内女，王同姓之女，謂之内宗。有爵，其嫁于大夫及士者。凡，無常數之言。

外宗，凡外女之有爵者。注：外女，王諸姑姊妹之女，謂之外宗。

冢人，下大夫二人，中士四人，府二人，史四人，胥十有二人，徒百有二十人。注：冢，封土爲丘壠，象冢而爲之。

墓大夫，下大夫二人，中士八人，府二人，史四人，胥二十人，徒二百人。注：墓，冢塋之地，孝子所思慕之處。

職喪，上士二人，中士四人，下士八人，府二人，史四人，胥四人，徒四十人。注：職，主也。

高氏愈曰：人死魂氣歸天，體魄歸地。聖人既立之主，以定其魂，復爲之墓，以藏其魄，故廟之與墓，皆有禮儀而不可忽。而守祧與冢人、墓大夫皆隸于禮官。職喪主諸侯公卿大夫喪禮者，與墳墓之類相近，故冢人、墓大夫以下，即以此繼之。

大司樂，中大夫二人。樂師，下大夫四人，上士八人，下士十有六人，府四人，史八人，胥八人，徒八十人。注：大司樂，樂官之長。

高氏愈曰：凡教人均平其氣體，怡懌其心志，使之優柔漸漬，而自和順于道德者，莫善于樂。故虞廷命夔教胄子，而周官教國子以司樂名官。然虞廷典禮典樂分爲二，而周官以司樂屬之大宗伯，蓋禮，理也；樂，和也。陰陽理而後和，則司樂隷禮官宜矣。

大胥，中士四人。小胥，下士八人。府二人，史四人，徒四十人。注：胥，有才知之稱。禮記文王世子曰：「小樂正學干，大胥佐之。」

鄭氏鍔曰：閭胥以胥名之，謂其才智足以長人。樂官亦名胥。胥者，相也，惟有才智，然後能相人。

太師，下大夫二人。小師，上士四人。瞽矇，上瞽四十人，中瞽百人，下瞽百有六十人，眡瞭三百人，府四人，史八人，胥十有二人，徒百有二十人。注：凡樂之歌，必使瞽矇爲焉。命其賢知者，以爲大師、小師。晉杜蒯云：「曠也大師也。」「眡」讀爲「虎眡」之「眡」。瞭，目明者。鄭司農云：「無目眹謂之瞽，有目眹而無見謂之矇，有目無眸子謂之瞍。」

高氏愈曰：大司樂，學官之長。大師，教樂之官之長，小師其副也。古人重樂，謂其可以格神明，馴鳥獸，故其官特以下大夫爲之。瞽矇其別有上中下者，蓋亦以審音之優劣定其差。

典同，中士二人，府一人，史二人，胥二人，徒二十人。注：同，陰律也。不以陽律名官者，因其先言耳。書曰：「協時月正日，同律度量衡。」太師職曰：「執同律以聽軍聲。」　疏：引書及大師職證同在律上之義。孔注尚書：「律爲法制，當齊同之。」則同不爲陰律，與鄭義別。

王氏安石曰：典同，則律可知。

高氏愈曰：不以陽律名官者，陽待陰之和，舉其全也。

磬師，中士四人，下士八人，府四人，史二人，胥四人，徒四十人。

鐘師，中士四人，下士八人，府二人，史二人，胥六人，徒六十人。

笙師，中士二人，下士四人，府二人，史二人，胥一人，徒十人。

鎛師，中士二人，下士四人，府二人，史二人，胥二人，徒二十人。注：鎛，如鐘而大。

高氏愈曰：八音，金石爲重，故先鐘磬二師。笙師于匏、土、竹、木四音皆教而耑稱笙師者，以笙之用獨多也。鎛師主革音而以鎛名官者，以主鼓其金奏也。

韎師，下士二人，府一人，史一人，舞者十有六人，徒四十人。注：鄭司農說以明堂位曰：「『韎東夷之樂』讀如『味飲食』之『味』。」杜子春讀「韎」爲「菋荎著」之「菋」，玄謂如「韎韐」之「韎」。

旄人，下士四人，舞者衆寡無數，府二人，史二人，胥二人，徒二十人。注：旄牛尾，舞者所持以指麾。

陸氏佃曰：王者舞先王之樂，明有法也；舞當代之樂，明有制也；舞四夷之樂，明有懷也。鄭氏鍔曰：作四夷之樂，當從其國，不變其俗。故韎師所服者赤韎，示不變其所服；旄人所執者牛尾，示不變其所執；鞮鞻氏所履者革履，示不變其所履。

籥師，中士四人，府二人，史二人，胥二人，徒二十人。注：籥，舞者所吹。春秋宣八年：「壬午，猶繹，萬入去籥。」傳曰：「去其有聲，廢其無聲者。」詩云：「左手執籥，右手秉翟。」

籥章，中士二人，下士四人，府一人，史一人，胥二人，徒二十人。注：籥章，吹籥以爲詩章。

鄭氏鍔曰：迎寒逆暑，祈年祭蜡，古之詩無不可用，乃專用豳籥吹豳詩者，蓋以先公開國于豳，稼穡、蠶桑，勤力重本，極王業之艱難。周公念其祖先務農之勤，教民之悉，風俗之厚，故四時祈祭，皆用豳籥吹豳詩，而以籥章名官。

鞮鞻氏，下士四人，府一人，史一人，胥二人，徒二十人。注：鞻讀如屨也。鞮屨，四夷舞者所扉也，今時倡蹋鼓沓行者，自有扉。

典庸器，下士四人，府四人，史二人，胥八人，徒八十人。注：庸，功也。鄭司農云：「庸器，有功者鑄器銘其功。春秋傳曰：『以所得於齊之兵作林鐘，而銘魯功焉。』」

司干，下士二人，府二人，史二人，徒二十人。注：干，舞者所持，謂楯也。春秋傳曰：「萬者何？干舞也。」

高氏愈曰：自典同至司干共十二職，皆太師之屬，而總隸于大司樂也。

大卜，下大夫二人。卜師，上士四人。卜人，中士八人，下士十有六人，府二人，史二人，胥四人，徒四十人。注：問龜曰卜。大卜，卜筮官之長。

高氏愈曰：大卜、卜師、卜人三官同署，而龜人以下四官皆其屬也。先王所以同民患，前民用，使人通陰陽造化之幾而趨吉避凶者，莫過於卜筮。觀洪範九疇嵩以稽疑繫之，則其重可知矣。占夢、眡祲二官，所以考休咎而察災祥，亦其類也，故附焉。大卜、卜師、卜人官至三十人之多者，蓋神明之事微妙而難窺，當主多人以相參決也。

蕙田案：洪範「稽大疑，則謀及卜筮」，易稱「定天下之吉凶，成天下之亹亹，莫大乎蓍龜」，故先王以卜筮爲重。殷人建天官，先六大，而大卜居其一。周禮大卜，以下大夫爲之。而滕侯之先，以王室懿親爲周卜正。則三代以上，未嘗以方技目之矣。古人先卜而後筮，春秋傳亦云「筮短龜長」，此筮人之官領於大卜，蓋古制然也。至孔子贊易，列于六經，而卜龜之法不傳，人始重筮而輕卜矣。

龜人，中士二人，府二人，史二人，工四人，胥四人，徒四十人。注：工，取龜攻龜。

菙氏，下士二人，史一人，徒八人。注：燋焌用荆菙之類。

占人，下士八人，府一人，史二人，徒八人。注：占蓍龜之卦兆吉凶。

簭人，中士二人，府一人，史二人，徒四人。注：問蓍曰筮，其占易。

占夢，中士二人，史二人，徒四人。

眡祲，中士二人，史二人，徒四人。注：祲，陰陽氣相侵，漸成祥者。魯史梓慎云：「吾見赤黑之祲。」

朱子曰：聖人雖至小事，必用其敬。如夢，亦有官掌之。

鄧氏元錫曰：卜筮、占夢，即人占天也。眡祲，以天占人也。

欽定義疏：殷宗恭默，傅説見夢；夢協朕卜，武王以誓師。大人之占，著於小雅。傳記所載祲祥凶變，先見于夢兆者多矣。故周公特設掌夢之官，與卜筮、眡祲相間，皆聖人畏天省躬，精誠之所貫注也。

大祝，下大夫二人，上士四人。小祝，中士八人，下士十有六人，府二人，史四人，胥四人，徒四十人。注：大祝，祝官之長。

薛氏衡曰：卜也者，先王所以求諸幽，以決吾心之疑。祝也者，先王所以告諸幽，以薦吾心之信。此序官之相爲先後與？

王氏志長曰：别立喪祝、詛祝、甸祝，不以干大小祝者，達誠于鬼神示，欲其心無所淆，得專致其寅清也。

喪祝，上士二人，中士四人，下士八人，府二人，史二人，胥四人，徒四十人。

甸祝，下士二人，府一人，史一人，徒四人。注：甸之言田也。田狩之祝。

詛祝，下士二人，府一人，史一人，徒四人。注：詛〔一〕，謂祝之使沮敗也。

司巫，中士二人，府一人，史一人，胥一人，徒十人。注：司巫，巫官之長。

男巫無數，女巫無數，其師中士四人，府二人，史四人，胥四人，徒四十人。注：巫，能制神之處位次主者。

王氏志長曰：程子嘗言天人一也，但常人神氣昏塞，有所隔而不能相通，聖人能通幽明而一之，此卜筮、占夢、眂祲、馮相、保章、巫祝、醫官所由設也。蓋王心一動，鬼神與知善惡，纖微皆與造化流通而無間，内而徵於夢寐，有獻贈之法；外而動乎四體，有養治之宜；明而見於蓍龜，以詔救政；幽而祈於鬼神，以求福佑；上而觀象於三辰，以辨序事，故曰「王前巫而後史。卜筮、瞽侑皆在左右，王中心無爲也，以守至正」，其此之謂與？

〔一〕「詛」，諸本脱，據周禮注疏卷一七補。

大史，下大夫二人，上士四人。小史，中士八人，下士十有六人。府四人，史八人，胥四人，徒四十人。注：大史，史官之長。

王氏與之曰：史官公道所係，清議所出，君相一有過舉，史氏直書，正蘇子由所謂「宰相操一時之賞罰，史官明萬世之是非」者，此所以權重宰相，列之春官，雖太宰不得統攝之。

陳氏曰：太史蓋掌記録，明卜候，故凡郡國記書及天官星憲之書，皆藏于此。晉韓宣子適魯，觀書於大史，見易象與魯春秋，則知凡書皆藏大史矣。楚昭王時，有雲如衆，赤烏夾日以飛。楚子使問之周太史，則知太史兼明天象矣。

高氏愈曰：大史掌國家一切禮法，當屬禮官，而得以鈎考邦國官府之治，其相亞太宰而略與司會權埒。漢人以郡國計書先上大史，猶仍周官之法。至掌天時告朔之禮，又合後世欽天監職而兼之，故馮相、保章司推算占候爲其屬。自後漢至隋，惟魏明帝史職領中書，其餘多領秘書，而變爲著作局，國史纂修實録之屬矣。

馮相氏，中士二人，下士四人，府二人，史四人，徒八人。注：馮，乘也。相，視也。世登高臺，以視天文之次序，天文屬大史。月令曰：「乃命大史，守典奉法，司天日月星辰之行，宿離不貸。」

保章氏，中士二人，下士四人，府二人，史四人，徒八人。注：保，守也，世守天文之變。

高氏愈曰：馮相主推步，保章主占候。推步者，司天文之常。占候者，司天文之變。此則唐虞羲和之職，而周公列之爲二，繫之以氏，蓋亦世掌其官者。

內史，中大夫一人，下大夫二人，上士四人，中士八人，下士十有六人，府四人，史八人，胥四人，徒四十人。

王氏詳說：玉藻曰：「左史書動，右史書言。」以左傳考之，左史即大史，右史即內史。襄二十五年載齊大史書崔杼之事，非書動乎？僖二十八年，王命內史策命晉侯，非書言乎？

高氏愈曰：內史於王，生殺大柄皆參與，而一切誥命策令，皆出其手。蓋爲天子最親密之臣，書稱大史友、內史友，而家語云「古者天子以內史爲左右手」，則倚任之重可知。

外史，上士四人，中士八人，下士十有六人，胥二人，徒二十人。

陳氏傅良曰：內史，猶今內制，翰林也。外史，猶今外制，舍人也。凡策命之出，黜陟予奪，其與人主圖之者，冢宰也，而以二史屬春官，冢宰詔王，大宗伯之屬，得以陳誼補過於其間，故號令罔不臧而賞罰公，亦三公所以集衆思、昭令聞也。

高氏愈曰：其官無府史，蓋闕文。

御史，中士八人，下士十有六人，其史百有二十人，府四人，胥四人，徒四十人。

注：御，猶侍也，進也。其史百有二十人，以掌贊書人多也。

呂氏祖謙曰：御史之名，見於周官，以中下士爲之，特小臣耳。至于戰國，其職益親，故獻書多云獻書于大王、御史。秦、趙澠池之會，令御史書事。淳于髡亦云：「御史在後，執法在傍。」是又掌記事、糾察之任也。至秦皇衡石程書，侍御史之權益重。漢以後，御史大夫直與丞相分權矣。

蕙田案：自大史以下皆史官。大史位下大夫，卑於内史，而列職在其前者，大史兼掌天事，内史專掌人事，古者以天事爲重故也。馮相、保章，大史之屬，故次之。漢以内史治三輔，而御史大夫班亞丞相，謂之副相，與周禮名同而實異。惟大史令即周大史之職。凡郡國計書先上大史，以其副下丞相，與周禮掌六典法則之意同。而司馬遷以爲近於卜祝之流，則其權益輕矣。

巾車，下大夫二人，上士四人，中士八人，下士十有六人，府四人，史八人，工百人，胥五人，徒五十人。注：巾猶衣也。巾車，車官之長。

典路，中士二人，下士四人，府二人，史二人，胥二人，徒二十人。注：路，王之所乘車。

車僕，中士二人，下士四人，府二人，史二人，胥二人，徒二十人。

司常，中士二人，下士四人，府二人，史二人，胥四人，徒四十人。注：司常，主王旌旗。

高氏愈曰：先王所以明上下、列貴賤、辨等威、異物采者，自衣服宮室而外，莫過于車旗。後世名分僭差，亡等冒上，多自此始。故巾車、司常二官爲禮官重職。

都宗人，上士二人，中士四人，府二人，史四人，胥四人，徒四十人。注：都，謂王子弟所封及公卿所食邑。

家宗人，如都宗人之數。注：家，謂大夫所食采邑。

易氏祓曰：天子有宗伯，諸侯有宗人。春秋夏父弗忌爲宗人，此諸侯之宗人也。内諸侯亦有宗人，都宗人、家宗人是已。

高氏愈曰：宗人主都家之禮，猶天子之宗伯，不敢稱伯，稱宗人而已。都司馬云每都，朝大夫云每國，此不言者，缺文也。春官有都家宗人，夏官有都家司馬，秋官有都家士，是祭祀兵刑大事，禮樂征伐，大權俱不下移而一統于上。此大都耦國之禍，所以不見於先王之世也歟？

蕙田案：春秋傳「鄭公孫黑肱有疾，召室老、宗人立段」，則諸侯之大夫亦設宗人矣。

凡以神士者無數，以其藝之貴賤爲之等。注：以神士者，男巫之俊，有學問才知者。藝謂禮、樂、射、御、書、數。高者爲上士，次之爲中士，又次之爲下士。　疏：有即入之，故無常數。在都家之下者，欲見都家之神，亦處置之。

易氏祓曰：春官設屬，最有統紀。所典之禮，五禮爲先。五禮之中，吉禮爲本。是蓋天秩天叙，自然之理。觀大宗伯，其用亦博矣，實以天神、人鬼、地示爲主，然後小宗伯爲之建國之神位，肆師爲之立國祀之禮，而五禮從之。自其設屬而言，雖五禮之用爲不同，莫先于祭祀之禮，於是因禮事之緩急而爲職掌之先後。祭祀始于祼，而告時、告備之禮行焉，故鬱人先之，鬯人次之，鷄人次之，尊彝、几筵、瑞玉、命服之官又次之。以至内、外祭祀，無不畢舉，而凶禮爲謹終之事，此冢、墓、職喪所以居五禮之末。掌禮之職備矣。禮之所至，樂亦至焉。又自大司樂以至司干，凡二十職，皆列于禮官之次。蓋聖人制禮，所以檢柅人心，而歸之于中，使之周旋鼓舞于聲容之間，而至敬存焉。是樂之爲用，皆所以輔成乎是禮者也。然禮者，理也，所以經理斯世者，苟有一毫之不盡，亦不足以爲禮之至。又自太卜而下，皆卜筮之事；太祝而下，皆巫祝之事；太史而下，皆紀策書之事，是雖文爲制度之末，而天秩天叙實寓其間。聖人率是而行之，始于宫庭，達于天下，其道甚大，百物不廢，復以神士者終焉。寧非吉禮爲五禮之本乎？

李氏光地曰：宗伯職掌邦禮，而以祭祀爲主，蓋所以治神人而和上下，故凡有事於禮及司神之官皆屬焉。小宗伯、肆師，佐大宗伯者也。其次則鬱人、鬯人、鷄人、司尊彝、司几筵，皆掌祭祀之重器。其次則天府、典瑞、典命、司服，皆掌禮秩之大儀。又其次典祀、守祧、世婦、內宗、外宗，則守廟兆之官及祭祀之職也。又其次冢人、墓大夫、職喪，則守墓域之官及喪事之職也。行禮必有樂，然後神人以和，故大司樂、樂師、大胥、小胥、大師、小師、瞽矇、眡瞭、典同、磬師、鐘師、笙師、鎛師、韎師、旄人、籥師、籥章、鞮鞻氏、典庸器、司干，皆樂官之屬也。卜、祝、筮、史，明鬼神之理，通陰陽之道，故次於司樂之後，而俱隸於宗伯之職。太卜、卜師、龜人、菙氏、占人、簭氏、占夢、眡祲，卜官之屬也。大祝、小祝、喪祝、甸祝、詛祝，祝官之屬也。司巫、男巫、女巫，巫官之屬也。大史、小史、馮相氏、保章氏、內史、外史、御史，史官之屬也。巾車、典路、車僕、司常，掌車旌之事，宜次於典命、司服，而叙在巫史之後，蓋車所以乘，旗載於車，後之者，貴賤之等也。都宗人、家宗人，主食邑采地之官，後之者，內外之辨也。凡以神仕者無常數，未有官職，故又後之也。

蕙田案：春官之屬，卿一人，大宗伯也。中大夫五人，小宗伯二，大司樂二，内史一也。下大夫二十四人，肆師四，冢人二，墓大夫二，樂師四，大師二，大卜二，大祝二，大史二，内史二，巾車二也。上士五十三人，中士一百五十八人，下士二百七十五人，瞽矇、眡瞭皆三百人，男巫、女巫，凡以神士者無數。内官則卿十二人，下大夫二十四人，中士四十八人，内宗、外宗無常數焉。大司樂即虞書典樂教胄之職，後世别立國子監，而樂官領於太常，分爲二職，與古制異矣。内史即唐、宋兩制之任，明初以學士入閣辦事，與周官設内史之意同，其後委任益重，遂爲輔弼之臣，諸曹莫能抗矣。

右周禮官制上

五禮通考卷二百十五

嘉禮八十八

設官分職

周禮官制下

周禮：政官之屬：大司馬，卿一人；小司馬，中大夫二人；軍司馬，下大夫四人；輿司馬，上士八人；行司馬，中士十有六人，旅下士三十有二人，府六人，史十有六人，胥三十有二人，徒三百有二十人。注：輿，衆也。行，謂軍行列。晉作六軍而有三行，取名於此。疏：史、胥、徒獨多於四官者，軍事尚嚴，特須監察故也。

黄氏度曰：司馬置屬與五官稍異，小司馬而下，有軍司馬、輿司馬、行司馬。輿司馬掌車，行司馬掌徒，軍司馬兼掌之。

蕙田案：春秋之世，晉作三軍，以其將佐爲六卿，而每軍別置司馬，即周禮之軍司馬也。

凡制軍，萬有二千五百人爲軍。王六軍，大國三軍，次國二軍，小國一軍，軍將皆命卿。二千五百人爲師，師帥皆中大夫。五百人爲旅，旅帥皆下大夫。百人爲卒，卒長皆上士。二十五人爲兩，兩司馬皆中士。五人爲伍，伍皆有長。注：軍、師、旅、卒、兩、伍，皆衆名也。伍一比，兩一閭，卒一族，旅一黨，師一州，軍一鄉，家所出一人。將、帥、長、司馬者，其師吏也。言軍將皆命卿，則凡軍帥不特置，選於六官、六鄉之吏。自鄉以下，德任者使兼官焉。一軍則二府，六史，胥十人，徒百人。

司勳，上士二人，下士四人，府二人，史四人，胥二人，徒二十人。注：鄭司農云：「勳，功也。此官主功賞，故曰掌六鄉賞地之法，以等其功。」疏：軍以賞爲先，故首司勳〔一〕。

〔一〕「司勳」下，原有「注」字，據味經窩本、乾隆本、光緒本、周禮注疏卷二八删。

陳氏傅良曰：六功戰居一，而司勳隸政官，何也？軍政賞不踰時，屬之他官，則司存散隔，文告回復，而壅底之患生，況有害功者乎？

馬質，中士二人，府一人，史二人，賈四人，徒八人。注：質，平也。主買馬平其大小之賈直。

薛氏衡曰：馬質宜爲校人之屬，今列此者，校人兼掌六馬，而戎馬之用尤多，其事尤急。先儒謂序官先後不以尊卑，直取事急者居前、事緩者居後是也。

量人，下士二人，府一人，史四人，徒八人。注：量，猶度也，謂以丈尺度地。疏：以其掌營軍之壘舍，量其市朝州涂軍社之所理，其間雖有餘事，要以軍事爲重，故列職於此。

小子，下士二人，史一人，徒八人。注：小子，主祭祀之小事。

羊人，下士二人，史一人，賈二人，徒八人。

司爟，下士二人，徒六人。注：故書「爟」爲「焳」。杜子春云：「焳當爲爟，書亦或爲『爟』。爟爲私火。」玄謂爟讀如「予若觀火」之「觀」，今燕俗名湯熱爲爟〔一〕，則爟火謂熱火與？

陳氏傅良曰：司爟之職，此聖人觀天地之變，順陰陽消息之宜，察寒暑往來之節，故得裁成輔相

〔一〕「爟」，諸本作「觀」，據周禮注疏卷二八改。

之道，此意極大。

王氏應電曰：萬物所以得生者，陰陽二氣而已。陽之盛爲火之熱，而物以暢茂條達，否則萎而不榮。陰之極爲冰之寒，而物以縮聚凝結，否則散而不收。然火有出入，當出而太早，則過盛而爲災，當伏而不伏，則錯行而傷陰，此春秋所以出火納火也。冰有藏啓，藏之以抑伏藏之火，俾之伏息，啓之以發沉伏之陰，俾得制火，此冬春所以藏冰開冰也。周公設司爟、凌人二職，調元之道也。若秋官司烜氏，但取火之名以爲用而已。

高氏愈曰：自司勳至司爟共六官，各有司存而不相統攝。然司勳以下三官，夏官所重。而司爟、羊人，協于大夏南方之火，故先列之。

掌固，上士二人，下士八人，府二人，史四人，胥四人，徒四十人。注：固，國所依阻者也。國曰固，野曰險。易曰：「王公設險以守其國。」

司險，中士二人，下士四人，史二人，徒四十人。

掌疆，中士八人，史四人，胥十有六人，徒百有六十人。注：疆，界也。

候人，上士六人，下士十有二人，史六人，徒百有二十人。注：候，候迎賓客之來者。

環人，下士六人，史二人，徒十有二人。注：環猶卻也，以勇力卻敵。

挈壺氏，下士六人，史二人，徒十有二人。注：「挈」讀如「絜髮」之「絜」〔一〕。壺，盛水器也。世主挈壺水以爲漏。

高氏愈曰：自掌固至環人共五官，皆主封疆、防禦、巡徼之事。禦奸宄而察非常，宜在所先矣。而挈壺氏縣壺戒夜，亦軍務所重，故附焉。明代欽天監有挈壺正一人，蓋猶用此名。但周官以縣壺警夜爲重，故屬之司馬。後世以定晷刻、分晝夜爲重，故屬之司天監耳。

射人，下大夫二人，上士四人，下士八人，府二人，史四人，胥二人，徒二十人。疏：射，武事，故在此。

薛氏衡曰：先王於祭祀則有射，於燕饗則有射，文事而兼武守，重其職，故以下大夫爲之。

服不氏，下士一人，徒四人。注：服不，服不服之獸者。

射鳥氏，下士一人，徒四人。疏：射鳥亦武事，故在此。

黄氏度曰：射人與司士、諸子聯職，而以服不氏以下四官參其間。服不氏待獲，射鳥氏取矢，終射義也。

羅氏，下士一人，徒八人。注：能以羅網搏鳥者。郊特牲曰：「大羅氏，天子之掌鳥獸者。」

〔一〕「絜」，諸本作「挈」，據周禮注疏卷二八改。

掌畜，下士二人，史二人，胥二人，徒二十人。注：畜謂斂而養之。

高氏愈曰：自服不氏至掌畜凡四官，或養獸，或養鳥，或射羅鳥，其職相類。而服不、射鳥二官，皆有職於射者，故次于射人之下。王氏傳則以爲，天文南方爲朱鳥，故掌畜屬之夏官也。

司士，下大夫二人，中士六人，下士十有二人，府二人，史四人，胥四人，徒四十人。疏：其職掌詔爵禄，贊大司馬「進賢興功」，故列職於此。

郝氏敬曰：案王制「大司樂論造士，升之司馬，司馬論進士之賢者，告于王而官之」，故司士爲司馬之屬。

蕙田案：殷制以司士與司徒、司馬、司空、司寇並列爲五官，至周禮改爲司馬之屬。然以下大夫爲之，則其任亦重矣。

諸子，下大夫二人，中士四人，府二人，史二人，胥二人，徒二十人。注：諸子，主公卿大夫士之子者，或曰庶子。

司右，上士二人，下士四人，府四人，胥八人，徒八十人。注：右謂有勇力之士，充王車右。

高氏愈曰：戎右、齊右，係中下大夫，而司右爲上士者，蓋司右所掌，但國中勇力之士，能用五兵而爲群車之右者耳。若戎右、齊右，皆于群右之中選其德力之尤者，而又積日累勞，功績顯著，始居其官，則其爵已尊于群右之上，而非復司右之屬矣，故其官另立而不次于其下。自司士至司右，凡三職，一掌群臣之版，一掌國子之倅，一掌群右之政，其職相類，而各不相統也。

虎賁氏，下大夫二人，中士十有二人，府二人，史八人，胥八十人〔一〕**，虎士八百人。**

注：不言徒，曰虎士，則虎士徒之選有勇力者。

呂氏祖謙曰：周公戒成王，以虎賁與任人、牧人、準人並言，蓋侍衛僕御，朝夕親比，必得正人，漸移默化，故慎虎賁、綴衣之選，乃養成君德詳密處。

旅賁氏，中士二人，下士十有六人，史二人，徒八人。

節服氏，下士八人，徒四人。 注：世爲王節所衣服。

方相氏，狂夫四人。 注：方相，猶言放想，可畏怖之貌。

王氏應電曰：其職主執兵以逐疫，亦用武以正其不正之事，故屬夏官。

高氏愈曰：自旅賁至方相，皆當爲虎賁之屬。

大僕，下大夫二人。小臣，上士四人。祭僕，中士六人。御僕，下士十有二人。府二人，史四人，胥二人，徒二十人。 注：僕，侍御於尊者之名。大僕，其長也。

〔一〕「八十八」，原脱「十」字，據光緒本、周禮注疏卷二八補。

隸僕，下士二人，府一人，史二人，胥四人，徒四十人。注：此吏而曰隸，以其事褻。

薛氏衡曰：上而正君心于周旋密勿之間，下而通人情于勢分難通之際，太僕以之率其僚，庶僚以之助其長，上下交孚，內外無壅，天下之政，此其本也。

高氏愈曰：大僕主王服位，傳王大命，可以旦夕承輔王者。穆王命伯冏爲大僕，而以繩愆糾繆、格其非心望之，蓋係於君德之重如此。小臣、御僕、祭僕皆其屬，皆大僕所得自辟除，冏命所謂「慎簡乃僚」者如此。其官則唐、虞之納言，漢之公車令，唐之門下省，宋之直登聞鼓院，而明之通政使也。其屬之夏官者，軍政機密，尤宜速達於王故也。後世以太僕之官耑典牧馬之政，則名存而實亡矣。隸僕，亦大僕之屬。

弁師，下士二人，工四人，史二人，徒四人。注：弁者，古冠之大稱。

王氏應電曰：弁，首服之次於冕者。自天子以下皆服之。冕則不常服，故冕雖尊，而獨以弁稱。

蕙田案：大僕掌正王之服位，故弁師亦隸焉。

司甲，下大夫二人，中士八人，府四人，史八人，胥八人，徒八十人。注：甲，今之鎧也。司甲，兵、戈盾官之長。

司兵，中士四人，府二人，史四人，胥二人，徒二十人。

司戈盾，下士二人，府一人，史二人，徒四人。注：戈，今時句孑戟。

司弓矢，下大夫二人，中士八人，府四人，史八人，胥八人，徒八十人。注：司弓矢，弓弩矢箙官之長。

繕人，上士二人，下士四人，府一人，史二人，胥二人，徒二十人。注：繕之言勁也，善也。

槀人，中士四人，府二人，史四人，胥二人，徒二十人。注：鄭司農云：「槀讀爲『芻槀』之『槀』。箭幹謂之槀。此官主弓弩箭矢，故謂之槀人。」

高氏愈曰：甲兵、弓矢俱軍需重器，故設司甲至槀人六官，而其官之尊者或至於下大夫，其慎重如此，與後世以武庫兵器賜弄臣者異矣。

戎右，中大夫二人，上士二人。注：右者，參乘。此充戎路之右。田獵亦爲之右焉。

齊右，下大夫二人。注：充玉路、金路之右。

道右，上士二人。注：充象路之右。

方氏苞曰：戎右以中大夫，齊右以下大夫，道右以士者。右取其武，故戎右宜尊，賓祭尚嚴，故次之。朝夕視朝，武非所尚也。右以戎兼田，以祀兼賓，而僕各異者。右主捍衛其事，可兼賓祀。師田、車行異節，必各有專僕，而後事可閑也。

大馭，中大夫二人。注：馭之最尊。

戎僕，中大夫二人。注：馭言僕者，此亦侍御于車。

齊僕，下大夫二人。注：古者王將朝覲會同，必齊，所以敬宗廟及神明。

道僕，上士十有二人。注：王朝朝莫夕，主御王以與諸臣行先王之道。

田僕，上士十有二人。

馭夫，中士二十人，下士四十人。疏：案校人良馬三十六匹一馭夫，計良馬二千一百六十四，則六十馭夫。駑馬，一馭夫主四百三十二匹，駑馬千二百九十六匹，則馭夫三人，併前六十三人，與此不合者，蓋序官脱三人也。

薛氏衡曰：右與僕皆身任其事，故無府、史、胥、徒。

王氏應電曰：馭者通謂之僕，惟大馭不稱僕者，以前有大僕，不可混也。

高氏愈曰：自戎右至馭夫共九職，皆僕車右馭車之官，與夏官戎政正相屬。

校人，中大夫二人，上士四人，下士十有六人，府四人，史八人，胥八人，徒八十人。注：校之爲言校也。主馬者必仍校視之。校人，馬官之長。

趣馬，下士皁一人，徒四人。注：趣馬，趣養馬者也。鄭司農説以詩曰：「蹶維趣馬。」

鄭氏鍔曰：趣馬以下士爲之，其職則養馬而已。周公立政以戒成王，與任人、準人、牧夫偕言之。大夫之刺幽王，與司徒、卿士、師氏、内史連言之。其微如此，而所係反重，以其近王故也。

巫馬，下士二人，醫四人，府一人，史二人，賈二人，徒二十人。注：巫馬，知馬祖、先牧、馬社、馬步之神者。馬疾若有犯焉則知之，是以使與醫同職。

牧師，下士四人，胥四人，徒四十人。注：主牧放馬而養之。

廋人，下士，閑二人，史二人，徒二十人。注：廋之言數也。

圉師，乘一人，徒二人。圉人，良馬匹一人，駑馬麗一人。注：養馬曰圉。四馬爲乘。良，善也。麗，耦也。

薛氏衡曰：自戎右至馭夫凡九職，掌五路之車。自校人至圉人凡七職，掌五路之馬。

蕙田案：校人以中大夫爲之，即後世太僕卿之職。趣馬以下，則其屬也。周官太僕主正王服位，出入王之大命。漢之尚書、唐之門下是其職，與後世之太僕不同。

職方氏，中大夫四人，下大夫八人，中士十有六人，府四人，史十有六人，胥十有六人，徒百有六十人。注：職，主也，主四方之職貢者。職方氏，主四方官之長。

土方氏，上士五人，下士十人，府二人，史五人，胥五人，徒五十人。注：土方氏，主四方邦國之土地。

懷方氏，中士八人，府四人，史四人，胥四人，徒四十人。注：懷，來也，主來四方之民及其物。

合方氏，中士八人，府四人，史四人，胥四人，徒四十人。注：合方氏，主合同四方之事。

訓方氏，中士四人，府四人，史四人，胥四人，徒四十人。注：訓，道也，主教道四方之民。

形方氏，中士四人，府四人，史四人，胥四人，徒四十人。注：形方氏，主制四方邦國之形體。

山師，中士二人，下士四人，府二人，史四人，胥四人，徒四十人。

川師，中士二人，下士四人，府二人，史四人，胥四人，徒四十人。

邍師，中士四人，下士八人，府四人，史八人，胥八人，徒八十人。注：邍，地之廣平者。

匡人，中士四人，史四人，徒八人。注：匡，正也，主正諸侯以法則。

撢人，中士四人，史四人，徒八人。注：撢人，主撢序王意，以語天下。

高氏愈曰：職方氏以下六官，皆以氏爲名，若世修其職者。蓋以四方山川險阻與夫風俗土地所宜，非久於其任而世修其職者不能習故也。山、川、邍師，皆職方之輔。蓋職方總掌天下之地圖，最爲煩瑣，故分山林、川澤、原隰三者，立三師以分掌之，則覩記各有所專，而職方氏爲不煩擾矣。原師官、府、史、胥、徒獨倍者，以平原之地多於山林、川澤故也。自職方氏至撢人，凡十一官，職方爲其長，其下十官皆職方之屬也。

都司馬，每都上士二人，中士四人，下士八人，府二人，史八人，胥八人，徒八十人。注：都，王子弟所封及三公采地也〔一〕。司馬主其軍賦。

家司馬，各使其臣，以正於公司馬。注：家，卿大夫采地。正，猶聽也。公司馬，國司馬也。卿大夫之采地，王不特置司馬，各自使其家臣爲司馬，主其地之軍賦，往聽政於王之司馬。王之司馬其以王命來有事，則曰國司馬。

高氏愈曰：大都之地，儼若國然，但不世襲耳。苟尾大不掉，則有曲沃、京城之患，故特以都司馬主其兵。卿大夫采地，王不特置司馬，使各自以家臣爲司馬，主其地之政令，往聽于王之司馬，則家臣亦不得自擅其甲兵矣。

李氏光地曰：大司馬掌邦政，而以兵事爲主。故凡兵甲、車馬之政，隸御、僕從

〔一〕「采」上，原衍「衆」字，據光緒本、周禮注疏卷三八刪。

之官，九州邦國之形勝、阨塞、要害，皆屬焉。司勳者，兵事以賞罰爲主，故先之也。兵莫重於馬，故馬質次之。政莫重於地，故量人又次之。繼以小子、羊人者，祭祀之事也。繼以司爟者，火政，兵事之要也。設險守固，制勝於未形，故掌固、司險次之。候望譏察，簫勺群慝，故掌疆、候人、環人又次之。挈壺氏，三軍之耳目，故又次之。射，兵事所急，故又次之。服不氏、射鳥氏、羅氏掌畜，因射而及，故其職并屬焉。司士以治官，諸子以治國子，司右以治戎右，司士所掌非兵也，而屬于司馬者，案王制曰：「司馬辨論官材，論進士之賢者以告於王而定其論，論定然後官之，任官然後爵之，位定然後禄之。」此即司士之掌，而古司馬之遺也。虎賁、旅賁夾衛王車，節服、方相皆因衛車而及，故相次焉。太僕、小臣、祭僕、御僕、隸僕，皆侍御之官。弁師、司甲、司兵、司戈盾、司弓矢、繕人、槀人，皆掌弁甲兵器之職。戎右、齊右、道右，爲右者也，所謂勇士也。大馭、戎僕、齊僕、道僕、田僕、馭夫，爲御者也，所謂僕夫也。校人、趣馬、巫馬、牧師、庾人、圉師、圉人，則皆掌馬之官，司馬官之所以名者，此也。職方、土方、懷方、合方、訓方、形方，以及山師、川師、邍師、匡人、撢人，皆所以周知天下之土地形勢，山林、川澤、原野之險易，而施其訓道匡正之法焉。司馬之職，於是盡矣。都、家司馬在食邑采地者，故附之。

蕙田案：夏官之屬，卿一人，大司馬也。中大夫十四人：小司馬二，戎右二，大馭二，戎僕二，校人二，職方氏四也。下大夫三十人：軍司馬四，射人二，司士二，諸子二，虎賁氏二，大僕二，司甲二，司弓矢二，齊右二，齊僕二，職方氏八也。上士六十七人，中士百五十人，下士四百五十三人，其都、家司馬皆上、中、下士，而數無考。

刑官之屬：大司寇，卿一人；小司寇，中大夫二人；士師，下大夫四人；鄉士，上士八人，中士十有六人，旅下士三十有二人。注：士，察也，主察獄訟之事者。鄭司農說以論語曰：「柳下惠爲士師。」鄉士，主六鄉之獄。府六人，史十有二人，胥十有二人，徒百有二十人。

高氏愈曰：士師爲士官長，故稱師。其下鄉士，主六鄉之獄，遂士掌六遂之獄，縣士掌外野之獄，方士掌都家之獄，訝士掌四方諸侯之獄。隨其地以設獄官，則于訊察便、勘核易也。明刑部於十三省每省各設郎中、員外、主事，以主其獄訟，蓋亦同此意。

方氏苞曰：遂士、縣士、方士皆別設官，而鄉士即用司寇之屬士者，所受中國之獄訟，其治在中國也。諸官皆上士八人，中士十六人，以給官中之事。而司寇之屬士獨兼受國中之獄訟者，諸官之事紛。

秋官則所掌惟獄訟。而四郊之獄訟，鄉師聽之，而後達於鄉士。六遂之獄訟，遂大夫、遂師聽之，而後達於遂士。公邑、都家之獄訟，守士者聽之，而後達於縣士、方士。其獄辭皆已定矣，其上達則士師察其辭，小司寇附其法，大司寇斷而行其令。故司寇之屬士，雖使兼受國中之獄訟，而不患其不暇給也。

遂士，中士十有二人，府六人，史十有二人，胥十有二人，徒百有二十人。注：遂士，主六遂之獄者。

縣士，中士三十有二人，府八人，史十有六人，胥十有六人，徒百有六十人。注：距王城三百里至四百里曰縣。縣士，主縣之獄者。

方士，中士十有六人，府八人，史十有六人，胥十有六人，徒百有六十人。注：方士，主四方都家之獄者。

訝士，中士八人，府四人，史八人，胥八人，徒八十人。注：訝，迎也。士官，主迎四方賓客。

黄氏度曰：訝士，獄官而送迎賓客者，蓋有前驅辟蹕，與司寇分其事。賓客自外至，則使訝士主之。至其稱訝士者，本爲迎受四方之獄云爾。

朝士，中士六人，府三人，史六人，胥六人，徒六十人。注：朝士，主外朝之法。

高氏愈曰：朝儀不肅，則百度皆弛，而犯法者衆。謹法度，肅朝儀，刑官之事也，故鄉遂五士官以下，即以朝士先之。

司民，中士六人，府三人，史六人，胥三人，徒三十人。注：司民，主民數。

薛氏衡曰：五刑皆戕民者也。知所以愛其民，則知所以謹其刑，此司民所以列于司刑之上。

高氏愈曰：民數掌于司徒，而司民隸于刑官者，蓋使刑官多殺一人，則司民之數少一人，知其生之難而耗之易，則司寇之刑自不敢濫矣，故以司民隸之。

司刑，中士二人，府一人，史二人，胥二人，徒二十人。

鄭氏鍔曰：刑者，大小司寇司之，士師以下行之。司刑蓋掌五刑之書。

司刺，下士二人，府一人，史二人，徒四人。注：刺，殺也。三訊罪定則殺之。

司約，下士二人，府一人，史二人，徒四人。注：約，言語之約束。

司盟，下士二人，府一人，史二人，徒四人。注：盟，以約辭告神，殺牲歃血，明著其信也。曲禮曰：「莅牲曰盟。」

鄭氏鍔曰：先儒以盟爲衰世之事，蓋據穀梁「盟詛不及三王」之文。然書載苗民「罔中于信，以覆詛盟」，則五帝之世已有是事。詩曰：「君子屢盟，亂是用長。」亦惡其盟之屢而無信耳，非謂盟之必不可也。

職金，上士二人，下士四人，府二人，史四人，胥八人，徒八十人。注：職，主也。

高氏愈曰：金屬西方，主肅殺，故隸秋官。且其職受士之金罰、貨罰，亦隸刑官爲便也。

司厲，下士二人，史一人，徒十有二人。注：犯政爲惡曰厲。厲士主盜賊之兵器及其奴者。

王氏昭禹曰：春秋傳云：「鬼有所歸，乃不爲厲。」盜賊之厲于人，猶厲鬼也。

犬人，下士二人，府一人，史二人，賈四人，徒十有六人。疏：犬，金畜，故連類在此。

高氏愈曰：古者以犬供祭祀，故設犬人。牛屬土，隸地官；雞屬木，隸春官；羊屬火，隸夏官；犬屬金，隸秋官。且守夜吠盜，有詰姦之義。聖人於一牲之職，必使隸之，各得其當如此。

司圜，中士六人，下士十有二人，府三人，史六人，胥十有六人，徒百有六十人。

注：鄭司農云：「圜，謂圜土也。圜土，謂獄城也。今獄城曰圜。司圜職中言『凡圜土之刑人也』，以此知圜者謂圜土也。又大司寇職曰『以圜土聚教罷民』，故司圜職曰『掌收教罷民』。」

掌囚，下士十有二人，府六人，史十有二人，徒百有二十人。注：囚，拘也，主拘繫當刑殺之者。

掌戮，下士二人，史一人，徒十有二人。注：戮，猶辱也。既斬殺，又辱之。

司隸，中士二人，下士十有二人，府五人，史十人，胥二十人，徒二百人。注：隸，給勞辱之役者。漢始置司隸，亦使將徒治道溝渠之役，後稍尊之，使主官府及近郡。

罪隸，百有二十人。注：盜賊之家爲奴者。**蠻隸，百有二十人。**注：征南夷所獲。**閩隸，**

百有二十人。注：征東夷所獲。貉隸，百有二十人。注：閩，南蠻之別。夷隸，百有二十人。注：征東北夷所獲。凡隸衆矣，此其選以爲役員，其餘謂之隸民。

方氏苞曰：謂之隸者，王宮宿衛，宮伯所掌，士庶子也。旅賁皆命士也。虎賁所掌，謂之虎士，必粗知道藝而異於胥徒者。故於司隸所掌，稱隸以別之。春秋傳人有十等，隸班在六，非甚賤也。盜賊之子，亦使班于諸隸者，非其身之惡也。不使列于齊民者，恐其習爲匪僻也。

布憲，中士二人，下士四人，府二人，史四人，胥四人，徒四十人。注：憲，表也，主表刑禁者。

高氏愈曰：主以刑禁表懸示人也。先王欲使國家刑禁家喻户曉，故設其官。

禁殺戮，下士二人，史一人，徒十有二人。注：禁殺戮者，禁民不得相殺戮。

禁暴氏，下士六人，史三人，胥六人，徒六十人。

野廬氏，下士六人，胥十有二人，徒百二十人。注：廬，賓客行道所舍。

蜡氏，下士四人，徒四十人。注：蜡，骨肉腐臭，蠅蟲所蜡也。月令曰「掩骼貍骴」，此官之職也。「蜡」讀如「狙司」之「狙」。

雍氏，下士二人，徒八人。注：雍，謂隄坊止水者也。

萍氏，下士二人，徒八人。注：萍氏主水禁。萍之草無根而浮，取名於其不沉溺。

司寤氏，下士二人，徒八人。注：寤，覺也，主夜覺者。

司烜氏，下士六人，徒十有二人。注：烜，火也，讀如「衛侯燬」之「燬」，故書「燬」爲「垣」。鄭司農云：「當爲烜。」

條狼氏，下士六人，胥六人，徒六十人。注：杜子春云：「『條』當爲『滌器』之『滌』。」玄謂：滌，除也。狼，狼扈道上。

脩閭氏，下士二人，史一人，徒十有二人。注：閭，謂里門。

王氏與之曰：自禁殺戮至脩閭氏十職，皆幾防盜賊姦宄者。幾防嚴則奸宄無，清刑之原也。

高氏愈曰：自布憲至修閭氏，共十有一職，其官不盡相類。然或憲刑禁，或禁殺戮，或禁暴，或庀道路、宿息、井樹，或除道路之凿，或開溝瀆，塞阱獲，或禁川游，或防夜游，或禁火，或辟行人，或庀追胥而禁徑踰者，則皆刑官之事也，故俱以類列之。

冥氏，下士二人，徒八人。注：鄭司農云：「『冥』讀爲『冥氏春秋』之『冥』。」玄謂：「冥方」之「冥」，以繩縻取禽獸之名。

薛氏衡曰：自修閭氏以上達于布憲，凡十一人，先王所以盡乎人也。自冥氏下至于庭氏，凡十二人，先王所以盡乎物也。夫大而人之爲民害者既革微，而物之爲民害者已消，則先王之用刑，通乎天地之心矣。

蔡氏德晉曰：刑禁之官既備，則姦慝不作，而良民得安其生矣。然使物類之凶邪者不除，則民雖免于寇盜之傷殘，猶不免于獸蟲之毒害，而其生未暢遂也。更設冥氏以下十二官，凡猛獸妖鳥貍蟲毒蟲之屬，一切去之，而後萬物之害悉除，宇宙皆太和之氣，而民得嬉遊于化日矣。

庶氏，下士一人，徒四人。注：「庶」讀如「藥煮」之「煮」，驅除毒蠱之言。書不作「蠱」者，字從聲。

穴氏，下士一人，徒四人。注：穴，搏蟄獸所藏者。

翨氏，下士二人，徒八人。注：翨，鳥翮也。鄭司農云：「『翨』讀爲『翅翼』之『翅』。」

柞氏，下士八人，徒二十人。注：柞，除木之名。除木者必先刊剝之。

薙氏，下士二人，徒二十人。注：書「薙」或作「夷」。鄭司農云：「掌殺草，故春秋傳曰：『如農夫之務去草，芟夷蘊崇之。』又今俗間謂麥下爲夷下，言芟夷其麥，以其下種禾豆也。」玄謂：「薙」讀如「鬀小兒頭」之「鬀」，書或作「夷」，此皆剪草也，字從類耳。月令曰「燒薙行水」，謂燒所芟草乃水之。

硩蔟氏，下士一人，徒二人。注：鄭司農云：「『硩』讀爲『擿』，『蔟』讀爲『爵蔟』之『蔟』，謂巢也。」玄謂：硩，古字，從石，折聲。

翦氏，下士一人，徒二人。注：翦，斷滅之言也，主除蟲蠹者。

赤犮氏，下士一人，徒二人。注：赤犮，猶言捇拔也，主除蟲豸自埋者。

蟈氏，下士一人，徒二人。注：鄭司農云：「蟈」讀爲「蜮」。蜮，蝦蟇也。月令曰「螻蟈鳴」，故曰「掌去鼃黽」。鼃黽，蝦蟇屬。書或爲「掌去蝦蟇」。玄謂：蟈，今御所食蛙也。字從蟲，國聲也。蜮乃短狐與？

壺涿氏，下士一人，徒二人。注：壺，謂瓦鼓。涿，擊之也。

庭氏，下士一人，徒二人。注：庭氏，主射妖鳥，令國中潔清如庭者也。

王氏安石曰：周禮所載道路溝澮，一草木，一昆蟲，小小利害，或興或除，而地官、秋官之職分矣。凡所興利以地官主之，凡所除害以秋官主之。

王氏應電曰：秋官掌刑，而有冥氏以下十二官，則凡猛摯昆蟲與夫托于神姦而爲害者，並不能逃夫刑罰之威，而況于姦慝暴亂之人乎！

銜枚氏，下士二人，徒八人。注：銜枚，止言語囂讙也。枚，狀如箸，横銜之，爲之繣結於項。

高氏愈曰：國有大事，庶民群囂，非政體矣，故立銜枚氏禁之。其隸秋官者，司寇掌邦禁故也。

伊耆氏，下士一人，徒二人。注：伊耆，古王者號。始爲蜡，以息老物。此主王者之齒杖，後王識伊耆之舊德，而以名官與？今姓有伊耆氏。

郝氏敬曰：物至秋，成且老，故齒杖屬之。

大行人，中大夫二人。小行人，下大夫四人。司儀，上士八人，中士十有六人。

行夫，下士三十有二人。府四人，史八人，胥八人，徒八十人。注：行夫，主國使之禮。

朱子曰：周禮最是大行人等官屬之司寇難曉。按覲禮，諸侯行禮既畢，則降而肉袒，請刑于廟門之東。王曰：「伯父無事，歸寧乃邦。」然後再拜稽首出，所謂「懷諸侯則天下畏之」也，所以屬之於司寇。如此等處，皆是合著如此，初非聖人私意。

唐氏曰：「伯夷降典」而繼以「折民惟刑」，司儀、行人之官必屬司寇，此古者德刑相表裏之意。

環人，中士四人，史四人，胥四人，徒四十人。

鄭氏鍔曰：周官有二環人，夏官之環人掌致師，此官掌環遶賓客而爲之衛。事雖不同，皆有取於循環之義，故皆名環人。

象胥，每翟上士一人，中士二人，下士八人，徒二十人。注：通夷狄之言者曰象。胥，其有才知者也。此類之本名，東方曰寄，南方曰象，西方曰狄鞮，北方曰譯，今總名曰象者，周之德先致南方也。

掌客，上士二人，下士四人，府一人，史二人，胥二人，徒二十人。

掌訝，中士八人，府二人，史四人，徒四十人。注：訝，迎也，賓客來，主迎之。

掌交，中士八人，府二人，史四人，徒三十有二人。注：主交通，結諸侯之好。

掌察，四方中士八人，史四人，徒十有六人。

掌貨賄，下士十有六人，史四人，徒三十有二人。

高氏愈曰：凡賓客往來，恐有挾詐爲非常者，立掌察以察之。賓客之來，必有貨賄相遺，立掌貨賄以司其出納。自大行人至此共十一官，皆掌賓客之事。而大行人爲之長，以下十官皆其屬也。

朝大夫，每國上士二人，下士四人，府一人，史二人，庶子八人，徒二十人。注：此王之士也，使主都家之國治，而命之朝大夫云。疏：「庶子」者，蓋亦主采地之諸子。在府、史之下者，蓋官長所自辟除也。

黄氏度曰：庶子未有位，故叙于府、史之下。

高氏愈曰：朝士、上士而曰大夫者，自王朝言之則爲上士，自都、家言之則尊而目之曰大夫。

都則，中士一人，下士二人，府一人，史二人，庶子四人，徒八十人。注：都則，主都家之八則者也。當言每都，如朝大夫及都司馬云。

都士，中士二人，下士四人，府二人，史四人，胥四人，徒四十人。家士亦如之。

注：都家之士，主治都家吏民之獄訟，以告方士者也。亦當言每都。

薛氏衡曰：刑官之終，宜首舉都家之士，而先朝大夫，次都則，而後及於都士、家士，何也？蓋「八則以治都鄙，七曰刑賞，以馭其威」，使威福得以自行，則是兩政耦國之漸也，故於王朝各設朝大夫以主其治，都則以守其法，而後以都士、家士明其刑，然後綱維一挈於上也。

李氏光地曰：秋官主刑，設官而禁副之。大司寇總掌刑禁之典法，小司寇佐理刑而爲刑罰獄訟之總司，士師佐用禁而爲群獄訟之總司。獄官先刑官而設，鄉士、遂士、縣士、方士、訝士，爲群獄訟之分司，皆士師屬，以地次之。群地之獄訟，皆斷弊於朝，故朝士後之。獄訟既弊，次以司民者，見民者天之所司，王之所敬，刑罰不可不中也。獄成不可易，有五刑以麗其辟，故次司刑。有刺宥以附于刑，故次司刺。五刑之作，民覆詛盟，故司約、司盟正之。盟約失而獄訟興，刑罰滋多，於是罪輕而贖刑者，則職金受其入。罪重而孥戮者，則司厲執其法。稍重而未麗于法者，則司圜主收教之。已在刑者則囚而刑殺，故掌囚、掌戮又次之。囚戮從坐者，免刑任役，故司隸又次之。而所俘翟隸，亦以類屬焉。凡此圜、囚、隸、戮之人，官爲防守之司，故置犬人官于其間，以犬主守，示義類也。自此以下，刑官具矣。雖然，刑非得已也，貴用禁，故下皆以禁官次之。禁其大凡，則布憲通禁於天下。禁其非常，則禁殺戮、禁暴氏嚴禁于國中。刑尚寬，禁尚密，刑有所不及，禁無所不至，自野廬氏至修閭氏八職，外而道路，内而里閭，靡事不有禁，設蜡氏、雍氏、萍氏、司寤氏、司烜氏、條狼氏于中間，所以使行者無害，死者有主，陸走者無險阻，水浮者不没溺。時其宵晝行止節，防其焚災，除其不蠲，禁行至此，可謂大細不捐，禁官具矣。自冥氏至庭氏十二職，草木鳥獸爲民害者，驅而除之，義之盡也，是刑官之餘也。繼以銜枚氏、司囂者，無端歌哭，雜氣妖聲，不祥也。弭而消之，仁之盡也，是禁官之餘也。於是刑禁畢，次以伊耆氏者，民安物阜，收秋養之成也。此以上皆王官行法於王國中者也。其天下邦國，則大司寇以所建之三典，頒布使施行之。而邦國諸侯奉法守紀，惟恐干王刑典之誅，故于朝覲會同日肉袒請刑，而王者亦因其無事，與之修賓客之禮，于是大行人、小行人、司儀之官從之而設，而行夫掌小事，環人掌通送逆，象胥掌四夷使，以類屬焉。其掌客之飲食，掌訝之迎待，皆以盡賓客之禮。而掌交、掌察、掌貨賄又推賓客之禮而廣其用，申其義于邦國也。末因邦國而及都家，故次以朝大夫、都則，而卒之以都士、家士，終刑官之用。

蕙田案：刑官之屬，卿一人，大司寇也。中大夫四人：小司寇二，大行人二也。下大夫八人：士師四，小行人四也。上士二十六人，中士百六十四人，下士二百四十七人。其朝大夫、都則、都士、家士，皆上中下士，而數無考。大行人，即漢典客及大鴻臚之職。

考工記：凡攻木之工七，攻金之工六，攻皮之工五，設色之工五，刮摩之工五，搏埴之工二。注：攻猶治也。搏之言拍也。埴，黏土也。故書「七」爲「十」。「刮」作「捖」。鄭司農云：「『十』當爲『七』。捖摩之工，謂玉工也。『捖』讀爲『刮』，其事亦是也。」攻木之工，輪、輿、弓、廬、匠、車、梓。攻金之工，築、冶、鳧、㮚、段、桃。攻皮之工，函、鮑、韗、韋、裘。設色之工，畫、繢、鍾、筐、㡛。刮摩之工，玉、楖、雕、矢、磬。搏埴之工，陶、瓬。注：事官之屬六十，此職其五材三十工，略記其事耳。其曰某人者，以其事名官也。其曰某氏者，官有世功，若族有世業，以氏名官者也。廬，矛戟矜柲也。國語：「侏儒扶廬。」梓，榎屬也。故書「雕」或爲「舟」。鄭司農云：「輪、輿、弓、廬、匠、車、梓，此七者攻木之工，官别名也。孟子曰：『梓匠輪輿。』」

蕙田案：事官之屬已亡，所可推而知者，大司空，卿一人；小司空，中大夫二人；匠師，下大夫四人；據大宰疏云：「匠師，司空之考。」上士八人，中士十六人，旅下士三十二人而已。

又案：以上六官之目。

禮記明堂位：周三百。注：周之六卿，其屬各六十，則周三百六十官也。此云三百者，記時冬官亡矣。

通典：周六萬三千六百七十五員。內二千六百四十三人，外諸侯國官六萬一千三十二人。按：禮記王制計之，商制同。

馬氏端臨曰：杜氏通典所載周之官數，則以爲出於禮記王制。今考之，其所謂「外諸侯官六萬一千三十二人」者，以王制云殷時天下諸侯國千七百七十三，內大國二百四十九，次國五百一，小國一千二十三，大國、次國則皆三卿，五下大夫，二十七上士，唯小國二卿，其大夫與士，如大國、次國之數。大凡列國，卿、大夫、士有六萬一千三十二人，其數是矣。獨所謂「內官二千六百四十三人」者，未知何據。謹按周家之官數，莫詳于周禮。今以周禮太宰以下及其屬稽其員數之可考者，除冬官一篇已亡，無所稽據外，而五官所掌，其有命官而難考員數者，如「山虞，每大山中士二人，中山下士六人，小山二人；川衡，每大川下士十二人」之類是也。又有元無命官者，如酒人、漿人之爲奄女、御女，祝之爲女，方相氏之爲狂夫，蠻隸、罪隸之爲徒隸是也。若此之外，則其數未嘗不昭然可考。大概爲公者三人，爲卿者二十四人，六官六，六鄉六，世婦六，宮十二。中大夫共六十八人，下大夫共二百九十四人，上士共一千一百三十四人，中士共四千五百三十七人，下士共一萬九千二百零九人。自公而至下士，總計二萬五千二百六十六人。此則周禮所載内官可考之數也，與前數殊不脗合。今姑具載其目于後，以俟考訂之精詳者共評之。

周禮命官員數：

公　鄉老，每二鄉公一人。鄭注：王置六鄉，則公有三人。

卿　太宰一。天官。大司徒一。地官。鄉大夫，每鄉卿一人。注：六鄉則卿六人，各主一鄉之事，然總屬司徒，非六官兼鄉大夫也。地官。大宗伯一。春官。世婦，每宫卿一人。注：王后六宫則十二人。疏：謂此爲奄卿。春官。大司馬一。夏官。大司寇一。秋官。司空一。冬官已亡，不能知其官數員數，然司空之爲卿一人，不言可知也。

右卿，共二十四人

中大夫　小宰二，司會二。右天官，共四人。小司徒二，師氏一，遂人二。州長每州一，凡三十州，計三十人。遂大夫每遂一人，六遂計六人。右地官，共四十一人。小宗伯二，大司樂二，内史一。右春官，共五人。小司馬二，戎右二，大馭二，戎僕二，校人二，職方氏四。右夏官，共十四人。小司寇二，大行人二。右秋官，共四人。

右中大夫，共六十八人

下大夫　宰夫四，太府二，司會四，内宰二。右天官，共十二人。鄉師四，黨正每黨一人，凡一百五十黨，計一百五十人。保氏一，司市二，司門二，遂師四。縣正每縣一人，凡三十縣，計三十人。廩人二。右地官，共一百九十五人。肆師四。世婦每宮四人，六宮當二十四人。冢人二，墓大夫二，樂師四，太師二，太卜二，太祝二，太史二，内史二，巾車二。右春官，共四十八人。軍司馬四，射人二，司士二，諸子二，虎賁氏二，太僕二，司甲二，司弓矢二，齊右二，齊僕二，職方氏八。右夏官，共三十人。士師四，小行人四。右秋官，共八人。

右下大夫，共二百九十四人

上士　宰夫八，宮正二，膳夫二，醫師二，太府四，玉府二，司會八，司書二，職内二，職歲四，職幣二，内宰四，内小臣奄上士四。鄭注：「奄稱士者，異其賢。」愚按：此必奄官之受爵命，如後來内侍省官之類。如酒人等只稱奄幾人，則泛泛趨走之奄，與府、史等也。右天官，共計四十六人。鄉師八。族師每族一，凡七百五十族，計七百五十人。載師二，縣師二，師氏二，司市四，泉府四，司門四，司關二，掌節二，遂師八。鄙師每鄙一人，凡一百五十鄙，計一百五十人。土均二，稻人二，廩人四，舍人二。右地官，共九百四十八人。　肆師八，天府一，職喪二，樂師八，小師四，卜師四，太祝四，喪祝二，大史四，內史四，外史四，巾車四，都宗人二，家宗人二。右春官，共五十三人。　輿司馬八，司勳二，掌固二，候人六，射人四，司右二，小臣四，繕人二，戎右二，道右二，道僕十二，田僕十二，校人四，土方氏五。右夏官，共六十七人。　鄉士八，職金二，司儀八，掌客二。右秋官，共二十人。

右上士，共一千一百三十三人

中士　宰夫十六，宮正四，宮伯二，膳夫四，庖人四，內饔四，外饔四，獸人四，䱷人二，食醫二，疾醫八，酒正四，宮人四，玉府四，內府二，外府二，司會十六，司書四，職內四，職歲八，職幣四，司裘二，內宰八，典婦功二。右天官，共一百十八人。　鄉師十六。　閭胥每閭一人，凡三千閭，計三千人。　封人四，鼓人六，牛人二，載師四，閭師二，縣師四，遺人二，均人二，保氏二，司諫二，司救二，司市八，質人二，廛人二，泉府八，司門八，司關四，掌節四，遂師十六。　酇長每酇一人，凡七百五十酇，計七百五十人。　旅師四，委人二，土均四，稻人四，土訓二，誦訓二，迹人四，丱人二，囿人四，廩人八，舍人四，倉人四，司祿四。右地官，共三千八百九十八人。　肆師十六，天府二，典瑞二，典命二，司服二，典祀二。世婦每宮八人，六宮四十八人。冢人四，墓大夫八，職喪四，大胥四，典同二，磬師四，鍾師四，笙師二，鎛師二，籥師四，籥章二，卜人八，龜人二，簭人二，占夢二，眂祲二，小祝八，喪祝四，司巫二，巫師四，小史八，馮相氏二，保章氏二，内史八，外史八，御史八，巾車八，典路二，車僕二，司常二，都宗人四，家宗人四。右春官，共二百六人。行司馬十六，馬質二，司險二，掌疆八，司士六，諸子四，虎賁氏十二，旅賁氏二，祭僕六，司甲八，司兵四，司弓矢八，槀人四，馭夫二十，職方氏十六，懷方氏八，合方氏八，訓方氏四，形方氏四，山師二，川師二，邍師四，匡人四，撢人四。右夏官，共一百五十八人。鄉士十六，遂士十二，縣士三十二，方氏十六，訝士八，朝士六，司民六，司刑二，司圜六，司隸二，布憲二，司儀十六，環人四，掌訝八，掌交八，掌察四方八，都則一，都士二，家士二。右秋官，共一百五十七人。

右中士，共四千五百三十七人

下士　太宰旅三十二，宫正八，宫伯四，膳夫八，庖人八，内饔八，外饔八，亨人四，甸師二，獸人八，𢾭人四，鱉人四，腊人四，醫師四，瘍醫八，獸醫四，酒正八，凌人二，宮人八，掌舍四，幕人一，掌次四，太府八，司裘四，掌皮四，典婦功四，典絲二，典枲二，染人二，追師二，屨人二，夏采四。右天官，共一百七十九人。司徒旅三十二。比長每比一人，凡一萬五千比，計一萬五千人。封人八，舞師二，牧人六，牛人四，充人二，遺人四，均人四，調人二，媒氏二，司市十六，質人四，廛人四，泉府十六，司門十六。又每門二人，王城十二門，計二十四人。遂師旅三十二。里宰每里一人，凡三千里，計三千人。旅師八，稍人四，委人四，土均八，草人四，稻人八，土訓四，誦訓四，迹人八，丱人四，角人二，羽人二，掌葛二，掌染草二，掌炭二，掌荼二，掌蜃二，囿人八，廩人十六，倉人八，司祿八，司稼八。右地官，共一萬八千九十六人。宗伯旅三十二，鬱人二，鬯人二，鷄人一，司尊彝二，司几筵二，典祀四，職喪八，樂師十六，小胥八，磬師八，鐘師八，笙師四，鎛師四，韎師二，旄人四，籥章四，鞮鞻氏四，典庸器四，司干二，卜人十六，菙氏二，占人八，小祝十六，喪祝八，甸祝二，詛祝二，小史十六，馮相氏四，保章氏四，内史十六，外史十六，御史十六，巾車十六，典路四，車僕四，司常四。右春官，共二百七十三人。司馬旅三十二，司勳四，量人二，小子二，羊人二，司爟二，掌固八，司險四，候人十二，環人六，挈壺氏六，射人八，服不氏一，射鳥氏一，羅氏一，掌畜二，司士十二，司右四，旅賁氏十六，節服氏八，御僕十二，隸僕二，弁師二，司戈盾二，繕人四，馭夫四十，校人十六，趣馬一，巫馬二，牧師四，廋人二，土方氏十，山師四，川師四，遼師八。右夏官，共二百四十六人。司寇旅三十二，司刺二，司約二，司盟二，職金四，司厲二，犬人二，司圜十二，掌囚十二，掌戮二，司隸十二，布憲四，禁殺戮二，禁暴氏六，野廬氏六，蜡氏四，雍氏二，萍氏二，司寤氏二，司烜氏六，條狼氏六，脩閭氏二，冥氏二，庶氏一，穴氏一，翨氏二，柞氏二，薙氏二，硩蔟氏一，翦氏一，赤犮氏一，蟈氏一，壺涿氏一，庭氏一，銜枚氏二，伊耆氏一，行夫三十二，掌客四，掌貨賄十六，都則二，都士四，家士四。右秋官，二百一十三人。

右下士，共一萬九千二百零九人

有命官難考員數：

山虞，每大山中士四人〔一〕，下士八人，中山下士六人，小山下士二人。族、黨、州、

〔一〕「四人」，諸本作「二人」，據周禮注疏卷九改。

縣、鄉、酇、鄙、遂，皆有定數，可以推官數之多少，如云每遂中大夫一人，則六遂可知爲六人；族師每族上士一人，則七百五十族，可知爲七百五十人之類。若山澤之名數，則注家不言其有幾，所以難考官數。林衡，每大林麓下士十二人，中林麓如中山之虞，小林麓如小山之虞。川衡，每大川下士十二人，中川下士六人〔一〕，小川下士二人。澤虞，每大澤大藪中士四人，下士八人，中澤中藪如中川，小澤小藪如小川。場人，每場下士二人。司關，每關下士二人。內宗，凡內女之有爵者。外宗，凡外女之有爵者。都司馬，每都上士二人，中士四人，下士八人。象胥，每翟上士一人，中士二人，下士八人。朝大夫，每國上士二人，下士四人。

無命官：

酒人，奄。鄭注謂「宦人」。賈疏謂「不稱士，則此奄亦府史之類」。漿人，奄。籩人，奄。醢人，奄。醯人，奄。鹽人，奄。冪人，奄。閽人，寺人，內豎，九嬪，女御，女祝，女史，內司服，奄。縫人，奄。胥師，賈師，司虣，司稽，肆長，鄰長，舂人，奄。饎人，奄。槀人，

〔一〕「六人」，諸本作「四人」，據周禮注疏卷九改。

奄。守祧，奄。瞽矇，眡瞭。凡以神仕者，方相氏、圉師、罪隸、蠻隸、閩隸、夷隸、貉隸。

沈氏彤周官禄田考：官爵數。周天子制官之禄，皆以爵爲差，於其內外諸侯官亦如之，故欲知周官之禄數，必先考周官之爵數。而欲并知內外諸侯官之禄，亦必先考其官之爵。周天子具六官，官之爵六等，曰公，曰孤卿，曰中大夫、下大夫，曰上士，曰中士，曰下士，庶人在官者屬焉。典命職云：「王之三公八命，其卿六命。」不別言三孤命數，則并孤于卿矣。云「其大夫四命」，則大夫不以中下殊矣。爵與命之等嘗相因，故二者皆并爲一等。考工記稱「九卿」，鄭以六卿三孤釋之，則孤亦名卿而爲一等。孟子、王制序，大夫皆止一等，其明徵也。后宮婦官之爵亦六等，女給事屬焉。凡天子之官之爵，其有常數可周知，而見本經及注者，公三人，孤三人，卿五官，官一人。冬官亡，例推于後，雖數定者不計。又地官鄉大夫，每鄉卿一人，六鄉則六人，凡十一人。中大夫，天官四人，地官五人，又州長每州一人，三十州則三十人，遂大夫每遂一人，六遂則六人，春官五人，夏官十四人，秋官四人，凡六十八人。下大夫，天官十二人，地官十五人。又黨正每黨一人，百五十黨，則百五十人。縣正每縣一人，三十縣則三十人。春官二十四人，其世婦、下大夫見後，餘並同。　夏官三十人，秋官八人，凡二百六十九人。　上士，天官四十六人，地官四十八人。　又族師每族一人，七百五十族則七百五十人。　酇師每酇一人，百五十酇則百五十人。　春官五十三人，夏官六十七人。　又僕夫十人，序官文故闕，今考補。　秋官二十人，又象胥每翟一人，六翟則六人。　凡千一百五十人。　中士，天官百一十八人，地官百四十八人。　又閭胥每閭一人，三千閭則三千人。　酇長每酇一人，七百五十酇則七百五十人。　春官百五十八人。　夏官百五十八人。　秋官百五十二人。　又象胥每翟二人，六翟則十二人。　凡四千四百九十六人。　下士，天官百七十九人，又寺人五人，故闕其爵，今考入此。　地官二百七十二人。　又比長五家一人，萬五千比則萬五千人。　里宰每里一人，三千里則三千人。　司門每門二人，王城十二門則二十四人。　司關每關二人，王畿十二關則二十四人。　場人每場二人，九穀九場則十八人。　春官二百七十五人，夏官二百四十三人，又馭夫二人，故闕此數，今考補。　趣馬百九十二人。　如校人職「駑馬三良馬」之誤「二」爲「三」，則百九十八人，今考正。　廋人每閑二人，天子十二閑，則二十四人。　秋官百九十三人，又條狼氏八人。　故爲六人，今考正。　象胥每翟八人，六翟則四十八人。　凡萬九千五百有七人。　其不見經、注而數皆可推者：上士爲郊之縣正，十一縣則十一人。中士爲郊之鄙師，野之縣正，郊五十五鄙，野九百五十三縣，人各如縣鄙之數，凡千有八人。下士爲郊之酇長、鄙野之鄙師，郊二百七十四酇，野四千七百六十五鄙，人各如鄙酇之數，凡五千有三十九人。通計三萬一千五百六十五人。其庶人在官者，府，天官八十五人，地官七十九人。又司門每門一人，十二門則十二人。司關每關一人，十二關則十二人。場人每場一人，九場則九人。春官百一十二人，夏官七十六人，秋官七十人，凡四百五十五人。史，天官百四十八人，地官百七十一人。又司門每門二人則二十四人。司關每關二人則二十四人。場人每場一人，九場則九人。春官二百七十一人。夏官百八十一人。又廋人每閑二人，十二閑則二十四人，秋官百五十九人。凡千有一十一人。胥，天官百七十四人，地官二百有二人，春官百六十六人，夏官二百四十五人，秋官百五十九人，又條狼氏八人，故爲六人，今考正。凡九百五十四人。徒，天官二千二百有四人，地官二千五百三十二人。又司門每門四人則四十八人。司關每關四人則四十八人。場人每場二十人則百八十人。春官千八百四十人。夏官千九百四十八人。又廋人每閑二十人，則二百四十人。又趣馬千有八人，圉師千五百一十二人，如校人誤字，趣馬千一百五十二人，圉師千七百二十八人，今考正。秋官千九百九十八人，又條狼氏八十人，故爲六十人，今考正。象胥每翟二十人，六翟則百二十二人。又掌客二十人。故爲三十人，今考正。凡萬三千七百七十八人。非府、史、胥、徒而相類者，天官，賈四十四人，奄二十五人，工二十二人，又閽人二十八人，故無此數，今考定。内豎十人。地官，賈八人，奄十二人。春官，奄八人，瞽矇三百人，眡瞭三百人，韎師舞者十六人，工百有四人。夏官，賈八人，虎士八百人，狂夫四人，工四人，馬醫四人，又圉師六百一十二人，圉人二千五百九十二人。如校人誤字，圉師六百四十八人，圉人二千八百有八人，今考正。秋官，賈四人，又罪隸百二十人，蠻隸百二十人，閩隸百二十人，夷隸百二十人，貉隸百二十人。凡五千五百有五人。

通計二萬一千七百有三人。

其后宮婦官之爵：夫人視公三人，嬪視孤卿九人。春官世婦，每宮卿二人，視中大夫，后六宮，凡十二人。見賈氏公彦疏。下大夫，每宮四人，凡二十四人。天官女祝四人，女史八人，皆視上士，凡十二人。春官世婦，每宮中士八人，凡四十八人。天官内司服女御四人，故爲二人，今考正。縫人女御八人，皆視下士，凡十二人。通計百二十人。其給事之女府及史，春官世婦，每宫女府二人，凡十二人。女史二人，凡十二人。天官女酒三十人，女漿十五人，女籩十人，女醢二十人，女醯二十人，女鹽二十人，女冪十人，女工八十人。地官女舂抌二人，女饎八人。又女稾每奄二人，稾人八奄，則女稾十六人。春官女祧每廟二人，天子七廟，通姜嫄爲八廟，見疏。則十六人。皆類于胥。凡二百四十七人。天官奚六百七十二人，地官奚四十五人。又女稾每奄奚五人，則四十人。春官守祧每廟奚四人，則三十二人。世婦每宫奚十六人，則九十六人。皆類於徒。凡八百八十五人。通計千一百五十六人。

其見于經而不可周知其數者，五官之屬十一：上士，都司馬二人，家司馬二人，家司馬故無數，今考補，餘並同。朝大夫二人。中士，山虞四人，澤虞八人，都司馬四人，家司馬四人，都則一人，都士二人，家士二人。下士，山虞十六人，林衡二十人，川衡二十人，澤虞三十二人，都司馬八人，家司馬八人，朝大夫四人，都則二人，都士四人，家士四人。庶人在官者，山虞百八十三人，林衡二百二十五人，川衡二百二十五人，澤虞三百六十六人，都司馬九十八人，家司馬九十八人，朝大夫三十一人，都則八十七人，都士五十人，家士五十人。司市下胥師一人，賈師一人，史四人，司虒二人，司稽四人，胥十人，肆長二十人，皆每官人數，其凡無考。

其官本無爵，數亦無常者：春官之屬四，男巫、女巫、凡以神仕者、旄人舞者。

其爵有常數而闕者，冬官是也。然以五官爵數之可周知者，去其婦官，去其公孤及鄉遂郊野官，鄉遂官二萬二千八百七十二人，郊野官六千有五十八人。存二千六百二十九人，而五分取一，以例冬官之有爵者，約五百二十餘人。以五官在官庶人數之可周知者，而五分取一，以例其在冬官者，約四千三百四十人。并五官所可周知之數，凡五萬九千四百餘人，此天子外內官爵及凡在官者大總數之略也。若內諸侯之官之爵，由經、注及他傳、記所見推之，則在公四等，自卿而下；在孤卿三等，自大夫而下；在大夫二等，自上士而下。其數：公之卿二人，下大夫五人，上下士各若干人。孤卿之大夫二人，上士五人，下士若干人。大夫之上士二人，下士五人。其縣鄙之士，皆上士爲縣正，下士爲鄙師。公七縣三十三鄙，孤、卿二縣八鄙，大夫二鄙，上下士皆各如縣鄙之數，通計爵數之可知者，在公四十七人，在孤卿十七人，在大夫九人。其王子弟之官之爵在親者如公，在次疏者如孤卿，在更疏者如大夫。若外諸侯之官之爵，則在上公六等，自孤而下；在侯伯五等，在子男四等，皆自卿而下。其數：公之孤一人，卿三人，下大夫五人，上士二十七人，中下士各若干人。侯伯之卿，大夫如之。子男之卿，大夫亦如之。士則上二十七人，下若干人，無中。此皆見于經、注及他傳、記。

其無所見而可推知者：上公爲大國，三鄉三遂。卿，鄉大夫三人。下大夫，州長十五人，遂大夫三人，凡十八人。上士，黨正七十五人，縣正十五人，凡九十人。中士，族師三百七十五人，鄙師七十五人，凡四百五十人。下士，閭胥千五百人，酇長三百七十五人，凡千八百七十五人。其野二百二十六縣，千一百三十鄙，中士爲縣正，下士爲鄙師，皆各如縣鄙之數。侯伯爲次國，二鄉二遂。卿，鄉大夫二人。下大夫，州長十人，遂大夫二人，凡十二人。上士，黨正五十人，縣正十人，凡六十人。中士，族師二百五十人，鄙師五十人，凡三百人。下士，閭胥千人，酇長二百五十人，凡千二百五十人。其野，侯百四十四縣，七百一十九鄙，伯七十二縣，三百六十一鄙，皆中士爲縣正，下士爲鄙師，各如其縣鄙之數。子男爲小國，一鄉一遂。卿，鄉大夫一人。下大夫，州長五人，遂大夫一人，凡六人。上士，黨正二十五人，縣正五人，凡三十人。下士，族師百二十五人，鄙師二十五人，凡百五十人。其野，子三十一縣，百五十五鄙。上士爲縣正，下士爲鄙師，皆各如縣鄙之數。男一鄙，下士爲鄙師，如其數。通計爵數之可知者，在上公三千八百二十八人，在侯二千五百二十二人，在伯二千有九十二人，在子四百有八人，在男二百二十三人。其他有爵官及婦官及在官庶人、女給事之在内外侯者，數皆無考。

郊野之設官，何以知之？曰：小司徒見「四郊之吏」，遂大夫見「凡爲邑者」，縣師見「都、鄙、稍、甸、郊、里之群吏」，固歷有明文也。且使鄉遂之外而無官，則畿疆以内，教多不逮，聖人之所以擾萬民者，豈若是其疏哉！何以知郊之官爲縣正、鄙師、酇長，而爵爲上、中、下士，野之官爲縣正、鄙師而爵爲中、下士也？曰：遂之法，計家以爲縣鄙，而郊野如之，則即其縣鄙以設官亦如遂，至官之爵等，則遞降于遂也。何以知郊野之亦爲縣鄙也？曰：司常云「州里建旟，縣鄙建旐」，大司馬云「鄉遂載物，郊野載旐」，州里即鄉遂也。於鄉舉大，於遂舉細，大謂州，細謂里。郊野即縣鄙也。大司馬舉其地，司常舉其家，皆互相備也。且縣鄙對州里而言，則不在六遂之中，而在郊野明矣。郊野對鄉遂而言，則在鄉遂之外，而爲縣鄙又明矣。其縣鄙而亦計家以爲也若之何？曰：王畿百同，私田當五百一十二萬夫，通不易、一易、再易三等之率。而家受二夫，當二百五十六萬家，則一同當二萬五千六百家。郊地四同，當十萬二千四百家。以七萬五千家爲六鄉，餘二萬七千四百家。以二萬五千家爲十縣，中含鄙五十，酇二百五十，餘二千四百家。以二千家爲四鄙，中含酇二十，餘四百家以爲四酇。四酇當亦爲一鄙，并四鄙當亦爲一縣，則爲縣十一、鄙五十五、酇二百七十四也。野有甸、稍、縣、畺四等地。甸十二同，當三十萬七千二百家，以七萬五千家爲六遂，餘當二十三萬二千二百家。稍二十同，當五十一萬二千家。縣二十八同，當七十一萬六千八百家。畺三十六同，當九十二萬一千六百家。去六遂家數，存二百三十八萬二千六百家，則爲縣九百五十三，中含四千七百六十五鄙也。若其家而各有增減，則縣鄙亦從而增減焉。此所列者，皆經傳舉中法也。凡公邑皆稱縣鄙，稍、縣、畺有都家，則不如郊甸之皆爲公邑，而亦專計其縣鄙，何也？曰：縣鄙者，都家之所居也。本大宰及大司徒注。故經于采邑，必兼都鄙稱之。且都家無定數，而縣鄙有常，計縣鄙則于官爵之多少考稽尤便也。何以知郊野官之爵等遞降于遂也？曰：野與郊之差，猶鄉遂也。鄉遂制同，而鄉内遂外，則遂官之爵降鄉官一等，故知郊野制同，而郊内野外，則野之官之爵亦降郊之官一等也。至郊在遂内，爲六鄉餘地，而官之爵反降于遂者，乃因郊之家，亦以縣鄙名，爲六遂屬别之餘，其地等之降，固殊常也。然則遂人造縣鄙形體之法，何在野而不在郊也？曰：野對郊，爲甸、稍、縣、畺，獨舉則或兼郊，或兼郊與鄉。遂人治野之溝塗，兼郊而復兼鄉也。經田野而造縣鄙，不兼鄉而已兼郊也，則名郊之家爲縣鄙也又何疑？郊之官自里宰而下，野之官自酇長而下，曷不并計其數而列之？曰：是皆官之無爵者，無爵則無禄，與遂之鄰長同，非考禄所須也。至序官之無郊野官，文脱耳，否則即遂官爲例而省也。

三等國鄉遂之官爵，略倣王畿。其鄉遂之數何以定之？曰：凡遂之數與鄉同，鄉之數與軍同。蓋鄉、遂俱萬二千五百家，鄉在郊内爲正，遂在郊外爲副。而軍則萬二千五百人。天子六鄉，故爲六軍。則大國三軍，知其三鄉。次國二軍，知其二鄉。小國一軍，知其一鄉矣。六鄉者六遂，則三鄉者三遂，二鄉者二遂，一鄉者一遂矣。費誓曰：「魯人三郊三遂。」疏以三郊爲三鄉。魯次國而三鄉三遂，何也？曰：諸侯地沃民衆，蓋亦得爲三鄉三遂，以就大國之列。然侯與伯同七命，同食者三之一，則二鄉二遂乃其常。觀春秋書襄公十二年「作三軍」，則伯禽之後、襄公之前嘗爲二軍，其時固二鄉二遂也。王畿之鄉遂、比長、里宰以下士，而大國、次國乃無爵，何也？曰：降王畿一等也。王制云：「諸侯之上大夫卿、下大夫、上士、中士、下士，凡五等。」是其國不設中大夫，故州長、遂大夫知並以下大夫，爲之遞降而下，則下士適當爲閭胥、酇長矣。

蕙田案：沈氏推周禮官爵之數，較之文獻通考更爲詳確。又地官祇載鄉遂之官，而郊野設官獨闕。今以王畿百同之地，除六鄉六遂外，推算得郊內有十一縣、五十五鄙、二百七十四酇，野有九百五十三縣、四千七百六十五鄙。凡郊野官六千有四十七人，可補向來注家之未備。

禄田數。周天子及內外諸侯官之禄，雖其籍皆亡，而未嘗不散見經、注及他傳、記，今即官爵公田之數，復以所散見者參互考之，以悉差其等而粗存其數。周天子之官，則公食四都，孤卿食都，中下大夫食縣，上士食甸，中士食丘，下士食邑，其庶人在官者食井。若在內諸侯，則公之卿食甸，下大夫食丘，上士食邑，下士與庶人在官者食井。孤卿之大夫、士食如之，大夫之士食亦如之。親王子弟之卿大夫、士食如公，次疏者之大夫、士食如孤卿，次更疏之士食如大夫。若在外諸侯，則上公之孤食都，卿食縣，下大夫食甸，上士食丘，中士食邑，下士與庶人在官者食井。侯伯之卿大夫、士食亦如之。子男之卿食甸，下大夫食丘，上士食邑，下士與庶人在官者食井。若内諸侯之加田，則其宰各以其爵分食之。外諸侯孤、卿、大夫之加田，亦如之。凡所食皆取諸公田。天子之公田三十二萬夫，公三人，人食二千有四十八夫，凡六千一百四十四夫。孤卿十四人，人食五百一十二夫〔一〕，凡七千一百六十八夫〔二〕。中下大夫三百三十七人，人食百二十八夫，凡四萬三千一百三十六夫。上士千一百五十人，人食三十二夫，凡三萬六千八百夫。中士四千四百九十六人，人食八夫，凡三萬五千九百六十八夫。下士萬九千五百有七人，人食二夫，凡三萬九千有一十四夫。庶人在官者二萬一千七百有三人，人食五十畝，凡萬有八百五十一夫五十畝。又不見于經而推知其爵數者：上士十一人，食三百五十二夫。中士千有八人，食八千有六十四夫。下士五千有三十九人，食萬有七十八

〔一〕「五百」，原作「二百」，據光緒本、周官禄田考卷下改。
〔二〕「夫」，諸本作「人」，據周官禄田考卷下改。

夫。又所闕冬官之有爵者，約五百二十餘人，其所食以五官食數，去其公孤及鄉遂郊野官之食，公孤去七千六百八十夫，鄉遂官去十二萬五千五百二十夫，郊野官去萬八千四百九十四夫。存三萬五千有三十夫。而五分取一以例之，當食七千有餘夫。所闕庶人在官者，約四千三百四十人，以五官在官庶人之食例之，當食二千一百七十夫。通計二十萬六千七百四十餘夫。爲員備位定而數可周知者，常禄之總數。王自食二萬有四百八十夫，后、世子與王子弟之未官未封者，婦官、女給事、王宫士庶子之食及國中之法用，皆于是給焉。其外九萬二千七百七十餘夫，以食他有爵之官及在官庶人，以給國中及鄉遂郊野之法用，亦分在所封都邑中。若内諸侯之公田，公二千有四十八夫，王食者五百一十二夫，自食者三百二十夫。其卿二人食六十四夫，下大夫五人食四十夫，上士七人食十四夫，下士三十三人食十六夫五十畝。凡百三十四夫五十畝，存千有八十一夫强。孤、卿五百一十二夫，王食者百二十八夫，自食者八十夫。其大夫二人食十六夫，上士七人食十四夫，下士八人食四夫，凡三十四夫，存二百七十夫。大夫百二十八夫，王食者三十二夫，自食者二十夫，其上士二人食四夫，下士七人食三夫五十畝，凡七夫五十畝，存六十八夫强。凡所存，皆以食他有爵之官及在官庶人，與給國中、縣鄙之法用。其所加之公田，皆食其宰，與給縣鄙之法用。若外諸侯之公田，上公八萬夫，王食四萬夫，自食者五千一百二十夫。其孤一人，食五百一十二夫。卿六人，食七百六十八夫。下大夫二十三人，食七百三十六夫。上士百一十七人，食九百三十六夫。中士六百七十六人，食千三百五十二夫。下士三千有五人，食千五百有二夫五十畝。凡五千八百有六夫五十畝，存二萬九千有七十三夫强。侯五萬一千二百夫，王食者萬七千有六十六夫强，自食者千二百八十夫。其卿五人，食六百四十夫。下大夫十七人，食五百四十四夫。上士八十七人，食六百九十六夫。中士四百四十四人，食八百八十八夫。下士千九百六十九人，食九百八十四夫五十畝。凡三千七百五十二夫五十畝，存二萬九千一百夫强。伯二萬八千八百夫，王食者九千六百夫，自食者如侯。其卿五人，下大夫十七人，上士八十七人，食並如侯國。中士三百七十二人，食七百四十四夫。下士千六百一十一人，食八百有五夫五十畝。凡三千四百二十九夫五十畝，存萬四千四百九十夫强。子萬二千八百夫，王食者三千二百夫，自食者三百二十夫。其卿四人，食百二十八夫。下大夫十一人，食八十八夫。上士五十七人，食百一十四夫。下士三百有五人，食百五十二夫五十畝。凡五百四十四夫五十畝，存八千七百三十五夫强。男三千一百夫，王食者八百夫，自食者如子。其卿四人，下大夫十一人，上士五十七人，食並如子國。下士百五十一人，食七十五夫五十畝。凡四百有五夫五十畝，存千六百七十四夫强。凡所存，以給他禄食及法用，與在所封都邑中，悉如王畿。凡外諸侯食王，自九貢而外，皆供王行，及使于諸侯，及諸侯見王，使于王，往來過邦，及王所以救邦國之食，與内諸侯之入税殊。若畿内賞地加賞田，及致仕官、進士、學士、守固、士庶子之食〔一〕，並無常數，則減省攝官、試官、封邑官之食，足以當之。畿外國亦如之。

天子之公食四都，孤、卿食都，中下大夫食縣，何以知之？曰：載師「以家邑之田任稍地，以小都之田任縣地，以大都之田任畺地」，家邑即縣，注云「大夫之采地」，包乎中下；小都即都，注云「卿之采地」，兼乎孤；大都即四都，注云「公之采地」。夫公、孤、卿、大夫之采地如是，則未封者之所食可例推矣。所以例推者何？

〔一〕「士庶子」，原作「士庶人」，據味經窩本、周官禄田考卷下改。

曰：小宰「聽禄位以禮命」，明制禄之多寡，本以爵等而兼命數也。典命云：「王之三公八命，其卿六命，其大夫四命，及其出封，皆加一等。」是出封之前，不以采地之有無而殊其命數明矣。疏云：王朝公卿大夫，亦有舊在畿内有采地之封者，今乃封于畿外也。夫命數同者，雖爵異而禄亦同，故孤、卿皆六命，則皆食都；中下大夫皆四命，則皆食縣。況爵等與命數俱同者，寧以封不封而殊其食也。封邑者之所食，以報其大功德也，豈未封邑而不之稍殊乎？曰：封邑者，其公田之入，有貢于王，然兼有山澤林麓之利，且子孫世守之。若未封者，固無地貢，而禄僅公田之入，亦及身而止，則所食雖同，而多寡久近未嘗不稍殊也。上士食甸，中士食丘，下士食邑，庶人在官者食井，何以知之？曰：由大夫食縣而差之，每上以四，則每下亦以四也。是何田與爵之適相當也？曰：田自邑至都止五等，四其都亦止六等，而孤在卿上，大夫有中下。爵本八等，若不令孤、卿同六命，中、下大夫同四命，以并爵爲六等，則上下之田，安得皆以四爲差？是田與爵之適相當者，由命數齊之。蓋聖人于爵、禄、命三者，固更迭參互，以各得其制也。上公之孤食都，卿食縣，下大夫食甸，上士食丘，中士食邑，下士與庶人在官者食井，何以知之？曰：凡命數同者禄亦同，則命數殊者禄亦殊。典命云：「公之孤四命，其卿三命，其大夫再命，其士一命。」命各半於王國，則其食當亦降於王國矣。降止一等者，以降二等則下士將不得禄也。侯伯之卿、大夫、士，食如公之國也，何以知之？曰：典命稱侯伯之卿、大夫、士，其命數皆如公國，則其禄亦皆如公國也。士之一命，上中下同乎？曰：中、下士不命，其禄秩專以爵等耳。何以知中、下士不命也？曰：卿三命，半王之卿；大夫再命，半王之大夫；其上士之命，適半王之中士；而中、下士不得命矣。且卿三命，比王之上士；大夫再命，比王之中士；則一命而比王之下士者，必上士獨也。凡卿之食縣，下大夫之食甸，有徵乎？曰：左傳衛免餘云「惟卿備百邑」，見襄二十七年。鄭志以爲「邑方二里」，見坊記疏熊氏説。熊以免餘辭邑之言當據古法，故如此釋之。杜氏解左傳謂「一乘之邑」，則據當時僭擬説，誤也。是百邑即方二十里之縣也。若計其地，則三分去一，田止六十四邑。若百邑皆田，則是縣之有加田者，俱卿所食也。易訟卦：「邑三百户。」鄭注云：「小國之下大夫采地，方一成，其定税三百家。」見坊記疏。「小」當作「大」。惠定宇云：訟九二：「不克訟，歸而逋其邑人三百户，无眚。」鄭以爻位二爲大夫，三百户于采地爲至薄。苟自藏隱，守至薄之禄，而不敢與五爲敵，則无眚也。但采地三百户，在大國誠至薄，在小國未嘗不厚。「小」字恐「大」字之誤。成去三之一，即甸也。有此二徵，而上下皆可無疑矣。若未封者之食，與已封者同，亦如畿内耳。晉語：叔向云：「大國之卿，一旅之田。上大夫，一卒之田。」按彼卿之禄如此下大夫，彼上大夫之禄如此上士。蓋一旅之田，即一甸不易者。一卒之田，即一丘不易者也。時雖多所變更，猶有周官遺制。子男之卿食甸，下大夫食丘，上士食邑，下士與庶人在官者食井，何以知之？曰：子男無中士，故上士降而食邑。上士食邑，則卿大夫之食之遞降明矣。大國、次國卿、大夫、士之食既降於王國一等，而小國又降於大國、次國一等，何也？曰：子男之卿再命，其大夫一命，其士不命，皆降大國、次國一等故也。此亦以命數之殊而殊其禄也。庶邦孤、卿、大夫之加田，其宰各以其爵而分食如王畿也，可悉推而知乎？曰：宰者，家之貴臣也。喪服傳謂之「室老」，曲禮謂之「家相」。詳喪服傳注、疏。在王畿，公以卿爲之，孤、卿以大夫爲之，大夫以上士爲之。由王畿例推而下，則上公之孤之宰當卿，卿之宰當大夫，大夫之宰當上士，侯伯之卿之宰當大夫，大夫之宰當上士，子男之卿之宰當上士矣。有徵乎？曰：論語稱公叔文子之臣爲大夫，檀弓稱陳子車之宰爲家大夫，明侯國之卿，其家臣有大夫，而大夫即其宰也。潘景昶云：陽貨爲季氏宰，而援大夫之禮自處，亦以此。則餘所推者，宜亦無不得矣。文子、子車果皆爲卿乎？曰：荀子車非卿而大夫，其宰安得並稱大夫？至文子聽衛國之政，亦見檀弓，焉有聽國政而非卿者？何以知上公之孤之宰非大夫而卿也？曰：上公之孤四命，燕禮稱孤爲公，蓋如王之公。王之公以卿爲宰，故知上公之孤亦以卿爲宰，而不與三命卿之宰同也。王之公，果以卿爲宰乎？曰：左傳有所謂「王叔之宰」者，王卿士之大夫也。襄十年傳云：「王叔之宰與伯輿之大夫坐獄于王庭。」按王叔、伯輿皆王卿士，宰即大夫，大夫即宰，互文也。卿以大夫爲宰，則公之宰卿而大夫之宰上士，皆可知矣。凡宰之人數各有幾？曰：制事之謂宰。本白虎通。蓋家止一人，猶王之有冢宰，諸侯之有執政也。其宰之各分加田而食也，如之何？曰：王之公之卿食甸，則上公之孤之卿亦食甸矣。王之孤、卿之大夫食丘，則上公侯伯之卿之大夫亦食丘矣。王之大夫之上士食邑，則上公侯伯之大夫之上士、子男之卿之上士亦食邑矣。子男之卿之宰亦上士而食邑，何以知之？曰：以子男之卿再命，與公侯伯之大夫同也。

蕙田案：官必有禄，禄出於田。自周官司禄經亡，注家未得其法數。歐陽永叔始有官多田少、禄將不給之難。後之篤信周官者，不能無疑其說。吴江沈氏彤作禄田考，以官爵及公田二者，一一推算其確數。官數則於鄉遂屬吏之外，并郊野之吏而補之。田數則去山林、川澤等三之一，又通不易、一易、再易之率，以二夫當一夫，然後以縣、都、丘、甸、井、邑六等之田，當公、卿、大夫、士五等之爵，不獨相當，且有餘田以供他用，而歐陽子之疑，可不辨自明矣。此說有功於周官甚大，故備採其義於此。

又案：以上論周官官數及田禄之數。

鄭氏伯謙曰：或問太宰至旅下士，其爲官凡六十有三，而爲府者六，爲胥與史者皆十有二，而爲徒者百有二十，何也？曰：此皆兼官也。專官行事則不足，兼官行事則有餘矣。蓋自唐、虞以來，禹以司空而兼百揆，羲、和以二人而兼四岳。及舜二十二人之咨，則四岳實一人兼之。古者官不必備，惟其人而已。有其人則備，無其人則兼，是以周官之作，實倣唐、虞之制，而官事不攝，吾夫子所以深責管仲變先王之法也。以三公言之，召公爲保，周公爲師，而太傅無有焉，召公實兼之也。周公既没，召公爲保，而太師、太傅無有焉，召公實兼之也。不惟此也，三公之下實有三少，當時不見其人，召公又兼之。乃同召太保奭、芮伯、彤伯、畢公、衛侯、毛公，是六卿之長，召公又兼之。蓋一人之身而兼總七職矣。抑不惟此也，當時三公三少既難其人，而六卿之官亦不必備。周公以三公兼冢宰，召公以三公兼宗伯，蘇公以三公兼司寇，畢公、毛公以三公兼司馬、司空。惟成王之季年，芮伯、彤伯、衛侯實專領司徒、宗伯、司寇之職，其餘大抵皆兼官也。其大者猶兼，而況于百官群有司乎？故嘗以周禮考之，二鄉則公一人，是三公兼鄉老也；一鄉則卿一人，是六卿兼鄉大夫也；軍將皆命卿，是六卿又兼六軍之將也；甚者太公以太師而兼司盟之職，「載在盟府，太師職之」是也。蘇公以三公而兼太史之職，「太史司寇蘇公」是也。故夫六官之中，以春夏秋冬爲通率，以多少相乘除，大約一官凡五百人，則六官凡三千人，而其兼、行、權、攝者，意其必相半焉。天官卿大夫命士三百五十餘人，地官除鄉遂、山虞、林衡、司門、司關不可考，尚四百餘人，春、夏、秋三官，凡五百餘人，是六官通率之，凡三千人也。是以局分不必設，府、史、胥、徒不別置。雖置而其數亦未嘗過濫也。且不見鄉老、遂師，而下乎府、史、胥、徒四者俱無有，何獨于天官冢宰而疑之也？若夫專官行事，勢宜多而不宜省，則獻人之與甸師，其徒皆三百人，而春官御史，其史則百有二十八矣。

葉氏時曰：周官曰：「唐虞官百，夏商官倍。」考之周禮六官之屬，凡三百六十，是周官又倍于夏商也。案天官之屬六十有二，地官七十有九，春官七十有一，夏官七十，秋官六十有六，凡三百五十有二，冬官不預。小宰言三百六十者，舉大數也。不特此耳，天官自太宰、小宰、宰夫至旅下士，凡六十有三，此卿大夫士之數也。爲府者六，爲胥、爲史者皆十有二，爲徒者百有二十，凡百有五十人，此庶人在官之數也。地官、春官、秋官皆然。夏官掌兵，則史十六人，胥三十二人，徒三百二十人。通六官計之，已一千五百有二人。其餘六官之屬，除地官鄉遂、山澤等官及庶人在官者，只合大夫士計之，以多少相準，一官不下四百人，合長貳而言，則六官幾三千人矣。成周官吏可謂繁冗，然卿大夫士之職，分爲六官之屬，安知其不爲兼官耶？且以三公言之，君奭曰「召公爲保，周公爲師」，則太傅不備矣。顧命曰「乃同召太保奭」，則太師、太傅不備矣。又有公兼冢宰者，「惟周公位冢宰」是也。有公兼司寇者，「太史司寇蘇公」是也。太保率西方諸侯，畢公率東方諸侯，又以公兼二伯也。至如召太保奭、芮伯、彤伯、畢公、衛侯、毛公，此六卿之長也，而以三公、侯、伯領之。大而公卿，必相兼攝，則下而百司庶府獨不可兼攝乎？案周禮言「二鄉則公一人」，是三公兼鄉老也。「一鄉則卿一人」，是六卿兼大夫也。六軍將皆命卿，是六卿又兼六軍之將也。世婦每宮卿二人，是六卿又兼六宮之職也。世婦謂每宮二人，則十有二人，其六卿之長貳乎？以此推之，如地官鄉遂之官，夏官司馬之屬，必皆六卿之屬兼之。六卿之屬，雖各有名，大抵多兼攝也，而況官屬有不可以專置者。地官如迹人、角人、羽人、掌炭、掌荼等職，只征一物；秋官如庶氏、冥氏、穴氏、哲蔟氏、赤犮氏等官，只攻一事，豈無可兼者乎？有不可常置者，田詛則有甸祝、詛祝，祭祀軍旅、共杖禁囂則有伊耆氏、銜枚氏，喪紀則有職喪、喪祝、夏采，豈無可攝者乎？若夫地官比、閭、族、黨、鄰、里、都、鄙等官，並無府、史、胥、徒，可知其使民興賢出使長之也。其他如春官大司樂、大胥、太師、太卜、太祝、太史，夏官太僕、小臣、祭僕、戎右、齊右、道右、大馭、戎僕、齊僕、田僕、馭夫，秋官大行人、小行人、司儀等官，亦無府、史、胥、徒，非上下相兼，則它官相攝也。惟夫相兼攝也，則官制雖倍于古，而其職不冗于古也。大抵官惟其人，雖公不備，官事不攝，夫子譏之。然則成周之官，雖無慮三千員，而實不過三百六十屬也。蓋古者天子建官，三公、九卿、二十七大夫、八十一元士。今案周禮鄉老即三公，鄉大夫、軍將、世婦即六卿，則知六官三百六十屬，亦惟以此等大夫士爲之。雖六官所謂大夫士之數如彼其多，其爲兼攝可知矣。至于府、史、胥、徒之在官者，天官有三千六百六十有六人，春官有二千二百四十有一人，夏官有三千二百六十有五人，秋官二千六百五十有七人，地官無常數，冬官不可考，只以四官計之，已萬人矣。是皆使民興能，入使治之也。其徒則大司徒起徒役而爲之與？考論周之官制，大而公卿長貳，次而大夫士之屬，既有兼攝，則官何嫌于冗？下而比、閭、族、黨，小而府、史、胥、徒之衆，又興于民，則數何嫌于多乎？蓋周人因事以置官，周禮因官以存名，居官而不兼其職則官冗，兼官而不存其名則官廢，知周禮兼官之職，又知周禮存官之名，則可與言官制矣。

蕙田案：鄭氏、葉氏論六官可以相兼攝，不必備其人，其説善矣。然其中亦多疏舛。如鄉大夫主六鄉之政，其事甚繁，春官之世婦係内職，豈得以六卿兼之？又如三公三孤，官不必備，周公、召公爲師保，而太傅及三孤不見，謂之不備可也，謂召公兼之，則伯謙之臆説也。大司樂與樂師同署，大胥與小胥同署，大師與小師同署，大卜與卜師、卜人同署，大祝與小祝同署，大僕、小臣、祭僕與御僕同署，大行人、小行人、司儀與行夫同署，故府、史、胥、徒共之。葉氏謂大司樂諸官俱無府、史、胥、徒，然則大宰、小宰亦無府、史、胥、徒乎？惟車右與御身執其事，故不設府、史、胥、徒耳。讀者宜分別觀之。

周氏世樟曰：設官一事，代有不同，繁簡因革之間，大抵視世運爲升降。唐、虞稽古，建官惟百，内有百揆四岳，外有州牧侯伯，庶政和焉，萬國寧焉。然足以治唐、虞之天下，或不足以治後世之天下，于是乎夏、商則倍之。夏之官制，史傳缺如，弗可深考。或以王制三公九卿一説當之，殆未必然。商之官制見于曲禮，有六太，有五官，有六府，有六工，官雖未必盡此，而此亦其大略也。周之成王，仰法前代，訓迪厥官，周官一篇，曉暢言之，顧第舉其綱，未及其目。周禮之三百六十屬，則及其目矣。夏、商倍于唐、虞，則周之倍于夏、商，概可知也。乃若猶是官也，有古重而後世輕者。少昊名官，首及曆正。唐堯分職，先命羲、和。至于後世，星術之屬，降爲雜流矣。有古設而後世廢者。太皞以還，皆有五行之官，若句芒，若祝融，若蓐收，若玄冥，若后土。封爲上公，祀爲貴神，至于後世，不過司天一家，略寓其意，其實官之廢則已久矣。有猶是官而分合異者。有虞之時，伯夷典禮，后夔典樂，而兵刑並掌于皋陶。至于後世，禮樂合爲一官，而兵刑分爲二矣。有猶是官而統屬異者。殷之太宗、太史、太祝、太士、太卜皆屬于太宰，其五官則有司士，无宗伯。至周則改司士爲宗伯，而祝、宗、卜、史悉屬之矣。凡此設官之不同，總因世運爲升降耳。

蕙田案：此條論上古及三代官制之同異。

周禮春官：大宗伯以九儀之命正邦國之位。注：每命異儀，貴賤之位乃正。春秋傳曰：「名位不同，禮亦異數。」壹命受職，注：始見命爲正吏，謂列國之士，於子男爲大夫，王之下士亦一命。鄭司農云：「受職，治職事。」再命受服，注：鄭司農云：「受服，受祭衣服，爲上士。」玄謂：此受玄冕之服，列國之大夫再命，於子男爲卿。卿大夫自玄冕而下，如孤之服。王之中士亦再命，則爵弁服。三命受位，注：鄭司農云：「受下大夫之位。」玄謂：此列國之卿，始有列位于王，爲王之臣也。王之上士亦三命。四命受器，注：鄭司農云：「受祭器爲上大夫。」玄謂：此公之孤始得有祭器者也。禮運曰：「大夫具官，祭器不假，聲樂皆具，非禮也。」王之下大夫亦四命。五命賜則，注：鄭司農云：「則者，法也，出爲子男。」玄謂：則，地未成國之名。王之下大夫四命，出封加一等，五命，賜之以方百里二百里之地者〔一〕，方三百里以上爲成國。王莽時以二十五成爲則，方五十里，合今俗説子男之地，獨劉子駿等識古有此制。**六命賜官，**注：鄭司農云：「子男入爲卿，治一官也。」玄謂：此王六命之卿賜官者，使得自置其臣，治家邑如諸侯。**七命賜國，**注：王之卿六命，出封加一等者。鄭司農云：「出就侯伯之國。」**八命作牧，**注：謂侯伯有功德者，加命得專征伐于諸侯。鄭司農云：「一州之牧。」王之三公亦八命。」**九命作伯。**注：上公有功德者，加命爲二伯，得征五侯九伯者。鄭司農云：「長諸侯爲方伯。」

典命掌諸臣之五等之命。注：五等，謂孤以下四命、三命、再命、一命、不命也。疏：此經諸侯五等在諸侯之下，既無四命以至五命〔二〕，明臣有五等，通不命也。據下文，大國孤四命，其卿三命，大夫再命，士一命。侯伯之卿以下，如公、子、男之卿再命，大夫一命，士不命。**王之三公八命，其卿六命，其大夫四命，及其出封，皆加一等。其國家、宮室、車旗、衣服、禮儀亦如之。**注：四命，中下大夫也。出封，出畿内封于八州之中。加一等，褒有德也。大夫爲子男，卿爲侯伯，其在朝廷則亦如命數耳。王之上士三命，中士再命，下士一命。疏：「王之三公八命，其卿六命，其大夫四命」，皆是在朝者。「及其出封，皆加一等」者，三公八命者爲九命上公，六命卿爲七命侯伯，四命大夫爲五命子

〔一〕「方」下，原衍「五」字，據光緒本、周禮注疏卷一八删。
〔二〕「四命」，原作「一命」，據光緒本、周禮注疏卷二一改。

男。「其國家、宮室、車旗、衣服、禮儀」，亦以命數爲差也。注云「四命，中下大夫」者，見序官有中下大夫，于此經唯見四命大夫，是知中下大夫同四命也。云「出封，出畿内封于八州之中」者，其王朝公卿大夫，亦有舊在畿内，有采地之封，是封畿内者也。今乃封于畿外，在八州之中爲諸侯也。云「加一等，褒有德也」者，王朝公卿大夫，無功可進、無過可退者，不得出封，以知加一等，爲南面之君者，是褒有德也。卿爲侯伯，大夫爲子男。鄭不言三公者，雖出封加命，爵仍是公，不異，故不言也。云「王之上士三命，中士再命，下士一命」，經既不言，而鄭言之者，此典命所以主命數。序官有三等之士，此文不見，故以意推之。必知士有三命以下者，見經大夫四命，四命以下，惟有三等之命。序官有上士、中士、下士，故以三等之命而説之也。然公卿大夫以八命、六命、四命爲陰爵者，一則擬出封加爲陽爵，二則在王下爲臣是陰官，不可爲陽爵故也。士既無出封之理，又極卑賤，故有三命、一命爲陽爵，無嫌也。**公之孤四命，以皮帛眡小國之君，其卿三命，其大夫再命，其士一命，其宮室、車旗、衣服、禮儀，各眡其命之數。侯伯之卿、大夫、士亦如之。子男之卿再命，其大夫一命，其士不命，其宮室、車旗、衣服、禮儀，各眡其命之數。**注：視小國之君者，列于卿大夫之位，而禮如子男也。鄭司農云：「九命上公，得置孤卿一人。春秋傳曰：『列國之卿，當小國之君，固周制也。』」玄謂：王制曰：「大國三卿，皆命于天子，下大夫五人，上士二十七人。次國三卿，二卿命于天子，一卿命于其君，下大夫五人，上士二十七人。小國二卿，皆命于其君，下大夫五人，上士二十七人。」疏：案大行人云：「大國之孤，執皮帛以繼小國之君，出入三積，不問一勞，朝位當車，前不交擯，廟中無相，以酒禮之，其他皆眡小國之君。」鄭注云：「此以君命來聘者也。孤尊，既聘享，更自以其贄見，執束帛而已，豹皮表之爲飾。繼小國之君，言次之也。其他，謂貳車及介、牢禮、賓主之間擯、將幣、祼酢饗食之數。」以此而言，則以皮帛者，亦是便以贄見，若正聘當以圭璋。若然，彼云「繼小國之君」，謂執皮帛次小國之君後，則與此注「列于卿大夫位」一也。此言「眡小國之君」，注云「而禮如子男」，則彼「其他眡小國君」并彼注「貳車及介」以下是也。昭二十三年左傳云：「叔孫婼爲晉所執，晉人使與邾大夫坐訟。叔孫曰：『列國之卿，當小國之君，固周制也。』」先鄭引魯之卿以證孤者，孤亦得名卿。故匠人云「外有九室，九卿朝焉」，是并六卿與三孤爲九卿。亦名卿者，以其命數同也。魯是侯爵，非上公亦得置孤者。魯爲州牧，立孤與公同。若然，其孤則以卿爲之，故叔孫婼自比于孤也。王制之文多據夏、殷，此命卿亦是夏、殷法。故彼下文「大國之卿不過三命，下卿再命，小國之卿與下大夫一命」，鄭注云：「不著次國之卿者，以大國之下互明之。此卿命則異，大夫皆同。」以此言之，則大國卿三命，次國卿與大國卿同再命，小國卿與大夫同一命，彼注即引此周禮命卿大夫之法以證與古不同之義。若然，此引彼夏、殷命臣法。周禮諸侯卿大夫命，雖與古不同，五等諸侯國，國皆有三卿得天子命者，與夏、殷同，故引之。若然，云「大國三卿，皆命于天子」者，上卿則命數足矣；中卿天子再命，己君加一命，亦爲三命。下卿天子一命，若夏、殷，己君加一命，二命足矣，周則己君加二命，爲三命亦足矣。云「下大夫五人」，不言命數者，並不得天子命。夏、殷並己君加一命，周則大國之大夫再命也。夏、殷之士不命，其二十七士，亦應有上九、中九、下九，而皆云上士者，亦是勉人爲高行，故總以上士言之也。次國三卿，上卿，天子二命，己君不加；中卿，天子一命，己君加一命；下卿，天子不命，己君亦加二命，爲再命，故云「一卿命于其君」，是次國之卿皆再命也。若周禮，次國卿並三命，亦下大夫五人，上士二十七人，義與大國同也。「小國二卿，皆命于其君」，案：彼鄭注云「此文似誤脱」。云「脱」者，類上文大國、次國，則此小國亦當有三卿，宜云「小國三卿，一卿命于天子，二卿命于其君」，則是脱「亦三卿一卿命于天子」九字矣。云「誤」者，次國云「二卿命于天子」，不言「皆」，此小國云「二卿皆命于其君」，而言「皆」，是誤，故云誤也。若依此三卿解之，則三卿之内，一卿命于天子爲一命，二卿命于其君亦各一命，亦「下大夫五人，上士二十七人」，義與上同也。若周禮，小國三卿皆再命，亦一卿命于天子一命，己君加一命爲再命；二卿命于其君，不得天子命，並己君再命矣。又周法，次國五大夫亦與大國五大夫同再命，小國下大夫五人各一命；其士，公侯伯之士同一命，子男之士不命，與夏、殷同，此文是也。大司馬云「大國三軍，次國二軍，小國一軍，軍將皆命卿」者，謂得天子之命者得爲軍將也。若然，諸侯之臣有四命、三命、再命、一命、不命，而經云「各眡其命數」者，謂宫室之等，四命者，四百步，貳車四乘，旗四斿，冕服四章；三命者，以三爲節；再命、一命者，亦以命數爲降殺也。但大夫玄冕，一命者一章，裳上刺黻而已。衣無章，故得玄名，則冕亦象衣無旒。其士服爵弁，並無章飾，是以變冕言爵弁也。諸侯之大夫，一命已上即有貳車；士雖一命，亦無貳車；天子之士，再命已上可有貳車也。

蕙田案：春秋成二年傳：「公賜晉三帥先路，三命之服。」襄十九年傳：「公賜晉六卿三命之服。」此侯伯之卿，皆三命之證也。昭十二年傳：「叔孫昭子以再命爲卿，後更受三命。叔仲子曰：『三命踰父兄，非禮也。』」則魯亦有再命之卿。僖三十三年傳「晉襄公以再命命先茅之縣賞胥臣，以一命命郤缺爲卿」，則晉亦有再命、一命之卿。大約諸侯之卿，其命數以次而加，但不得過三命耳。

又案：以上諸臣命數之等。

右周禮官制下

周侯國官制

周禮天官：冢宰乃施典于邦國，而建其牧，立其監，設其參，傅其伍，陳其殷，置其輔。注：侯伯有功德者，加命作州長，謂之牧，所謂「八命作牧」者。監謂公、侯、伯、子、男各監一國。書曰：「王啓監，厥亂爲民。」參謂卿三人。伍謂大夫五人。鄭司農云：「殷，治律。輔，爲民之平也。」玄謂：殷，衆也，謂衆士也。王制：諸侯上士二十七人，其中士、下士各居其數之三分。輔，府史，庶人在官者也。疏：每州之中立一牧，每國之中立一諸侯，使各監一國。「設其參」者，謂諸侯之國各立三卿。「傅其伍」者，謂三卿下各立五大夫。「陳其殷」者，謂三卿下各陳士九人，三九二十七。「置其輔」者，謂三卿下各設府、史、胥、徒。諸侯三卿，司徒、司馬、司空也。大夫五人，謂司徒下二大夫，一大夫爲司徒大夫，一大夫爲大宰大夫；司空下二大夫，一大夫主司空事，一大夫爲司寇大夫；司馬事省，闕一大夫，故五人。其伍言「傅」者，大夫上有卿，下有士，受上政傅于下，受下政傅于上，故獨云「傅」。

朱子曰：監疑謂天子大夫爲三監者，蓋謂之邦國，則固已有君矣，但建牧立監以佐之，設卿大夫士以輔之耳。

乃施則于都鄙，而建其長，立其兩，設其伍，陳其殷，置其輔。注：謂公卿大夫、王子弟食采邑者。兩謂兩卿，不言三卿者，不足于諸侯。鄭司農云：「兩，謂兩丞。」疏：公卿、王子弟爲采邑之主，以是一邑之長，故言長。每采地之中立兩卿。案典命云：「三公八命，其卿六命，其大夫四命。」大宗伯云：「六命賜官。」彼注：「王六命之卿賜官者，使得自置其臣治家邑，如諸侯。」則此云長，唯據公卿已上〔一〕。大夫四命，不合立官，此并言大夫者，以大夫雖立官，不與公卿同，亦得稱長，是廣解長義。其實大夫不合有兩卿五大夫，當與諸侯之卿同，官事當相兼也。親王子弟食邑與三公同，在五百里畺地，各百里。其次疏者在四百里縣地，各五十里，與六卿同。已上二者，得立兩卿五大夫之等。其次更疏者在三百里稍地，各食二十五里，與大夫同，不得立兩卿五大夫，亦職相兼也。畿外諸侯，南面爲尊，故得伸而立

〔一〕「上」，諸本作「下」，據周禮注疏卷二改。

三卿。天子三公、六卿雖尊，以其在天子之下，故屈而立兩卿。

沈氏彤曰：疏以大夫降于卿，不合有兩卿五大夫，豈知卿降于公，而亦不容有乎？故惟在公，則兩爲卿，伍爲大夫，殷爲上士。若在卿，則兩爲大夫，伍爲上士，殷爲下士。在大夫，則兩爲上士，伍爲下士。春秋傳謂周公舉蔡仲爲己卿士，瑕禽爲王卿士伯輿之大夫，是公之兩爲卿，卿之兩爲大夫，皆有明徵，而其下可例推矣。

蕙田案：邦國，畿外諸侯也。都鄙，畿内諸侯也。周禮不及侯國之官制，惟見于此，而命數則詳于典命職云。

書酒誥：予惟曰，汝劼毖殷獻臣。傳：劼，固也。我惟告汝曰，汝當固慎殷之善臣信用之。侯、甸、男、衛，矧太史友、内史友？傳：侯、甸、男、衛之國當慎接之，況太史、内史掌國典法所賓友乎？越獻臣百宗工，矧惟爾事服休服采？傳：於善臣百尊官不可不慎，況汝身事服行美道，服事治民乎？矧惟若疇圻父，薄違農父？傳：圻父，司馬；農父，司徒。身事且猶敬慎，況所順疇咨之司馬乎？況能迫迴萬民之司徒乎？言任大。若保弘父，定辟，矧汝剛制于酒？傳：弘，大也。弘父，司空，當順安之。司馬、司徒、司空，列國諸侯三卿，慎擇其人而任之，則君道定。

梓材：汝若恒，越曰：「我有師師、司徒、司馬、司空、尹、旅。」曰：「予罔厲殺人。」

朱子曰：牧誓所言司徒、司馬、司空，蓋未克商時侯國之官，故内則以冢宰敷教，而鄭氏以爲諸侯并六卿爲三，故以司徒兼冢宰，皆諸侯三卿之證也。唯宋得備六官，説者以爲二王之後，得用天子制度，理或然也。

春秋定公四年左氏傳：祝、宗、卜、史。注：大祝、宗人、大卜、大史，凡四官。備物典策，官司彝器。命以伯禽，而封於少皞之虚。

蕙田案：春秋時，侯國各有祝、宗、卜、史之官，皆世其職，蓋始封時所授也。

禮記明堂位：有虞氏官五十，夏后氏官百，殷二百，周三百。凡四代之官，魯皆兼之。疏：此明魯家兼有四代之官。然魯是諸侯，案太宰職，諸侯惟有三卿五大夫，故公羊傳司徒、司空之下各有二小卿，司馬之下一小卿，是三卿五大夫也。今魯雖被褒崇，何得備立四代之官而備三百六十職者？當成王之時，褒崇于魯，四代官中雜存官職名號，是使魯有之，非謂魯得盡備其數。但記者盛美于魯，因舉四代官之本數而言之。

周氏世樟曰：侯國官制，但有司徒、司馬、司空，而無太宰、宗伯、司寇，牧誓、酒誥、立政諸篇皆仝。及考左傳，諸國皆有司寇，而魯有夏父弗忌爲宗伯。國語單子過陳篇稱「宗祝執祀，司寇詰姧」，似侯國雖無太宰，而仍有宗伯、司寇，何也？蓋宗伯、司寇，侯國本無此二官，左傳所言者，乃東周諸侯之所添設也。古者，天子一事設一官，諸侯不能備官，一人常兼二三事，故崔氏云「司徒兼冢宰，司馬兼宗伯，司空兼司寇」。及東周時，諸侯皆帝制自爲，管仲以大夫之家而官事不攝，况諸侯乎！然而三卿舊制，終不可没。即以左傳觀之，子産入陳，命「司徒致民，司馬致節，司空致地」；杜洩謂季孫曰：「吾子爲司徒，叔孫爲司馬，孟孫爲司空。」皆三卿並列而不及宗伯、司寇，其爲添設明矣。侯國無太宰，惟宋爲王者之後，故有之。若吴、楚之有太宰，僭也。侯國之禮官，但有宗人，无宗伯。其刑官，但有小司寇及士師，無大司寇。侯國之有宗伯、大司寇，亦僭也。王制三等之國，皆有五大夫。所謂五大夫者，崔氏云「司徒之下置小宰及小司徒也，司空之下置小司寇及小司空也，司馬之下置小司馬也」。至于宗人，併不在五大夫之列。按成王封魯，分以祝、宗、卜、史，則宗人之秩，蓋在卜、祝之間也。

右周侯國官制

五禮通考卷二百十六

嘉禮八十九

設官分職

春秋官制

春秋隱公元年：秋七月，天王使宰咺來歸惠公、仲子之賵。疏：周禮天官卿一人，小宰中大夫二人，宰夫下大夫四人。宰夫職曰：「凡邦之弔事，掌其戒令與其器幣財用。」既掌弔事，或即充使，此蓋宰夫也。

顧氏棟高曰：王人見于經者，惟宰書官。正義曰：「穀梁傳曰：『天子之宰通于四海。』其意言宰者，六官之長，官名通于海内，當謂太宰之長官耳，其屬官不應得通。而宰咺、宰渠伯糾則必非長官，亦稱爲宰者，蓋自宰夫以上皆通也。」愚意冢宰紀法之守，桓公簒弒，王不能討，即位四年，未嘗一朝王室，而王使下聘；仲子，諸侯之妾，以冢宰歸賵，皆非禮也，故特書官以示譏。若宰夫以下，則如劉夏、石尚，書名可矣，何必具官？正義說非也。

隱公三年左氏傳：鄭武公、莊公爲平王卿士。注：卿士，王卿之執政者。

八年左氏傳：虢公忌父始作卿士于周。

程氏啓生曰：鄭伯爲左卿士，則虢公右卿士也。鄭伯奪政之後，蓋周公黑肩代之。故桓公五年伐鄭之役，虢公將右軍，周公將左軍。

顧氏棟高曰：案哀十六年，楚白公勝謂石乞曰：「王與二卿士。」杜注：「二卿士，子西、子期也。」定元年傳子家子曰：「若君立，則卿士、大夫與守龜在。」是諸侯執政者亦謂之卿士。

桓公二年左氏傳：周內史聞之。

桓公四年，天王使宰渠伯糾來聘。疏：傳言「父在，故名」，則于法當書字，但中、下大夫例皆書字，故直言王官之宰，不指小宰、宰夫。

莊公十九年左氏傳：王收膳夫之秩。

二十二年左氏傳：周史有以周易見陳侯者。注：史，周太史也。

三十二年左氏傳：有神降于莘。惠王問諸內史過曰：「是何故也？」

僖公九年，公會宰周公于葵丘。注：天子三公。

十六年左氏傳：隕石于宋五。六鷁退飛，過宋都。周内史叔興聘于宋，宋襄公問曰：「是何祥也，吉凶焉在？」

顧氏棟高曰：觀此及莊三十二年傳，則内史亦掌占候吉凶之事，蓋太史之屬也。

二十四年左氏傳：太叔以狄師攻王，王御士將禦之。注：周禮：「王之御士十二人。」

疏：周禮無御士之官，惟夏官太僕之屬有御僕下士十二人，掌王之燕令。

二十八年左氏傳：王命内史叔興父策命晉侯爲侯伯。

顧氏棟高曰：周禮内史職曰：「凡命諸侯及孤卿、大夫，則策命之。」鄭司農引此傳爲證。

三十年：天王使宰周公來聘。注：天子三公，兼冢宰也。

顧氏棟高曰：僖二十八年踐土之盟，國語以王子虎爲太宰文公，而經兩書「宰周公」，皆在僖公時，或中遷代。

文公元年左氏傳：王使内史叔服來會葬。

成公二年左氏傳：王使委于三吏。注：三吏，三公也。疏：曲禮云：「五官之長曰伯。」「其擯于天子也，曰天子之吏。」鄭云「謂三公也」，是三公稱吏。

襄公十年左氏傳：晉滅偪陽。使周内史選其族嗣，納諸霍人。注：内史，掌爵禄廢置者。

單靖公爲卿士，以相王室。

十五年左氏傳：官師從單靖公逆王后于齊。卿不行，非禮也。注：官師，劉夏也。

疏：祭法云：「官師一廟。」鄭云：「官師，中士、下士也。」是天子官師非卿也。

二十一年左氏傳：欒盈過周，辭于行人。注：王行人也。

將歸，死于尉氏。注：尉氏，討姦之官。疏：周禮司寇之屬無尉氏之官，蓋周室既衰，官名改易，於時有此官耳。

蕙田案：漢以廷尉主刑名，蓋因於此。

王使司徒禁掠欒氏者，歸所取焉。疏：周官司寇掌詰姦慝，刑暴亂，當使司寇而云「司徒」者，以司徒掌會萬民之卒伍，以起徒役，以比追胥。以此追寇盜，是其所掌，獲得罪人，乃使司寇刑之耳。

使候出諸轘轅。注：候，迎送賓客之官。

顧氏棟高曰：周禮夏官有候人，「各掌其方之道治與其禁令，以設候人。若有方治，則帥而致于朝。及歸，送之于竟」。周語云：「敵國賓至，候人爲道。」是諸侯亦有候人也。

二十六年左氏傳：晉韓宣子聘于周，王使請事。對曰：「晉士起將歸時事于宰旅，無他事矣。」

顧氏棟高曰：周禮太宰之屬，旅下士三十有二人。

昭公九年左氏傳：周甘人與晉閻嘉爭閻田。王使賓滑執甘大夫襄以説于晉。

疏：典邑大夫，法當以邑名冠之，而稱人，甘人是甘縣大夫，知閻嘉是晉之閻縣大夫。

顧氏棟高曰：周禮縣正，每縣下大夫一人，各掌其縣之政令徵比，則此縣大夫即周禮之縣正也。

二十一年左氏傳：天王將鑄無射，泠州鳩曰：「王其以心疾死乎！」注：泠，樂官。

二十二年左氏傳：司徒醜以王師敗績于前城。

哀公六年左氏傳：有雲如衆赤烏，夾日以飛三日。楚子使問之周太史。

蕙田案：以上周。

隱公二年左氏傳：司空無駭入極。注：魯司徒、司馬、司空，皆卿也。

十一年左氏傳：羽父請殺桓公，將以求太宰。疏：天子六卿，天官爲太宰，諸侯則并六爲三而兼職焉。昭四年傳稱季孫爲司徒，叔孫爲司馬，孟孫爲司空，則魯之三卿無太宰。羽父名見于經，已是卿矣，而復求太宰，蓋欲令魯特設是官以榮己耳。以後更無太宰，知魯竟不立之。

文公十八年左氏傳：莒僕來奔。季文子使司寇出諸竟。

襄公二十一年左氏傳：季孫謂臧武仲曰：「子爲司寇，將盜是務去。」

蕙田案：臧宣叔、武仲皆官司寇，而名見於春秋，則魯之司寇亦卿官矣。顧寧人謂臧紇爲小司寇者，非是。

昭公四年左氏傳：杜洩曰：「君使三官書之。吾子爲司徒，實書名。注：謂季孫也。書名，定位號。夫子爲司馬，與工正書服。注：叔孫也。服，車服之器，工正所書。孟孫爲司空，以書勳。」注：勳，功也。疏：周禮：「大司徒掌十二教，十有一曰以賢制爵，十有二曰以庸制祿。」故司徒書名，定位號也。周禮夏官司馬其屬有司士，掌群臣之政，以德詔爵，以功詔祿。工正雖不屬司馬，掌作車服，故與司馬書服也。周禮司勳屬夏官。今「司空書勳」者，春秋之時，又是諸侯之法，不可盡與禮同。

定公元年左氏傳：孔子之爲司寇也，溝而合諸墓。疏〔二〕：孔子爲司寇，在定公十年後。

孔氏穎達禮記正義：崔靈恩云：「諸侯三卿，司徒兼冢宰，司馬兼宗伯，司空兼司寇。三卿之下，有五大夫。五大夫者，司徒之下立二人：小宰、小司徒；司馬之下，以其事省，立一人，爲小司馬，兼宗伯之事；司空之下，立二人：小司空、小司寇。」今夫子爲司空者，爲小司空也，從小司空爲小司寇也。崔所以知然者，魯有孟、叔、季三卿爲政，又有臧氏爲司寇，故知孔子爲小司寇。

〔二〕「疏」，諸本作「注」，據春秋左傳正義卷五四改。

十二年左氏傳：仲尼命申句須、樂頎下伐之。注：仲尼時爲司寇。疏：史記孔子世家云：「定公以孔子爲中都宰，一年，四方皆則之。由中都宰爲司空，由司空爲大司寇。」十年，會于夾谷時，已爲司寇矣。十四年，孔子由大司寇攝行相事。是此時仲尼爲司寇。

蕙田案：魯自成、襄以後，司徒、司馬、司空三卿，常以季、孟、叔三家居之。而子叔氏、臧氏亦以世卿見於春秋。又如成二年戰于鞌，季孫行父、臧孫許、叔孫僑如、公孫嬰齊四卿並行，其時尚有仲嬰齊、仲孫蔑兩卿，則魯亦有六卿，但其官名惟臧孫許知是司寇，餘二卿則不可考耳。冉求稱孔子爲國老，而孔子之卒，書於魯史。蓋昭、定之世，臧氏漸微，故以孔子代之。崔氏以爲小司寇者，疑非然也。

桓公六年左氏傳：子同生，卜士負之，士妻食之。注：禮，世子生三日，卜士負之，射人以桑弧蓬矢射天地四方，卜士之妻爲乳母。

莊公九年左氏傳：師及齊師戰于乾時，我師敗績，公喪戎路，傳乘而歸。秦子、梁子以公旗辟于下道，是以皆止。注：二子，公御及戎右也。

十一年左氏傳：乘丘之役，公以金僕姑射南宮長萬，公右顓孫生搏之。注：檀弓云：「魯莊公及宋人戰于乘丘縣。賁父御，卜國爲右。」車右與此不同者，禮記後人所録，聞于所聞之口，其事未必實也。

三十二年左氏傳：圉人犖。

顧氏棟高曰：周禮夏官有圉師、圉人，掌養馬者。

閔公二年左氏傳：成季之將生也，桓公使卜楚丘之父卜之。注：卜楚丘，魯掌卜大夫。

僖公二十一年左氏傳：夏，大旱，公欲焚巫尪。

顧氏棟高曰：周禮司巫中士二人，掌群巫之政令。若國大旱，則率巫而舞雩。鄭司農引此傳爲證。

文公二年左氏傳：于是夏父弗忌爲宗伯。注：宗伯，掌宗廟昭穆之禮。

顧氏棟高曰：諸侯不應有宗伯，而周禮春官之屬有都宗人，掌都祭祀之禮；家宗人掌家祭祀之禮。定四年傳稱「魯公之封有祝、宗、卜、史」，杜氏解宗爲宗人。魯語：「哀姜至，公使大夫、宗婦覿用幣。宗人夏父展曰：非故也。」韋注：「宗人，宗伯也。」則魯之宗人，亦謂之宗伯。蓋其所掌，與周官小宗伯同。

蕙田案：魯之夏父氏，蓋世爲宗人之官。左傳以弗忌爲宗伯，蓋僭稱也。春秋諸國皆不立宗伯，以諸侯三卿、五大夫無宗伯、小宗伯故也。

四年左氏傳：衛甯武子來聘，使行人私焉。

顧氏棟高曰：案行人見于經者六，並以見執書。是乃一時奉使，非專官。又案：襄四年正義云：周禮大行人掌大賓之禮、大客之儀；小行人掌使適四方，協賓客之禮。諸侯行人當亦通掌此事，故爲通使之官。然則經傳所書行人雖各異，其職掌正同。

十一年左氏傳：鄋瞞侵齊，遂伐我。公使叔孫得臣追之。侯叔夏御莊叔，綿房甥爲右，富父終甥駟乘。注：駟乘，四人共車。

十五年左氏傳：卞人以告。注：卞邑大夫。

顧氏棟高曰：案昭四年，申豐論藏冰曰：「縣人傳之。」杜曰：「縣人，遂屬。」正義曰：「五縣爲遂。」然周禮有遂人、遂大夫，而無縣人，疑諸侯之縣大夫即謂之縣人也。襄十年傳「郰人紇」，正義曰：「公邑大夫皆以邑名冠之呼某人。」成二年傳「衛新築人仲叔于奚」，杜曰：「守新築大夫。」昭二十一年傳「宋厨人濮」，杜曰：「厨邑大夫。」是邑大夫通呼爲人也。

襄公四年左氏傳：匠慶謂季文子。注：匠慶，魯大匠。

七年左氏傳：叔孫昭伯爲隧正。注：隧正，主役徒。疏：隧正，官名，當周禮之遂人。

二十三年左氏傳：公鉏出爲公左宰。注：出季氏家臣，仕于公。

顧氏棟高曰：魯有左宰，即當復有右宰；衛有右宰，即當復有左宰，然不知其所掌何職也。

孟氏將辟，藉除于臧氏。臧孫使正夫助之。注：正夫，隧正。疏：隧正當屬司徒。臧氏爲司寇，蓋兼掌之。

將盟臧氏，季孫召外史掌惡臣，而問盟首焉。疏：周禮外史掌書外令，掌四方之志。今季孫召外史，蓋魯亦立此官也。

顧氏棟高曰：此疏言魯亦有外史之官，而序文疏内則云「史官身居在外，季孫從内召之，故曰外史」，又以南史、外史皆非官名。今據尚書，諸侯得有内史，則亦有外史也。

二十七年左氏傳：十一月乙亥朔，日有食之。辰在申，司曆過也，再失閏矣。

蕙田案：司曆者，乃太史之屬，所謂「諸侯有日御」是也。

二十八年左氏傳：叔孫穆子食，慶封使工爲之誦茅鴟。注：工，樂師。

二十九年左氏傳：使工爲之歌周南、召南。

顧氏棟高曰：周禮春官太師下大夫二人，小師上士四人，其下有瞽、矇之屬。鄭注云：「凡樂之歌，必使瞽、矇爲焉，命其賢知者以爲太師、少師。」魯論有太師摯、少師陽，而傳無之。今案昭九年傳「屠蒯酌以飲工」，而檀弓以爲即師曠，則是太師以下通謂之工也。

楚人使公視襚，乃使巫以桃茢先祓殯。疏〔一〕：巫者，接神之官。

顧氏棟高曰：周禮男巫：「王弔則與祝前。」喪祝：「王弔則與巫前。」鄭司農引此傳爲證。

昭公二年左氏傳：韓宣子來聘，觀書于太史氏，見易象與魯春秋，曰：「周禮盡在魯矣。」疏：太史職掌書籍，必有藏書之處，若今之祕閣。

四年左氏傳：公御萊書。注：公御，士。

五年左氏傳：南遺使國人助豎牛，以攻仲壬于大庫之庭，司宫射之。

十七年左氏傳：日有食之，祝史請所用幣。

顧氏棟高曰：掌祝者謂之祝史，猶掌卜者謂之筮史。周禮春官：大祝掌六祝之辭，以祝鬼神示。其屬有小祝、喪祝、甸祝、詛祝等官。定四年傳分魯以祝、宗、卜、史，謂太祝、宗人、太卜、太史四官，則魯有太祝也。

二十五年左氏傳：公果、賁使侍人僚柤告公。

三十二年左氏傳：公疾，徧賜大夫。賜子家子雙琥、一環、一璧、輕服，受之。公

〔一〕「疏」，諸本作「注」，據春秋左傳正義卷三九改。

薨，子家反賜于府人。

哀公三年左氏傳：桓、僖災。南宫敬叔至，命周人出御書，俟于宫。注：周人，司周書典籍之官。御書，進于君者也。子服景伯至，命宰人出禮書。注：宰人，冢宰之屬。校人乘馬，巾車脂轄。注：校人，掌馬。巾車，掌車。公父文伯至，命校人駕乘車。

蕙田案：魯諸侯不設冢宰，當有小宰，以大夫爲之，而宰人則其屬也。校人、巾車，皆周禮官名。

二十四年左氏傳：公子荆之母嬖，將以爲夫人，使宗人釁夏獻其禮。對曰：「無之。」公怒曰：「女爲宗司，立夫人，國之大禮也，何故無之？」注：宗人，禮官。

蕙田案：以上魯所設官之見於傳者。其左宰及周人二官，則他國無之。

襄公七年左氏傳：南遺爲費宰。

顧氏棟高曰：宰本家臣之名，而邑長亦稱宰。正義曰：「公邑稱大夫，私邑稱宰。」然昭二十六年傳「成大夫公孫朝」，是私邑亦稱大夫。哀八年傳「王犯嘗爲武城宰」，是公邑亦稱宰也。

十年左氏傳：孟獻子以秦堇父爲右。

二十三年左氏傳：季氏以公鉏爲馬正。注：馬正，家司馬。

孟氏之御騶豐點。疏〔一〕：騶是掌馬之官，蓋兼掌御事，謂之御騶。

二十五年左氏傳：及季姒與饔人檀通。注：饔人，食官。

叔孫氏之司馬鬷戾。

顧氏棟高曰：周禮：「家司馬各使其臣以正于公司馬。」鄭注：「卿大夫之采地，各自使其家臣爲司馬，主其地軍賦。」

叔孫昭子齊于其寢，使祝宗祈死。

顧氏棟高曰：此叔孫氏之宗人，即周禮所云家宗人也。

臧會奔郈，郈魴假使爲賈正焉。疏：賈正，如周禮之賈師，其職云：「各掌其次之貨賄之治，辨其物而均平之，禁貴賣者，使有恒賈。」此郈市之賈正也。

定公七年左氏傳：齊國夏伐我，陽虎御季桓子，公斂處父御孟懿子，將宵軍齊師。

蕙田案：以此傳及哀十一年傳推之，則魯卿之御與戎右皆家臣也。

八年左氏傳：虞人以鈹、盾夾之。

〔一〕「疏」，諸本作「注」，據春秋左傳正義卷三五改。

孟氏選圉人之壯者三百人，以爲公期築室于門外。

十年左氏傳：公南爲馬正，使公若爲郈宰。武叔使郈馬正侯犯殺公若，弗能。其圉人注：叔孫之圉人。殺公若。

叔孫謂郈工師駟赤。注：工師，掌工匠之官。

哀公十一年左氏傳：孟孺子洩帥右師，顏羽御，邴洩爲右。冉求帥左師，管周父御，樊遲爲右。

十四年左氏傳：叔孫氏之車子鉏商獲麟。疏：服虔云：「車，車士。」考家語有「士」字，王肅云：「車士，將車者也。」此則大夫之家主車。

蕙田案：以上大夫家臣。

又案：以上魯。

桓公六年左氏傳：申繻曰：「晉以僖侯廢司徒。」注：僖侯，名司徒，廢爲中軍。

顧氏棟高曰：僖侯之卒在春秋前百年，是春秋時晉久無司徒之官。僖二十七年，晉文公始作三軍，使郤縠將中軍，則爲廢司徒爲中軍者，杜蓋據後事言也。

三年左氏傳：曲沃武公伐翼，韓萬御戎，梁弘爲右。

莊公二十六年左氏傳：士蔿爲大司空。注：大司空，卿官。

蕙田案：獻公時，尚以司空爲卿。至文公作三軍，以將佐爲六卿，而司馬、司空僅爲散職，先王之制盡廢矣。

閔公元年左氏傳：公將上軍，太子申生將下軍，趙夙御戎，畢萬爲右。

二年左氏傳：晉侯使太子申生伐東山皋落氏，狐突御戎，先友爲右，梁餘子養御罕夷，先丹木爲右。注：申生以太子將上軍。罕夷，晉下軍卿也。

僖公八年左氏傳：里克帥師，梁由靡御，虢射爲右。

十五年左氏傳：步揚御戎，家僕徒爲右。梁由靡御韓簡，虢射爲右。

顧氏棟高曰：晉始作二軍，上軍公自將，下軍太子將之。閔二年，伐東山皋落氏。杜注：「申生以太子將上軍。罕夷，下軍卿。」據此，則僖十五年韓之戰，亦是公將上軍，韓簡則下軍將也。僖八年傳里克帥師，其御、右同，韓簡當亦是下軍將。

蕙田案：以上三條推之，則晉初上下二軍之帥無常人矣。

僖公二十七年左氏傳：蒐于被廬，作三軍，謀元帥。使郤縠將中軍，郤溱佐之；使狐偃將上軍，讓於狐毛而佐之。命趙衰爲卿，讓於欒枝、先軫，使欒枝將下軍，先軫佐之。荀林父御戎，魏犨爲右。

顧氏棟高曰：晉政卿亦稱元帥，僖二十七年傳「作三軍，謀元帥」是也。亦稱將軍，昭二十八年傳「豈將軍食之而有不足」是也。後世設官有將軍、元帥等名，其原實起于此。

蕙田案：晉本大國，曲沃以支子併宗國。王以一軍命爲諸侯。閔元年，獻公作二軍，至是始復大國三軍之舊。

二十八年左氏傳：晉郤穀卒，原軫將中軍，胥臣佐下軍。注：先軫以下軍佐超將中軍。

三月，立舟之僑以爲戎右。注：代魏犨。六月，舟之僑先歸，士會攝右。

晉侯作三行以禦狄。荀林父將中行，屠擊將右行，先蔑將左行。注：晉置三軍，今復增置三行，以避天子六軍之名。三行無佐，疑大夫帥。

三十一年左氏傳：晉蒐于清原，作五軍以禦狄。趙衰爲卿。注：二十八年，作三行，今罷之，更爲上下新軍。二十七年，命趙衰爲卿，讓于欒枝，今始從原大夫爲新軍帥。疏：晉語云：「使趙衰將上軍，箕鄭佐之；胥嬰將下軍，先都佐之。」于時舊三軍之將佐，則先軫將中軍，郤溱佐之；先且居將上軍，狐偃佐之；欒枝將下軍，胥臣佐之。

三十三年左氏傳：文公以冀缺爲下軍大夫，反自箕。襄公以三命命先且居將中軍，以再命命先茅之縣賞胥臣，以一命命郤缺爲卿，復與之冀，亦未有軍行。注：雖登卿位，未有軍列。

蕙田案：此時晉於五軍將佐十人之外，别立郤缺爲卿，比於天子六卿，且將倍之，僭妄甚矣。

文公二年左氏傳：先且居將中軍，趙衰佐之。王官無地御戎，狐鞫居爲右。殽之戰，梁弘御戎，萊駒爲右。戰之明日，襄公縛秦囚，使萊駒以戈斬之。囚呼，萊駒失戈，狼瞫取戈以斬囚，禽之以從公乘，遂以爲右。箕之役，先軫黜之，而立續簡伯。

六月，穆伯及晉司空士縠盟于垂隴。注：晉司空，非卿也，以縠能堪卿事，故書。

蕙田案：士縠非卿，而見于春秋。蓋亦如郤缺之類，以一命爲卿，而未有軍列者耳。

六年左氏傳：晉蒐于夷，舍二軍。注：復三軍之制。疏：清原之蒐，五軍十卿，有先軫、郤溱、先且居、狐偃、欒枝、胥臣、趙衰、箕鄭、胥嬰、先都。箕之役，先軫死。往歲趙衰、欒枝、先且居、胥臣卒。八年傳説此蒐之事，云「晉侯將登箕鄭父、先都」，則郤溱、狐偃、胥嬰亦先卒矣。清原十卿，惟有箕鄭、先都在耳，故蒐以謀軍帥也。服虔云：「使射姑代先且居，趙盾代趙衰也。箕鄭將上軍，林父佐也。先蔑將下軍，先都佐也。改蒐於董，趙盾將中軍，射姑奔狄，先克代將中軍。」

使狐射姑將中軍，趙盾佐之。陽處父至自温，改蒐于董，易中軍。注：易以趙盾爲帥，射姑佐之。宣子於是乎始爲國政。既成，以授太傅陽子與太師賈佗，使行諸晉國，以爲常法。疏：周禮上公之國有孤一人，王制諸侯「三卿」。晉，侯爵，而有三軍六卿，復有孤二人者，晉爲伯主，多置群官，不能如禮。孤尊于卿，法由在上，故宣子法成，授二孤，使行之。

顧氏棟高曰：晉置孤卿已僭，而有二孤，尤非禮也。

七年左氏傳：趙盾將中軍，先克佐之，荀林父佐上軍，注：箕鄭將上軍居守，故佐獨行。先蔑將下軍，先都佐之。步招御戎，戎津爲右。

十二年左氏傳：趙盾將中軍，荀林父佐之。郤缺將上軍，臾駢佐之。欒盾將下軍，胥甲佐之。范無恤御戎。

宣公元年左氏傳：晉人討不用命者，放胥甲父于衛，注：胥甲，下軍佐。而立胥克。

八年左氏傳：晉胥克有蠱疾，郤缺爲政。注：代趙盾。秋，廢胥克，使趙朔佐下軍。

蕙田案：傳凡言爲政者，皆中軍帥也。

十二年左氏傳：荀林父將中軍，先縠佐之。士會將上軍，郤克佐之。趙朔將下軍，欒書佐之。趙括、趙嬰齊爲中軍大夫〔一〕，鞏朔、韓穿爲上軍大夫，荀首、趙同爲下軍大夫，韓厥爲司馬。

十六年左氏傳：晉侯請于王，以黻冕命士會將中軍，且爲太傅。疏〔二〕：天子太傅，三公之官。諸侯太傅，孤卿之官。周禮典命云：「公之孤四命。」鄭衆云：「九命上公，得置孤卿一人。」春秋時晉爲伯主，侯亦置孤卿。

十七年左氏傳：郤獻子爲政。

成公二年左氏傳：郤克將中軍，士燮佐上軍，欒書將下軍，韓厥爲司馬。

公會晉師于上鄍，賜三帥先路三命之服，司馬、司空、輿師、候正、亞旅皆受一命之服。注：晉司馬、司空皆大夫。輿師主兵車，候正主斥候，亞旅亦大夫也。疏：明他國以爲卿，晉以爲大夫。軍行有此大夫從者，司馬主甲兵，司空主營壘。亞旅次于卿，是衆大夫也，無專職掌，故後言之。

蕙田案：此及襄十九年傳，並以司馬、司空與軍尉、輿候並言。蓋晉自僖侯廢司徒以後，至文公作三軍，各以其將佐爲卿，而司空、司馬之官遂不嘗置。若

〔一〕「趙嬰齊」，諸本作「趙同」，據春秋左傳正義卷二三改。
〔二〕「疏」，原作「注」，據光緒本、春秋左傳正義卷二四改。

軍中所置司馬，則周禮軍司馬、輿司馬之職也。司空主軍中營壘，與齊之鋭司徒、辟司徒相類，其秩甚卑，非諸侯三卿之司馬、司空也。

成三年左氏傳：于是荀首佐中軍矣。

晉作六軍，韓厥、趙括、鞏朔、韓穿、荀騅、趙旃皆爲卿。注：韓厥爲新中軍，趙括佐之。鞏朔爲新上軍，韓穿佐之。荀騅爲新下軍，趙旃佐之。晉舊有三軍，今增此爲六軍。

蕙田案：晉文於三軍之外，别立三行，後改爲新上下軍，其後罷之。至景公遂立六軍，儼然天子之制矣。

四年左氏傳：晉欒書將中軍，荀首佐之，士燮佐上軍。

六年左氏傳：韓獻子將新中軍，且爲僕大夫。公揖而入，獻子從。公立于寢庭。注：兼太僕。疏：太僕職云：「王視燕朝，則正位，掌擯相。」鄭注：「燕朝，朝于路寢之庭也。」獻子既爲僕大夫，故知寢庭爲路寢之庭。

十三年左氏傳：晉欒書將中軍，荀庚佐之；士燮將上軍，郤錡佐之；韓厥將下軍，荀罃佐之；趙旃將新軍，郤至佐之。郤毅御戎，欒鍼爲右。

蕙田案：成三年，置新中上下三軍，至是止有新軍，不言上下，知新上下軍罷於此時。杜注罷新上下軍在十六年，誤。

十六年左氏傳：欒書將中軍，士燮佐之；郤錡將上軍，荀偃佐之；韓厥將下軍，郤至佐新軍；荀罃居守。郤犨如衛，又如齊，皆乞師焉。注：荀罃，下軍佐。于是郤犨代趙旃將新軍，新上下軍罷矣。疏：三年作六軍，其新三軍將佐六人，皆賞搴之功，死亡不復存。至此惟有韓厥在耳。郤至佐新軍不言上下，是新軍惟一。

郤犨將新軍，且爲公族大夫，以主東諸侯。

十七年左氏傳：公使胥童爲卿。

十八年左氏傳：使魏相、士魴、魏頡、趙武爲卿。疏：晉語云：「使呂宣子佐下軍，使彘共子將新軍，令狐文子佐之。」彼言呂宣子，魏相也。彘共子，士魴也。令狐文子，魏頡也。又云：「呂宣子卒，公以趙文子佐新軍。」

蕙田案：晉語所稱，則魏相卒後，以士魴佐下軍，魏頡將新軍，而趙武佐之也。鄢陵之役，四軍八卿，此時惟欒書、荀偃、韓厥、荀罃四人在耳。士匄繼其父士燮爲卿，當在厲公之世，惟下軍之佐以下三人，則悼公新命之耳。

使士渥濁爲太傅，使修范武子之法。

右行辛爲司空，使修士蔿之法。

蕙田案：士會爲太傅，孤卿也。士蔿爲大司空，卿也。此以大夫爲之，名存而實非矣。

弁糾御戎，校正屬焉，使訓諸御知義。注：校正，主馬官。疏：周禮：大御，御官之長，別有戎僕掌御戎車。春秋征伐之世，以御戎爲重，此御戎當是御之尊者。校正當周禮校人，掌王馬之政。襄九年傳命「校正出馬」，知是主馬之官也。周禮校人不屬大御，此蓋諸侯兼官，或是悼公新法，此傳所言諸官，皆不得與周禮同也。

荀賓爲右，司士屬焉，使訓勇力之士時使。注：司士，車右之官。疏：周禮「司士掌群臣之版，以詔王治」，其職非車右之類，不得屬車右也。周禮有司右，上士也，掌群右之政，凡國之勇力之士能用五兵者屬焉。其下更有戎右，中大夫；齊右，下大夫；道右，上士。此三右或官尊于司右，而司右掌其政令。春秋之世車右爲尊，此司士蓋周禮司右之類，爲車右屬官。服虔以爲司士主右之官，爲司右也[一]。卿無共御，立軍尉以攝之。注：省卿戎御，令軍尉攝御而已。疏：卿謂軍之諸將也，若「梁餘子養御罕夷」、「解張御郤克」之類，往前恒有定員，掌共卿御。今始省其常員，惟立軍尉之官，臨有軍事，使兼攝之，令軍尉兼卿御也。祁奚爲中軍尉，羊舌職佐之。魏絳爲司馬，張老爲候奄。

[一]「司右」，原作「司士」，據光緒本、春秋左傳正義卷二八改。

鐸遏寇爲上軍尉，籍偃爲之司馬，使訓卒乘，親以聽命。疏：此唯有中軍、上軍，無下軍之官者。蓋時下軍無闕，不別立其官故也。

顧氏棟高曰：卿御，正義謂如梁餘子養御罕夷、解張御郤克之類。今案梁由靡始御里克，復御韓簡，是亦卿御也。春秋時多公自將軍，故有公御，有卿御。然晉三軍將佐固當各有御、右，如鄢陵之戰，韓厥從鄭伯，其御杜溷羅曰：「速從之。」郤至從鄭伯，其右茀翰胡曰：「諜輅之，余從之乘而俘以下。」厥是下軍之將，至是新軍之佐。宣二年傳，晉侯伏甲，將攻趙盾，其右提彌明知之，是有卿御，即當復有卿右也。

又曰：案國語以中軍尉爲元尉，上軍尉爲輿尉，而傳自有輿尉，襄十九年傳「軍尉、輿尉皆受一命之服」是也。又襄三十年傳「廢其輿尉」，正義曰服虔云「軍尉、輿尉主發衆使民。于時趙武將中軍，若是軍尉，當是中軍尉也」，則中軍尉亦稱輿尉矣。

程鄭爲乘馬御，六騶屬焉，使訓群騶知禮。注：乘馬御，乘車之僕。六騶，六閑之騶。周禮諸侯有六閑馬〔一〕。乘車尚禮容，故訓使知禮。疏：周禮：「齊僕，下大夫，掌馭金輅。以賓朝覲宗遇饗食，皆乘金輅。」杜言此是乘車之僕，蓋當周禮之齊僕，晉語謂之贊僕，當時之官名耳。周禮掌馬之

〔一〕「馬」，諸本脱，據春秋左傳正義卷二八補。

官〔一〕，無名騶者。襄二十三年傳稱「孟氏之御騶豐點」，則騶亦御之類。月令：「季秋，天子乃教田獵，命僕夫七騶咸駕。」鄭康成云：「七騶謂趣馬。」周禮：「趣馬，下士，掌駕説之頒。」是騶爲主駕之官，駕車以共御者。程鄭爲乘馬御，御之貴者，故令掌駕之官亦屬之。

十一月，韓獻子爲政。

襄公三年左氏傳：使祁午爲中軍尉，羊舌赤佐之。魏絳佐新軍，注：服虔云：「于是魏頡卒矣，使趙武將新軍代魏頡，升魏絳佐新軍代趙武。」張老爲中軍司馬，士富爲候奄。

四年左氏傳：鄫無賦于司馬。注：晉司馬又掌諸侯之賦。

九年左氏傳：韓厥老矣，知罃禀焉以爲政。注：代將中軍。范匄少於中行偃而上之，使佐中軍。注：使匄佐中軍，偃將上軍。韓起少於欒黶，而欒黶、士魴上之，使佐上軍。注：黶、魴讓起，使起佐上軍，黶將下軍，魴佐之。魏絳多功，以趙武爲賢，而爲之佐。注：武，新軍將。

蕙田案：此子囊所述晉四軍將、佐，鄭子展所謂八卿和睦者是也。韓厥請老

〔一〕「馬」，諸本作「駕」，據春秋左傳正義卷二八改。

在襄七年，魏絳佐新軍在襄三年。

十三年左氏傳：荀罃、士魴卒，晉侯蒐于緜上以治兵，使荀偃將中軍，士匄佐之；趙武將上軍，韓起佐之；欒黶將下軍，魏絳佐之。新軍無帥，晉侯難其人，使其什吏率其卒乘官屬以從於下軍，禮也。

十四年左氏傳：晉舍新軍，禮也。成國不過半天子之軍。周爲六軍，諸侯之大者三軍可也。

程氏啓生曰：春秋置六軍者，惟晉。其外見于傳者，吳有中上下三軍，又有右軍爲四軍。如仍有左軍，則五軍也。楚亦唯中左右三軍，齊中上下三軍，魯止有二軍，季武子欲弱公室，作三軍，至昭五年而舍之。

十六年左氏傳：羊舌肸爲傅，疏：亦當爲太傅，士會以中軍將兼之，故知是孤卿。士渥濁以大夫居之，此復代渥濁，亦大夫也。諸侯之有孤卿，猶天子有三公，無人則闕，故隨其本官高下而兼攝之也。張君臣爲中軍司馬，祁奚、韓襄、欒盈、士鞅爲公族大夫，虞丘書爲乘馬御。

十八年左氏傳〔二〕：荀偃、士匄以中軍克京兹。魏絳、欒盈以下軍克邿。注：欒黶

〔二〕「十八年」，諸本作「十九年」，據春秋左傳正義卷三三改。

死，其子盈佐下軍。趙武、韓起以上軍圍盧，弗克。

十九年左氏傳〔一〕：公享晉六卿于蒲圃，賜之三命之服。軍尉、司馬、司空、輿尉、候奄皆受一命之服。

范宣子爲政。注：代荀偃將中軍。

二十四年左氏傳：晉侯嬖程鄭，使佐下軍。

二十五年左氏傳：齊人賂晉侯以宗器、樂器，自六正、注：三軍之六卿。五吏、三十帥、注：五吏，文職；三十帥，武職，皆軍卿之屬官。三軍之大夫、百官之正長、師旅注：百官之正長，群有司也。師旅，小將帥。及處守者，皆有賂。

蕙田案：五吏三十帥之名，惟見於此。

趙文子爲政。注：代范匄。

昭公二年左氏傳：晉韓宣子來聘，且告爲政而來見。

五年左氏傳：薳啓彊曰：韓起之下，趙成、中行吳、魏舒、范鞅、知盈。注：五卿位在

〔一〕「十九年」，諸本作「二十年」，據春秋左傳正義卷三四改。

韓起下，皆三軍之將佐也。

蕙田案：自襄十九年圍齊以後，晉三軍將、佐不得其詳。以此傳推之，則是時韓起將中軍，趙成佐之；中行吴將上軍，魏舒佐之；范鞅將下軍，荀盈佐之也。

九年左氏傳：使荀躒佐下軍。注：代其父荀盈。

十三年左氏傳：荀吴以上軍侵鮮虞。

二十八年左氏傳：魏獻子爲政。

定公元年左氏傳：晉之從政者新。注：范獻子新爲政。

六年左氏傳：所不以爲中軍司馬者，有如先君。疏〔一〕：中軍司馬，晉國大夫之最尊者。

十三年左氏傳：上軍司馬籍秦圍邯鄲。

顧氏棟高曰：國語以中軍司馬爲元司馬，上軍司馬爲輿司馬。周禮夏官軍司馬，下大夫四人；輿司馬，上士八人；而晉皆大夫爲之，不與周禮同。

〔一〕「疏」，諸本作「注」，據春秋左傳正義卷五五改。

蕙田案：晉自范鞅卒後，趙氏與范中行相惡。定十三年傳有趙鞅、士吉射、荀寅、荀躒、韓不信、魏曼多六人，當爲三軍之將佐，其位次則無考。未幾，范中行見逐，六卿所存者僅四耳。其後知氏亦亡，而三家分晉之勢成矣。

又案：以上晉六卿及軍將之屬。

隱公六年左氏傳：翼九宗五正頃父之子嘉父，逆晉侯于隨。注：唐叔始封，受懷姓九宗，職官五正，遂世爲晉强家。五正，五官之長。九宗，九姓爲一族也。

蕙田案：九宗、五正，其後無聞。

閔公元年左氏傳：卜偃曰：「畢萬之後必大。」注：卜偃，晉掌卜大夫。

僖公四年左氏傳：初，獻公欲以驪姬爲夫人，卜之，不吉；筮之，吉。公曰：「從筮。」卜人曰：「筮短龜長，不如從長。」

僖公四年左氏傳：與小臣，小臣亦斃。

顧氏棟高曰：周禮天官之屬有内小臣奄上士四人。儀禮賈疏：「諸侯小臣，當天子太僕之事。」此及成十年傳之小臣，皆褻近之臣，則是内小臣，而非太僕之小臣也。

五年左氏傳：公使寺人披伐蒲。

僖公十年左氏傳：殺丕鄭、祁舉及七輿大夫。注：侯伯七命，副車七乘。疏：每車一大夫主之，謂之七輿大夫。服虔云：「上軍之輿帥七人，屬申生者。往前申生將上軍，今七輿大夫爲申生報怨。」炫謂服言是。

十五年左氏傳：初，晉獻公筮嫁伯姬于秦。史蘇占之曰：「不吉。」注：史蘇，晉卜筮之史。

二十四年左氏傳：晉侯之竪頭須，守藏者也。注：竪，左右小吏。

顧氏棟高曰：周禮「内竪倍寺人之數，掌内外之通令，凡小事」，鄭注：「使童竪通主内外之命給小事者。」則此晉侯之竪，即周禮之内竪。齊寺人貂亦曰竪貂。正義曰「幼童爲内竪之官」是也。又成十六年傳曰：「穀陽竪獻飲于子反。」杜注：「穀陽，子反内竪。」昭四年傳「叔孫穆子使牛爲竪」，哀十五年傳「孔氏之竪渾良夫」，則大夫之家亦有内竪。

二十五年左氏傳：趙衰爲原大夫，狐溱爲温大夫。

顧氏棟高曰：案傳云晉侯問原守于寺人勃鞮，則縣邑之長亦謂之守。

二十七年左氏傳：作執秩以正其官。注：執秩，主爵秩之官。

二十八年左氏傳：王命晉侯爲侯伯，賜之虎賁三百人。注：國語云：「天子有虎賁，習武訓；諸侯有旅賁，禦災害；大夫有貳車，備承事；士有陪乘，告奔走。」周禮司馬之屬有虎賁氏，下大夫二人，虎士八百人。

二十八年左氏傳：曹伯之豎侯獳貨筮史。

三十年左氏傳：晉侯使醫衍酖衛侯，甯俞貨醫，使薄其酖。

宣公二年左氏傳：宰夫胹熊蹯不熟，殺之。

蕙田案：宰夫即膳宰，非周禮天官之宰夫。

太史書曰「趙盾弑其君」，以示于朝。孔子曰：「董狐，古之良史也，書法不隱。」

初，驪姬之亂，詛無畜群公子，自是晉無公族。注：無公子，故廢公族之官。及成公即位，乃宦卿之適子而爲之田，以爲公族。注：宦，仕也。爲置田邑，以爲公族大夫。又宦其餘子，亦爲餘子。注：餘子，嫡子之母弟也，亦治餘子之政。其庶子爲公行，注：庶子，妾子也，掌率公戎行。晉于是有公族、餘子、公行。注：皆官名。冬，趙盾爲旄車之族，使屏季以其故族爲公族大夫。疏：公族之官，掌教公之子弟。餘子，嫡子之母弟，亦治餘子之政。孔晁注國語云：「公族大夫掌公族及卿大夫子弟之官。」是卿之適子屬公族也。餘子主教卿大夫適妻之次子。公行不教庶子。然則卿大夫之妾子，亦是餘子之官教之矣。公行掌率公戎車之行列。詩魏風有公族、公路、公行，其公族、公行既同，公路似此餘子。但餘子不主路車，公路非餘子也，當與公行爲一，以其主君路車謂之公路，主車行列謂之公行，其實止是一官。詩人變文以韵句耳。周禮無此三官之名。夏官有諸子，下大夫二人，掌國子之倅，事與公族同。春官有巾車，下大夫二人，掌王之五路，事與公行同，無餘子。車皆建旄，謂之旄車之族。

成公十年左氏傳：召桑田巫。使甸人獻麥，注：主爲公田者。饋人爲之。

顧氏棟高曰：周禮天官之屬有甸師，掌帥其屬而耕耨王籍，以時入之。又曰：王之同姓，有罪則死刑焉。鄭注引文王世子「公族有罪，致刑于甸人」，則甸人即甸師也。又襄三十一年傳「甸設庭燎」，而周禮「甸師帥其徒以薪蒸役外內饔之事」，此甸人爲甸師明矣。

蕙田案：周禮無饋人之名，惟晉有之，蓋即地官之饎人也。

十七年左氏傳：晉范文子反自鄢陵，使其祝宗祈死。

顧氏棟高曰：此亦是家宗人。

十八年左氏傳：荀家、荀會、欒黶、韓無忌爲公族大夫，使訓卿之子弟恭儉孝弟。

襄公三年左氏傳：魏絳至，授僕人書。注：僕人，晉侯御僕。

顧氏棟高曰：周禮「御僕掌群吏之逆及庶民之復」，鄭司農云：「復，謂奏事也。逆，謂受下奏。」則此僕人正御僕之職也。

請歸死于司寇。

蕙田案：晉之司寇非卿，當以大夫爲之。

四年左氏傳：工歌文王之三。注：工，樂人。

韓獻子使行人子員問之。

蕙田案：春秋行人以見執書者六，皆命卿因事而出使，惟晉之子員、子朱，鄭之公孫揮，衛之子羽，乃任行人之職者，故特録之，他皆未及。

十四年左氏傳：左史謂魏莊子曰：「不待中行伯乎？」

師曠侍于晉侯。注：師曠，晉樂太師。

十六年左氏傳：祁奚、韓襄、欒盈、士鞅爲公族大夫。

十八年左氏傳：見梗陽之巫皋。

二十三年左氏傳：唯魏氏及七輿大夫與之。注：七輿，官名。疏：僖十年傳，杜謂副車，則此七輿大夫，杜亦謂主副車之官也。劉炫云：「若是主公車，則當情親于公，不應曲附欒氏。」服虔云：「下軍輿帥七人，欒盈將下軍，故七輿大夫與欒氏。」炫謂服言是。

顧氏棟高曰：僖十年傳，七輿大夫之中有「左行共華，右行賈華」。時晉猶未置三行，則所謂左行右行者，猶掌公戎車，謂之公行耳。杜説未爲無據。七輿大夫與欒氏，蓋盈之黨有爲是官者耳。魏獻子猶附盈，豈得以七輿大夫爲疑？

二十六年左氏傳：秦伯之弟鍼如晉修成。叔向命召行人子員。行人子朱曰：「朱也當御。」

三十年左氏傳：絳縣人或年長矣。趙孟問其縣大夫，則其屬也。注：絳非趙武私邑，而云「則其屬」者，蓋諸是公邑，國卿分掌之。使爲君復陶，注：主衣服之官。疏：昭十二年「楚子皮冠，秦復陶、翠被、豹舄」，復陶之文，在冠履之間，知復陶是衣也。此言「君復陶」，知是主君衣服之官。以爲絳縣師。注：縣師，掌地域，辨其夫家人民。疏：周禮：「縣師，上士二人，掌邦國、都鄙、稍甸、郊里之地域，而辨其夫家、人民、田畝之數，及其六畜、車輦之稽。凡造都邑，量其地而制其域，以歲時徵野之貢賦。」天子之縣師掌此數事，則諸侯之縣師亦然。

昭公元年左氏傳：晉侯有疾。卜人曰：「實沈、臺駘爲祟。」

九年左氏傳：晉侯飲酒樂，膳宰屠蒯趨入，請佐公司尊，而遂酌以飲工。注：工即師曠。

十四年左氏傳：士景伯如楚，叔魚攝理。注：士景伯，晉理官。

十五年左氏傳：王謂籍談曰：「昔而高祖孫伯黶司晉之典籍，以爲大政，故曰籍氏。及辛有之二子董之晉，于是乎有董史。女，司典之後也，何故忘之？」注：辛有，周人也，其二子適晉爲大史，籍黶與之共董督晉典，因爲董氏。董狐，其後。

十七年左氏傳：晉荀吴帥師涉自棘津，使祭史先用牲于雒。

顧氏棟高曰：祭史當即祝史。又襄二十七年傳，叔向稱范武子祝史陳信于鬼神，是大夫之家亦有祝史。

二十八年左氏傳：魏獻子爲政，分祁氏之田以爲七縣，分羊舌氏之田以爲三縣。司馬彌牟爲鄔大夫，賈辛爲祁大夫，司馬烏爲平陵大夫，知徐吾爲塗水大夫，韓固爲馬首大夫，孟丙爲盂大夫，樂霄爲銅鞮大夫，趙朝爲平陽大夫，僚安爲楊氏大夫。

哀公四年左氏傳：使謂陰地之命大夫士蔑。注：命大夫，别縣監尹。疏：若是典邑大夫，則當以邑名冠之，乃言「陰地之命大夫」，則是特命大夫，使總監陰地。以其去國遥遠，别爲置監。

九年左氏傳：趙鞅卜救鄭，占諸史趙、史墨、史龜。

顧氏棟高曰：周禮占人職曰：「凡卜筮，史占墨。」禮記玉藻曰：「卜人定龜，史定墨，君定體。」又月令：「命太史釁龜策占兆，審卦吉凶。」則卜筮之事，雖太卜等官專掌，而太史亦莅其事。故周太史及晉史趙諸人，並以占卜見。或謂春秋時稍稍侵官，殆未然也。

蕙田案：以上晉。

桓公六年左氏傳：宋以武公廢司空。注：武公，名司空，廢爲司城。

文公十一年左氏傳：初，宋武公之世，鄋瞞伐宋。司徒皇父帥師禦之，耏班御皇父充石，公子穀甥爲右，司寇牛父駟乘，以敗狄于長丘。

蕙田案：此二事在春秋以前。

桓公二年左氏傳：宋殤公立，十年十一戰。孔父嘉爲司馬，督爲大宰。

顧氏棟高曰：文七年傳「宋六卿和公室」，及哀二十六年傳「六卿三族降聽政」，並以左師、右師、司馬、司徒、司城、司寇爲六卿。成十五年傳，華元曰：「我爲右師，君臣之訓，師所司也。」是宋以右師爲政卿也。太宰在六官之下，而此傳云「遂相宋公」，蓋非常制。又案僖九年傳：「宋襄公即位，以公子目夷爲仁，使爲左師以聽政，于是宋治。」襄九年：「宋災。」傳：「樂喜爲司城以爲政。」正義曰：「子罕賢知，故特使爲政。齊任管夷吾，魯任叔孫婼，皆位卑而執國政。」哀二十六年傳：「司城爲上卿。」是宋亦有以左師、司城執政者矣。

僖公九年左氏傳：以公子目夷爲仁，使爲左師以聽政，故魚氏世爲左師。

蕙田案：自成十五年，魚石奔楚，乃以向戌代之。向氏亦桓族，與魚氏同所自出。

十九年左氏傳：司馬子魚。

二十二年左氏傳：楚人伐宋以救鄭，宋公將戰，大司馬固諫。注：大司馬固，莊公之孫公孫固也。

顧氏棟高曰：案下文：「戰于泓，司馬曰：彼衆我寡。」杜以爲子魚。史記宋世家前後皆作子魚之言。又文七年傳「殺公孫固、公孫鄭」，于時樂豫爲司馬，列于六卿，則固非卿明矣。顧寧人謂大司馬即子魚，則「固諫」當爲固請之義。孔疏謂六卿之外，別有孤卿。宋上公，禮得有孤。蓋附杜而爲之説也。又案：宋六卿自殤公以前，則大司馬執政。華督殺司馬孔父，遂以太宰相。襄公即位，子魚以左師聽政，而傳文始終稱司馬子魚，疑是時始立左、右二師，而子魚以司馬兼左師，後遂爲專官也。

文公七年左氏傳：於是公子成爲右師，公孫友爲左師，樂豫爲司馬，鱗矔爲司徒，公子蕩爲司城，華御事爲司寇。注：傳言六卿，皆公族。六卿和公室，樂豫舍司馬以讓公子卬。

蕙田案：宋六卿，始見於此。

八年，宋人殺其大夫司馬，宋司城來奔。左氏傳：殺大司馬公子卬，司馬握節以死，故書以官。司城蕩意諸來奔，效節于府人而出。公以其官逆之，亦書以官，皆貴之也。

十五年，宋司馬華孫來盟。左氏傳：宋華耦來盟，其官皆從之。書曰「宋司馬華孫」，貴之也。

蕙田案：春秋大夫以官名書於經者，惟宋有之。程子謂宋王者，後得自命卿，故書，疑或然也。

十六年左氏傳：於是華元爲右師，公孫友爲左師，華耦爲司馬，鱗矔爲司徒，蕩意諸爲司城，公子朝爲司寇。

文公即位，使母弟須爲司城。華耦卒，而使蕩虺爲司馬。

十八年左氏傳：使公孫師爲司城，樂呂爲司寇。

成公十五年左氏傳：於是華元爲右師，魚石爲左師，蕩澤爲司馬，華喜爲司徒，公孫師爲司城，向爲人爲大司寇，鱗朱爲少司寇，向帶爲大宰，魚府爲少宰。華元使華喜、公孫師帥國人攻蕩氏，殺子山。左師、二司寇、二宰，遂出奔楚。注：四大夫不書，獨魚石告。疏：服虔云：「魚石，卿，故書。」以爲四人非卿，故不書。杜不然者，向爲人爲大司寇，亦是卿也。或少若五人皆告，爲卿則書，向爲人亦當書之，何以獨書魚石？杜言獨以魚石告，正爲向爲人不書故也。司寇、二宰等六卿之外，亦是卿官，合書名氏，猶如魯之三卿外別有公孫嬰齊、臧孫許，但非如六卿等世掌國政也。華元使向戌爲左師，老佐爲司馬，樂裔爲司寇，以靖國人。

襄公九年左氏傳：宋災，樂喜爲司城以爲政，注：樂喜，子罕也，爲政卿。疏：傳言宋六卿之次，皆云右師、左師、司馬、司徒、司城、司寇，則當右師爲政卿。今言樂喜爲政卿者，蓋宋以華閱是華元之子，元有大功，使閱繼其父耳。子罕賢知，故特使爲政。齊任管夷吾，魯任叔孫婼，皆位卑而執國政，此亦然也。**使伯氏司里，**注：司里，里宰。疏：周禮里宰：「每里下士一人。」謂六遂之内，二十五家之長也。此言司里，謂司城内之民，若今城内之坊里也。里必有長，不知其官之名。周禮有里宰，故以宰言之，非是郊外之民二十五家之長也。**使華臣具正徒，**注：時爲司徒。疏：周禮：大司徒「掌徒庶之政令」，小司徒「凡用衆庶，則掌其政教」。凡國之大事致民，是司徒掌役徒也。言「具正徒」，司里所使，隧正所納，皆是臨時調民而役之，若今之夫役。司徒所具正徒者，常供官役，若今之正丁也。**令隧正納郊保，奔火所。**注：隧正，官名也。五縣爲隧。疏：此隧正，當天子之遂大夫。**使華閱討右官，官庀其司。向戌討左，亦如之。**注：閱，華元子，代元爲右師。向戌，左師。**使樂遄庀刑器。**注：樂遄，司寇。**使皇鄖命校正出馬，工正出車，備甲兵，庀武守。**注：校正主馬。工正主車。疏：車馬甲兵，司馬之職，使皇鄖掌此，鄖必是司馬也。校正主馬，於周禮爲校人，是司馬之屬官也。周禮司馬之屬無主車之官。巾車、車僕，職皆掌車，乃爲宗伯之屬。昭四年傳云：「夫子爲司馬，與工正書服。」是諸侯之官，司馬之屬，有工正主車也。**使西鉏吾庀府守。**注：鉏吾，太宰也。疏：「鉏吾，太宰」，傳無其文。周禮太宰之職掌建邦之六典，杜以府爲六官之典，故使具官守。劉以爲府庫守藏。今知不然者，以百司府藏已屬左右二師。上「華閱討右官，官庀其司。向戌討左，亦如之」，則府庫之物，二師總令群官所主。哀三年：「魯災，出禮書、御書，藏象魏。」皆以典籍爲重，明此府守是六官之典。

令司宮、巷伯儆宮。注：司宮，奄臣；巷伯，寺人，皆掌宮内之事。疏：周禮無司宮、巷伯之官，惟有「内小臣，奄上士四人」。鄭云：「奄稱士者，異其賢也。」奄人之官，此爲最長。則司宮當天子之内小臣也。周禮又云：「寺人，王之正内五人。」鄭云：「正内，路寢也。」王肅云：「今後宮稱永巷。」是巷者，宫内道也。伯，長也。是宮内門巷之長，故知巷伯是寺人也。

二師使四鄉正敬享，注：鄉正，鄉大夫。疏：周禮鄉大夫，每鄉卿一人，天子六鄉，即以卿爲之長。此傳云「二師使四鄉正」，則別立鄉正，非卿典之。但其所職掌，當天子之鄉大夫耳。周禮鄉爲一軍。宋大國，不過三軍，而有四鄉者，當時所立，非正法也。

祝、宗用馬于四墉，祀盤庚于西門之外。注：祝，大祝。宗，宗人。

顧氏棟高曰：宋雖立六卿，而無宗伯。周禮：「小宗伯掌建國之神位，大烖及執事禱祠于上下神示。」鄭注曰：「執事，大祝及男巫、女巫也。」小宗伯與執事共禱祀。春秋時多祝、宗並稱，則諸侯之宗人，當周禮小宗伯之職也。

蕙田案：國語單襄公云：「火之初見，期於司里。」司里主營造土功之事，蓋司空之屬。樂喜爲司城，故首命之。杜以爲里宰者，非也。

十七年左氏傳：皇國父爲太宰。

二十七年左氏傳：宋人享趙文子，叔向爲介，司馬置折俎，禮也。注：周禮司馬掌會同之事。

二十九年左氏傳：宋司徒見知伯。注：司徒，華定也。

昭公六年左氏傳：華合比奔衛，華亥欲代右師，乃與寺人柳比，公使代之。注：代合比爲右師。

二十年左氏傳〔一〕：少司寇牼。注：牼，華亥庶兄。

二十一年左氏傳〔二〕：宋華費遂生華貙、華多僚、華登。貙爲少司馬，多僚爲御士。注：公御士。公曰：「司馬以吾故，亡其良子。」注：謂費遂爲大司馬。

二十二年左氏傳〔三〕：宋公使公孫忌爲大司馬，注：代華費遂。邊卬爲大司徒，注：代華定。樂祁爲司城，仲幾爲左師，注：代向寧。樂大心爲右師，注：代華亥。樂輓爲大司寇。

〔一〕「二十年」，諸本作「十九年」，據春秋左傳正義卷四九改。
〔二〕「二十一年」，諸本作「二十年」，據春秋左傳正義卷五〇改。
〔三〕「二十二年」，諸本作「二十一年」，據春秋左傳正義卷五〇改。

蕙田案：宋於司馬、司寇之外，又有少司馬、少司寇。此傳云大司徒，則當有少司徒矣。

哀公十四年左氏傳：司馬子仲曰：「不得左師，不可。」注：左師，向巢也。

蕙田案：司馬子仲，皇野字。此傳既稱皇野爲司馬，而下又有桓司馬，未知誰爲大司馬也。

十八年左氏傳：宋殺皇瑗，使皇緩爲右師。

二十六年左氏傳：於是皇緩爲右師，皇非我爲大司馬，皇懷爲司徒，靈不緩爲左師，樂茷爲司城，樂朱鉏爲大司寇。六卿三族降聽政，因大尹以達。注：大尹，近官有寵者，六卿因之，以自通達于君。司城爲上卿。

蕙田案：宋以右師、左師、司徒、司馬、司城、司寇爲六卿，宋爲上公之國，設左右二師，比於孤卿。司徒、司馬、司空三官，則諸侯之卿也。其以司寇爲卿，出於僭擬，而六卿之外，别有大宰。華督以太宰柄國政，則太宰亦當爲卿矣。六卿雖以右師爲尊，然孔父嘉以司馬，公子目夷、向戌以左師，樂喜、樂茷以司城皆執國政，不必常在右師也。

僖公二十二年左氏傳：門官殲焉。疏：周禮虎賁氏：「掌先後王而趨以卒伍，軍旅、會同亦如之。舍則守王閑。王在國，則守王宫。國有大故，則守王門。」此門官蓋亦天子虎賁氏之類，故在國則守門，師行則在君左右。

二十八年左氏傳：宋人使門尹般告急。

文公十六年左氏傳：昭公將田孟諸，夫人王姬使帥甸攻而殺之。注：帥甸，郊甸之帥。疏：周禮：「載師以公邑之田任甸地。」近國爲郊，郊外爲甸。帥甸者，甸地之帥，公邑之大夫也。杜舉類言之。

襄公十年左氏傳：宋公享晉侯于楚丘，請以桑林。舞師題以旌夏。注：樂師也。

顧氏棟高曰：周禮春官大司樂、樂師、大胥、小胥，凡舞事皆屬焉。其下有籥師掌教國子舞羽吹籥，祭祀則鼓羽籥之舞，賓客享食亦如之。司干掌舞器。此舞師當即籥師、司干之類，而非地官之舞師也。

二十年左氏傳：褚師段逆之。

蕙田案：褚師之官不見於周禮，宋及鄭、衛皆有之，杜預以爲市官也〔一〕。

〔一〕「哀公十四年左氏傳」至「杜預以爲市官也」，凡五百八十九字，原脱，據味經窩本、乾隆本、光緒本補。

襄公二十六年左氏傳：寺人惠墻伊戾爲太子内師而無寵。疏：内師身爲寺人之官，公使之監知太子内事，爲在内人之長也。

左師見夫人之步馬者，問之。對曰：「君夫人氏也。」左師曰：「誰爲君夫人？余胡弗知？」圉人歸，以告夫人。

昭公六年左氏傳：寺人柳有寵，太子佐惡之。

二十一年左氏傳：公使寺人召司馬之侍人宜僚。

子禄御公子城，莊堇爲右。干犨御吕封人華豹，張匄爲右。疏〔一〕：吕，邑。封人，官名〔二〕。

哀公十四年左氏傳：迹人來告曰：「逢澤有介麇焉。」注：迹人，主迹禽獸者。疏：周禮地官：「迹人掌邦田之政，凡田獵者受令焉。」鄭云：「迹之言跡，知禽獸之處也。」

二十六年左氏傳：六卿三族降聽政，因大尹以達。大尹常不告，而以其欲稱君命

〔一〕「疏」，諸本作「注」，據春秋左傳正義卷五〇改。
〔二〕「名」，諸本脱，據春秋左傳正義卷五〇補。

以令〔一〕。注：大尹，近官有寵者。

大尹使祝爲載書，祝襄以載書告皇非我。

顧氏棟高曰：周禮：「詛祝掌盟詛，作盟詛之載辭。」鄭司農引此傳爲證。

門尹得。

顧氏棟高曰：國語：「敵國賓至，關尹以告，門尹除門。」周禮地官之屬，司門，下大夫二人；司關，上士二人，中士四人。鄭司農以司關爲關尹，則門尹當即周禮之司門也。

蕙田案：以上宋。

莊公九年左氏傳：鮑叔曰：「管夷吾治于高傒，使相可也。」

二十二年左氏傳：陳公子完奔齊，桓公使爲工正。注：掌百工之官。

僖公十二年左氏傳：齊侯使管仲平戎于王，王以上卿之禮饗管仲。管仲辭曰：「臣，賤有司也，有天子之二守國、高在。」注：國子、高子，天子所命，爲齊守臣，皆上卿也。管仲受下卿之禮而還。注：卒受本位之禮。

〔一〕「命」，諸本脱，據春秋左傳正義卷六〇補。

成公十八年左氏傳：慶封爲大夫，慶佐爲司寇。

蕙田案：齊之司寇非卿。

襄公二十五年左氏傳：慶封爲左相。

顧氏棟高曰：案史記齊世家：「景公立，以崔杼爲右相。」是齊高、國二卿之外，于時復立左右二相。

蕙田案：左傳載齊之官制甚略，所可見者惟國、高二子，世爲上卿，然亦不詳其官名。至二上卿之外，别立二相，亦他國所無也。國語稱「桓公使鮑叔爲宰」，韋昭以爲太宰也，則齊又有太宰矣。

僖公二年左氏傳：齊寺人貂始漏師于多魚。

十七年左氏傳：雍巫有寵于衛共姬，因寺人貂以薦羞于公。注：雍人名巫，即易牙。

成公二年左氏傳：邴夏御齊侯，逢丑父爲右。齊師敗。鄭周父御佐車，宛茷爲右，載齊侯以免。

齊侯自徐關入〔二〕，辟女子。女子曰：「君免乎？」曰：「免矣。」曰：「鋭司徒免

〔二〕「徐關」，諸本作「齊關」，據春秋左傳正義卷二五改。

乎？」曰：「免矣。」注：鋭司徒，主鋭兵者。既而問之，辟司徒之妻也。注：辟司徒，主壘壁者。

成公十八年左氏傳：齊侯使士華免以戈殺國佐于內宫之朝。注：士者，士官也，掌刑政。

襄公二十三年左氏傳：齊侯伐衛。先驅，穀榮御王孫揮，召揚爲右。申驅，成秩御莒恒，申鮮虞之傅摯爲右。曹開御戎，晏父戎爲右。貳廣，上之登御邢公，盧蒲癸爲右。啓，牢成御襄罷師，狼蘧疏爲右。胠，商子車御侯朝，桓跳爲右。大殿，商子游御夏之御寇，崔如爲右。燭庸之越駟乘。

顧氏棟高曰：公御曰御戎，餘但稱御。

二十五年左氏傳：祝佗父祭于高唐。申蒯，侍漁者。注：侍漁，監取魚之官。

顧氏棟高曰：周禮：「獻人掌以時獻爲梁，凡獻者掌其政令。」此侍漁當周禮之獻人也。

太史書曰：「崔杼弒其君。」崔子殺之。其弟嗣書，而死者二人。其弟又書，乃舍之。南史聞太史盡死，執簡以往。聞既書矣，乃還。

孔氏穎達曰：南史是佐太史者，當是小史也。居在南，故謂之南史耳。

二十七年左氏傳：崔子使圉人駕，寺人御而出。注：圉人，養馬者。寺人，奄士。

蕙田案：圉人、寺人皆大夫家臣。二十八年，陳氏、鮑氏之圉人爲優，亦同。

二十八年左氏傳：公膳日雙雞，饔人竊更之以鶩。

昭公二十年左氏傳：君盍誅于祝固、史嚚？疏：服虔云：「祝固，齊太祝。史嚚，太史也。」

山林之木，衡鹿守之；澤之萑蒲，舟鮫守之；藪之薪蒸，虞候守之；海之鹽、蜃，祈望守之。注：衡鹿、舟鮫、虞候、祈望，皆官名也。疏：周禮司徒之屬有林衡之官，掌巡林麓之禁，此置衡鹿以守山林是也。舟，行水之器。鮫，大魚之名。澤中有水有魚，故以舟鮫爲官名也。周禮山澤之官皆名爲虞，每大澤大藪，中士四人。藪是少水之澤，立官使之候望，故以虞候爲名。海是水之大神，有時祈望祭之，因以祈望爲主海之官。此皆齊自立名，故與周禮不同。

齊侯田于沛，招虞人以弓。

二十七年左氏傳：齊侯飲公酒，使宰獻而請安。疏：公燕大夫之禮，公雖親在，而别有主人。鄭云：「主人者，宰夫也。宰夫，太宰之屬，掌賓客之獻飲食者也。君于其臣，雖爲賓，不親獻，以其尊，莫敢抗禮。」今齊侯與公飲酒，而使宰獻，是比公于大夫也。

哀公六年左氏傳：鮑子醉而往，其臣差車鮑點。注：差車，主車之官。

蕙田案：此亦大夫之家臣。

二十一年左氏傳：公及齊侯、邾子盟于顧。公先至于陽穀。齊閭丘息曰：「爲僕人之未次，請除館于舟道。」辭曰：「敢勤僕人？」

顧氏棟高曰：杜注以次爲次舍，則此僕人當如鄭之外僕，掌次舍者。

蕙田案：以上齊。

僖公七年左氏傳：鄭有叔詹、堵叔、師叔三良爲政。

襄公二年左氏傳：於是子罕當國，注：攝君事。子駟爲政，注：爲正卿。子國爲司馬。

九年左氏傳：同盟于戲。鄭六卿，公子騑、公子發、公子嘉、公孫輒、公孫蠆、公孫舍之及其大夫、門子，皆從鄭伯。注：門子，卿之適子。疏：周禮：「小宗伯掌三族之别，以辨親疏，其正室皆謂之門子。」鄭云：「正室，適子也，將代父當門者也。」是卿之適子爲門子也。

十年左氏傳：于是子駟當國，子國爲司馬，子耳爲司空，子孔爲司徒。子孔當國，爲載書，以位序聽政辟。大夫、諸司、門子弗順。

十一年左氏傳：鄭使良霄、太宰石㚟如楚。

程氏啓生曰：石㚟爲良霄之介，則太宰之官，非鄭所重矣。

十四年左氏傳：鄭司馬子蟜。

十九年左氏傳：鄭人使子展當國，子西聽政，立子產爲卿。

二十二年左氏傳：鄭人使少正公孫僑對。注：少正，鄭卿官。疏：十九年傳云立子產爲卿，知少正是鄭之卿官。春秋之時，官名變改，周禮無此名也。

二十六年左氏傳：鄭伯賞入陳之功，享子展，賜之先路三命之服，先八邑。賜子產次路再命之服，先六邑。子產辭邑，曰：「自上以下，降殺以兩，禮也。臣之位在四，注：上卿子展。次卿子西。十一年，良霄見經。十九年乃立子產爲卿，故位在四。且子展之功也。臣不敢及賞禮，請辭邑。」公固予之。乃受三邑。

子太叔爲令正。注：主作辭令之正。

二十七年左氏傳：鄭伯享趙孟于垂隴，子展、伯有、子西、子產、子太叔、二子石從。

蕙田案：鄭有六卿，此傳七子之中，惟公孫段未爲卿。三十年傳「伯有既死，使太史命伯石爲卿」，可證也。

二十九年左氏傳：鄭子展卒，子皮即位。注：子皮代父爲上卿。罕氏常掌國政，以爲上卿。

三十年左氏傳：鄭子皮授子產政。伯有既死，使太史命伯石爲卿，辭。太史退，則請命焉。復命之，又辭。如是三，乃受策入拜。子產是以惡其爲人也，使次己位。注：畏其作亂，故寵之。

顧氏棟高曰：案周禮策命之事，掌于内史。今鄭以太史主之。孔疏以爲諸侯兼官，無内史，然尚書酒誥太史友、内史友，則諸侯得立内史，或鄭令太史兼攝耳。

昭公元年左氏傳：趙孟曰：武請于冢宰矣。注：冢宰，子皮。

顧氏棟高曰：冢宰，執政之美稱，猶南遺稱季孫爲冢卿，士會稱蔿敖爲宰，非鄭獨設冢宰之官。

六月，鄭伯及其大夫盟于公孫段氏，罕虎、公孫僑、公孫段、印段、游吉、駟帶私盟于閨門之外，實薰隧。公孫黑强與于盟，使太史書其名，且曰「七子」。注：自欲同于六卿，故云七子。

二年左氏傳：子產曰：不速死，司寇將至。

十六年左氏傳：鄭六卿餞宣子于郊。

蕙田案：六卿謂子齹、子產、子太叔、子游、子旗、子柳也。罕氏世爲上卿，故子產雖執國政，而位次猶在子蠚之下。

十八年左氏傳：鄭火。子產使司寇出新客，禁舊客勿出于宮。司馬、司寇列居火道。注：備非常也。

顧氏棟高曰：鄭六卿，其名可見者，司馬、司空、司徒三官。襄二年傳云「子罕當國，子駟爲政，子國爲司馬」；十年傳云「子駟當國，子國爲司馬，子耳爲司空，子孔爲司徒。盜殺子駟、子國、子耳，子孔當國」；十九年傳云「鄭人使子展當國，子西聽政，立子産爲卿」；三十年傳云「子皮授子産政，曰：『虎帥以聽，誰敢犯子？』子産爲政」。是鄭卿最尊者當國，當國之下復有爲政一人。此二卿未知以何名命之。子産以少正爲卿，則六卿之中當有少正，又與宋六官不同。

蕙田案：昭十八年傳司寇與司馬並稱，疑司寇亦卿也。

隱公元年左氏傳：潁考叔爲潁谷封人。疏：周禮封人：掌爲畿封而樹之。鄭康成云：「畿上有封，若今時界也。」天子封人職典封疆，諸侯封人亦然。

桓公十一年左氏傳：祭封人仲足。

蕙田案：周禮封人，以中下士爲之。祭仲，鄭之正卿，下兼封人之職。

莊公十四年左氏傳：原繁曰：「先君桓公命我先人典司宗祏。」

顧氏棟高曰：案此當亦是宗人之官。

文公十七年左氏傳：鄭子家使執訊而與之書。注：執訊，通訊問之官。

宣公四年左氏傳：宰夫將解黿。

成公十六年左氏傳：石首御鄭成公，唐苟爲右。

襄公十一年左氏傳：鄭人納賂晉侯以師悝、師觸、師蠲。

十五年左氏傳：鄭人納賂于宋，以馬四十乘與師茷、師慧。

二十二年左氏傳：鄭公孫黑肱有疾，召室老、宗人立段。

顧氏棟高曰：此家宗人也。

蕙田案：室老，大夫之宰，儀禮所謂貴臣也。

二十八年左氏傳：子産相鄭伯以如楚。舍不爲壇。外僕言曰：「昔先大夫相先君適四國，未嘗不爲壇。」注：外僕，掌次舍者。

蕙田案：僖三十三年傳有外僕、髡屯。

三十年左氏傳：伯有因馬師頡介於襄庫。

子皮以公孫鉏爲馬師。

三十一年左氏傳：北宫文子相衛襄公以如楚。過鄭，入聘。子羽爲行人。

昭公二年左氏傳：公孫黑請以印爲褚師。注：市官也。

顧氏楝高曰：周禮地官自司市以下，質人、廛人、胥師、賈師、司虣、司稽、肆長皆掌市政，而無褚師。成三年傳：「知罃之在楚也，鄭賈人有將置諸褚中以出。」六書故：「褚以貯衣。」然則褚師之職，或當如王制所云「布帛精粗不中數，幅廣狹不中量，不鬻于市」者，而褚師掌其禁歟？

七年左氏傳：朔于敝邑，亞大夫也；其官，馬師也。

十二年左氏傳：司墓之室，有當道者。注：掌公墓大夫徒屬之家。疏：周禮：墓大夫，下大夫二人，中士八人，掌凡邦墓之地域，爲之圖，令國民族葬。鄭之司墓，亦當如彼。

十三年左氏傳：子產命外僕速張于除。

十六年左氏傳：孔張後至，立于客間，執政禦之。注：執政，掌位列者。

十八年左氏傳：使公孫登徙大龜。注：登，開卜大夫。使祝史徙主祏于周廟，告于先君。使府人、庫人各儆其事。商成公儆司宮，注：司宮，巷伯、寺人之官。出舊宮人，寘諸火所不及。明日，使野司寇各保其徵。注：縣士也。疏：謂司寇之官在野者。周禮司寇屬官有縣士掌野，知野司寇是縣士也。縣士職曰：「各掌其縣之民數，若邦有大役，聚衆庶，則各掌其縣之禁令。」知諸侯縣士亦當然也。郊人助祝史，除于國北，禳火于玄冥、回祿。

使行人告于諸侯。

蕙田案：以上鄭。

隱公四年左氏傳：衛人使右宰醜涖殺州吁于濮。

閔公二年左氏傳：狄人伐衛，渠孔御戎，子伯爲右，黄夷前驅，孔嬰齊殿。及狄人戰于熒澤。

狄人囚史華龍滑與禮孔。二人曰：「我太史也，實掌其祭。」

顧氏棟高曰：周禮：「太史大祭祀與執事卜日，祭之日執書以次位常。」是太史掌祭祀也。

僖公二十八年左氏傳：衛侯與元咺訟，士榮爲大士。注：大士，治獄官也。疏：以其主獄事，故使與晉之獄官對理質證。

襄公十四年左氏傳：獻公飲孫蒯酒，使太師歌巧言之卒章。太師辭，師曹請爲之。注：太師，掌樂大夫。師曹，樂人。

公使祝宗告亡。

右宰穀從而逃歸。

二十七年左氏傳：以公孫免餘爲少師。公使爲卿，辭曰：「太叔儀不貳，能贊大事。」乃使文子爲卿。

蕙田案：傳所稱，則少師非卿。

二十九年左氏傳：史鰌。

顧氏棟高曰：傳中如鰌及史朝、史狗，杜注無明文。論語「史魚」，朱子集注：「史，官名，或是太史也。」

昭公二十年左氏傳：衛公孟縶狎齊豹，奪之司寇。注：齊豹，齊惡之子，爲衛司寇。

公孟惡褚師圃。

華齊御公孟，宗魯驂乘。慶比御公，公南楚驂乘。及公宮，鴻駵魋駟乘于公。

顧氏棟高曰：驂乘，周禮謂之陪乘，蓋即車右也。

褚師子申遇公于馬路之衢。

定公四年左氏傳：其使祝佗從。注：祝佗，大祝子魚。

哀公十二年左氏傳：謀于行人子羽。注：子羽，衛大夫。

十五年左氏傳：先謂司徒瞞成。

十六年左氏傳：衛侯占夢，嬖人與卜人比而告公。

顧氏棟高曰：周禮占夢，中士四人。

十七年左氏傳：衛侯夢于北宫，公親筮之，胥彌赦占之。注：赦，筮史。

二十五年左氏傳：公之入也，奪司寇亥政。

公納夏戊之女，嬖，以爲夫人。其弟期少畜于公，以爲司徒。

公因祝史揮以侵衛。注：揮，衛祝史。

蕙田案：春秋傳書衛官名甚略，其可見者，惟司徒瞞成，見于續經，知其爲卿。傳云「奪司寇亥政」，則司寇亦卿也。

又案：以上衛。

襄公十七年左氏傳：司徒卬。

二十五年左氏傳：祝袚社，司徒致民，司馬致節，司空致地，乃還。注：陳亂，故正其衆官，修其所職，以安定之。

昭公八年左氏傳：司徒招。

哀公十一年左氏傳：初，轅頗爲司徒。

蕙田案：以上陳。

襄公八年左氏傳：獲蔡司馬公子燮。

二十六年左氏傳：蔡太師子朝。

蕙田案：以上蔡。

哀公七年左氏傳：曹伯陽寵公孫彊，使爲司城以聽政。

程氏啓生曰：司城，宋官，曹不應有。蓋曹後衰弱，奉宋之政令已久，其見滅于宋，宜矣。

蕙田案：以上曹。

莊公三十二年左氏傳：神居莘，虢公使祝應、宗區、史嚚享焉。注：祝，太祝。宗，宗人。史，大史。

蕙田案：以上虢。

桓公六年左氏傳：隨人使少師董成。

八年左氏傳：楚伐隨，戰于速杞，隨師敗績。隨侯逸，鬭丹獲其戎車與其戎右少師。

蕙田案：以上隨。

桓公十一年左氏傳：楚屈瑕將盟貳、軫，鄖人軍于蒲騷，莫敖患之。注：莫敖，楚官名，即屈瑕。

莊公四年左氏傳：令尹鬭祁，莫敖屈重。

哀公十七年左氏傳：子穀曰：「彭仲爽，申俘也，文王以爲令尹。」

顧氏棟高曰：仲爽爲令尹，當在鬭祁之後、子元之前。楚令尹見傳者二十八人，惟仲爽，申俘，餘皆王族也。

莊公十八年左氏傳：初，楚武王克權，使鬭緡尹之，以叛，圍而殺之。遷權于那處，使閻敖尹之。

十九年左氏傳：鬻拳自刖，楚人以爲大閽，謂之大伯。注：若今城門校尉官。疏：周禮天官：「閽人掌守王宫之中門之禁。」鄭云：「閽人，司昏晨以啓閉者。」秋官掌戮：「墨者使守門，刖者使守囿。」則閽不使刖，而鬻權得爲閽者，周禮地官之屬有司門，下大夫二人，掌授管鑰，以啓閉國門，若今城門校尉，主王城十二門。此注亦云「若今城門校尉官」。然則鬻權本是大臣，楚人以其賢而使典此職，非爲刑而役之，當如地官之司門，非天官之閽人。

二十八年左氏傳：令尹子元。

三十年左氏傳：鬭穀於菟爲令尹。

僖公二十三年左氏傳：成得臣帥師伐陳，子文以爲之功，使爲令尹。

二十六年左氏傳：楚令尹子玉、司馬子西帥師伐宋。

二十八年左氏傳：子玉以若敖之六卒將中軍，子西將左，子上將右。

蕙田案：春秋時，楚亦爲三軍，其軍將出於臨時簡擇。城濮之役，子玉以令尹將中軍，子西以司馬將左軍；邲之役，則沈尹將中軍，而令尹孫叔敖不爲軍帥；鄢陵之役，則子反以司馬將中軍，子重以令尹將左軍：皆無一定之例也。

蔿吕臣實爲令尹。

三十三年左氏傳：楚令尹子上侵陳、蔡。

文公元年左氏傳：穆王立，以其爲太子之室與潘崇，使爲太師，且掌環列之尹。注：環列之尹，宫衛之官，列兵而衛王宫。

十年左氏傳：成王使子西爲商公，沿漢泝江，將入郢。王在渚宫，下，見之。懼，而辭曰：「臣免于死，又有讒言，謂臣將逃，臣歸死于司敗也。」注：陳、楚名司寇爲司敗。王使爲工尹，注：掌百工之官。又與子家謀弑穆王。五月，殺鬭宜申及仲歸。

蕙田案：定四年，「唐人竊馬而獻之，自拘于司敗」，則唐亦有司敗，不獨楚與陳也。

又案：子西以工尹而名見於經，則楚以工尹爲卿官矣。宣四年傳「蔿賈爲工正」，亦是貴臣，疑工尹與工正即一官也。檀弓載工尹商陽之言，曰：「朝不坐，燕不與。」則商陽乃是下士。蓋官名隨時改易，尊卑無定耳。

楚子田孟諸，宋公爲右盂，鄭伯爲左盂，期思公復遂爲右司馬，子朱及文之無畏爲左司馬。注：將獵，張兩甄，故置二左司馬，然則右司馬一人當中央。

十二年左氏傳：令尹大孫伯卒，成嘉爲令尹。

宣公四年左氏傳：及令尹子文卒，鬬班爲令尹，子越爲司馬。蔿賈爲工正，譖子揚而殺之。子越爲令尹，己爲司馬。

蕙田案：傳自子文授政，子玉以後，繼之者蔿吕臣、子上、大孫伯、成嘉，凡五人。鬬般爲令尹，當在成嘉之後，非即繼子文而爲令尹也。

其孫箴尹克黄。注：箴尹，官名。

十一年左氏傳：楚左尹子重侵宋。令尹蔿艾獵城沂，使封人慮事，注：封人，其時主築城者。疏：周禮封人：「凡封國，封其四疆。造都邑之封域者，亦如之。」大司馬：「大役，與慮事受其要，以待考而賞誅。」鄭云：「慮事者，封人也。于有役，司馬與之，屬賦丈尺與其用人數也。」是封人主造城邑，計度人數，故云「其時主築城者」。以授司徒。注：司徒掌役。

蕙田案：楚亦有司徒、司敗、大宰、少宰之官，而不爲卿。

十一年左氏傳：諸侯、縣公，皆慶寡人。注：楚縣大夫皆僭稱公。

蕙田案：楚縣公之名見於傳者，如息公子朱、申公巫臣、期思公復遂、申公壽餘、葉公諸梁、白公勝及子西爲商公、棄疾爲蔡公之類，與縣尹似少不同。

十二年左氏傳：蔿敖爲宰。注：宰，令尹。蔿敖，孫叔敖。疏：周禮六卿，大宰爲長，遂以宰爲上卿之號。楚臣令尹爲長，故從他國論之，謂令尹爲宰。楚國仍別有大宰之官，但位任卑耳，傳稱「太宰伯州犁」是也。

沈尹將中軍，子重將左，子反將右。注：「沈」或作「寢」。寢，縣也。

楚少宰如晉師。注：少宰，官名。

楚許伯御樂伯，攝叔爲右，以致晉師。

楚子爲乘廣三十乘，許偃御右廣，養由基爲右；彭名御左廣，屈蕩爲右。注：楚王更迭載之，故各有御、右。

工尹齊將右拒卒以逐下軍。

射連尹襄老。

成公二年左氏傳：楚令尹子重爲陽橋之役，彭名御戎，蔡景公爲左，許靈公爲右。

疏：諸言「御戎」，皆御君之戎車。若君親在車，則當居中，御者居左，勇力之士在右，故御戎、戎右常連言之。此王車雖行，王身不在，故不立戎右，使御者在中。今蔡、許二君居王車上，當左右之位。

七年左氏傳：殺清尹弗忌。

九年左氏傳：晉侯觀于軍府，見鍾儀，問其族，對曰：「泠人也。」注：泠人，樂官。

疏：詩簡兮序云：「衛之賢者，仕于泠官。」鄭云：「泠官，樂官也。」泠氏世掌樂官而善焉，故後世名樂官爲泠官。

十年左氏傳：晉侯使糴茷如楚，報大宰子商之使也。

十六年左氏傳：司馬將中軍，注：子反。令尹將左，注：子重。右尹子辛將右。

子重使太宰伯州犁侍于王後。

彭名御楚共王，潘黨爲右。

楚子使工尹襄問之以弓。

襄公二年左氏傳：楚公子申爲右司馬。

三年左氏傳：楚子辛爲令尹。

楚司馬公子何忌侵陳。

五年左氏傳：楚子囊爲令尹。

十二年左氏傳：楚司馬子庚聘于秦。

十五年左氏傳：楚公子午爲令尹，公子罷戎爲右尹，蔿子馮爲大司馬，公子櫜師爲右司馬，公子成爲左司馬，屈到爲莫敖，公子追舒爲箴尹，屈蕩爲連尹，養由基爲宫厩尹。疏：服虔云：「連尹，射官，言射相連屬也。」若是主射，當使養由基爲之，何以使由基爲宫厩尹？棄能不用，豈得爲「能官人」？官名臨時所作，莫敖之徒，並不可解，故杜皆不解之。

十八年左氏傳：揚豚尹宜。

十九年左氏傳：鄭子革出奔楚，爲右尹。

二十一年左氏傳：楚子使子南爲令尹。

二十二年左氏傳：子南之子棄疾爲王御士。

薳子馮爲令尹，公子齮爲司馬，屈建爲莫敖。

二十五年左氏傳：屈建爲令尹，屈蕩爲莫敖。

楚蔿掩爲司馬，子木使庀賦，數甲兵。蔿掩書土田，度山林，鳩藪澤，辨京陵，表淳鹵，數疆潦，規偃豬，町原防，牧隰皋，井衍沃，量入脩賦。賦車籍馬，賦車兵、徒卒、甲楯之數。既成，以授子木，禮也。

二十七年左氏傳：申鮮虞來奔，楚人召之，遂如楚，爲右尹。

二十九年左氏傳：王子圍爲令尹。

昭公元年左氏傳：右尹子干出奔晉，宫厩尹子晳出奔鄭。

楚薳罷爲令尹，薳啓疆爲大宰。

四年左氏傳：楚沈尹射奔命于夏汭。箴尹宜咎城鍾離。

五年左氏傳：楚子曰：若吾以韓起爲閽，而以羊舌肸爲司宫，足以辱晉。

顧氏棟高曰：周禮閽人，「王宫每門四人，囿游亦如之」，次内小臣之下，寺人之上。記曰：「深宫固門，閽寺守之。」是閽與奄、寺雖不同，皆以刑人而掌近職。又昭七年傳：「楚子爲章華之宫，無宇之閽入焉。」而宋亦有司馬之侍人，齊有崔子之侍人，此大夫之家亦有閽、寺也。

楚子以屈生爲莫敖。沈尹赤會楚子，次于萊山。使沈尹射待命于巢。

六年左氏傳：吴人獲宫厩尹棄疾。

七年左氏傳：芋尹無宇。疏：芋，草名。哀十七年〔一〕，陳有芋尹。蓋皆以草名其官，不知何故。

顧氏棟高曰：陳近楚，設官多相效。論語有陳司敗。司敗之官，亦唯楚有之。

十二年左氏傳：楚子使蕩侯、潘子、司馬督、囂尹午、陵尹喜帥師圍徐。

右尹子革夕。

程氏啓生曰：子辛、子重俱以貴介爲左右尹，出將重兵，其後並爲令尹，則左右尹蓋亦楚之尊官。襄公以後漸用羈人，稍稍降矣。子革自襄十九年奔楚爲右尹，至昭十二年仍爲此官，而中間爲右尹者，又有子干。或楚此官不止一人，或子革先爲右尹，去任他職，而子干代之。及子干出奔，而子革仍爲右尹，未可知。

工尹路請曰：君王命剝圭以爲鏚柲。

左史倚相趨過。

十三年左氏傳：王奪成然邑，而使爲郊尹。注：郊尹，治郊竟大夫。

蔡公因正僕人，殺大子禄及公子罷敵。注：正僕，大子之近官。疏：正僕人，即大僕也。

周禮下大夫二人。

〔一〕「十七年」，諸本作「十五年」，據春秋左傳正義卷四四改。

公子比爲王，公子黑肱爲令尹，公子棄疾爲司馬。

棄疾即位，使子旗爲令尹。

觀從曰：「臣之先佐開卜。」乃使爲卜尹。

十七年左氏傳：吴伐楚，陽匄爲令尹，卜戰，不吉。司馬子魚曰：「我得上游，何故不吉？」

十八年左氏傳：楚左尹王子勝。

十九年左氏傳：楚工尹赤遷陰于下陰。

二十一年左氏傳：太宰犯。

二十三年左氏傳：楚司馬薳越追之。

楚囊瓦爲令尹。

二十七年左氏傳：楚莠尹然、王尹麇帥師救潛。注：二尹，楚官。疏：楚官多以尹爲名，知二尹是官名耳。服虔云王尹主宫内之政，未必然。定本「王」作「工」。左司馬沈尹戌帥都君子與王馬之屬以濟師。注：都君子，在都邑之士有復除者。王馬之屬，王之養馬官，屬校人也。左尹郤宛、工尹壽帥師至于潛。

鄢將師爲右領。注：右領，官名。

左尹與中厩尹莫知其罪，而子殺之。注：左尹，郤宛也。中厩尹，陽令終。

殺連尹奢。

三十年左氏傳：使監馬尹大心逆吴公子，使居養。

三十一年左氏傳：左司馬戌、右司馬稽帥師救弦。

定公四年左氏傳：鍼尹固與王同舟。

五年左氏傳：藍尹亹涉其帑。

王以季芈妻鍾建，以爲樂尹。注：司樂大夫。

六年左氏傳：令尹子西喜曰：「乃今可爲矣。」

哀公四年左氏傳：左司馬眅致蔡於負函。

十六年左氏傳：沈諸梁兼二事。注：令尹、司馬。國寧，乃使寧爲令尹，寬爲司馬。

顧氏棟高曰：子西爲令尹，子期必是司馬，二人見殺，故諸梁兼攝其事。寧即子西子子國。哀十八年傳：初，右司馬子國之卜也，觀瞻曰：「如志。」故命之。是子國自右司馬遷。令尹寬則子期子，各代其父也。

十七年左氏傳：楚子問帥于太師子穀與葉公諸梁。子穀曰：「右領差車與左史老，皆相令尹、司馬以伐陳，其可使也。」王卜之，武城尹吉。注：武城尹，子西子，公孫朝。

十八年左氏傳：初，右司馬子國之卜也，觀瞻曰：「如志。」注：觀瞻，楚開卜大夫。王曰：「寢尹、工尹，勤先君者也。」注：柏舉之役，寢尹吴由于以背受戈，工尹固執燧象奔吴師，皆爲先君勤勞。

蕙田案：十六年傳稱「箴尹固」，蓋自箴尹遷工尹。

又案：以上楚。

成公七年左氏傳：巫臣請使于吴，乃通吴于晉。寘其子狐庸焉，使爲行人于吴。

定公四年左氏傳：伍員爲吴行人以謀楚。

伯州犂之孫嚭爲吴太宰以謀楚。

哀公十一年左氏傳：戰于艾陵。吴子謂叔孫曰：「而事何也？」對曰：「從司馬。」注：從吴司馬所命。

十二年左氏傳：衛人殺吴行人且姚而懼。

蕙田案：以上吴。

僖公十五年左氏傳：秦伯伐晉，卜徒父筮之。注：秦之掌龜卜者。

成公二年左氏傳：公及秦右大夫説盟于蜀。

十年左氏傳：晉侯求醫于秦，秦伯使醫緩爲之。

十三年左氏傳：獲秦成差及不更女父。疏：漢書稱，商君爲法於秦，戰斬一首者，賜爵一級。其爵名：一爲公士，二上造，三簪褭，四不更，五大夫，六公大夫，七官大夫，八公乘，九五大夫，十左庶長，十一右庶長，十二左更，十三中更，十四右更，十五少上造，十六大上造，十七駟車庶長，十八大車庶長，十九關内侯，二十徹侯。案傳此有不更女父，襄十一年有庶長鮑、庶長武，春秋之世已有此名，蓋後世以漸增之。商君定爲二十，非是商君盡新作也。其名之義，難得而知耳。

襄公十一年左氏傳：秦右大夫詹帥師從楚子。

秦庶長鮑、庶長武帥師伐晉以救鄭。注：庶長，秦爵也。

十二年左氏傳：秦庶長無地帥師伐宋。

昭公元年左氏傳：晉侯求醫于秦，秦伯使醫和視之。

蕙田案：以上秦。

右春秋官制

五禮通考卷二百十七

嘉禮九十

設官分職

秦官制

通典：秦：太尉，左右丞相，丞相，相國，侍中，黄門侍郎，散騎常侍，少府吏在殿中主發書謂之尚書四人，尚書令僕射，尚書丞，御史大夫，奉常，郎中令，衛尉，宗正，治粟内史，主爵中尉，廷尉，典客，典屬國，少府，將作少府，中尉，中書謁者令僕射，詹事，中庶子，庶子，太子家令，率更令，僕，率，内史，郡守，大中二大夫。

蕙田案：通典述秦所設官如此。以漢書考之，如博士、將行、護軍都尉、監御史、郡尉、關都尉、縣令長之類，亦皆秦官也。

右秦官制

兩漢官制

漢書百官公卿表：丞相，掌丞天子助理萬機。高帝置一丞相，十一年更名相國。孝惠、高后置左右丞相，文帝二年復置一丞相，有兩長史。哀帝元壽二年更名大司徒。武帝元狩五年初置司直，掌佐丞相。

太尉，掌武事。漢初或置或省。武帝省太尉，置大司馬，以冠將軍之號。宣帝時，大司馬不冠將軍，亦無官屬。成帝時，大司馬禄比丞相，置官屬，去將軍。哀帝初，去大司馬官屬，冠將軍如故。後大司馬復置官屬，去將軍，位在司徒上，有長史。

蕙田案：漢制，太尉與大司馬不並置。高、惠、文、景之世，有軍事則置太尉，事已則省。史記將相年表於高帝五年、文帝二年、景帝七年、武帝建元二年，皆云罷太尉官。於高帝十一年，云「周勃爲太尉，攻代，後官省」，皆其證也。自武帝以後，不復置太尉官，班史遂云「武帝建元二年省」，不知漢初亦不常置也。

御史大夫，掌副丞相。有兩丞，一曰中丞。成帝改御史大夫曰大司空，祿比丞相，置長史如中丞，官職如故。哀帝初復爲御史大夫，後復爲大司空，御史中丞更名御史長史、侍御史。

太傅、太師、太保。高后初置太傅，後省。哀帝復置，位在三公上。平帝置太師，位太傅上，太保次太傅。

前後左右將軍，皆掌兵及四夷。不常置，或有前後，或有左右，有長史。

奉常，掌宗廟禮儀。有丞。景帝更名太常。屬官有太樂、太祝、太宰、太史、太卜、太醫六令丞，又均官、都水兩長丞，又諸廟寢園食官令長丞，又雍太宰、太祝令丞，五畤各一尉。又博士及諸陵縣皆屬焉。博士，掌通古今，員多至數十人。武帝置五經博士，元帝分諸陵邑，屬三輔。

郎中令，掌宮殿掖門户。有丞。武帝更名光祿勳。屬官有大夫、郎、謁者。又期門、羽林皆屬焉。大夫掌論議，有太中大夫、中大夫、諫大夫，皆無員，多至數十人。太初元年，更名中大夫爲光祿大夫。郎掌守門户，出充車騎，有議郎、中郎、侍郎、郎中，皆無員，多至千人。中郎有五官、左、右三將。郎中有車、户、騎三將。謁者掌賓讚受事，員七十人，有僕射。期門掌執兵送從，無員，多至千人，有僕射。平帝元始元年更名虎賁郎，置中郎將。羽林掌送從，次期門，有令丞。僕射，自侍中、尚書、博士、郎皆有之。

衛尉，掌宫門衛屯兵。有丞。景帝初更名中大夫令，後復爲衛尉。屬官有公車司馬、衛士、旅賁三令丞。衛士三丞。又諸屯衛侯、司馬二十二官皆屬焉。長樂、建章、甘泉衛尉皆掌其宫，不常置。

太僕，掌輿馬。有兩丞。屬官有大廄、未央、家馬三令，各五丞一尉。又車府、路軨、騎馬、駿馬四令丞。又龍馬、閑駒、橐泉、騊駼、承華五監長丞。又邊郡六牧師菀令，各三丞，又牧橐、昆蹏令丞皆屬焉。武帝更名家馬爲桐馬。中太僕掌皇太后輿馬，不常置。

廷尉，掌刑辟。景帝更名大理，武帝復爲廷尉，哀帝復爲大理，有正、左右監、左右平。

典客，掌諸歸義蠻夷。有丞。景帝更名大行令，武帝更名大鴻臚。屬官有行人、譯官、别火三令丞及郡邸長丞。武帝更名行人爲大行令。

宗正，掌親屬。有丞。平帝更名宗伯。屬官有都司空令丞、内官長丞。又諸公主家令、門尉皆屬焉。

治粟内史，掌穀貨。有兩丞。景帝更名大農令，武帝更名大司農。屬官有太倉、均輸、平準、都内、籍田五令丞，斡官、鐵市兩長丞。又郡國諸倉農監、都水六十五官長丞皆屬焉。搜粟都尉，武帝軍官，不常置。

少府，掌山海池澤之税，以給共養。有六丞。屬官有尚書、符節、太醫、太官、湯官、導官、樂府、若盧、考工室、左弋、居室、甘泉居室、左右司空、東織、西織、東園匠十六官令丞，又胞人、都水、均官三長丞，又上林中十池監，又中書謁者、黄門、鉤盾、尚方、御府、永巷、内者、宦者八官令丞。諸僕射、署長、中黄門皆屬焉。武帝更名考工室爲考工，左弋爲佽飛，居室爲保宫，甘泉居室爲昆臺，永巷爲掖廷。成帝更名中書謁者令爲中謁者令，初置尚書，員五人，有四丞，省東織，更名西織爲織室。哀帝省樂府。

馬氏端臨曰：中書、尚書之名，始於漢。通典言漢武帝遊宴後庭，始令宦者典事。尚書謂之中書謁者，則中書、尚書只是一所。然考霍光傳，光薨，霍山以奉車都尉領尚書事。故事，諸上書者皆爲二封，署其一曰副，領尚書者先發之，所言不善〔一〕，屏去不奏。魏相請去副封，以防壅蔽。而光夫人顯及禹、山、雲等，言上書者益黠，盡奏封事，輒下中書令出取之，不關尚書。則其時中書、尚書似已分而爲二。蓋尚書在漢時，乃御前管文書之所，故漢人上書，言「昧死上言尚書」，如丞相、大將軍已下連名奏太后廢昌邑王，亦是尚書令讀奏。武帝雖令宦者典其事，然其末年，以霍光出入禁闥，謹慎可屬大事，輔少主，則以光領之。光薨而山繼領其事，蓋既

〔一〕「善」，諸本作「然」，據文獻通考卷四九改。

以大臣之秉政者領之，則其事始在外庭矣。然則所謂「上書者爲二封」，意正本則徹中書而人主閲之[一]，副封則徹尚書而大將軍閲之，自此始判而爲二，而有内外之分。此顯、禹所以有「中書令出取之，不關尚書」之説歟？霍氏既敗，張安世復以大司馬、車騎將軍領尚書事，史言安世「職典樞機，謹慎周密，每定大政已決，輒移病出，聞有詔令，乃驚使史之丞相府問焉」。蓋霍光領尚書之時，丞相乃蔡義、楊敞也；張安世領尚書時，丞相乃魏相、丙吉也。是時尚書雖在外庭，以腹心重臣領之。然於宰相並無干預，此安世所以密議大政，及出詔令，而佯爲不知，遣使問之丞相府，則丞相府乃宣行尚書所議之政令耳。而尚書，非丞相之司存也。漢丞相府有東曹、西曹，爲處掾屬議政令之地，于尚書並無干預。至魏明帝，常卒至尚書門。陳矯爲尚書令，跪問「欲何之」，帝曰：「欲案行文書。」然則魏時尚書猶去禁中不遠。

蕙田案：尚書、門下、中書，後世謂之三省，爲宰相之職，在漢則皆少府之屬也。

〔一〕「而」，原作「二」，據光緒本、文獻通考卷四九改。

中尉，掌徼循京師。有兩丞、候、司馬、千人。武帝更名執金吾。屬官有中壘、寺互、武庫、都船四令丞。又式道左右中候、候丞及左右京輔都尉、尉丞兵卒皆屬焉。

太子太傅、少傅。屬官有太子門大夫、庶子、先馬、舍人。

將作少府，掌治宫室。有兩丞、左右中候。景帝更名將作大匠。屬官有石庫、東園主章、左右前後中校七令丞，又主章長丞。武帝更名東園主章爲木工。成帝省中候及左右前後中校五丞。

詹事，掌皇后、太子家。有丞。漢初皇后、太子各置詹事。成帝省皇后詹事，併屬大長秋。屬官有太子率更、家令丞、僕、中盾、衛率、厨厩長丞。又中長秋、私府、永巷、倉、厩、祠祀、食官令長丞。諸宦官皆屬焉。

蕙田案：自中長秋以下，皆皇后之官，後皆屬大長秋。中盾即中允也。

長信詹事，掌皇太后宫。景帝更名長信少府，平帝更名長樂少府。張晏曰：「以太后所居宫爲名。」

將行。應劭曰：「皇后卿也。」景帝更名大長秋，或用中人，或用士人。

典屬國，掌蠻夷降者。武帝增屬國，置都尉、丞、候、千人。屬官，九譯令。成帝省并大鴻臚。

水衡都尉，掌上林苑。武帝置有五丞。屬官有上林、均輸、御羞、禁圃、輯濯、鍾官、技巧、六厩、辯銅九官令丞。又衡官、水司空、都水、農倉。又甘泉、上林、都水七官長丞皆屬焉。成帝省技巧、六厩官。

内史，掌治京師。景帝分置左内史、右内史，武帝更名京兆尹。屬官有長安市、厨兩令丞，又都水、鐵官兩長丞。左内史更名左馮翊，屬官有廩犧令丞尉。又左都水、鐵官、雲壘、長安四市四長丞皆屬焉。

主爵中尉，掌列侯。景帝更名都尉，武帝更名右扶風，治内史右地。而列侯更屬大鴻臚。屬官有掌畜令丞。又有都水、鐵官、厩、廱厨四長丞皆屬焉。右扶風與左馮翊、京兆尹是爲三輔，皆有兩丞。後更置三輔都尉、都尉丞各一人。

護軍都尉。武帝時屬大司馬，成帝時居大司馬府比司直。哀帝更名司寇，平帝更名護軍。

司隸校尉。武帝置，持節察三輔、三河、弘農。元帝初去節。成帝省，哀帝復置司隸，屬大司空，比司直。

城門校尉，掌京師城門屯兵。有司馬、十二城門候。

中壘校尉，掌北軍壘門内，外掌西域。屯騎校尉，掌騎士。步兵校尉，掌上林苑門屯兵。越騎校尉，掌越騎。長水校尉，掌長水宣曲胡騎。胡騎校尉，掌池陽胡騎。射聲校尉，掌待詔射聲士。虎賁校尉，掌輕車。凡八校尉，皆武帝置，有丞、司馬。

西域都護加官。宣帝置，以騎都尉、諫大夫，使護西域三十六國，有副校尉、丞、司馬、候。

戊己校尉。元帝置，有丞、司馬、候。

奉車都尉，掌御乘輿車。　駙馬都尉，掌駙馬。皆武帝初置。

侍中、左右曹、諸吏、散騎、中常侍，皆加官。所加自列侯至郎中，無員，多至數十人。侍中、中常侍得入禁中，諸曹受尚書事，諸吏得舉法，散騎騎並乘輿車。

給事中，亦加官。所加或大夫、博士、議郎，掌顧問應對。　中黄門有給事黄門。

諸侯王。高帝置，有太傅輔王，内史治國民，中尉掌武職，丞相統衆官，群卿大夫都官如漢朝。景帝令諸侯王不得復治國，天子爲置吏，改丞相曰相，省御史大夫、廷尉、少府、宗正、博士官。武帝改大僕曰僕。成帝省内史，更令相治民，如郡太守，中尉如郡都尉。

部刺史，掌奉詔條察州。武帝置員十三人，成帝更名牧，哀帝復爲刺史，後復爲牧。

郡守，掌治其郡。景帝更名太守，有丞，邊郡又有長史。　郡尉，掌佐守典武職甲卒。景帝更名都尉，有丞，又有關都尉、農都尉、屬國都尉。

縣令、長，掌治其縣。萬户以上爲令，減萬户爲長，皆有丞、尉。又十里一亭，亭有長。十亭一鄉，鄉有三老，有秩、嗇夫、游徼。三老掌教化，嗇夫職聽訟，收賦稅，游徼徼循禁賊盜。列侯所食縣曰國，皇太后、皇后、公主所食曰邑，有蠻夷曰道。

吏員自佐史至丞相，十二萬二百八十五人〔一〕。

通典：漢以丞相、大司馬、御史大夫爲三公。成帝改御史大夫爲司空，與大司馬、丞相爲三公，皆宰相也。哀帝改丞相爲大司徒，亦爲宰相。以太常、光禄勳、衛尉、大僕、廷尉、太鴻臚、宗正、大司農、少府謂之九寺大卿。

蕙田案：通典載漢九卿之名，本於後漢百官志。其外有執金吾、京兆尹、左馮翊、右扶風，位與九卿相埒，故公卿表列之。史載汲黯、朱買臣爲主爵都尉，列于九卿。鄭當時至九卿爲右内史，甯成爲中尉，徙内史抵罪髡鉗。是時九卿少被刑，而成刑極，自以爲不復收。石建傳稱左内史減宣爲九卿，張敞爲京兆尹，上書「臣前幸得備位列卿」，王尊爲京兆尹。御史大夫奏尊不宜備位九卿。毋將隆爲執金吾，詔稱隆位九卿。主爵都尉後爲右扶風，内史後爲京兆尹，左内史後

〔一〕「十二萬」，諸本作「十三萬」，據漢書百官公卿表改。

爲左馮翊，中尉後爲執金吾，此四官在漢亦爲九卿。其名曰九卿，其實則十三卿也。又有前後左右將軍，謂之上卿，位在九卿之右。

又案：九寺之名，不見于漢史，而以寺爲官舍之稱，實自漢始。漢書元帝紀：「城郭官寺。」師古注云：「凡府廷所在，皆謂之寺。」唐書楊收傳「漢制總群官而聽曰省，分務而專治曰寺」是也。

後漢書百官志：太傅，上公一人。掌以善導，無常職。世祖以卓茂爲太傅，薨，因省。其後，每帝初即位，輒置太傅録尚書事，薨，輒省。

太尉，公一人。掌四方兵事。凡國有大造大疑，則與司徒、司空通而論之。國有過事，則與二公通諫爭之。世祖即位，爲大司馬。建武二十七年，改太尉。長史一人，掾史屬二十四人，有西曹、東曹、户曹、奏曹、辭曹、法曹、尉曹、賊曹、決曹、兵曹、金曹、倉曹、黄閤主簿。令史及御屬二十三人，有閤下令史、記室令史、門令史。

司徒，公一人。掌人民事。世祖即位，爲大司徒。建武二十七年，去「大」。長史一人，掾屬三十一人，令史及御屬三十六人。

司空，公一人。掌水土事。世祖即位，爲大司空。建武二十七年，去「大」。長史一人，掾屬二十九人，令史及御屬四十二人。

將軍，不常置。掌征伐背叛。比公者四：第一大將軍，次驃騎將軍，次車騎將軍，次衛將軍。又有前、後、左、右將軍。　長史、司馬皆一人，從事中郎二人，掾屬二十九人，令史及御屬三十一人。其領軍皆有部曲，大將軍營五部，部有校尉、軍司馬。部下有曲，曲有軍候。曲下有屯，屯有長，部校尉，或不置，但軍司馬一人。又有軍假司馬、假候，皆爲副貳。其别營領屬爲别部司馬。其餘將軍，置以征伐，無員職，亦有部曲，司馬、軍候以領兵。明帝初置度遼將軍，以衛南單于，後遂爲常守。

太常，卿一人。掌禮儀祭祀。　丞一人。　太史令一人。丞一人，明堂及靈臺丞一人。　博士祭酒一人，博士十四人。　太祝令一人，丞一人。　太宰令一人，丞一人。　太子樂令一人，丞一人。　高廟令一人，世祖廟令一人。　先帝陵，每陵園令各一人，丞及校長各一人。　先帝陵，每陵食官令各一人。

光禄勳，卿一人。掌宿衛宫殿門户，丞一人。　五官中郎將一人，五官中郎、五官侍郎、五官郎中，無員。　左中郎將，中郎、侍郎、郎中。　右中郎將，中郎，侍郎、郎中。皆無員。　虎賁中郎將，左右僕射、左右陛長各一人。　虎賁中郎、虎賁侍郎、虎賁郎中、節從虎賁，皆無員。　羽林中郎將、羽林郎，無員。　羽林左監一人，丞一人。　羽林右監一人，丞一人。　奉車都尉、駙馬都尉、騎都尉，皆無員。　光禄大夫、太中大夫、中散大夫、諫議大夫、議郎，皆無員。　謁者僕射一人，常侍謁者五人，謁者三十人。

衛尉，卿一人。掌宫門衛士，宫中徼循事。丞一人。　公車司馬令一人，丞、尉各一人。　南宫衛士令一人，丞一人。　北宫衛士令一人，丞一人。　左右都候各一人，丞各一人。　宫掖門，每門司馬一人。

太僕，卿一人。掌車馬。丞一人。　考工令一人，左右丞各一人。　車府令一人，丞一人。　未央廐令一人，長樂廐丞一人。

廷尉，卿一人。掌平獄。正、左監各一人，左平一人。

大鴻臚，卿一人。掌諸侯及四方歸義蠻夷。丞一人。　大行令一人，丞一人。　治禮郎四十七人。

宗正，卿一人。掌宗室親屬。丞一人。　諸公主，每主家令一人，丞一人。

大司農，卿一人。掌諸錢穀、金帛、諸貨幣。丞一人，部丞一人。　太倉令一人，丞一人。　平準令一人，丞一人。　導官令一人，丞一人。

少府，卿一人。掌中服御諸物。丞一人。　太醫令一人，藥丞、方丞各一人。　太官令一人，左丞、甘丞、湯官丞、果丞各一人。　守宫令一人，丞一人。　上林苑令一人，丞、尉各一人。　侍中，無員，掌侍左右，贊導衆事。本有僕射一人，中興轉爲祭酒，或置或否。　中常侍，宦者，無員。掌侍左右，從入内宫，贊導内衆事。　黄門侍郎，無員。掌侍從左右，給事中，關通中外。　小黄門，宦者，無員，掌侍左右，受尚書事。黃門令一人，丞、從丞各一人。黃門署長、畫室署長、玉堂署長各一人。丙署長七人。中黃門冗從僕射一人。中黃門，無員。掖庭令一人，左右丞、暴室丞各一人。永巷令一人，丞一人。御府令一人，丞、織室丞各一人。祠祀令一人，丞一人。鉤盾令一人，丞、永安丞各一人。自黃門令以下皆宦者。苑中丞、果丞、鴻池丞、南園丞各一人。濯龍監、直里監各一人。中藏府令一人，丞一人。內者令一人，左右丞各一人。尚方令一人，丞一人。尚書令一人，掌凡選署及奏下尚書曹文書衆事。尚書僕射一人，署尚書事。尚書六人。初，成帝置尚書，分四曹，曰常侍曹、二千石曹、民曹、客曹。世祖分二千石曹，又分客曹爲南主客曹、北主客曹，凡六曹。左右丞各一人，掌録文書期會。侍郎三十六人，主作文書起草，一曹有六人。令史十八人，後增三人。符節令一人，爲符節臺率，尚符璽郎中四人，符節令史。御史中丞一人，爲御史臺率，治書侍御史二人，侍御史十五人。蘭臺令史。

蕙田案：後漢六曹尚書，志但云「世祖分二千石曹」，不言所分爲何名。應劭以爲三公曹二人，吏曹、（即常侍曹，亦曰選部。）二千石曹、（亦曰賊曹。）民曹、客曹各一人。蔡質漢儀、杜佑通典亦同。然則六尚書實止五曹耳。晉志又云：「後漢因前漢五曹，更加中都官曹爲六曹。」杜佑駁之云：「據應劭漢官稱二千石曹，主中都官事，則不應更有中都官曹。」諸説紛紛，迄無定論。今案應劭漢官有三公曹之名，而前漢無之，則三公曹爲光武所立無疑。而公卿之事，本屬常侍曹主之，則光武所分者乃常侍曹，非二千石曹也。

又案：後漢九卿分屬三司，太常、光禄勳、衛尉並太尉所部，太僕、廷尉、大鴻臚並司徒所部，宗正、大司農、少府並司空所部，其官名職掌則與西京同。

執金吾一人。掌宮外戒司非常水火之事。丞一人，緹騎二百人。　武庫令一人，丞一人。

太子太傅一人。掌輔導太子，不領官屬。

大長秋一人。掌奉宣中宮命，中興常用宦者。丞一人。　中宮僕一人。　中宮謁者令一人。　中宮謁者三人。　中宮尚書五人。　中宮私府令一人，丞一人。　中宮永巷令一人，丞一人。　中宮黄門冗從僕射一人。　中宮署令一人，丞、複道丞各一人。　中宮藥長一人。皆宦者。　其中長信、長樂宮者，置少府一人〔一〕，職如長秋，及餘吏皆以宮名爲號，位在長秋上。長樂又有衛尉、太僕，在少府上，其崩則省，不常置。

蕙田案：帝祖母稱長信宮，太后稱長樂宮。長信惟有少府一卿，長樂則有衛尉、太僕、少府，謂之三卿。

〔一〕「置」，諸本作「署」，據後漢書百官志四改。

一人。

太子少傅。亦以輔導爲職，悉主太子官屬。　太子率更令一人。　太子庶子，無員。　太子舍人，無員。　太子家令一人。　太子倉令一人。　太子食官令一人。　太子僕一人。　太子廐長一人。　太子門大夫二人。　太子中庶子五人。　太子洗馬十六人。　太子中盾一人。　太子衛率一人。

蕙田案：後漢不置詹事，以少傅領東宮官屬，與西京異。

將作大匠一人。掌修作宗廟、路寢、宫室、陵園木土之功，丞一人。　左校令一人，丞一人。　右校令一人，丞一人。

城門校尉一人。掌雒陽城門十二所。司馬一人。城門每門候一人。　**北軍中候一人。**掌監五營。　屯騎校尉一人，司馬一人。　越騎校尉一人，司馬一人。　步兵校尉一人，司馬一人。　長水校尉一人，司馬，胡騎司馬各一人。　射聲校尉一人，司馬一人。

司隸校尉一人。掌持節察舉百官以下，及京師近郡犯法者，并領一州。　從事史十二人，有都官從事、功曹從事、別駕從事、簿曹從事，有軍事則置兵曹從事，其餘部郡國從事，每郡國各一人。　假佐二十五人，有主簿、門亭長、功曹書佐、孝經師、月令師、律令師、簿曹書佐、都官書佐、典郡書佐。

外有十二州，每州刺史一人。皆有從事史、假佐，略與司隸同，無都官從事，其功曹從事爲治中從事。

京都，置尹一人。丞一人。每郡置太守一人。丞一人。郡當邊戍者，丞爲長史。惟邊郡往往置都尉。

每屬國置都尉一人。丞一人。皆置諸曹掾史，略如公府曹，無東西曹。有功曹史，五官掾，其監屬縣，有五部督郵、曹掾。正門有亭長，主記室史，無令史。閤下及諸曹掾各有書佐、幹。每縣、邑、道，大者置令一人，小者置長。丞各一人，尉大縣二人，小縣一人，各署諸曹掾史略如郡員。五官爲廷掾，監鄉五部，春夏爲勸農掾，秋冬爲制度掾。鄉置有秩、三老、游徼。鄉小者，縣置嗇夫一人。亭有亭長，里有里魁，邊縣有障塞尉。其郡有鹽官、鐵官、工官、都水官者，隨事廣狹置令、長及丞。

使匈奴中郎將一人。從事二人，有事隨事增之，掾隨事爲員。護羌、烏桓校尉亦然。

護烏桓校尉一人。護羌校尉一人。

皇子封王，其郡爲國，每置傅一人，相一人。王國相如太守，有長史，如郡丞。中尉一人。郎中令一人。僕一人。又有治書、大夫、謁者、禮樂長、衛士長、醫工長、永巷長、祠祀長、郎中。

列侯所食縣爲侯國，每國相一人。如令、長。其家臣，置家丞、庶子各一人。

通典：後漢廢丞相及御史大夫，而以三公綜理衆務，則三公復爲宰相矣。至于中年以後，事歸臺閣，則尚書官爲機衡之任。至獻帝建安十三年，復置丞相，而以曹公居之，又有相國。後漢衆務，悉歸尚書，三公但受成事而已。尚書令主贊奏事，總領紀綱，無所不統。與司隸校尉、御史中丞朝會，皆專席而坐。京師號曰「三獨坐」。故公爲令、僕射者，朝會不陛奏事。天子封禪，則尚書令奉玉牒檢兼藏封之禮。後漢光武以侯霸爲尚書令，每春常下寬大之詔，奉四時之命，皆霸所建也。郭伋遷尚書令，處職機密，數納忠諫。陳忠爲尚書令，前後所奏，悉條于南宮閣上，以爲故事。鄭弘爲尚書令，亦著于南宮，以爲故事。郭賀爲尚書令，百姓歌之曰：「厥德仁明郭喬卿，忠政朝廷上下平。」又左雄爲尚書令，自雄在尚書，天下不敢謬選，十餘年間稱爲得人。自雄掌納言，多所正肅。沈勳詣南宮，賜酒，拜尚書令，持節臨辟雍，名冠百僚。荀彧爲尚書令，居中持重，焚毁故案，奇策密謀，不得盡聞，又舉荀攸可以代己。後攸爲尚書令，亦推賢進士。魏武帝曰：「二荀令之論人，久而益信，没世不亡。」

右兩漢官制

魏官制

晉書職官志：當塗得志，初有軍師祭酒，參掌戎律。建安十三年，罷漢台司，更置丞相，而以曹公居之，用兼端揆。孫吳、劉蜀，多依漢制。

通典：魏官置九品。自魏以下，並爲九品，其禄秩差次，大約亦如漢制。第一品：黄鉞大將軍，三公，諸國王公侯伯子男爵，大丞相。第二品：諸四征、四鎮、車騎、驃騎將軍，諸大將軍。第三品：侍中，散騎常侍，中常侍，尚書令，左右僕射，尚書，中書監、令，秘書監，諸征、鎮、安、平將軍，光禄大夫，九卿，司隸校尉，京兆、河南尹，太子保、傅，大長秋，太子詹事，中領軍，諸縣侯爵，龍驤將軍，征虜將軍，輔國將軍。第四品：城門校尉，武衛、左右衛、中堅、中壘、驍騎、游騎、前軍、左軍、右軍、後軍、寧朔、建威、建武、振威、振武、奮威、奮武、揚威、揚武、廣威、廣武、左右積弩、積射、强弩等將軍，護軍監軍，五營校尉，南北東西中郎將，御史中丞，都水使者，州領兵刺史，越騎、烏桓、諸匈奴、護羌蠻夷等校尉，諸鄉侯爵。第五品：給事中，給事黄門侍郎，散騎侍郎，中書侍郎，謁者僕射，虎賁中郎將，符節令冗從僕射，羽林監，太子中庶子，太子庶子，太子家令，太子率更令、僕，衛率，諸軍司北軍中候，都督護軍，西域校尉〔二〕，禮見諸將軍，鷹

〔二〕「校尉」下，通典卷三六有「西戎校尉」四字。

揚、折衝、輕車、虎烈、宣威、威遠、寧遠〔一〕、伏波、虎威、凌江等將軍，太學博士，將兵都尉，牙門將，騎督，安夷撫夷護軍，郡國太守、相、内史，州郡國都尉，國子祭酒，諸亭侯爵，州單車刺史。第六品：尚書左右丞，尚書郎中，秘書郎，著作丞郎，治書侍御史，部曹侍御史，諸督軍奉車、駙馬都尉，諸博士，公府長史、司馬，驃騎車騎長史、司馬，廷尉正、監、評，將兵助郡尉置司馬史卒者，諸護軍，太子侍講門大夫，太子中舍人，太子常從虎賁督，司馬督，水衡、典虞、牧官都尉，司鹽都尉，度支中郎將校尉，司竹都尉，材官校尉，驃騎、車騎、衛將軍府從事中郎，四征、鎮公府從事中郎，公車令，諸縣署令千石者，千人督校尉，督守殿内將軍，殿内典兵，黄門冗從僕射，諸關内名號侯爵，諸王公友。第七品：期門郎，諸國公謁者，殿中監，諸卿尹丞，諸獄丞，太子保傅丞，詹事丞，諸軍長史司馬秩六百石者，護羌戎蠻夷越烏桓校尉長史、司馬，諸軍諸大將軍正行參軍，諸持節督正行參軍，二品將軍正行參軍，門下督，中書通事舍人，尚書曹典事，中書佐著作，太子洗馬，北軍候丞，城門五營校尉司馬，宜禾伊吾都尉，度支都尉，

〔一〕「寧遠」，原作「懷遠」，據味經窩本、乾隆本、光緒本、通典卷三六改。

典農都尉，諸封公保、傅、相、郎中令及中尉，大農監，淮海津都尉，諸國文學，太子食官令、舍人，單于率正，都水參軍，諸縣令相秩六百石以上者，左右都尉，武衛左右衛長史、司馬，京城門候，諸門候副，散牙門將，部曲督，殿中中郎將校尉，尚藥監，尚食監，太官食監，中署監，南北軍監，中廷御史，禁防御史，小黄門諸署長僕謁者，藥長寺人監，靈芝園監，黄門署丞，中黄門，太史、中散、諫議三大夫，議郎，三臺五都侍御史，太廟令，諸公府掾屬，諸府記室，督主督受除遣者，符璽郎，門下郎，中書主事通事，散騎集書，公主及諸國丞萬户以上典書令及家令，符節御史。第八品：尚書中書秘書著作及主書主圖主譜史，太常齋郎，京城門郎，四平四安長史、司馬，三品四品將軍正行參軍，郡國太守相内史中丞長史，西域戎部譯長，諸縣署令千石以上者丞，州郡國都尉司馬，司鹽、司竹監丞，水衡、典虞，牧材官都尉司馬，秘書校書郎，東宫摘句郎，諸禖署長史，關谷長，王公妃公主家令，諸部護軍司馬，王郡公諸禖署令，國子太學助教，諸京城四門學博士，諸國常侍侍郎，殿中都尉司馬，諸部護軍司馬，殿中羽林郎，左右度支中郎將司馬，黄門從官，寺人中郎郎中，諸禖號宣威將軍以下五品將軍長史、司馬，蘭臺謁者，都水使者令史，門下禁防，金鼓幢麾城門令史，校尉部司馬、軍司馬、假司馬，諸鄉有秩三老，司馬史從掾，諸州郡防門，尚書中書秘書令史。第九品：蘭臺殿中、蘭臺謁者及都水使者書令史，諸縣長令相，關谷塞尉，倉簟河津督監，殿中監典事，左右太官督監内者，總章戲馬監，諸紙署監，王郡公郡諸署長，司理治書，異族封公世子庶子諸王友國謁者大夫諸署丞，諸王太妃及公主家僕丞，公主行夜督郎，太廟令行夜督郎，太子掌固，主事候郎，王官舍人，副散部曲將，武猛中郎將、校尉部司馬、軍司馬、假司馬，諸鄉有秩，司徒史從掾，諸州郡防門。

蕙田案：九品之等，始定於此。後魏於九品之中，又有從品。列代以來，互有沿革，而大略不遠。梁官品有十八班，後周制爲九命，名異實同。今録魏制，以見緣起，其餘則不復及云。

觀承案：九品官制，其來久矣。周語：「内官不過九御，外官不過九品。」至後魏則於九品之中分正、從，故梁時官有十八班，遂爲官品常制。

右魏官制

晉官制

晉書職官志：丞相、相國。晉初不置，惠帝之後，省置無恒。太宰、太傅、太保。晉避景帝諱，置太宰以代太師，與太傅、太保皆爲上公。太尉、司徒、司空。爲三公。大司馬，漢制以冠大將軍、驃騎、車騎之上，與太尉不並置。魏有太尉，而大司馬、大將軍各自爲官，位三司上。晉因之。大將軍。位次三司，後改在三司上，自太宰以下，晉初謂之八公。

蕙田案：大司馬、大將軍謂之二大，太尉、司徒、司空謂之三司，亦曰三公。與三師並列，所謂八公也。

驃騎、車騎、衛將軍、伏波、撫軍、都護、鎮軍、中軍、四征、四鎮、龍驤、典軍、上軍、輔國等大將軍，左右光禄、光禄三大夫開府者，皆爲位從公。諸公及開府位從公者，置長史一人。西東閤祭酒、西東曹掾、户倉賊曹令史屬各一人。御屬閤下令史、西東曹倉户賊曹令史、門令史、記室省事令史、閤下記室書令史、西東曹學事各一人。司徒加置左右長史各一人。主簿、左西曹掾屬各一人，西曹稱右西曹。司空加置導橋掾一人。諸公及開府位從公加兵者，增置司馬一人，從事中郎二人，主簿、記室督各一人，舍人四人，兵鎧士曹，營軍、刺姦、帳下都督，外都督，令、史各一人。若爲持節都督，則增參軍爲六人，其餘如加兵公制。驃騎已下及諸大將軍不開府、非持節都督者，置長史、司馬各一人，主簿、功曹史、門下督、録事、兵鎧士賊曹、營軍、刺姦、帳下都督、功曹書佐門吏、門下書吏各一人。其假節爲都督者，所置與四征、鎮加大將軍不開府爲都督者同。　四征、鎮、安、平加大將軍不開府、持節都督者，置參佐吏卒，如常都督制。

持節、都督。無定員，都督諸軍爲上，監諸軍次之，督諸軍爲下。使持節爲上，持節次之，假節爲下。江左以來，都督中外尤重，惟王導等權重者乃居之。

録尚書，公卿權重者爲之。　**尚書令**，秩千石。　**僕射**，秩與令同。漢本置一人，獻帝時分置左右僕射，魏、晉迄于江左，省置無恒。置二，則爲左右僕射，或不兩置，但曰尚書僕射。令闕，則左爲省主。

列曹尚書，後漢有六曹，并令僕二人，謂之八座。魏有吏部、左民、客曹、五兵、度支五曹尚書，二僕射，一令爲八座。晉置吏部、三公、客曹、駕部、屯田、度支六曹，而無五兵。咸寧二年，省駕部尚書。四年，省一僕射，又置駕部尚書。太康中，有吏部、殿中及五兵、田曹、度支、左民爲六曹，又無駕部、三公、客曹。惠帝世又有右民尚書，止于六曹，不知省何曹也。及渡江，有吏部、祠部、五兵、左民、度支五尚書。祠部尚書恒以右僕射攝之，若右僕射闕，則以祠部尚書攝知右事。　**左右丞**，左丞主臺内禁令，宗廟祠祀，朝儀禮制，選用署吏，急假；右丞掌臺内庫藏廬舍，刑獄兵器，督録遠道文書，章表奏事。

尚書郎。魏有殿中、吏部、駕部、金部、虞曹、比部、南主客、祠部、度支、庫部、農部、水部、儀曹、三公、倉部、民曹、二千石、中兵、外兵、都兵、別兵、考功、定課，凡二十三郎。後又置都官、騎兵，合二十五郎。晉武帝罷農部、定課，置直事、殿中、祠部、儀曹、吏部、三公、比部、金部、倉部、度支、都官、二千石、左民、右民、虞曹、屯田、起部、水部、左右主客、駕部、車部、庫部、左右中兵、左右外兵、別兵、都兵、騎兵、左右士、北主客、南主客，爲三十四曹郎。後又置運曹，凡三十五曹，置郎二十三人，更相統攝。江左但有殿中、祠部、吏部、儀曹、三公、比部、金部、倉部、度支、都官、左民、駕部、庫部、中兵、外兵十五曹云。

侍中，魏、晉以來置四人。江左哀帝興寧四年，省二人，後復舊。　**給事黃門侍郎**，與侍中俱管門下衆事。晉置四人。　**散騎常侍**，秦置散騎，又置中常侍。漢東京省散騎，而中常侍用宦者。魏文帝置散騎，合之于中常侍〔一〕，司掌規諫，不典事，貂璫插右，騎而散從，至晉常爲顯職。　**給事中**，在散騎常侍下，給事黃門侍郎上，無員。　**通直散騎常侍**，魏末，散騎常侍有在員外者。晉武帝使二人與散騎常侍通員直，故名。江左置四人。　**員外散騎常侍**，魏末置，無員。　**散騎侍郎**，四人，魏置。自魏至晉，散騎常侍、侍郎與侍中、黃門侍郎共平尚書奏事，江左乃罷。　**通直散騎侍郎**，初，武帝置員外散騎侍郎，元帝使二人與散騎侍郎通員直，故名。後增爲四人。　**員外散騎侍郎**，武帝置，無員。　**奉朝請**。本不爲官，無員。漢列侯多奉朝請，謂奉朝會請召而已。晉初以宗室、外戚爲奉車、

〔一〕「常侍」，諸本脱，據晉書職官志補。

駙馬、騎三都尉奉朝請。元帝爲晉王，以參軍爲奉車都尉，掾屬爲駙馬都尉，行參軍舍人爲騎都尉，皆奉朝請。後罷奉車、騎二都尉，惟留駙馬都尉。諸尚公主者皆爲之。

蕙田案：通典稱散騎常侍晉時雖隸門下，而别爲一省，引潘岳賦「寓直散騎之省」爲證，其説是矣。然門下集書省名，至齊始見於史，晉、宋志俱無之。

中書監及令，漢武帝使宦者典事尚書，謂之中書謁者，置令、僕射。成帝更名中謁者令，而罷僕射。東京省。魏武帝爲魏王，置秘書令，典尚書奏事。文帝改爲中書，置監、令並一人，晉因之。中書侍郎，魏置中書通事郎，晉改曰中書侍郎，員四人。江左初，改爲通事郎，尋復如舊。中書舍人。晉初置舍人、通事各一人〔一〕，江左合舍人通事謂之通事舍人〔二〕，後省，而以中書侍郎一人直西省，又掌詔命。

蕙田案：自後漢以尚書爲機衡之任，魏文帝置中書監令，專主機密。宋、齊以下，侍中多爲宰相之職，政出三省，其來已久，九寺列卿徒有其名而已。又考晉、宋官品，侍中、散騎常侍、尚書令、僕射諸尚書，中書監令與太常諸卿，位俱在第三品，而班於諸卿之上。宋、齊史志猶沿兩漢之舊，以尚書諸省列於列卿之

〔一〕「一人」，諸本作「十人」，據晉書職官志改。
〔二〕「合」，原作「令」，據光緒本、晉書職官志改。

後，失其實矣。唐初改脩晉書，移在諸卿前，最爲有識。

祕書監。漢桓帝置，後省。魏武爲魏王，置祕書令、丞。文帝置中書令，而秘書改令爲監。又設祕書右丞。晉初并中書省，惠帝復置祕書監，其屬官有丞有郎。著作郎。漢東京使名儒著作東觀，尚未有官。魏明帝置著作郎隸中書省。晉元康二年，改隸祕書省。後别自置省，而猶隸祕書。著作郎一人，謂之大著作郎，又佐著作郎八人。

太常、光禄勳、衛尉、太僕、廷尉、大鴻臚、宗正、大司農、少府、將作大匠、太后三卿、大長秋，皆爲列卿。各置丞、功曹、主簿、五官等員。太常，有博士、協律校尉員，又統太學諸博士、祭酒及太史、太廟、太樂、鼓吹、陵等令。太史又别置靈臺丞。光禄勳，統虎賁中郎將、羽林郎將、冗從僕射、羽林左監、五官左右中郎將、東園匠、太官、御府、守宫、黄門、掖廷、清商、華林園、暴室等令。哀帝省光禄勳，并司徒。孝武復置。衛尉，統武庫、公車、衛士諸冶等令，左右都候，南北東西督冶掾。江左，省衛尉。太僕，統典農、典虞都尉、典虞丞、左右中典牧都尉，車府典牧，乘黄厩〔一〕、驊騮厩、龍馬厩等令。典牧又别置羊牧丞。渡江之後，太僕或省或置。廷尉，屬官有正、監、評，并有律博

〔一〕「乘黄」，原脱，據光緒本、晉書職官志補。

士員。大鴻臚，統大行、典客、園池、華林園、鈎盾等令，又有青宫列丞、鄴玄武苑丞。江左，有事則權置，無事則省。宗正，統皇族宗人圖牒，又統太醫令史，又有司牧掾員。哀帝省并太常，太醫以給門下省。大司農，統太倉、籍田、導官三令，襄國都水長，東西南北部護漕掾。哀帝省并都水，孝武復置。少府，統材官校尉、中左右三尚方、中黄左右藏、左校、甄官、平準、奚官等令，左校坊、鄴中黄左右藏、油官等丞。哀帝省并丹陽尹，孝武復置。自渡江惟置一尚方，又省御府。將作大匠，有事則置。太后三卿，衛尉、少府、太僕，漢置隨太后宫爲官號，在同名卿上。魏改在九卿下。晉復舊，在同號卿上。大長秋。皇后卿也，有后則置。

御史中丞，爲御史臺主。治書侍御史，魏置。晉初員四人，後省二員。泰始中，又置黄沙獄治書侍御史一人，尋省。侍御史，魏置八人，晉置員九人，有十三曹：吏曹、課第曹、直事曹、郎曹、中都督曹、外都督曹、媒曹、符節曹、水曹、中壘曹、營軍曹、法曹、筭曹。江左初，省課第曹，置庫曹。後分爲外左庫、内左庫。殿中侍御史，魏蘭臺遣二御史居殿中，伺察非法。晉置四人，江左置二人。魏、晉又有禁防御史。孝武時有檢校御史，亦蘭臺之職。符節御史，秦、漢有符璽令。魏別爲一臺，位次御史中丞。晉武帝省并蘭臺，置符節御史。司隸校尉。屬官有功曹、都官從事、諸曹從事、部郡從事、主簿、録事、門下書佐、省事、記室書佐、諸曹書佐守從事、武猛從事等員。渡江，罷司隸校尉。

謁者僕射。魏置僕射，統謁者十人。晉初省僕射，以謁者并蘭臺。江左復置僕射，後又省。**都水使者**，武帝省水衡，置都水使者一人，以河隄謁者爲其屬。江左省河隄謁者，置謁者六人。　**中領軍將軍**，魏置。晉初爲中軍將軍，懷帝改曰中領軍，又改北軍中候，尋復爲領軍。成帝世復爲中候，尋復爲領軍。　**護軍將軍**，魏置隸領軍，晉初不隸。元帝省并領軍，明帝復置領軍、護軍，並置長史、司馬、功曹、主簿、五官，出軍則置參軍。　**左右衛將軍**，並置長史、司馬、功曹、主簿。江左罷長史。　**驍騎將軍、游擊將軍**，晉以領、護、左右衛、驍騎、游擊爲六軍。　**左右前後軍將軍**，魏有左軍。晉初置前軍、右軍，又置後軍，是爲四軍。　**屯騎、步兵、越騎、長水、射聲校尉**。謂之五校，並置司馬、功曹、主簿，後省。

太子太傅、少傅，泰始三年置，並有功曹、主簿、五官。咸寧元年，設詹事，掌宫事，而二傅不復領官屬。後又省詹事，立太保、太傅、少傅，所置官屬復如舊。元康元年，復置詹事，有丞、主簿、五官掾、功曹史等員。後又置六傅，三太三少。江左有太傅、少傅，不立師保。　**中庶子**，四人，職如侍中。　**中舍人**，四人，職如黄門侍郎。　**食官令**，一人，職如太官令。　**庶子**，四人，職比散騎常侍、中書監令。　**舍人**，十六人，職比散騎、中書等侍郎。　**洗馬**，八人，職如謁者。　**率更令**，職如光禄勳、衛尉。　**家令**，職比廷尉、司農、少府。　**僕**，職如太僕、宗正。　**左右衛率**。晉初曰中衛率。泰始五年，分爲左右。惠帝時又加前後二率。江左省，太元中又置。

王置師、友、文學。各一人，改太守爲内史，有郎中令、中尉、大農爲三卿。大國置左右常侍、侍郎、典書、典祠、典衛、學官令、典書丞、治書、中尉、司馬、世子庶子、陵廟牧長、謁者、中大夫、舍人、典府等員。又大國制上中下三軍，次國上下二軍，小國一軍，皆中尉領兵。公侯亦置一軍，中尉領之。及渡江，公國則無中尉、常侍，侯國又無大農、侍郎，伯子男唯典書以下，又無官學、令史職，皆以次減焉。

州置刺史。又置别駕、治中從事、諸曹從事等員。所領郡各置部從事一人。又有主簿、門亭長、録事、記室書佐、諸曹佐、守從事、武猛從事等。

蕙田案：魏、晉諸州刺史多兼將軍、都督之稱，任重者爲使持節都督，輕者爲持節。其庶姓爲州而無將軍者，謂之單車刺史。刺史治民事，加都督則兼治軍事。

郡置太守，河南郡則曰尹。諸王國以内史掌太守之任。又置主簿、主記室、門下賊曹、議生、門下史、記室史、録事史、書佐、循行幹、小史、五官掾、功曹史、功曹書佐、循行小史、五官掾等員。郡國皆置文學掾一人。

縣大者置令，小者置長。有主簿、録事史、主記室史、門下書佐幹、游徼、議生、循行、功曹史、小史、廷掾、功曹史、小史書佐幹、户曹掾史幹、法曹門幹、金倉賊曹掾史、兵曹史、吏曹史、獄小史、獄門亭長、都亭長、賊捕掾等員。又縣五百户以上皆置鄉，三千以上置二鄉，五千以上置三鄉，萬以上置四鄉。鄉置嗇夫一人。鄉户不滿千以下，置治書史一人。千以上，置史、佐各一人，正一人。五千五百以上，置吏一人，佐二人。户千以上，置校官掾一人。縣皆置方略吏四人。洛陽縣置六部尉。江左以後，建康亦置六部尉，餘大縣置二人，次縣、小縣各一人。

四中郎將。東中郎將、西中郎將、南中郎將、北中郎將也。江左彌重。

護羌夷蠻等校尉，武帝置南蠻校尉于襄陽，西戎校尉于長安，南夷校尉于寧州。元康中，護羌校尉爲涼州刺史，西戎校尉爲雍州刺史，南蠻校尉爲荆州刺史。江左初，省南蠻校尉，尋又置于江陵。改南夷校尉爲鎮蠻校尉。安帝時，于襄陽置寧蠻校尉。護匈奴羌戎蠻夷越中郎將。武帝置四中郎將，或領刺史，或持節爲之。又置平越中郎將，居廣州，主護南越。

通典：晉惠帝永寧元年，罷丞相，復置司徒。永昌元年，罷司徒，并丞相，則丞相與司徒不並置矣。其後或有相國，或有丞相，省置無恒。而中書監、令常管機要，多爲宰相之任。自魏、晉以來，相國丞相多非尋常人臣之職。

馬氏端臨曰：後漢雖置三公，而事歸臺閣，尚書始爲機衡之任，然不過預聞國政，未嘗盡奪三公之權也。至魏、晉以來，中書、尚書之官，始真爲宰相，而三公遂爲具員，其故何也？蓋漢之典事，尚書、中書者，號爲天子之私人。及叔季之世，則姦雄之謀篡奪者，亦以其私人居是官。而所謂三公者，古有其官，雖鼎命將遷之時，大權一出于私門，而三公不容遽廢也，故必擇其老病不任事、依違不侵權者居之。凡任中書者，皆運籌帷幄、佐命移祚之人。任三公者，皆備員高位、畏權遠勢之人。而三公之失權任，中書之秉機要，自此判矣。

右晉官制

宋官制

宋書百官志：太宰、太傅、太保。是爲三公，無其人則闕。

相國，晉安帝時宋高祖、順帝時齊王並爲之，非復人臣之位。　丞相。晉成帝以王導爲丞相，罷司徒府。導薨，罷丞相，復爲司徒府。宋世祖以南郡王義宣爲丞相，而司徒府如故。

太尉，司徒，司空，大司馬，大將軍。

特進，爲加官，在諸公下，驃騎將軍上。　驃騎將軍，一人。　車騎將軍，一人。　衛將軍，一人。晉江右伏波、輔國將軍並加大，而儀同三司。江左以來，將軍則中、鎮、撫、四鎮以上或加大，餘官則左右光禄大夫以上並得儀同三司，自此以下不得也。　持節都督，無定員。　征東、征南、征西、征北將軍，各一人。　鎮東、鎮南、鎮西、鎮北將軍，各一人。　中軍、鎮軍、撫軍將軍，各一人。　安東、安南、安西、安北將軍，各一人。　平東、平南、平西、平北將軍，各一人。　左、右、前、後、征虜、冠軍、輔國、龍驤將軍　東、南、西、北中郎將　建威、振威、奮威、揚威、廣威、建武、振武、奮武、揚武、廣武、鷹揚、折衝、輕車、揚烈、寧遠、材官、伏波、凌江將軍。左右前後將軍以下，唯四中郎將各一人，餘皆無定員。

太常，一人。　光禄勳，一人。　衛尉，一人。　廷尉，一人。　大司農，一人。　少府，一人。　將作大匠，一人。有事則置，無則省。　大鴻臚，有事權置，事畢則省。　太僕，郊祀則權置，事畢則省。　太后三卿，衛尉、少府、太僕各一人，無太后則闕。　大長秋，有后則置，無則省。　録尚書。孝建中省，大明末復置，此後或置或省。　尚書令　僕射　尚書，宋有祠部、吏部、左民、度支、五兵、都官六曹尚書。若有右僕射，則不置祠部尚書。大明二年，置二吏部尚書，後復舊。僕射、尚書分領諸曹。左僕射領殿中、主客二曹；吏部尚書領吏部、删定、三公、比部四曹；祠部尚書領祠部、儀曹二曹；度支尚書領度支、金部、倉部、起部四曹；左民尚書領左民、駕部二曹；都官尚書領都官、水部、庫部、功論四曹；五兵尚書領中兵、外兵二曹。昔有騎兵、别兵、都兵，故謂之五兵。　尚書郎。宋因江左十五曹，加騎兵、主客、起部、水部爲十九曹。太祖省儀曹、主客、比部、騎兵四曹，尋復置，又增删定、功論二曹。太宗世，省騎兵。凡二十曹。

侍中，四人。　給事黄門侍郎，四人。　散騎常侍，四人。　通直散騎常侍，四人。　員外散騎侍郎，無員。　員外散騎常侍，無員。　散騎侍郎，四人。　通直散騎侍郎，四人。　員外散騎侍郎，無員。　給事中，無員。　奉朝請。無員。

中書令，一人。　中書監〔一〕，一人。　中書侍郎，四人。　中書通事舍人。四人。其下有主事，本用武官，宋改用文吏。

祕書監，一人。　祕書丞，一人。　祕書郎。四人。

領軍將軍，一人。　護軍將軍，一人。　左衛將軍，一人。　右衛將軍，一人。　驍騎將軍　游擊將軍　左軍將軍　右軍將軍　前軍將軍　後軍將軍　左中郎將　右中郎將　屯騎校尉　步兵校尉　越騎校尉　長水校尉　射聲校尉　虎賁中郎將　冗從僕射　羽林監，自虎賁至羽林，是爲三將。　積射將軍　强弩將軍。自驍騎至强弩將軍，並無員。　殿中將軍　殿中司馬督，宋初置二十人，過員者謂之殿中員外將軍、員外司馬督〔二〕。

〔一〕「監」，諸本作「舍人」，據宋書百官志下改。
〔二〕「軍」，原脱，據光緒本、宋書百官志下補。

其後並無員。　武衛將軍　武騎常侍。並無員。

御史中丞，一人。　治書侍御史，侍御史，宋初承晉十四曹，太祖省外左庫，而内左庫直云左庫。世祖復置，後又廢。順帝初，省營軍併水曹，省筭曹併法曹，吏曹不置御史。凡十御史焉。　謁者僕射，一人。　都水使者。一人。

太子太傅，一人。　少傅，一人。　詹事，一人。　家令，一人。　率更令，一人。　僕，一人。自家令至僕，是爲太子三卿。　門大夫，二人。　中庶子，四人。　中舍人，四人。　庶子，四人。　舍人，十六人。　洗馬，八人。　太子左衛率，七人。　右衛率，二人。　太子屯騎校尉，步兵校尉，翊軍校尉，各七人，宋初置。　太子冗從僕射，七人。宋初置。　太子旅賁中郎將，十人。　太子左積弩將軍，十人。　右積弩將軍，二人。　殿中將軍，十人。　殿中員外將軍。二十人，宋初置。

平越中郎將　南蠻校尉，孝建中省。　西戎校尉　寧蠻校尉　南夷校尉。

州刺史　郡守　縣令、長。

王國師　友　文學，各一人。　内史　三卿，郎中令、中尉、大農爲三卿。　上軍、中軍、下軍三將軍。宋制大小國皆有三軍。

蕙田案：宋、齊皆沿晉制，無大改易，今於宋志粗舉其略。齊制相國、太宰、大將軍皆爲贈官，惟置太傅、散騎常侍以下別爲集書省。又國學之外，別有總明觀祭酒。其餘並與宋同，無庸別出也。又齊以侍中爲門下給事，黄門侍郎爲小門下，此門下名省之始。

右宋官制

梁官制

隋書百官志：梁武受命之初，官班多同宋、齊之舊，有丞相、太宰、太傅、太保、大將軍、大司馬、太尉、司徒、司空、開府儀同三司。諸公及位從公開府者，皆置官屬，有公則置，無則省。司徒無公，亦置，惟省舍人。開府儀同三司，位次三公，諸將軍、左右光禄大夫，優者則加之，同三公，置官屬。特進，舊位從公，武帝革之。

尚書省。令、左右僕射各一人，掌出納王命，敷奏萬機。又置吏部、祠部、度支、左户、都官、五兵六尚書。左右丞各一人。祠部尚書多不置，以右僕射主之。左右僕射並闕，則置尚書僕射掌左事，置祠部尚書掌右事。又有起部尚書，營宗廟宫室則權置，事畢則省。吏部、删定、三公、比部、祠部、儀曹、虞曹、主客、度支、殿中、金部、倉部、左户、駕部、起部、屯田、都官、水部、庫部、功論、中兵、外兵、騎兵等郎二十三人。天監三年，置侍郎，其郎中在職勤能，滿二歲者轉之〔一〕。九年，以殿中、吏部、金部、左户、中兵五都令史視奉朝請。

蕙田案：左户本名左民，唐人避太宗諱追改。

門下省。侍中、給事黄門侍郎各四人。掌侍從左右，擯相威儀，盡規獻納，糾正違闕。侍郎中高功者〔二〕，在職一年，詔加侍中祭酒，領公車、大官、大醫等令及驊騮廐丞。

集書省。散騎常侍、通直散騎常侍各四人。掌侍從左右，獻納得失，省諸奏聞文書。員外散騎常侍無員，散騎侍郎、通直郎各四人。又有員外散騎侍郎、給事中、奉朝請、駙馬、奉車、車騎都尉〔三〕。散騎常侍高功者一人爲祭酒。

中書省。監、令各一人，掌出内帝命。侍郎四人，又有通事舍人、主事令史等員。其後除通事，直曰中書舍人。

〔一〕「二歲」，原作「三歲」，據光緒本、隋書百官志上改。
〔二〕「郎」，原脱，據光緒本、隋書百官志上補。
〔三〕「車騎都尉」，原脱「車」字，據光緒本、隋書百官志上補。

祕書省。監、丞各一人，郎四人〔一〕，掌國之典籍圖書。著作郎一人，佐郎八人。著作郎多以他官領之，又有撰史學士，亦知史書。

蕙田案：學士官名始見於此，通考稱北齊有文林館學士，後周有麟趾殿學士，史志俱不載。

御史臺。大夫一人。天監元年，復曰中丞，掌督司百僚。治書侍御史二人，侍御史九人，殿中御史四人，又有符節令史。

謁者臺。僕射一人，掌朝覲賓饗之事，屬官謁者十人。

諸卿。梁初猶依宋、齊，皆無卿名。天監七年，以太常爲太常卿，加置宗正卿，以大司農爲司農卿，三卿爲春卿。加置太府卿，以少府爲少府卿，加置太僕卿，三卿爲夏卿。以衛尉爲衛尉卿，廷尉爲廷尉卿，將作大匠爲大匠卿，三卿爲秋卿。以光禄勳爲光禄卿，大鴻臚爲鴻臚卿，都水使者爲太舟卿，三卿爲冬卿。凡十二卿，皆置丞及功曹、主簿。太常卿統明堂、二廟、太史、太祝、廩犧、太樂、鼓吹、乘黄、北館、典客館令丞及陵監、國學。又置協律校尉、總章校尉。太樂又有清商署丞，太史又有靈臺丞。國學有祭酒、博士、助教等員，皆隸焉。司農卿統大倉、導官、籍田、上林令。又管樂遊、北苑丞，左右中部三倉

〔一〕「四人」，原作「一人」，據光緒本、隋書百官志上改。

丞，莢庫、荻庫、箬庫丞，湖西諸屯主。又置勸農謁者。大府卿統左右藏令、上庫丞、南北市令，關津皆屬焉。少府卿置材官將軍、左中右尚方、甄官、平水署、南塘邸税庫、東西治、中黄、細作、炭庫、紙官、柴署等令丞。太僕卿統南馬牧、左右牧、龍厩、内外厩丞。又有弘訓太僕，亦置屬官。衛尉卿統武庫、公車司馬令。又有弘訓衛尉，亦置屬官〔一〕。廷尉卿，梁初曰大理，後改。有正、監、平律博士。大匠卿統左、右校諸署。光禄卿統守宮、黄門、華林園、暴室等令。又有左右光禄、金紫光禄、大中、中散等大夫，並無員，以養老疾。太舟卿，梁初爲都水臺，置使者、參軍、河隄謁者，後改。

蕙田案：太常諸卿，繫卿於官名，蓋始於此。列代太后有三卿，此惟有衛尉、太僕，無少府。

大長秋。統黄門、中署、奚官、暴室、華林等署。

領軍、護軍、左右衛、驍騎、游騎等六將軍。是爲六軍。又有中領、中護，資輕于領、護。左右前後四將軍，左右中郎將，屯騎、步騎、越騎、長水、射聲五校尉，武賁、冗從、羽林三將軍，積射、强弩二軍，殿中將軍、武騎。皆以分司丹禁，侍衛左右。天監六年，置左右驍騎、左右游擊將軍。改舊驍騎曰雲騎，游擊曰游騎。又置朱衣直閤將軍。

〔一〕「官」，諸本脱，據隋書百官志上補。

太子太傅、少傅、詹事，各置丞、功曹、主簿。天監初，又置東宫常侍。**家令、率更令、僕**，各置丞。**左、右衛率**，各有丞。各置殿中將軍十人，員外將軍十人，正員司馬四人。又有員外司馬督官〔一〕。其屯騎、步兵、翊軍三校尉各一人，謂之三校。旅賁中郎將、宂從僕射各一人，謂之二將。左、右積弩將軍各一人。**門大夫**，二人。**中庶子**，四人，功高者一人爲祭酒。**中舍人**，四人，又有通事守舍人、典事守舍人、典法守舍人。**庶子**，四人。**舍人**，十六人。**通事舍人**，二人。**典經局洗馬**。八人。又有典經守舍人、典事守舍人。

皇弟、皇子府，置師、長史、司馬、從事中郎、諮議參軍及掾屬。嗣王及蕃王府遞減。**王國**。置郎中令、將軍、常侍官。又置典祠令、廟長、陵長、典醫、典府丞、典書令、學官令、食官長、中尉、侍郎、執事中尉、司馬、謁者、典衛令、舍人、中大夫、大農等官。嗣王國則惟置郎中令、中尉、常侍、大農等員。蕃王則無常侍。公已下，各置相及典祠、典書、典尉等員。

州刺史，置别駕、治中從事各一人。主簿以下，各因其州之大小而置員。**郡太守**，置丞。王國曰内史。**縣令、長**。皆置丞尉。國曰相，郡縣吏，亦各以大小而制員。

右梁官制

〔一〕「官」，諸本脱，據隋書百官志上補。

陳官制

隋書百官志：陳承梁，皆循其制官。又置相國，位列丞相上。并丞相、太宰、太傅、太保、大司馬、大將軍，並以爲贈官。定令，尚書置五員，郎二十一員，其餘並遵梁制。國之政事，並由中書省。有中書舍人五人，領主事五人，書吏二百人，分掌二十一局事。各當尚書諸曹，並爲上司，總國内機要，而尚書惟聽受而已。

蕙田案：尚書五員，蓋以右僕射領祠部事，不復立祠部也。梁時尚書郎二十三曹，陳省其二，不知所省何曹。

通典：自魏、晉重中書之官，居喉舌之任，則尚書之職，稍以疏遠。至梁、陳舉國機要，悉在中書，獻納之任，又歸門下，而尚書但聽命受事而已。

杜氏佑曰：自魏、晉以來，宰相但以他官參掌機密，或委知政事者則是矣，無有常官，其相國、丞相，或爲贈官，或則不置，自爲尊崇之位，多非人臣之職，其真爲宰相者，不必居此官。魏文帝以劉放、孫資爲中書監、令，並掌機密。晉武帝詔以荀勗爲中書監、侍中，毗贊朝政。張華爲中書令，侍中劉卞謂華曰：「公居阿衡之地。」東晉庾亮、庾冰相次爲中書監。先是，王導輔政，以寬和得衆。庾亮以法裁物，頗失人心。至冰，經綸時務，升擢後進，朝野注心，咸曰賢相。殷浩爲揚州刺史，參綜朝權。王敦爲大將軍、侍中，上表曰：「臣備位宰輔。」謝安爲中書監，録尚書省事。宋文帝初，徐羨之爲司空，録尚書事，後以江湛、王僧綽俱爲侍中，任以機密。後又以殷景仁爲侍中、左衛將軍，與侍中、右衛將軍王華，侍中、左衛將軍王曇首，侍中劉湛四人俱居門下，皆以風力局幹冠冕一時。同時之美，近代莫及。初，王弘爲江州刺史，加侍中，後徵輔政，以爲侍中、司徒，録尚書事。而弘弟曇首爲文帝所任，與華相埒。華常謂己力用不盡，每歎息云：「宰相頓有數人，天下何由得理？」湛母憂去職，後徵爲太子詹事，加給事中，與殷景仁並被任遇。湛常云：「今代宰相何難？此正可當我南陽郡漢代功曹耳。」沈演之爲侍中、衛將軍，文帝謂之曰：「侍中、領衛俱爲優重，此蓋宰相便坐，卿其勉之。」齊王儉爲侍中、尚書令，常謂人曰：「江左風流宰相，惟有謝安。」蓋自況也。明帝顧命江祏兄弟及始安王遥光、尚書令徐孝嗣、領軍蕭坦之，更日帖敕，時呼爲「六貴」，皆宰相也。梁何敬容初爲吏部尚書、侍中，時徐勉爲僕射，參掌機事，以疾陳解，因舉敬容自代，故敬容遷爲僕射，掌選事，侍中如故。此並爲宰相。後敬容屢轉他官，參掌如故。又王訓爲侍中，武帝問敬容曰：「褚彦回年幾爲宰相？」對曰：「年過三十。」帝曰：「今之王訓，無謝彦回。」彦回，宋明帝時爲侍中。又周捨卒後，朱异爲散騎常侍，代掌機密。北齊韓軌爲中書令，尋授司空，自以勳庸歷登台鉉。案此則或掌機密，或録尚書，或綜機權，或管朝政，或單侍中，或給事中，或受顧命，皆爲宰相也。然侍中職任機務之司，不必他名，亦多爲宰相。其有侍中兼外官若宋王弘，侍中兼内官若沈演之，其例不少，則非宰相，蓋在當時委任而已。

右陳官制

北魏官制

魏書官氏志：太祖登國元年，南北置大人，對治二部。是年置都統長，又置幢將及外朝大人官。皇始元年，始建曹省，備置百官。

通典：後魏舊制，有大將軍，不置太尉；有丞相，不置司徒。正光以後，始俱置之。然而尤重門下官，多以侍中輔政，則侍中爲樞密之任。中書省，後魏謂之西臺，宣武帝謂中書監崔光曰：「卿是朕西臺大臣。」御史臺謂之南臺。初有殿中、樂部、駕部、南部、北部五尚書。其後亦有吏部、初曰選部。兵部、都官、度支、七兵、祠部、民曹等尚書。又有金部、庫部、虞曹、儀曹、右民、宰官、都牧、牧曹、右曹、太倉、太官、祈曹、神都、儀同曹等尚書。魏初分尚書三十六曹，西魏改爲十二部。以太常、光禄勳、衛尉謂之三卿，太僕、廷尉、大鴻臚、宗正、大司農、少府謂之六卿。

蕙田案：後魏末，又創立天柱大將軍及柱國大將軍、大丞相諸名，皆古所未有。

右魏官制

北齊官制

隋書百官志：後齊制官，多循後魏，置太師、太傅、太保，是爲三師。次有大司馬、大將軍，是爲二大。次置太尉、司徒、司空，是爲三公。三師、二大、三公府，各置長史、司馬、諮議參軍、從事中郎、掾屬、主簿、録事、功曹，記室、户曹、金曹、中兵、外兵、騎兵、長流、城局、刑獄等參軍事，東西閤祭酒及參軍事，法、墨、田、水、鎧、集、士等曹行參軍，兼左户右户行參軍，長兼行參軍，參軍、督護等員。司徒則加有左右長史。三公下次有儀同三司。加開府者，亦置長史以下官屬，而減記室、倉、城局，田、水、鎧、士等七曹，各一人。乾明中，又置丞相。河清中，分爲左右。亦各置府僚。

尚書省。令、僕射。吏部、殿中、祠部、五兵、都官、度支六尚書。又有録尚書一人，位在令上。録、令、僕射，總理六尚書事，謂之都省。其屬左、右丞各一人，都令史八人。六尚書，分統列曹。吏部統吏部、考功、主爵三曹，殿中統殿中、儀曹、三公、駕部四曹，祠部統祠部、主客、虞曹、屯田、起部五曹，祠部無尚書，則右僕射攝。五兵統左中兵、右中兵、左外兵、右外兵、都兵五曹。都官統都官、二千石、比部、水部、膳部五曹。度支統度支、倉部、左户、右户、金部、庫部六曹。凡二十八曹。吏部、三公郎中各二人，餘並一人，凡三十郎中。

門下省。掌獻納諫正，及司進御之職。侍中、給事黄門侍郎各六人，録事四人，通事令史、主事令史八人。統領左右、尚食、尚藥、主衣、齋帥、殿中六局。

中書省。管司王言，及司進御之音樂。監、令各一人，侍郎四人。并司伶官西涼、龜茲、清商諸部。又領舍人省、中書舍人、主書各十人。

祕書省。典司經籍。監、丞各一人，郎中四人，校書郎十二人，正字四人。又領著作省，郎二人，佐郎八人，校書郎二人。

集書省。掌諷議左右，從容獻納。散騎常侍、通直散騎常侍各六人，諫議大夫七人，散騎侍郎六人，員外散騎常侍二十人，通直散騎侍郎六人，給事中六人，員外散騎侍郎一百二十人，奉朝請二百四十人，又領起居省，散騎常侍、通直散騎常侍、散騎侍郎、通直散騎侍郎各一人，校書郎二人。

中侍中省。掌出入門閤。中侍中二人，中常侍中、給事中各四人。又有中尚藥、中謁者、中尚食諸局。

御史臺。掌察糾彈劾。中丞一人，治書侍御史二人，侍御史八人，殿中侍御史、檢校御史各十二人，録事四人，領符節署。

都水臺。管諸津橋。使者二人，參事十人。又領都尉、合昌、坊城三局。

謁者臺。掌導相禮儀。僕射二人，謁者三十人，録事一人。

太常、光禄、衛尉、宗正、太僕、大理、鴻臚、司農、太府，是爲九寺。置卿、少卿、丞各一人。各有功曹、主簿、録事。**太常**，掌陵廟群祀、禮樂儀制、天文術數衣冠之屬。其屬有博士、協律郎、八書博士。統諸陵、太廟、太樂、衣冠、鼓吹、太祝、太史、太醫、廪犧、太宰諸署。光禄寺，掌諸膳食、帳幕器物、宫殿門户等事。統守宫、太官、宫門、供府、肴藏、清漳、華林等署。衛尉寺，掌禁衛甲兵。統城門寺，又領公車、武庫、衛士等署。大宗正寺，掌宗室屬籍。太僕寺，掌諸車輦、馬牛、畜産之屬，統驊騮、左右龍、左右牝、駝牛、司羊、乘黄、車府等署。大理寺，掌決正刑獄。有正、監、評、律博士、明法掾、檻車督、掾、獄丞、掾、司直、明法。鴻臚寺，掌蕃客朝會，吉凶弔祭。統典客、典寺、司儀等署。司農寺，掌倉市薪菜，園池果實。統平準、太倉、鉤盾、典農、導官、梁州水次倉、石濟水次倉、藉田諸署。太府寺。掌金帛府庫，營造器物。統左、中、右三尚方、左藏、司染、諸冶東西道署、黄藏、右藏、細作、左校、甄官等署。

杜氏佑曰：晉荀勗云：「九寺可併於尚書。」後魏亦有三府九寺，則九卿稱寺久矣。然通異名，不連官號。其官寺連稱，自北齊始也。

蕙田案：兩漢光禄勳，主宫掖門户，領三署郎，爲禁衛親近之職。魏、晉以後，無三署郎，而光禄不復居禁中。後齊始令兼主膳食，嗣後遂爲典膳之職，與漢之光禄名同而實異矣。今之光禄卿，在漢爲太官令。

國子寺。掌訓教胄子。祭酒一人，亦置功曹、五官、主簿、録事，領博士、助教、學生。又領太學、四門學，亦有博士、助教、學生。

長秋寺。掌諸宫閣。卿、中尹各一人，並用宦者。丞二十人。亦有功曹、五官、主簿、録事，領中黄門、掖廷、晉陽宫、中山宫、園池、中宫僕、奚官等署。

將作寺。掌諸營建。大匠一人，丞四人。亦有功曹、主簿、録事。若有營作，則立將、副將、長史、司馬。

昭元寺。掌諸佛教。大統一人，統一人，都維那三人，亦置功曹、主簿。

蕙田案：昭元之名，始於後魏，而齊因之。元時立宣政院，統領僧衆，其源蓋濫觴於拓跋之世。

領軍府。將軍一人。掌禁衛宫掖。凡守衛官，皆主之。輿駕出入，督攝仗衛。中領軍亦同。有長史、司馬、功曹、五官、主簿、録事。又領左右衛、領左右等府。左右衛府，將軍各一人，武衛將軍二人。其屬有御仗、直盪、直衛、直突諸都督，直閤諸將軍，又有武騎、雲騎、驍騎、遊擊、前後左右將軍、左右中郎將、步兵、越騎、射聲、屯騎、長水校尉，奉車都尉，武賁中郎將、羽林監、冗從僕射、騎都尉、積弩積射强弩將軍、武騎常侍、殿中將軍、員外將軍、殿中司馬督、員外司馬督。領左右府，有領左右將軍、領千牛備身，又有左右備身、刀劍備身、備身正副諸都督。

護軍府。將軍一人。輿駕出則護駕。中護軍亦同。有長史、司馬、功曹、五官、主簿、録事。其屬東西南北四中府，各有中郎將、長史、司馬等員。又領諸關尉、津尉。

太子太師、太傅、太保，是爲三師。少師、少傅、少保，是爲三少。詹事。總東宫内外衆務，事無大小，皆統之。有丞、功曹、五官、主簿、録事。領家令、率更令、僕三寺，左右衛二坊。三寺各置丞，二坊各置司馬，俱有功曹、主簿。家令領食官、典倉、司藏等署。率更領中盾署。僕寺領厩牧署。左右衛坊率各領騎官備身、内直備身、備身諸都督。又有直閣、直前、直後。又有旅騎、屯衛、典軍校尉、騎尉。門下坊，置中庶子、中舍人、通事守舍人、主事守舍人。又領殿内、典膳、藥藏、齊帥等局。典書坊，置庶子、舍人。又領典經、門大夫二坊。典經坊有洗馬、守舍人。

王位。置師一人，餘官大抵與梁制不異。

皇子王國。置郎中令、大農、中尉、常侍、侍郎、上中下三將軍、上中大夫、防閤、典書、典祠、學官、典衛等令，齊帥、食官、厩牧長、典醫丞、典府丞、執書、謁者、舍人等員。諸王國加陵長、廟長，而無中將軍。諸公又減防閤、齋帥、典醫丞。諸侯、伯、子、男國，又減將軍、大夫員。諸公主則置家令、丞、主簿、録事。

司州牧。屬官有别駕從事史、治中從事史、州都、主簿、西曹書佐、記室及諸曹從事員。又領西、東市署令。

清都郡尹。有丞、中正、功曹、主簿、督郵、五官、門下督、録事、主記、議生及功曹、記室諸曹掾〔一〕。

鄴、臨漳、成安三縣令。各置丞、中正、功曹、主簿、門下督、録事、主記、議生及功曹、記室諸曹掾員。鄴又領三尉，臨漳、成安各二尉。

上上州刺史。置府。屬官佐史合三百九十三人，上中州以下以次減省。

上上郡太守。屬官佐史合二百一十二人〔二〕，上中郡以下以次減省。

上上縣令。屬官佐史合五十四人，上中縣以下以次減省。

三等諸鎮將。有副將、長史、録事、參軍以下。

三等戍主。有副及隊主、副等員。

右北齊官制

北周官制

隋書百官志：周太祖初據關内，官名未改魏號。及方隅粗定，命尚書令盧辯遠師

〔一〕「議生」，諸本脱「生」字，據隋書百官志中補。下同。

〔二〕「二百一十二」，原作「一百一十一」，據隋書百官志中改。

周之建職，置三公三孤，以爲論道之官；次置六卿，以分司庶務。以魏恭帝三年，始命行之。所設官名，訖于周末，多有改更。

周書盧辯傳：辯依周禮建六官，置公、卿、大夫、士。天官府管冢宰等衆職，地官府領司徒等衆職，春官府領宗伯等衆職，夏官府領司馬等衆職，秋官府領司寇等衆職，冬官府領司空等衆職。

蕙田案：後周所改六官之名，不載於正史，惟杜氏通典備述之。其六卿之屬，率取周禮，亦小有異同。冬官屬則以意命名，别無所據。六官之外，如柱國大將軍、開府、都督、都尉之類，仍參用秦、漢以下制。州郡吏則全用後代之制。今不復載。

右後周官制

隋官制

隋書百官志：高祖既受命，改周之六官，其所制名，多依前代之法。置三師、三公及尚書、門下、内史、祕書、内寺等省，御史、都水等臺，太常、光禄、衛尉、宗正、太僕、大理、鴻臚、司農、太府、國子、將作等寺，左右衛、左右武衛、左右武候、左右領、左右監門、左右領軍等府，分司統職焉。煬帝即位，多所改革。罷諸總管，廢三師、特進官。分門下、太僕二司，取殿内監名，以爲殿内省，并尚書、門下、内史、祕書以爲五省。增置謁者、司隸二臺，併御史爲三臺。分太府寺爲少府監，改内侍省爲長秋監，國子學爲國子監，將作寺爲將作監，并都水監爲五監。改左右衛爲左右翊衛，左右備身爲左右驍衛。左右武衛依舊名。改領軍爲左右屯衛，加置左右禦。改左右武候爲左右候衛。是爲十二府。又改領左右府爲左右備身府。左右監門依舊名。凡十六府。其朝之班序，以品之高卑爲列，品同則以省府爲前後，省府同則以局署爲前後焉。

三師，不主事，不置府僚。三公。無其人則闕。初置府僚，尋省。置公則坐于尚書都省。

尚書省。令、左右僕射各一人。總吏部、禮部、兵部、都官、度支、工部等六曹事，是爲八座。屬官左、右丞各一人，都事八人。吏部尚書統吏部侍郎二人，主爵侍郎一人，司勳侍郎二人，考功侍郎一人。禮部尚書統禮部、祠部侍郎各一人，主客、膳部侍郎各二人。兵部尚書統兵部、職方侍郎各二人，駕部、庫部侍郎各一人。都官尚書統都官侍郎二人，刑部、比部侍郎各一人，司門侍郎二人。度支尚書統度支、户部侍郎各二人，金部、倉部侍郎各一人。工部尚書統工部、屯田侍郎各二人，虞部、水部侍郎各一人。凡三十六侍郎，分司曹務。開皇三年，詔左僕射判吏部、禮部、兵部三尚書事，右僕射判都官、度支、工部三尚書事，尋改度支尚書爲户部，都官尚書爲刑部。四年，詔官名稱曹者並改爲司。六年，尚書二十四司各置員外郎一人。十四年，諸省各置主事令史員。煬帝時定六曹，各置侍郎一人，以貳尚書之職，諸曹侍郎並改爲郎。又改吏部爲選部郎，户部爲民部郎，禮部爲儀曹郎，兵部爲兵曹郎，刑部爲憲曹郎，工部爲起部郎，以異六侍郎之名。廢諸司員外郎，而每曹增置一郎，各爲二員。諸司主事，並去令史之名。每十令史置一主事，不滿十者，亦置一。後又改主客郎爲司蕃郎，又每減一員，置承務郎一人，同員外之職。

馬氏端臨曰：侍郎之名舊矣。漢凡諸郎，皆掌更直、執戟、宿衛諸殿門，以侍衛之故，通謂之侍郎，若今之郎官，且非今六部侍郎之任。今之侍郎，其置自隋始。又曰：歷代尚書郎，各以曹名爲稱。省或謂之侍郎，無員外郎之號。員外郎之置，亦自隋始。前代所云郎官，上應列宿，蓋謂三署郎，亦非今之尚書郎中也。

蕙田案：尚書六曹，其名始于漢代。至隋，以吏、禮、兵、工四部及度支、都官爲六曹。又改度支爲户部，都官爲刑部，六部之名實定于此。户部在隋時本名民部，史家以唐諱追改。

又案：漢之郎中令，列于九卿，而侍郎乃爲其屬。後漢尚書侍郎三十六人，尚書者，官署之稱；侍郎，則其官名也。亦謂之尚書郎，則郎與侍郎可互稱矣。梁時以郎中滿三歲勤職者轉侍郎，始分郎與侍郎爲二。隋初三十六侍郎，亦即唐二十四司郎中之任。其後改諸司侍郎爲郎，而别置六部侍郎以貳尚書。唐世又改郎爲郎中，自是侍郎始在郎中之上。

門下省。納言二人，給事黄門侍郎四人，録事、通事令史各六人。又有散騎常侍、通直散騎常侍各四人，諫議大夫七人，散騎侍郎四人，員外散騎常侍六人，通直散騎侍郎四人。又有給事二十人，員外散騎侍郎二十人，奉朝請四十人。統城門、尚食、尚藥、符璽、御府、殿内等六局。開皇三年，罷員外散騎常侍、奉朝請。煬帝時，減給事黄門侍郎員二人，去給事之名，置給事郎四人，廢散騎常侍、通直散騎常侍、諫議大夫、散騎侍郎，以城門、殿内、尚食、尚藥、御府五局隸殿内省。十二年，改納言爲侍内。

内史省。監、令各一人，尋廢監，置令二人，侍郎四人，舍人八人，通事舍人十六人，主事十人，録事四人。開皇三年，增通事舍人十二員。煬帝減侍郎二人，舍人四人，加置起居舍人二人，改通事舍人爲謁者臺職，減主書員，置四人。十二年，改内史爲内書。

蕙田案：隋改侍中爲納言，又爲侍内；中書爲内史，又爲内書；殿中爲殿内：避武元皇帝嫌名。

祕書省。監、丞各一人，郎四人〔一〕，校書郎十二人，正字四人，録事二人。領著作、太史二曹。著作曹，置郎、佐郎、校書郎、正字。太史曹，置令、丞、司曆、監候。煬帝增置少監一人，減校書郎爲十人，改太史局爲監，後又改監、少監爲令、少令，增置佐郎四人，又置儒林郎十人，文林郎二十人。

殿内省。煬帝置監、少監、丞各一人，掌諸供奉。又有奉車都尉十二人，統尚食、尚藥、尚衣、尚舍、尚乘、尚輦六局，各置奉御、直長。尚衣，舊御府也。尚舍，舊殿中局也。城門校尉後改爲郎，自殿内省隸爲門下省官。

内侍省。内侍、内常侍各二人，内給事四人，内謁者監六人，内寺伯十二人，内謁者十二人，寺人六人，伺非八人，並用宦者。領内尚食、掖廷、宫闈、奚官、内僕、内府等局。開皇十六年，加置内主事二十人。煬帝改内侍省爲長秋監，置令、少令各一人，丞二人，並用士人；改内常侍爲内承，奉給事爲内承直，用宦者。罷内謁者官。領掖廷、宫闈、奚官三署，並參用士人，後又置内謁者。

御史臺。大夫一人，治書侍御史二人，侍御史八人，殿内侍御史、監察御史各十二人，録事二人。煬帝省殿内御史，增監察御史員十六人。

都水臺。使者、丞各二人，參軍三十人，河堤謁者六十人，録事二人，都水尉二人，又領諸津、尉

〔一〕「四人」，諸本作「一人」，據隋書百官志下改。

丞。開皇三年，廢都水臺，入司農。十三年，復置。仁壽元年，改臺爲監，改使者爲監。煬帝初復爲使者，統舟檝、河渠二署。五年，又改使者爲監，加置少監。後又改監、少監爲令、少令。

謁者臺。大夫一人。掌受詔勞問，出使慰撫。司朝謁者二人，丞一人，主簿、録事各一人。又有通事謁者二十人，即內史通事舍人職也。次有議郎、通直、將事謁者、謁者，皆掌出使。後廢，而置員外郎八十員。尋又置散騎、承議、通直、宣德、宣義、徵事、將仕、常從、奉信諸郎。

司隸臺。煬帝置。大夫一人，掌諸巡察。别駕二人，分察畿內。刺史十四人〔一〕，巡察畿外。諸郡從事四十人。丞、主簿、録事各一人。後罷司隸臺，而留司隸從事之名，不爲常員，臨時權攝以行。

太常、光禄、衞尉、宗正、太僕、大理、鴻臚、司農、太府九寺。並置卿、少卿各一人。尋加太僕少卿一人，各有丞、主簿、録事等員。開皇三年，廢光禄寺入司農，廢衞尉入太常，尚書省廢鴻臚亦入太常。十二年復置。　太常寺有博士、協律郎、奉禮郎，統郊社、太廟、諸陵、太祝、衣冠、太樂、清商、鼓吹、太醫、太卜、廩犧等署。後罷太祝、衣冠、清商三署，以太祝員屬寺。　光禄寺統太官、肴藏、良醖、掌醢等署。　衞尉寺統公車、武庫、守宫等署。　太僕寺統驊騮、乘黄、龍廐、車府、典牧、牛羊等署。後以驊騮署入殿內。典乘局，改龍廐曰典廐，罷牛羊署。　大理寺，有正、監、評、司直、律博士、明法、獄掾。

〔一〕「十四人」，諸本作「十六人」，據隋書百官志下改。

尋罷監、評、律博士。後又改丞爲勾檢官，置評事。　鴻臚寺統典客、司儀、崇元三署。後改典客曰典蕃，又以四方館隸焉。　司農寺統太倉、典農、平準、京市、鈎盾、華林、上林、導官等署。後罷典農、華林二署，以平準、京市隸太府。　太府寺統左藏、左尚方、内尚方、右尚方、司染、右藏、黄藏、掌冶、甄官等署。後分爲少府監，但管京都市五署及平準、左右藏等署。

杜氏佑曰：三代以上，分置六卿，比周百事。自秦及漢，雖事不師古，猶制度未繁。後漢有三公九卿，而尚書之權又益重矣。魏、晉以降，職制日增。後周依周禮置六官，而年代短促，人情相習已久，不能革其視聽，故隋氏復廢六官，多依北齊之制。官職重設，庶務煩滯，如六尚書似周之六卿，又更别立寺監，則户部與少府分司徒職事，禮部與太常分宗伯職事，刑部與大理分司寇職事，工部與將作分司空職事。自餘百司之任，多類於斯。欲求理要，實在簡省。

國子寺。祭酒一人，屬官有主簿、録事。統國子、太學、四門、書筭學，各置博士、助教、學生。開皇十三年，改寺爲學。仁壽元年，罷國子學，惟立太學一所。煬帝改爲國子監，加置司業一人，丞三人。

將作寺。大匠一人，丞、主簿、録事各二人，統左右校署。開皇二十年，改寺爲監，以大匠爲大監，增置副監。煬帝初改爲大匠、少匠，又統甄官署。五年，改大監、少監。十三年，又改爲令、少令。

少府監。煬帝置。監、少監各一人，丞二人。統左尚、右尚、内尚、司織、司染、鎧甲、弓弩、掌冶等署。復改監、少監爲令、少令。併司織、司染爲織染署，廢鎧甲、弓弩二署。

左右翊衛，本名左右衛。**左右驍衛**，本名左右備身府。**左右武衛**，依舊名。**左右屯衛**，本名領軍府。**左右禦衛**，煬帝置。**左右候衛**，本名左右武候。**是爲十二衛**。煬帝所定，各置大將軍一人，將軍二人，統諸鷹揚府。改驃騎爲鷹揚郎將，車騎爲鷹揚副郎將，大都督爲校尉，帥都督爲旅帥，都督爲隊正，增置隊副以貳之。改親、勳、武三衛爲三侍。每衛置護軍四人，尋改爲武賁郎將，置武牙郎將六人副焉。諸衛皆置長史、録事參軍，司倉、兵、騎、鎧曹等員。翊衛府又有親侍。鷹揚府，其府領親、勳、武三侍。五年，改副郎將爲鷹擊郎將。**左右備身府**，本名左右領左右府，置備身郎將一人，直齋二人，統千牛左右、司射左右各十六人。置長史、録事、司兵、倉、騎、參軍等員。有折衝、果毅、雄武、武勇諸郎將，以統領驍果。有司兵、司騎二局。**左右監門府**。依舊名。改將軍爲郎將，各一人，直閤六人，官屬並同備身府，統左右門尉候。

蕙田案：唐十六衛及折衝、果毅諸府名，皆出於此。

行臺省。有尚書令、僕射，兵部、度支，尚書及丞各一人，都事四人。有考功、禮部、膳部、兵部、駕部、庫部、刑部、度支、户部、金部、工部、屯田侍郎各一人。每行臺置食貨、農圃、武器、百工監、副監各一人，有丞、録事。

太子太師、太傅、太保、少師、少傅、少保，開皇初，置詹事。二年罷。**門下坊**，左庶子二人，内舍人四人，録事二人，主事令史四人。統司經、宫門、内直、典膳、藥藏、齊帥六局。司經置洗馬、校書、正字等員，後減内舍人二人，改正字爲正書。**典書坊**，右庶子二人，舍人、通事舍人各八人，録事二人，主事令史四人，内坊典内及丞各二人，内厩尉二人。後改舍人爲管記舍人，減四員。改通事舍人爲宣令舍人。**家令、率更令、僕**，各一人，是爲三寺。家令掌刑法、食膳、倉庫等事。率更令掌伎樂、漏刻。僕掌宗族親疏、車輿騎乘。各置丞、録事。家令領食官、典倉、司藏三署。僕寺領厩牧令。煬帝改家令爲司府令。**左右衛**，各置率一人，副率二人。有長史、司馬、録事、諸曹、參軍、行參軍等員。又各有直閤、直寢、直齋、直後等員。煬帝改左右衛爲左右侍，罷直閤、直齋員。**左右宗衛**，制官如左右衛，無直閤以下。煬帝改左右宗衛爲左右武侍。**左右虞候**，各置開府一人，長史以下如左右衛，而無録事參軍。煬帝改開府爲率，并置副率。**左右内**，率、副率各一人，有長史、司馬、直長，有千牛備身，有左右備身等員。煬帝改千牛備身爲司仗，左右備身爲主射左右。**左右監門**。各率一人，副率二人，有長史、司馬、直長。煬帝改監門率爲宫門將，直長爲直事。

上柱國、柱國、上大將軍、大將軍、上開府儀同三司、開府儀同三司、上儀同三司、儀同三司、大都督、帥都督、都督，總十一等。國王、郡王、國公、郡公、縣公、侯、伯、子、男，凡九等。皇伯叔昆弟、皇子爲親王。置師、友各一人，文學二人。嗣王則無師、友。長史、司馬、諮議參軍事、掾屬各一人。又置主簿、録事、諸曹參軍、東西閤祭酒、參軍、諸曹行參軍、典籤等員。上柱國、嗣王、郡王以下，僚佐曹掾以次遞減。三師、三公府佐，與柱國同。諸王國官，有令、大農各一人，尉二人，典衛八人，常侍二人，侍郎四人，廟長、學官長各一人，食官、廐牧長、丞各一人，典府長、丞各一人，舍人四人。上柱國、柱國公以下，以次減省。煬帝留王、公、侯三等，餘並廢。又改國令爲家令。大長公主、長公主、公主置家令、丞各一人，主簿、謁者、舍人各二人，郡王減主簿。

雍州，置牧，屬官有別駕、贊務、州都、郡正、主簿、録事、諸曹從事等員，并佐史，合五百二十四人。**京兆郡**，置尹、丞、正、功曹、主簿以下，并佐史，合二百四十四人。煬帝時，京兆、河南俱爲尹，設内史以貳之，又有贊務。**大興、長安縣**。置令、丞、正、功曹、主簿以下并佐史，合一百四十七人。煬帝時，洛陽、河南亦爲京縣。

州，分上上、上中、上下、中上、中中、中下、下上、下中、下下，凡九等。上上州置刺史、長史、司馬、録事、參軍以下并佐史，合三百三十三人，餘州吏屬以次減省。**郡**，亦分九等，上上郡置太守、丞、尉、正、功曹、主簿以下及佐史，合一百四十六人，餘以次減省。開皇三年，罷郡，以州統縣。煬帝又罷州，置郡，郡分三等。罷長史、司馬，置贊務一人貳之。舊有兵處，則刺史帶諸軍事以統之。至是別置都尉、副都尉以領兵。又加置通守一人，位次太守，改郡贊務爲丞，位通守下。**縣**。亦分九等，上上縣置令、丞、尉、正、功曹、主簿以下及市領等員，合九十九人，餘以次減。

杜氏佑曰：自魏、晉已後，刺史多帶將軍開府，則州與府各置僚屬。州官理民，别駕、治中以下是。府官理戎。長史、司馬等官是。至隋以州爲郡，無復軍府，則州府之吏變爲郡吏矣。

顧氏炎武曰：秦置御史，以監諸郡。漢省丞相，遣史分刺州，不常置。武帝元封五年，初置十三州刺史。魏、晉以後爲刺史，持節都督。魏志言自漢季以來，刺史總統諸郡賦政于外，非若曩時司察之任而已。隋文帝開皇三年，罷郡，以州統縣。杜氏通典曰：「以州治民，職同郡守，無復刺舉之任。」自是刺史之名存而職廢。後雖有刺史，皆太守之互名，有時改郡爲州則謂之刺史，有時改州爲郡則謂之太守，其實一也。非舊刺史之職，領一郡而已。漢之刺史，猶今之巡按御史。魏、晉以下之刺史，猶今之總督。隋以後之刺史，猶今之知府及直隸知州也。

右隋官制

五禮通考卷二百十八

嘉禮九十一

設官分職

唐官制

唐書百官志：唐之官制，其名號禄秩，雖因時增損，而大抵皆沿隋故。其官司之别，曰省，曰臺，曰寺，曰監，曰衛，曰府，各統其屬，以分職定位。其辨貴賤、叙勞能，則有品，有爵，有勳，有階，以時考覈而升降之。初，太宗省内外官，定制爲七百三十員，曰：「吾以此待天下賢材，足矣。」然是時已有員外置，其後又有特置，同正員。至於檢校、兼、守、判、知之類，皆非本制。又有置使之名，或因事而置，事已則罷，或遂置而不廢。其名類繁多，莫能徧舉。自中世以後，盜起兵興，又有軍功之官，遂不勝其濫矣。

宰相之職，佐天子總百官、治萬事，其任重矣。然自漢以來，位號不同，而唐世宰相，名尤不正。初，唐因隋制，以三省之長中書令、侍中、尚書令共議國政，此宰相職也。其後，以太宗嘗爲尚書令，臣下避不敢居其職，由是僕射爲尚書省長官，與侍中、中書令號爲宰相。其品位既崇，不欲輕以授人，故常以他官居宰相職，而假以他名。自太宗時，杜淹以吏部尚書參議朝政，魏徵以秘書監參預朝政，其後或曰「參議得失」、「參知政事」之類，其名非一，皆宰相職也。貞觀八年，僕射李靖以疾辭位，詔疾小瘳，三兩日一至中書門下平章事，而「平章事」之名蓋起於此。其後，李勣以太子詹事同中書門下三品謂同侍中、中書令也，而「同三品」之名蓋起於此。然二名不專用，而佗官居職者猶假佗名如故。自高宗以後，爲宰相者，必加「同中書門下三品」，雖品高者亦然。惟三公、三師、中書令則否。其後改易官名，而張文瓘以東臺侍郎同東西臺三品，「同三品」入銜，自文瓘始。永淳元年，以黄門侍郎郭待舉、兵部侍郎岑長倩等同中書門下平章事，「平章事」入銜，自待舉等始。自是以後，終唐之世不能改。初，三省長官議事于門下省之政事堂，其後，裴炎自侍中遷中書令，乃徙政事堂於中書省。開元中，張説爲相，又改政事堂號「中書門下」，列五房于其後：一曰吏房，二曰樞機房，三曰兵房，四曰户房，五曰刑禮房，分曹以主衆務焉。宰相事無不統，故不以一職名官。自開元以後，常以領他職，實欲重其事，而反輕宰相之體。故時方用兵，則爲節度使；時崇儒學，則爲大學士；時急財用，則爲鹽鐵轉運使；又其甚則爲延資庫使。至於國史、太清宮之類，其名頗多，皆不足取法，故不著其詳。

通典：唐侍中、中書令是真宰相，尚書、左右僕射亦嘗爲宰相。其間或改爲納言、内史、左相、右相、黄門監、紫微令等名，其本即侍中、中書令也。共有四員。其僕射，貞觀末，始加「平章事」，方爲宰相。其餘以他官參掌者，無定員，但加「同中書門下三品」，貞觀十七年，以兵部尚書李勣同中書門下三品。「同中書門下三品」，自此始也。永淳弘道之際，裴炎爲正議大夫守侍中，崔知温爲正議大夫守中書令，劉齊賢爲中大夫守侍中，並同中書門下三品。按此當以階卑官高，令所給禄秩同三品耳。當時權時之制，其後亦有階卑爲侍中、中書令者，即更不言。及「平章事」、「知政事」、「參知機務」、「參與政事」，及「平章軍國重事」之名者，並爲宰相，亦漢行丞相事之例也。自先天之前，其員頗多，景龍中至十餘人。開元以來常以二人爲限，或多則三人。天寶十五年之後，天下多難，勳賢並建，故備位者衆，然其秉鈞持衡亦一二人而已。

蕙田案：正議大夫，階正四品；中大夫，階從四品，而侍中、中書令皆正二品，故云「階卑官高」也。高宗以後，官至侍中、中書令，則無同三品、同平章事之稱。

又案：唐書宰相表以他官參宰相之任者，稱號不一，有云「知政事」、「平章政事」、「參議朝政」、「參預朝政」、「參知政事」、「參議得失」、「專典機密」、「參知機務」、「參掌機密」、「參預機務」、「同掌機務」、「同知軍國政事」、「平章軍國重事」者。高宗以後，同中書門下三品、同中書門下平章事二名兼用。肅、代以降，宰相無不稱平章事者矣。

馬氏端臨曰：唐初，始定制以三省爲宰相之司存，以三省長官爲宰相之職任。然省分爲三，各有所掌，而其官亦復不一。相職既尊，無所不統，則不容拘以一職，於是始有「同中書門下三品」、「同平章事」、「參知機務」、「參預政事」之名焉。諸名之中，所謂「同平章事」者，唐初雖以稱宰相，乃以處資淺之人在參知政事之下。中世以後，則獨爲真宰相之官，至宋元豐以前皆然。

學士之職，本以文學、言語被顧問，出入侍從，因得參謀議、納諫諍，其禮尤寵。而翰林院者，待詔之所也。唐制，乘輿所在，必有文詞、經學之士，下至卜、醫、伎術之流，皆直於别院，以備宴見；而文書詔令，則中書舍人掌之。自太宗時，名儒學士時時召以草制，然猶未有名號；乾封以後，始號「北門學士」。玄宗初，置「翰林待詔」，以張説、陸堅、張九齡等爲之，掌四方表疏批答、應和文章。既而又以中書務劇，文書多壅滯，乃選文學之士，號「翰林供奉」，與集賢院學士分掌制詔書敕。開元二十六年，又改翰林供奉爲學士，别置學士院，專掌内命。凡拜免將相、號令征伐，皆用白麻。其後，選用益重，而禮遇益親，至號爲「内相」，又以爲天子私人。凡充其職者，無定員，自諸曹尚書下至校書郎，皆得與選。入院一歲則遷知制誥，未知制誥者不作文書。班次各以其官，内宴則居宰相之下，一品之上。憲宗時，又置「學士承旨」，唐之學士，弘文、集賢，分隸中書、門下省，而翰林學士獨無所屬。

三師三公：太師、太傅、太保，各一人。太尉、司徒、司空。各一人。皆不設官屬。

尚書省　尚書令，一人，掌典領百官。其屬有六尚書，庶務皆會決焉。龍朔二年，改尚書省曰中臺，廢尚書令，尚書曰太常伯，侍郎曰少常伯。光宅元年，改尚書省曰文昌臺，俄曰文昌都省。垂拱元年曰都臺，長安三年曰中臺。**左、右僕射**，各一人，掌統理六官，爲令之貳，令闕則總省事。龍朔二年，改曰左、右匡政。光宅元年曰文昌左右相，開元元年曰左右丞相，天寶元年復。**左、右丞**。各一人，掌辨六官之儀，糾正省内。左丞總吏、户、禮部，右丞總兵、刑、工部。左右司郎中各一人，員外郎各一人，都事各六人，主事各六人。龍朔元年，改左、右丞曰左、右肅機，郎中曰左、右承務，諸司郎中曰大夫。永昌元年，復置員外郎〔一〕。神龍元年省，明年復置。

吏部尚書，一人，侍郎二人，掌文選、勳封、考課之政。其屬有四：曰吏部，曰司封，曰司勳，曰考功。吏部郎中、員外郎各二人，掌文官階品、朝集、禄賜，給其告身。司封郎中、員外郎各一人，掌封命、朝會，賜予之級。司勳郎中一人，員外郎二人，掌官吏勳級。考功郎中、員外郎各一人，掌文武百官功過善惡之考。吏部主事四人，司封二人，司勳四人，考功三人。武德五年，改選部曰吏部。七年，省侍郎。貞觀二年，復置。龍朔元年，改吏部曰司列，主爵曰司封，考功曰司績，咸亨初復舊。武后光宅元年，改吏部曰天官。垂拱元年，改主爵曰司封。天寶十一載，改吏部曰文部，至德二載復舊。**户部尚書**，一人，侍郎二人，掌天下土地、人民、錢穀之政，貢賦之差。其屬有四：曰户部，曰度支，曰金部，曰倉部。户部郎中、員外郎各二人，掌户口、田土、賦役、貢獻、蠲免、優復、姻婚、繼嗣之事。度支郎中、員外郎各一人，

〔一〕「復」，諸本脱，據新唐書百官志一補。

掌天下租賦、歲計所出而支調之。金部郎中、員外郎各一人，掌天下庫藏出納、權衡度量之數。倉部郎中、員外郎各一人，掌天下庫儲〔一〕，出納租稅、禄糧、倉廩之事。户部巡官二人，主事四人，度支主事二人，金部、倉部主事各三人。高宗即位，改民部曰户部。龍朔二年〔二〕，改户部曰司元，度支曰司度，金部曰司珍，倉部曰司庾。光宅元年，改户部曰地官。天寶十一載〔三〕，改金部曰司金，倉部曰司儲。**禮部尚書**，一人，侍郎一人，掌禮儀、祭享、貢舉之政。其屬四：曰禮部，曰祠部，曰膳部，曰主客。禮部郎中、員外郎各一人，掌禮樂、學校、衣冠、符印、表疏、圖書、册命、祥瑞、鋪設。祠部郎中、員外郎各一人，掌祠祀、享祭。膳部郎中、員外郎各一人，掌陵廟之牲豆酒膳。主客郎中、員外郎各一人，掌二王後、諸蕃朝見之事。主事，禮部、祠部、膳部、主客各二人。武德三年〔四〕，改儀曹郎曰禮部郎中，司蕃郎曰主客郎中。龍朔二年，改禮部曰司禮，祠部曰司禋，膳部曰司膳。光宅元年，改禮部曰春官。**兵部尚書**，一人，侍郎二人，掌武選、地圖、車馬、甲械之政。其屬四：曰兵部，曰職方，曰駕部，曰庫部。兵部郎中、員外郎各二人，掌武官階品、軍戎調遣、貢舉、雜請、資歷、考課。職方郎中、員外郎各一人，掌地圖遠近及四夷歸

〔一〕「庫儲」，原作「軍儲」，據光緒本、新唐書百官志一改。
〔二〕「二年」，原作「三年」，據光緒本、新唐書百官志一改。
〔三〕「十一載」，原作「十二載」，據光緒本、新唐書百官志一改。
〔四〕「三年」，原作「四年」，據光緒本、新唐書百官志一改。

化之事。駕部郎中、員外郎各一人，掌輿輦、車乘、傳驛、厩牧、馬牛、雜畜之籍。庫部郎中、員外郎各一人，掌戎器、鹵簿儀仗。兵部主事四人，職方、駕部、庫部各二人。龍朔二年，改兵部曰司戎，職方曰司城，駕部曰司輿，庫部曰司庫。光宅元年，改兵部曰夏官。天寶十一載，曰武部，駕部曰司駕。**刑部尚書**，一人，侍郎一人，掌律令、刑法、徒隸、按覆、讞禁之政。其屬四：曰刑部，曰都官，曰比部，曰司門。刑部郎中、員外郎各二人，掌律法、按覆奏讞。都官郎中、員外郎各一人，掌俘隸簿録，給衣糧醫藥，而理其訴免。比部郎中、員外郎各一人，掌句會内外賦斂、經費、俸禄、贓贖、徒役課程、逋欠之物。司門郎中、員外郎各一人，掌門關出入及闌遺之物。刑部、比部主事各四人，都官、司門各二人。龍朔二年，改刑部曰司刑，都官曰司僕，比部曰司計，司門曰司關。光宅元年，改刑部曰秋官。天寶十一載，改刑部曰司憲，比部曰司計。**工部尚書**。一人，侍郎一人，掌山澤、屯田、工匠、諸司公廨紙筆墨之事。其屬四：曰工部，曰屯田，曰虞部，曰水部。工部郎中、員外郎各一人，掌城池土木之工役程式。屯田郎中、員外郎各一人，掌天下屯田及文武職田、諸司公廨田。虞部郎中、員外郎各一人，掌苑囿、山澤草木供頓、畋獵之事。水部郎中、員外郎各一人，掌津渠、堤堰、溝洫、運漕之事。工部主事三人，屯田、虞部、水部各二人。武德三年，改起部曰工部。龍朔二年，曰司平，屯田曰司田，虞部曰司虞，水部曰司川。光宅元年，改工部曰冬官。天寶十一載，改虞部曰司虞，水部曰司水。

馬氏端臨曰：漢成分尚書，置四曹，蓋因事設員，以司其務，非擬于古制也。

漢、魏以來，或五或六，亦隨宜施制，無有常典。自宋、齊以後，稍定爲六曹。至隋六部，而其制益明。武太后遂以吏部爲天官。若參詳古今，徵考職任，則天官太宰當爲尚書令，非吏部之任。今之吏部，特出于夏官之司士耳。今户部之職與地官之任，雖云頗同，各徵其承受，考其沿襲，則户部合出于度支。度支，主計筭之官也。計筭之任，本出于周禮天官之司會云。

蕙田案：六部每部領四司，昉於隋，而唐、宋皆因之。吏部、户部、禮部、兵部、刑部、工部六司，謂之頭司，餘爲子司。隋時諸曹皆稱郎，唐武德三年，始名郎中。初，户部在禮部後，武后以六部擬周禮六官，改户部爲地官，由是居禮部之前矣。通典載，顯慶元年改户部爲度支尚書，咸亨元年復爲户部，而唐志不載。又天寶中改刑部曰憲部，唐志稱司憲，亦誤。

門下省　侍中，二人，掌出納帝命，相禮儀。凡國家之務，與中書令參總，而專判省事。武德元年，改侍内曰納言，三年曰侍中。龍朔二年，改門下省曰東臺，侍中曰左相。武后光宅元年曰納言。垂拱元年，改門下省曰鸞臺。開元元年曰黄門省，侍中曰監。天寶元年曰左相。門下侍郎，二人，掌貳侍中之職。龍朔二年，改黄門侍郎曰東臺侍郎。武后垂拱元年曰鸞臺侍郎。天寶元年曰門下侍郎。乾元元年曰黄門侍郎，大曆二年復舊。**左散騎常侍**，二人，掌規諷過失，侍從顧問。隋廢散騎常侍。貞觀元年復置，十七年爲職事官。顯慶二年，分左右，隸門下、中書省，皆金蟬、珥貂，左散騎與侍中爲左貂，右散騎與中書令爲右貂，謂之八貂。龍朔二年曰侍極。**左諫議大夫**，四人，掌諫諭得失，侍從贊相。武德元年，置諫議大夫。龍朔二年曰正諫大夫。貞元四年分左右。又武后垂拱二年，鑄銅匭四，列於朝堂，以受四方之書。以諫議大夫、補闕、拾遺一人充使，知匭事。御史中丞、侍御史一人，爲理匭使。其後，同爲一匭。玄宗改理匭使爲獻納使，至德元年復舊。寶應元年，命中書門下擇正直清白官一人知匭，以給事中、中書舍人爲理匭使。建中二年，以御史中丞爲理匭使，諫議大夫一人爲知匭使。**給事中**，四人，掌侍左右，分判省事。門下省有録事四人，主事四人。**左補闕、左拾遺**，各六人，掌供奉諷諫，大事廷議。**起居郎**，二人，掌録天子起居法度，與舍人分侍殿左右。龍朔二年曰左史。天授元年亦如之。**典儀**，二人，掌贊唱及殿中版位之次。**城門郎**，四人，掌京城、皇城、宫殿諸門開闔之節。**符寶郎**，四人，掌天子八寶及國之符節。**弘文館學士**，掌詳正圖籍，教授生徒，朝廷制度沿革，禮儀輕重，皆參議焉。武德四年，置修文館于門下省。九年，改曰弘文館。其後又置講經博士。儀鳳中，置詳正學士，校理圖籍。武德後，五品以上曰學士，六品以下曰直學士〔一〕，又有文學直館，皆它官

〔一〕「下」，諸本作「上」，據新唐書百官志二改。

領之。武后垂拱後，以宰相兼領館務，號館主，給事中一人判館事。神龍元年，改曰昭文館，二年曰修文館。景龍二年，置大學士四人，以象四時；學士八人，以象八節；直學士十二人，以象十二時。景雲中，減其員數，復爲昭文館。開元七年曰弘文館，置校書郎，又有校理、讎校錯誤等官。長慶三年，與詳正學士、講經博士皆罷，顓以五品以上曰學士、六品以下曰直學士，未登朝爲直館。　校書郎。二人，掌校理典籍。

蕙田案：大學士之稱，始於景龍間。其後張説、崔圓、李泌皆授大學士，固辭乃止。中葉以降，如楊綰、裴度、牛僧孺皆加弘文館大學士，李勉、裴垍、李德裕、賈餗皆加集賢殿大學士。蓋自宰輔以下，固不輕授之矣。宋初，集賢院、昭文館大學士皆以宰相領之，而觀文殿、資政殿大學士則以待宰執之就閒者。自明以來，殿閣大學士遂專爲輔臣之職矣。

中書省　中書令，二人，掌佐天子執大政，而總判其省事。武德三年，改内書省曰中書省，内書令曰中書令。龍朔元年，改中書省曰西臺，中書令曰右相。光宅元年，改中書曰鳳閣，中書令曰内史。開元元年，改中書省曰紫微省，中書令曰紫微令。天寶元年曰右相，至大曆五年，紫微侍郎乃復爲中書侍郎。　侍郎，二人，掌貳令之職，朝廷大政參議焉。　舍人，六人，掌侍進奏，參議表章。以久次者一人爲閣老，判本省雜事；又一人知制誥，其餘分署制敕。以六員分押尚書六曹。　中書省有主書四人，主事四人。　右散騎常侍，二人。　右諫議大夫，四人。　右補闕、右拾遺，各六人，掌如門下省。**起居舍人**，二人，掌修記言之史，後改曰右史。**通事舍人**，十六人，掌朝見引納，殿庭通奏。**集賢殿書院學士、直學士、侍讀學士、修撰官**，掌刊緝經籍。凡圖書遺逸、賢才隱滯，則承旨以求之。開元五年，乾元殿寫四部書，置乾元院使，有刊正官四人，以一人判事，押院中使一人，知書官八人。六年，更號麗正脩書院，置使及檢校官，爲麗正殿直學士。八年，加文學直，又加修撰、校理、刊正校勘官。十一年，置麗正院脩書學士。光順門外亦置書院。十二年，東都明福門外亦置麗正書院。十三年，改麗正修書院爲集賢殿書院，五品以上爲學士，六品以下爲直學士，宰相一人爲學士知院事，常侍一人爲副知院事。又置判院一人，押院中使一人。玄宗嘗選耆儒，日一人侍讀，以質史籍疑義。至是，置集賢院侍講學士、侍讀直學士。其後，又增脩撰官、校理官、待制官、留院官、知檢討官、文學直之員，募能書者爲書直及寫御書人。其後亦以前資、常選、三衛、散官五品以上子孫爲之。又置畫直。至十九年，以書直、畫直、搨書有官者爲直院。至德二年，置大學士。貞元初，置編録官。四年，罷大學士。八年，罷校理，置校書四人，正字二人。元和二年，復置集賢校理，罷校書、正字。四年，集賢御書院學士、直學士皆用五品。如開元故事，以學士一人年高者判院事，非登朝官者爲校理，餘皆罷。永徽中，命弘文館學士一人日待制于武德殿西門。永泰時，勳臣罷節制，無職事，皆待制于集賢門，凡十三人。**校書**，四人。**正字**，二人。

史館修撰。四人，掌修國史。貞觀三年，置史館于門下省，以它官兼領，或卑位有才者亦以直館稱，以宰相莅脩撰。又於中書省置秘書内省，修五代史。開元二十年，李林甫以宰相監修國史，建議以爲中書切密之地，史官記事隸門下省疏遠，於是諫議大夫、史館修撰，初入爲直館。元和六年，宰相裴垍建議：登朝官領史職者爲修撰，以官高一人判館事，未登朝官皆爲直館。大中八年，廢史館、直館二員，增修撰四人。

蕙田案：尚書、門下、中書三省，政本所出，故紀其官屬職掌特詳。

祕書省。監一人，少監二人，丞一人，掌經籍圖書之事。龍朔二年，改祕書省曰蘭臺，監曰太史，少監曰侍郎，丞曰大夫，祕書郎曰蘭臺郎。武后垂拱元年，祕書省曰麟臺。太極元年曰祕書省。祕書郎三人，校書郎十人。　著作局，郎二人，佐郎二人，校書二人，正字二人。龍朔二年，改曰司文局，郎曰郎中，佐郎曰司文郎。

司天臺。監一人，少監二人，掌察天文，稽曆數。丞一人，主簿二人，主事一人。武德四年，改太史監曰太史局，隸祕書省。龍朔二年，改太史局曰祕書閣局，令曰祕書閣郎中。武后光宅元年，改局曰渾天監，不隸麟臺，俄改曰渾儀監。長安二年，復曰太史局，隸麟臺如故。景龍二年，改曰太史監，不隸祕書省。景雲元年，又爲局，隸祕書省，踰月爲監，歲中復爲局。二年改曰渾儀監。開元二年，復曰太史監，改令爲監，置少監。十四年，太史監復爲局，以監爲令，而廢少監。天寶元年，太史局復爲監，自是不隸祕書省。乾元元年曰司天臺，改令爲監。　春官、夏官、秋官、冬官、中官正各一人，副正各一人，五官保章正二人，五官監候三人，五官司曆二人，五官靈臺郎各一人，五官挈壺正二人，五官司晨八人，漏刻博士六人。

殿中省。監一人，少監二人，丞二人，掌天子服御之事。龍朔二年，曰中御府，監曰大監，丞曰大夫。侍御尚醫二人，主事二人，進馬五人。尚食局，奉御二人，直長五人，食醫八人。龍朔二年，曰奉膳局，諸奉御皆曰大夫。尚藥局，奉御二人，直長二人，侍御醫四人，司醫五人，醫佐十人。龍朔二年曰奉醫局。尚衣局，奉御二人，直長四人。龍朔二年曰奉冕局。尚舍局，奉御二人，直長六人。龍朔二年曰奉扆局。尚乘局，奉御二人，直長十人，司廩、司庫各一人，奉乘十八人。龍朔二年曰奉駕局。尚輦局，奉御二人，直長三人，尚輦二人。龍朔二年曰奉轝局。

内侍省。監二人，少監二人，内侍四人，掌内侍奉，宣制令。武德四年，爲内侍監。龍朔二年，改監爲省。垂拱元年曰司宫臺。天寶十三年，置内侍監，改内侍曰少監。尋更置内侍。内常侍六人，内給事十人，主事二人。内謁者監十人，内謁者十二人，内寺伯六人，寺人六人。掖廷局，令二人，丞三人，宫教博士二人，監作四人。宫闈局，令二人，丞二人。奚官局，令二人，丞二人。内僕局，令二人，丞二人。内府局，令二人，丞二人。太子内坊局，令二人，丞二人，坊事五人，典直四人。

御史臺。大夫一人，中丞二人〔一〕，掌以刑法典章糾正百官之罪惡。其屬爲三院：一曰臺院，侍御史隸焉；二曰殿院，殿中侍御史隸焉；三曰察院，監察御史隸焉。龍朔二年，改御史臺曰憲臺，大夫曰大

〔一〕「二人」，諸本作「三人」，據通典卷二四改。

司憲，中丞曰司憲大夫。武后文明元年，改御史臺曰肅政臺。光宅元年，分左右臺。景雲三年，廢右臺。延和元年，復置，尋復廢。東都留臺，有中丞、侍御史各一人，殿中侍御史二人，監察御史三人。元和後，不置中丞，三院御史亦不常備。侍御史六人，以久次者一人知雜事，謂之雜端。主簿一人，録事二人。殿中侍御史九人。監察御史十五人。龍朔元年〔一〕，置監察御史裏行。武后文明元年，置殿中裏行，後亦顯以裏行名官。長安二年，置内供奉。

葉氏夢得曰：唐三院御史，謂侍御史與殿中侍御史、監察御史也。侍御史所居曰臺院，殿中曰殿院，監察曰察院，此其公宇之號，非官稱也。侍御史自稱端公，知雜事則稱雜端，而殿中監察稱曰侍御，近世殿院、察院乃以名其官，蓋失之矣。而侍御史復不稱臺院，止曰侍御；端公、雜端但私以相號，而不見於通稱，各從其所沿襲而已。

蕙田案：明制，改御史臺曰都察院，而十三道監察御史則止稱察院，蓋沿唐、宋以來之稱。唐、宋御史有裏行，謂未經正授而行署中之事，如今之某處行走是也。

太常寺。卿一人，掌禮樂、郊廟、社稷之事。少卿二人，丞二人，主簿二人。龍朔二年，改曰奉常

〔一〕「元年」，原作「二年」，據光緒本、新唐書百官志三改。

寺，九寺卿皆曰正卿，少卿曰大夫。武后光宅元年，改曰司常寺。　博士四人。　協律郎二人，録事二人。　兩京郊社署，令一人，丞一人。　太樂署，令二人，丞一人，樂正八人。　鼓吹署，令二人，丞二人，樂正四人。　太醫署，令二人，丞二人，醫監四人，醫正八人，醫博士、助教各一人，針博士、助教各一人，針師十人，按摩博士一人，按摩四人，呪禁博士一人。　太卜署，令一人，丞二人，卜正、博士各二人。　廩犧署，令一人，丞二人。　汾祠署，令一人，丞一人。　三皇五帝以前帝王、三皇、五帝、周文王、武王、漢高祖、兩京武成王廟，令一人，丞一人。

光禄寺。卿一人，掌酒醴膳羞之政。　少卿二人，丞二人，主簿二人〔一〕，録事二人。龍朔二年，改曰司宰寺。武后改曰司膳寺。　太官署，令二人，丞四人。　珍羞署，令一人，丞二人。　良醖署，令二人，丞二人。　掌醢署，令一人，丞二人。

衛尉寺。卿一人，掌器械文物。　少卿二人，丞二人，主簿二人，録事一人。龍朔二年，改曰司衛寺。　兩京武庫署，令各二人，丞各二人，監事各一人。　武器署，令一人，丞二人，監事二人。　守宫署，令一人，丞二人，監事二人。

宗正寺。卿一人，掌天子族親屬籍。　少卿二人，丞二人，主簿二人，知圖譜官一人，修玉牒官一

〔一〕「二人」，原作「一人」，據光緒本、新唐書百官志三改。

人，知宗子表疏官一人，録事二人。武德二年，置宗師一人，後省。龍朔二年，改寺曰司宗寺。武后曰司屬寺。　諸陵臺，令各一人，丞各一人。建初、啓運、興寧、永康陵，令各一人，丞各一人。諸太子廟，令各一人，丞各一人，録事各一人。諸太子陵，令各一人，丞各一人，録事各一人。　崇玄署，令一人，丞一人。

蕙田案：崇玄署領僧、道二教，即北齊之昭元寺也。隋隷鴻臚寺。唐以老子爲始祖，置崇玄學，故僧道女冠並隷宗正。

太僕寺。卿一人，掌厩牧、輦輿之政。少卿二人，丞四人，主簿二人，録事二人。永徽中，改寺曰司馭寺，武后曰司僕寺。　乘黄署，令一人，丞一人。　典厩署，令二人，丞四人。　車府署，令一人，丞一人。　諸牧監，上牧監，監各一人，副監各二人，丞各二人，主簿各一人。中牧監，副監、丞各減一員。東宫九牧監，丞二人，録事各一人。

大理寺。卿一人，掌折獄、詳刑。少卿二人，正二人，丞六人，主簿二人。龍朔二年，改曰詳刑寺，武后改曰司刑寺。　獄丞六人，司直六人，評事八人，録事二人。

鴻臚寺。卿一人，掌賓客及凶儀。少卿二人，丞二人，主簿一人，録事二人。龍朔二年，改曰同文寺，武后曰司賓寺。　典客署，令一人，丞三人，掌客十五人。　司儀署，令一人，丞一人。

司農寺。卿一人，掌倉儲委積。少卿二人，丞六人，主簿二人，録事二人。龍朔二年，改寺曰司稼寺。　上林署，令二人，丞四人。　太倉署，令三人，丞五人，監事八人。　鈎盾署，令二人，丞四人，監事十人。導官署，令二人，丞四人，監事十人。太原、永豐、龍門等倉，每倉監一人，丞二人。司竹，監一人，副監一人，丞二人。慶善、石門、温泉湯等監，每監監一人，丞二人。京都諸宮苑總監，監各一人，副監各一人，丞各二人，主簿各二人。京都諸園苑監、苑四面監，監各一人，副監各一人，丞各二人。九成宮總監，監一人，副監一人，丞一人，主簿一人。諸鹽池監，監一人。諸屯，監一人，丞一人。

太府寺。卿一人，掌財貨、廪藏、貿易。少卿二人，丞四人，主簿二人，録事二人。龍朔二年，改曰外府寺，武后改曰司府寺。兩京諸市署，令各一人，丞二人。左藏署，令三人，丞五人，監事八人。右藏署，令二人，丞三人，監事四人。常平署，令一人，丞二人，監事五人。

國子監。祭酒一人，司業二人，掌儒學訓導之政。丞一人，主簿一人，録事一人。武德初曰國子學，隸太常寺。貞觀二年曰監。龍朔二年改曰司成館，祭酒曰大司成，司業曰少司成。咸亨元年〔一〕，復曰監。垂拱元年，曰成均監。國子監，博士五人，助教五人，直講四人。五經博士各二人。太學博士六人，助教六人。廣文館，博士四人，助教二人。四門館，博士六人，助教六人，直講四人。律學，博士三人，助教一人。書學，博士二人，助教一人。算學，博士二人，助教一人。

少府監。監一人，少監二人，掌百工技巧之政。丞六人，主簿二人，録事二人。武德初，廢監，以

〔一〕「元年」，原作「二年」，據光緒本、新唐書百官志三改。

諸署隸太府寺。貞觀元年復置。龍朔二年改曰内府監，武后曰尚方監。　中尚署，令一人，丞二人，監作四人。　左尚署，令一人，丞五人，監作六人。　右尚署，令二人，丞四人，監作六人。　織染署，令一人，丞二人，監作六人。　諸冶監，令各一人，丞各一人，監作四人。　諸鑄錢監，監各一人，副各二人，丞各一人，監事各一人。　互市監，每監監一人，丞一人。

將作監。監二人〔一〕，少監二人，掌土木工匠之政。丞四人，主簿二人，録事二人。武德初改令曰大匠，少令曰少匠。龍朔二年，改曰繕工監，大匠曰大監，少匠曰少監。咸亨元年〔二〕，曰營繕監。天寶十一載，改大匠曰大監，少匠曰少監。　左校署，令二人，丞一人，監作十人。　右校署，令二人，丞三人，監作十人。　中校署，令一人，丞三人，監事十人〔三〕。　甄官署，令一人，丞二人，監作四人。　百工、就谷、庫谷、斜谷、太陰、伊陽監各一人，副監一人，丞一人，監作四人。

蕙田案：通典：「咸亨元年，復舊。光宅元年，改爲營繕監。神龍元年，復舊，大匠一人，少匠二人。」唐志俱失載。

軍器監。監一人，掌繕甲弩以時輸武庫。丞一人，主簿一人，録事一人。開元以前，軍器皆出左

〔一〕「二人」，新唐書百官志三作「一人」。

〔二〕「元年」，原作「二年」，據光緒本、新唐書百官志三改。

〔三〕「十人」，新唐書百官志三作「四人」。

尚署。三年，置監。十一年，廢爲甲弩坊，隸少府。十六年，復爲監。弩坊署，令一人，丞二人〔一〕，監作二人。甲坊署，令一人，丞一人，監作二人。

都水監。使者二人，掌川澤、津梁、渠堰、陂池之政。丞二人，主簿一人。武德初，廢都水監爲署。貞觀六年，復爲監，改令曰使者。龍朔二年，改曰司津監，使者曰監。武后改曰水衡監，使者曰都尉。開元二十五年，不隸將作監。有録事一人。河渠署，令一人，丞一人，河隄謁者六人。諸津，令各一人，丞二人。

十六衛 左右衛，上將軍各一人，大將軍各一人，將軍各二人，掌宫禁宿衛。凡五府及外府皆總制焉。武德五年，改左右翊衛曰左右衛府〔二〕，改左右驍騎衛曰左右驍騎府，左右屯衛曰左右威衛，左右禦衛曰左右領軍衛，左右備身府曰左右府，唯左右武衛府、左右監門府、左右候衛，仍隋不改。顯慶五年，改左右府曰左右千牛府。龍朔二年，左右衛府、驍衛府、武衛府，皆省「府」字，改左右威衛曰左右武威衛，左右領軍衛曰左右戎衛，左右候衛曰左右金吾衛，左右監門府曰左右監門衛，左右千牛府曰左右奉宸衛，後又曰左右千牛衛。咸亨元年，改左右戎衛曰領軍衛。武后光宅元年，改左右驍衛曰左右武威，左右武衛曰左右鷹揚衛，左右威衛曰左右豹韜衛，左右領軍衛曰左右玉鈐衛。貞元二年，初置十六衛上將軍。

〔一〕「二人」，新唐書百官志三作「一人」。
〔二〕「府」，諸本脱，據新唐書百官志三補。

長史各一人，録事參軍事各一人，倉曹參軍事各二人，兵曹參軍事各二人，騎曹參軍事各一人，胄曹參軍事各一人。奉車都尉，有其名而無其人，駙馬都尉無定員。司階各二人，中候各三人，司戈各五人，執戟各五人，長上各二十五人。親衛府一，勳衛府二，翊衛府二，凡五府。每府，中郎將一人，左右郎將一人，兵曹參軍事各一人，校尉各五人，每校尉有旅帥二人。每旅帥有隊正二十人，副隊正二十人。左右驍衛，掌同左右衛。上將軍以下官皆同左右衛。無奉車駙馬都尉，無親衛、勳衛而有翊衛。左右武衛，同上。左右威衛，同上。左右領軍衛，同上。左右金吾衛，掌宫中、京城巡警、烽候、道路、水草之宜。官同上。又有左右街使各一人，判官各二人。左右監門衛，掌諸門禁衛及門籍，官同左右驍衛，惟省倉曹、騎曹。左右千牛衛。掌侍衛及供御兵仗。官同左右監門衛。

諸衛折衝都尉府。每府折衝都尉一人，掌領屬備宿衛，師役則總戎具〔一〕。左右果毅都尉各一人，别將各一人，長史各一人，兵曹參軍事各一人，校尉五人，旅帥十人，隊正二十人，副隊正二十人。武德元年，改鷹揚郎將曰軍頭，鷹擊郎將曰府副；又改軍頭曰驃騎將軍，府副曰車騎將軍，皆爲府。諸率府置驃騎將軍五人，車騎將軍十人。二年，以車騎將軍府隸驃騎府，置十二軍，分關内諸府皆隸焉。六年，廢。七年，復驃騎將軍府爲統軍府，車騎將軍爲别將。八年，復置十二軍。貞觀十年，改統軍府曰折衝都

〔一〕「具」，諸本脱，據新唐書百官志三補。

尉，別將曰果毅都尉。

蕙田案：唐初，兵皆隸折衝府，而番上則諸衛領之。

左右羽林軍。大將軍各一人，將軍各三人，掌統北衙禁兵，督攝左右廂飛騎儀仗。長史、録事參軍事、倉曹參軍事、兵曹參軍事、胄曹參軍事各一人，司階各二人，中候各三人，司戈各五人，執戟各五人，長上各十人。　左右翊衛中郎將府中郎將一人，左右中郎一人，左右郎將一人，兵曹參軍事一人，校尉五人，旅帥十人，隊正二十人，副隊正二十人。

左右龍武軍，大將軍各一人，統軍各一人，將軍三人，掌同羽林。長史以下同左右羽林軍，惟不領翊衛。

左右神武軍，大將軍各一人，統軍各一人，將軍三人，總衙前射生兵長史以下，同左右龍武軍。

左右神策軍。大將軍各一人，統軍各二人，將軍各四人，掌衛兵及内外八鎮兵。護軍中尉各一人，中護軍各一人，判官各三人，都勾判官二人，勾覆官各一人，表奏官各一人，支計官各一人，孔目官各二人，驅使官各二人。長史以下，如龍武軍。

蕙田案：唐之禁軍分南北衙，南衙則十六衛是也，北衙則羽林諸軍是也。神策軍之名，始於肅、代以後，中官權重者領之，謂之天子禁軍，非他軍比。兵柄下移，宦監專政，其由來漸矣。左右龍武、左右神武、左右神策號六軍。德宗又置神威軍，併羽林、龍武、神武、神策總曰左右十軍。

東宮官　太子太師、太傅、太保　少師、少傅、少保，各一人。　太子賓客，四人，掌侍從規諫，贊相禮儀。　侍讀，無常員，掌講導經學。　詹事府，太子詹事一人，少詹事一人，掌統三寺、十率府之政。丞二人，主簿一人，司直二人〔一〕。龍朔二年，曰端尹府，詹事曰端尹，少詹事曰少尹。武后光宅元年，改曰宮尹府，詹事曰宮尹，少詹事曰少尹。　左春坊，左庶子二人，中允二人，掌侍從贊相，駁正啓奏。司議郎二人，左諭德一人，左贊善大夫五人，録事二人，主事三人。　崇文館，學士二人，校書郎二人。　司經局，洗馬二人，文學三人，校書四人，正字二人。　典膳局，郎二人，丞二人。　藥藏局，郎二人，丞二人。　内直局，郎二人，丞二人。　典設局，郎四人，丞二人。　宮門局，郎二人，丞二人。　右春坊。右庶子二人，中舍人二人，掌侍從、獻納、啓奏。　太子舍人四人，通事舍人八人，右諭德一人，右贊善大夫五人，録事一人，主事二人。

蕙田案：左右春坊，即隋之門下、典書二坊也。梁徐摛爲太子宮官，文體既別，春坊皆效之。則春坊之名，固不始於唐矣。後周王褒皇太子箴：「春宮養德，秋坊通夢。」似春坊之外，又有名秋坊者，然別無可考。

又案：左春坊以比門下省，庶子比侍中，中允比門下侍郎，司議郎比給事中，

〔一〕「二人」，原作「一人」，據光緒本、新唐書百官志四改。

贊善大夫比諫議大夫，諭德比散騎常侍；右春坊以比中書省，庶子比中書令，中舍人比中書侍郎。龍朔中又改司經局爲桂坊，比御史臺，不隸於左坊。咸亨二年復舊。

家令寺，家令一人，掌飲膳、倉儲。丞二人，主簿一人。龍朔二年，改宫府寺。　食官署，令一人，丞二人。　典倉署，令一人，丞二人。　司藏署，令一人，丞二人。

率更寺，令一人，掌宗族次序，禮樂、刑罰及漏刻之政。丞一人，主簿一人。龍朔二年，改曰司更寺。

僕寺。僕一人，掌車輿、乘騎、儀仗、喪葬。丞一人，主簿一人。　廄牧署，令一人，丞二人，典乘四人。

太子左右率府，率各一人，副率各二人，掌兵仗、儀衛。武德五年，改左右侍率曰左右衛率府，左右武侍衛率曰左右宗衛率府，左右宫門將曰左右監門率府。龍朔二年，改左右衛率府曰左右典戎衛，左右宗衛率府曰左右司禦率府，左右虞候率府曰左右清道衛，左右内率府曰左右奉裕衛，左右監門率府曰左右崇掖衛。武后垂拱中，改左右監門率府曰左右鶴禁衛。神龍元年，改左右司禦率府曰左右宗衛府，左右清道衛曰左右虞候率府。景雲二年，左右宗衛府復曰左右司禦率府。開元初，左右虞候率府復曰左右清道率府。　長史各一人，録事參軍事、倉曹、兵曹、胄曹、騎曹參軍事各一人，司階各一人，中候各二人，司戈各二人，執戟各三人，散長上各十人。　親府、勳府、翊府三府，每府中郎將各一人，左右郎將各一人，兵曹參軍事各一人，校尉各五人，旅帥各十人，隊正各二十人。

太子左右司禦率府，掌同左右

衛，設官亦同，惟無散長上。　太子左右清道率府，掌晝夜巡警。官同上。　太子左右監門率府，率各一人，副率各二人，掌諸門禁衛。長史各一人，録事參軍事、兵曹參軍事、兼領倉曹、胄曹參軍事各一人，監門直長七十八人。　太子左右内率府。率各一人，副率各一人，掌千牛供奉之事。長史、録事諸曹參軍同監門率府，千牛各四十四人。

王府官。傅一人，諮議參軍事一人，友一人，侍讀無定員，文學一人，東西閤祭酒各一人。以上爲王官。長史一人，司馬一人，掾屬各一人，主簿一人，記室參軍事二人，録事參軍事一人，功曹、倉曹、户曹、兵曹、騎曹、法曹、士曹參軍事各一人，參軍事二人，行參軍事四人，典籤二人。以上爲府官。　親事府，典軍二人，副典軍二人，校尉五人。族帥、隊正、隊副，視親事多少乃置。　帳内府，典軍二人，副典軍二人，校尉以下與親事府同。

親王國。令一人，大農一人，尉一人，丞一人，學官長、丞各一人，食官長、丞各一人，廄牧長、丞各二人，典府長、丞各二人。

公主邑司〔一〕。司令一人，丞一人，主簿一人，録事一人。

天下兵馬元帥　副元帥　都統　副都統，元帥、都統、招討使，掌征伐，兵罷則省。行軍長

〔一〕「司」，諸本脱，據新唐書百官志四補。

史，行軍司馬，行軍左司馬，行軍右司馬，判官，掌書記，行軍參謀，前軍兵馬使、中軍兵馬使、後軍兵馬使、中軍都虞候，各一人。

節度使　**副大使知節度事。**各一人，總軍旅，顓誅殺。行軍司馬、副使、判官、支使、掌書記、推官、巡官、衙推各一人，同節度副使十人，館驛巡官四人，府院法直官、要籍、逐要親事各一人，隨軍四人。節度使封郡王，則有奏記一人。兼觀察使〔一〕，又有判官、支使、推官、巡官、衙推各一人。又兼安撫使，則有副使、判官各一人。兼支度、營田、招討、經略使，則有副使、判官各一人。支度使復有遣運判官、巡官各一人。京兆、河南牧，大都督，大都護，皆親王遙領。兩府之政，以尹主之。大都督府之政，以長史主之。大都護府之政，以副大都護主之，副大都護則兼王府長史。其後有持節爲節度、副大使知節度事者，正節度也。諸王拜節度大使者，皆留京師。

觀察使。一人，掌察所部善惡，舉大綱。副使、支使、判官、掌書記、推官、巡官、衙推、隨軍、要籍、進奏官各一人。貞觀初，遣大使十三人巡省天下諸州，水旱則遣使，有巡察、安撫、存撫之名。神龍中，有十道巡察使。景雲二年，置都督二十四人，揚、益、并、荆四州爲大都督，中下都督各十，尋以權重罷之，唯四大都督府如故。置十道按察使。開元二年，曰十道按察採訪處置使。四年，罷。八年，復置十道按察使。十年，又罷。十七年，復置。二十年，曰採訪處置使，分十五道。天寶末，又兼黜陟使。乾元元年，改

〔一〕「使」，諸本脱，據新唐書百官志四補。

曰觀察處置使。

蕙田案：按察使之名起於此。然唐時兼領一道，權寄之重，亞於節度，非專以刑名爲職。今之按察使，則宋提點刑獄之任也。

團練使。一人，副使、判官、推官、巡官、衙推各一人。

防禦使。一人，副使、判官、巡官各一人。

西都、東都、北都牧，各一人。西都、東都、北都、鳳翔、成都、河中、江陵、興元、興德府尹。各一人，掌宣德化，歲巡屬縣。少尹二人，司録參軍事二人，録事四人，功曹、倉曹、户曹、田曹、兵曹、法曹、士曹、參軍事各二人，參軍事六人，六府録事參軍事以下減一人，文學一人，醫學博士一人。

大都督府。都督一人，掌督諸州兵馬、甲械、城隍、鎮戍、糧稟。長史一人，司馬二人，録事參軍事一人，録事二人，功曹、倉曹、户曹、田曹、兵曹、法曹、士曹參軍事各一人，參軍事五人，市令一人，文學一人，醫學博士一人。中都督、下都督府俱有別駕一人，減司馬一人。中府參軍事四人，下府二人。武德初，邊要之地置總管以統軍，加號使持節，有行臺，有大行臺。七年，改總管曰都督，總十州者爲大都督。貞觀二年，去「大」字，凡都督府有刺史以下如故。然大都督又兼刺史，而不檢校州事。其後都督加使持節，則爲將，諸將亦通以都督稱，唯朔方猶稱大總管。邊州別置經略使，有屯田之州，則置營田使。安禄山反，諸郡當賊衝者，皆置防禦守捉使。乾元二年〔一〕，置團練守捉使、都團練守捉使。

大都護府。大都護一人，副大都護二人〔二〕，掌統諸蕃，撫慰，征討。副都護二人，長史一人，司馬一人，録事參軍事一人，録事二人，功曹、倉曹、户曹、兵曹、法曹參軍事各一人，參軍事三人。上都護府〔三〕，都護一人，副都護以下員數同。

上州刺史。一人，職同牧守。别駕一人，長史一人，司馬一人，録事參軍事一人，録事二人〔四〕，司功、司倉、司户、司田、司兵、司法、司士參軍事各一人，參軍事四人，市令一人，丞一人，文學一人，醫學博士一人，中州、下州録事各一人，中州參軍事三人，下州二人。

諸軍使。各一人，五千人以上有副使一人，萬人以上有營田副使一人。軍皆有倉、兵、胄三曹參軍事。刺史領使，則置副使、推官、衙官、州衙推、軍衙推。

京縣令。各一人，丞二人，主簿二人，録事二人，尉六人。畿縣丞、主簿各一人，尉二人。

上縣令。一人，丞、主簿各一人，尉二人。中縣、下縣尉一人。

〔一〕「二年」，新唐書百官志四作「元年」。
〔二〕「二人」，諸本作「一人」，據新唐書百官志四改。
〔三〕「上」，諸本脱，據新唐書百官志四補。
〔四〕「二人」，諸本作「一人」，據新唐書百官志四改。

上鎮將。一人，鎮副二人，倉曹、兵曹參軍事各一人。中下鎮，減鎮副一人，不置倉曹。每鎮又有使一人，副使一人，又有司馬。

上戍主。一人，戍副一人。中下戍不置副。

五嶽、四瀆令。各一人，掌祭祀。

上關令。一人，掌禁末游，察姦慝。丞二人〔一〕。中下關減丞一人。

右唐官制

宋官制

宋史職官志：宋承唐制，三師、三公不常置，宰相不專任三省長官，尚書、門下並列于外，又别置中書禁中，是爲政事堂，與樞密對掌大政。天下財賦，内庭諸司，中外筦庫，悉隸三司。中書省但掌册文、覆奏、考帳；門下省主乘輿八寶，朝會板位，流外考較，諸司附奏挾名而已。臺、省、寺、監，官無定員，無專職，悉皆出入分莅庶務。故

〔一〕「丞」，原脱，據光緒本、新唐書百官志四補。

三省、六曹、二十四司，類以他官主判，雖有正官，非別敕不治本司事，事之所寄，十亡二三。故中書令、侍中、尚書令不預朝政，侍郎、給事不領省職，諫議無言責，起居不記注，中書常闕舍人，門下罕除常侍，司諫、正言非特旨供職亦不任諫諍。至于僕射、尚書、丞、郎、員外，居其官不知其職者，十常八九。其官人受授之別，則有官、有職、有差遣。官以寓禄秩、叙位著，職以待文學之選，而別爲差遣以治内外之事。其次又有階、有勳、有爵。故仕人以登臺閣、升禁從爲顯宦，而不以官之遲速爲榮滯；以差遣要劇爲貴途，而不以階、勳、爵、邑有無爲輕重。時人語曰：「寧登瀛，不爲卿；寧抱槧，不爲監。」虚名不足以砥礪天下若此。外官，則懲五代藩鎮專恣，頗用文臣知州，復設通判以貳之。階官未行之先，州縣守令，多帶中朝職事官外補；階官既行之後，或帶或否，視是爲優劣。大凡一品以下，謂之「文武官」；未常參者，謂之「京官」；樞密、宣徽、三司使副、學士、諸司而下，謂之「内職」；殿前都校以下，謂之「軍職」。外官則有親民、釐務二等，而監軍、巡警亦比親民。此其概也。神宗元豐三年八月，下詔肇新官制，省、臺、寺、監領空名者一切罷去，而易之以階。九月，詳定所上寄禄格。會明堂禮成，近臣遷秩即用新制，而省、臺、寺、監之官，各還所職矣。五年，省、臺、寺、監法成。六年，尚書新省成，帝親臨幸，召六曹長貳以下，詢以職事，因誡敕焉。自元祐以後，漸更元豐之制：二府不分班奏事，樞密加置僉書，户部則不令右曹專典常平而總於其長，起居郎、舍人則通記起居而不分言動，館職則增置校勘黄本。凡此，皆與元豐稍異也。其後蔡京當國，首更開封守臣爲尹、牧，由是府分六曹，縣分六案。又内侍省職，悉倣機延之號。已而脩六尚局，建三衛郎，又更兩省之長爲左輔、右弼，易端揆之稱爲太宰、少宰。是時員既濫冗，名且紊雜，甚者走馬承受，升擁使華；黄冠道流，亦濫朝品。元豐之制，至此大壞。建炎中興，參酌潤色，因吕頤浩之請，左右僕射並同中書門下平章事，兩省侍郎改爲參知政事，三省之政合乎一。乾道八年，又改左右僕射爲左右丞相，删去三省長官虚稱，道揆之名遂定。然維時多艱，政尚權宜。御營置使，國用置使，脩政局置提舉，軍馬置都督，並以宰相兼之。總制司理財，同都督、督視理兵，並以執政兼之。因事創名，殊非經久。惟樞密本兵，與中書對掌機務，號東、西二府，命宰相兼知院事。建炎四年，實用慶曆故典。其後，兵興則兼樞密使，兵罷則免；至開禧初，始以宰臣兼樞密爲永制。當多事時，諸部或長貳不並置，或併郎曹使相兼之，惟吏部、户部不省不併。兵休稍稍增置。其後，詔非曾任監司、守臣，不除郎官，著爲令。又增館閣員，廣環衛官。蓋自元祐以逮政和，已未嘗拘乎元豐之舊；中興若稽成憲，二者並行而不悖。故凡大而分政任事之臣，微而筦庫監局之官，沿襲不革者，皆先後所同便也。或始創而終罷，或欲革而猶因，則有各當其可者焉。

三師、三公。宋承唐制，以太師、太傅、太保爲三師，太尉、司徒、司空爲三公，爲宰相、親王使相加官，其特拜者不預政事，皆赴上於尚書省。凡除授，則自司徒遷太保，自太傅遷太尉，若太師則爲異數，惟趙普、文彦博方特拜焉。政和三年，罷太尉、司徒、司空，以太師、太傅、太保爲三公，爲真相之任。仍立三孤：少師、少傅、少保，亦稱三少，爲次相之任。而蔡京以三公任真相。宣和末，三公至十八人，三少不計，冗濫甚矣。南渡紹熙以後，三公未嘗備官。其後韓侂胄、史彌遠、賈似道專政，皆至太師。

蕙田案：自漢以來，太尉、司徒、司空並爲三公之官，亦曰三司，而周官之三公，則號爲三師。政和中詔以司徒、司空，周六卿之官，太尉，秦主兵之任，皆非三公，遂命罷之，而復周官公孤之名，其見卓矣。

宰相。宋承唐制，以同平章事爲真相，無常員。有二人，則分日知印。上相爲昭文館大學士、監修國史，其次爲集賢殿大學士。或置三相，則昭文、集賢二學士與監修國史，各除。神宗新官制，以侍中、中書令、尚書令官高不除，而以尚書左、右僕射爲宰相。左僕射兼門下侍郎，行侍中之職。右僕射兼中書侍郎，行中書令之職。政和中，改左、右僕射爲太宰、少宰，仍兼兩省侍郎。靖康中，復改爲左、右僕射。建炎三年，詔左、右僕射並加同中書門下平章事，改門下、中書侍郎爲參知政事，廢尚書左、右丞。乾道八年，改左、右僕射爲左、右丞相。

葉氏夢得曰：本朝沿習唐制，官制行，始用六典，別尚書、門下、中書爲三省，各以其省長官爲宰相，則侍中、中書、尚書令是也。既又以秩高不除，故以尚書令之貳左右僕射爲宰相，而左僕射兼門下侍郎以行侍中之職，右僕射兼中書侍郎以行中書令之職，而別置侍郎以佐之，則三省互相兼矣。然左右僕射既爲宰相，則凡命令進擬，未有不由之出者，而左右僕射又爲之長〔一〕，則出令之職，自己身行，尚何省而覆之乎？方其進對，執政無不同，則所謂門下侍郎者亦預聞之矣，故批旨皆曰「三省同奉聖旨」。既已奉之，而又審之，亦無是理。門下省事，惟有給事中封駁而已，未有左僕射與門下侍郎自駁已奉之命者，則侍中、侍郎所謂省審者，殆成虛文也。元祐間，議者以詔令稽留，吏員冗多，徒爲重複，因有併廢門下省之意。後雖不行，然事有當奏禀，左相必批送中書，左相將上而右相有不同〔二〕，往往或持之不上，或退送不受，左相無如之何，侍郎無所用力。事權多在中書，自中書侍郎遷門下侍郎，雖

〔一〕「左右僕射」，石林燕語卷三無「右」字。
〔二〕「左」，原作「右」，據光緒本、石林燕語卷三改。

名進，其實皆未必樂也。

馬氏端臨曰：以宰相而兼他官，本非令典，唐制所謂反輕宰相之體是也。然時方用兵則兼節度使，崇儒學則爲大學士，急財用則爲鹽鐵轉運使。蓋以國家方重其事，而以宰相提綱，則下不敢以泛泛之司存視之，猶有説也。至於三省，則俱爲政本之地，無所不統，長官則宰相，所謂中書門下同平章事是也，佐官則參知政事是也。今元豐改官制，既以中書門下同平章事爲左右僕射，參知政事爲中書門下侍郎、尚書左右丞矣，而復以左僕射兼門下侍郎，右僕射兼中書侍郎，則是既自有佐官，而復以長官兼之，贅疣甚矣。蓋神宗必欲復唐三省之職，而蔡確以有中書造命之説，己爲次相兼中書侍郎，王珪爲首相兼門下侍郎，實欲陰擯珪於門下，使不得與造命取旨之事，苟以便其專政之私，而不復顧體統名稱之不順也。

蕙田案：丞相之名，始於秦，而漢因之。哀帝改爲大司徒，自後不置。魏、晉以後，或置或否。居之者多非尋常人臣之職。隋、唐、五代及北宋，俱無丞相之名。南渡復置左右丞相，明初始廢。

平章軍國重事。元祐中置。

使相。親王、樞密使、留守、節度使兼侍中、中書令、同平章事者，皆謂之使相。不預政事，不書敕，惟宣敕除授者，敕尾存其銜而已。

馬氏端臨曰：宰相者，總百官，弼天子，既不當儕之他官，而其上則不當復有貴官矣。自唐開元以來，郭元振〔一〕、李光弼相繼以平章事爲節度使，謂之使相，而宰相之職儕於他官，自此始。自宋元祐以後，文潞公、吕申公相繼以平章軍國重事序宰臣上，而宰相之上復有貴官，自此始。然郭、李以勳臣名將爲之，宜也。自此例一開，於是田承嗣、李希烈之徒，俱以節鎮帶同平章事者非一人，極而至於王建、馬殷、錢鏐之輩，蠭起盜地者，皆欲效之，蓋鄙他官而不爲，而必欲儕於宰相，以自附於郭、李，則唐中葉以後所謂平章者如此。文、吕以碩德老臣爲之，宜也。自此例一開，於是蔡京、王黼相繼以太師總知三省事，三日一朝，赴都堂治事。以至於韓侂胄、賈似道擅權專政之久者，皆欲效之。蓋卑宰相而不屑爲，而必求加於相，以自附於文、吕，則宋中葉以後所謂平章者如此。蓋平章之始立名也，本非甚尊之官，及其久也，則强藩之竊地者爲之，權臣之擅政者爲之，蓋雖官極尊，而居之者多非其人矣。

參知政事。

乾德二年置，以副宰相，不押班，不知印，不升政事堂。開寶六年，詔參政於都堂，與宰相同議政事。至道元年，詔宰相與參政輪班知印，同升政事堂。押敕齊銜，行則並馬。元豐新官制，廢參知政事，以門下、中書二侍郎，尚書左、右丞代之。建炎三年，復門下、中書侍郎爲參知政事，而省左、右丞。

〔一〕「郭元振」，文獻通考卷四九作「郭子儀」。

門下省。受天下之成事，審命令，駁正違失。國初，以中書門下平章事爲宰相，復用兩制官一員，判門下省事。官制行，始釐正焉。凡官十有一：侍中、侍郎、左散騎常侍各一人，給事中四人，左諫議大夫、起居郎、左司諫、左正言各一人。侍中，掌佐天子議大政，審中外出納之事。國初，以秩高罕除。自建隆至熙寧，真拜侍中纔五人。官制行，以左僕射兼門下侍郎行侍中職，别置侍郎以佐之。南渡，省侍中不置。侍郎，掌貳侍中之職，省中外出納之事。與知樞密院、同知樞密院、中書侍郎、尚書左、右丞並爲執政官。南渡，省不置。左散騎常侍、左諫議大夫、左司諫、左正言，同掌規諫諷諭。國初置諫院，知院官凡六人，以司諫、正言充職，而他官領者，謂之知諫院。正言、司諫亦有領他職而不預諫諍者。官制行，始皆正名。給事中，掌讀中外出納及判後省之事。若政令失當，除授非人，則論奏而駁正之。故事，詔旨付銀臺司封駁。官制行，給事中始正其職，而封駁司歸門下。起居郎，掌記天子言動。舊置起居院，命三館校理以上修起居注。官制行，改修注爲郎、舍人。元豐六年，詔左、右史分記言、動。元祐元年，仍詔不分。符寶郎，二人，掌外廷符寶之事。通進司、進奏院，俱隸給事中，舊爲通進、銀臺司。登聞檢院，隸諫議大夫。登聞鼓院，隸司諫、正言。中興後，檢、鼓、糧、審計、官告、進奏〔一〕，謂之六院。

中書省。掌進擬庶務，宣奉命令。設官十有一：令、侍郎、右散騎常侍各一人，舍人四人，右諫議

〔一〕「審計」，諸本作「審官」，據宋史職官志一改。

大夫、起居舍人、右司諫、右正言各一人。　令，掌佐天子議大政，授所行命令而宣之。國朝未嘗真拜，官制行，以右僕射兼中書侍郎行令之職，别置侍郎以佐之。中興省令不置。　侍郎，掌貳令之職，參議大政。南渡，省不置。　中書舍人，掌行命令爲制詞，分治六房。國初，爲所遷官，實不任職，復置知制誥及直舍人院，與學士對掌内外制。官制行，始正名而判後省之事。　起居舍人，掌同起居郎。　右散騎常侍、右諫議大夫、右司諫、右正言，與門下省同，但左屬門下，右屬中書，通謂之兩省官。中興初，詔諫院不隸兩省。紹興二年，詔並依舊。　檢正官，五房各一人，掌糾正省務。

葉氏夢得曰：元豐既新官制，四十年間，職事官未有不經除者，惟御史大夫、左右散騎常侍至今未嘗除人，蓋兩官爲臺諫之長，非宰執所利，故無有啓之者。

尚書省。掌施行制命，舉省内綱紀程式，六部皆隸焉。設官九：令、左右僕射、左右丞、左右司郎中、員外郎各一人。　令，掌佐天子議大政，奉所出命令而行之。自建隆以來，不除。政和二年，詔不復置。宣和七年，復置，亦無除者。南渡後，並省。　左右僕射，掌貳令之職，與三省長官皆爲宰相。官制行，以左僕射兼門下侍郎，右僕射兼中書侍郎，行侍中、中書令事。政和中，改左僕射爲太宰，右僕射爲少宰。靖康元年，復舊。南渡後，置左、右丞相，省僕射不置。　左右丞，掌通治省事，貳令、僕射之職。舊班六曹尚書下，官制行，升其秩爲執政。南渡省，不置。　左右司郎中、員外郎，掌分治六曹之事。左司治吏、户、禮，右司治兵、刑、工。建炎中，詔減左、右司郎官二員，置中書門下檢正諸房公事二員。次年，復舊。椎貨務都茶場，提轄官一員，監場官二員，與雜買務雜賣場、文思院、左藏東西庫提轄並稱四轄。左藏封椿庫，監官一員，監門官一員。

洪氏邁容齋隨筆：中書、尚書令，在西漢時爲少府官屬，與太官、湯官、上林諸令品秩略等，侍中但爲加官，在東漢亦屬少府，而秩稍增。尚書令爲千石，然銅印墨綬，雖居機要，而去公卿甚遠，至或出爲縣令。魏、晉以來，浸以華重，唐初遂爲三省長官，居真宰相之任，猶列三品。大曆中，乃升正二品。入國朝，其位益尊，叙班至在太師之上，然只以爲親王及使相兼官，無單拜者。見任宰相帶侍中者才五人：范魯公質、趙韓王普、丁晉公謂、馮魏公拯、韓魏王琦。尚書令又最貴，除宗王外，不以假人。趙韓王、韓魏王始贈真令，韓公官止司徒，及贈尚書令，乃詔自今更不加贈，蓋不欲以三師之官贅其稱也。政和初，蔡京改侍中、中書令爲左輔、右弼，而不置尚書令，以爲太宗皇帝曾任此官，殊不知乃唐之太宗爲之，故郭子儀不敢拜，非本朝也。

蕙田案：侍中、中書令、尚書令，魏、晉以後爲樞機之職，比於宰相。隋、唐定爲真相，宋初因之，以其秩高，不輕授人，多爲宗王、宰輔加官及贈官而已。南渡以後，俱廢。元初，耶律楚材嘗爲中書令，其後但以東宮領之。至尚書令及侍中，更不復置矣。明建文中，嘗置侍中在尚書下、侍郎上，名同而職異，尋廢。

樞密院。掌軍國機務、出納密命。宋初，以樞密院與中書對持文武二柄，號爲二府。神宗初政，省其務之細者歸之有司，增置審官西院，領閤門祇候以上至諸司使差遣。官制行，隨事分隸六曹，而樞府專以本兵爲職。樞密使、知院事，佐天子執兵政，而同知院事副使、簽書院事爲之貳。國初，官無定制，有使則置副，有知院則置同知院，資淺則用直學士簽書院事。熙寧元年，知院與副使並置。元豐改官制，議者欲廢密院歸兵部。帝曰：「祖宗不以兵柄歸有司，故專命官以統之，互相維制，何可廢也？」於是得不廢。定置知院、同知院二人，使〔二〕、副使悉罷。元祐初，復置簽書、同簽書。徽宗朝，又有領樞密院事。中興復置樞密使，多以宰相兼之。使與知院，同知、副使，亦或並除，其簽書、同簽書並爲端明殿學士，恩數特依執政，或以武臣爲之。　都承旨、副都承旨，舊用院吏遷遷，其後或用文臣或武臣爲之。　檢詳官，熙寧中置，視中書檢正官。元豐新制罷之，中興復置。　計議官，四員。　編修官，隨事置，無定員。　主管三省、樞密院架閣文字，一員。　三省、樞密院激賞庫，三省、樞密院激賞酒庫，監官各二人。

馬氏端臨曰：樞密之名，始於唐代宗寵任宦者，故置內樞密使，使之掌機密文書，如漢之中書謁者令是也。若內中處分，則令內樞密使宣付中書門下施行，則其權任已侔宰相。至僖、昭間，楊復恭、西門季元之徒，遂至於視事行文書矣。昭宗天復元年，既誅劉季述，乃敕：「近年宰相延英奏事，樞密院侍側爭論紛然。既出，

〔二〕「使」，諸本脱，據宋史職官志二補。

又稱上旨未允，復有改易，撓權亂政，自今並依大中舊制，俟宰相奏事畢，方得升殿承受公事。」蓋當時所謂樞密使者專横如此。朱梁懲唐敝，不用宦者，然徒知宦者之不可用，而不知樞密院之不必存也。乃復改爲崇政院，以敬翔爲使。至後唐而復樞密院，郭崇韜、安重誨相繼領其事，皆腹心大臣，則是宰相之外復有宰相，三省之外復有一省矣。宋興，始以樞密與中書對持文、武二柄，號稱二府。然後樞密院之設，始專有職掌，不爲贅疣。然祖宗時，樞密院官雖曰掌兵，亦未嘗不兼任宰相之事。景德四年，中書命秘書丞楊士元通判鳳翔府，樞密院命之掌内香藥庫，兩府不相知，宣敕各下。乃詔：「自今中書所行，事關軍機及内職者，報樞密院；樞密院所行，關民政及京朝官者，報中書。」是樞密院得以預除授之事也。又是年命宰臣王旦監修兩朝正史，知樞密王欽若、陳堯叟，參知政事趙安仁並修國史，是樞密院可以預文史之事也。至慶曆以後，始以宰相兼樞密使。及元豐官制行，欲各正其名，遂不復兼。乃詔：「釐其事大小：大事，三省與樞密院同議，進呈畫旨，稱三省樞密院同奉聖旨，三省皆同簽書，付樞密院行之；小事，樞密院獨取旨，行訖，關三省。每朝三省、樞密先同對，樞密院退待於殿廬，三省始留，進呈三省事，退，樞密院再上，進呈獨取旨。」遂爲定例。然熙寧初，以司馬温公爲樞密副使，公以言新法不見聽，力辭。上使人謂之曰：「樞密，兵事也。官各有職，不當以他事辭。」其時文潞公亦在樞府，雖持正論，終不能抑新法之行。至哲宗初即位，蔡確爲相，温公爲門下侍郎，章惇知樞密院。温公欲復差役法，而確言此大事，當與樞密院同議取旨。惇果駁温公所言。然則樞密院雖可以參謀三省之事，而又在所以委任之者如何。温公、潞公當熙寧之時，與國論不合，則欲其專任本兵，不預他事；蔡確當元祐之初，欲引章惇以自助，則欲其共立異議，陰排正人。至紹聖以後，則兩府皆憸人，附會紹述，更無異議，亦不復聞以文、馬之儔參錯其間矣。

洪氏邁容齋隨筆：國朝樞密之名，其長爲使，則其貳爲副使；其長爲知院，則其貳爲同知院。如柴禹錫知院，向敏中同知，及曹彬爲使，則敏中改副使。王繼英知院，王旦同知，繼馮拯、陳堯叟亦同知。及繼英爲使，拯、堯叟乃改簽書院事，而恩例同副使。王欽若、陳堯叟知院，馬知節簽書，及王、陳爲使，知節遷副使，其後知節知院，則任中正、周起同知。惟熙寧初，文彦博、吕公弼已爲使，而陳升之過闕，留，王安石以升之曾再入樞府，遂除知院。知院與使並置，非故事也。安石之意以沮彦博耳。紹興以來，唯韓世忠、張俊爲使，岳飛爲副使。此後除使固多，而其貳只爲同知，亦非故事也。又使班視宰相，而乾道職制雜壓，令副使反在同知之下。

蕙田案：熙寧以後，有提舉修敕令、制置三司條例司、三司會計司、編修條例、經撫房、提舉講議司、儀禮局、禮制局；南渡則有御營使、提舉修政局、制國用使、都督諸路軍馬、編修敕令所，皆以宰執兼領，因事創名，未久尚罷，今皆略之。

宣徽院。宣徽南院使、北院使，掌總領内諸司及三班内侍之籍，郊祀、朝會、宴饗、供帳之儀。二使共院而各設廳事。故事，與參知政事、樞密副使、同知樞密院事以先後入叙位。熙寧四年，詔位參政、樞副、同知下。官制行，罷宣徽院，以職事分隸省、寺，而使號猶存。紹聖三年，罷，自後不復置。

三司使。國初，沿五代之制，置三司使，號曰計省，位亞執政。太平興國八年，分置鹽鐵、度支、户部三使。淳化四年，復置使一員，總領三部。又分天下爲十道，在京東曰左計，京西曰右計，置使二員分掌。俄又置總計使判左右計事，左右計使判十道事。五年，罷十道左右計使，復置三部使。咸平六年[一]，罷三部使，復置三司一員。三司副使、三部各有孔目官一人，都勾押官一人，勾覆官四人。又有都磨勘司、都主轄支收司、拘收司、都理欠司、都憑由司、開拆司、發放司、勾鑿司、催驅司、受事司、衙司管轄官、勾當公事官、三司推勘公事、勾當諸司、馬步軍糧料院官、勾當馬步軍專勾司官。元豐官制，罷三司，

[一]「六年」，原作「二年」，據光緒本、宋史職官志二改。

並歸户部。

翰林學士院。翰林學士承旨、翰林學士、知制誥，掌制、誥、詔、令撰述之事。承旨，不常置，以學士久次者爲之。凡他官入院，未除學士，謂之直院。學士俱闕，他官暫行院中文書，謂之權直。乾道九年，崔敦詩以秘書省正字兼翰林權直。淳熙五年，敦詩再入院，議者以翰林乃應奉之所，非專掌制誥之地，更爲學士院權直。後復稱翰林權直，然亦互除不廢。

翰林侍讀學士，太宗初，吕文仲爲侍讀。真宗咸平二年，以楊徽之、夏侯嶠並爲翰林侍讀學士，始建學士之職。元豐官制，廢翰林侍讀、侍講學士，但以爲兼官。然必侍從以上，乃得兼之，其秩卑資淺則爲説書。歲春二月至端午日，秋八月至長至日，遇隻日入侍邇英閣，輪官講讀。元祐七年，復增學士之號。元符元年省去。建炎元年，詔特差侍從官四員充講讀官。**翰林侍講學士，**咸平二年，以邢昺爲侍講學士。故事，兩省、臺端以上兼侍講，或以庶官兼之，蓋殊命也。元豐以後，多以宫觀兼侍讀。南渡後，臺諫多兼讀講者。**崇政殿説書。**仁宗景祐元年，命賈昌朝等爲崇政殿説書，後爲庶官兼經筵者之稱。

觀文殿大學士、學士，學士之職，資望極峻，無吏守，無職事，惟出入侍從，備顧問而已。觀文殿即舊延恩殿，仁宗時更名。皇祐元年，置大學士，詔：「今後須曾任宰相，乃除。」宋初有文明殿學士，仁宗時改爲紫宸殿學士，又改觀文殿學士，非曾任執政者不除。**資政殿大學士、學士，**資政殿在龍圖閣之東序。景德二年，特置學士，在翰林學士下。尋置大學士，班文明殿學士下，翰林學士承旨上。康定中，大學士置二員，學士三員。端明殿學士。端明殿即西京正衙殿也。後唐置學士，班翰林學士上。宋初爲文明殿學士，後改紫宸，又改觀文。明道二年，復置端明殿學士，在翰林學士之下，以待學士之久次者，亦或以執政爲之。

龍圖閣學士、直學士、待制，大中祥符中建，以奉太宗御書、御製文集。學士班樞密直學士上，直學士班樞密直學士下，待制班知制誥下。天章閣學士、直學士、待制，天禧四年建。仁宗即位，以奉真宗御製。學士罕以命人，仁宗世，纔王贄一人。秦堪自顯謨閣進直天章閣，以稱呼非便，改龍圖，自是天章不爲帶職。寶文閣學士、直學士、待制，舊曰壽昌閣，改今名，以藏仁宗御集。

顯謨閣學士、直學士、待制，元符元年置，藏神宗御集，後改熙明閣，尋復舊。位序在寶文閣學士、直學士、待制下。徽猷閣學士、直學士、待制，大觀二年建，藏哲宗御集。敷文閣學士、直學士、待制，紹興十年置，藏徽宗聖製。煥章閣學士、直學士、待制，淳熙初建，藏高宗御製。

華文閣學士、直學士、待制，慶元二年置，藏孝宗御製。寶謨閣學士、直學士、待制，嘉泰二年置，藏光宗御製。寶章閣學士、直學士、待制，寶慶二年置，藏寧宗御製。顯文閣學士、直學士、待制。咸淳元年置，藏理宗御製。

集英殿修撰，宋初[一]，有集賢殿修撰、直龍圖閣、直祕閣三等。政和六年，置集英殿修撰，下待制一等。

右文殿修撰，紹聖二年，易集賢殿學士爲修撰。政和六年，改名右文，次於集英殿，爲貼職之高等。

祕閣修撰，政和六年置，以待館閣之資深者，多自直龍圖閣遷焉。

直龍圖閣，祥符九年，始置直閣。凡館閣久次者，必選直龍圖閣，皆爲擢待制之基也。中興後，凡直閣爲庶官任藩閫、監司者貼職，隨高下而等差之。直天章閣至顯文閣並同。

直祕閣。國初，以史館、昭文館、集賢院爲三館，皆寓崇文院。太宗於崇文院中堂建祕閣，以右司諫直史館宋泌爲直祕閣。直館、直院則謂之館職，以他官兼者謂之貼職。元豐以前，凡狀元、制科一任還，即試詩賦各一而入，否則用大臣薦而試，謂之入館。官制行廢崇文院爲祕書監，列爲職事官，罷直館、直院之名，獨以直祕閣爲貼職，皆不試而除，蓋特以爲恩數而已。

馬氏端臨曰：學士、待制二官，始於唐，皆以處清望儒臣，俾備顧問。其初，既無專職，亦無定員。宋因其制，而以三館爲儲才之地，故職名尤多。元豐新官制，其職名之元不附麗於三省、寺、監者，皆從廢革。然除昭文、集賢二學士，元麗中書、門下省外，獨翰林學士一官，在唐已無所係屬，而最爲清要，故不可廢。而諸學士、待制則以其爲三館清流，未欲遽廢，故以爲朝臣補外加恩之官。蓋有同於階官，而初無職掌矣。龍圖閣爲儲祖宗制作之所，故其官視三館。自後列聖相承，代代有宸奎之閣，而監官

[一]「宋」，味經窩本、乾隆本、光緒本作「國」。

亦如之。於是學士、直學士、待制、直閣之官，始不可勝計矣。野處譏其濫及俗吏童騃，然職名既多，自不容不濫施也。又所謂學士、直閣者，尊卑不同，故難概稱。如觀文爲宰相，資政爲執政，端明爲簽書，龍圖以下爲尚書，然皆學士也。直龍圖、焕章等閣爲蕃闒、監司之貼職，直祕閣則卑於諸閣，然皆直閣也。於是捨學士、直閣之名，而就以所掌殿閣呼之，遂有「丁紫宸」、「秦天章」之稱，則以爲名稱非便，而改以他殿閣。然所謂端明、龍圖、顯謨、敷文、焕章之類，亦俱非人臣之稱謂，流傳既久，曰某端明，曰某龍圖，不覺其非，宜耳。

蕙田案：宋以翰林學士與中書舍人分典制誥，謂之兩制。其侍讀、侍講學士及崇政殿説書，謂之經筵；殿閣諸學士、待制，謂之侍從；直館、直閣謂之館職。

東宮官。 太子太師、太傅、太保，太子少師、少傅、少保，皆不常設，恒以待前宰執爲致仕官。太子賓客以他官兼，不常置。太子詹事二人，以他官兼。中興，光宗正儲，以王十朋、陳良翰爲之，不兼他官，非常制。太子左庶子、右庶子、左諭德、右諭德，仁宗以後始置，或除左虚右，或除右虚左，或並置。太子侍讀、侍講，神宗升儲，始置各一人。中興常並置。太子中舍人、舍人各一人。嘉定初，除二人。資善堂翊善、贊讀、直講、説書、皇太子宮小學教授、資善堂小學教授、翊善以下，皆舊制。直講以下〔一〕，

〔一〕「直講」，宋史職官志二作「説書」。

中興以後增置。　主管左、右春坊事二人，以武臣兼。同主管左、右春坊事二人，以内臣兼。承受官一人，以内侍充。　太子左右衛率、府率、副率，左右司禦率、府率、副率，左右清道率、府率、副率，左右監門率、府率、副率，左右内率、府率、副率，官存而無職司。中興不置，惟以監門率、副率爲環衛。

親王府。傅、長史、司馬，俱有其官，而未嘗除。諮議參軍、友、記室參軍、王府教授、小學教授，俱無定數。

吏部。掌文武官吏選試、擬注、資任、銓叙、蔭補、考課之政令。其屬三：曰司封，曰司勳，曰考功。凡官十有三：尚書一人，侍郎一人，郎中、員外郎，尚書選二人，侍郎選各一人，司封、司勳、考功各一人。元祐初，司封、司勳各減郎官一員。

户部。掌天下人户、土地、錢穀之政令，貢賦征役。國初，以天下財計歸三司，本部無職掌，止置判部事一人。元豐正官名，始歸户部。其屬三：曰度支，曰金部，曰倉部。凡官十有三：尚書一人，侍郎二人，郎中、員外郎，左右曹各二人，度支金部、倉部各二人。

禮部。掌國之禮樂、祭祀、朝會、宴饗、學校、貢舉之政令。舊屬禮儀院，判院一人，又有知院，而禮部止設判部一人。元豐官制，始歸禮部。其屬三：曰祠部，曰主客，曰膳部。設官十：尚書、侍郎各一人，郎中、員外郎四司各一人。元祐初，省祠部郎官一員，以主客兼膳部。紹聖改元，主客、膳部互置郎中兼領。

兵部。 掌兵衛、儀仗、鹵簿、武舉、民兵、廂軍、上軍、蕃軍，四夷官封承襲之事，輿馬、器械之政，天下地土之圖。其屬三：曰職方，曰駕部，曰庫部。舊判部事一人。元豐設官十：尚書、侍郎各一，四司郎中、員外郎各一。元祐初，省駕部郎中一員，以職方兼庫部。紹聖改元，詔職方、庫部互置郎中一員兼。

洪氏容齋隨筆：唐因隋置，尚書置六曹。吏部、兵部分掌銓選，文屬吏部，武屬兵部。自三品以上官册授，五品以上制授，六品以下敕授，皆委尚書省奏擬。兩部各列三銓：曰尚書銓，尚書主之；曰東銓，曰西銓，侍郎二人主之。吏居左，兵居右〔一〕，是爲前行。故兵部班級在户、刑、禮之上。睿宗初政，以宋璟爲吏部尚書，李義、盧從愿爲侍郎；姚元之爲兵部尚書，陸象先、盧懷謹爲侍郎。六人皆名臣，二選稱治。其後用人，不能悉得賢，然兵部爲甚。其變而爲三班流外銓，不知自何時。元豐官制行，一切更改，凡選事，無論文武，悉以付吏部。蘇東坡，元祐中拜兵書，謝表云：「恭惟先帝復六卿之名，本欲後人識三代之舊，古今殊制，閑劇異宜，武選隸於天官，兵政總於樞輔，故司馬之職，獨省文書。」蓋紀其實也。今本曹所掌，惟諸州廂軍名籍，及每大禮，别書寫蕃官加恩告。雖有所轄司局，如金吾街仗司、騏驥車輅象院、法物庫、儀鸞司，不過每季郎官一往耳。名存實亡，一至於此！

刑部。 掌刑法、獄訟、奏讞、赦宥、叙復之事。其屬三：曰都官，曰比部，曰司門。設官十有三〔二〕：

〔一〕「兵居」，原脱，據光緒本、容齋隨筆卷一一補。

〔二〕「十有三」，諸本作「十有二」，據宋史職官志三改。

尚書一人，侍郎二人，郎中、員外郎、刑部各二人，都官、比部、司門各一人。國初，以刑部覆大辟案。淳化二年，增置審刑院，有知院及詳議官。大中祥符二年〔一〕，置糾察刑獄司。官制行，悉罷歸刑部。元祐元年，省比部郎官一員，以都官兼司門。紹聖元年，詔都官、司門互置郎官一員。

工部。掌天下城郭、宮室、舟車、器械、符印、錢幣、山澤、苑囿、河渠之政。舊制，判部事一人。元豐並歸工部。其屬三：曰屯田，曰虞部，曰水部。設官十：尚書、侍郎各一人，郎中、員外郎四司各一人。元祐元年，省水部郎官一員。紹聖元年，詔屯田、虞部互置郎官一員兼領。

御史臺。掌糾察官邪，肅政綱紀。其屬有三：曰臺院，侍御史隸焉；曰殿院，殿中侍御史隸焉；曰察院，監察御史隸焉。咸平中，以御史二人充左右巡使，祭祀則兼監祭使。又有廊下使、監香使，稱曰五使。元豐正官制，使名悉罷。御史大夫，宋初爲加官，不除正員，新制除去。中丞一人，爲臺長。侍御史一人，殿中侍御史二人，監察御史六人。其官卑而入殿中、監察御史者，謂之「裏行」。又有檢法一人，主簿一人。

祕書省。掌古今經籍圖書、國史實録、天文術數之事。監、少監、丞各一人，其屬有五：著作郎一人，著作佐郎二人，祕書郎二人，校書郎四人，正字二人。宋初，置三館長慶門北，謂之西館。太平興國

〔一〕「二年」，原作「三年」，據光緒本、宋史職官志三改。

初，於昇龍門東北創立三館書院。三年，賜名崇文院，遷西館書貯焉。東廊爲集賢書庫，西廊爲史館書庫。天禧初，以三館爲額，置檢討、校勘等員。先是端拱元年〔一〕，就崇文院中堂建閣，謂之祕閣。淳化元年，詔置直閣校理。元豐五年，職事官貼職悉罷，以崇文院爲祕書省官屬，始有定員。元祐初，復置直集賢院、校理〔二〕。自校理而上，職有六等，内外官並許帶。五年，置集賢院學士。元符二年，詔職事官罷帶館職，悉復元豐官制。紹興中，祕書省復建史館，以修神宗、哲宗實録，選本省官兼檢討、校勘，以侍從官充修撰，以宰臣提舉監修。九年，詔著作局，惟修日曆，遇修國史則開國史院，遇修實録則開實録院。嘉泰二年，國史與實録院並置，其會要所則以省官通任其事。又有太史局、鐘鼓院、筭學並屬焉。

殿中省。掌供奉天子玉食、醫藥、服御、幄帟、輿輦、舍次之政令。監、少監、丞各一人。總尚食、尚藥、尚醖、尚衣、尚舍、尚輦六局，各有典御、奉御等員。又置提舉，六尚局及管幹官一員。又有御藥院、勾當官，無常員。尚衣庫使、副使二人。内衣物庫監官二人，新衣庫監官二人，朝服、法物庫監官二人。

太常寺。掌禮樂、郊廟、社稷、壇壝、陵寢之事。卿、少卿、丞各一人，博士四人。主簿、協律郎、奉禮郎、大祝各一人。舊制，判寺及丞一人。别置太常禮院，雖隸本寺，其實專達。康定元年，置判寺、同判寺，並兼禮院事。元豐正名，始專其職。其屬有郊社令、太廟令、籍田令、宫闈令、太醫局、大晟府。

〔一〕「元年」，諸本作「二年」，據宋史職官志四改。
〔二〕「直」，諸本脱，據宋史職官志四補。

宗正寺。掌叙宗派屬籍。卿、少卿、丞、主簿各一人。宋初，置判寺事，以宗姓充。元豐官制行，詔宗正長貳，不專用國姓。蓋自有大宗正司以統皇族也。渡江後，卿不常置。

大宗正司。掌糾合族屬，知及同知官各一人，丞二人。熙寧三年，以異姓朝臣知丞事。

光禄寺。掌祭祀、朝會、宴饗酒醴膳羞之事。卿、少卿、丞、主簿各一人。舊卿、少皆爲寄禄。元豐制行，始歸本寺。中興後廢，併入禮部。其屬有大官令、法酒庫、内酒坊、大官物料庫、翰林司、牛羊司、牛羊供應所、乳酪院、外物料庫。

衛尉寺。掌儀衛、兵械、甲胄之政令。卿、少卿、丞、主簿各一人。舊制判寺事一人。凡武庫、武器歸内庫，守宫歸儀鸞司，本寺無所掌。元豐制行，始歸本寺。其屬有内弓箭庫、南外庫、軍器弓槍庫、軍器弩劍箭庫、儀鸞司、軍器什物庫、宣德樓什物庫、左右金吾街司、左右金吾仗司、六軍儀仗司。中興後，寺廢，併入工部。

太僕寺。掌車輅、厩牧之令。卿、少卿、丞、主簿各一人。所隸官司有車輅院、左右騏驥院、左右天駟監、鞍轡庫、養象所、駞坊、車營、致遠務、牧養上下監、左右天厩坊、孳生監。中興後，寺廢，併入兵部。舊制，群牧司，制置使、副。鞍轡庫使、副。元豐併入太僕寺。

大理寺。掌折獄、詳刑、鞫讞之事。卿一人，少卿二人，正二人，推丞四人，斷丞六人，司直六人，評事十有二人，主簿二人。

鴻臚寺。掌四夷朝貢、宴勞、給賜、送迎之事。卿、少卿、丞、主簿各一人。其屬有往來國信所、都亭西驛及管幹所、禮賓院、懷遠驛、中太一宫、建隆觀等提點所，在京寺務司提點所、傳法院、左右街僧録司、同文館及管勾所。中興後，寺廢，併入禮部。

司農寺。掌倉儲、委積之政令。卿、少卿、丞、主簿各一人。所隸倉二十五：草場十二，排岸司四，園苑四，下卸司、都麴院、水磨務、柴炭庫、炭場。中興，罷寺，併隸倉部，後復置。

太府寺。掌邦國財貨之政令。卿、少卿各一人，丞、主簿各二人。所隸有左藏東西庫、西京南京北京左藏庫、内藏庫、奉宸庫、祗候庫、元豐庫、布庫、茶庫、雜物庫、糧料院、審計司、都商税務、汴河上下鎖、蔡河上下鎖、都提舉市易司、市易上界、市易下界、雜買務、雜賣場、榷貨務、交引庫、抵當所、和劑局、惠民局、店宅務、石炭場、香藥庫。中興，寺罷，併隸金部，後復置。

國子監。掌國子、大學、武學、律學、小學之政令。舊置判監事、直講、丞、主簿。元豐官制，祭酒、司業、丞、主簿各一人，大學博士十人，正、録各五人，武學博士二人，律學博士、正各一人。崇寧元年，建外學于國之南，設司業、丞各一人，博士十人，正、録各五人。三年，詔辟雍置司成、司業各二員〔一〕。四

〔一〕「二員」，宋史職官志五作「一員」。

年，改辟雍司成爲大學司成，總國子監及内外學事〔一〕。宣和三年，罷三舍法，悉依元豐舊制。中興，以國子監併禮部，後復置。

少府監。掌百工伎巧之政令。監、少監、丞、主簿各一人，所隸文思院、綾錦院、染院、裁造院、文繡院。舊置南郊祭器庫監官二人，太廟祭器法物庫監官二人，旌節官二人，鑄印篆文官二人，諸州鑄錢監監官各一人，並屬焉。

將作監。掌宫室、城郭、橋梁、舟車營繕之事。監、少監各一人，丞、主簿各二人。所隸修内司、東西八作司、竹木務、事材場、麥䴸場、窰務、丹粉所、作坊物料庫第三界、退材場、簾箔場。中興，以將作監併歸工部，後復置。

軍器監。掌監督繕治兵器什物。國初，戎器之職領于三司胄案〔二〕。熙寧六年，廢胄案，乃按唐令置監，以從官總判。元豐始置監、少監各一人，丞二人，主簿一人。所隸東西作坊、作坊物料庫、皮角場。南渡，以軍器監併工部，置御前軍器所，後復置。

都水監。掌内外川澤、河渠、津梁、堤堰之事。舊隸三司河渠案。嘉祐三年，始置監，又置局于澶

〔一〕「學事」，原作「學士」，據光緒本、宋史職官志五改。
〔二〕「案」上，諸本衍「曹」字，據宋史職官志五删。

州，曰外監。元豐置使者一人，丞二人，主簿一人。元祐中，復置外都水使者。所隸有街道司。紹興十年，以監歸于工部，不復置。

司天監。掌察天文祥異，寫造曆書。監、少監、丞、主簿、春官正、夏官正、中官正、秋官正、冬官正、靈臺郎、保章正、挈壺正各一人。元豐官制行，罷司天監，立太史局，隸祕書省。

殿前司。掌殿前諸班直及步騎諸指揮之名籍。都指揮使、副都指揮使、都虞候各一人。騎軍有殿前指揮使、内殿直、散員、散指揮、散都頭、散祗候、金鎗班、東西班、散直、鈞容直及捧日以下諸軍指揮。步軍有御龍直、骨朵子直、弓箭直、弩直及天武以下諸軍指揮。諸班有都虞候指揮使，有都軍使、都知、副都知、押班。御龍諸直，有四直都虞候，本直各有都虞候、指揮使、副指揮使、都頭、副都頭、十將、將、虞候。騎軍、步軍，有捧日、天武左右四廂都指揮使，捧日、天武左右廂各有都指揮使。每軍有都指揮使、都虞候，每指揮有指揮使、副指揮使，每都有軍使、副兵馬使、十將、將、虞候、承局、押官。渡江後，都指揮間虛不除，則以主管殿前司一員任其事。其屬有幹辦公事、主管禁衛二員，準備差遣、準備差使、點檢醫藥飯食各一員，書寫機宜文字一員。其下有統制、統領、將佐等，分任其事。

侍衛親軍馬軍。掌馬軍都指揮之名籍。都指揮使、副都指揮使、都虞候各一人。所領馬軍，自龍衛而下有左右四廂都指揮使〔一〕，龍衛左右廂各有都指揮使。每軍有都指揮使、都虞候。每指揮有指

〔一〕「使」，諸本脱，據宋史職官志六補。

揮使、副指揮使。每都有軍使、副兵馬使、十將、將、虞候、承勾、押官。

侍衛親軍步軍。掌步軍諸指揮之名籍。都指揮使、副都指揮使、都虞候各一人。所領步軍，自神衛而下，左右四廂設官與馬軍同。

環衛官。左右金吾衛、左右衛、左右驍衛、左右武衛、左右屯衛、左右領軍衛〔一〕、左右監門衛、左右千牛衛，凡十六衛，各有上將軍、大將軍、將軍，無定員，皆命宗室爲之，亦爲武臣贈典，又爲武臣責降散官。諸衛又有中郎將、郎將。

皇城司。掌宫城出入之禁令。幹當官七人。三衛官，三衛郎一員，中郎、文武各一員，博士二員，主簿一員。親衛府、勳衛府、翊衛府各有郎十員，中郎十員。中興初，爲行營禁衛所〔二〕。紹興元年，改稱行在皇城司，所隸有冰井務。

客省、引進使。客省使、副使各二人〔三〕，掌國信使見、辭、宴、賜及四方進奉、四夷朝覲、貢獻之儀。引進司使、副各二人〔四〕，掌臣僚、蕃國進奉禮物之事。

〔一〕「領軍衛」，諸本作「官軍衛」，據宋史職官志六改。
〔二〕「所」，諸本作「府」，據宋史職官志六改。
〔三〕「二人」，原作「一人」，據光緒本、宋史職官志六改。
〔四〕「二人」，原作「一人」，據光緒本、宋史職官志六改。

四方館使。掌進章表，使二人。建炎初，客省、四方館併歸東上閤門，皆知閤總之。

東、西上閤門使。掌朝會宴幸供奉、贊相禮儀之事。東上閤門使、西上閤門使各三人，副使各二人，宣贊舍人十人，祗候十有二人。舊制，東、西上閤門，多以處外戚勳貴。建炎初，併省爲一。其引進司、四方館併歸閤門、客省。

帶御器械。宋初，選三班以上武幹親信者佩櫜鞬、御劍，或以内臣爲之，止名「御帶」。咸平元年，改爲帶御器械。

入内内侍省　内侍省。宋初，有内中高品班院。淳化五年，改入内内班院，又改入内黄門班院，又改内侍省入内内侍班院。景德三年，改入内内侍省。又宋初有内班院，淳化五年，改爲黄門，又改内侍省，與入内内侍省號爲前後省。入内内侍省有都都知、都知、副都知、押班、内東頭供奉官、内西頭供奉官、内侍殿頭、内侍高品、内侍高班、内侍黄門。内侍省有左班都知、副都知、右班都知、副都知、押班、内東頭供奉官、内西頭供奉官、内侍殿頭、内侍高品、内侍高班、内侍黄門。其官稱則有内客省使、延福宫使、宣政使、宣慶使、昭宣使。自供奉官至黄門，以二百八十人爲定員。政和二年，改官名，以通侍大夫易内客省使，正侍大夫易延福宫使，中侍大夫易景福殿使，中亮大夫易宣慶使，中衛大夫易宣政使，拱衛大夫易昭宣使，供奉官易内東頭供奉官，左侍禁易内西頭供奉官，右侍禁易内侍殿頭，左班殿直易内侍高品，右班殿直易内侍高班，而黄門之名如故。其屬有御藥院勾當官、内東門司勾當官、合同憑由司監官、管勾往來國信所管勾官、後苑勾當官、造作所、龍圖天章寶文閣勾當、軍頭引見司勾當官、翰林院勾當官。

開封府。牧、尹不常置，權知府一人。其屬判官、推官四人，司録參軍一人，功曹、倉曹、户曹、兵曹、法曹、士曹參軍各一人，左右軍巡使、判官各二人，左右廂公事幹當官四人。崇寧三年，罷權知府，置牧一員，尹一員，少尹二人。以士、户、儀、兵、刑、工爲六曹次序。司録二員，六曹各二員，參軍事八員。

臨安府。舊爲杭州，領浙西兵馬鈐轄。南渡，置知府一人，通判二人，簽書節度判官廳公事、節度推官、觀察推官、觀察判官、録事參軍、左司理參軍、右司理參軍、司户參軍、司法參軍各一人。置南北左右廂官，分使臣十員，立五酒務監、六都監、兩總轄。乾道七年，皇太子領尹事，廢通判、簽判職官，置少尹一員，判官二員，推官三員，未幾復舊。

河南應天府。有牧、尹、少尹、司録、户曹、法曹、士曹。尹闕，則置知府事一人，通判一人，判官、推官各一人。

次府。有牧、尹、少尹、司録、户曹、法曹、士曹、司理、文學、助教。尹闕，則知府事一人，通判一人。

節度使。宋初無所掌，其事務悉歸本州，亦無定員，恩數與執政同，不輕授。其兼中書令、侍中、中書門下平章事者，謂之使相。元豐新制，改爲開府儀同三司。中興，諸州升改節鎮，勳臣有兼兩鎮及三鎮者。

承宣使。無定員，舊名節度觀察留後，政和七年改。

蕙田案：明立十三承宣布政使，蓋因於此。

觀察使　防禦使　團練使　諸州刺史。俱無定員。

大都督府　都督府。設大都督、長史、左右司馬、録事參軍、司户、司法、司士、司理、文學參軍、助教。凡大都督及長史闕，則置知府事一人，通判一人。舊制，都督州建官如上。南渡後，以現任宰相爲都督，次有同都督，有督視軍馬，多執政爲之，雖名稱略同，然掌總諸路軍馬，督護諸將，非舊制比也。

制置使。不常置。掌經畫邊鄙軍旅之事。中興以後置使，多以安撫大使兼之。地重秩高者加制置大使，位宣撫副使上，或置副使以貳之。開禧間，江、淮、四川並置大使，後惟四川守臣帶安撫制置使。又有沿海制置使，以明州守臣領之。

宣諭使。掌宣諭德意，不預他事，歸即結罷。其後使權益重，有預軍政者。

宣撫使。不常置。掌宣布威靈，撫綏邊境，統護將帥，以二府大臣充。宣撫副使、宣撫判官，皆不常置。

總領。四人。掌措置、移運、應辦諸軍錢糧，以朝臣充，位在轉運副使上。

留守　副留守。舊制，天子巡守、親征，命親王大臣總留守事。其西南北京留守各一人。

經略安撫司，經略安撫使一人，掌一路兵民之事。舊制，以知州兼充。中興以後，自二品以上出守者，即稱安撫大使。**走馬承受**。隸經略安撫總管司。政和五年，改爲廉訪司。靖康初復舊。

發運使　副使。掌經度山澤財貨之源，漕淮、浙、江、湖六路儲廩以輸中都。紹興二年，罷。八年，再置經制發運使。九年，廢發運司，立經制使，未幾併於逐路鹽司。乾道六年，復置發運使，尋廢。

都轉運使　轉運使　副使。掌經度一路財賦，或諸事體當合爲一，則置都轉運使總之。

招討使，掌收招、討殺盜賊之事，不常置。**招撫使**。不常置。

撫諭使。掌慰安存問，採民之利病，條奏而罷行之，亦不常置。

鎮撫使。舊所無有。中興，假權宜以收群盜。後遂罷，弗置。

提點刑獄公事，掌察所部訟獄。舊制，參用武臣。熙寧初，罷之。中興，詔諸路分置武提刑一員，其後稍橫，遂不復除。**提舉常平司**，掌常平、義倉、免役、市易、坊場、河渡、水利之法。熙寧中置，元祐併其職于提點刑獄司。紹聖初復置。**提舉茶鹽司**，政和中置。**提舉常平茶鹽司**，建炎元年，常平職事併歸提刑司。二年復置常平官，未幾復罷。紹興二年，復置主管。其後置經制司，改常平官爲經制某路幹辦常平等公事。未幾，經制司罷，復爲常平官。十五年，詔諸路提舉茶鹽官改充提舉常平茶鹽公事。如四川無茶鹽去處，仍以提刑兼充。**都大提舉茶馬司**，舊有主管茶馬、同提舉茶馬、都大提舉茶馬，皆考其資歷授之。嘉泰三年〔一〕，詔茶馬官各差一員，遂分爲兩司。**提舉坑冶司**，舊制一員。元豐初，增爲二員，分置兩司：在饒者，領江東、淮、浙、福建等路；在虔者，領江西、湖廣等路。元祐復併爲一員。紹興五年，將饒州司留屬官一員外，並減罷，併歸虔州司，又加「都大」二字於提點之上。後省併歸遂路轉運使，仍置提領諸路鑄錢官一員於行在。自此，或復或罷不一。乾道六年，併歸發運司。發運司罷，復置提點兩司如初。淳熙二年，併贛歸饒，復加「都大」二字。**提舉市舶司**，元祐初，詔福建路於泉州置司。大觀元年〔二〕，復置浙、廣、福建三路市舶提舉官。建炎初，罷閩、浙市舶司，歸轉運司，尋復置。乾道初，罷兩浙提舉，委各州縣檢視，而轉運使總之。**提舉學事司**，崇寧二年置，宣和三年罷。**提點開封府界諸縣鎮公事**　**提舉河北糴便司**　**提舉制置解鹽司**　**經制邊防財用司**，熙寧末置，元祐初罷。**提舉兵馬提轄兵甲**，皆守臣兼之。**提舉保甲司**，元豐初〔三〕，置于開封府界，下其法于河北諸路，既而悉置提舉官知府界。**提舉三白渠公事、檢發司、輦運司、提舉弓箭手。**

〔一〕「嘉泰」，諸本作「嘉定」，據宋史職官志七改。
〔二〕「元年」，原作「三年」，據光緒本、宋史職官志七改。
〔三〕「元豐」，諸本作「元祐」，據宋史職官志七改。

馬氏端臨曰：古者牧伯之任，後世之所謂監司也。隋以前謂之刺史，自唐以刺史名知州，而後牧伯別有以名其官。蓋唐之初，止有上、中、下都督府，其後則有節度、觀察等使。宋之初，止有轉運使，其後則有安撫、提刑等官。然唐、宋中葉以後，監司尤多。蓋唐之多設監司也，起于開元、天寶之興利，如楊國忠爲宰相，所領四十餘使；元道州到官未五十日，諸使徵求符牒三百餘封是也。宋之多設監司也，起于熙寧、元豐之行新法，如蘇軾所謂「使者四十餘輩，事少員多，人輕權重」，及司馬光所謂「提舉司乃病民之本源」是也。

府、州、軍、監。諸府置知府事一人，州、軍、監亦如之。二品以上及帶兩府職事者，稱判。通判，大郡置二員，餘置一員。州不及萬户，不置。武臣知州，小郡亦特置焉。幕職官，有簽書判官廳公事，兩使、防、團、軍事推判官，節度掌書記，觀察支使，凡員數多寡，視郡大小及職事之繁簡。政和初，改簽書判官廳公事爲司録。建炎初，復舊。諸曹官有録事、户曹、司法、司理諸參軍。教授，慶曆中置。

縣令。有丞、主簿、尉。若京、朝官則稱知縣事。有戍兵，則兼兵馬都監或監押。

廟令。舊制，五岳、四瀆、東海、南海諸廟俱置令、丞、主簿。

總管、鈐轄司。治軍旅屯戍、營房、守禦之政令。崇寧四年，京畿四輔置副總管、鈐轄各一員，知州爲都總管。

路分都監。掌本路禁旅屯戍、邊防、訓練之政令。

諸軍都統制、副都統制。建炎初，置御營司，立都統制。紹興十一年，設御前諸軍都統制。其後，諸軍皆除都統制，權任在帥臣右，官卑者稱副都統制。初，渡江後，大軍又有統制、同統制、副統制、統領、同統領、副統領，其下有正將、準備將、訓練官、部將、隊將等名，皆偏裨也。

巡檢司。有沿邊溪峒都巡檢，或蕃漢都巡檢，或數州數縣管界，或一州一縣。又有刀魚船戰棹巡檢，江、河、淮、海置捉賊巡檢，及巡馬、巡鋪、巡河、巡捉私茶鹽等名。

蕙田案：巡檢在宋爲邊徼典軍之要職，元、明以後，役屬於縣令，其任益卑瑣矣。

監當官。掌茶鹽酒税、場務征輸及冶鑄之事。諸州軍隨事置官〔一〕。

右宋官制

〔一〕「官」，諸本作「名」，據宋史職官志七改。

五禮通考卷二百十九

嘉禮九十二

設官分職

遼官制

遼史百官志：遼國官制，分北、南院。北面治宫帳、部族、屬國之政，南面治漢人州縣、租賦、軍馬之事。初，太祖分達喇額爾奇木爲北、南二大王，謂之北、南院。宰相、樞密、宣徽、林牙，下至郎君、護衛，皆分北、南，其實所治皆北面之事，語遼官制者不可不辨。凡遼朝官，北樞密視兵部，南樞密視吏部，北、南二王視户部，額爾奇木視刑部，宣徽視工部，多囉倫穆騰視禮部，北、南府宰相總之。特哩衮治宗族，林牙脩文告，裕悦坐而論議以象公師。朝廷之上，事簡職專，此遼所以興也。

契丹北樞密院，掌兵機、武銓、群牧之政，凡契丹軍馬皆屬焉。以其牙帳居大内帳殿之北，故名北院，元好問所謂「北衙不理民」是也。契丹南樞密院，掌文銓、部族、丁賦之政，凡契丹人民皆屬焉。以其牙帳居大内之南，故名，元好問所謂「南衙不主兵」是也。北宰相府，掌佐理軍國之大政，皇族四帳世預其選。南宰相府，掌佐理軍國之大政，國舅五帳世預其選。北大王院　南大王院，分掌部族、軍民之政。宣徽北院　宣徽南院，分掌御前祗應之事。大裕悦府，無職掌，班百僚之上，非有大功德不授，猶南面之有三公。大特哩衮司，掌皇族之政教。額爾奇木院，掌刑獄。大林牙院，掌文翰之事。多囉倫穆騰司，掌禮儀。文班司，所掌未詳。額真尼郭齊喀。所掌未詳，後併樞院。

蕙田案：以上皆北面朝官。

北面御帳官，侍衛司，北護衛府，南護衛府，硬寨司，皇太子特哩衮司。北面著帳官，著帳郎君院，祗候郎君班詳衮司，左祗候郎君班詳衮司，右祗候郎君班詳衮司，著帳户司。北面皇族帳，大内特哩衮司，大横帳詳衮司，孟父族帳詳衮司，仲父族帳詳衮司，季父族帳常衮司，四帳都詳衮司，舍利司，王子院，駙馬都尉府。**北面諸帳官**，耀尼九帳大常衮司，大國舅司，國舅別部，渤海帳司，奚王府，伊實王府。**北面宫官**，諸行宫都部署院，契丹行宫諸部署司，行宫諸部署司，押行宫輜重額爾奇木司。**北面部族官**　**北面坊場局冶牧廄等官**　**北面軍官**　**北面邊防官**　**北面行軍官**　**北面屬國官**。以上各官，名煩多，不具載。

南面朝官，三師府，三公府，漢人樞密院，中書省，門下省，六部，御史臺，殿中司，翰林院，宣徽院，内省，内侍省，客省，太常寺，榮禄寺，衛尉寺，宗正寺，太僕寺，大理寺，鴻臚寺，司農寺，秘書監，司天監，國子監，太府監，少府監，將作監，都水監，十六衛，東宫三師府，太子賓客院，太子詹事院，左春坊，右春坊，太子諸率府，王傅府，親王内史府。**南面宫官**，漢兒行宫都部署院，亦曰南面行宫都部署司。**南面京官**，東京、中京、南京宰相府，諸京内省司，上京鹽鐵使司，東京户部使司，中京度支使司，南京三司使司，南京轉運使司，西京計司，五京留守司，五京都總管府，五京都虞候司，五京警巡院，五京處置使司，五京學。諸京别置之官，不載。**南面方州官**，節度使司，觀察使司，團練使司，防禦使司，州刺史。**南面分司官**，按察諸道刑獄使，採訪使。**南面財賦官**，錢帛司，轉運司。**南面軍官**，點檢司，指揮使司，諸軍都團練使司，諸軍兵馬都總管府。**南面邊防官**。安撫使司，招安使司，巡檢使司，都總管府，都管司，制置使司，處置使司。

蕙田案：遼官制有南面、北面之分，名目猥多，不能盡載，今惟舉其大綱而已。若南面朝官，大率與唐制多同。元人修史時，已不能得其詳，僅於史文散見者推而得之，亦未究其然否也。

右遼官制

金官制

金史百官志：金自景祖始建官屬，其官長皆稱曰貝勒，故太祖以貝勒嗣位，太宗以按巴貝勒居守。按巴，尊大之稱也。其次曰固倫烏赫哩貝勒，固倫言貴，烏赫哩猶總帥也。又有固倫貝勒，或左右置，所謂國相也。其次諸貝勒之上，則有固倫、伊實、烏赫哩、伊拉齊、愛滿、阿實、克温、德埒之號，以爲陞拜宗室功臣之序焉。其部長曰貝勒，統數部者曰烏赫哩。凡此，至熙宗定官制皆廢。其後惟鎮撫邊民之官曰圖埒，烏赫哩國之下有索約勒圖，伊達之下有默濟格、實訥昆，此則具于官制而不廢，皆踵遼官名者也。漢官之制，自平州人不樂爲明安穆昆之官，始置長吏以下。天輔七年，以左企弓行樞密院于廣寧，尚踵遼南院之舊。天會四年，建尚書省，遂有三省之制。

熙宗頒新官制，大率皆循遼、宋之舊。海陵庶人正隆元年，罷中書、門下省，止置尚書省，而下官司之别，曰院，曰臺，曰府，曰司，曰寺，曰監，曰局，曰署，曰所，各統其屬以修其職。職有定位，員有常數，終金之世，守而不敢變焉。

三師，太師、太傅、太保各一人。三公。太尉、司徒、司空各一人。

尚書省。尚書令一人，左、右丞相各一人，平章政事二人，爲宰相。左、右丞各一人。參知政事二人，爲執政官。左司郎中、員外郎各一人。都事二人。右司同。祗候郎君，管勾官。架閣庫管勾、同管勾。提點歲賜所。堂食公使酒庫使、副。直省局局長、副局長。管勾尚書省樂工。

行臺尚書省。天會十五年，置于汴。天眷元年，改燕京樞密爲行臺尚書省。三年，復移于汴，其官品下中臺一等。

吏部。尚書一人，侍郎一人，郎中二人，員外郎二人，主事四人。架閣庫管勾、同管勾。官誥院提舉。

户部。尚書一人，侍郎二人，郎中三人〔一〕，員外郎三人，主事五人。架閣庫管勾、同管勾、檢

〔一〕「三人」，諸本作「二人」，據金史百官志一改。

法。勾當官。又有榷貨務、交鈔庫、印造鈔引庫、抄紙坊、平準務各使、副使、交鈔庫、物料場場官並屬焉。

禮部。尚書一人，侍郎一人，郎中一人，員外郎一人，主事二人。又惠民司令、直長都監屬焉。左三部檢法司，司正二人，檢法二十二人。

兵部。尚書一人，侍郎一人，郎中一人，員外郎二人，主事二人。又四方館使、副使，法物庫使、副使，承發司管勾、同管勾並屬焉。

刑部。尚書一人，侍郎一人，郎中一人，員外郎二人，主事二人。架閣庫管勾、同管勾。又萬寧宮、慶寧宮各提舉、同提舉屬焉。

工部。尚書一人，侍郎一人，郎中一人，員外郎一人，主事二人。覈實司管勾一人。又修內司使、副使，都城所提舉、同提舉，祗應司提點令、丞，甄官署令、丞，上林署提點令、丞，花木局都監同樂園管勾並屬焉。右三部檢法司司正二人，檢法二十二人。

都元帥府。掌征討之事，兵罷則省。都元帥一人，左、右副元帥各一人，元帥左、右監軍各一人，左、右都監各一人，經歷、都事、知事、檢法各一人。

樞密院。樞密使一人，副使一人，簽書樞密院事一人，同簽書樞密院事一人，經歷、都事各一人，架閣庫管勾一人，知法二人。

大宗正府。 判大宗正事一人，同判大宗正事一人，同簽大宗正事一人，大宗正丞二人。泰和六年，改府曰大睦親府，官名隨改。知事一人，檢法。

御史臺。 御史大夫。 中丞。 侍御史二人，治書侍御史二人，殿中侍御史二人，監察御史十二人，典事二人，架閣庫管勾一人，檢法四人，獄丞一人。

宣撫司。 山東、山西〔一〕、大名、河北東西、河東南〔二〕、遼東、陝西、咸平、隆安、上京、肇州、北京凡十處置司使、副使。

勸農使司。 使一人，副使一人。泰和八年罷，貞祐間復置。興定六年，改立司農司。

司農司。 大司農一人，卿、少卿各三人，知事二人。興定六年置。又於陝西并河南三路立行司農司。

三司。 使一人，副使一人，簽三司事一人，同簽三司事一人，判官三人，參議規措審計官三人，知事二人，勾當官二人，管勾架閣庫一人，知法三人。泰和八年，省户部官員，置三司。貞祐罷之。

國史院。 監修國史，掌監修國史事。修國史，掌修國史，判院事。同修國史，編修官，檢閲官，修

〔一〕「山東山西」，金史百官志一作「山東東西」。
〔二〕「河東南」，金史百官志一作「河東南北」。

遼史刊修官、編修官。

翰林學士院。翰林學士承旨，翰林學士，翰林侍讀學士，翰林侍講學士，翰林直學士，不限員。翰林待制，不限員。翰林修撰，不限員。應奉翰林文字。天德三年〔一〕，自侍讀學士至應奉文字，通設漢人十員，女直、契丹各七員。

審官院。知院一人，同知院事一人。承安四年設，大安二年罷之。

太常寺。卿一人，少卿一人，丞一人，博士二人，檢閱官一人，檢討二人。太祝，奉禮郎，協律郎。太廟署令一人，丞一人，兼廪犧署事。郊社署，令一人，丞一人，兼武成王廟署事。諸陵署，以涿州刺史兼，令、丞一人。園陵署，令以宛平縣丞兼。大樂署，兼鼓吹署，令一人，丞一人，又有大樂正、副正。

殿前都點檢司。殿前都點檢。左右副都點檢。都點檢判官。知事。殿前左衛將軍，右衛將軍，左衛副將軍，右衛副將軍。符寶郎。左右宿直將軍。左右振肅。宫籍監提點、監、副監、丞。近侍局提點、使、副使。器物局提點、使、副使。尚厩局提點、使、副使，掌厩都轄、副轄。尚輦局使、副使，典輿都轄，收支都監、同監。鷹坊提點、使、副使。武庫署令、丞。武器署

〔一〕「三年」，諸本作「二年」，據金史百官志一改。

提點、令、丞。

宣徽院。左宣徽使。　右宣徽使。　同知宣徽院事。　同簽宣徽院事。　宣徽判官。　拱衛直使司都指揮使、副都指揮使。　客省使、副使。　引進使、副使。　閤門東、西上閤門使、副使，簽事，閤門祗候，閤門通事舍人，承奉班都知，內承奉班押班，御院通進。　尚衣局提點、使、副使。　儀鸞局提點、使、副使，收支都監、同監。　尚食局提點、使、副使、都監，生料庫都監、同監，收支庫都監、同監。　尚藥局提點、使、副使，果子都監、同監。　太醫院提點、使、副使、判官、管勾。　御藥院提點。　教坊提點、使、副使、判官、諧音郎。　內藏庫使、副使。　頭面、段匹、金銀、襍物各庫都監、同監。　宮闈局提點、使、副使。　內侍局令、丞，諸隨殿位承應都監、同監。　內侍寄禄官，中常侍，給事中，內殿通直，黃門郎，內謁者，內侍殿頭，內侍高品〔一〕，內侍高班。　典衛司令、丞。　孝靖宮令、丞。　懿安家令、丞。　宮苑司令、丞。　尚醞署令、丞。　典客署令、丞。　侍儀司令。

蕙田案：金以內侍諸局隸宣徽院，與周之寺人屬冢宰、漢之宦者屬少府同義。

祕書監。監一人，少監一人，丞一人，祕書郎二人，校書郎一人。　著作局，郎一人，佐郎一人。　筆硯局，直長二人。　書畫局，直長一人，都監正二人或一人。　司天臺提點、監、少監、判官、教

〔一〕「內侍」，諸本作「內使」，據金史百官志二改。

授、管勾。

國子監。祭酒、司業，丞二人。　國子學，博士二人，助教二人，教授四人。　又有校勘及書寫官。　太學，博士四人，助教四人。

太府監。監、少監，丞二人。　左藏庫使、副使，右藏庫使、副使。　太倉使、副使。　酒坊使、副使。　典給署令、丞，舊曰鈎盾使、副使。　市買司使、副使。

少府監。監、少監，丞二人。　尚方署令、丞。　圖畫署令、丞。　裁造署令、丞。　文繡署令、丞。　織染署令、丞。　文思署令、丞。

軍器監。監、少監、丞。承安二年設，泰和四年罷，并甲坊、利器兩署爲軍器署，直隸兵部，至寧元年復。　軍器庫使、副使。　甲坊署，後廢。　利器署令、丞。

都水監。監、少監，丞二人。　勾當官四人。　街道司管勾。　都巡河官。　散巡河官。　諸埽物料場官。

諫院。左右諫議大夫，左右司諫，左右補闕，左右拾遺。

大理寺。卿、少卿、正、丞。　司直四人，評事三人。天德二年置，自少卿至評事，漢人通設六員，女直、契丹各四員。　知法十一人，明法二人。

弘文院。知院，同知院事，校理。

登聞鼓院。知院，同知院事以諫官兼。知法二人。

登聞檢院。知院，同知院，知法。

記注院。修起居注，以左右司首領官兼。

集賢院。貞祐五年設〔一〕。知院，同知院，司議官，諮議官。

益政院。正大三年置於内廷，以學問該博、議論宏遠者數人兼之。日以二人上直，備顧問，名則經筵，實内相也。末帝出，遂罷之。

武衛軍都指揮使司。隸尚書兵部。都指揮使，副都指揮使二人，副都一人，判官一人。鈐轄司，鈐轄十人，都鈐轄四人，都將二十人。

衛尉司。中衛尉，總中宫事務。副尉。左右常侍。給事局使、副使。掖庭局令、丞。

京東、西、南三路檢察司。使，副使。興定四年置。

南京豐衍東西庫。使、副使，判官二人，監支、納各一人。

提舉南京榷貨司。提舉、同提舉，勾當官三人。貞祐四年置。

〔一〕「五年」，原作「二年」，據光緒本、金史百官志二改。

提舉倉場司。使、副使，監支、納官十六人。貞祐五年置。

八作左右院。設官同上，掌收軍需、軍器。

東宮官。宮師府。太子太師、太傅、太保，太子少師、少傅、少保。詹事院太子詹事、少詹事。左右衛率府。左右監門。僕正、副僕、僕丞。掌寶。典儀。贊儀。侍正、侍丞。典食令、丞。侍藥、奉藥。掌飲令、丞。家令、家丞。司經、副。司藏、副。司倉、副。中侍局都監、同監。左右諭德。左右贊善。

親王府屬官，傅，尉，本府長史，司馬，文學，記室參軍。提舉衛紹王家屬，提舉、同提舉。提舉鎬厲王家屬，提舉、同提舉。提控鞏國公家屬。提控、同提控。

太后兩宮官屬。衛尉、副衛尉。左右典禁。奉令、奉丞。太僕。副僕。門衛。典寶。謁者。閤正。閤丞。食官令、丞。宮令、丞。醫令、丞。飲官令、丞。主藏、副主藏。主廩、副主廩。

大興府。尹一人，兼領本路兵馬都總管府事。車駕巡幸，則置留守。同知一人，少尹一人，府判一人，推官二人，知事。都孔目官二人，知法三人，女直教授一人，醫院醫正一人，醫工八人。

諸京留守司。留守一人，帶本府尹。同知留守一人，帶同知本府尹。副留守一人，帶本府少尹。留守判官一人，推官一人，司獄一人，知法二人。警巡院使一人，副一人，判官二人。

按察司。本提刑司，兼宣撫使勸農採訪事，復改宣撫爲安撫。承安四年改按察司，貞祐三年罷。使、副使。簽按察司事，判官。知事，知法。

諸總管府。謂府尹兼領者。都總管一人，同知都總管一人，兵馬副都總管一人，總管判官一人，推官一人，知法一人。

諸府。謂非兼總管府事者。尹一人，同知一人，少尹一人，府判一人，推官一人，教授一人，知法一人，録事、司録事一人，判官一人。

諸節鎮。節度使一人，兼本州管内觀察使事。同知節度使一人，副使一人，節度判官一人，觀察判官一人，知法一人，州教授一人，司獄一人。録事司，録事一人，判官一人。

諸防禦州。防禦使一人，同知防禦使一人，判官一人，知法一人，州教授一人，司候、司司候一人，司判一人。

諸刺史。州刺史一人，同知一人，判官一人，知法一人，司候、司司候一人，司判一人。

蕙田案：金制州有三等，曰節鎮州，曰防禦州，曰刺史州。

赤縣。令一人，丞一人，主簿一人，尉四人。**諸縣。**令一人，丞一人，主簿一人，尉一人。

都轉運司。使。同知。副使。都勾判官。户籍判官。支度判官。鹽鐵判官。

都孔目官。　知法。

山東鹽使司。與寶坻、滄、解、遼東、西京、北京凡七司。　使。　副使。　判官。　管勾。　同管勾。　都監。　同監。　知法。

漕運司。　提舉一人。　同提舉一人。

諸總管府節鎮兵馬司，都指揮使一人，副都指揮使二人，指揮使一人，軍使一人，左右什將各一人。　諸府鎮都軍司，都指揮使一人。　諸防刺州軍轄，一人，兼巡捕。　諸府州兵馬鈐轄。一人。

諸巡檢。中都東北都巡檢、西南都巡檢各一人，諸州都巡檢使各一人，副都巡檢使各一人，散巡檢，於地險要處置司。

諸邊將。正將一人，副將一人，部將一人，隊將無定員。

統軍司。河南、山東、陝西、益都置。使一人，副統軍一人，判官一人，知事一人，知法二人。

招討司。三處置，西北路、西南路、東北路。使一人，副使二人，判官一人，勘事官一人，知事一人，知法二人。

諸明安。　諸穆昆。　諸部族節度使。　諸詳衮司。　諸額爾奇木司。　諸都哩木。諸群牧所。

右金官制

元官制

元史百官志：元太祖起自朔土，統有其衆，惟以萬户統軍旅，以斷事官治政刑，任用者不過一二親貴重臣耳。及取中原，太宗始立十路宣課司，選儒臣用之〔一〕。金人來歸者，因其故官，若行省，若元帥，則以行省、元帥授之。草創之初，固未暇爲經久之規矣。世祖命劉秉忠、許衡酌古今之宜，定内外之官。其總政務者曰中書省，秉兵柄者曰樞密院，司黜陟者曰御史臺。體統既立，其次在内者，則有寺，有監，有衛，有府；在外者，則有行省，有行臺，有宣慰司，有廉訪司。其牧民者則曰路，曰府，曰州，曰縣。官有常職，位有常員，其長則蒙古人爲之，而漢人、南人貳焉。於是一代之制始備。

三公：太師、太傅、太保。各一員。太祖置太師一員。太宗始建三公，世祖之世，其職常缺，僅

〔一〕「儒臣」，原作「儒術」，據味經窩本、光緒本、元史百官志一改。

置太保一員。成宗以後，三公始無虛位矣。又有大司徒、司徒、太尉之屬，或置或不置。其置者，或開府或不開府。而東宮嘗置三師、三少，蓋亦不恒有也。

中書令。一員，典領百官，會決庶務。太宗以耶律楚材爲中書令，世祖以後，多以皇太子兼之，無特拜者。

右丞相、左丞相。各一員，總省事，佐天子理萬機。太宗置右左丞相各一。世祖中統元年置右、左丞相各二員。至元二年，增丞相五員。七年，立尚書省，置丞相三員〔一〕。八年，罷尚書省，置丞相三員。二十四年，復立尚書省，其中書省丞相二員如故。二十九年，尚書省再罷，專任一相。武宗至大二年，復置尚書省，丞相二員，中書丞相二員。四年，尚書省仍歸中書，丞相凡二員。順帝元統三年，中書省奏自今不置左丞相。至元五年，以右丞相巴延爲大丞相。六年，復置左丞相。至正二十七年，又有添設左丞相。

蕙田案：至元初立尚書省，止設平章以下。二十四年，復立尚書省與中書，各設丞相一人，志云「中書省丞相二員如故」者非也。

平章政事。四員，掌機務，貳丞相。世祖中統元年，置二員。二年，置四員。至元七年，置尚書省，設平章二員。八年，併入中書，復設三員。二十三年，汰爲二員。二十四年，復尚書省，兩省平章各二

〔一〕「三員」，原作「二員」，據味經窩本、元史百官志一改。

員。二十九年，罷尚書省，增中書平章爲五員，而一員爲商議省事。三十年，增平章爲六員。成宗元貞元年，改商議省事爲平章軍國重事。武宗至大二年，再立尚書省，平章三員，中書五員。四年，罷尚書省，中書平章仍五員。文宗至順元年，定置四員。順帝至正七年，置議事平章四人。二十七年，有添設第三平章。

右丞、左丞。各一員，副宰相裁成庶務。世祖中統二年置。三年，增爲四員。至元八年，右、左丞各一員。二十四年，立尚書省，右、左丞各一，而中書省缺員。二十八年，罷尚書省。三十年，設右丞二員，而一員爲商議省事。成宗元貞元年，右丞商議省事者，又以昭文大學士與中書省事。武宗至大二年，復立尚書省，右、左丞二員，中書右、左丞五員。四年，罷尚書省，中書右、左丞止設四員。文宗至順元年，定置右、左丞各一。順帝時，又有添設左、右丞。

參政。二員，副宰相以參大政，其職亞於右、左丞。世祖中統元年，置一員。二年，增爲二員。至元七年，立尚書省，參政三員。八年，併入中書，參政二員。二十四年，復立尚書省，參政二員。二十八年罷。武宗至大二年，復置尚書省，參政二員。四年，併入中書，參政三員。文宗至順元年，定爲二員。順帝至正中，有添設參政。

參議中書省事。典左右司文牘，爲六曹之管轄。中統元年，置一員。至元二十二年〔一〕，累增至

〔一〕「二十二年」，原作「三十二年」，據光緒本、元史百官志一改。

六員。大德中，定爲四員。

左司、右司。郎中、員外郎各二員。中統元年，置左右司。至元十五年，分爲兩司。左司掌吏禮房、知除房、户雜房、糧房、銀鈔房、應辦房；右司掌兵房、刑房、工房。中書省之屬，有斷事官、客省使、直省舍人、檢校官、照磨、管勾、架閣庫管勾、蒙古架閣庫管勾、回回架閣庫管勾等員。

中書分省。順帝至正中置。其分省之所，曰濟寧，曰彰德，曰陵州，曰冀寧，曰保定，曰大同，曰真定。廢置不常。

蕙田案：元之路、府、州、縣有直隸中書省者，謂之腹裏。有隸各處行中書省者。至正之世，盜賊並起，雖腹裏州郡，皆不獲安。内省難以遥制，乃分省臣僑治他所以彈壓之，亦權宜之法也。

吏部。掌官吏選授之政令。世祖中統元年，以吏、户、禮爲左三部。至元元年，以吏禮自爲一部。三年，復爲左三部。五年，又合爲吏禮部。七年，始列尚書六部。八年，仍爲吏禮部。十三年，分置吏部。二十三年，定尚書、侍郎、郎中、員外郎員額各二員。二十八年，增尚書爲三員，主事三員。順帝至元三年，設考功郎中、員外郎、主事各一員。至正元年，設司績一員。

户部。掌户口、錢糧、田土之政令。中統元年，置左三部。至元元年，分立户部。三年，復爲左三部。五年，復分爲户部。七年，始列尚書六部。二十三年，六部尚書、侍郎、郎中、員外郎定以二員爲額。

明年，以户部所掌特繁劇，增置二員〔一〕。大德五年，尚書、員外郎各設三員，主事八員，司計官四員。至正元年，添設司計二員。其屬有都提舉萬億寶源庫，都提舉萬億廣源庫，都提舉萬億綺源庫，都提舉萬億賦源庫，提舉富寧庫，諸路寶鈔提舉司，行用六庫，大都宣課提舉司，大都酒課提舉司，抄紙坊提領，印造鹽茶等引局，京畿都漕運使司，都漕運使司，檀、景等處採金鐵冶都提舉司〔二〕，大都河間等路都轉運鹽使司，山東東路轉運鹽使司，河東、陝西等處轉運鹽使司。

禮部。掌禮樂、祭祀、朝會、燕享、貢舉之政令。至元二十三年，定尚書，侍郎、郎中、員外郎各二員。成宗元貞元年，復增尚書一員，領會同館事。主事二員。其屬有左三部照磨所，侍儀司，拱衛直都指揮使司，儀鳳司，教坊司，會同館，鑄印局，白紙坊，掌薪司。

兵部。掌郡邑、郵驛、屯牧之政令。中統元年，以兵、刑、工爲右三部。至元元年，以兵刑自爲一部。三年，併爲右三部。五年，復爲兵刑部。七年，始列六部。明年，復爲兵刑部。十三年，復析兵部。二十三年，定尚書、侍郎、郎中、員外郎各二員。至治三年，增尚書一員，主事二員。其屬有大都陸運提舉司，管領隨路打捕鷹房民匠總管府，管領本投下大都等路打捕鷹房諸色人匠都總管府，隨路諸色民匠打捕鷹房等户都總管府，管領本位下打捕鷹房民匠等户都總管府。

〔一〕「增置二員」，所指不明，元史百官志一校勘記認爲，「增置」下，脱「尚書員外郎各」六字。
〔二〕「景」，原作「京」，據味經窩本、乾隆本、光緒本、元史百官志一改。

刑部。掌刑名法律之政令。至元二十三年，定尚書、侍郎、郎中、員外郎各二員。大德四年，尚書增一員，主事三員。其屬有司獄司、司籍所。

工部。掌營造百工之政令。中統元年，置右三部。至元元年，分立工部。三年，復爲右三部。七年，仍爲工部。二十三年，定尚書、侍郎、郎中、員外郎各二員。明年，增尚書二員。二十八年，省尚書一員。主事五員。其屬有左右部架閣庫，諸色人匠總管府，諸司局人匠總管府，提舉右八作司，提舉左八作司，諸路雜造總管府，齊達勒局總管府，大都人匠總管府，隨路諸色民匠都總管府，提舉都城所，受給庫，符牌局，旋匠提舉司，贊達勒齊提舉司，巴什伯哩、呼達巴哩二局，平則門窑場，光熙門窑場，大都皮貨所，通州皮貨所，晉寧路織染提舉司，冀寧路織染提舉司，真定路織染提舉司，南宫、中山織染提舉司，中山劉元帥局，中山察魯局，深州織染局，深州趙良局，弘州人匠提舉司，納實實特摩端二局，雲内州織染局，大同織染局，朔州毛子局，恩州織染局，保定織染提舉司，大名人匠提舉司，永平等路紋錦等局提舉司，大寧路織染局，雲州織染提舉司，順德路織染局，彰德路織染人匠局，懷慶路織染局，巴什伯里局，宣德府織染提舉司，東聖州織染局，宣德博囉局，東平路疃局，興和路蕁麻林人匠提舉司，陽門天城織染局，巡河提領所。

蕙田案：以上皆隸中書省。

樞密院。掌天下兵甲機密之務。中統四年，置樞密副使二員，僉書院事一員。至元七年，置同知院事一員，院判一員。二十八年，始置知院一員，增院判一員，又以中書平章商量院事。大德十年，增置知院二員，同知五員，副樞五員，僉院五員，同僉三員，院判二員。至大三年，知院七員，同知二員，副樞二員，僉院一員，同僉一員，院判二員，革去議事平章。延祐四年，增知院一員。五年，增同知一員，後定置知院六員，同知四員，副樞二員，僉院二員，同僉二員，院判二員，參議二員，經歷二員，都事四員，承發兼照磨二員，架閣庫管勾一員，同管勾一員。至正七年，復置議事平章。十三年，令皇太子領樞密使。十五年，添設僉院一員，院判二員。其屬有客省使、斷事官及右衛、左衛、中衛、前衛、後衛，武衛親軍都指揮使司，隆鎮衛親軍都指揮使司，左右翼屯田萬户府，左衛率府，右衛率府，河南、淮北、蒙古軍都萬户府，巴咱爾萬户府，扎固喇台萬户府，圖列圖萬户府，華善萬户府，右阿蘇衛親軍都指揮使司，左阿蘇衛親軍都指揮使司，回回砲手軍匠上萬户府，唐古衛親軍都指揮使司，珪齊衛親軍都指揮使司，延安屯田打捕總管府，大寧、海陽等處屯田打捕所，忠翊侍衛親軍都指揮使司，西域親軍都指揮使司，宗仁蒙古侍衛親軍都指揮使司，山東、河北、蒙古軍大都督府，左手萬户府，右手萬户府，巴圖萬户府，哈達萬户府，蒙古、回回水軍萬户府，奇圖噶萬户府，左翊蒙古侍衛親軍都指揮使司，右翊蒙古侍衛親軍都指揮使司，虎賁親軍都指揮使司。

大都督府。 天曆二年，立欽察親軍都督府，後改大都督府。置大都督三員，同知二員，副都督三員，僉都督事二員。其屬有右欽察衛，左欽察衛，龍翊侍衛親軍都指揮使司，哈喇婁萬户府。

樞密分院。至正中置於衛輝，又置於彰德，又置於直沽，又置於沂州。

行樞密院。有征伐之事則置，大征伐曰行院。爲一方一事而設，則稱某處行樞密院，事已則罷。西川行樞密院，中統四年置於成都。至元十年，於重慶別置東川行樞密院。十三年，併爲一院，尋又分置。十六年俱罷。二十八年，復立四川行院於成都。江南行樞密院。至元十年，荆、湖、淮西俱置行院。十二年罷。十九年，詔於揚州、岳州俱立行院。二十一年，立沿江行院。二十二年，立江西行院。二十八年，徙岳州行院於鄂州，江淮行院於建康。其後悉併歸行省。甘肅行樞密院，至大四年置於甘州，尋罷。河南行樞密院，致和元年置，天曆元年罷。嶺北行樞密院，天曆二年置。順帝至元二年，四川及湖廣、江西之境及江浙俱置行樞密院。十五年，置淮南、江北行院於揚州。十六年，置江浙行院於杭州。二十六年，置福建、江西等處行樞密院。

御史臺。掌糾察百官善惡、政治得失。至元五年，始立臺，設大夫、中丞、侍御史、治書侍御史以下。後定置大夫二員，中丞二員，侍御史二員，治書侍御史二員，經歷一員，都事二員，照磨一員，承發管勾兼獄丞一員。其屬有二：殿中司，置殿中侍御史二員；察院，置監察御史三十二員。

行御史臺。凡二：曰江南諸道行臺，初治揚州，尋徙杭州，又徙江州，後遷於建康。曰陝西諸道行臺，初立行臺於雲南，後徙陝西，治京兆。各置大夫一員，中丞二員，侍御史、治書侍御史各二員，監察御史，江南二十八員，陝西二十員。至正十六年，移江南行臺於紹興，又立分臺於福建。

肅政廉訪司。國初，置提刑按察司。至元二十八年，改今名。後定爲二十二道，隸御史臺者八：山東東西道治濟南路，河東山西道治冀寧路，燕南河北道治真定路，江北河南道治汴梁路，山南江北道治中興路，淮南江北道治廬州路，江北淮東道治揚州路，山北遼東道治大寧路。隸江南行臺者十：江東建康道治寧國路，江西湖東道治龍興路，江南浙西道治杭州路，浙東海右道治婺州路，江南湖北道治武昌路，嶺北湖南道治天臨路，嶺南廣西道治靜江府，海北廣東道治廣州路，海北海南道治雷州路，福建閩海道治福州路。隸陝西行臺者四：陝西漢中道治鳳翔府，河西隴北道治甘州路，西蜀四川道治成都路，雲南諸路道治中慶路。每道廉訪使二員，副使二員，僉事四員，兩廣、海南止二員。

大宗正府。世祖時立，仁宗減去「大」字。順帝至元元年仍爲大宗正府，定置扎爾固齊四十二員，郎中二員，員外郎二員。又增設掌判二員，都事二員，承發架閣庫管勾一員。

大司農司。凡農桑、水利、學校、饑荒之事，悉掌之。至元七年立，十四年罷。十八年改立農政院，二十年改務農司，又改司農寺。二十三年，仍爲大司農司。定置大司農四員，大司農卿二員，少卿二員，丞二員〔二〕，經歷一員，都事二員，架閣庫管勾一員，照磨一員。其屬有籍田署、供膳司、永平屯田總管府。

〔二〕「二員」，原作「一員」，據光緒本、元史百官志三改。

分司農司。至正十三年置。十五年，又置大兵農司於保定、河間、武清、景薊凡四處。十九年，又置大都督兵農司於西京。

翰林國史院。中統初，以王鶚爲翰林學士，未立官署。至元元年始置，二十年省併集賢院爲翰林國史集賢院。二十二年，復分立集賢院。後定置承旨六員，學士二員，侍讀學士二員，侍講學士二員，直學士二員，待制五員，修撰三員，應奉翰林文字五員，編修官十員，檢閲四員，典籍二員，經歷一員，都事一員。又有蒙古翰林院，掌譯寫一切文字。至元十二年别立，設官略與翰林國史院同。蒙古國子監、蒙古國子學俱屬焉。

内八府宰相。掌諸王朝覲儐介之事。有詔令，則與蒙古翰林院官譯寫而潤色之。大德九年，以摩齊圖等八人爲之。雖名宰相，而無授受宣命。

集賢院。掌提調學校、徵求隱逸、召集賢良，凡國子監、玄門道教、陰陽占卜之事，悉隸焉。國初，與翰林國史院同一官署。至元二十二年〔一〕，分立。後定置大學士五員，學士二員，侍讀學士二員，侍講學士二員，直學士二員，經歷一員，都事二員，待制一員，修撰一員，兼管勾承發架閣庫一員。國子監、興文署屬焉。

〔一〕「二十二年」，原作「二十三年」，據光緒本、元史百官志三改。

蕙田案：元設集賢院，領國子監，蓋取興賢之義，而以道教、陰陽之事並屬之，其名已不正矣。若張留孫、吴全節輩，皆以道流而充大學士之職，尤爲非體。

宣政院。掌釋教僧徒及吐蕃之境而隸治之。至元初，立總制院，領以國師。二十五年，更名。後定置院使一十員，同知二員，副使二員，僉院二員，同僉三員，院判三員，參議二員，經歷二員，都事三員〔一〕，照磨一員，管勾一員。其屬有斷事官、客省使、大都規運提點所、上都規運提點所、大都提舉資善庫、上都利貞庫、吐蕃等處宣慰司都元帥府、洮州元帥府、十八族元帥府、積石州元帥府、禮店文州蒙古漢軍西蕃軍民元帥府、吐蕃等處招討使司、松潘客疊威茂州等處軍民安撫使司、土蕃等路宣慰使司都元帥府、朵甘思田地裏管軍民都元帥府、拉瑪爾剛等處招討使司、本布田地裏招討使司、碉門伊屯拉雅長河西寧遠等處軍民安撫使司、六番招討使司、天全招討使司、長河西裏管軍招討使司、朵甘思招討使、烏斯藏納蘇拉古邏遜等三路宣慰使司都元帥府。順帝時，嘗置行宣政院於杭州，又以西番寇起，置行宣政院，往討之。

蕙田案：元史釋老傳云：「元起朔方，固已崇尚釋教。及得西域，世祖思因其俗而柔其人，乃郡縣土番之地，設官分職，而領之於帝師。乃立宣政院，其爲

〔一〕「三員」，原作「二員」，據乾隆本、元史百官志三改。

使位居第二者，必以僧爲之。出帝師所辟舉，而總其政于内外者，帥臣以下，亦必僧俗並用，而軍民通攝。於是帝師之命與詔敕並行于西土。」蓋宣政院設官之制如此。

宣徽院。掌供玉食。至元十五年置。後定置院使六員，同知二員〔一〕，副使二員，僉院二員，同僉二員，院判二員，經歷二員，都事三員，照磨一員，承發架閣庫一員。其屬有光禄寺，設卿、少卿、丞。又有大都尚飲局、上都尚飲局、大都尚醖局、上都尚醖局、大都醴源倉、上都醴源倉、尚珍署、安豐懷遠等處稻田提領所、尚舍寺、諸物庫、闌遺監、尚食局、大都生料庫、上都生料庫、大都大倉、上都大倉、大都上都柴炭局、尚牧所、沙糖局、永備倉、豐儲倉、淮東淮西屯田打捕總管府、龍慶栽種提舉司、弘州種田提舉司、豐潤署、常湖等處茶園都舉司。

蕙田案：元以國子監屬集賢院，光禄寺屬宣徽院，與古今制俱異。

大禧宗禋院。掌神御殿禋享禮典。天曆元年置。後定院使都典制神御殿事六員，同知兼佐儀神御殿事二員，副使兼奉贊神御殿事二員，僉院兼祇承神御殿事二員，同僉兼肅治神御殿事二員，院判供應神御殿事二員，參議二員，經歷二員，都事二員，管勾、照磨各一員。其屬有斷事官、客省使、隆禧總管府、

〔一〕「二員」，原作「一員」，據元史百官志三改。

福元營繕司、普安智全營繕司、祐國營繕都司、會福總管府、崇祥總管府、隆祥使司、壽福總管府。順帝至元六年，罷宗禋院，以所轄隸宣政院。

蕙田案：諸總管府所領田賦財用皆隸各僧寺，爲營繕香火之用，不屬於户部及大司農者。

太常禮儀院。掌大禮樂、祭享等事。中統元年，中都立太常寺。至元二年，以翰林院兼攝。九年，立太常寺。十三年，以侍儀司併入。二十年，別置侍儀司。至大元年，改陞院。四年，復爲太常寺。延祐元年，復改陞院。後定置院使二員，同知二員，僉院二員，同僉二員，院判二員，經歷一員，都事一員，照磨兼管勾承發架閣一員，博士二員，奉禮郎二員，奉禮兼檢討一員，協律郎二員，太祝十員，禮直管勾一員。其屬有太廟署、郊祀署、社稷署、大樂署。

典瑞院。掌寶璽、金銀符牌。中統元年，置符寶郎。至元十六年，立符寶局。十八年，改典瑞監。大德十一年，陞院。後置院使四員，同知二員，僉院二員，同僉二員，院判二員，經歷二員，都事二員，照磨兼管勾承發架閣庫一員。

太史院。掌天文算數之事，至元十五年立。後定置院使五員，同知二員，僉院二員，同僉二員，院判二員，經歷一員，都事一員，管勾一員。其屬有春官正兼夏官正，秋官正兼冬官正，保章正、副，靈臺郎監候、副監候，挈壺正，司辰郎，燈漏直長，教授，學正，校書郎諸員。

太醫院。掌醫事。中統元年置。二十年改爲尚醫監，二十二年復爲太醫院。後定置院使十二員，同知二員，僉院二員，同僉二員，院判二員，經歷二員，都事二員，照磨兼承發架閣庫一員。其屬有廣惠司、御藥院、御藥局、行御藥局、御香局、大都惠民局、上都惠民局、醫學提舉司。

奎章閣學士院。天曆二年立。後定置大學士四員，侍書學士二員，承制學士二員，供奉學士二員。屬官有授經郎及群玉内司。順帝至元六年，罷學士院。至正元年，立宣文閣，不置學士，惟授經郎及監書博士，以宣文閣繫銜。

藝文監。天曆二年置。大監檢校書籍事二員，少監同檢校書籍二員，監丞參檢校書籍二員。其屬監書博士及藝林庫、廣成局。順帝至元六年，改爲崇文監。至正元年，令翰林國史院領之。

侍正府。掌内廷近侍之事。至順二年置。侍正十四員，同知二員，僉府二員，侍判二員。領舒固爾齊四百人，奉御二十四員。

給事中。至元六年，始置起居注、左右補闕。十五年，改陞給事中兼修起居注，左右補闕改爲左右侍儀奉御兼修起居注。後定給事中二員，左、右侍儀奉御各一員。

將作院。掌造作。至元三十年置。後定院使七員，同知二員，同僉二員，院判二員。其屬有諸路金玉人匠總管府，異樣局總管府，大都等路民匠總管府。

通政院。元初，置驛以給使傳，設托克托郭遜以辨奸僞。至元七年，初立諸站都統領使司以總之。十三年，改通政院。十四年，分置大都、上都兩院。二十九年，又置江南分院。大德七年罷。至大四年，以其事歸兵部，尋仍置。大都院使四員，同知二員，副使二員，僉院一員，同僉一員，院判一員。上都院使、同知、副使、僉院、判官各一員。其屬有廩給司。

蕙田案：元之通政院專司站齊，與宋之通進銀臺司、明之通政司有別。

詳定使司。至正十七年，置四方獻言詳定使司，掌考其所陳之言，擇其善者以聞。有使、副使各二員。

中政院。掌中宫財賦營造，并番衛之士、湯沐之邑。元貞二年，置中御府。大德四年，陞中政院。至大四年，省併入典内院。皇慶二年，復爲中政院。院使七員，同知二員，僉院二員，同僉二員，院判二員，司議二員，長史二員。其屬有中瑞司、内正司、翊正司、典領局等，不備載。至元六年，别爲完者呼圖皇后置資正院。

儲政院。至元十九年，立詹事院，置左右詹事、副詹事、丞、院判，别置賓客、左右諭德、左右贊善、校書郎、中庶子、中允。三十一年，太子薨，乃以院之錢糧選法工役悉歸太后位下，改爲徽政院。大德九年，復立詹事院，尋罷。十一年，復立。至大四年，罷。延祐四年復立。七年罷。泰定元年，罷徽政院，改立詹事。天曆元年，改爲儲慶使司。二年，復爲詹事院，尋改儲政院。院使六員，同知二員，僉院二員，同僉二員，院判二員，司儀二員，長史二員。元統元年，爲皇太后置徽政院，設立官屬。至正六年，立皇太子宫傅府。十三年，罷宫傅府，立詹事院，置詹事、同知詹事、副詹事、丞、中議、長史。又置太子賓客、左右諭德、左右贊善、文學、中庶子、中允。二十七年，皇太子置大撫軍院。明年罷。詹事院司屬有家令司、典幄署、府正司、資武庫、冀用庫、延慶司、典用監、典醫監、典牧監、儲膳司、典寶監。儲政院司屬有掌謁司、甄用監、延福司、章慶使司、奉徽庫、壽和署、上都掌設署、掌醫監、修合司藥正司、行篋司藥局、廣濟提舉司、群牧監、掌儀署、上都掌儀署、江西財賦提舉司。

蕙田案：中政院如漢之大長秋，徽政院如漢之長信少府，儲政院如漢之詹事。順帝於中政院之外，别爲第二皇后立資正院，設官屬，非禮甚矣。詹事院有太子則置，徽政院有太后則置，無則省。其隸於兩院者，如左右都威衛使司、衛候直都指揮使司、内宰司及諸色人匠打捕鷹房財賦提領等，名目猥多，今並從略。

昭功萬户都總使司。至順二年立，凡文宗潛邸扈從之臣，皆領焉。都總使二員，同知一員，副使二員。其屬則宫相、膳工等司。

内史府。至元二十九年，封晉王于太祖四鄂爾多之地，改王傅爲内史，設内史九員，中尉六員，司馬四員，諮議二員，記室二員。其屬有延慶、典軍諸司。

隨路諸色民匠打捕鷹房都總管府。至元二十四年置，總四鄂爾多位下户計民匠造作之事。

達嚕噶齊二員，都總管一員，同知一員，副總管一員，凡鄂爾多之事，復置四總管分掌之。

管領保定等路阿哈探馬兒諸色人匠總管府。至元十七年置，掌太祖大鄂爾多一切事務。達嚕噶齊、總管、同知、副總管各一員。

管領打捕鷹房民匠達嚕噶齊總管府。至元二十一年置，掌二皇后鄂爾多位下歲賜財物造作等事，設官同上。

管領隨路諸色民匠打捕鷹房等户總管府。大德二年置，掌太祖鄂爾多四季行營一切事務，設官同。

管領隨路打捕鷹房諸色民匠齊哩克昆總管府。延祐五年置，掌太祖四皇后位下四季行營并歲賜造作之事，設官同。

隨路打捕鷹房諸色民匠總管府。至元二十二年置，掌北安王位下歲賜錢糧之事，設官同。

諸王傅官。凡四十五王，每位下各設王傅、傅尉、司馬。傅尉，惟科綽布哈、伊伯根、鄂倫三王有之，餘皆稱府尉。

都護府。掌領舊州城及輝和爾之居漢地者。至元十一年，初置輝和爾斷事官。十七年，改領北庭都護府。二十年，改大理寺。二十二年，復爲大都護。定置大都護四員，同知二員，副都護二員。

崇福司。掌領瑪拉哈實喇巴勒葉爾奇木十字寺祭享等事。至元二十六年置。延祐二年，改爲院。七年，復爲司。定置司使四員，同知、副使、司丞各二員。

大都留守司。至元十九年，罷宫殿府行工部，置留守司，兼本路都總管，知少府監事。二十一年，別置都總管治民事。皇慶元年，別置少府監，延祐七年罷，復以留守兼監事。定置留守五員，同知二員，副留守二員，判官二員。其屬有修内司、祗應司、器物局、大都城門尉、犀象牙局、大都四窑場、凡山採木提舉司、上都採山提領所、器備庫、甸皮局、上林署、養種園、花園、苜蓿園、儀鸞局、木場、諸色人匠提舉司、收支庫、諸色庫、太廟收支諸物庫、南寺北寺收支諸物二庫、廣誼司。

武備寺。掌繕治戎器，兼典受給。至元五年〔一〕，立軍器監。二十年，改武備監，隸衛尉院。二十一年，改監爲寺，與衛尉並立。大德十一年，陞爲院。至大四年，復爲寺。定置卿四員，同判六員，少卿四員，丞四員。其屬有壽武庫、利器庫、廣勝庫及諸路軍器人匠提舉司。

太僕寺。中統四年，設群牧所。至元十六年，改尚牧監。十九年，又改太僕院。二十年，改衛尉院。二十四年，罷院，立太僕寺。又別置尚乘寺以管鞍轡，而本寺止管阿塔斯馬匹。大德十一年，復改太僕院。至大四年，仍爲寺。卿、少卿、丞各二員。

尚乘寺。至元二十四年置。大德十一年，陞爲院。至大四年，復爲寺。卿四員，少卿、丞各二員。

〔一〕「五年」，原作「六年」，據光緒本、元史百官志六改。

其屬有資乘庫。

長信寺。領大鄂爾多齊哩克琨諸事。大德五年置。至大元年，陞爲院。四年，仍爲寺。後定卿四員，少卿、寺丞各二員。

長秋寺。掌武宗五鄂爾多户口錢糧營繕諸事。皇慶二年置。卿五員，少卿、寺丞各二員。

承徽寺。掌達爾瑪實哩皇后位下錢糧營繕等事。至治元年置。設官同上。

長寧寺。掌英宗蘇喀巴拉皇后位下錢糧營繕等事。至治三年置。卿六員，少卿、寺丞各二員。

長慶寺。掌成宗鄂爾多。泰定元年置。設官同上。

寧徽寺。隸瑪實皇后位下。天曆二年置。設官同上。

延徽寺。掌寧宗鄂爾多。至元六年置。

太府監。領左右藏等庫，掌錢帛出納之數。中統四年置。大德九年，改爲院。至大四年，復爲監。太卿、太監各六員，少監、丞各五員。

度支監。掌給馬駞芻粟。國初，置博克遜。至元十三年省，以宣徽兼其任。至大二年，改立度支院。四年，改爲監。卿三員，太監二員，少監三員，丞二員。

利用監。掌出納皮貨衣物之事。至元十年置。二十年罷。二十六年復置。大德十一年，改爲院。至大四年，復爲監。卿八員，太監、少監各五員，丞四員。

中尚監。掌大鄂爾多位下齊哩克昆諸務及領資成庫氈作。至元十五年，置尚用監。二十年罷。二十四年，改置中尚監。至大元年，陞爲院。四年，復爲監。參用宦者三人。卿八員，太監、少監各二員，丞二員。

章佩監。掌宦者蘇固爾齊所收御服寶帶。至元二十二年置。至大元年，陞爲院。四年，復爲監。卿五員，太監四員，少監、監丞各二員。

經正監。掌營盤巴納及標撥投下草地。至大四年置。太卿一員，太監、少監、監丞各二員。

都水監。掌治河渠并隄防、水利、橋梁、牐堰之事。至元二十八年置。監二員，少監一員，監丞二員。領大都河道提舉司。至正中，置行都水監，於山東、河南等處，立河防提舉司隸焉。

祕書監。掌列代圖籍及陰陽禁書。至元九年置。後定卿四員，太監、少監、丞各二員，其卿參用宦者二人。

蕙田案：祕書監爲文章之府，以宦者參其間，非宜也。

司天監。掌凡天象之事。提點一員，監三員，少監五員，丞四員。其屬有提學、教授、學正及天文、算曆、三式、測驗、漏刻諸科管勾，陰陽管勾、押宿、司辰官。中統元年設。至元十五年，別立太史院。凡頒曆之政歸院，學校之設隸監。回回司天監，設官同，惟減少監二員，丞二員。

司禋監。至正元年立，掌師翁祭祀祈禳之事。内監、少監、丞各二員。

上都留守司。兼本路都總管府，職掌與大都同，而兼治民事。留守六員，同知、副留守、判官各二員。其屬有修内司、祗應司、器物局、儀鸞局、兵馬司、警巡院、平盈庫、萬盈庫、廣積倉、萬億庫、行用庫、稅課提舉司、八作司、錣凛司。領開平一縣。

尚供總管府。掌守護東凉亭行宫及遊獵供需之事。達嚕噶齊、總管、同知、副總管、判官各一員。其屬有香河等處巡檢司、景運倉、法物庫。

雲需總管府。掌守護察罕諾爾行宫及行營供辦之事。設官同上。

大都路都總管府。達嚕噶齊二員，都總管一員，副達嚕噶齊、同知、治中、判官、推官各二員。領府一、州十一。凡本府官吏，惟達嚕噶齊一員及總管、推官專治路政，其餘皆分任供需之事，故又號供需府。其屬有大都路兵馬都指揮使司、司獄司、左右警巡院、大都警巡院、大都路提舉學校所、管領諸打捕鷹房總管府。至正十八年，大都四隅，俱立分府。

行中書省。曰河南江北，治汴梁。曰江浙，治杭州。曰江西，治龍興府。曰湖廣，治鄂州。曰陝西，治京兆。曰遼陽，治遼陽路。曰甘肅，治甘州路。曰嶺北，治和寧路。曰雲南，治中慶路。曰征東，治瀋陽。初，又有福建行省，治泉州，後併入江浙。又併四川行省於陝西。凡爲行省者十。中統、至元間，分立行中書省，皆以省官出領其事。其後嫌於外重，改爲某處行中書省。凡錢糧、兵甲、屯種、漕運、軍國重事，無不領之。至元二十四年，改行尚書省，尋復如舊。至大二年，又改行尚書省，尋復。每省丞相一員，平章二員，右丞一員〔一〕，左丞一員，參知政事二員。甘肅、嶺北二省各減一員〔二〕，郎中、員外郎各二員。舊制參政之下有簽省，有同簽，後罷不置，而丞相亦往往闕焉。順帝至正十二年，置淮南、江北行省於揚州。十六年，置福建行省於福州。十七年，置山東行省。二十三年，置廣西行省，又置膠東行省于萊陽。

蕙田案：黄帝分天下爲州，後代因之。唐曰道，宋曰路，元以後則曰省。省者，官署之名，非所施於疆域。元時於中書省之外，分立行中書省，以控制諸路，故有直隸省者，有隸諸行省者，其號爲省，固宜也。明初，罷諸行省，分天下爲十三布政司，當云某司，不當云某省。若總督、巡撫，專制一方，俱帶都察院堂上官銜，當云行院，不得云行省矣。

宣慰司。掌軍民之務，分道以總郡縣，行省有政令則布于下，郡縣有請則爲達於省。有邊陲軍旅之事，則兼都元帥府，其次則止爲元帥府。其在遠服，又有招討、安撫、宣撫等使。宣慰使司有使，有同知，有副使。都元帥府有都元帥、副元帥。元帥府有達嚕噶齊，有元帥。宣撫、安撫司有達嚕噶齊，有使，

〔一〕「一員」，諸本作「二員」，據元史百官志七改。
〔二〕「一員」，諸本作「二員」，據元史百官志七改。

有同知，有副使，有僉事。招討使有達嚕噶齊，有使，有副使，員數多少不等。

諸路萬户府。管軍七千以上爲上，五千以上爲中，三千以上爲下，各置達嚕噶齊一員，萬户、副萬户各一員，其官皆世襲，有功則陞之。其屬有鎮撫司、千户所。

儒學提舉司。統諸路、府、州、縣學校，各置於行省所署之地。每司提舉、副提舉各一員，江浙、湖廣、江西三省別有蒙古提舉學校官，設官同。

官醫提舉司。提舉、同提舉、副提舉各一員。惟河南、江浙、江西、湖廣、陝西五省各立一司，餘省無。

都轉運鹽使司。兩淮、兩浙、福建各置司使二員，同知二員〔一〕，副使一員，運判二員。兩浙、福建無副使。四川則名茶鹽轉運司，置使、同知、副使、運判各一員。廣東、廣海則有鹽課提舉司，各有提舉、同提舉、副提舉。

市舶提舉司。泉州、廣東、慶元各置司，提舉二員，同提舉二員，副提舉二員。

海道運糧萬户府。達嚕噶齊一員，萬户一員，副萬户四員。其屬有海運千户所，平江又有海運香莎糯米千户所。

〔一〕「二員」，諸本作「三員」，據元史百官志七改。

寶泉提舉司。至正中，議行錢法，立都提舉司，掌鼓鑄銅錢，印造交鈔。又置提舉司於河南行省及濟南、冀寧等處凡九所，江浙、江西、湖廣行省各一所。

都水庸田使司。順帝至元中，置于平江。至正中，又置于汴梁。使、副使、僉事各二員〔一〕。

都總制庸田使司。至正十年〔二〕，置河南、江北等處都總制庸田使司。使、副使各二員，僉司六員。其屬有軍民屯田總管府、農政司、豐盈庫。

諸路總管府。十萬以上爲上，十萬以下爲下。路當衝要者，雖不及十萬户亦爲上。置達嚕噶齊、總管、同知、判官各一員，推官二員。下路無治中。其屬有儒學教授、蒙古教授、醫學陰陽學教授、司獄司、録事司、平準行用庫、織染局、雜造局、府倉諸大使、惠民藥局、税務諸提領。

散府。達嚕噶齊一員，知府或府尹一員，同知、判官、推官各一員。所在有隸諸路及宣慰司、行省者，有直隸省部者，有統州縣者，有不統縣者，其制各有差等。

諸州。江北諸州，户一萬五千以上爲上，六千以上爲中，不及六千爲下。江南諸州，五萬以上爲上，三萬以上爲中，不及三萬爲下。各置達嚕噶齊、州尹、同知、判官。中、下州則稱知州，不稱尹。

〔一〕「僉事」，諸本作「僉司」，據元史百官志八改。
〔二〕「十年」，諸本作「十二年」，據元史百官志八改。

諸縣。江北縣，户六千以上爲上，二千以上爲中，不及二千爲下。江南，三萬以上爲上，一萬以上爲中，不及一萬爲下。置達嚕噶齊、尹、丞、簿、尉各一員，典史二員。中、下縣不置丞，下縣典史一員。

巡檢司。巡檢一員。

諸軍。惟邊遠之地有之，各統屬縣，設官如下州。

諸蠻夷長官司。西南夷諸溪洞各置司，達嚕噶齊、長官、副長官司用土人爲之。

各處托克托郭遜。掌辨使臣奸僞。正、副各一員。

蕙田案：元史經兩次編纂，體例多不畫一。如百官志則自元統、至元以後，沿革增損之制，别爲一卷，與前數卷首尾不相貫串。今逐條分晰，附於其下。其前卷所無，而順帝時創設者，亦以類相從。若詳定使司列於通政院之後，延徽寺列於寧徽寺之後，庶有條而不紊云。

右元官制

明官制

明史職官志：明官制，沿漢、唐之舊而損益之。自洪武十三年罷丞相不設，析中書省之政歸六部，以尚書任天下事，侍郎貳之。而殿閣大學士祇備顧問，帝方自操威柄，學士鮮所參決。其糾劾則責之都察院，章奏則達之通政司，平反則參之大理寺，是亦漢九卿之遺意也。分大都督府爲五，而征調隸於兵部。外設都、布、按三司，分隸兵刑錢穀，其考核則聽于府部。是時吏、户、兵三部之權爲重。迨仁、宣朝，大學士以太子經師恩累加至三孤，望益尊。而宣宗内柄無大小，悉下大學士楊士奇等參可否。雖吏部蹇義、户部夏原吉時召見，得預各部事，然希闊不敵士奇等親。自是，内閣權日重，即有一二吏、兵之長與執持是非，輒以敗。至世宗中葉，夏言、嚴嵩迭用事，遂赫然爲真宰相，壓制六卿矣。然内閣之擬票，不得不決於内監之批紅，而相權轉歸之寺人。於是朝廷之紀綱，賢士大夫之進退，悉顛倒於其手。伴食者承意指之不暇，間有賢輔，卒蒿目而不能救。初，領五都督府者，皆元勳宿將。永樂間，設内監監其事，猶不敢縱。沿習數代，勳戚紈袴司軍紀，日以惰毁。既而内監添置益多，邊塞皆有巡視，大征伐皆有監軍，而疆事遂致大壞矣。

蕙田案：明初，政歸六部，併都察院、通政司、大理寺爲九卿。然九卿之中，惟都察院權較重，與六部埒。明史有七卿表，謂六部尚書及左都御史也。

宗人府。宗人令一人，左、右宗正各一人，左、右宗人各一人，掌皇九族之屬籍。初，洪武三年，置大宗正院。二十二年，改宗人府。其屬經歷司，經歷一人。

太師、太傅、太保，少師、少傅、少保。公、孤其職至重，無定員，無專授。洪武三年，授李善長太師、徐達太傅，三孤無兼領者。建文、永樂間罷公、孤官，仁宗復設。宣德三年，敕太師張輔、少師蹇義、少傅楊士奇、少保夏原吉各輟所領，侍左右，咨訪政事。公、孤之官，幾于專授。逮義、原吉卒，士奇還領閣務。自後公、孤但虛銜，爲勳戚文武大臣加官、贈官。而文臣無生加三公者，惟張居正於神宗朝加太師。

太子太師、太子太傅、太子太保，太子少師、太子少傅、太子少保，太子賓客。皆東宮大臣，無定員，無專授。洪武元年，太子監國，以朝臣兼宮職。其後，東宮師傅止爲兼官、加官及贈官。惟永樂間，成祖幸北京，以姚廣孝爲太子少師，留輔太子。自是終明世皆爲虛銜，於太子輔導之職無與也。

中極殿大學士，舊名華蓋殿。**建極殿大學士**，舊名謹身殿。**文華殿大學士，武英殿大學士，文淵閣大學士，東閣大學士**。掌獻替可否，奉陳規誨，點檢題奏，票擬批答，以平允庶政。以其授餐大内，常侍天子殿閣之下，避宰相之名，又名内閣。先是，太祖承前制，設中書省，置左右丞相、平章政事、左右丞、參知政事。洪武十三年，誅丞相胡惟庸，遂罷中書省。又設四輔官，以儒士王本等爲之，尋亦罷。十五年，倣宋制，置殿閣諸大學士，秩皆正五品。二十八年，敕諭群臣：「國家罷丞相，設府、部、院、寺，以分理庶務，立法至爲詳善。以後嗣君，其毋得議置丞相。臣下有奏請設立者，論以極刑。」當是時，以翰林、春坊詳看諸司奏啓，兼司平駁。大學士特侍左右，備顧問而已。建文中，改大學士爲學士。成祖即位，特簡解縉、胡廣、楊榮等直文淵閣，參預機務。閣臣之預務，自此始。然其時入内閣者，皆編、檢、講、讀之官，不置官屬，不得專制諸司。諸司奏事，亦不得相關白。仁宗以楊士奇、楊榮東宮舊臣，陞士奇爲禮部侍郎兼華蓋殿大學士，榮爲太常卿兼謹身殿大學士，閣職漸崇。其後士奇、榮等皆遷尚書職，雖居内閣，官必以尚書爲尊。景泰中，王文始以左都御史進吏部尚書，入内閣。自後，誥敕房、制敕房俱設中書舍人，六部承奉意旨，靡所不領，而閣權益重。嘉靖以後，朝位班次，俱列六部之上。

吏部。尚書一人，左、右侍郎各一人，掌官吏選授、封勳、考課之政令。其屬司務二人，文選、驗封、稽勳、考功四清吏司，郎中、員外郎、主事各一人。明初，設四部于中書省。洪武元年，始置吏、户、禮、兵、刑、工六部，仍隸中書省。六年，吏部設總部、司勳、考功三屬部。十三年，罷中書省，陞六部秩，每部分四屬部，吏部加司封。二十二年，改總部爲選部。二十九年，定爲文選、驗封、稽勳、考功四司，凡六部屬，皆稱清吏司。建文中，六部設左、右侍中，位侍郎上，除去諸司「清吏」字。成祖初，悉復舊制。永樂元年，設北京行部尚書二人，侍郎四人。其屬置六曹清吏司。後又分置六部，各稱行在某部。十八年，以六部官屬移之北，不稱行在。其留南京者，加「南京」字。洪熙元年，復置六部官，屬于南京，去「南京」字，而以在北京者加「行在」字，仍置行部。宣德三年，復罷行部。正統六年，于北京去「行在」字，南京仍加「南京」字。按吏部尚書表率百僚，禮數無與並者。永樂初，選翰林官入直內閣。其後楊士奇等加至三孤，兼尚書銜，然品敘列尚書蹇義、夏原吉下。孝宗六年，内宴，大學士丘濬以太子太保、禮部尚書居太子太保、吏部尚書王恕之上。自後，由侍郎、詹事入閣者，班皆在六部上矣。

户部。尚書一人，左、右侍郎各一人，掌户口田賦之政令。其屬司務二人，浙江、江西、湖廣、陜西、廣東、山東、福建、河南、山西、四川、廣西、貴州、雲南十三清吏司，郎中、員外郎各一人，主事二人，照磨一人，檢校一人。所轄有寶鈔提舉司、抄紙局、印鈔局、寶鈔局、寶鈔廣惠庫、廣積庫、贓罰庫、甲字乙字丙字丁字戊字庫、廣盈庫、外承運庫、承運庫、行用庫、太倉銀庫、御馬倉、軍儲倉、長安東安西安北安門倉、張家灣鹽倉檢校批驗所。洪武初，置户部，分爲五科，各設尚書，侍郎。十三年，分四屬部，曰總部、度支、金部、倉部。二十二年，改總部爲民部。二十三年，分十二部，各領一布政司。其時，無雲南、貴州二部，而有北平部。二十九年，改爲十二司。建文中，仍爲四司。成祖復舊制。又改北平司爲北京司，後革北京司，而設雲南、貴州、交阯三司。宣德中，革交阯司，定爲十三司。明初，嘗置司農司，判録司，皆不隸户部，後罷。總督倉場一人，掌在京及通州等處倉場糧儲，以户部尚書或侍郎爲之，俱不治部事。神宗四十七年，增設督餉侍郎。天啓五年，又增設督理錢法侍郎。

禮部。尚書一人，左、右侍郎各一人，掌禮儀、祭祀、宴饗、貢舉之政令。其屬司務二人，儀制、祠祭、主客、精膳四清吏司，郎中、員外郎、主事各一人，所轄有鑄印局。洪武初，置禮部。六年，分四屬部，曰總部、祠部、膳部、主客。二十二年，改總部爲儀部。二十九年，定爲儀制、祠祭、主客、精膳四司。

兵部。尚書一人，左、右侍郎各一人，掌武衛官軍選授、簡練之政令。其屬司務二人，武選、職方、車駕、武庫四清吏司，郎中、員外郎各一人，主事二人。所轄有會同館、大通關。洪武初，置兵部。六年，置三屬部，曰總部、駕部、職方。十三年，增置庫部。二十二年〔一〕，改總部爲司馬部。二十九年，定爲武選、職方、車駕、武庫四司。　協理京營戎政一人，掌京營操練之事，或尚書，或侍郎，或右都御史兼之。

刑部。尚書一人，左、右侍郎各一人，掌天下刑名及徒隸、勾覆、關禁之政令。其屬司務二人。浙江、江西、湖廣、陝西、廣東、山東、福建、河南、山西、四川、廣西、貴州、雲南十三清吏司，郎中、員外郎各一人，主事二人，照磨、檢校各一人，司獄六人。洪武初，置刑部。六年，設總部、比部、都官部、司門部。八年，增設四科，科設尚書、侍郎等官。二十二年，改總部爲憲部。二十三年，分十二部如户部之制。二十九年，改爲十二司。宣德十年，定爲十三司，與户部同。

工部。尚書一人，左、右侍郎各一人，掌百工、山澤之政令。其屬司務二人，營繕、虞衡、都水、屯田四清吏司，郎中、員外郎各一人，主事二人。所轄有營繕所、文思院、皮作局、鞍轡局、寶源局、顔料局、軍

〔一〕「二十二年」，原作「二十三年」，據光緒本、明史職官志一改。

器局、節慎庫、織染所、雜造局、廣積通積蘆溝橋通州白河各抽分竹木局、大通關提舉司、柴炭司。洪武初，置工部，以將作司隸焉。六年，設總部、虞部、水部，并屯田爲四屬部。又置營造提舉司。八年，增立四科，科設尚書、侍郎等官。二十二年，改總部爲營部。二十九年，定爲營繕、虞衡、都水、屯田四司。提督易州山廠一人，掌督御用柴炭之事，以尚書或侍郎督廠事。嘉靖八年，改設主事管理。

都察院。

左、右都御史各一人，左、右副都御史各一人，左、右僉都御史各二人。掌糾劾百司，辨明冤枉，提督各道，爲天子耳目風紀之司。其屬經歷、都事各一人，司務二人，照磨、檢校、司獄各一人，十三道監察御史一百十人，浙江、江西、河南、山東各十人，福建、廣東、廣西、四川、貴州各七人，陝西、湖廣、山西各八人，雲南十一人。在内兩京刷卷，巡視京營，監臨鄉、會試及武舉，巡視光禄，巡視倉場，巡視内庫，皇城、五城，輪值登聞鼓。在外巡按清軍、學校、巡鹽、茶馬、巡漕、巡關、儹運、印馬、屯田。師行則監軍紀功，各以御史司之。其在外加都御史或副、僉都御史銜者，有總督，有提督，有巡撫，有總督兼巡撫，提督兼巡撫，及經略、總理、贊治、巡視、撫治等員。初，吴元年，置御史臺，設大夫、中丞、侍御史以下，與中書、都督爲三大府。十三年，罷御史臺。十五年，置都察院，分監察御史爲十二道，各領布政司。建文元年，改御史府，設御史大夫，改十二道爲左右兩院。成祖復舊制。宣德十年，定爲十三道。總督漕運兼提督軍務巡撫鳳陽等處兼管河道一員。總督薊遼、保定等處軍務兼理糧餉一員。總督宣大、山西等處軍務兼理糧餉一員。總督陝西三邊軍務一員。總督兩廣軍務兼理糧餉帶管鹽法兼巡撫廣東地方一員。總督四川、陝西、河南、湖廣等處軍務一員。總督浙江、福建、江南兼制江西軍務一員。總督陝西、山西、河南、湖廣、四川五省軍務一員。總督鳳陽地方兼制河南、湖廣軍務一員。總督保定地方軍務一員。總督河南、湖廣軍務兼巡撫河南一員。總督九江地方兼制江西、湖廣軍務一員。總理南直隸、河南、山東、湖廣、四川軍務一員。總理河漕兼提督軍務一員。總理糧儲提督軍務兼巡撫應天等府一員。巡撫浙江等處地方兼提督軍務一員。巡撫福建地方兼提督軍務一員。

巡撫順天等府地方兼整飭薊州等處邊備一員。巡撫保定等府提督紫荆等關兼管河道一員。巡撫河南等處地方兼管河道提督軍務一員。巡撫山西地方兼提督雁門等關軍務一員。巡撫山東等處地方督理營田兼管河道提督軍務一員。巡撫遼東地方贊理軍務一員。巡撫宣府地方贊理軍務一員。巡撫大同地方贊理軍務一員。巡撫延綏等處贊理軍務一員。巡撫寧夏地方贊理軍務一員。巡撫甘肅等處贊理軍務一員。巡撫陝西地方贊理軍務一員。巡撫四川等處地方兼提督軍務一員。巡撫湖廣等處地方兼贊理軍務一員。巡撫江西地方兼理軍務一員。巡撫南贛、汀、韶等處地方提督軍務一員。巡撫廣東地方兼贊理軍務一員。巡撫廣西地方一員。巡撫雲南兼建昌、畢節等處地方贊理軍務兼督川、貴糧餉一員。巡撫貴州兼督理湖北川東等處地方提督軍務一員。巡撫天津地方贊理軍務一員。巡撫登、萊地方贊理軍務一員。巡撫安、廬地方贊理軍務一員。巡撫偏沅地方贊理軍務一員。巡撫密雲地方贊理軍務一員。巡撫淮、揚地方贊理軍務一員。巡撫承天贊理軍務一員。撫治鄖陽等處地方兼提督軍務一員。贊理松潘地方軍務一員。

蕙田案：總督、巡撫之名，始於南北朝。後周書文帝紀大統十六年，拜章武公導爲大將軍，總督留守諸軍；武帝紀建德二年，詔皇太子贇巡撫西土；又南史吳明徹傳「吾爲總督，必須身居其後」是也。明初，命京卿巡撫地方，有軍事則命總督軍務，因事而設，事已旋罷，原未爲一定之官稱。其後各省俱有之，遂爲定員，而布、按二司之權輕矣。

通政使司。通政使一人，左、右通政各一人，左、右參議各一人，掌受内外章疏、敷奏、封駁之事。其屬經歷、知事各一人。洪武三年，置察言司，尋罷。十年，始置通政使司。建文中，改司爲寺，使爲卿，通政參議爲少卿，寺丞增置左右補闕、左右拾遺各一人。成祖復舊制。成化二年，置提督謄黄右通政，後革。

大理寺。卿一人，左、右少卿各一人，左、右寺丞各一人，掌審讞、平反刑獄之政令。其屬司務二人，左、右寺寺正各一人，寺副二人，評事四人。吳元年，置大理司。洪武元年革。三年，置磨勘司，尋亦革。十四年，復置大理寺，又置審刑司，共平庶獄。十九年，罷審刑司。

蕙田案：刑部、都察院并大理寺，謂之三法司，而大理寺獨以平反爲職。凡三法司會審、初審，刑部、都察院爲主，覆審則大理寺爲主。

詹事府。詹事一人，少詹事二人，府丞二人，掌輔導太子。其屬主簿一人，録事二人，通事舍人二人。左春坊，大學士，左庶子、左諭德各一人，左中允、左贊善、左司直郎各二人，左清紀郎一人，左司諫二人，右春坊亦如之。司經局，洗馬一人，校書、正字各二人。洪武初，東宮官屬自三少、賓客外，則有左右詹事、同知詹事院、副詹事、詹事丞及左右率府使、同知、副使、諭德、贊善大夫，皆以勳舊大臣兼領。又有文學、中舍、正字、侍正、洗馬、庶子及贊讀等官。十五年，更定左右春坊、司經局官。二十二年，始置詹事院。二十五年，改院爲府，凡坊局之事，悉總之。建文中，又置資德院。成祖復舊制。按詹事府多由他官兼掌。成化以後，率以禮部尚書、侍郎由翰林出身者兼之。其協理者無常員。春坊大學士、司直、司諫、清紀郎俱不常置。中葉以後，出閣講讀，每點别員，本府坊局僅爲翰林官遷轉之階。

翰林院。學士一人，掌制誥、史册、文翰之事，備天子顧問。侍讀學士、侍講學士各二人，侍讀、侍講各二人，掌講讀經史。五經博士九人，典籍二人，侍書二人，待詔六人，孔目一人，史官修撰、編修、檢討、庶吉士無定員。吴元年，初置翰林院。十四年，令編修、檢討、典籍同左春坊左司直郎、正字、贊讀考駁諸司奏啓，平允則署其銜曰「翰林院兼平駁諸司文字某官某」，列名書之。建文時，設承旨，改侍讀、侍講兩學士爲文學博士。成祖初復舊。又特簡講讀、編檢等官參預機務，謂之内閣。然解縉、胡廣等既直文淵閣，猶相繼署院事。洪熙以後，楊士奇等加至師保，禮絶百僚，始不復署。内閣本翰林之職，故嘉、隆以前，文移關白猶稱翰林院，以後則竟稱内閣矣。其在六部，自成化以後，禮部尚書、侍郎必由翰林，吏部兩侍郎必有一由於翰林。其由翰林者，尚書則兼學士，侍郎則兼讀、講學士。其在詹事府暨坊、局官，視其品級，必帶本院銜。

王氏圻曰：英宗天順中，大學士李賢建議，請專選進士科充翰林院官，遂爲制。自後非進士起家不得居翰林爲孤卿，非翰苑出身不得入内閣居宥密。

國子監。祭酒一人，司業一人，掌國學諸生訓導之政令。其屬監丞一人，五經博士五人，助教十五人，學正十人，學録七人，典簿一人，典籍一人，掌饌二人。明初，即置國子學。洪武八年，又置中都國子學。十五年，改爲國子監。二十六年，罷中都國子監。建文中，陞監丞爲堂上官，革學正、學録。成祖初復舊。祭酒、司業，明初擇有學行者任之，後皆由翰林官遷轉。

蕙田案：明制，府、院、寺、監設丞俱爲堂上官，獨國子監丞領繩愆廳事，爲屬員。

太常寺。卿一人，少卿二人，寺丞二人，掌祭祀禮樂之事。其屬典簿二人，博士二人，協律郎二人，贊禮郎九人，司樂二十人。天壇、地壇、朝日壇、夕月壇、先農壇、帝王廟、祈穀殿、長陵、獻陵、景陵、裕陵、茂陵、泰陵、顯陵、康陵、永陵、昭陵各祠祭署，俱奉祀一人〔一〕，祀丞二人，犧牲所，吏目一人。吴元年，

〔一〕「一人」，原作「二人」，據光緒本、明史職官志三改。

置太常司。三十年，改爲寺。提督四夷館，少卿一人，掌譯書之事。初隸翰林院，後增太常卿、少卿各一員，爲提督。嘉靖中，裁卿一員。

光禄寺。卿一人，少卿二人，寺丞二人，掌祭享、宴勞、酒醴、膳羞之事。其屬典簿二人〔一〕，録事一人，大官、珍羞、良醖、掌醢四署，各署正一人，署丞四人，監事四人。司牲司，大使、副使各一人。司牧局，大使一人。銀庫，大使一人。吴元年，置宣徽院。洪武元年，改爲光禄寺。八年，改寺爲司。三十年，復爲寺。

太僕寺。卿一人，少卿二人，寺丞四人〔二〕，掌牧馬之政令。其屬主簿一人。常盈庫，大使一人。所轄各牧監，監正、監副、録事各一人。各群，群長一人。洪武初，置群牧監于荅荅失里營所。六年，更置群牧監于滁州，旋改爲太僕寺。後定所轄牧監十四，群九十有七。三十年，置行太僕寺于北平。永樂以後，以行太僕寺爲太僕寺，其舊在滁州者，爲南京太僕寺。

鴻臚寺。卿一人，左、右少卿各一人，左、右寺丞各一人，掌朝會、賓客、吉凶儀禮之事。其屬主簿一人，司儀、司賓二署，各署丞一人，鳴贊四人，序班五十人。吴元年，置侍儀司。九年，改爲殿庭儀禮司。

〔一〕「簿」，原作「籍」，據光緒本、明史職官志三改。

〔二〕「四人」，原作「二人」，據味經窩本、乾隆本、光緒本、明史職官志三改。

三十年，改爲鴻臚寺。

尚寶司。 卿一人，少卿一人，司丞三人，掌寶璽、符牌、印章。太祖初，設符璽郎。吴元年，改爲尚寶司。

吏、户、禮、兵、刑、工六科。 都給事中各一人，左、右給事中各一人，給事中，吏科四人，户科八人，禮科六人，兵科十人，刑科八人，工科四人。掌侍從、規諫、補闕、拾遺、稽察六部百司之事。明初，設給事中。洪武六年，始分爲六科。十年，隸承敕監。十二年，改隸通政司。十三年，置諫院，有左、右司諫及正言。後又置諫議大夫，尋皆罷。二十二年，改給事中爲源士，未幾復舊。

中書科。 中書舍人二十人，掌書寫誥敕、制詔、銀册、鐵券等事。直文華殿東房中書舍人，掌奉旨書寫書籍。直武英殿西房中書舍人，掌奉旨篆寫册寶、圖書，俱無定員。内閣誥敕房中書舍人、制敕房中書舍人並無定員。誥敕房掌書辦文官誥敕，番譯敕書，并外國文書、揭帖、兵部紀功、勘合底簿。制敕房掌書辦制敕、詔書、誥命、册表、寶文、玉牒、講章、碑額、題奏、揭帖一應機密文書，各王府敕符底簿。洪武七年，設直省舍人，隸中書省，後改中書舍人，與給事中俱隸承敕監。建文中，革中書舍人，改爲侍書，隸翰林院。成祖復舊制。尋設中書科，定舍人員。宣德間，内閣置誥敕、制敕兩房，皆設中書舍人。嘉靖二十年，選各部主事、大理寺評事，帶原銜直誥敕、制敕兩房。

蕙田案：明代中書舍人有三，其直文華、武英殿者，率取善書畫者充之；其

直誥敕、制敕兩房者，則爲内閣之屬。嘉靖以後，多選部寺諸臣入直，歸有光以太僕寺丞直制敕房，則各寺堂上官亦有直兩房者矣。兩房舍人與文華、武英殿舍人及中書科舍人名同實異，明史并爲一條，今姑從之而附辨於後。

行人司。司正一人，左、右司副各一人，行人三十七人，掌捧節、奉使之事。洪武十三年置。建文中，隸鴻臚寺，後復舊。

欽天監。監正一人，監副二人，掌天文、曆數、占候、推步之事。其屬主簿一人，春、夏、中、秋、冬五官正各一人，五官靈臺郎八人，五官保章正二人，五官挈壺正二人，五官監三人，五官司曆二人，五官司晨八人，漏刻博士六人。明初，設太史監。吴元年，改監爲院。洪武元年，改爲司天監，又置回回司天監。三年，改曰欽天監。三十一年，罷回回欽天監。

太醫院。院使一人，院判二人，掌醫療之法。其屬御醫四人，吏目一人。生藥庫、惠民藥局，各大使一人，副使一人。太祖設醫學提舉司，尋改爲太醫監。吴元年，改監爲院。

上林苑監。左、右監正各一人，左、右監副各一人，左、右監丞各一人，掌苑囿、園池、牧畜、樹種之事。其屬典簿一人，良牧、蕃育、林衡、嘉蔬四署，各典署一人，署丞一人，録事一人。永樂五年置。

中、東、西、南、北五城兵馬指揮司。各指揮一人，副指揮四人，吏目一人，掌巡捕盜賊、疏理街道溝渠及囚犯、火禁之事。

蕙田案：明初，各城門設兵馬，以指揮司領之。其後令專掌刑名、盜賊，職如兩京州縣而官名猶仍舊，則以文職而繫武職之銜矣。

順天府。府尹一人，府丞一人，治中一人，通判六人，推官一人，儒學教授一人，訓導一人。其屬經歷、知事各一人，照磨、檢校各一人。所轄宛平、大興二縣及司獄司、都稅司、宣課司、稅課司、稅課分司、遞運所、批驗所。

武學。京衛武學，教授、訓導各一人。衛武學，教授一人，訓導二人或一人。

宦官　十二監：每監各太監一員，左、右少監各一員，左、右監丞各一員，典簿一員，長隨、奉御無定員。此洪武舊制也。後漸更革，詳見各條下。司禮監，提督太監一員，掌印太監一員，秉筆太監、隨堂太監、書籍名畫等庫掌司、内書堂掌司、六科廊掌司、典簿無定員。提督掌督理皇城内一應儀禮刑名，掌印掌理内外章奏及御前勘合，秉筆、隨堂掌章奏文書，照閣票批硃，掌司各掌所司。典簿典記奏章及諸出納號簿。内官監，掌印太監一員，總理、管理、僉書、典簿、掌司、寫字、監工無定員。御用監，掌印太監一員，裏外監把總二員，典簿、掌司、寫字、監工無定員。又有仁智殿監工一員。司設監，員同内官監。御馬監，掌印、監督、提督太監各一員。騰驤四衛營各設監官、掌司、典簿、寫字、拏馬等員。象房有掌司等員。神宫監，掌印太監一員，僉書、掌司、管理無定員。尚膳監，掌印太監一員，提督光祿太監一員，總理一員，管理、僉書、掌司、寫字、監工及各牛羊等房廠監工無定員。尚寶監，掌印一員，僉書、掌司無定員。印綬監，員同尚寶。直殿監，員同上。尚衣監，掌印太監一員，管理、僉書、掌司、監工無定員。都知監。掌印太監一員，僉書、掌司、長隨、奉御無定員。四司：舊制，每司各司正一人，左、右司副各一人，後漸更易，詳下。惜薪司，掌印太監一員，總理、僉書、掌道、掌司、寫字、監工及外廠、北廠、南廠、新南廠、新西廠各設僉書、監工，俱無定員。鐘鼓司，掌印太監一員，僉書、司房、學藝官無定員。寶鈔司，掌印太監一員，僉書、管理、監工無定員。混堂司。掌印太監一員，僉事、監工無定員。八局：舊制，每局大使一人，左、右副使各一人。兵仗局，掌印太監一員，提督軍器庫太監一員，管理、僉書、掌司、寫字、監工無定員。銀作局，掌印太監一員，管理、僉書、寫字、監工無定員。浣衣局，掌印太監一員，僉書、監工無定員。巾帽局，掌印太監一員，管理、僉書、掌司、監工無定員。鍼工局，員同巾帽局。內織染局，員同上。酒醋麵局，員同上。司苑局。員同上。十二監、四司、八局，所謂二十四衙門也。其外有內府供用庫，掌印太監一員，總理、管理、掌司、寫字、監工無定員。舊制，各庫設官同八局。司鑰庫，員同上。內承運庫，掌印太監一員，近侍、僉書太監十員，掌司、寫字、監工無定員。十庫，甲字、乙字、丙字、丁字、戊字、承運、廣盈、廣惠、贓罰。已上各掌庫一員，貼庫、僉書無定員。御酒房，提督太監一員，僉書無定員。御藥房，提督太監正、副二員，分兩班。近侍、醫官無定員。**御茶房**，提督太監正、副二員，分兩班。近侍無定員。**牲口房**，提督太監一員，僉書無定員。**刻漏房**，掌房一員，僉書無定員。**更鼓房**，有罪內官職司之。**甜食房**，掌房一員，協同無定員。**彈子房**，掌房一員，僉書數員。**靈臺**，掌印太監一員，僉書近侍、看時近侍無定員。**條作**，掌作一員，協同無定員。**盔甲廠，安民廠**。各掌廠太監一員，貼廠、僉書無定員。**午門，東華門，西華門，奉天門，玄武門，左、右順門，左、右紅門，皇宮門，坤寧門，宮左、右門，東宮春和門、後門、左右門，皇城、京城內外諸門**，各門正一員，管事無定員。舊設門正、門副各一員。**提督東廠**，掌印太監一員，掌班、領班、司房無定員。貼刑二員，掌刺緝刑獄之事。舊選各監中一人提督，後專用司禮、秉筆第二人或第三人爲之。其貼刑官，則用錦衣衛千百户爲之。凡內官，司禮監掌印，權如外庭元輔；掌東廠，權如總憲。秉筆、隨堂視衆輔。各設私臣掌家、掌班、司房等員。**提督西廠**，不常設，惟汪直、谷大用置之。劉瑾又設西內廠，尋俱罷革。**提督京營**，提督太監、坐營太監、監鎗、掌司、僉書俱無定員。始于景泰元年。**文書房**，掌房十員，掌收通政司每日封進本章，并會極門京官及各藩所上封本，其在外之閣票，在內之搭票，一應聖諭旨意御批，俱由文書房落底發〔一〕。

〔一〕「發」上，明史職官志三有「簿」字。

凡升司禮者，必由文書房出，如外庭之詹、翰也。**禮儀房**，提督太監一員，司禮、掌印或秉筆攝之。掌司、寫字、管事、長隨無定員。**中書房**，掌房一員，散官無定員。**御前近侍**，曰乾清宮管事，督理御用諸事，曰打卯牌子，掌隨朝捧劍，俱位居司禮、東廠提督守備之次。曰御前牌子，曰煖殿，曰管櫃子，曰贊禮，曰答應長隨，曰當差聽事，曰拏馬。尚冠、尚衣、尚履，皆近侍也。**南京守備**，正、副守備太監各一員。**天壽山守備**，太監一員。**湖廣承天府守備**，太監一員。**織造**，提督太監南京一員，蘇州一員，杭州一員。**鎮守**，鎮守太監始于洪熙，徧設于正統，凡各省各鎮無不有鎮守太監，至嘉靖八年後始革。**市舶**，廣東、福建、浙江三市舶司，各設太監提督，後罷浙江、福建二司，惟存廣東司。**監督倉場**，各倉、各場俱設監督太監。**諸陵神宮監**。各陵俱設神宮監太監守陵。**其外之監軍、採辦、糧稅、礦、關等使，不常設者，不可勝紀也。**洪武中，定内官監十一，各門官七，司二，局庫九。太祖嘗謂侍臣曰：「朕觀周禮，奄寺不及百人。後世至踰數千，因用階亂。此曹止可供洒埽，給使令，非别有委任，毋令過多。」因定制，内侍無許識字。又鑄鐵牌，文曰：「内臣不得干預政事，犯者斬。」又敕諸司，毋得與内官監文移往來。然二十五年，命聶慶童往河州敕諭茶馬，中官奉使行事，已自此始。成祖亦嘗云：「朕一遵太祖訓，一軍一民，中官不得擅調發。」顧中官四出，實始永樂時。命李興等齎敕勞暹羅國王，此奉使外國之始也。命鄭和等率兵二萬，行賞西洋諸國，此將兵之始也。敕王安等監都督譚清等軍，馬靖巡視甘肅，此監軍、巡視之始也。及洪熙元年，以鄭和領下番官軍守備南京，遂相沿不改。敕王安鎮守甘肅，而各省鎮皆設鎮守矣。宣德四年，特設内書堂〔一〕，命大學士陳山教小内使書，而太祖不許識字讀書之制，由此而廢。賜王瑾、金英印記，則與諸密勿大臣同。賜金英、范弘免死詔，則又無異勳臣之鐵券也。英、憲、武、熹之朝，太阿倒握，威福下移。莊烈帝初翦大憝，海内頌聖。既而鎮守、出征、督餉、坐營等事，無一不命中官爲之，而明亦遂亡矣。

王世貞筆記：高帝時，中人不得預外事，見公侯大臣，叩首惟謹。至永樂初，狗兒諸奄，稍稍見馬上之績。後以倦勤朝事，漸寄筆札，久乃稱肺腑矣。太監鄭和等，以奉命率舟師下海中諸蠻，而中人有出使者矣。西北大將，多洪武舊人，意不能無疑，思以腹心參之，而中人有鎮守者矣。王振時，上春秋少，不日接大臣，而中人有票旨徑行者矣。

蕙田案：宦官之禍，至明而極。然太祖訓敕，内臣毋預政事，外臣毋行交結，其家法非不嚴也。内臣典兵、奉使始於永樂，内書堂授書始於宣德，皆所稱英明之主，而日中之蔀，即伏於此時。厥後大權旁落，威福自擅，積漸使然，固其

〔一〕「内書堂」，諸本作「文書房」，據明史職官志三改。

宜矣。

南京官。吏部，尚書一人，右侍郎一人。户部，尚書一人，右侍郎一人，總督糧儲一人。禮部，尚書一人，右侍郎一人。兵部，尚書參贊機務一人〔一〕，右侍郎一人。刑部，尚書一人，右侍郎一人。工部，尚書一人，右侍郎一人。都察院，右都御史一人，右副都御史一人，右僉都御史一人。提督操江一人。通政使司，通政使一人，右通政一人，右參議一人。大理寺，卿一人，右寺丞一人。翰林院，學士一人。國子監，祭酒一人，司業一人。太常寺，卿一人，少卿一人。光禄寺，卿一人，少卿一人。太僕寺，卿一人，少卿二人，寺丞二人。鴻臚寺，卿一人。尚寶司，卿一人。吏、户、禮、兵、刑、工六科，給事中六人。行人司，左司副一人。欽天監，監正一人，監副一人。太醫院，院判一人。五城兵馬司，指揮各一人，副指揮各三人。應天府，府尹一人，府丞一人，治中一人。永樂四年，成祖往北京，置行部尚書，備行在九卿印以從。是時，皇太子監國，大小庶務，悉以委之。惟封爵、大辟、除拜三品以上則以聞，政本故在南也。十八年，官屬悉移而北，南京六部所存惟禮、刑、工三部，各一侍郎，在南之官，加「南京」字。仁宗時，補設官屬，除「南京」字。正統六年，定制復如永樂時。

蕙田案：南京諸部、寺、監，雖有司存，而俱爲閒散之職，徒以養清望耳，於政

〔一〕「機」，諸本作「幾」，據明史職官志四改。

本無關也。今惟舉其大者，而所轄諸司屬則略之。

王府長史司。左、右長史各一人，掌王府之政令。其屬典簿一人。所轄有審理所、典膳所、奉祠所、典寶所、紀善所、良醫所、典儀所、工正所及伴讀、教授、引禮舍人、倉庫大使。公主府則設家令一人，司丞一人，録事一人。洪武二十三年，改家令司爲中使司。

承宣布政使司。左、右布政使各一人，掌一省之政。左、右參政，左、右參議，無定員。其屬經歷、都事各一人，照磨、檢校各一人，理問、副理問、提控案牘各一人，司獄一人，庫大使、副使各一人，倉大使、副使各一人。雜造局、軍器局、寶泉局、織染局，各大使一人，副使一人。太祖初置行中書省，設平章政事、左右丞、參知政事等員。洪武九年，改浙江、江西、福建、北平、廣西、四川、山東、廣東、河南、陝西、湖廣、山西諸行省俱爲承宣布政使司，罷行省平章政事，左、右丞等官，改參知政事爲布政使。十五年，置雲南布政司。永樂元年，以北平布政司爲北京。五年，置交阯布政司。十一年，置貴州布政司。宣德三年，罷交阯布政司，除兩京外，定爲十三布政司。

提刑按察使司。按察使一人，掌一省刑名按劾之事。副使、僉事無定員。其屬經歷、知事各一人，照磨、檢校各一人，司獄一人。

布政司參政、參議分司諸道。督糧道，督册道，分守道，皆帶布政銜。

按察司副使、僉事分司諸道。提督學道，清軍道，驛傳道，分巡道，整飭兵備道。其外又有協堂道、水利道、屯田道、管河道、鹽法道、撫治道、監軍道、招練道。明初，於直隸府州縣設巡按御史，各布政司所屬設試僉事。後罷試僉事，改按察分司四十一道，此分巡之始也。分守起於永樂間，兵道仿自洪熙間，兩京不設布、按二司，故督學以御史。後置守、巡諸員無所屬，則寄銜於鄰近省布、按司官。

行太僕寺。卿一人，少卿一人，寺丞無定員。掌各邊衛所營堡之馬政。其屬主簿一人。洪武三十年，置行太僕寺於山西、北平、陝西、甘肅、遼東。永樂中，以北平行寺爲太僕寺。

苑馬寺。卿一人，少卿一人，寺丞無定員。掌六監二十四苑之馬政。其屬主簿一人，各牧監，監正、監副、録事各一人，各苑，圉長一人。永樂四年，置北直隸、遼東、平涼、甘肅凡四寺。十八年，革北京苑馬寺，并入太僕。正統中，革甘肅苑馬寺。

都轉運鹽使司。都轉運使一人，同知一人，副使一人，判官無定員。掌鹽監之事。其屬經歷、知事各一人，庫大使、副使各一人。所轄各場鹽課司大使、副使，各鹽倉大使、副使，各批驗所大使、副使，並一人。都轉運司凡六，曰兩淮，曰兩浙，曰長蘆，曰河東，曰山東，曰福建。分司十四。

鹽課提舉司。提舉、同提舉各一人，副提舉無定員。其屬吏目一人，庫大使、副使一人。所轄各鹽倉大使、副使，各場、各井鹽課司大使、副使，並一人。提舉司凡七，曰四川，曰廣東海北，曰黑鹽井，曰白鹽井，曰安寧，曰五井，曰察罕腦兒。又有遼東煎鹽提舉司。

市舶提舉司。提舉一人，副提舉二人。掌海外諸番朝貢市易之事。其屬吏目一人。

茶馬司。大使一人，副使一人。掌市馬之事。

府。知府一人，同知、通判無定員，推官一人。其屬經歷、知事各一人，照磨、檢校各一人，司獄一人。儒學，教授一人，訓導四人。税課司，大使一人。倉，大使、副使各一人。織染雜造局，大使、副使各一人。醫學，正科一人。陰陽學，正術一人。

州。知州一人，同知、判官無定員。其屬吏目一人。儒學，學正一人，訓導三人〔一〕。税課局，大使一人。庫，大使一人。織染雜造局，大使、副使各一人。醫學，典科一人。陰陽學，典術一人。

縣。知縣一人，縣丞一人，主簿一人。其屬典史一人。儒學，教諭一人，訓導二人。税課局，大使一人。庫，大使一人。醫學訓科、陰陽學訓術各一人。

顧氏炎武曰：唐制，京郡乃稱府。至宋，則潛藩之地皆升爲府。宋初，太宗、真宗皆嘗爲開封尹，後無繼者，乃設權知府一人，以待制以上充之。崇寧三年，蔡京乞罷權知府，置牧尹各一員，牧以皇子領，尹以文臣充。是權知府者，所以避京尹之名也。今則直命之爲知府，非也。知縣者，非縣令，而使之知縣中之事，唐人亦

〔一〕「三人」，原作「二人」，據光緒本、明史職官志四改。

謂之知印，其名始於貞元以後。其初，尚帶一「權」字，至於普設知縣，則起自宋初。以州郡多闕官，縣令選尤猥下，乃詔吏部選幕職官爲知縣。自此以後，遂罷令而設知縣，沿其名至今。宋時結銜曰以某官知某府事、以某官知某州事、以某官知某縣事，以其本非此府此州此縣之正官而任其事，故云然。

巡檢司。巡檢、副巡檢，主緝捕盜賊，凡關津要害處俱設。驛。驛丞典郵傳迎送。河泊所官。掌收魚税。閘官、壩官。掌啓閉蓄洩。批驗所，大使、副使各一人，掌驗茶鹽引。遞運所，大使、副使各一人，掌運遞糧物。鐵冶所。大使、副使各一人。以上，皆隸府州縣。

中軍、左軍、右軍、前軍、後軍五都督府。每府左、右都督，都督同知，都督僉事，無定員。其屬經歷、都事各一人。初，太祖下集慶，即置行樞密院，自領之。又置諸翼統軍元帥府，尋罷樞密院，改置大都督府，以都鎮撫司隸焉。尋罷統軍元帥府。吴元年，罷大都督不設。十三年，改都督府爲五軍都督府，分領在京各衛所及在外各都司、衛所。永樂元年，設北京留守行後軍都督府，後又分五府，稱行在五軍都督府。十八年，除「行在」字，在應天者加「南京」字。洪熙元年，復稱行在，仍設行後府。宣德三年，又革。正統六年，復除「行在」字。

京營。永樂二十二年，置大三營，曰五軍營、神機營、三千營，俱選勳臣二人提督之。景泰元年，立十團營，其舊設者，號爲老營。成化三年，分團營爲十二，每營又各分五軍、三千統騎兵，神機統火器。正德中，又選團營精鋭，置東西兩官廳。嘉靖二十九年，革團營官廳，仍併三大營，改三千曰神樞，統以提督總兵官一員。已，改提督曰總督。京營戎政更設侍郎一人，協理京營戎政。定巡視科道官歲一代，悉革内侍官。隆慶初，仍以總督爲提督，改協理爲閲視，尋併改閲視爲提督。四年，三營各設提督，又各設右都御史一員提督之。尋罷六提督，仍復總督戎政一人。天啓初，增設協理一人，尋革。崇禎初，復增設。

京衛指揮使司。指揮使一人，指揮同知二人，指揮僉事四人。鎮撫司，鎮撫二人。其屬經歷、知事、吏目、倉大使、副使各一人。所轄千户所，多寡不等。京衛有上直衛，有南、北京衛，品秩並同。各有掌印，有僉書。其以恩廕寄禄，無定員。凡上直衛親軍指揮使司二十有六，皆不隸都督府。錦衣衛其一也。其京衛隸都督府者三十有三，不隸都督者十有五。

錦衣衛。掌侍衛、緝捕、刑獄之事，恒以勳戚都督領之，恩廕寄禄無定員。鎮撫司，掌本衛刑名，兼理軍匠。洪武二十年，以治錦衣衛者多非法凌虐，乃焚刑具，出繫囚，送刑部審録，詔内外獄咸歸三法司，罷錦衣獄。成祖時復置。尋增北鎮撫司，專治詔獄。成化間，刻印畀之，獄成得專達，不關白錦衣，錦衣官亦不得干預。而以舊所設爲南鎮撫司，專理軍匠。

南京守備、協同守備。各一人。南京以守備及參贊機務爲要職。守備，以公、侯、伯充，兼領中軍都督府事。協同守備，以侯、伯、都督充，領五府事。參贊機務，以兵部尚書領之。永樂十九年，遷都，設守備。洪熙元年，以中官同守備。景泰三年，增設協同守備一人。

南京五軍都督府。左、右都督，都督同知，都督僉事，不全設。其掌印、僉書，皆以勳戚及三等都督爲之。其屬經歷、都事各一人。

南京衛指揮使司。設官如京衛。其隸五都督府者三十有二，又親軍衛指揮使司十有七。

王府護衛指揮使司。設官如京衛。又王府儀衛司，儀衛正一人，副二人，典仗六人。

總兵官、副總兵、參將、游擊將軍、守備、把總。無定員。凡總鎮一方者爲鎮守，獨鎮一路者爲分守，各守一城一堡者爲守備，與主將同守一城者爲協守。又有提督、提調、巡視、備禦、領班、備倭等名。凡總兵、副總兵，率以公、侯、伯、都督充之。其總兵掛印稱將軍者，雲南曰征南將軍，大同曰征西前將軍，湖廣曰平蠻將軍，兩廣曰征蠻將軍，遼東曰征虜前將軍，宣府曰鎮朔將軍，甘肅曰平羌將軍，寧夏曰征西將軍，交阯曰副將軍，延綏曰鎮西將軍。其在薊鎮、貴州、湖廣、四川及儹運淮安者，不得稱將軍掛印。宣德間，又設山西、陝西二總兵。嘉靖間，分設廣東、廣西、貴州、湖廣二總兵爲四，改設福建、保定副總兵爲總兵，又添設浙江總兵。神宗朝，又增設於臨洮、山海。天啓間，增設登、萊。至崇禎時，益紛不可紀，而位權亦非復當日。蓋明初雖參將、游擊、把總，亦多有充以勳戚都督等官，至後則杳然矣。

留守司。正留守一人，副留守一人，指揮同知二人。其屬經歷、都事、斷事、副斷事、吏目各一人。

洪武二年，詔以臨濠爲中都。十四年，置留守司。嘉靖十八年〔二〕，置興都留守司。

都指揮使司，行都指揮使司。 都指揮使一人，都指揮同知二人，都指揮僉事四人，掌一方之軍政。其屬經歷、都事、斷事、副斷事、吏目各一人，司獄、倉庫、草場大使、副使各一人。明初，置各行省行都督府，設官如都督府。又置各都衛指揮使司。洪武八年，詔各都衛並改爲都指揮使司。凡改設都司十有三，行都司三。宣德以後，定設都司十有六，行都司五。

衛指揮使司。 設官如京衛，各統於都司、行都司或留守司。

千户所。 正千户一人，副千户一人，鎮撫二人。其屬吏目一人。所轄百户所凡十，共百户十人，總旗二十人，小旗百人。其守禦千户所、軍民千户所，設官並同。

土官。 洪武七年，西南諸蠻朝貢，多因元官授之，後定爲宣慰司者十一，爲招討司者一，爲宣撫司者十，爲安撫司者十九，爲長官司者百七十有三。其府州縣正貳屬官，或土或流，皆因其俗，使之守疆土，脩職貢，供征調。又有番夷都指揮使司三，衛指揮使司三百八十五，宣慰司三，招討司六，萬户府四，千户所四十一，站七，地面七，寨一，並以附寨番夷官其地。

右明官制

〔二〕「十八年」，原作「十九年」，據光緒本、明史職官志五改。